汉译世界学术名著丛书

罗马史

第四册

〔德〕特奥多尔·蒙森 著

李稼年 译

商务印书馆
创于1897 The Commercial Press

Theodor Mommsen

RÖMISCHE GESCHICHTE

(History of Rome)

Band 4,5

(J. M. Dent and Sons Ltd. 1920)

根据慕尼黑德意志袖珍书籍出版公司1976年德文版翻译,校订时参考了
伦敦登特父子有限公司1920年英译本

汉译世界学术名著丛书
出版说明

我馆历来重视移译世界各国学术名著。从20世纪50年代起，更致力于翻译出版马克思主义诞生以前的古典学术著作，同时适当介绍当代具有定评的各派代表作品。我们确信只有用人类创造的全部知识财富来丰富自己的头脑，才能够建成现代化的社会主义社会。这些书籍所蕴藏的思想财富和学术价值，为学人所熟知，毋需赘述。这些译本过去以单行本印行，难见系统，汇编为丛书，才能相得益彰，蔚为大观，既便于研读查考，又利于文化积累。为此，我们从1981年着手分辑刊行，至2013年年底已先后分十四辑印行名著600种。现继续编印第十五辑。到2015年年底出版至650种。今后在积累单本著作的基础上仍将陆续以名著版印行。希望海内外读书界、著译界给我们批评、建议，帮助我们把这套丛书出得更好。

商务印书馆编辑部

2015年3月

目　录

第五卷　军人君主制的创立

第五卷

军人君主制的创立

他这样四方顾盼，
这事却在他的脑里作乱，
对这些事他想说什么？
他如何联结这些洪波巨浪？
他怎样一直保持旺盛精力，
立即歌唱和描述？

——歌德

第一章　马尔库斯·雷必达与昆图斯·塞尔托里乌斯

苏拉死于676年即前78年，那时他所恢复的寡头政府正以无限的权力统治罗马国家；不过这个政府既赖武力而成立，仍需用武力始能对秘密和公开的众多敌人维持其地位。它的敌人不是有表明的宗旨和隶于认定的首领之下的一个单纯党派，而是成分极为庞杂的一群人；虽然合起来通称为平民党，但实际上他们却以迥不相同的原因和大相径庭的用意，来反对苏拉的共和组织。其中有成文法家，他们既不从事政治，也不了解政治，但据他们看，苏拉任意处置公民的生命财产是个暴行。当苏拉尚存之时，一切别的反对党都噤若寒蝉，严肃的法学家已起而反抗摄政，例如科尔涅利乌斯法剥夺各意大利民社的罗马公民权，在司法判决中都被视为无效；一个公民在革命期间成为战俘而被卖作奴隶，法庭也认为他未丧失公民权。再者，旧日元老院少数派的开明分子仍有存者，他们以前力谋与改革派和意大利人成立妥协，现在以同一精神愿对平民党让步，缓和苏拉那种僵硬的寡头体制。更有进者，所谓狭义平民党的那真诚笃信而褊浅的激烈分子，为党纲的流行口号而牺牲生命财产的，在胜利以后，只见他们所奋斗以求的不是实事而是空言，痛感惊异。他们特殊的目的是恢复保民官的权力。苏拉固然

没有取消保民官的权力，却夺去其最重要的特权；因为这种制度没有具体的实用，实际不过是一个空幻的幽灵，所以对于大众更能发
12 挥神秘的魔力——一千余年后，只是保民官这个名目就能使罗马发生极大的变化。尤为重要的，几个人多势大的阶级未因苏拉复古而得到满足，他们的政治利益和私人利益反而遭到侵害，因此他们属于反对党。其中有波河与阿尔卑斯山之间富庶区的人民，他们当然认为665年即前89年的授予拉丁权仅为得有十足罗马公民权的初步，于是易于酿成骚乱。属于此类的又有脱籍人，因其数目众多，资财雄厚而有势力；又因他们聚居首都而特为可畏，复古以后他们回到旧日实际无用的表决权地位，他们不能忍受。又有大资本家也处于这个地位，他们谨守缄默，但始终保持其牢不可破的怨恨和一样牢不可破的势力。首都的群众认为白送粮食便是真正自由，也不满意。一班受苏拉没收财产之害的公民更深感愤慨——有如庞培人，财产被苏拉的殖民团所侵削，却与他们共居一座城墙之内，无日不与他们互相争执；或有如阿雷提纳人和沃拉帖雷人，实际仍保其领土的所有权，但常受罗马人的威胁，其领土有被没收之虞；特别如在埃特鲁里亚，留守故居的沦为乞丐，逃入森林的沦为盗贼。最后，平民党首领有些因复古而丧生，又有些受尽亡命外国的苦痛，流浪于毛里塔尼亚海岸，或寄居于米特拉达特斯的宫廷和军中，他们全部的亲属和脱籍人都骚然不安；因为坚固的家族团结主宰当时的政治见解，按家族的团结来说，留在国内的人要顾全体面，[1]就

① 有一件很有意义的事：一位新自由民名斯达伯·埃罗(Staberius Eros)，是个有名的文学教师，他许罪人的儿童免费上课。

须设法使出亡在外的亲属有复回本国之权，至于死者，至少须设法使那沾在他们遗念和子孙上的污点得以洗去，祖遗的产业得以归还。尤其是罪人本身的儿女已被摄政夷为法律上的贱民，他们不 13
啻由法律方面接到挑战书，请他们起而反抗现行秩序。

除以上各部的反对党外，又加以全体的破产之徒。这是一切沉湎于不论雅俗的淫乐而至倾家荡产的流氓，不分贵贱。有豪族贵人，他们除债务外无以见其高贵；有苏拉的兵士，摄政的法令固然能化他们为地主，却不能化他们为农人，他们既挥霍了罪人的第一批遗产，还渴望再得第二批——这一切人只在等候那请他们反抗现行秩序的旗帜展开，至于旗上还写着什么，他们却不过问。由于同样的必要，一切求上进和务得民心的才智之士都依附反对党；不但严加封闭的贵族界所不许入内或至少不许有迅速升迁机会的人士，想冲入那座营阵，凭借人民的欢心，打破少数独占和注重资历的法律，而且有更为可畏的人，他们野心勃勃，志向很高，不屑在同僚制的阴谋诡计中决定世界的命运。合法反抗的场所未被苏拉封闭的只有律师的讲台，尤其在这讲台上，甚至当摄政尚存之时，这种想上进的人就用正式法学和灵巧演说术为武器，对复古激烈攻击，例如阿尔皮诺地主之子、生于648年即前106年1月1日的马尔库斯·图利乌斯·西塞罗（Marcus Tullius Cicero）长于演说，他以那既小心而又大胆的反抗独裁，骤然成名。如果敌人所愿望的不过是用这手段自取法座，然后志得意满，终身坐在那里，这种努力便不甚重要。当然，如果这把交椅不能满足一个得民心的人， 14
如果盖乌斯·格拉古有了后继，一个生死攸关的斗争便不可免；但至少在当时，还没有一个这样高尚其志的人名可举。

苏拉的死或早于他自己所预料，他死之后，他所设立的寡头政府便不得不倚赖自己的能力。以上所说的就是这政府所须抵抗的反对党。这个工作本已不易，又有当时社会和政治上的恶劣状况使之难上加难——特别是一方面要使各省的军事首领服从最高民政当局的号令，一方面要应付那聚居首都的意大利籍和外国籍的人民大众，又要应付那在首都大抵实际自由过活的奴隶，而又没有可支配的军队，实是非常困难的事。元老院仿佛立在一个毫无屏蔽、面面受敌的堡垒中，严重的战事又在所不免。可是苏拉所缔造的抵抗力却也强大耐久，虽则全国大多数人公然不喜苏拉所立的政府，甚至对它怀抱敌意，但对那迷乱纷纭，没有一致的目标和手段，缺乏领袖，而又分为几百个派别的反对党大众，这政府却很可以在堡垒中长久自保其地位，不过所必需的是元老院立下自保地位的决心，至少拿出一点建造堡垒的精力来守卫它；如果守兵不肯自卫，最伟大的设防家营造城池，也是枉然。

严格说来，双方都缺乏领袖，一切愈视双方领袖的人格为转移，这事便愈为不幸。此时期的政治完全为最恶劣的朋党制度所左右。这固然并不新鲜；各家和各社团的互相结合，本是与贵族政体不可分离的，数百年来即已风行于罗马。但到了本期，这些结合始强大无匹，也只是到了现在（始于690年即前64年）朋党结合的势力始不因法律禁令而敛迹，却因这种禁令而更有凭有据。一切贵族，无论倾向平民党的还是真正寡头党的，都结成帮会；公民大众，只要是常常参加政事的，也按他们的选区结成几如军队组织的
15 坚固团体，以区长即区分配官（*divisores tribuum*）为他们的天然首领和代表。这些俱乐部买卖一切，特别是选民的表决权；此外元

老和法官的表决权，造成街市暴动的打手和指挥暴动的头目也都在买卖之列。上流阶级的团体与下流阶级的团体，其分别只在价目表不同而已。帮会决定选举，帮会商妥弹劾，帮会领导辩护，它聘请有名望的律师；遇有必要，它为取得释放和免罪，与大规模买卖法官表决权而获厚利的商人订立合同。帮会以其团结的群众控制首都的街市，又不幸常因控制首都而主宰全国。这一切都按照某种规则办理，可以说是公开办理。帮会制度的组织和管理优于任何部门的国政；虽则在文明骗子中间常有不可直言这些罪过的默契，可是无人加以隐讳，有名的律师公然指明他们与顾客的帮会有关系，不以为耻。如果偶有一个人不做这事而仍参加公众生活，这人，有如马尔库斯·加图，必是个政界的堂·吉诃德先生。社团及其彼此争雄代替了政党和党争，阴谋诡计代替了政治。有一个态度极为暧昧的人，名为普布利乌斯·克塞古斯（Publius Cethegus），昔为最激烈的马略党，以后投归苏拉，受他优容，在本期的政治活动中居最有势力的地位——他狡猾绝伦，构煽和调停于元老院各派之间，他以政客身份，熟悉各奸党的秘密，有时最重要将帅的任命决定于他情人普雷琪娅（Praecia）的一句话。只在参加政治的人无一超过庸才之时始能有这种惨祸；任何才干超群的人必能如扫蛛网似的扫荡这种朋党；但此时极感缺乏的正是有政治或军事才能的人。

说到老辈，经内战以后，有名的人除年高多智而又善辞令的 16
663年即前91年执政官卢奇乌斯·腓力普斯外，无一存在；他昔日曾倾向平民党，以后领导资本阶级以抗元老院，与马略党密切联络，最后又及时投到得胜的寡头党，博得感谢和酬报，在两党之间逃得性命。说到下一代,纯粹贵族最有名的领袖,有 674 年即前 80 年执政官昆图斯·梅特路斯·皮乌斯,他与苏拉同犯危难,共享胜利;有苏拉死年——676 年即前 78 年的执政官昆图斯·卢塔提乌斯·卡图卢斯(Quintus Lutatius Catulus),系维尔凯莱战胜将军之子;有两位少年军官即卢奇乌斯·卢库卢斯和马尔库斯·卢库卢斯(Lucius und Marcus Lucullus)昆仲,前者在亚细亚,后者在意大利,都曾隶属苏拉部下,立有战功;至于贵族如昆图斯·霍滕西乌斯(640—704 年即前 114—前 50 年)仅因其为辩护士而关重要,以及 677 年即前 77 年的两位执政官德奇姆斯·尤尼乌斯·布鲁图斯和马莫库斯·埃米利乌斯·雷比达·李维亚努斯(Mamercus Aemilius Lepidus Livianus)等无能之辈。其最大优点在具有贵族式的铿锵姓名的,姑置不论。但甚至那四个人也不高于当时平庸的贵族。卡图卢斯一如其父,也是个高雅的人、正直的贵族,但才干有限,尤其不善用兵。梅特路斯不但人品可敬,而且是个有才略、有经验的军人;675 年即前 79 年,他卸去执政官职之后,卢西塔尼亚人和昆图斯·塞尔托里乌斯所率的罗马亡命徒又在西班牙起事。他所以被派往该地,并非因为他与摄政有密切的关系,为摄政的姻亲和同僚,而是因为他的才能为人所公认。卢库卢斯昆仲也是良将,尤其那位长兄,有很可敬的军事才能又有渊深的文学修养和写作的嗜好,并且他的为人也显然光明正大。不过说到从事政治,就是这几个出色的贵族,其疏忽短见也不亚于当时的一般元老。固然对于外面的敌人,其中最知名的有以自见其可用和骁勇;但他们没有一个显出愿望和技巧来解决真正的政治问题,没有一个能充道地的舵手引导如舟的国家走过那阴谋和党派

的汹涌大海。他们的政治智慧仅限于真心相信寡头政治为救世的 17
不二法门，痛恨奸雄作风和每种自谋解放的个人专权，并加以激烈的攻击。他们那卑鄙的野心好以琐事为满足。梅特路斯在西班牙时，据说他不但喜欢西班牙应景诗人那种不调和的琴瑟，而且他每到一处，竟至使人用敬神的奠酒和烧香来接待他，在筵宴时，使胜利神在假造的雷霆中下凡，以战胜者的金冠加在他头上；这事的无稽与大多数的历史逸事相等，但这种闲谈却映出堕落民族那种下流的野心。甚至较为出色的人士，尚未得到权势，只得到执政职、凯旋和元老院的一个尊位，便以为满意；他们只要有正当志向，刚开始对本国和本党真正有用之时，便退出政治舞台，沉湎于王者的奢侈生涯。像梅特路斯和卢奇乌斯·卢库卢斯一流人，就在做将军时，他们所想的也不是征服新君长和新民族以扩大罗马的领域，而是获得非洲和小亚细亚的新美味以扩充罗马烹饪术中野味、家禽和糖果的无穷项目，并且他们把一生的大半虚掷在多少有点聪明的游惰。祖传的长处和个人的克己是一切寡头政治的基础，在本期那没落而赖人工复原的罗马贵族中，这长处和克己业已荡然无存；据他们普遍的见解，帮会精神就是爱国心，好虚荣就是有大志，固陋就是始终如一。如果保管苏拉宪法的人是出席罗马红衣主教团或威尼斯十人会议的人士，反对党是否能那么快地动摇他的宪法，我们不知；守护者既然是这等人，每次攻击当然造成严重的危机。

有些人对于苏拉宪法既不绝对服从，也不公然反抗，其中为大众所注目的无过于年少的格涅乌斯·庞培，苏拉死时他才二十八岁（生于688年即前106年9月29日）。此事对于景仰者和被景

13 仰者均属不幸，但是自然之理。他有健全的身体和精神，是个绝好的运动家，甚至做高级军官时也与部下士兵比赛跳跃、竞走和举重；善于骑马和击剑，为义勇队的猛将，这位少年在绝不能任官职和入元老院的年龄，便已成为最高统帅和凯旋将军，并且在民意中已博得仅次于苏拉的地位；这还不算，宽容的摄政又半带承认半带讥讽地给他“大帝”这个别号。不幸他的天资与这些空前的成功迥不相侔。他不是个恶人，也不是个无能之辈，而是个十足凡庸的人，天生是个好中士，现在应时势的要求，竟成为将军和政治家。他是个绝好的武人，有见解，有胆气，又有经验，可是甚至以军人资格而言，他也没有丝毫更高的天才。他做将军和其他事时，他的特色是谨慎从事，濒于畏怯，如果可能，仅在对敌人立下无限的优势时，始断然一击。他的修养是当时的普通修养；虽则纯是武人，他到罗德斯岛时，却不忘本分，向当地修辞家致其赞赏和馈赠。他的正直是一个有祖遗和自置的巨产而慎加管理的富人的正直。他耻于不按元老的常规来赚钱，但他太冷淡太殷实，不肯因为这事冒特别的危险，或自取明显的耻辱。他以正直无私著名，并且比较说来，确是很有根据，这不是因为他自有美德，而是因为他同时人恶习盛行。他的“诚实面貌”几乎有口皆碑，甚至到他死后，也仍被目为有德的高人；他确是个好邻人，不染当时贵族的恶习，如强迫卑贱的邻人出卖田产，或用更坏的手段扩充地界；在家庭生活中，他对妻室儿女感情甚笃。再者，他更有可敬之处，他首先废弃那先在凯旋中陈列掳来的敌君敌将而后置之死地的野蛮风习。但这不妨
19 碍他做下面的事：他的爱妻出自国贼之家，他奉主公苏拉的命令与她分离，又听这位主公的指示，很沉静地命人把一些曾在患难中扶

助他的人杀死在眼前;人们虽然责备他残忍,他却不残忍,但或更恶于此,他冷酷,无论为善为恶,一概无情。在戎马仓皇中,他直视敌人,毫不畏缩;在公民生活中,他为人羞怯,常为些微小事两颊发赤,他当众发言时,不免忸怩不安,在交际上总是板滞、僵硬和拙笨。他尽管桀骜刚愎,却正如一般自炫其特立独行的人,在晓得运用他的人手里,是个柔顺的工具,尤其在那些他不怕受他们支配的脱籍奴隶和门客手里,他更是个柔顺的工具。他最不相宜的无过于做政治家。没有确定的目标,没有选择手段的才能,无论对小事大事都是眼光短浅,束手无策,他常以肃然静默掩饰他的犹豫不决,他想弄玄虚之时,只是自以为欺人而反自欺罢了。由于他的军事地位和地方联络,他几乎无所作为便得到大群的私党依附他,他可以用他们做极大的事业;但庞培在一切方面不能领导和团结一个党派,如果这党仍团结不解,这也不是他的作为,而纯是时势使然。在这事一如在他事上,他使我们想起马略;但马略虽性情粗鲁暴躁,却还不如这位极可厌极呆板的假伟人。他的政治立场完全错误。他是苏拉一个部将,义应尊重复古的宪法,他却又不但反对元老院专政,而且反对苏拉个人。庞培一族仅在最近六十年来始入执政官名录,在贵族眼里尚未得到充分的资格;对于元老院,这位庞培的父亲曾抱很可恨的模棱态度。他自己也曾属于秦纳党——这些旧事或许无人提起,可是尚未遗忘。庞培在苏拉部下所得的高位,使他表面与贵族 20
联络,心中却与他们不和。庞培既头脑简单,又那么迅速而容易地侥幸上攀荣华的绝顶,不免感觉眩晕。仿佛他要与最富诗意的英雄角色媲美,以嘲笑他自己干燥无诗意的性格,他始自比亚历山大大帝，自命为世界无双的人，不当仅为罗马五百元老之一。其实没有比庞培更适于参加贵族政治的。他那庄严的外貌，他那肃穆的礼文，他那血气之勇，他那循规蹈矩的私生活，他那毫无创造力，如果他生在二百年前，或许能使他得个尊荣地位，与昆图斯·马可西姆斯和普布利乌斯·德奇姆斯并驾齐驱；凡庸为真贵人和真罗马人的特色，庞培与公民大众和元老院所以始终特别心投意合，得凡庸之助不少。他自始就是命定的元老院将军，如果他以此为足，甚至在他那时代，也可以占个鲜明而重要的位置。他却不以此为足，于是他陷入一种不幸的境况，要为其所不能为。他无日不求占国家中一个特殊地位；一旦地位到来，他又不能断然取为己有；众人和法律若不绝对屈从他，他便深感愤怒，可是他的态度却处处目众人为他的同列，不只是假作谦虚，并且只要一想做任何违背宪法的事，他便心惊肉跳。如是，既常与寡头党根本不睦，同时又是听命于寡头党的奴仆；既怀着野心而又常怕把它实现，他便在内心的永久矛盾中，毫无乐趣地度过他那纷纭缭乱的生活。

马尔库斯·克拉苏与庞培相似，也不能算作寡头党的绝对同党。他是个很能代表本期特色的人物。他比庞培大几岁，与之相
21 似，也属于罗马的高等贵族界，也受过本阶级寻常的教育，也像庞培似的曾隶属苏拉部下，功劳卓著于意大利内战。在天资、文才和将略上他远不及许多侪辈，可是由于无限的活动，由于坚持到底、力求掌握一切和左右一切，他却赶过他们。最重要的是他投身于商业。他在革命期间收买地产，造成他那财富的基础；他不以任何牟利之事为耻；他经营首都的建筑业，规模既大，又很谨慎；他与他

的新自由人合营极不相同的事业；他在罗马城内外开设银行，或亲自料理，或委人代办；他贷款于元老院的同事，并且偶尔替他们办事和贿赂法院。他在牟利上绝不选择手段。苏拉惩治罪人时，证明他有捏造名单之罪，因此苏拉在国事上不再用他；一纸遗嘱列有他的姓名，但显然出自伪造，他却不因此而拒受遗产；一个小农人有田地与他的田地毗连，被他的管家用强力或诈骗逐出，他也不反对。再者，他避免公然犯法，他过着简单朴素的富人生活。这样，几年之间，克拉苏由一个有普通元老财产的人变为大富翁，他死前不久，支付了绝大的额外开销以后，他的财产仍达一亿七千万塞斯特。他成为罗马人的首富，所以同时也是政治上一个大人物。如果按照他的话，不能以自己的收入养一军的，不可自称为富，那么，谁能这样做，便不只是个公民。实际说来，克拉苏所着眼的目标不止于保持罗马最满的钱柜。他尽力扩充他的联络，不嫌劳苦。首都每一公民，他都能呼其姓名与他寒暄。人有求他在法庭上相助的，无一遭到拒绝。固然苍天没有多给他演说才能，他的演说词枯燥无味，他的发言太嫌单调，他患重听；但他那坚持到底的精神不为厌倦所阻遏，不为快乐所转移，竟能打破这些障碍。他从不显得
事前无备，他从不临阵磨枪，所以他成为时刻受人请求和时刻有准 22
备的辩护律师；说起来不是诽谤他：在他手里，很难有太恶劣的讼案，他不但晓得用他的演说感动法官，而且晓得用他的联络，如有必要，用他的金钱，运动法官。元老院有一半人欠他的债，他惯于借钱给朋友，不取利息，随意收回，使一些有势力的人依赖他，并且他不分党派，与一切方面维持关系，欣然借给任何能付钱的或其他有用的人。最激烈的党魁向各方面施行攻击，无所忌惮，却慎避与

克拉苏寻衅；人们拿他比作一群牛的公牛，人绝不宜触犯他。不言而喻，这样的人处在这样的地位，其志必不在小；克拉苏异于庞培，他确知政治投机的目的和手段，有如一个银行家。自罗马肇始以来，资本在这里就是一种政治力量；时代既然如此，金或铁似乎能打通一切。在革命时期，富豪阶级或许想到推翻氏族寡头党，果若是，像克拉苏这样人所注目的或许超过凯旋将军的束棒和绣衣。目下他是个苏拉党，是个拥护元老院的人，不过他偏是个财政家，不能专属于某一党派，也不能追求个人利益以外的任何事物。克拉苏既是罗马最有钱、最善阴谋的人，又不是个守财奴，而是个规模极大的投机家，要拿王冠来投机有何不可？或许他单独一人不能达到这个目的；但他已与人合伙做了许多大事；关于此事，也未尝不能有个相当的人出来与他合作。这是当时的特色：一个平凡的演说家和军人，一个以好动为有能力、以贪利为有志向的政客，一个根本上只有绝大财产和拉拢关系的商贾才能的人——这样的人仗着万能的会党和阴谋，竟能自以为与当日第一流将军
23 和政治家不相上下，并且竟能与他们竞争那引起政治野心的最高利物。

在真正反对党里，无论开明的保守党或平民党，革命风波已造成可怕的损害。在开明的保守党里，仅存的名人是盖乌斯·科塔（630—681 年即前 124—前 73 年），他是德鲁苏斯的朋友和同志，因而在 663 年即前 91 年被逐出国，然后在苏拉得胜时奉召回国。他是个聪明人，又是个胜任的辩护士，但无论他本党的重要性或他个人的重要性都只能使他居可敬的次要地位。在平民党后起的少年中，有个二十四岁的盖乌斯·尤利乌斯·恺撒（Gaius Julius

Cæsar，生于652年即前102年7月12日[①])，引起无论友人和敌人

① 人常以654年即前100年为恺撒降生之年，因为据苏埃托尼乌斯、普鲁塔克和阿庇安之说，他死时(710年即前44年3月15日)年五十六岁；人云苏拉褫夺人权时(672年即前82年)，他年十八岁，也与上说大致相合。但这种见解与下列事实绝对不合：恺撒在689年即前65年充市政官职，在692年即前62年充副执政官职，在695年即前59年充执政官职，而按年龄法，任这些职位最早的年龄，依次序说，为三十七至三十八岁，四十至四十一岁，四十三至四十四岁。我们不能想象为什么恺撒在法定年龄两年之前就充任这一切法座职，更不能想象为什么这事不见于任何记载。这些事实毋宁引起一种猜度，就是他的生日即在7月12日，毫无可疑，那么，他生于652年即前102年而非生于654年即前100年，这样，在672年即前102年，他正是二十至二十一岁；并且他死时不是五十六岁而是五十七岁零八个月。再者，我们可以举出事实为后说的佐证——说来奇怪，这种事实竟被引来做反证——恺撒差不多还是个童子(*poene puer*)，便受马略和秦纳的任命，做朱庇特的点火僧；马略死于668年即前86年1月，按寻常的见解，恺撒那时不过十三岁零六个月，所以非如维莱乌斯(Velleius)所谓"差不多"，而确乎仍是个童子，大概就因为这个缘故，绝不能充这种祭司职。反之，如果他生在652年即前102年7月，则在马略死时，他十六岁；这合于维莱乌斯之说以及一般法规，按一般法规，未逾童年的人不能就公职。又有进者，只有后说能合于下列事实，即恺撒在内战将起时所造钱币都刻有数字LII，大概就代表他的年龄，因为内战开始时，按这种说法，恺撒的年龄稍逾五十二岁。我们惯见官方正规的降生录，据我们看来，在这方面以错误加在权威身上，似嫌孟浪；其实不然。以上四种说法很可能出自一个共同的渊源；它们绝没有令人深信的权力，因为较早期间在日时法案(*acta diurna*)肇始之前，甚至关于最著名、最显要的罗马人的生年，例如庞培的，也有极不相同的说法，令人惊异。

拿破仑三世所作的《恺撒传》反对此说，一者，据年龄法所示，恺撒的生年不在652年即前102年，而在651年即前103年。再者，尤其重要的，我们晓得其他不守年龄法的事。但第一层出于误会，因为如西塞罗的例所示，年龄法所要求的只是就职的人须初届四十三岁，不是已满四十三岁。再者，所谓此种规则的例外一概不合实情。塔西佗说昔日授官时，不注意年龄，又说执政的独裁都曾委很年轻的人充任，他所指的，如一切注解家所公认，当然是较早时期，即公布年龄法以前之时——瓦列里乌斯·科尔弗斯(M. Valerius Corvus)二十三岁做执政官以及其他相类的事。相传卢库卢斯未到法定年龄就得居最高官职，这话不确；见于记载的只是根据一种我们所不详知的特殊条文，报答他所立的某种功劳，他免受做市政官后须隔两年始得做副执政官的法律限制——实际说来，他在675年即前79年做市政官，大约在677年即前77年做副执政官，680年即前74年做执政官。不言而喻，庞培的情形与此完全不同，但甚至说到庞培，也有几次见于明文，说元老院使他免受年龄法的限制。庞培是个得胜的元帅，凯旋的将军，(接下页)

24 的注目。他与马略和秦纳都有亲戚关系（他的姑母是马略的妻室，他本人娶秦纳的女儿为妻）；这位少年还未走过童稚，独裁命他送一封离婚书给他那妙龄的妻室科尔涅莉娅（Cornelia），他毅然拒绝，不做庞培在同样情形下所做的事；马略给他一个祭司职，苏拉收回成命，他胆敢坚持不去；在剥夺人权时期，他也受到威胁，出亡在外，他的亲属勉强替他调停，始得免祸；他在米蒂利尼城下和西利西亚英勇作战，无人能料这娇生惯养、近于女性的纨绔童子竟能
25 这样勇敢；甚至苏拉也告人防备这“穿裙的童子”，藏在他胸中的不止一个马略——以上一切，在平民党看来，正是他可取之处。但恺撒只能为将来希望之所寄；那些以年龄和政治地位而今有资格掌平民党和国家统治权的人，不是已死，便是出亡在外。

如是，平民党的领袖既缺乏真有资格的人来担任，任何人愿意起而维护被压倒的民权，便可以得到这个位置；马尔库斯·埃米利乌斯·雷必达（Marcus Aemilius Lepidus）便这样成为平民党的领袖，他本是苏拉党，但由于太可疑的动机，投归平民党的营垒。他曾是个热心的贵族党，遗产拍卖时，他曾大批收买，以后为西西里省长，横征暴敛，以致有受弹劾的危险，为规避弹劾起见，投到反对

（接上页）一军的领袖，他与克拉苏联合之后，又是一个强大党派的魁首，他求为执政官时有这种事，自在意料之中。但恺撒求为较小官职时，他不比其他初入仕途的人关系重要，如果此时也有这种事，那便奇怪极了；又有更为奇怪的，人们既提到那个不言而喻的例外，却不说起这个太少有的离奇事，虽则这事自当说起，尤其关于奥大维（Octavianus）二十一岁为执政官的事。与所举的例证如出一辙的是得自例证的推论，即“关于出类拔萃的人，罗马人不尊重这种法律”。说到罗马和罗马人，没有比这句话更错误的。罗马共和及其伟大的将军和政治家所以伟大，特别系于一件事，即法律不但对别人有效，也对他们有效。

党。这是个未必可贵的收益。固然，这么一来，反对党得到一个著名的人，一位贵族，一个激烈的市场演说家；但雷必达却是个无足轻重的鲁莽人，无论在会议室或战场都不配做领袖。然而反对党欢迎他，于是平民党的新领袖既能威吓控告他的人，使不再从事已发动的攻击；而且竟能使他通过选举为676年即前78年执政官；助成此事的除由西西里勒索来的财宝外，又有庞培的愚昧企图，他想向苏拉和纯苏拉派表现他自己的本领。现在苏拉已死，反对党复得雷必达为领袖，他们的领袖又成为国家最高的官吏，首都发生新革命之期可料必不在远。

首都的平民党尚无举动，亡命的平民党徒便已又起事于西班牙。这个运动的主脑是昆图斯·塞尔托里乌斯。这位超群的人，生于萨宾的努西亚（Nursia），天性温柔，甚至可谓多情，这见于他对他母亲雷伊娅（Raia）如狂的爱慕——同时又极饶侠义的勇气，他由辛布里、西班牙和意大利各次战事带来的创痕可以为证。虽 26
则他完全没受过演说的训练，他的言辞却自然流利，明确中肯，引起博学辩护士的赞叹。特别在革命战争中，平民党的战术非常可怜而愚蠢，他却得有机会，以灿烂的对比表现他那非凡的军事才能和政治才能；众所公认，平民党的将领只有他晓得如何筹备和指挥战事，平民党的政治家只有他能以政治家的毅力反抗本党那种愚蠢暴戾的行为。他部下西班牙的兵士称他为新汉尼拔，这不仅因为他在战争中损失一只眼睛，像那位英雄，实则他使人忆起那伟大腓尼基人的、智勇双全的战术；还因为在他那以战备战的奇才，在他那善于招徕外国人替他效劳，使他们能有助于他的目的；以及在他那无论成败，一概谨慎，在他那能以敏捷的创造力利用胜利和挽救失败。以多才多艺而言,古今罗马政治家是否有任何人能与塞尔托里乌斯相比,殊为可疑。苏拉的将军逼他离开西班牙以后,他在西班牙和非洲的沿岸度其流离冒险的生活,有时与在这些海洋里出没的西利西亚海盗在利比亚游牧的部落酋长互相联合,有时与他们交战。甚至在这里,罗马得胜的复古政府也来追他;他围攻丁吉斯时,为援助此城之君起见,帕琪古(Pacciaecus)由罗马属下的阿非利加率兵来到,但塞尔托里乌斯完全击破帕琪古,攻陷丁吉斯。罗马亡命徒立此战功的消息一传出去,卢西塔尼亚人虽名为服从罗马的主权,却实际保持他们的独立,与远西班牙省的长官年年交战,现在派使者来到阿非利加见塞尔托里乌斯,请他到他们国里去,委他为民兵的统帅。

二十年前,塞尔托里乌斯曾在狄第乌斯部下服务于西班牙,晓
27 得此地的资源,决定应允这种邀请,于是留一小队哨兵驻毛里塔尼亚海岸,登船赴西班牙(约674年即前80年)。西班牙与非洲之间的海峡有科塔部下的罗马舰队据守,要暗渡海峡,实不可能;所以塞尔托里乌斯夺路过海,幸达卢西塔尼亚人之地。听他号令的卢西塔尼亚民社不过二十个,至于"罗马人",他只招得二千六百人,大部是帕琪古军的逃兵,或是有罗马式武装的非洲人。塞尔托里乌斯深知一切均系于一事,即须有具罗马编制和训练的军队做散漫游击队的坚强核心;因此,他征募步兵四千和骑兵七百来加强他所带来的队伍,以这个兵团和成群的西班牙义勇兵,他进攻罗马人。远西班牙省的将军是卢奇乌斯·福菲狄乌斯(Lucius Fufidius),此人因为绝对尽忠于苏拉,在宣告褫夺人权时确有以见其忠实,由下级军官升到代理副执政官;他在贝狄河(Bätie)上全被击

破,罗马兵二千人陈尸战场。使者急召邻境埃布罗省长官马尔库
斯·多弥提乌斯·卡尔维努斯(Marcus Domitius Calvinus)来防
堵塞尔托里乌斯的再进;不久以后(675 年即前 79 年)宿将昆图
斯·梅特路斯又奉苏拉的派遣,来代替南西班牙那位无能的福菲
狄乌斯。但他们仍不能平定叛乱。在埃布罗省,不但塞尔托里乌
斯的副将财务官卢奇乌斯·赫尔图勒乌斯(Lucius Hirtuleius)歼
灭了卡尔维努斯的军队,斩卡尔维努斯,而且外阿尔卑斯的高卢省
长官卢奇乌斯·曼利乌斯(Lucius Manlius)率三个兵团逾比利牛
斯山来救他的同事,结果也全为这位勇将所击破。曼利乌斯勉强
率少数人逃到伊莱尔达(Ilerda,即莱里达[Lerida]),由此再逃到
他本省,途中遭阿奎塔尼亚(Aquitanian)部落的袭击,丧失了全部
辎重。在远西班牙,梅特路斯深入卢西塔尼亚人境内,但他攻郎果
布利伽(Longobriga,距塔古斯河口不远)时,塞尔托里乌斯竟能把
阿奎努斯(Aquinus)所率的一支兵诱入埋伏,于是梅特路斯被迫解
围,退出卢西塔尼亚境。塞尔托里乌斯追蹑其后,在阿纳(Anas,
即瓜迪亚纳[Guadiana])击败托里乌斯(Thorius)的队伍,又用游
击战攻这位元帅的军队,加以无量的损害。塞尔托里乌斯坚持不
肯决战,可是截断罗马军的饷道和交通线,永远骚扰其四围,梅特 28
路斯是个循规蹈矩而稍嫌拙笨的战术家,对他的敌人束手无策。

塞尔托里乌斯在两西班牙省得到以上的非常胜利,因为这些胜利不仅仅为武力所造成,不仅仅属于军事性质,所以更关重要。亡命徒本身并不足畏,卢西塔尼亚人在这个或那个外国人指导之下偶得几次胜利,也不甚打紧。但塞尔托里乌斯在政治和爱国上有极明确的随机应变之才,只要可能,他便不以叛罗马的卢西塔尼

亚人头目自居，而自命为罗马将军和西班牙省长，他实以这种资格被昔日的统治者派到这里。他始[1]把亡命者的首领组织成元老院，这元老院增至三百人，按罗马的方式办理政事，推举官吏。他认部下军队为罗马军队，用罗马人充任将领，毫无例外。对于西班牙人，他是省长，凭着他的职权由他们中间征发队伍和其他援助；但他做省长，不照例施行虐政，却努力使省民亲附罗马和他自己。他的豪侠性格使他易于了解西班牙的习惯，又使西班牙贵族极热爱这位与他们情投意合的外国奇人。西班牙人与凯尔特人和日耳曼人相同，也有武士投靠的风气，按这风气，西班牙最高的贵族数千人宣誓效忠于这位罗马将军，至死不渝；他们做塞尔托里乌斯的战侣，比他同国同党的人尤为可靠。他不吝于利用西班牙野蛮部落的迷信，使人以为他的作战计划是戴雅娜派她那白鹿送来的命令。自始至终，他总施行公正宽仁的政治。他的军队，至少在他目所能见和力所能及之处，须保持极严的纪律。虽则他在处罚上普
29 遍从轻，但每遇他的兵士在友邦作恶，他总是毫不容情。对那些永久改善外省人民状况的事，他也不是漠不关心；他削减贡额，命兵士自筑冬营，于是军队住民房那种沉重的负担便告解除，并且这样一来，不可名状的弊害和烦恼的一个来源也被堵塞。在奥斯加(Osca，即韦斯卡[Huesca])，他为西班牙贵族的子女立了一个高等学校，使他们在这里受罗马常有的高等教育，学习说拉丁语和希腊语，以及穿外罩的方法——这是个很可注意的办法，西班牙的盟

[1] 至少这些组织的纲领须归在774年即前80年、675年即前79年、676年即前76年等，可是实行必大部属于以后的几年。

邦不免送质子给他，这办法的用意不只是以尽量客气的方式由各盟邦取质子，而且有更重要者在盖乌斯·格拉古和平民党曾有逐渐使外省罗马化的大计划，这就是那个大计划的产物和改进。要做到使外省罗马化时，不光灭绝旧居民然后以意大利移民补其缺，却使外省人民本身罗马化，此为首次。罗马城的贵族党嘲笑那些可怜的亡命徒、意大利军队的逃兵、卡尔博匪军的残部，但他们自食这种卑鄙揶揄的恶果。他们所调遣去攻塞尔托里乌斯的大军连西班牙的征兵在内，共计步兵一万二千，弓手和轮索手二千，骑兵六千。对这非常占优势的兵力，塞尔托里乌斯不但能以一串小胜和大胜守其阵地，而且能使西班牙大部入他的掌握。在远西班牙省，梅特路斯见他的势力只能及于部下军队所直接驻防的地方，各部落只要能够做到，都归附了塞尔托里乌斯。在近西班牙省，自赫尔图勒乌斯战胜之后，不再有罗马军队。塞尔托里乌斯的使者遍历高卢全境，高卢各部落也蠢动起来，始有成群结队的人骚扰阿尔卑斯山的关隘。海面也为叛党和合法政府所共有，因叛党与海盗相结合，在西班牙海上，海盗不弱于罗马战船。在戴雅娜岬（瓦伦西亚[Valencia]与卡塔赫纳[Cartagena]之间，伊维卡[Ivica]的对面），塞尔托里乌斯替海盗建立了一个固定兵站，他们在这里守候 30
罗马接济沿海城市和军队的运船，替叛党取货送货，做他们与意大利和小亚细亚的交通媒介。很可忧的，这些人无时不准备从大火场带火星到一切地方去，特别在引火物狼藉于罗马帝国各处之时。

在这种情势之下，苏拉忽然去世（676 年即前 78 年）。只要此人在世，一支有训练有经验的可靠军队随时准备听他的呼唤，就是西班牙两省殆似乎必落于亡命徒之手，国内必举反对党领袖为最高官吏，寡头党或许也认为是暂时不幸，加以容忍；他们眼光短浅，可是也非无理由，或许相信反对党未必敢公然开战，就算反对党竟敢如此，苏拉既然两次拯救寡头党，第三次必也能使他们复位。现在局势变了。首都平民党的过激派久已不耐无限的迟延，又为来自西班牙的辉煌消息所激动，力主发动攻势；当时雷必达操决定权，他便以叛徒的全副热心和他自己特有的轻举妄动，赞成这种提议。转瞬之间，仿佛那点起摄政火葬柴堆的火炬，也要点起内战的火；但反对党鉴于庞培的势力和苏拉老兵的心情，使摄政的丧事平安度过。

然而自此以后，他们更公开地筹备再起革命。控诉“滑稽的罗慕洛”及其刽子手的话已日日响澈首都的市场。那位伟人尚未瞑目，雷必达及其党羽便已公然指出他们所倡运动的目标，即推翻苏拉宪法，复行分配粮食制，使保民官复归原位，召还那些违法被逐的人，归还被没收的土地。现在他们与被罪的人成立联络；秦纳时
31 代做西西里省长的马尔库斯·佩彭纳来到首都。苏拉所谓国贼的人，他们的儿子在复古政府的法律下受苛刻难堪的压迫，现在他们和一般倾向马略党的名人均被邀请参加。不少的人如小卢奇乌斯·秦纳等加入这个运动；可是其他的人效法盖乌斯·恺撒，恺撒接到苏拉身死和雷必达定计的消息，固然由亚洲回国，但他一详知这领袖和这运动的性质，便慎行引退。人们在首都的酒馆娼寮中酣饮狎妓，都写在雷必达的账上。终于在埃特鲁斯坎人的失意人中，酿成一个反对新秩序的阴谋。①

① 以下的叙述大体根据李锡尼的记载，他的记载在这点上虽残缺不全，却仍把雷必达之乱的重要资料传给我们。

以上一切都发生在政府目睹眼见之下。执政官卡图卢斯和较明达的贵族党都力主断然干涉，以灭叛乱的萌芽，然而松懈的多数派却不能决然发动这个斗争，还想用妥协和让步的方法把他们自欺的事尽量拖延下去。起初，雷必达也赞成这种办法。有人要求把归还所夺的保民官职权做一提案，他与他的同僚卡图卢斯一致拒绝。反之，格拉古的分配粮食制却有限度地恢复了。这次办法与森普罗尼乌斯法不同，按这次的办法，受昔日格拉古所定的恩典的——每月以六点五塞斯特的代价买粮五牟底——似乎不是全部而只是定数的贫穷公民，约计四万人，因为这个规定，国库每年所 32
受的净损失至少达四万镑。[①] 反对党得到这种折半的让步，当然既不满意，又确实壮起胆来，便在首都更逞其粗野狂暴；埃特鲁里亚是一切意大利无产阶级暴动的真正发源地，内战已在这里发作，土地被夺的菲苏兰人已用武力恢复失地的所有权，苏拉安置在那

① 在676年即前76年下面，李锡尼说：(*Lepidus*)〔*le*〕*gem frumentari*〔*am*〕*nullo resistente l*〔*argi*〕*tus est*，*ut annon*〔*ae*〕*quinque modi popu*〔*lo da*〕*rentur*。所以按这个记载，681年即前73年执政官马尔库斯·特伦提乌斯·卢库卢斯(Marcus Terentius Lucullus)和盖乌斯·卡西乌斯·瓦鲁斯(Gaius Cassius Varus)的法律，即西塞罗所述说和萨卢斯特所提及的法律，并非始恢复五牟底的法律，而只是整理西西里粮食的收买以保障粮食的布施，在许多细节上或也有所变更。森普罗尼乌斯法确许每一住在罗马的公民共享赠粮。但以后的分配范围却不如此，因为罗马公民的每月粮食共计不过三万三千梅丁(*medimni*，古希腊斗)即十九万八千牟底(罗马斗)，那么，当时只有约四万人领粮食，而住在首都的公民当然比这数目大得远甚。这种重大的改革大约出自奥大维法，这法律不行森普罗尼乌斯浪费的布施，却创行"国家所能堪、平民所必需的一种有节制的布施"；由各方面看来，李锡尼所说的粮食法正是这种法律。雷必达容许这种调停的建议与他对恢复保民官职权所抱的态度相合。这也合于一种情形，即平民党绝不满意由此而来的粮食分配办法。损失的数目系以粮食值至少加倍的价钱为基础；当海盗或其他原因提高粮价之时，必有远较重大的损失。

里的老兵已有几个死于乱事。元老院听得这事发生，议决派两执政官前往，以便征兵平乱。[①] 没有比这个做得更荒唐的。元老院对叛党表示其软弱和恐惧，恢复粮食法；为消弭街市的喧嚣起见，他们给叛党的著名领袖一支军队；两执政官以人类所能想象的最重誓言，约定彼此不用他们所受的武力互相攻击，只有寡头党那种
33 魔鬼般的顽固良心才能想出以这种寨墙防御那临头的叛变。当然，雷必达在埃特鲁里亚不为元老院而为叛党修武备，他用嘲笑的口吻说，所发的誓只能在本年约束他。元老院发动神谶机构劝他回来，委他办理将近的执政官选举事务；但雷必达持规避态度，在使者为此事来来往往之时，执政官任期在调解建议中届满，他的兵力蔚为一军。次年（677 年即前 77 年）之初，元老院明令雷必达尽速归来，这位省长悍然抗命，却要求复兴往日保民官的职权，恢复那横被驱逐者的公权和财产，此外还要求重选他为本年执政官，换句话说，成立合法的僭主政治。

这样，两方便宣战了。苏拉部下老兵的公民权受雷必达的威胁，元老党所能倚赖的除他们外，还有续任执政官卡图卢斯所召集的军队，于是元老院听明达者尤其菲力普斯的紧急警告，委卡图卢斯保卫首都，抵御平民党驻在埃特鲁里亚的主力军。同时，庞培奉

---

① 由李锡尼残缺的记述看来，元老院的法令：*uti Lepidus et Catulus decretis exercitibus maturrume proficiscerentur*，显然不是说派遣尚未任满的执政官往他们治下的省份去做续任执政官，这样便毫无理由，而是说派遣他们到埃特鲁里亚去讨叛变的菲苏兰人，正如在卡底里那（Catilinarischen）战争，执政官盖乌斯·安东尼（Gaius Antonius）被派往该地。萨卢斯特书中记菲力普斯的话，说雷必达 *ob seditionem provinciam cum exercitu adeptus est*，完全与此说相合，因为执政官在埃特鲁里亚的非常统帅职正与续任执政官在纳博高卢的平常统帅职同为一种 *provincia*。

派另率一军，从昔日受他保护的人手中夺取波河流域，现在守波河流域的是雷必达的副将马尔库斯·布鲁图斯。当庞培迅速完成他的任务，围困敌将于穆提那之时，雷必达来到首都要仿昔日马略的办法为革命党攻克此城。台伯河右岸完全落在他手，他竟能渡河。决战发生在紧依城下的大校场。但卡图卢斯获胜，雷必达不得不退往埃特鲁里亚，同时他的儿子西庇阿所率的另一支军入守阿尔巴的堡垒。乱事大体告终。穆提那向庞培投降；布鲁图斯虽蒙允给护照，以后庞培又下令把他处死。阿尔巴被久围之后，也粮尽投降，这里的首领也被处决。雷必达受卡图卢斯和庞培两面夹攻，只 34
为取得退路，再战于埃特鲁里亚的海岸，然后在科萨港登船往撒丁，他希望由撒丁截断首都的供应线，得与西班牙叛党联络。但此岛的长官激烈反抗，雷必达登陆不久之后，死于肺病（677 年即前 77 年），于是撒丁的战事完结。他部下的兵有一部分溃散；故副执政官马尔库斯·佩彭纳带着叛党的精锐部队和充盈的兵库往利古里亚，由此到西班牙，加入塞尔托里乌斯党。

如是，寡头党战胜了雷必达；但对塞尔托里乌斯的战事颇危急，他们觉得不得不做违反苏拉宪法精神和文字的让步。他们绝对须派一支强大军队和一位良将到西班牙；庞培很明显地表示他想望或不如说要求这个任务。这项要求很是苛刻。他们在雷必达革命吃紧时让这个秘密敌人再达到非常统帅之职，已甚不幸；但更远较危险的，是抛弃苏拉所定一切关于官阶的规则，对于一个迄今未尝充文职的人，这样给他一个最重要的寻常省长之职，以致把遵守一年法定任期的事置之度外。如是，即姑不论对他们的将军梅特路斯应有的尊敬，寡头党也很应当以全副真诚，来反抗这野心少年要永保其特殊地位的新企图。但这事却不容易。第一，西班牙将军是个繁难的职务，他们没有一个能胜任的人。那年的两位执政官无一表示愿做塞尔托里乌斯的对手；卢奇乌斯·腓力普斯向元老院全体大会所说的话，我们须认为确实——他说，全体有名望的元老没有一个愿在严重的战争中率兵作战。然而他们或可不计较此事，并且按寡头党的惯技，他们缺乏有能力的候补人员时，可用充数的人补其缺，如果庞培只是愿做统帅，而不是率领一支军队
35 来要求。卡图卢斯命他解散军队，他也充耳不闻，元老院的命令是否能得到较好的接受，至少还属可疑；而一旦破裂，结果无人能知——如果一位名将的武力加入反对党方面，元老院的势力便很容易被压下去，所以多数派决计让步。按宪法，以最高官吏的职权赋予在野的人时，应征求人民的意见，现在庞培不由人民而由元老院接受特任代执政官的权力和近西班牙元帅之职；他受命后四十天，便逾阿尔卑斯山，时为677年即前77年夏季。

最初，新将军有事于高卢，这里没有发生正式的叛变，但多处的治安大受扰乱；因此，庞培剥夺沃尔卡-阿瑞克米奇（Volkel-Arekomiker）和赫尔维（Helvier）等邑的独立，使他们隶于马赛利亚治下。他又修一条过科蒂安阿尔卑斯山的新路，在波河流域与凯尔特地之间建立较短的交通线。那年的好时光就在这个工作上消耗掉了，到了晚秋，庞培才逾比利牛斯山。

同时，塞尔托里乌斯也没有怠惰。他派赫图勒乌斯到远西班牙牵制梅特路斯，他自己则在近西班牙乘着全胜前进，并且准备对付庞培。这里仍附罗马的几个凯尔特伊比利亚城市被攻，陆续陷落；最后，在仲冬时，坚城孔特比亚（Contrebia，在萨拉格萨［Sara-

gossa]东南)又告失守。危急的城市再三送信给庞培,终属枉然,任何请求不能使他舍弃他那缓缓进行的常策。沿海城市有罗马舰队防守,庞培逾比利牛斯山以后据西班牙东北隅的印第加登(Indigeten)和拉勒坦(Laletaner)等地,全冬驻新兵于此,以使他们习于劳苦;除以上各地外,在677年即前77年底,近西班牙全部或由武力或由条约一概成塞尔托里乌斯的属地,自此以后,埃布罗河上游和中游各地常为他的势力最强固的柱石。罗马生力军鼎鼎大名的将军,使叛军发生恐惧,甚至这种恐惧也造成对他们有益的结果。 36
马尔库斯·佩彭纳与塞尔托里乌斯官阶相等,素来主张独立统率他那由利古里亚带来的军队,他的兵士一听得庞培来到西班牙的消息,便强迫他委身听命于较贤能的同僚。

在678年即前76年的战事中,塞尔托里乌斯又用赫图勒乌斯的军团对付梅特路斯,同时佩彭纳率一支强大部队沿埃布罗河下游驻守,如果不出他所料,庞培为与梅特路斯会合起见,必向南进兵,为获得军需起见,必取道沿海,他便可阻庞培渡河。盖乌斯·赫伦尼乌斯(Gaius Herennius)的军团先定佩彭纳的援军;同时远在内地,在埃布罗河上流,塞尔托里乌斯亲自一方面进行平定几个亲罗马的地方,又一方面准备按情形驰援佩彭纳或赫图勒乌斯。他的用意仍是避免任何大战,用小战和断粮道的方法骚扰敌人。

然而庞培却在佩彭纳面前强渡埃布罗河,列阵于萨贡图姆旁帕兰提亚(Pallantia)河上,此处距戴雅娜岬不远,戴雅娜如上所述,是塞尔托里乌斯党与意大利和东方保持联系的处所。当此之时,塞尔托里乌斯须亲自出马,用他那优越的兵力和天才与敌方较为优良的兵士来争衡。劳罗城(Lauro,在苏克罗[Xucar]河上,瓦伦西亚以南)已响应庞培,因而为塞尔托里乌斯所围,战争集中于此城的四周,历时甚久。庞培竭力援救此城,但他的几支军队被分别击破,于是正在他自以为包围了塞尔托里乌斯军,请守兵看他捉拿围军之时,这位大军事家忽然见他自己完全中计;为免被包围计,他不得不作壁上观,看这座同盟城市陷落焚烧,其居民被移往
37 卢西塔尼亚——因为此事,西班牙中部和东部若干已在动摇的城市又归附了塞尔托里乌斯。

梅特路斯的战运较佳。赫图勒乌斯不慎,在意大利迦(距塞维利亚不远)附近冒险做一次激烈的会战,双方将军都亲自肉搏,赫图勒乌斯受伤,梅特路斯把他击破,逼他退出罗马本境,入守卢西塔尼亚。有此胜利,梅特路斯便能与庞培会师。678—679 年即前 76—前 75 年冬季,两位将军都驻营于比利牛斯山。关于下一战役(679 年即前 75 年),他们议决共攻敌人在瓦伦提亚的阵地。但当梅特路斯进兵之时,庞培要雪劳罗的耻辱,如果可能,要独得所望的桂冠,便先向敌军主力挑战。塞尔托里乌斯欣然在梅特路斯来到之前乘机与庞培一战。

两军相遇于苏克罗河(Sucro,即 Xucar)上;激战以后,庞培在右翼为敌所败,身受重伤,被抬出战场。阿弗拉尼乌斯诚然以左翼克敌,夺得塞尔托里乌斯军的营垒,不过在行动时,突遭塞尔托里乌斯的袭击,也不得不逃走。如果次日塞尔托里乌斯还能再战,庞培的军队或许要被歼灭。但这时梅特路斯已来到,击破佩彭纳列阵抗拒的军团,夺去他的营垒;罗马两军会合,塞尔托里乌斯不能再与之战。梅特路斯得胜,敌军会合,骤然的停顿继胜利而来,恐惧的心情便弥漫于塞尔托里乌斯党,并且如在西班牙军队中屡见

不鲜的，因为局势有这种转变，塞尔托里乌斯部下的军队大部溃散。但沮丧的心情来得快，去得也快；转瞬之间，那在群众心目中代表将军战略的白鹿，比以前更受爱戴；不久以后，塞尔托里乌斯率一支新军出现，在坚附罗马的萨贡图姆（今莫维多[Murviedro]）南面平原上与罗马人对抗，而塞尔托里乌斯的私掠船又侵扰罗马
海运，饥荒已渐显露于罗马军营。在图里亚（Turia，今瓜达拉维亚 38
尔[Guadalaviar]）河的平原上，两方又打一仗，多时不分胜负。庞培和他的骑兵为塞尔托里乌斯所败，他的姻兄弟财务官卢奇乌斯·穆米乌斯（Lucius Mummius）英勇战死；另一方面，梅特路斯战胜佩彭纳，击退敌军主力对他的攻势，在肉搏中负伤。塞尔托里乌斯的军队又复溃散。赫伦提乌斯替塞尔托里乌斯固守瓦伦提亚，罗马军把它攻下，夷为平地。罗马人或一时存着希望，以为他们对顽强敌人的战事已毕。塞尔托里乌斯的军队已绝迹；罗马队伍深入内地，围攻塞尔托里乌斯于杜罗河（Duero）上游的克卢尼亚（Clunia）山寨。不过在他们枉然包围这座山寨时，反叛民社的分遣队却集会于他处；年终以前，塞尔托里乌斯潜行出寨，复为所率领大军的将军。罗马将军又须入驻冬营，瞻望愁惨的前途，他们这种西西弗式（Sisypheichen）的苦工必难免继续再来。瓦伦提亚一带因其与意大利和东方交通，非常重要，可是已遭友人和敌人的惨烈破坏，要在这里做冬营，实不可能；庞培先率部下军队入瓦斯孔人（Vasconen）领域①

① 新发现的萨卢斯特残著似属于679年即前75年战争终结之时，其中有云：*Romanus* 〔*exes*〕*citus*（庞培的）*frumenti gra* 〔*tia r*〕*emotus in Vascones i* …〔*it*〕 *emque Sertorius mon* … *o*，*cuius multum in*〔*terer*〕*at*，*ne ei perinde Asiae*〔*iter et Italiae interclu-deretur*〕。

(今比斯开[Biscaya]),然后度冬于瓦凯伊人之地(在巴利亚多利德[Valladolid]附近),梅特路斯甚至度冬于高卢。

这样,塞尔托里乌斯战事已历五年,然而任何一方都尚未看到一个结束。国家所受的战祸难以言传。意大利一代的少年精英都死于西班牙战争的磨折艰辛。国库不但失去西班牙的收入,而且每年须解巨款至西班牙,以供西班牙军的饷金和给养,这笔款项简直不知如何筹措。不言而喻,西班牙成为荒凉贫乏的地方,罗马文明已在此地有很灿烂的发展,现在受到重大损害;特别是叛党与政
39 府间的战争非常激烈,常有许多民社不幸全遭毁灭,结果当然如此。甚至依附罗马当权党的城市也须忍受无数的苦难;在沿海一带的须由罗马船队取得必需品,内地忠实民社所处的境遇几乎令人绝望。高卢所受的苦痛几乎不亚于此,此地一方面供应步骑分遣队和粮食金钱,一方面肩荷冬营的重负,因为680年即前74年的歉收,这种负担增加到难以忍受的地步;差不多一切的地方财政机关都不得不求救于罗马银行家,把沉重的债务背在身上。将军和兵士都不情愿进行战事。将军遇到比他们才高远甚的敌人,使人厌倦的顽固抵抗,危险很大、胜利既难得而又欠光荣的战事;据说庞培曾设法使政府把他由西班牙召回,给他别处一个较为可欲的统帅职。兵士在这次战争中,不但除重大的损失和无价值的利物外毫无可得,而且他们的饷金也发放得极不规则。679年即前75年年底,庞培向元老院报告说,兵饷已拖欠两年,兵士有自行解散之势。如果罗马政府能使他们自己不这样怠忽,姑不论更加情愿,来进行西班牙战事,他们当然能排除这些流弊的大部。然而大致看来,以塞尔托里乌斯这样超群的天才,不愿对方一切兵力上和

军事上的优势，在一个完全利于叛徒和海盗战争的地方，而能年复一年地进行这种游击战，这既不能归咎于罗马政府，也不能归咎于政府的将军。战事的结束尚不可知，塞尔托里乌斯的叛乱仿佛要与同时别的叛乱合而为一。这样一来，其危险性更形增大。正在此时与罗马人交战的，在海上有一切海面上的海盗船队，在意大利有叛变的奴隶，在马其顿有多瑙河下游的部落，在东方，米特拉达特斯王一部分鉴于西班牙叛党的成功，又想试一试他的武力。塞 40
尔托里乌斯是否曾联络在意大利和马其顿的罗马仇敌，没有明证，可是他确与意大利的马略党常常往来。反之，说到海盗，他从前已与他们结有公开的联盟；说到本都王，他朝中住有罗马亡命徒，塞尔托里乌斯早已借他们的媒介与他保持谅解，现在双方结了一个正式盟约，塞尔托里乌斯把小亚细亚各属国而不把亚细亚省割给本都王，又允派一名合格的军官去率领他的队伍，并允派若干兵士，本都王那方面约定给他四十只船和三千塔兰特。首都的聪明政客已回忆到意大利受腓力和汉尼拔东西夹攻之时；他们以为新汉尼拔正如他的前人，一手平定西班牙之后，便不难率西班牙的军队比庞培早到意大利，以便如昔日的腓尼基人，号召埃特鲁斯坎人和萨谟奈人起兵抗罗马。

但这种比较虽很聪明，却不允当。塞尔托里乌斯的力量很欠雄厚，不能再做汉尼拔的大事业。他的成功一概系于西班牙那种特殊的地理和人民，他一离开西班牙，便不免灭亡；就是在西班牙，他也日益被迫放弃攻势。他虽有可钦佩的领袖才能，却不能改变他部下军队的性质。西班牙的民兵仍不失其故态，其不可靠有如海浪和风飚，忽而聚成为数达一万五千人的军队，忽而消散成寥寥几人。罗马的亡命徒也仍旧是嚣张难制，桀骜顽强。有些兵种需一队人长期团结的，尤其骑兵，在他的军队里当然很不充足。战事渐渐消耗他部下最胜任的军官和精锐的老兵；甚至最可靠的民社，厌倦罗马人的苛扰和塞尔托里乌斯军官的虐待，也始露出不甘忍耐和忠节动摇的形迹。深可注意的是塞尔托里乌斯在这方面也像
41 汉尼拔，他从不掩饰他处在绝境；他绝不错过成立妥协的机会，只要有安居祖国的保证。他时时刻刻准备放下兵权，不过政治的正统派不知有妥协和调解。塞尔托里乌斯不能退后或改道，业已走入的途径无论如何狭窄和险峻，他必须沿路走去，无法逃避。

因米特拉达特斯起兵于东方，庞培对罗马的抗议受人重视，发生效果。他由元老院得到所需的款项和两个新兵团的增援。如是，在680年即前74年，两位将军又进行工作，再渡埃布罗河。苏克罗和瓜达拉维亚尔两战的结果，塞尔托里乌斯党失去东西班牙，自此以后，战事的中心在埃布罗河的上游和中游，在塞尔托里乌斯党主要根据地的四周，即卡拉古里（Calagurris）、奥斯加和伊莱尔达。梅特路斯在初期战事中功劳最大，这次也得到最重要的胜利。他的老敌人赫图勒乌斯又与他对抗，结果被他完全击破，与他的弟弟一同阵亡——这是塞尔托里乌斯党无法补救的损失。传噩耗的使者来到之时，塞尔托里乌斯正要进攻当前的敌人，竟斫倒使者以免部下闻讯丧胆；但这消息不能长久隐瞒。各城相继投降。梅特路斯占领了凯尔特伊比利亚人的城市塞哥布利迦（Segobliga，在托莱多[Toledo]与昆卡[Cuenca]之间）和毕尔毕里（Bilbilis，在卡拉塔尤[Calatayud]附近）。庞培围攻帕兰提亚（今帕兰西亚[Palencia]，在巴利亚多利德[Valadolid]上游），但塞尔托里乌斯来解围，

迫庞培退却依梅特路斯；塞尔托里乌斯入守卡拉古里（今卡拉奥拉[Calahorra]，在埃布罗河上游），两位将军攻城，均受重大损失。然而当他们入驻冬营——庞培往高卢，梅特路斯在他本省——之时，他们的成绩算来已很可观；叛党归降或被武力平定的已占大半。

次年（681年即前73年）战事的经过亦复如此；本年特由于庞培缓进不止，叛党的疆土日蹙。

叛党武力的没落不免影响到他们的心境。塞尔托里乌斯的胜仗与汉尼拔的一样，也不得不愈来愈小；人们始怀疑他的军事才 42
能。据说他改变旧态，整天宴乐饮酒，虚耗金钱和时间。脱逃的人和离叛的城市数目日增。不久，他得了报告，说罗马亡命徒要谋害他的性命；这事颇似可信，特别因为叛军中许多将领，尤其佩彭纳本来只是勉强受塞尔托里乌斯的节制，罗马省长又早已许下拿免罪和重赏给任何杀他的人。一听得这种控告，塞尔托里乌斯便不再使罗马兵做他的扈卫而委精选的西班牙人担任此事。对于嫌疑犯，他采取极严厉的必要步骤，不照例征求元老的意见，便判若干人死刑；于是据对他怀恨的人说，他现在危害友人，甚于危害敌人。

不久又发现第二次阴谋，以他的部僚为主脑；被控的人不逃便死，但他们没有全部败露，残余的奸人，其中最重要的是佩彭纳，只受这事的刺激而加速行动。他们在奥斯加的总部。在这里，佩彭纳使人报告将军，说他部下军队得到辉煌的胜利，便预备一个贺胜的筵席，于是塞尔托里乌斯来赴宴，照例有他的西班牙扈从同来。一反塞尔托里乌斯总部的旧习惯，宴会旋即变为狂欢；在座的人恶言相骂，仿佛有些宾客想寻衅争吵。塞尔托里乌斯向后靠着他的卧榻,似乎不愿听这吵闹。于是一个酒杯叮当一声摔在地上,佩彭纳已发出约定的暗号。马尔库斯·安东尼坐在塞尔托里乌斯的邻座,便先打他一击,塞尔托里乌斯转身想要起来,刺客又向他身上一冲,把他按住,其余在座的宾客都是同谋,见两人挣扎,便一齐扑来握住塞尔托里乌斯的双臂,刺死这不能自卫的将军(682 年即前72 年)。他那些忠实的扈从与他同死。在罗马所产生的人物中,塞尔托里乌斯即使不是最伟大者,也在最伟大者之列,在较为顺利
43 的情况下,此人或能复兴祖国,不幸他须率一班卑鄙的亡命徒抵抗本国,现在竟这样死于这班人的奸计。历史不喜爱这位“科里奥兰”(Coriolane),甚至对其中最高尚、最多才、最可惜的一个也没有例外。

杀人者想继承被杀者的遗产。塞尔托里乌斯死后,佩彭纳是西班牙军最高的罗马将领,自命为元帅。军队听命,不过怀着猜疑和厌恶。塞尔托里乌斯在世之时,人们虽对他啧有烦言,他的一死却恢复了英雄固有的权利,人们公布他的遗嘱,宣读继任人的姓名,佩彭纳也在其中,于是兵士勃然大怒。一部分兵士,尤其是卢西塔尼亚人,私自逃走;剩下的兵士渐有一种预感,以为塞尔托里乌斯一死,他们的精神和运气都已消逝。

所以一与庞培交战,叛党这个指挥欠佳、士气沮丧的军队便全被击破,许多将领被俘,佩彭纳也在其中。这个败类想献出塞尔托里乌斯的信札,换得活命,这样,意大利许多有身份的人均将受其连累;但庞培令人焚毁此等文件,不予阅读,把佩彭纳和其他叛党领袖交给刽子手。得免于难的亡命徒四散奔逃,大多数走入毛里塔尼亚的沙漠,或加入海盗。不久以后,普洛提乌斯法特受少年恺

撒的热烈支持，使他们一部分有回国的机会；但参加杀害塞尔托里乌斯的人，除去一个例外，一概遭到横死。现在奥斯加和近西班牙仍附塞尔托里乌斯的城市大都开门迎接庞培；只有乌卡萨马(Uxama，今奥斯马[Osma])、克卢尼亚和卡拉古里须用兵平定。两省重新整理。在远西班牙，梅特路斯增加最有罪的民社的岁贡；在近西班牙，庞培施行赏罚，例如卡拉古里失去独立，置在奥斯加的属下。塞尔托里乌斯的一队兵士聚在比利牛斯山，庞培劝他们投降， 44
使他们居住比利牛斯山以北的卢古杜努姆(Lugudunum，今上加尤[Haute-Garonne]省的圣贝特朗[St. Bertrand])附近，成为"聚会民社"(*convenae*)。罗马的胜利标志竖立在比利牛斯山隘口的绝顶；683年即前71年年底，梅特路斯和庞培率军游行首都的街市，因为战胜西班牙人一事代全国致谢于卡皮托尔的天父约维斯。苏拉死后，他的幸运似乎仍不离他所创造的物事，其保佑这种物事的能力似乎优于那受命来保卫它的无能而懈怠的守护者。意大利反对党的崩溃，由于领袖的无能和急躁；流民反对党的崩溃，由于党的不和。这些失败虽则源于他们自己的乖张不睦而绝不源于敌人的黾勉奋力，却一一是寡头党的胜利。法座又复转危为安。

45 # 第二章　苏拉的复古政治

秦纳的革命危害元老院的生存，革命平定后，复古的元老政府始能再以必要的注意求帝国内外的安全；这时有许多事急待解决，不容再缓，否则最重大的利益必受损害，现在的不便必蔚为将来的祸患。除西班牙很严重的纠纷外，还有几件绝对要做的事：昔日苏拉率兵行经马其顿时，能薄惩色雷斯和多瑙河区域的蛮族，罗马今须一劳永逸地击溃他们，并且用武力整顿希腊半岛北境一带的混乱局势；海盗称霸于各处海面，尤其是东方的海面，罗马须加以彻底地扑灭；亚细亚省局势不定，罗马须使其有较好的秩序。670 年即前 84 年，苏拉与本都王米特拉达特斯缔结和约，673 年即前 81 年，穆列纳与他所订的条约大体不过是重申前约，这和约通盘带着临时协定的色彩，为应目前的需要而成立；罗马人已实际与亚美尼亚王梯格兰作战，这和约却完全没有谈到双方的关系。梯格兰当然以为这是默许他侵占罗马的亚洲属地。如果不放弃这些属地，罗马人便须用和好或武力与亚洲这位新大王谋解决。

意大利和西班牙那些与平民党活动相联的运动，以及元老政府荡平它们的情况，均已在前一章叙述了。本章要探讨对外的政治，看苏拉所设立的政府是否能主持这事。

46 在苏拉摄政的末期，元老院差不多同时对塞尔托里乌斯党、达尔马提亚人和色雷斯人以及西利西亚海盗，采取强硬办法，苏拉的有力手腕仍可见于此。

远征希腊伊利里亚半岛，一部分为的是使那里的野蛮部落听命，至少使他们驯服，原来自黑海至亚得里亚海的全部内地，都是蛮族游徙之地，其中尤以贝斯人(Besser，在大巴尔干)为最，据当时人说，就是在群盗中他们也被骂作盗贼；一部分为的是往盗巢尤其是达尔马提亚沿岸去剿灭海盗。罗马人照常由达尔马提亚和马其顿同时进攻，因此在马其顿屯聚了五个兵团。在达尔马提亚，前副执政官盖乌斯·科斯科尼乌斯(Gaius Cosconius)任指挥，由各方面穿过其境，经两年的围攻，陷萨隆那(Salona)。在马其顿，省长阿皮乌斯·克劳狄乌斯(676—678年即前78—前76年)起初想沿马其顿—色雷斯边界占领卡拉苏河(Karasu)左岸的山岳区。双方的作战都极为野蛮；色雷斯人破坏所取的地方，屠戮俘虏，罗马人依同样的方法施报复。但重要的结果没有达到。疲劳的行军，常与众多而骁勇的山地居民战斗不休，使军队遭无益的损失；将军本人患病而死。他的继任人盖乌斯·斯克里波尼乌斯·库里奥(Gaius Scribonius Curio，679—681年即前75—前73年)遇到许多阻碍，特别是一次不小的兵变，于是放弃这征色雷斯人的难事，而转移到马其顿的北边，征服那里较弱的达尔达尼人(在塞尔维亚)，直抵多瑙河。马尔库斯·卢库卢斯(682年即前72年、683年即前71年)骁勇有将才，又向东进，击败贝斯人于山中，取其都城乌斯库达玛(Uscudama，今阿德里安堡[Adrianopel])，逼迫他们服从罗马的至上权。奥德利西亚人(Odrysen)的君主沙多拉(Sadala)和东岸巴尔干山脉南北的希腊城市——伊斯特罗波利斯(Istropolis)、托莫(Tomoi)、卡拉提斯(Kallatis)、奥德索斯(Odessos,在瓦尔纳[Varna]附近)、梅森布利亚(Mesembria)等——都成为罗马人的藩属。罗马人一向所有的色雷斯不过是阿塔卢斯王家在刻尔松尼斯半岛上的领土,现在色雷斯成为马其顿省的一部分,不过是不听号令的一部分。

47 但色雷斯人和达尔达尼人的寇抄只限于帝国一小部分,其祸国殃民的程度远不如蔓延日广、组织日强的海盗。整个地中海的海上交通都受海盗的控制。意大利既不能输出本地的产品,又不能由各省输入粮食;那里人民闹饥荒,这里因粮食没有销路,农田停止耕种。寄钱和旅行不再是安全的事;国库受极大的损失;一些罗马贵族为海盗所掳,被迫以重金自赎,除非海盗偶然愿把几个贵族执行死刑,行刑时必杂以粗野的嘲弄。商人,甚至开往东方的罗马军队始把航行时间延至不适于航海的季节,始不怕冬季暴风而怕海盗船;其实就在冬季,海盗船也不完全绝迹于海上。但海上的封锁,虽使人感到痛苦,还不及希腊和小亚细亚岛屿海岸所受的侵掠那样难堪。正如后来诺曼人时代的情形,海盗船队开到沿海城市,或强迫它们献巨金以免祸,或用武力把它们攻陷。苏拉与米特拉达特斯结合以后,海盗就在他目睹之下劫掠萨摩色雷斯、克拉佐美尼、萨摩斯和亚苏斯(670 年即前 84 年),那么,那附近既无罗马陆军又无罗马海军之处成何景象,我们可以想见。希腊和小亚细亚沿海一切的殷富古庙相继被劫;据说仅由萨摩色雷斯一地就被掳去一千塔兰特的财宝。阿波罗,据当时一位罗马诗人说,被海盗弄得那么贫穷,以致燕子来访时,他不能由他全部的宝藏中再拿一文钱给它看。据人计算,被海盗攻陷或征取贡献的地方达四百处以上，内有克尼多斯、萨摩斯、科洛丰等城市：岛上或沿海有不少地方昔日繁盛，今则全部居民迁往他处，以免为海盗所掳。甚至内地也不再能免受他们的攻击，他们有时攻打距海岸一两日路程的地方。以后可骇的债务压倒希腊东方一切民社的，大部分均源于这 48
个不幸的时期。

海盗业的性质已完全改变。海盗不复是勇悍的劫盗，在昔兰尼和伯罗奔尼撒之间的克里特海面——海盗所谓“黄金海”——从意大利－东方载运奴隶和奢侈品的商船大队征收贡献；也甚至不是武装猎取奴隶，兼营“战争、贸易和海盗业”的人；现在他们形成一个海盗国，有特殊的团体精神，有坚固而很可敬的组织，有自己的本土和初生的霸主制度，无疑地，也有确定的政治目标。海盗自称西利西亚人，其实他们的船只是各地暴徒和冒险家的渊薮——克里特募兵场的退伍佣兵，意大利、西班牙和亚细亚被灭地方的公民，芬布里亚和塞尔托里乌斯部下的军官和兵士，总之，一切国家的潦倒人，一切失败党中被追捕的亡命徒，任何困苦而有胆量的人——在这不幸的时代，何处没有灾难和暴行呢？这不再是聚在一处的盗党，而是一个团结的国家。在这里，“流亡人”和罪人的互助关系代替国籍；在这里，罪人照例用最慷慨的急公好义来为自己赎罪。在一个放荡的时代，卑怯和抗命盛行，一切社会秩序的约束均已废弛，正统国家很可以取法于这个患难和强暴所产生的伪国；一切牢不可破的互助心，同伴的情谊，对诺言和自择首领的尊重，英勇和智巧似乎只托庇于这一个地方。文明社会曾正当或不正当地逐出他们，如果说此国的旗帜上标着向文明社会报仇的字样，那么，这种计划是否甚恶于意大利寡头党和东方苏丹似将共分世界

49 的计划，还是问题。海盗至少觉得自己不低于任何正统国家；关于他们的贼傲气，他们的贼荣华，他们的贼诙谐，至今仍有许多真海盗故事述说荒淫的作乐和侠义的盗匪行径，可以为证；他们欲以对全世界作义战为业，并且以此为荣；他们在这种战争中所得的，他们不称之为贼赃，而名之为战利品；被捕的海盗既然必死于罗马每一海港的十字架，他们也自命为有处决任何俘虏之权。他们的军事政治组织，特别在米特拉达特斯战争以后，甚为坚固。他们的船大都是“鼠艇”(*myoparones*)，就是无顶的小快艇，只有小部分是两层桨和三层桨的船，现在这些船只常结成队伍由首领指挥着航行海上，首领的座船常是金紫辉映。遇有同伴遭难求救，就算他完全是个陌生人，海盗船主也不拒绝施救。任一海盗与人结约，全体均绝对承认；一个海盗受害，全体都替他报仇。他们的真正家乡是由赫拉克勒斯立柱至叙利亚和埃及的海面，他们自己和船只所需要的巢穴不难取自于毛里塔尼亚和达尔马提亚的海岸，克里特岛，尤其是小亚细亚的南岸，这里饶有地岬和避匿处，控制当时海上贸易的主要路线，并且差不多是无主之地。这里的吕基亚城市同盟和潘非利亚各民社无足轻重；西利西亚自652年即前102年以来就有罗马兵站，但这兵站绝不足以控制漫长的海岸；叙利亚对西利西亚的主权永是有名无实，最近又为亚美尼亚所夺去，握主权的人既是个真大王便不关心海洋，欣然把它舍给西利西亚人，任他们去劫掠。所以海盗在这里比在别处特别兴旺，并不足怪。他们不但在沿海处处有信号台和兵站，而且他们深入内陆，在吕基亚、潘非利亚和西利西亚险阻多山的腹地择最幽僻之处建起山寨，他们自己离家往海上的时候，便把妻室子女和财宝藏在这里，危急的时候，

无疑地，他们自己也在这里避难。特别有大批的山寨立在野西利 50
西亚，此地的森林又给海盗绝佳的造船木料；所以他们最主要的船厂和军械厂都在此地。希腊沿海城市多少有点被人放任，自行其是，无怪这个有组织的军事国在它们中间取得一批坚定的属国，这些城市根据明确的条约，以海盗为友邦，与它通商；罗马省长要求它们出船只以攻海盗，它们竟不从命。例如藩菲利亚不小的城市西第（Side）许海盗在其码头上造船，在其市场上出卖所掳的自由人。

这样一个海盗团体就等于一个政权，他们也以此自命；并且自从叙利亚王特赖枫初次拿他们当作一个政权来使用，借以支持他的王位以来，他们便已被承认。我们见海盗是本都王米特拉达特斯的同盟，也是罗马平民党流亡分子的同盟；我们见海盗在东方和西方的海面攻击苏拉的舰队；我们见单独的海盗君长统治一串沿海的大城。这个浮海国家的内政已发展到如何程度，我们不知；但有不容否认的，这组织必含有一个海国的萌芽，这海国已开始定居，在顺利的情形下，或可发展为一个长久的国家。

这种局面明白表示，正如我们所已约略指出的，罗马人如何在“他们的海上”维持秩序，或可谓不维持秩序。罗马在各省的保护主地位大致等于武力监护者的地位；各省人民为海陆的防务向罗马人纳税或进贡，这种防务为罗马一手所包办。但从来没有一个监护者恬不知耻、欺骗其受监护者，更甚于罗马寡头党欺骗属国的。罗马不设置一个总舰队，不集中沿海的警备，元老院听任海上警备的统一指挥制——没有此制，在这里便不能有所作为——完全作废，让每一省长和每一属国各随其意，各尽其力，来对海盗谋

51 自卫。罗马不依约用它自己的人力、物力和形式上仍系自主的属国的人力物力专供养一个舰队，却让意大利的海军沦胥以亡，止于要求几个商业城市供给船只；或更屡见不鲜的，处处组织海防队——二者全部的经费和负担都落在属国身上。如果罗马省长把他为海岸防务征发的物品，真正专用在那一件事而不饱私囊，那省的人民便可引以为幸；如果有罗马某贵族被海盗掳去，省长不照常令省民出钱赎他，他们也可引以为幸。着手时的明智举动，例如652年即前102年的占领西利西亚，实行时必致变坏。当时一般罗马人都醉心于本国的伟大，如果有一人不为此念所迷惑，必愿拆去罗马广场讲坛上的船首，至少免得使他每见船首，便想起往昔盛世所建的海上胜利。

然而，苏拉在米特拉达特斯战争中，确实深知忽略海军所致的危险，于是取种种步骤，力矫此弊。他在亚细亚委派省长，回国时曾命他们在沿海城市配备一个舰队以防海盗，他的命令当然没有效果，因为穆列纳宁愿与米特拉达特斯开战，而西利西亚省长格涅乌斯·多拉贝拉(Gnaeus Dolabella)显然毫无能力。因此到了675年即前79年，元老院议决派一位执政官往西利西亚；贤能的普布利乌斯·塞尔维利乌斯(Publius Servilius)中选。他在一番血战中击败海盗的舰队，然后从事捣毁小亚细亚南岸那些给海盗做碇泊所和商站的城市。海上霸王采尼开底(Zeniketes)的堡垒——东吕基亚的奥林波斯(Olympos)、科赖果(Korykos)、法西里(Phaselis)和潘菲利亚的阿达莱亚(Attaleia)——都被攻破，海王本人也死于奥林波斯山寨的烈焰。其次是进攻伊扫里亚人(Isaurer)，这种
52 人在野西利西亚的西北隅，陶鲁斯山的北面，所居之地有交互错综

的崇山峻岭和巉岩幽谷，遍山满谷都是繁茂的橡树林——这一带就是到了今天仍无处不有往古盗贼时代的遗迹。伊扫里亚这些堡垒是盗贼最后、最安全的巢穴，为荡平他们起见，塞尔维利乌斯率罗马军第一次越陶鲁斯山，破敌寨欧隆达(Oroanda)，最重要的，破伊扫里亚——这是一座理想的盗贼城，立在一条难以通行的山脉的绝顶，能完全俯瞰和控制广大的伊康(Ikonion)平原。此战至679年即前75年始息，普布利乌斯·塞尔维利乌斯因此替他自己和儿孙赢得"伊扫里克斯"(Isaurikers)的别号，这几年的战争不无效果；大批海盗和海盗船只因此落在罗马人的掌握；吕基亚、潘菲利亚、西利西亚都遭到重大的破坏，罗马人没收被灭城市的领土以增广西利西亚省。但这些措置当然不能荡平海盗，反之，海盗只是移往他处，特别移往克里特，这是地中海海盗最古的巢穴。只有围剿计划见于大规模而统一的实行，就是说，只有设立一个长久的海上警卫军，这事才能有彻底的办法。

小亚细亚大陆的局势与这次海上战争有很多的关系。罗马与本都王和亚美尼亚王的争执并不减少反而日增。一方面，亚美尼亚王梯格兰进行他的攻城略地，毫无顾忌。当时帕提亚国因内争而分裂，国势一落千丈，在长期战争中被逐往日远一日的亚洲内地。在亚美尼亚，两河流域和伊朗之间的各地，科杜内(Korduene，北库尔德斯坦)和亚特罗帕坦的米底(Atropatenische Medien，今阿塞拜彊)原为帕提亚的封地，现在变为亚美尼亚的封地，尼尼微国(Ninive，今摩苏尔[Mosul])也被迫至少暂时成为亚美尼亚的属国。在两河流域，特别在尼西比斯(Nisibis)及其四周，奠定了亚美尼亚的政权；只有南部大半为沙漠，似未为新大王的固

53 定属地，特别是底格里斯河上的塞琉西亚(Seleukeia)显然没有受他的统治。他把一个阿拉伯游牧部落由两河流域南部迁到埃德萨国(Edessa，又名欧斯隆[Osrhoene])，把此国交给他们，意在使他们控制幼发拉底河的渡口和贸易大道。①

但梯格兰的攻城夺地绝不自限于幼发拉底河东岸，卡帕多奇亚也特为他的侵略目标，此地既无防御，为这太强大的邻国所攻，受到惨烈的残害。梯格兰夺去卡帕多奇亚最东的梅利泰内省(Melitene)，把它并入对岸亚美尼亚的索芬涅省(Sophene)，这样一来，他便能控制幼发拉底河的渡口和小亚细亚与亚美尼亚中间的贸易大道。苏拉死后，梯格兰的军队甚至进入卡帕多奇亚本部，把首城马扎卡(Mazaka，以后的恺撒里亚[Kaesareia])和另外十一个希腊城市的居民迁往亚美尼亚。

已在瓦解的塞琉古帝国也不能对这新大王做较大的抵抗。南部由埃及边界到斯特拉顿塔(Stratons Thurm，即恺撒里亚)为犹太君长亚历山大·占诺(Alexandrs Jannäos)所统治，他与邻近的叙利亚、埃及和阿拉伯以及帝国各城交战，逐步扩大和加强他的领域。叙利亚较大的城市——加沙(Gaza)、斯特拉顿塔、托勒密

① 埃德萨国的开创，在其本国编年史中列在620年即前134年，但开国后过了些时，才传到以后见于此地的阿拉伯王朝阿伯伽罗斯(Abgaros)和曼诺斯(Mannos)。这王朝显然与梯格兰大王迁许多阿拉伯人于埃德萨、迦里罗(Kallirhoe)、迦拉(Karrhä)等地有关；关于这事，普鲁塔克也说梯格兰转移了穹庐阿拉伯人的风俗，使他们迁到距其国较近的地方，以便借他们的力量取得商业。大概这句话的意义是，贝都因人惯于开辟穿过他们境内的路线，在路线上征收定额的过境税，他们为大王做一种管理通行税的人员，在幼发拉底河的渡口替他和他们自己征收通行税。普林尼称他们为“欧斯隆的西阿拉伯人”(Orei Arabes)，他们必就是阿夫拉尼乌斯(Afranius)所平定的阿蒙山(Berg Amanos)的阿拉伯人。

(Ptolemais)、贝罗亚(Beröa)——以自己的力量谋自立,有时是自由民社,有时为所谓僭主所统治;尤其首都安条克城实际等于独立。大马士革(Damaskos)和黎巴嫩(Libanos)山谷已归顺了纳巴泰(Nabotäer)君长阿雷达(Aretas von Petra)。最后,海盗或罗马人统治西利西亚。而为这顶支离破碎的王冠,塞琉古家的王子竟 54
互相争斗不休,仿佛欲使王位招一切人的嘲笑和厌恶;不但如此,这个王家有如拉伊俄斯(Laios)王家,受永久纷争之祸,本国臣民无不离叛,适值埃及王亚历山大二世(Alexander Ⅱ)身死无嗣,王位空虚,此王家即提出继承埃及王位的要求。因此,梯格兰肆其侵掠,毫不客气。东西利西亚不难被他征服,索洛伊和其他城市的公民正如卡帕多奇亚人,也被他掳到亚美尼亚。同样,上叙利亚省,除奥隆特斯河口那英勇守卫的塞琉西亚(Seleukeia)城以外,腓尼基的大半均被武力征服;680 年即前 74 年前后,托勒密也被亚美尼亚人占领,犹太人的国家也受到严重的威胁。安条克城原是塞琉古王家的故都,现在成为这位大王的行在之一。自 671 年即前 83 年,即苏拉与米特拉达特斯缔结和约的次年,叙利亚编年史已称梯格兰为国主,西利西亚和叙利亚形成亚美尼亚的一省,隶于大王的钦差马伽达底(Magadates)的治下。尼尼微君王的时代、沙尔马纳萨(Salmanassar)和散赫里伯(Senherib)的时代似乎往而复返;东方的专制政体又复沉重地压迫叙利亚沿海的商业人民,一如昔日对推罗和西顿那样;内地的大国又复猛攻地中海各地;亚洲的大军,据说战士达五十万,又复出现于西利西亚和叙利亚的海岸。正如昔日沙尔马纳萨和尼布甲尼撒(Nebukadnessar)迁犹太人于巴比伦,现在梯格兰也强迫新国一切边地——科杜内、阿迪亚波纳

(Adiabene)、亚述、西利西亚、卡帕多奇亚——的居民，特别是各城市的希腊人和半希腊人，都带着全部财产（他们留下的东西一律受充公的处分）迁居新都；新都是一个硕大无朋的城市，只见人民的渺小而不见君主的伟大，幼发拉底河一带每次更换上国，只要新大苏丹一纸诏书，便有这种城市发生出来。这个新起的“梯格兰城”(Tigranokerta)位于亚美尼亚的最南部，距两河流域边界不远，是
55 个与尼尼微和巴比伦相仿的城市，城墙高三十多公尺，备有苏丹制度所不可少的宫室、庭园和苑囿。在其他方面，这位新大王也不辜负他的身份。在东方的永久幼稚状态之中，人对于头戴真冕的王者从未脱去孩气的观念，所以梯格兰每次出临公共场所，必摆出大流士和薛西斯的继承人的威仪服色，身穿紫袍，内着半白半紫的衬衣，下拖多褶长裤，上戴高头巾和王冠，无论在何处行走或伫立，总有四个“王”像奴隶似的侍奉他。

米特拉达特斯王的态度较为谨慎。他不侵犯小亚细亚，只是做条约所不禁的事，巩固他在黑海沿岸的统治权，现在博斯普鲁斯国在他的至尊权之下为他的儿子马喀儿(Machares)所统治，他逐渐使此国与本都之间的区域成为更确定的属国。但他也竭力兴建他的船队和陆军，特别在陆军的武装和编制方面仿效罗马；罗马很多流亡人侨居他的宫廷，在这事上替他效劳不小。

罗马人已受东方事务的牵连，不愿更受牵连。这种态度彰明较著地见于一种事实，即当时正有机会可以用和平手段使埃及受罗马的直接统治，元老院竟抛弃这个机会。苏拉所立的埃及王托勒密·索特二世拉代罗(Ptolemäos Soter Ⅱ Lathyros，即亚历山大二世，为亚历山大一世之子)即位数日以后，便在首都的暴动中

被杀(673年即前81年),于是托勒密·拉吉斯不再有合法的后嗣。这个亚历山大曾在遗嘱[1]中指定罗马民社为继承人。固然,这文件的真实性被人否认,但元老院加以承认,根据遗嘱,由推罗 56
收回故王账上的存款。尽管这样,元老院却让拉代罗王两个出名的私生子——一个是托勒密十一世(Ptolemäos Ⅺ),别号新狄奥尼索斯,又号吹笛者(Auletes),一个是塞浦路斯人托勒密(Ptolemäos der kyprier)——实际分据埃及和塞浦路斯。元老院诚然没有明言承认他们,但也不断然要求他们交出国土。元老院何以让这种暧昧状态继续下去,不以负责的态度做到放弃埃及和塞浦路斯,无疑地,必因为这两位国王似属受容忍而为王,为永保这暧昧状态起见,按时致送巨额年金于罗马的党魁。

不过他们所以不取这可欲的利益,其理由却不在此。埃及的特殊地位和财政组织使每一统治此地的长官手操金钱和海上的势力,并且总揽独立的政权,这与寡头党多疑而软弱的政府绝对不合;由这观点看来,他们不直接占据尼罗河区域,不失为明智之事。

---

① 有一个争论的问题:这个假的或真的遗嘱究竟出自亚历山大一世(666年即前88年死),还是出自亚历山大二世(673年即前81年死),人们常断定其出自前者。不过理由殊欠充足;因为西塞罗未言埃及于666年即前88年归于罗马,而言埃及在此年或以后归于罗马;亚历山大一世死在国外,亚历山大二世死在亚历山大城,由这种事实,有人推测,遗嘱所称留推罗的财宝必属于前者,他们却忘了亚历山大二世到埃及才十九天便被弑,那时他的财宝或许还在推罗。另一方面,亚历山大二世是拉吉德王家最末的真后裔,这是确定的,因为在罗马经同样的情形获得波加蒙、昔兰尼和比提尼亚时,指定罗马为继承者的,永远是王家最末的子孙。古代的宪法,至少应用到罗马属国的宪法,似乎不绝对给在位君主最后支配其国之权,只在缺乏有继承权的亲属时,他才有这种权力。

遗嘱究竟是真是假,我们无法考证,并且不甚重要;我们没有认之为伪造的特殊理由。

元老院对小亚细亚和叙利亚的事务未行直接干涉，却不那样言之成理。固然，罗马政府没有承认亚美尼亚战胜者为卡帕多奇
57 亚和叙利亚的国王，但他们虽迫于必要，在676年即前78年对西利西亚的海盗开战，自然暗示要特别干涉叙利亚，他们却不取任何行动把梯格兰驱逐回去。实则因为容卡帕多奇亚和叙利亚失陷而不宣战，政府不但放弃了赖它保护的民社，而且放弃了本身优势所赖的最重要基础。幼发拉底河和底格里斯河上的希腊殖民地和国家是罗马领土的屏藩，政府牺牲了它们，已属冒险，但地中海是帝国政治的根基，政府竟让亚洲人盘踞海滨，这不是爱好和平的证据，而是承认一件事实，就是寡头政府虽确因苏拉复古而更加寡头，却既不更加聪明，也不更加振奋，并且就罗马的世界政权而言，寡头政府是没落的开端。

另一方也没有开战的愿望。罗马既不战而把一切盟邦舍给他，梯格兰自无愿战的理由。米特拉达特斯不只是个苏丹，并且在胜败穷通之中已于朋友和仇敌饶有阅历的机会，他深知一旦对罗马再度交战，他很可能与初次一样的孤立，他最聪明的办法莫过于守静不动，巩固其国的内部，与穆列纳会议时，他已充分证明对友好宣言具有诚意。是凡可以使罗马政府放弃其消极态度的，他仍旧一概避免。

但第一次米特拉达特斯战争时，双方既本不愿战而战争已起，现在也是由彼此利益的冲突而生出互相猜疑，由互相猜疑而生出双方的自卫准备，这种准备就以其积重难返之势，终致酿成公开的破裂。罗马人总不自信军备业已完成，随时可以应战，他们的政略久已为这种疑惑所左右——其故或在于缺乏常备军和行那不足为

训的同僚政治——，因此，他们仿佛有一个政治定理，即每次战争不但要做到征服敌人而且要做到歼灭敌人；就此点而言，罗马人自始就不满意于苏拉的和约，一如往日不满意于西庇阿给迦太基人的条件。他们眼见本都王第二次的攻势在即，又因今日的情势与 58
十二年前的非常相似，这种忧虑自有一点理由。危急的内战又与米特拉达特斯的严修武备恰在同时；色雷斯人又蹂躏马其顿，海盗舰队又遮住地中海；从前使者来往于米特拉达特斯与意大利人之间，现在往来于西班牙与西诺培宫廷的罗马流亡人之间。早在677年即前77年之初，就有人在元老院说，本都王只在等候机会，意大利内战一起，便进攻罗马的亚细亚省；于是罗马增强亚洲和西利西亚的军队，以防患于未然。

另一方面，米特拉达特斯注目于罗马政策的演变，日益忧惧。他不能不觉得，软弱的元老院虽很怕战争，罗马人与梯格兰殆终究不免一战，他也不能避免参战。和约条款还没有录成文件，他想由罗马元老院取得文件，适值雷必达革命之乱而作罢，至今仍无结果；米特拉达特斯认为这是即将再战的表示。海盗是东方君主的同盟，罗马远征海盗与东方君主有间接关系，这似乎是战争的开端。更可疑的是罗马对埃及和塞浦路斯那成为悬案的要求；又有深堪注意的，本都王把他两个女儿米特拉达特斯（Mithradatis）和奈萨（Nyssa）许嫁给那两位托勒密，而元老院却对他们拒不承认。罗马的流亡人力主开战；米特拉达特斯以相当的托辞派使者到庞培的总部，探听塞尔托里乌斯的消息，这时正值塞尔托里乌斯在西班牙的地位确属惊人，本都王瞻望前途，以为这次战争不至于像第一次那样与罗马两党一齐作战，而是协同甲党来攻乙党。人所想望的时刻没有比现在更为有利的；并且对人宣战，到底胜于受人宣战。679 年即前 75 年，比提尼亚王尼科弥底三世菲洛帕托（Nikomedis Ⅲ Philopator）去世，他既是他家的最后一人——因为他
59 与柰萨结婚所生的儿子是假的，或相传是假的——便把他的王国传给罗马，这个王国与罗马犗境接壤，罗马的官吏和商人早已充斥于此地，所以罗马加以接收，毫无迟疑。同时，昔兰尼已于 658 年即前 96 年传给罗马，到现在始设立成省，罗马派一个省长到那里（679 年即前 75 年）。这些举动加以约在同时对小亚细亚南岸的海盗实行进攻，必致引起本都王的忧惧；尤其是罗马人合并比提尼亚，成为本都国的近邻；大概此事就转移了大局。国王取断然的步骤，在 679—680 年即前 75—前 74 年冬季，他对罗马人宣战。

米特拉达特斯必乐于不独自担任这件难事。他最亲近的天然盟友是梯格兰；不过这位无远见的人谢绝他岳父的提议。于是他只余叛党和海盗。米特拉达特斯刻意与二者成立联络，派舰队到西班牙和克里特。他与塞尔托里乌斯订立了一个正式条约，罗马依约把比提尼亚、帕弗拉哥尼亚、加拉提亚和卡帕多奇亚割让给他——当然，这些地方须先经战场上的批准，始能真正到手。更重要的是西班牙将军给国王的援助，他派罗马军官率领国王的陆军和舰队。流亡在东方的罗马人以卢奇乌斯·马吉乌斯（Lucius Magius）和卢奇乌斯·法尼马斯（Lucius Fannius）最为活跃，塞尔托里乌斯任命他们为他的代表，驻在西诺培的宫廷；也有从海盗来的援助，他们大批来到本都国，特别借他们的力量，国王才能建成一个雄伟的海军，有众多而精良的船舰。他的主要支持却仍在他自己的军队，国王希望在罗马人来到亚洲以前，用这军队占领他们

在此处的属地：特因苏拉军事捐在亚细亚省酿成财政困难，比提尼亚厌恶新立的罗马政府，西利西亚和潘菲利亚的焦土战争最近告终，还留下引火之物，这些事替本都的侵略开辟了顺利的前途。储藏也不缺乏，王仓里存着二百万梅丁的粮食。舰队和兵丁数目既 60
多，训练又精，尤其巴斯塔尼亚(Bastarner)的佣兵是一支精锐部队，甚至能与意大利兵团相抗衡。这次也是国王先取攻势。狄奥凡多斯(Diophantos)率一支军入卡帕多奇亚，以便占据那里的堡垒并封锁罗马人入本都国的道路；塞尔托里乌斯派出的将领马尔库斯·马略(Marcus Marius)与本都军官欧马库斯(Eumachos)偕往弗雷吉亚，意在煽动罗马此省和陶鲁斯山的人民起事；主力军在十万人以上，有骑兵一万六千，镰刀战车一百辆，由塔克西勒斯(Taxiles)和赫莫克拉特斯(Hermokrates)率领，由国王亲自监军；战舰队有船四百艘，由阿里斯托尼库斯(Aristonicus)指挥，沿小亚细亚北岸活动，以占领帕弗拉哥尼亚和比提尼亚。

在罗马人方面，他们选680年即前74年的执政官卢奇乌斯·卢库卢斯来指挥第一线的战争，他以亚细亚和西利西亚的省长身份，统领驻在亚洲的四个兵团和他由意大利带来的第五个兵团，共计步兵三万，骑兵一千六百，并且奉命率此军经弗雷吉亚入本都国。他的同僚马尔库斯·科塔(Marcus Cotta)率舰队和另一支罗马兵往普罗彭提斯(Propontis)，以掩护亚细亚省和比提尼亚。最后，罗马命沿海一带，特别是直接受本都舰队威胁的色雷斯沿海，一律修武备；并且以非常的法令，委一个官吏负肃清一切海面海岸的海盗和本都党羽的责任；副执政官马尔库斯·安东尼中选，他是三十年前首次惩罚西利西亚海盗的人的儿子。再者，元老院拨款七千二百万塞斯特供卢库卢斯支配，以兴建舰队；但卢库卢斯辞谢。由上述一切，我们可见罗马政府承认祸根在忽略海军，在这事上，至少就他们的法令而言，他们表示了诚意。

于是在680年即前74年各处战争都发动了。米特拉达特斯
61 不幸，正在他宣战的时刻，塞尔托里乌斯的战争达到危机；因此他的一个主要希望自始就成泡影，于是罗马政府便能用其全力从事海上和小亚细亚的战争。另一方面，米特拉达特斯在小亚细亚得发动攻势和罗马人距直接战场很远之利。塞尔托里乌斯的代副执政官为罗马亚细亚省的长官，小亚细亚很多城市对他开门欢迎，他们又像666年即前88年那样屠戮侨寓的罗马民户；皮西底亚人(Pisider)、伊扫里亚人和西利西亚人都起兵抗罗马。在被威胁的地点，罗马一时没有军队。几个贤能的人诚然想凭自己的力量阻遏省民的叛乱；例如年少的盖乌斯·恺撒(Gaius Caesar)正留学罗德斯，听得这些事的消息，便离开罗德斯，率领仓促集合的一队人阻挡叛徒，但这种义勇军不能有很多的成就。如果托里士托伯吉部(Tolistobogier，居佩西努斯附近的凯尔特人)的骁勇酋长德奥塔鲁斯(Deiotarus)不归附罗马人并且战胜本都的将军，卢库卢斯便须先由敌人之手夺回罗马这省的腹地。但就是这样，他的安定省境和逐退敌人也耗费了宝贵的光阴，他部下骑兵所得的小胜不足以补偿时间的损失。小亚细亚北岸的局势比弗雷吉亚的更不利于罗马人。这里本都的大军和舰队已完全占领比提尼亚，迫罗马执政官科塔率他那不多的队伍和舰只自保于喀尔西顿的城垣和港湾，米特拉达特斯把他们封锁在里面。

然而，如果科塔能把本都的军队牵制在喀尔西顿城下，而卢库

卢斯也向此地进兵，那么，罗马全部武力便可以在喀尔西顿会师，强迫敌人决战于此处，而不必决战于路远难行的本都境内；就这点而论，这个封锁却是对罗马人有利的事。卢库卢斯确采取向喀尔西顿的路线；不过科塔欲在同僚来到之前自立大功，便命他的海军统领普布利乌斯·鲁提利乌斯·努杜斯(Publius Rutilius Nudus)突围反攻，结果不但是罗马人惨败，而且本都军竟因此能攻打港 62
湾，破坏拦截港口的锁链，焚毁一切停在港中共约七十艘的罗马战船。卢库卢斯在珊伽里乌斯(Sangarios)河上接到败讯以后，加速进兵，部下兵士大为不满，据他们看来，科塔无足轻重，并且他们极愿掳掠一个没有防御的地方而不愿教同伴打胜仗。卢库卢斯的来到差能补救所遭的挫败；国王撤喀尔西顿的围，但不退回本都；他南下进入旧属罗马的省份，在那里沿普罗彭提斯海和赫勒斯滂海峡展开攻势，占领兰普萨古(Lampsakos)，围攻殷富的大城西济库姆。他只有利用广大遥远来制罗马人，才有成功可望；现在他不这样做，却走入死胡同，陷在里面，日甚一日。

在西济库姆，古希腊人的灵巧和才能保存得特别纯粹，世罕其匹；此城公民虽在喀尔西顿的两次败仗中损失很多兵员和船只，却仍做极坚决的抵抗。西济库姆位于一个直接与大陆相对的岛上，以一座桥与大陆相连。攻军不但夺得大陆上止于桥畔的一带高地和位在那里的城郊，而且夺得岛上著名的丁底孟(Dindymon)高地；无论在大陆和岛上，希腊工匠又用尽他们的技术来准备攻城。他们终于打开一个缺口，不过到了夜间，守军又把缺口堵塞。王军的努力无效，国王的野蛮恫吓——西济库姆公民若仍拒降，他要在城下把掳来的西济库姆人处死——也一样无效。西济库姆人继续守城，既有勇气，又能得胜；在被围期间，他们差不多捉住本都王。

同时，卢库卢斯已在本都军后方占得很强固的阵地，他虽不能由此直接救援那危急的城市，却由此能在陆上切断敌人的一切接
63 济。如是，米特拉达特斯的大军，连随营者共计三十万人，便既不能作战，又不能开拔，被紧紧地钳在无法攻下的城和不可动摇的罗马军之间，一切接济专赖海道，本都人有幸，他们的舰队独自控制海道。但恶劣节气到来，一场暴风雨摧毁大部的围军工事，缺乏给养尤其缺乏刍秣始成为不可忍受的事。在大半本都骑兵的护送之下，他们遣走驮兽和辎重，命他们不惜任何牺牲偷渡或冲过去；但在西济库姆以东的林达库斯（Rhyndakos）河上，卢库卢斯追击他们，把全军打得落花流水。梅特罗凡尼斯（Metrophanes）和卢奇乌斯·法尼乌斯所率的另一队骑兵，久已彷徨于小亚细亚东部，又被迫回到西济库姆前面的兵营。本都的队伍遭饥馑疠疫之灾，人数大减。春季将近（681 年即前 73 年），守军加倍努力，夺得丁底孟上所修的战壕；国王别无办法，只好撤围，借舰队的协助救出他所能救的东西。他自己随舰队至赫勒斯滂，但一部分在舰队出发之时，一部分由于半途遇到暴风，大受损失。赫尔迈乌斯（Hermaeus）和马略所率的陆军也向那里出发，意欲借城垣的保护，在兰普萨古上船。他们把辎重以及病人伤兵都遗弃在患难之中，这些均为愤恨的西济库姆人所杀；他们中途在渡埃塞浦斯（Aesepos）和格拉尼库斯（Granikos）两河时，遭卢库卢斯的邀击，损失重大；可是他们竟达到目的。本都船只把大军的残部和兰普萨古的人民运往罗马人所不到之处。

卢库卢斯正确而谨慎地指挥战事，不但补救了同僚的错误，而

且没有大战，就摧毁了敌军的精锐——据说二十万兵。如果他仍有那被焚于喀尔西顿港中的舰队，他必能歼灭敌人的全军。事实既然如此，破坏的工作仍未完成；本都舰队虽遭西济库姆的惨败， 64
仍驻在普罗彭提斯，封锁波林都(Perinthos)和拜占庭的欧洲海岸，侵掠普利亚波斯(Priapos)的亚洲海岸，国王又在比提尼亚的海港尼科弥底亚(Nikomedeia)设立大本营，这些事卢库卢斯都不得不坐视。一支五十艘的精锐舰队载着一万精锐部队，内有马尔库斯·马略和罗马流亡人的精华，竟扬帆开去，入爱琴海，据说，这支舰队将在意大利登陆，以再鼓动意大利的内战。但在喀尔西顿的败衄以后，卢库卢斯已要求亚洲各民社出船，现在船只始到，一支舰队便驶去追逐那开入爱琴海的敌方舰队。卢库卢斯有指挥海军的经验，自任统帅。在特洛伊沿岸和忒涅多斯岛(Tenedos)之间的海上，阿喀亚港口外面，伊西多罗斯(Isidoros)所率开往利姆诺斯的十三只五层桨船均被击沉。然后在利姆诺斯和斯开罗斯(Skyros)之间的小岛尼亚(Neä)，卢库卢斯发现本都三十二只船的小舰队一字排在这荒僻地方的沿岸，立即向船舰和散在岛上的船员进攻，夺得全部舰队。马尔库斯·马略和最能干的罗马流亡人均死于此地，或在当时阵亡，或在以后死于刽子手刀斧之下。敌人全部的爱琴海舰队均为卢库卢斯所歼灭。同时，比提尼亚的战事也由科塔以及卢库卢斯的副将沃克尼乌斯(Voconius)、巴拔(BarBa)和盖乌斯·瓦勒里乌斯·特里亚里乌斯(Gaius Valerius Triarius)继续进行，陆军有新自意大利来的增援，海军有由亚细亚征集的舰队。巴拔攻取内地奥林庇斯河上的普鲁西亚斯(Prusias am Olymp)和尼恺亚(Nikäa)，特里亚里乌斯在沿海攻取阿帕米亚

(Apameia,昔名米尔莱亚[Myrleia])和海上的普鲁西亚(Prusias,昔名基奥斯[Kios])。然后两人会合,共攻米特拉达特斯于尼科弥底亚;但此王没有试行战斗,便逃到船上,驶回本国;只因罗马海军统帅沃克尼乌斯负封锁尼科弥底亚之责,到得太迟,所以他能达到目的。在途中,要地赫拉克利亚固然被卖给国王,为他所占;但这一带海上暴风忽起,他的船舰六十多只沉没,其余四散;国王差不
65 多孤身来到西诺培。米特拉达特斯取攻势,结果是本都海陆军遭到绝不光荣的(对于最高统帅最不光荣)完全挫败。

现在卢库卢斯方面转取攻势。特里亚里乌斯就舰队统帅职,奉命先封锁赫勒斯滂海峡,等候那归自克里特和西班牙的本都船只;科塔负围攻赫拉克利亚之责;繁难的给养事务,则交忠实活泼的加拉提亚君长和卡帕多奇亚王阿里奥巴尔查尼斯(Ariobarzanes)办理。卢库卢斯本人于681年即前73年秋季进入那久无敌人涉足的本都福地。米特拉达特斯现在决定严取守势,由西诺培不战而退到阿弥索斯(Amisos),由阿弥索斯又退到伊里斯河支流利库斯(Lykos)河上的卡比拉(Kabeira,以后名新恺撒里亚[Neokäsareia],今尼克萨尔[Niksar]);他只是把敌人引入越来越远的内地,阻挠他们的接济和交通。卢库卢斯火速追赶,越过西诺培,渡过罗马势力范围的旧界哈里河围阿弥索斯、攸帕托里亚(Eupatoria,在伊里斯河上)和特弥斯库拉(Themiskyra,在忒耳墨冬[Thermodon]河上)等大城,直至冬季到来,始不再进兵,但仍围城。卢库卢斯前进不止,不许兵士取得其力战的成果,并且封锁工作广泛,在严寒的季节很是沉重,于是兵士怨声载道。但卢库卢斯不惯听这种怨言;682年即前72年春季到了,他即刻进攻卡比拉,

留下卢奇乌斯·穆列纳率两个军团围攻阿弥索斯。在冬季，国王曾设法劝亚美尼亚大王参战；这次尝试与前次的一样无效，或者仅达到空洞的诺言。帕提亚人更不愿干预这个绝望的事。尽管如此，大半由于在西徐亚人境内的招募，一个大军又在狄奥凡图斯和塔克西勒斯的麾下集合于卡比拉。罗马军仍仅有三个兵团，在骑兵方面确不及本都军，不得不尽量避走平原，于是取艰险僻径，不无辛苦和损失，始走到卡比拉附近。两军在这城旁边对垒，历时甚久。双方都缺乏给养，所争的自以给养为主，因此，米特拉达特斯 66
把狄奥凡图斯和塔克西勒斯所率的精锐骑兵和一队精锐步兵编成一个别动队，命他们巡逻科库斯河和哈里河之间的一带地方，捉拿来自卡帕多奇亚的罗马运饷队。但卢库卢斯的副将马尔库斯·法比乌斯·哈德良（Marcus Fabius Hadrianus）护送运饷队，不但击破那伏在隘路准备袭击的队伍，而且得到来自营里的援兵以后竟能打败狄奥凡图斯和塔克西勒斯的军队，以致他们完全溃败。国王只靠骑兵，骑兵这样一败涂地，对他是无法补救的损失。

很可注意，由战场最早逃到卡比拉的人，就是战败将军，本都王一由他们口里听到凶信，甚至在卢库卢斯接到胜利消息之前，便决定再退。但国王所下的决心如闪电一般传播到他左右的近臣；兵士见国王的亲信仓皇收拾行李，也起了恐慌。没有一个人愿最后离开，无分贵贱，像兽类似的一齐乱窜，无人再顾到号令，甚至国王的号令；国王本人在这种狂乱之中也不知所措。卢库卢斯见到这种混乱，便行进攻，于是本都军队任人屠戮，几乎毫无抵抗。罗马兵团如果能保持纪律，节制他们的掳掠欲望，本都军必无一得免，国王本人也必致被擒。米特拉达特斯和少数侍从勉强穿过山地，逃到科马那（Komana，距托卡特［Tokat］和伊里斯河源不远）；可是马尔库斯·庞培（Marcus Pompeius）所率的一队罗马兵又吓得他从那里逃走，直到他随身只有二千骑兵，在小亚美尼亚的塔劳拉（Talaura）越过本国的边界。在大王的帝国里，他得到一个安身处，但别无所得（682年即前72年年底）。固然，梯格兰命人以王者之礼待流亡的岳父；可是他不把他请到宫廷，本都王来在边远的省份，他便以一种敬礼的方式把他拘留在那里。

罗马军队蹂躏本都和小亚美尼亚全境，直至特拉佩佐斯（Tra-
67 pazus），平坦的地方都归顺战胜者，毫无抵抗。御库的长官多少迟疑一番以后也投了降，献出库藏。本都王既无法使后宫的妇女——他的姊妹、许多王后、许多妃嫔——也能逃走，便命他的宦官把她们都杀死在法那恺亚（Pharnakeia，今克拉森特［Kerasunt］）。顽强抵抗的只有城市。内地城市现在固然有几个——卡比拉、阿马西亚（Amaseia）、攸帕托里亚——在罗马人的掌握，但较大的沿海城市，如本都的阿弥索斯和西诺培，帕弗拉哥尼亚的阿马斯特里斯（Amastris），以及比提尼亚的提奥斯（Tios）和海滨的赫拉克利亚，一方面激于对国王及其所保护的希腊自由市制的忠心，一方面畏惧国王所召来的海上群盗，所以拼命抵抗。西诺培和赫拉克利亚甚至派战船攻罗马人；罗马分舰队由陶利半岛运粮供给卢库卢斯的军队，竟为西诺培舰队所掳获。赫拉克利亚被围两年，直至罗马舰队截断其与陶利半岛上希腊城市的交通，并且守军中发生叛变，才告陷落。阿弥索斯到了绝境之时，守军纵火焚城，在烈焰掩护之下登船而去。在西诺培，有骁勇的海盗首领塞琉古（Seleukos）和王家太监巴克奇德斯（Bakehides）共掌城防，守兵在撤退以前先搜劫民户，把不能带走的船只付之一炬；据说守军虽大部能登船逃去，这里却有八千海盗为卢库卢斯所杀。卡比拉之战以后，围攻以上各城耗时两年有余（682—684 年即前 72—前 70 年）；卢库卢斯大半用他的副将做这些事，他自己却从事于整顿亚细亚省，于是这省的事务得到所需的彻底改革。

本都商业城市归于顽抗得胜的罗马人，这事在历史上无论如何深堪注意，在起初却是无用；米特拉达特斯的事业仍然毫无希望。大王显然没有替他复国的意思，至少现在如此。罗马人流亡 68
在亚洲的，因为爱琴海舰队的毁灭，失去其最优秀的分子；尚存的人已有不少与卢库卢斯妥协，如当时领袖卢奇乌斯·马吉乌斯和卢奇乌斯·法尼乌斯；塞尔托里乌斯又死在卡比拉之战那年，此人一死，流亡人便失了最后的希望。米特拉达特斯本人的势力完全崩溃，剩下的支持相继瓦解；他那七十艘的舰队由克里特和西班牙驶回，在特内杜斯岛海外受特里亚里乌斯的攻击，全部覆没；甚至他的为博斯普鲁斯国的长官的儿子马喀儿，也背叛他，而以陶鲁斯的刻尔松尼斯独立君长资格自与罗马人缔结和平友好条约（684 年即前 70 年）。国王本人在不甚光荣的抗拒以后，住在亚美尼亚一个荒僻的山寨，成为流亡国外的人，差不多是他女婿的俘虏。虽则成群的海盗仍自保于克里特，并且由阿弥索斯和西诺培逃出的人沿黑海险阻难行的东岸来到散尼根（Sanigen）和拉岑（Lazen），可是卢库卢斯既善于指挥战事，又明达事理，不为已甚，不齿于解救省民合理的疾苦，不耻于任用悔过的流亡人为部下军官，所以牺牲不大，便能由敌人手里解放小亚细亚，灭本都国，使其由罗马属国变为罗马一省。元老院可望派一个委员团来，以便协同元帅制定新省的组织。

但对亚美尼亚的关系尚未解决。上文已言，罗马人不但有对梯格兰宣战的理由，而且有对他宣战的需要，卢库卢斯与罗马城内的元老们不同，他从较近的地点观察局势，他的见解较为高明，他灼见罗马须使亚美尼亚退归底格里斯河外，罗马须恢复其已失的地中海主权。在主持亚洲事务上，他显然不愧为他的师友苏拉的后继者。他既是当代最亲希腊的罗马人，所以不能不感到罗马继承亚历山大遗产时所应负的责任，即罗马须在东方做希腊的盾牌
69 和刀剑。个人的动机——他欲在幼发拉底河彼岸赢得桂冠，大王给他的函件漏去“凯旋将军”称号，他不免烦恼——对卢库卢斯固然有一部分的影响。不过一些事若可用责任的动机十足说明，我们便不当假定其出于卑鄙自私的动机。但罗马秉政的团体怯懦、偷惰、知识不足，尤其是永远吃财政困难的苦，人们不能希望他们不受直接的逼迫便会发起这么巨大而靡费的远征。682年即前72年前后，塞琉古王家的正统后裔别号“亚洲人”(Asiate)的安条克及其弟，因本都战争已好转，往赴罗马，要求罗马人干涉叙利亚和承认他们在埃及的继承权。虽则第二项要求不可允准，至少对亚美尼亚开战的时刻和理由没有比现在更适宜的。不过元老院固然承认两位王子为叙利亚王，却不能断然发出武力干涉的命令。如果要应用这有利的时机，以严厉的手段对待亚美尼亚，卢库卢斯便须不待元老院的适当命令，自行开战，自冒危险；他见自己正如苏拉，须不借现政府的助力而且不顾现政府的愿否，实行以现政府最显然的利益为务的事。他的决定得有一种便利，即罗马对亚美尼亚的关系久已在一种不和不战的暧昧状态之中——这种情形稍可遮掩他那自专的举动，并且使他不乏合法的开战理由。卡帕尼奇

亚和叙利亚的局势已给人口实不少；追逐本都王时，罗马军队业已侵犯大王的领域。然而因为卢库卢斯的任务在于率兵征伐米特拉达特斯，他又不愿做与他的任务不相干的事，所以，他宁可派部下一名军官阿皮乌斯·克劳狄乌斯往见大王于安条克城，要求他交出米特拉达特斯，当然，这必引起战争。

特别因为当时罗马军的情形，这个决定是个严重的决定，在亚 70
美尼亚作战时，不免要用强大兵力戍守本都的辽阔地域，否则在亚美尼亚的军队必失其与本国的联络；此外还有不难逆料的，即米特拉达特斯必谋侵入故国。卢库卢斯所率的军队结束米特拉达特斯战争的，共计三万人，这数目显然不足担当这加倍的工作。在寻常的状况下，这位将军必请政府再派军队，他必能得其所请；不过卢库卢斯既情愿并且有点必须不问政府许可来开战，他便不得不放弃那种计划，他虽然把掳来的本都王部下色雷斯佣兵编入他自己的军队，却不得不仅用两个兵团即至多一万五千人渡幼发拉底河去作战。这事本属冒险，但因此军都是骁勇素著的老兵，兵少也无大妨碍。远较恶劣的情形是兵士的情绪，卢库卢斯以其高等贵族的性格，对于军心太不注意。卢库卢斯是个良将，并且按贵族标准来说，也是个正直仁厚的人，但绝不为部下兵士所喜爱。他不得人心，因为他决然依附寡头党；他不得人心，因为他在小亚细亚用力制止罗马资本家那可骇的重利盘剥；他不得人心，因为他令部下兵士做劳苦的工作；他不得人心，因为他要求部下兵士严守纪律，竭力禁止他们抢掠希腊城市，但同时却使人以许多车辆和骆驼替他自己载运东方的宝物；他不得人心，也因为他的风度文雅、高贵、希腊化，绝不亲昵，遇有可能，便倾向于安乐。他没有丝毫魔力可以

造成将军与士卒间的私人关系。再加以他部下最善战的兵大都饶有理由地怨恨兵役期间的无限延长。他部下最精锐的两个兵团就
71 是668年即前86年弗拉库斯和芬布里亚率领到东方的军队;他们已历十三年的战役,很应有退伍的权利,在卡比拉之战以后不久,已获准其退伍的诺言,而今卢库卢斯却率他们渡幼发拉底河去进行一场前途难料的新战争——仿佛卡比拉战胜军所受的待遇还不及昔日坎尼的战败军。一位将军以这么薄弱、这么不悦的队伍,竟自负其责,并且严格说来竟不顾宪法,从事于遥远陌生之地的征战,其地处处是河流湍急、雪满群山,其地又广大无垠,轻进必致遇险,这真是过于鲁莽的举动。所以住在罗马城的人很非难卢库卢斯的举动,并且不无理由;不过在非难之中,我们不可缄默,我们以为政府的荒谬是造成将军鲁莽行动的主因,即使政府荒谬不足为将军鲁莽的辩护,却至少使其情有可原。

阿皮乌斯·克劳狄乌斯出使的用意除以外交方式促成战事外,还要特使叙利亚各君长和城市起兵反抗梯格兰;正式攻势始于685年即前69年的春季。在冬季,卡帕多奇亚王已暗备运输的船只;现在罗马人乘船由梅利泰内渡过幼发拉底河,再越陶鲁斯山隘,向底格里斯河进兵。卢库卢斯又在阿弥达(Amita,即迪亚贝克尔[Diarbekr])地方渡过此河,再进至一条联络亚美尼亚南界新建的第二首都梯格兰城[①]与旧都阿塔克沙达(Artaxata)的大道。

① 萨绍(Sachau)就地考查,已证明梯格兰城在尼西比以西约两日程的马丁(Martin)地方,不过萨绍所提议的确定地点却还有可疑之处。反之,我们反对他分析卢库卢斯这次战役的说法,因为据他所假定的路线,实在谈不到渡过底格里斯河。

不久以前，因与罗马人起了纠纷，大王暂停其征服地中海的计划，然后自叙利亚回国，驻在梯格兰城。他正计划由西利西亚和利考尼亚(Lykaonien)侵入罗马属下的小亚细亚，正在寻思罗马人究要即刻退出亚洲，还是要——也许在埃弗索——先对他一战，这时一个报子传来卢库卢斯进兵的消息，打断他的思路。他命人把报子 72
绞杀，可是恼人的事实却依然如故，所以他离开他的都城，往亚美尼亚腹地，在那里修军备——这事到现在还没有做——以抗罗马。同时，密德罗巴赞(Mithrobarzanes)以他所能调遣的现兵与在附近仓促召集的贝都因部落共同牵制罗马人。不过密德罗巴赞的部队为罗马先锋所击溃，阿拉伯人为塞克斯提利乌斯(Sextilius)所率的一支兵所击溃；卢库卢斯夺得由梯格兰城通到阿塔克沙达的大道，罗马一支兵沿底格里斯河右岸追逐那向北去的大王，同时卢库卢斯亲自渡河到左岸，向梯格兰城进兵。

守兵以弓箭射罗马军，势如绵绵不断的骤雨，又用石脑油焚毁其攻具，使罗马人初知伊朗战事的新危险；勇将曼凯乌斯(Mankäos)守城，以至于王家的大援军终于由大帝国各部和容许亚美尼亚官吏募兵的邻国集合起来，经东北各隘道进援首都。统帅塔克西勒斯在米特拉达特斯战争中富有经验，劝梯格兰避免交战，用他的骑兵包围罗马的小队人马，使之饿死。可是罗马将军已决定挑战而不撤围，大王见他率领不过一万人出击二十倍于他的军队，并且悍然渡过两军相隔的河流；他望见一面是这个“做使团太多，做军队嫌少”的小队人马，另一面是他自己那个硕大无朋的军队，黑海、里海的人与地中海、波斯湾的人在这军队里聚在一处，其中仅那为人所畏的长矛铁骑也多于卢库卢斯的全军，其中甚至

不乏用罗马式武装的步兵；他于是决定立即接受敌人所愿的战争。但亚美尼亚军仍在列阵之时，卢库卢斯的锐利眼光即见他们忘记
73 把守一个俯瞰他们全部骑兵阵地的高冈。他连忙率两连兵攻占高冈，同时他的薄弱马队用侧面攻击转移敌人对这行动的注意，他一到高冈，便率他的小队伍攻敌军骑兵的后方。敌骑全被击溃，猛冲那尚未完全成列的步兵，步兵不战而逃。战胜将军的公告说，十万亚美尼亚人和五个罗马人阵亡，国王弃其头巾和王冠，无人认得，与几个骑士疾驰逃去；这公告是仿他老师苏拉的手笔做的。但尽管这样，在罗马的光荣战史里，685 年即前 65 年 10 月 6 日在梯格兰城下所赢得的胜利仍是一个最辉煌的胜利；这胜利不但辉煌，而且关系重大。

而今底格里斯河以南一切由帕提亚人和叙利亚人夺来的土地在战略上都不再为亚美尼亚人所有，大都立即归战胜者的掌握。这大国的新都首开其端。希腊人被迫移居此处的为数甚众，现在起而抗守军，开门延罗马军入城，兵士入城后任意掳掠。亚美尼亚总督马伽达底已尽撤西利西亚和叙利亚的队伍去增强梯格兰城下的援军。卢库卢斯进兵入叙利亚最北部的科马吉尼（Kommagene），攻其首城萨摩沙达（Samosata）；他没有走到叙利亚本部，可是远至红海的希腊人、叙利亚人、犹太人、阿拉伯人各诸侯和民社都奉罗马人为新君主，遣使来致敬。甚至在梯格兰城以东的科杜内君长也来降；反之，大王之弟古拉斯（Guras）自保于尼西比斯，因而据有两河流域。卢库卢斯始终以希腊君长民社的保护主自居；在科马吉尼，他立塞琉古家一个王子安条克为王；安条克一亚细亚人在亚美尼亚人撤退之后，已回到安条克，卢库卢斯承认他为叙利

亚王;他把被迫迁到梯格兰城的人送回原籍。大王的无量积蓄和宝藏——粮食达三千万梅丁,仅梯格兰城一城的钱财就有八千塔兰特——使卢库卢斯能不取自于国库而支付战费,对于他的兵士 74
除最丰富的给养外,还能给每人八百第纳尔的奖金。

大王甚为沮丧。他的性格本属懦弱,处顺境便高傲,处逆境便气馁。如果没有老米特拉达特斯,他或能与卢库卢斯成立一种协定,大王很有大大牺牲以换取协定的理由,罗马将军也饶有在尚可的条件下准结协定的理由。米特拉达特斯没有参加梯格兰城周围的战事。他被拘留了二十个月,684 年即前 70 年六七月间,因为大王与罗马人的失和,始被释放,大王遣他率亚美尼亚骑兵一万往赴他的故国,以威胁敌人的交通。大王号召全国的兵来救他所建的都城时,米特拉达特斯尚毫无成就便被召还,来到梯格兰城前面,遇到正逃出战场的群众。上自大王下至普通兵士,人人以为一切无望,但梯格兰如果现在讲和,不但米特拉达特斯永无复国的可能,而且讲和的第一条件必是把他交出无疑;并且梯格兰对待他必无异于昔日博库斯对朱古达的办法。因此米特拉达特斯用他个人的全力阻止这种转变,劝亚美尼亚朝廷继续作战,他在战争中无物可失,却有一切可得;米特拉达特斯虽逃亡国外,失了王位,他在亚美尼亚朝廷上的势力却不为不大。他仍是堂堂仪表,孔武有力,虽已年逾六十,仍能全身披挂地跳上马背,肉搏时寸步不移,不亚于最良的兵士。年龄和命运似乎淬砺了他的精神,早年时他派将军出战,而不亲自直接参战,此后到了老年,我们却见他自率军队,亲在战场搏斗。在他这治国五十年,饱经多次空前世变的人看来,大王的事业绝不因 75
梯格兰城之败而无望;反之,卢库卢斯的境遇已甚艰难,如果现在不讲和，而以适宜的方法继续作战，他必陷于岌岌可危的境遇。

这个饱经世变的老人与大王的关系差不多等于父子关系，现在又能用人格的力量感动大王，以他的魄力制伏那懦夫，使他不但决定继续作战，而且把战争的政治和军事指导权交给米特拉达特斯。现在，战事应由内阁比赛一变而为全亚洲民族的战争；亚洲各君主各民族应为此事联合起来，抵抗那横暴骄傲的西方人。人们竭力要使帕提亚人和亚美尼亚人彼此言归于好，要使双方合作来对付罗马。经米特拉达特斯的建议，梯格兰提出条件，把亚美尼亚人攻占的地方——美索不达米亚、阿迪亚波纳（Adiabene）、"大谷"——一概还给阿萨息斯王家的神主弗拉特斯（Phraates，684 年即前 70 年即位），并且与他成立友好和同盟的关系。不过既有了一切往事，这种提议料想得不到顺利的接受；弗拉特斯宁愿不与亚美尼亚而与罗马人结一条约，以巩固幼发拉底河的疆界；可恨的邻国与恼人的异族互相残杀之时，他宁愿袖手旁观。米特拉达特斯对东方民族的呼吁，所收的效果大于他对各国君主的请求。他不难称此战为东方对西方的民族战争，因为这是实情；此战也很可以作为宗教战争，他散布谣言：卢库卢斯军的目的地是波斯南尼亚神（Nanäa，又名阿奈提斯[Anaitis]）在埃利迈（Elymais，今卢里斯坦[Luristan]）的庙宇，这在幼发拉底河整个流域是最著名最殷富的神庙。[①] 两位国王号召亚洲人起来，反抗无神的异族，保护东方及

① 西塞罗意中所指的不是别处，必是埃利迈省一个殷富庙宇，叙利亚和帕提亚国王的寇抄军照例以这里为目标，大概这是一个最驰名的庙；他所指的绝不是科马那庙或任何在本都国的神祠。

其神祇，亚洲人由远近各处成群结队地来在他们的麾下。但事实 76
已经证明，不但单是集合庞大队伍于一处是无用的，而且真正能征善战的队伍被合并在这大军中，也成为无用之物，受全体覆灭的连累。米特拉达特斯特别要发展在西方人最弱而在亚洲人最强的一种武器，即骑兵；在他新编的军队中，有一半是骑马。至关于步兵，他从那征集或投效的大众中，慎选适于当兵的人，使他的本都军官训练他们。一个大军不久便集合在大王的麾下，然而这大军的用途不是一到战场便与罗马的老兵争强角力，而是仅限于守势和小规模战事。米特拉达特斯上次在他国内指挥战争就用永远退却避免交战的办法，这次他也采取类似的战术，于是定亚美尼亚本部为战场——这是梯格兰的祖传疆土，仍完全未受敌人的损害，并且以其自然状态和人民爱国而言，甚适于这种战争。

686 年即前 68 年，卢库卢斯陷在一个困难而且日益危急的境遇。他尽管打了辉煌的胜仗，罗马城的人却绝不对他满意。元老院觉得他擅自行动；他所深深得罪的资本阶级应用一切阴谋和行贿手段来促成他被罢免。有理无理的控诉每日声震罗马广场，说这位将军鲁莽、贪婪、非罗马人、叛逆，有人说不应使这样的人一手总揽这样无限的权力——两个平常省长职和一个重要的非常统帅职——，元老院听从此说，竟指定一员副执政官做亚细亚省长，执政官昆图斯·马尔库斯·雷克斯（Quintus Marcus Rex）做西里西亚省长并率领新召集的三个兵团，使卢库卢斯专任征讨米特拉达特斯和梯格兰的统帅。

这些指责卢库卢斯的怨言起于罗马城，在伊里斯河和底格里
斯河上的兵营中引起危险的响应，更危险的是，几个军官连将军的 77

姻兄弟普布利乌斯·克劳狄乌斯(Publius Clodius)在内,竟用这种意见煽动兵士。据说现在卢库卢斯想把远征帕提亚与本都一亚美尼亚战争联合举行;无疑地,这是上述诸人故意散布的谣言,结果使兵士更加愤愤。

但当政府和兵士愤愤不平因而得胜将军有被罢免和兵变的危险之时,他自己却像个不顾一切的赌徒,继续添加他的赌注和冒险。他诚然没有进攻帕提亚;但梯格兰既不表示准备讲和,又不如卢库卢斯所欲,再作一番大战,卢库卢斯便决定由梯格兰城进攻,经凡湖(Wan see)东岸一带的险阻山地,入东幼发拉底河(又名阿萨尼亚斯[Arsanias],今 Murad Tschai)流域,再由此前进,入阿拉克斯河(Araxes)流域,亚美尼亚本部的都城阿塔克沙达就位于此处阿拉拉特山(Ararat)的北坡,国王累世相传的堡垒和后宫也都在此处。他希望一威胁国王的故居,便能强迫他在中途或至少在阿塔克沙达城下作战。当然,他非留一支兵驻在梯格兰城不可;进攻部队既绝不能再灭,别无办法,只好削弱本都的兵力,由那里调兵到梯格兰城。然而主要的困难却是亚美尼亚的夏季很短,对军事行动颇不方便。亚美尼亚高原在海拔五千英尺以上,埃尔泽鲁姆(Erzerum)的小麦到六月初才发芽,到九月收获,冬季也开始了;罗马军须至多在四个月内达到阿塔克沙达,结束本年的战争。

到了 686 年即前 68 年的仲夏,卢库卢斯由梯格兰城出发,无疑地必先经比斯立山隘(Bislispab),而后再西上到凡湖登穆什(Musch)高原,进到幼发拉底河上。罗马军无日不与敌军骑兵,尤其骑射兵做很讨厌的小战,前进迟缓,但未遇重大的阻碍,可谓顺利;亚美尼亚的骑兵严守幼发拉底河的渡口,罗马军与他们交锋得

胜，强渡过河；亚美尼亚的步兵出现，罗马军要把他们牵入战斗，但 78
没有成功。这样，罗马军达到真正的亚美尼亚高原，继续开入他们所不知的地方。他们并未遇到真正的不幸；然而，单是艰险的地势和敌人的骑兵就必不免延缓军队的前进，这是很大的不利。他们距达到阿塔克沙达之日尚远，冬季便已开始；意大利兵一见四围的冰天雪地，太严肃的军纪便如拉得太紧的弓弦一般，戛然中断。

正式的兵变发生了，将军不得不下令退却，他完成此事与往常一样地巧妙。卢库卢斯既顺利达到气候仍可行军的平原，便渡过底格里斯河，用大部兵力猛攻尼西比，即亚美尼亚属下两河流域的首城。大王因有梯格兰城下的经验而较前明智，听尼西比自便；尽管英勇守御，此城仍在一个雨天的黑夜里被攻破，卢库卢斯的军队在这里得有丰富的战利品和舒适的冬营，比之去年梯格兰城的没有逊色。

不过同时敌人以其全副的力量攻击罗马留守本都和梯格兰城的薄弱队伍。梯格兰强迫梯格兰城的罗马将官卢奇乌斯·法尼乌斯——即以前塞尔托里乌斯和米特拉达特斯之间的中间人——入守一座堡垒，把他围困在那里。米特拉达特斯率亚美尼亚骑兵和他自己的骑兵各四千人入本都，用解放者和报仇者的名义号召全国起而反抗公敌。一切人都归附他；分散的罗马兵处处被捉拿处死；本都的罗马将官哈德良率兵攻他，国王往昔的佣兵和很多随军为奴的本都人都响应敌军。双方众寡不敌，连战两日；只因本都王身受两创，被抬出战场，罗马将官始能收束这实际已败的战争，率区区的残军入守卡比拉。卢库卢斯另一副将，即果敢的特利亚里
乌斯偶到这个地方，又收编了些队伍与国王交锋得胜；不过他的兵 79

力太薄弱，不能再逐国王于本都国土以外，不得不坐视国王驻冬于科马那。

随后687年即前67年的春季到来。同时军队聚会于尼西比，冬营中多闲暇，将军又常不在营中，因而军队更加不听号令，不但他们声势汹汹，要求将军率他们归去，而且一种情形已相当明显，即如果将军不肯率他们回国，他们必将自行解散。军粮不丰，卢奇乌斯·法尼乌斯和特里亚里乌斯在困窘中遣人恳请将军施救。卢库卢斯满心悲哀，决定不得已而让步，放弃尼西比和梯格兰城，抛开他远征亚美尼亚的灿烂希望，回到幼发拉底河右岸。卢奇乌斯·法尼乌斯遇救，但在本都，救援已嫌太晚。特利亚里乌斯的兵力不足以与米特拉达特斯交战，他据守加佐拉（Gaziura，伊里斯河上的土耳克萨尔［Turksal］，在托卡拉以西）的一个强固据点，留辎重于达达萨（Dadasa）。但米特拉达特斯围攻达达萨时，罗马兵恐怕失掉他们的财产，逼将官离开这安全地方，在加佐拉与齐拉（Ziela，即 Zilleh）之间与国王交战于斯科特斯（Skotisch）高地。

特利亚里乌斯所预料的竟成事实。尽管有极英勇的抵抗，国王所亲率的一翼仍冲破罗马战线，逼罗马步兵挤入一条泥涧中，他们既不能前进，又不能转动，遭到惨酷无情的屠戮，一个罗马百夫长诚然使国王受伤几死，他自己也因此牺牲性命；但战事却不因此而不算完全失败。罗马营垒陷落；步兵的精锐和差不多全体高级和下级的军官尸横遍野；死者遗尸战场，无人收埋；卢库卢斯来到幼发拉底河右岸时，他不是由自己的兵士得知战败，而是由土人的报告。

军事阴谋的发作，随这次败仗俱来。正在这时，消息由罗马传
80 来，说人民大会已议决，准许依法服役期满的兵士即芬布里亚旧部

退伍。把本都和比提尼亚的元帅职交给本年的两位执政官;卢库卢斯的继任人即执政官曼尼乌斯·阿奇利乌斯·格拉波里奥(Manius Acilius Glabrio),已在小亚细亚登陆。解散最骁勇最嚣张的兵团,召回元帅,再加以齐拉战败的印象,正在将军需要威权约束最切之时,使军中的威权约束荡然无存。他在小亚美尼亚的塔劳拉附近与本都军对垒,本都军为梯格兰的子婿、米底亚的米特拉达特斯(Mithradates von Medien)所率,已在一次骑兵战事中胜罗马人;大王的主力军正由亚美尼亚向此点进兵。西利西亚的新省长昆图斯·马尔奇乌斯(Quintus Marcius)率三个兵团在赴省途中来到利考尼亚,卢库卢斯遣人向他求救;马尔奇乌斯说他的兵士不肯开往亚美尼亚。他遣人请求格拉波里奥接任人民所委的元帅职;这事现在成为艰难危险的事,格拉波里奥更不愿承担。卢库卢斯不得不保留兵权,为免与亚美尼亚和本都的联军在塔劳拉交战起见,下令拔营进攻前进的亚美尼亚人。

兵士听命开拔,但当他们走到两条路分岔的地方,一条是通往亚美尼亚的,一条是通往卡帕多奇亚的,他们大多数取后一条,走到亚细亚省。在这里,芬布里亚旧部要求即刻退伍;虽则他们应元帅和其他队伍的恳求而作罢,他们却仍坚持如果冬季到来而没有敌人当前,便要解散;事实果然如此。米特拉达特斯不但几乎重占他的全部国土,而且他的骑兵横行卡帕多奇亚全境,远至比提尼亚;阿琉巴赞王求救于马尔奇乌斯,求救于卢库卢斯,又求救于格拉波里奥,均属徒劳。一场指挥得这样精彩的战争得到这样罕见而几乎令人难信的结果。如果我们仅着眼于军事成绩,没有另一个罗马将军像卢库卢斯似的以那么小的物力成就那么大的功业;

81 苏拉的才干和幸运似乎传授到他的弟子。在那种情形之下，罗马军由亚美尼亚回到小亚细亚，居然无恙，可谓军事的奇迹，据我们所能判断的而言，这次奇迹超过色诺芬的退兵远甚；罗马兵制的健全和东方兵制的不健全，固然可为这事的主要解释，但无论如何，这次远征领袖的荣名应在第一流的良将之列；如果卢库卢斯的姓名不常与那些人并称，从一切情形看，其原因只在关于他的战争没有在军事上较好的叙述传至今日，并且在任何事尤其战事，除最后结果外一切无足轻重，而这次的最后结果又确是等于全败。由于战局的最后转变，主要由于兵变，一场八年战争的成绩化为乌有；687—688 年即前 67—前 66 年冬季罗马所在的地位正与 679—680 年即前 75—前 74 年冬季所在的一般无二。

对海盗的海上战争与陆战同时开始，又与陆战密切相连，其结果也不优于陆战。上文已述，元老院于 680 年即前 74 年采取明智的决策，把肃清海上盗匪的工作付托一个最高海军统帅办理，即副执政官马尔库斯·安东尼。不过就在起初，他们便已在选择元帅上铸成大错；或不如说一班通过这种本属适宜的议案的人士，没有想到元老院里一切关于人的问题都取决于西第古斯的势力和相类的党派理由。再者，他们漠然不以相当于这种广大工作的金钱和船只供给他们所选的海军大将，于是他大肆征发，他本是援助各省人民的，他的苛扰却几与海盗无异。结果与此相当。在坎帕尼亚海面，安东尼的舰队掳得一些海盗船。但克里特人曾与海盗成立友好联盟关系，他要求他们作罢，他们加以峻拒，他便与克里特人交战；克里特将军拉斯特涅斯(Lasthenes)和潘那里斯(Panares)在此岛海外与罗马人作一海战，当他们凯旋而回奇多尼亚(Kydonia)

之时，用安东尼船上所刻意准备来捆海盗的铁链，把这位罗马将军 82
和其他俘虏捆在所掳罗马船的桅杆上。安东尼作战轻率，耗费了极大的款项，却没有丝毫成绩，竟于683年即前71年死在克里特。他远征的结果不佳，建造舰队所费不赀，寡头党不欲给官吏任何较广的权利，所以，在安东尼一死而这事实际告终以后，他们便不再推举一个海军元帅，却又恢复旧制，让每省省长自理所辖省份的剿匪事宜；例如卢库卢斯所兴建的舰队就在爱琴海致力于此。

不过专就克里特人而言，甚至当时那些堕落的罗马人也以为要报复在奇多尼亚海外所受的耻辱，只有宣战。然而克里特的使者在684年即前70年来到罗马，请求收回俘虏，恢复旧盟约，几乎取得一个有利的元老院法令；直至元老院通过一道正式议决案，规定克里特使者向罗马银行家所借的债不可起诉——就是说，除非元老院因受贿而失其权能，此事便不可起诉——才成立了一道法令如下：克里特各民社如果要避免战争，他们便须不但交出罗马的逃兵，而且交出奇多尼亚海外罪行的祸首——即拉斯特涅斯和潘那里斯等领袖——给罗马人，以便按罪处罚；他们须献出一切四只桨以上的大小船只，须备人质四百名，并须纳赔款四千塔兰特。使者宣称他们没有接受这些条款的权力，政府便指定来年执政官之一在任满后往克里特，以便在该地领受所要求的物事或开战。

因此到685年即前69年，续任执政官昆图斯·梅特路斯来到
克里特的海面。岛上各民社以较大城邦哥提那(Gortyna)、克诺索 83
斯(Knossos)、奇多尼亚为首，决定宁可武力自卫，也不顺从那些过甚的要求。克里特人是个凶恶堕落的民族，海盗业与其公私生活密切相关，一如盗匪业与埃托利亚人的关系，但以骁勇和许多别的

情形而言，他们与埃托利亚人相似，所以希腊各民社只有这两个勇敢而光荣的争求独立。梅特路斯率三个兵团在奇多尼亚登陆，拉斯特涅斯和潘那里斯率克里特军二万四千人准备在这里迎击他；两军交战于旷野，一场恶斗之后，胜利仍归罗马人。尽管这样，各城市却守城垣以抗罗马将军，梅特路斯须决计依次加以围攻。第一是奇多尼亚，败军余部已入保此城，长期围攻之后，潘那里斯始以许他本人自由离城为条件，献出此城。拉斯特涅斯逃出奇多尼亚，又被围于克诺索斯；当这座堡垒也要陷落时，他先破坏城内的财宝而后又逃到那些继续守卫的地方，如莱克托斯（Lyktos）、埃琉德那（Eleutherna）和他处。经过两年（686 即前 68 年，687 即前 67 年）之久梅特路斯始成为全岛的主人，于是自由希腊世界最后一块地落在压倒一切的罗马人之手。在一切希腊共和国中，克里特各民社最先发展出自由城邦政体和海权，在希腊昔日遍布地中海的一切海国里，克里特各民社也是最后亡于罗马陆权的地方。

一切法定的条件均已齐备，可以举行另一个照例的庄严凯旋礼；梅特路斯氏已有克马其顿者、克努米底亚者、克达尔马提亚者、克巴利阿里者的称号，现在又有同等权利加上新称号"克克里特者"（Kreticus）；罗马又多了一个足以自豪的人。尽管这样，罗马人在地中海的势力却没有比这几年更衰落的，海盗的势力也没有比这几年更旺盛的。海上的西利西亚人和克里特人，据说当时有船一千艘，无怪他们嘲笑克伊扫里亚者和克克里特者以及他们那些空虚的胜利，海盗如何有力地干涉米特拉达特斯战争，本都沿海城市的顽抗如何由海盗国得到最大的助力，已见上文。但这个国家自营的事业，规模也一样巨大。685 年即前 69 年，几乎就在卢库

卢斯的舰队目睹之下，海盗阿瑟诺多鲁斯（Athenodoros）袭击提 84
洛，破坏那些远近驰名的祠堂庙宇，并把全体人口掳去为奴。西西里附近的利帕拉岛每年向海盗缴纳定额的贡献，以免遭这类的攻击。682年即前72年，罗马人要攻另一海盗首领赫拉克良（Herakleon），配备一支舰队于西西里，赫拉克良毁灭了这支舰队，竟敢仅以四只敞船驶入叙拉古的港口。两年以后，他的同党波伽宁（Pyrganion）甚至在那港口登陆，盘踞其地，派别动队入岛内，直到罗马的省长终于强迫他登船驶去。到后来一切省份无不配备舰队和征集海岸巡防队，至少因此故而被课税，人们习以为常；然而海盗照例来劫各省，与罗马省长的行径无异。但现在甚至圣地意大利也不再受这些无耻匪徒的尊重；他们由克罗顿掳去拉金的赫拉（Lakinische Hera）庙内财宝；他们登陆于布隆迪西乌姆、米塞努姆、凯埃塔（Caieta）和埃特鲁斯坎的港口，甚至登陆于奥斯提亚；他们捕掳最尊显的罗马军官，其中有西利西亚军的舰队司令和两个副执政官，连同全体的从人以及那为人所畏的刀斧棍棒和一切官爵的标志；罗马海军元帅安东尼奉派往剿海盗，海盗即由米塞努姆的一座别墅掳去他的姊妹；奥斯提亚港内有罗马备攻海盗的战舰队，由一位执政官指挥，海盗却把它毁灭。拉丁人、阿皮亚大道上的旅客、人间乐园贝亚（Baiae）的高贵浴客，他们的财产生命不能再有片刻的安全；一切贸易，一切交通都告停顿；饥荒盛行于意大利，尤盛行于依海外粮食为生的首都。对于这种困苦不堪的情形，当代的人和历史有极多的怨诉；这里略加指点也就够了。

上文已述，苏拉所恢复的元老院如何实行保护马其顿的边境， 85
戒饬小亚细亚属国的君王，警卫海上；结果没有一处满意。另有一件或许更加急迫的事，即监视各省尤其意大利的无产阶级，在这事上，政府也没有较好的成绩。奴隶无产阶级的疮毒腐蚀一切上古国家的精髓，奴隶愈兴隆，这情形便愈甚；因为在当时情形之下，国家的富强照例引起奴隶大众的过度增加。当然，罗马由这事所受的祸害更烈于上古其他国家。甚至在第六世纪，逃亡的畜牧奴隶和田间奴隶结伙作乱，政府已不得不派兵讨伐。意大利企业家日益普遍地推行田庄制度，使这种危险的祸害无限增加；在格拉古昆仲和马略的政变时期，并且与他们有密切关系，奴隶叛乱起于罗马帝国很多的地方，在西西里甚至蔚为两场血战（619—622 年即前 135—前 132 年，652—654 年即前 109—前 102 年）。但苏拉死后复古政府当权的十个年头，既是海上盗匪的黄金时代，也是陆上同类股匪的黄金时代，在这一向秩序较佳的意大利半岛，尤其如此。这里再谈不到公众安宁。在首都和意大利人烟较稀的地方，劫案每日发生，凶杀也屡见不鲜。或者就在这时，政府发布一道法令，禁止绑架外籍奴隶和自由人；约在此时，又对强夺田产新创一种特殊的简易诉讼法。这些罪行必显得特别可虑，因为虽则做这种事的常是无产阶级，上等阶级却是精神上的发动者和分享其利者，与他们也大有干系。尤其是掳人和夺田常常由大田庄的管家提议，而后由聚在那里常带武
86 器的成群奴隶去执行；有如墨菲斯特（Mephisto）替浮士德（Faust）取得菲勒蒙（Philemon）的菩提树，献勤的奴隶管家这样替主人取得的东西，甚至很有体面的主人也不以为耻。当时的情形如何，可见于对武装人群侵犯所有权的加重处罚；676 年即前 78 年前后[①]，贵族党

① 旧法律把强盗包括在窃贼之中，这些法规始造成以强盗为另一种罪的观念。

一个贤能的人马尔库斯·卢库卢斯主持首都的司法事务,创行这种法律,明言意在使大群奴隶的主人对他们严加管束,以免目睹他们受法律的惩处。在这样奉贵族界的命令实行劫掠和凶杀的地方,奴隶和无产阶级大众当然也要为自己的利益做这些事;星星之火便足以点起那样可怕的燃料,化无产阶级为一支造反的军队。不久机会便至。

现在决斗戏占意大利公众娱乐的首位,因此特别在卡普亚及其四周设立了许多训练所,一面蓄养一面训练那些为娱悦至尊的群众起见,要杀人或被杀的奴隶。这些当然大都是战时被掳的勇士,他们未忘昔日曾与罗马人对敌于战场。这种暴徒有些由卡普亚一个训练所里逃出来(681 年即前 73 年),避匿在维苏威山上。他们的首领是两个凯尔特人,以他们的奴隶名字见称,一个叫作克罗索斯(Kroxos),一个叫作俄诺玛俄斯(Önomaos),有一个色雷斯人,名斯巴达克(Spartacus)。斯巴达克或许是贵族斯巴托古氏(Spartokiden)的后裔,在其色雷斯本土和潘提卡彭(Pantikapäon),此族甚至曾达到王者之尊,斯巴达克曾服役于罗马军的色雷斯助战队,以后逃往山中为盗,再被捉来供决斗戏之用。

这小股匪徒最初只有七十四人,但因周围地方的人成群入伙,
人数激增,他们的侵掠不久便使坎帕尼亚这富饶地方的居民大感
不便,他们先设法用自己的力量来抵抗,结果无功,而后求救于罗 87
马城。克洛狄乌斯·格拉伯(Clodius Glaber)率仓促集合的兵三
千人来到,扼守维苏威山口,意在饿死那些奴隶。但群盗人数虽
少,武器虽不齐全,却敢爬下危崖,袭击罗马部队,可怜的民兵一见

这小队暴徒出其不意地来攻，便四散奔逃。这第一次的胜仗使盗匪得到武器和更多入伙的人，虽则就是现在，他们大多数不过手执削尖的木棍，新来的强大民军——副执政官普布利乌斯·瓦里尼乌斯(Publius Varinius)所率的两个兵团——自罗马进到坎帕尼亚，见他们已扎营于平原，与正规军相差无几。瓦里尼乌斯处在困难的地位。他的民军被迫在敌人对面扎营，秋季天气潮湿，疠疫丛生，兵力大减；又有恶于疠疫的兵士畏怯，不从命令，于是人数日少。就在开始，他部下一支兵完全溃散，逃兵不归大队，径自还家。以后他下令向敌人的壕堑前进攻击，军队大多数不肯从命。虽然如此，瓦里尼乌斯仍率固守不去的人进攻匪军；但匪军已不在他去寻觅他们的地方，他们已毫无声息地拔营出发，转身南趋皮琴提亚(即阿马尔菲[Amalfi]附近的维琴察[Vicenza])，瓦里尼乌斯诚然在此处赶上他们，但不能阻其退过西拉鲁斯(Silarus)河而至卢卡尼亚内地，这是牧人和盗匪的乐土。瓦里尼乌斯也追到那里，人所轻视的敌军竟在那里列阵备战。战事发生时的一切情形都不利于罗马人；兵士不多时以前虽激烈要求打仗，现在却打得不好；瓦里尼乌斯全败，他的战马和官徽与罗马营垒同落于敌人之手。南意大利的奴隶，尤其骁勇而半野蛮的牧人，成群结队地投到这意外飞
88 来的救主旗帜之下；据最低的估计，武装叛徒的人数增至四万。匪军刚刚退出的坎帕尼亚转瞬又被占据，盖乌斯·托拉尼乌斯(Gaius Thoranius)原为瓦里尼乌斯部下的财务官，此时他率罗马兵留守此地，为叛徒所破灭。意大利整个南部和西南部的广大乡间都在得胜匪首的掌握；甚至大城，如布鲁提区的康森提亚(Consentia)，卢卡尼亚的图里和梅塔彭图姆，坎帕尼亚的诺拉和努塞里亚，也被他们攻

陷，受尽一切残暴，凡得胜蛮人能加在无保护的文明人的，脱了枷锁的奴隶能加在旧主人的，无不具备。不幸有不言而喻的事，这样的冲突完全无法无天，并且与其说是战争，不如说是屠戮；主人当然把每一被捕的奴隶钉在十字架上；奴隶自然也杀戮他们的俘虏或施行更有嘲笑意味的报复，甚至强迫罗马俘虏做决斗戏，自相屠杀；例如以后在一个战死的匪首出丧时，有三百俘虏被迫决斗。

罗马城的人自当忧虑这日益蔓延肆行破坏的大火。次年(682年即前72年)，他们议决派两个执政官去讨伐凶恶的匪首。副执政官昆图斯·阿里乌斯(Quintus Arrius)系执政官卢奇乌斯·盖利乌斯(Lucius Gellius)的副将，见克罗索斯所率的凯尔特人一股与匪部大军分离，自行征取贡献，他居然能在阿普里亚的加尔加努(Garganus)山把他们捕掳歼灭。但斯巴达克因此能在亚平宁山和北意大利赢得更辉煌的胜利，在这里，先有想围捕盗匪的执政官格涅乌斯·伦图卢斯(Gnaeus Lentulus)，而后有他的同僚盖利乌斯和最近得胜的副执政官阿里乌斯，最后在穆提那有内阿尔卑斯的高卢省长盖乌斯·卡西乌斯(Gaius Cassius，681年即前73年执政官)和副执政官格涅乌斯·曼利乌斯(Gnaeus Manlius)相继为他所击破。这几乎没有武器的奴隶群竟使罗马兵团望而生畏，这一串的败仗使人忆及汉尼拔战争的初年。

如果率领这些得胜队伍的不是逃亡的决斗奴隶而是奥弗涅(Auvergne)山中和巴尔干半岛的民族君主，其结果将如何，我们不能断言；这运动从前是盗匪造反，现在虽有辉煌的胜利，仍不失为盗匪造反，它的覆败非由于敌势太强而由于内部不睦和缺乏计划。团结一致对公敌，曾在早年西西里的奴隶战争中彰明较著，在

89 这次意大利的奴隶战争中则付阙如——这种差别的原因大概在西西里的奴隶有共同的叙利亚、希腊文化做民族团结的假核心，而意大利的奴隶却分为希腊蛮族和凯尔特－日耳曼人两个团体。凯尔特人克罗索斯与色雷斯人斯巴达克的分裂——俄诺玛俄斯已死于最初一次的战斗——和其他同类的竞争使他们不能利用所赢得的战功，使罗马人获得几次重大的胜利。但有远较凯尔特－日耳曼人的不听号令更有害的，这便是缺乏具体的计划和目标。我们关于斯巴达克，所知甚少，但据我们所知的来判断，这个不凡的人大概在这方面冠绝他的侪辈。他不但善战，而且显出超乎寻常的组织能力，所以就从最初时起，他治理手下群盗和分配战利品的公正无私已至少与他的骁勇一样博得大众的仰望。为补救骑兵和武器的痛感缺乏，他设法用那些由下意大利掳来的马匹来训练一支骑兵，他一得到图里港，便由该地采办铜铁，当然以海盗为媒介。但他大致不能使手下野蛮部队向固定的究竟目标进行。盗匪攻陷城市时常肆行狂暴，意大利城市所以没有一个自愿响应叛党，这就是主要原因，斯巴达克很愿制止这种狂暴；但匪首在作战时所享的服从，战胜后就化为乌有，他的抗议和请求一概无效。682 年即前 72 年在亚平宁山得胜以后，四方八面的道路都听奴隶军自由通行。据说斯巴达克本人意欲越阿尔卑斯山，以便打开他自己和部下回凯尔特或色雷斯家乡的路；如果此说确有根据，可见这位战胜将军如何不太重视他的武功和势力。他的兵士不肯这样快地舍弃意大
90 利的财富，斯巴达克便取道往罗马，据说想封锁首都。然而军队也表示不愿做这虽属冒险却有计划的行动；他们的领袖愿做一个将军，他们却逼他仍旧只做一个匪首，再在意大利走来走去，毫无目

标，专事劫掠。局势变成这样，罗马很可引以为幸，但甚至如此，也无良策。他们缺乏有训练的士兵和有经验的将军；昆图斯·梅特路斯和格涅乌斯·庞培有事于西班牙，马尔库斯·卢库卢斯有事于色雷斯，卢奇乌斯·卢库卢斯有事于小亚细亚，可供调遣的只有新入伍的民兵和至多只是庸才的军官。他们任命副执政官马尔库斯·克拉苏为意大利特任元帅，此人虽不是很有名的将军，却曾在苏拉部下立有战功，至少还有资格；并且以八个兵团供他调遣，这支兵即使品质平常，至少数目惊人。新元帅一就职，便以极严的军法，惩治第一个遇到匪军再行弃械逃走的部队，把这部队每十人中正法一人；此后各兵团确是较前稍为奋勇。斯巴达克败于下次的战争，率兵退走，欲经卢卡尼亚而至雷吉翁。

正在那时，海盗不但控制西西里海面，而且控制叙拉古港；斯巴达克想用他们的船舶载一支兵入西西里，西西里的奴隶只待鼓动，便可发动第三次的叛变。进兵雷吉乌姆的事告成，不过海盗或慑于副执政官盖乌斯·维列斯（Gaius Verres）在西西里设立的海岸巡防队，或也受了罗马人的贿赂，由斯巴达克手中收取了讲妥的酬金，却不替他效劳。同时，克拉苏尾追匪军，几至克拉提（Crathis）口，仿西庇阿在努曼提亚城下的办法，因为兵士不喜作战，命他们修一堵有如堡垒的带壕城墙，长五十一公里，隔绝布鲁提半岛与意大利他部，[①]截住那归自雷吉翁的叛军，切断他们的粮道。但

---

① 这条线既长五十一公里，大约不是由斯奎拉切（Squillace）到皮佐（Pizzo），而是再往北去，约在卡斯特罗维拉里（Castrovillari）和卡萨诺（Cassano）横断半岛，半岛在此地按直线算，宽约四十三公里。

在一个黑暗的冬夜，斯巴达克冲出敌军的阵线，到683年即前71
91 年春间[1]，又到了卢卡尼亚。于是劳苦的工作白做了。克拉苏始觉得他的任务没有完成的希望，要求元老院把马尔库斯·卢库卢斯部下驻在马其顿的兵和格涅乌斯·庞培部下驻在近西班牙的兵一概召回意大利，以做他的支援。

然而这种极端紧急的步骤并不必要，匪军的互相离贰和骄横之气已足以再使其成功化为乌有。色雷斯人为盗匪联合的首领和主脑，凯尔特人和日耳曼人又脱离了这个联合，以致在他们本国人伽尼库斯(Gannicus)和卡斯图斯(Castus)指导之下，分别牺牲在罗马刀剑之下。一次在卢卡尼亚的湖滨，斯巴达克及时赶到，救了他们，于是他们在他营垒附近驻扎；但克拉苏竟能用骑兵牵制斯巴达克，同时包围凯尔特各部队，强迫他们单独应战，凯尔特人全军——据说战士达一万二千三百人——一概英勇战死在阵地，创伤都在前面。斯巴达克以后想率部队退入佩特利亚(Petelia，在迦拉布利亚附近的斯特龙戈利[Strongoli])的山岭，罗马先锋追他，被他打得大败。不过由于这次胜利，得胜军受害较多而败军反受害较少。匪军因战胜而兴高采烈不肯再行退却，逼着将军率他们经卢卡尼亚进趋阿普利亚，以赴最后的决战。接战以前，斯巴达克先刺杀他的战马；他既无论处境的顺逆，对部下总是尽忠到底，现在他的作为就是要向他们表示这一战的结果对他与对大众无异，都是不胜即死。在交战中，他奋勇搏斗有如一头狮子；两个百夫长

① 由不用两执政官可知，克拉苏于682年即前72年被任为最高统帅，由“雪夜”可知两军在布鲁提长城度过682—683年即前72—前71年的冬季。

死在他手；他受伤跪倒，仍挥戈刺击那进逼的敌人。如是，伟大的匪首和他大多数的伙伴一同得到自由人和光荣兵士的死（683 年即前 71 年），在这代价很昂贵的胜利以后，得胜军会同那平定塞尔托里乌斯党以后归自西班牙的庞培军队，遍历阿普利亚和卢卡尼 92
亚全境，举行一番空前的追捕，以消灭大火的余烬。虽则在南部各地——例如小城泰普萨（Tempsa）于 683 年即前 71 年为一群盗匪所占据——和深受苏拉没收土地之害的埃特鲁里亚，仍尽绝没有普遍的安静，官方却以为意大利的和平已告恢复。至少那些丢得可耻的鹰徽又夺回来——只在那次战胜凯尔特人以后，就得到五个鹰徽；沿着由卡普亚到罗马的路上，六千个十字架钉着被捕的奴隶，这证明秩序业已恢复，又证明公认的权力又复战胜那起而反抗的活财产。

让我们回头看一看苏拉复古十年间所有的大事。此时所发生的运动，无论是国内国外的——雷必达的叛变，西班牙流亡人的起事，色雷斯、马其顿和小亚细亚的战争，海盗和奴隶的作乱——本身都不是影响国家命脉的大患；然而在这一切斗争中，国家都几乎为生存而战。推其原因，不外在这些问题仍易解决的时候，处处不加以解决，忽略最简单的预防办法，必致酿成最烈的祸害和不幸，把依赖阶级和孱弱君主变成对等的敌人。平民党和奴隶的叛乱诚然已被扑灭；但以那种胜利而言，战胜者并不因此而在内精神振作，在外力量增强。政府党两位最有名望的将军，经八年少胜多败的战斗，竟不能制伏叛党首领塞尔托里乌斯及其西班牙的游击队，只是他同党的匕首才能使合法政府得到塞尔托里乌斯战争的有利结果；这不足为荣。至关于奴隶，战胜他们不算光荣，与他们多年对等作战，却是耻辱。汉尼拔战争过去了仅仅一百多年，体面的罗马人想到自从那大时代以来国家极为迅速地退步，必至羞惭满面。
93 那时意大利的奴隶像长城一般抵抗汉尼拔的老兵；现在意大利的民兵却一见逃奴的棍棒便筛糠一般地四散而去。那时每一单纯的长官在必要时都做将军，作战往往不胜，永不失其光荣；而今在一切高级军官中连一个普通有用的领袖都难觅得。那时政府宁可使农人尽废耕耘，也不肯放弃西班牙和希腊的征服事业，现在他们又要舍弃那久已获得的两地，仅为的是能在本国自卫以抗叛变的奴隶。斯巴达克有如汉尼拔也率兵穿过意大利，自波河走到西西里海峡，击破两执政官，使罗马城有被封锁之虞。对昔日的罗马，这种事业须古代最伟大的将军来担任；对现在的罗马，一个勇敢的匪首便能担任。那么，新生命没有从这种对匪首和叛党的胜利生长出来，又何足怪。

然而对外战争所发生的结果更不可喜。固然，色雷斯一马其顿战争的结果，虽与人力财力的巨大耗费迥不相侔，还没有真正的不利。反之，在小亚细亚和对海盗的战争中，政府却显然全盘失败。前者的终局是丧失八年血战的全部所得，后者的结局是罗马人全被逐出“他们自己的领海”。往昔罗马深知它的陆权莫之能御，便推广其优势于海上；现在这个堂堂大国在海上毫无势力，仿佛就要丧失至少亚洲大陆的统治权。国家存在的种种实利——安全的边境、平安无阻的交通、法律的保护、秩序井然的政事——始在罗马国所统一的各邦中荡然无存，赐福之神似全已上升奥林匹斯山，把这个可怜的世界留给官吏或私人去抢掠和荼毒。觉得国家衰落为公众不幸的，或不只是有政权和爱国心的人；无产阶级暴

动，陆上海上的盗贼使人想到拿波里王费迪南德（Ferdinande）时 94
代，这些事把衰落之感传到意大利最荒远的山谷和最卑贱的茅屋，使每一从事商业贸易或甚至买一斗小麦的人觉得这是切身的灾难。

如果要查问这种可骇的空前灾难由谁而起，我们不难以正当的理由归罪于许多人。一心只在钱袋的奴隶主人，不从命令的士兵，畏葸、无能或鲁莽的将军，大多数以欺人为事的市上奸雄，各应分负其咎；或不如说，谁不当分负其咎？人们在本能上就觉得这种灾难、这种耻辱、这种骚乱过于巨大，绝非一人所为。罗马共和的伟大不是超群绝伦的个人所造成，而是组织健全的公民团的成绩，所以这个大结构的衰落也不由于个人的破坏力，而由于普遍的瓦解。大多数公民都是无能之辈，建筑物每块腐烂的石头都有助于全部的坍塌，全民族都有罪过，全民族都受其害。如果我们使那做国家最后具体表现的政府，负国家一切可治之症与不可治之症的责任，未免有欠公允；但政府应分担罪过的大部，则确属实情。例如，在亚洲战争中，当权贵族没有一个彰明较著地遭到失败，并且至少就军事而言，卢库卢斯做得很好，甚至可谓光荣，因此更显然可见失败之罪在于制度和政府本身——这里主要的罪过在于起先放弃卡帕多奇亚和叙利亚，在于这位良将遇到一个优柔寡断的主政团体而处于困难的地位。关于海上警备，元老院原想普遍追捕海盗，这个良策先在实行遭到破坏，而后完全作废，以至于又恢复旧日的愚蠢办法，派兵团去打那驰骋海上的盗匪。塞尔维利乌斯和马尔奇乌斯的远征西利西亚，梅特路斯的远征克里特都依这种办法行事，特利亚里乌斯也按这种办法造一条环绕提洛岛的长城

95 以御海盗。这种巩固海权的企图，使我们想到波斯大王命人用棍打海，使之归顺。所以全国把这种失败的罪过大部加在复古政府身上，诚然有正当的理由。往昔在格拉古昆仲以及马略和萨图宁覆败以后，也有这种失政随寡头政府的复兴而来；但寡头政府从没有这样地既暴戾而又怠惰，从没有这样地既腐败而又有害。但当一个政府不能为政之时，便不再是个合法的政府，谁有推翻它的能力，便也有推翻它的权利。固然有一种情形，不幸也是真的，即无能而有罪的政府可以长期践踏国家的幸福和光荣，而后有人能用和愿用政府自造的可畏武器对待它，从贤人的义愤和大众的苦难中唤起在此等情形之下合法的革命。如果国运的赌博可以是一件乐事，或竟能长期做去而不受干扰，但这却是个阴险的赌博，到相当时候便会把赌徒吞噬下去；那么，对结出这种果实的树木，如果有斧头厌根斫去，也无人斥责斧头。对于罗马寡头政府，现在已到这个时候。本都一亚美尼亚战争和海盗事件成为推翻苏拉宪法和成立革命军事独裁制的近因。

第三章　寡头党的倾覆和庞培主政

96

苏拉体制仍旧屹然未动。雷必达和塞尔托里乌斯胆敢加以攻击,但终于败亡,损害不大。固然,政府没有以创这体制者的强毅精神完成未竟之业。有一事足以代表这政府的特色,对苏拉指定要分配但还未分出的土地,他们既不实行分配,也不即刻放弃要求,只是容原主暂时管理而不规定他们的权利,旧占田制经格拉古的改革已在法律和实际上一概作废,他们现在竟让个人按此制擅取许多仍未分配的苏拉公地。苏拉法规有与贵族党无关或对他们不便的,他们都置之度外或予以取消,例如,剥夺整个民社公权的布告,不许兼并新班农田的禁令,苏拉给予某些民社的特许状——他们当然不把申请宽免所缴的款项发还民社。然而,经由政府这些动摇苏拉结构基础的违反苏拉的法令,森普罗尼乌斯法大体作废,永不复用。

当时诚然有人想恢复格拉古的宪法,也有许多计划想由合法的改革,逐步达到雷必达和塞尔托里乌斯要由革命达到的目的。苏拉一死,政府即刻受雷必达煽动的压迫,允许有限制地恢复分发粮食(676 年即前 78 年);并且政府也尽其所能,使首都无产阶级在生活问题上得到满意。尽管分配粮食,但粮价主要因为海盗横

行而高涨，罗马遭到严重的粮荒，以至于造成679年即前75年的
97 街市暴动，政府特别命人采办西西里的粮食，一时救了极重的灾难；关于将来，681年即前73年的执政官又提出粮食法，规定采办西西里粮食，虽牺牲了该省人民，却使政府更有应付同类灾难的能力。但一些次要的争执——恢复保民官旧有的权限，废除元老审判厅——也不断成为鼓动人民的题目，在这里，政府的抵抗较为坚决。关于保民官一职的争执，早在678年即前76年，雷必达覆败之后，即有保民官卢奇乌斯·西奇尼乌斯（Lucius Sicinius）开其端，此人或是四百余年前首任此职的同名人的后裔；但这事遭到灵敏的执政官盖乌斯·库里奥（Gaius Curio）的反对，归于失败。680年即前74年，卢奇乌斯·昆克提乌斯（Lucius Quinctius）再事鼓动，但为执政官卢奇乌斯·卢库卢斯的权威所制，放弃他的计划。次年，盖乌斯·李锡尼·马克尔（Gaius Licinius Macer）更热烈地步前人的后尘，他足为当时特色的代表，把他的学问运用到公众的生活，劝公民仿照他在编年史中读过的办法，拒绝应征入伍。

不久，元老陪审法庭在司法上的办理不善，也斗得怨声载道，不幸这种怨言很有理由。稍有势力的人就不得再被判罪。不但同僚当然怜惜同僚，已被控告或将被控告的人当然怜惜不幸的罪人，而且陪审人员出卖表决权，也不再是例外。有几个元老已由法庭证明犯这种罪，人们能指出其他一样有罪的人；贵族党最有名望的如昆图斯·卡图卢斯公然在元老院承认怨言确有实据；有几次，例如在680年即74年，几个彰明较著的案件使元老院不得不考虑制止陪审人员受贿的办法，当然到最初的叫嚣

已息，事件可以无形消灭为止。这种万恶司法的结果特别显见于劫掠和拷问外省的人，与此相比，以前的暴行都似乎尚可忍 98
受，不为过分。偷窃和抢劫已因习惯而稍变为合法；治贪所可认为是向归自各省的元老征税，以利留在国内的元老的机关。但一位体面的西西里人因不愿助省长为恶，身不在场，未经讯问，竟被省长判处死刑；甚至在各省的罗马公民，如果不是骑士或元老，也不免受罗马官吏的棍棒、斧锧，罗马共和最古的成绩——生命和身体的安全——始为当权的寡头党所践踏；于是对各省的罗马官吏和道德上共负这种罪行之责的枉法法官，人们啧有烦言，甚至罗马罗马广场的大众也听信这种话。当然，反对党不忘在法庭上——这差不多是他们所余的唯一场所——攻击他们的敌党。年少的盖乌斯·恺撒，只要他的年龄许可，也热烈参加那恢复保民官职权的运动，于677年即前77年传讯苏拉一个最有名的同党，前执政官格涅乌斯·多拉贝拉；次年，又传讯苏拉部下另一军官盖乌斯·安东尼（Gaius Antonius）；684年即前70年，马尔库斯·西塞罗查办盖乌斯·维尔列斯，此人是苏拉手下一个最卑鄙的奴才，也是一个最肆虐于各省人民的人。剥夺人权的黑暗时期的景象，各省人民可怕的痛苦，罗马刑事司法的可耻状态，都屡次三番地以意大利极华丽的修辞和意大利极刻薄的讽刺被揭露在集会大众之前，已死的伟人及其未死的爪牙都遭到无情的愤怒和嘲笑。共和国的自由、强盛和幸福似乎借着原始神圣的魔力，与保民官权力的持续发生联系；恢复保民官的全部权力，重立骑士法庭，再设苏拉所废的监察官职，以便肃清最高政治机关的腐败和有害分子，都是平民党演说家每天大声疾呼着要求的。

99 但尽管如此，他们却不能再进一步。诽谤和叫嚣已不在少，但真正的结果却不是正当和过分地辱骂政府就能达到的。只要没有军队的干涉，实权仍操在首都公民之手；而蜂拥于罗马街市，制定法律和选举官吏于罗马广场的“公民”，实在毫不优于主政的元老院。固然，关于群众的切身利益，政府须使他们满意；森普罗尼乌斯粮食法所以复兴，就因为这个理由。不过我们不能想象，这民众会为一个观念或甚至为一个适当改革的缘故，认起真来。德摩斯梯尼论雅典人的话，正可以应用到这时代的罗马人——人民立在讲台四周，谛听改革的建议时，很热心于行动；但他们一回到家中，便无人再想到由市场听来的议论。平民党的游说家无论如何鼓动火焰，也是无用，因为缺乏燃料。政府晓得这种情形，在重要的原则问题上绝不使人从他们手里夺得让步；至多在 682 年即前 72 年前后，他们同意赦免一部分与雷必达一同被逐的人。所有的让步都不出自平民党的逼迫，而出自温和贵族的试行调解。当时贵族温和派的领袖只有盖乌斯·科塔尚存，679 年即前 75 年他为执政官时，通过两种法律：一种是关于法院的，次年就被废除；另一种撤销苏拉那“曾任保民官的不得再为他官”的规定，但仍不废其他限制，这种法律与一切折中的办法一样，也引起双方的不悦。科塔不久以后即死（约在 681 年即前 73 年），保守党倾向改革的一派因他早死而失去其最有名望的领袖；并且被夹在日益显著的两极端之间，一天比一天衰落下去。但说到这两个极端，政府党虽恶劣怠惰，却遇到同样恶劣怠惰的反对党，政府党势必仍占上风。

但政府党人也有较高希望，不仅仅志在元老院的尊位和贵族 100
的别墅，他们与政府党的对立一旦更加分明，那有利于政府的局势便改观了。站在这种人前列的是格涅乌斯·庞培。他是个苏拉党，但我们已经指出，他如何在本党中自觉不安，官方虽以他为贵族的护卫和战士，他的家世、他的既往、他的希望却如何使他与贵族永有隔阂。在这位将军征西班牙的战事中，那业已张开的裂缝由狭而阔，无法补救（677—683年即前77—前71年）。政府使他与他们的真代表昆图斯·梅特路斯同僚共事，本非出自情愿，一半由于被迫；他却责备元老院——大概不无理由——，说他们不是懈怠便是恶意地置西班牙军队于不顾，军队因此战败，远征的前途也因此陷于危险。现在他回来了，成为对公开和秘密敌人的战胜者，率领一个久惯征战、完全对他效忠的军队，为他部下的兵士要求分田，为他自己要求凯旋和执政官职。后面的要求是违法的。庞培虽已几次以特殊方式得掌最高的职权，却未尝充任经常的官职，就是财务官也没做过，并且仍不是元老院的一员；未经过低级官职的人不得做执政官，未掌经常最高职权的人不得行凯旋礼。元老院在法律上有权劝说他，如果他要竞选执政官，请他先竞选财务官；如果他要求凯旋，请他追忆伟人西庇阿的事，西庇阿在同样情形之下，放弃征服西班牙的凯旋礼。关于许给他部下士兵的土地，庞培也同样在宪法上有赖于元老院的乐从。但元老院就算——因为它在怀恨时也是软弱的，这事可以想象——能在这里让步，许战胜将
军以杀戮平民党首领的功劳，换取凯旋、执政官职和分田，那么，寡 101
头党能给这三十六岁将军的最优身份，也不过是使他居一长串元老院的和平“凯旋将军”之列，恭而有礼地把他消灭在元老的闲散

生活。他心中真渴望的是米特拉达特斯战争的统帅,他绝不能想望得之于元老院的情愿奉赠;为他们所深知的利益计,寡头党不能使他于非洲和欧洲的胜利塔外再加上第三洲的胜利塔;总之,东方可以安然大量攀折的桂枝都要留给纯粹贵族去攀折。但如果这位名将不能由主政的寡头党得利益,那么,他除与平民党合作外,别无他法,因为要以纯粹私人资格公然实行王朝政策,时间既未成熟,庞培的气质也不相宜。苏拉宪法没有特殊利益来束缚他,在一种更民主的宪法范围内,他即使不更能追求他个人的目标,至少同样能从事于此。反之,他在平民党里却找到他所需要的一切。关于政治的领导问题,这位英雄束手无策,有点拙笨,平民党那些活泼而灵巧的领袖不但情愿而且能够替他代劳,然而他们太渺小,不能甚至不愿与这位名将争首位,尤其不能甚至不愿与他争军事的最高统帅。盖乌斯·恺撒在他们中间最关重要,甚至他也不过是个少年,他的名望不来自他那激烈的平民口才而来自他那大胆的行径和时髦的债务,如果这举世闻名的"凯旋将军"让他做政治助理,他必觉得很有光荣。像庞培这类自命很高而才具不济的人,通常很重视声望却不愿自认如此,这位少年将军既使平民党那几乎无望的事业得到胜利,必能享得很大的声望。这样一来,他替自己和部下士兵所要的胜利报酬必能不求而自得。一般看来,仿佛寡头党若被推翻,反对党又没有别的重要领袖,庞培可以全靠自己来决定他将来的地位。毫无可疑的是军队新由西班牙战胜归国,仍结聚着驻在意大利,军队的将军投归反对党,结果必致推翻现存的
102 秩序。政府和反对党同样没有力量;反对党一旦不再仅用演说来作战,而有一位战胜将军的刀剑准备来辅助他们的要求,政府必至

覆败，甚或不战而覆败。

如是，庞培和平民党觉得不能不彼此联合。双方或许不乏私人的恶感；战胜将军不能喜欢街市演说家，街市演说家更不能乐于称呼那杀卡尔博和布鲁图斯的人为他们的领袖；但政治的必要至少暂时重于一切道德的疑虑。

然而结成这个联合的，还不只是平民党和庞培。马尔库斯·克拉苏的地位与庞培相似。虽则他和庞培同属于苏拉党，他的政策却与庞培的无异，也以个人政策为主，绝不是当权寡头党的政策；他如今也在意大利，率领着刚刚荡平奴隶叛乱的得胜大军。他究竟要联络寡头党来攻联合党，还是要加入联合党，尚待他的抉择；他择定后者，无疑地，这是较为稳妥的办法。他既有巨额的财富，又有左右首都各帮会的势力，在任何情形之下总是个可贵的同盟；但在当时情形之下，元老院可用来抗庞培军的只有他的军队，他的军队若加入攻军，这便是个无量的利益。再者，平民党与那位太强的将军联合，心里或许有点不安，他们乐见马尔库斯·克拉苏与他共事，与他抗衡，或且成为他将来的敌人。

如是，在 683 年即前 71 年夏季，一方是平民党，另一方是苏拉党两位将军格涅乌斯·庞培和马尔库斯·克拉苏，成立了第一次的联合。两将军采取平民党的党纲；报酬是允许他们为次年的执政官，同时庞培又应得一个凯旋礼和他所愿的给他兵士的分田，克拉苏是战胜斯巴达克的将军，至少应得隆重入首都的光荣。

这两支意大利军，一支是大资本家，一支是平民党，这样为推 103
翻苏拉的宪法联合出面，元老院或许除了昆图斯·梅特路斯·皮乌斯所率的西班牙第二军外，没有抵抗他们的兵力。不过苏拉所说“他做的事不能再做”的预言果然不虚；梅特路斯不愿卷入内战的旋涡，一过阿尔卑斯山，就解散了他的兵士。所以寡头党无法可想，只好听天由命。元老院准免执政官职和凯旋礼所必需的条件；庞培和克拉苏未遇阻碍便被选为678年即前70年的执政官，同时他们的军队以等候凯旋为借口，驻扎在都城前面。于是庞培甚至尚未就职，即在保民官马尔库斯·洛利乌斯·帕利卡努斯(Marcus Lollius Palicanus)所召集的人民大会中，当众正式宣布信守平民党的党纲。这样一来，宪法改革就在原则上决定了。

他们现在竭诚尽力地从事于废除苏拉的制度。第一，保民官一职恢复其早年的权力。庞培以执政官资格提出法律，归还保民官自古以来的特权，尤其是创制法律权——这事竟出自一个当代最致力于夺去民社古代特权的人之手，真可谓稀奇的贡献。

关于陪审法庭，苏拉的规定，即元老名录应用作陪审名录，现在作废；但结果不是单纯恢复格拉古的骑士法庭。按奥勒利亚法(Aurelische Gesetz)的规定，将来陪审团中，元老应占三分之一，骑士资格的人占三分之二，骑士的半数应为曾任司库(所谓*tribuni aerarii*)的人。这最末的改革是对平民党的又一让步，因为按这办法，刑事陪审员至少有三分之一间接由区选举而来。元老院为什么不全被排出法庭呢？究其原因，大概一部分在克拉苏与元老院的关系，一部分在元老院中间党加入联合党；有一件事必与此相
104 连，即提出这项法律的是副执政官盖乌斯·科塔(Gaius Cotta)，这人就是中间党新死首领的弟弟。

重要不亚于上述的，是取消苏拉为亚细亚省制定的赋税法，这事大约也起于本年。当时亚细亚省长卢奇乌斯·卢库卢斯奉命恢

复盖乌斯·格拉古所创的招商包税制，如是，这个金钱和势力的来源又回到大资本家的掌握。

最后，监察官制复兴。新执政官就职不久，就定期选举监察官，中选的——这显然是戏弄元老院——竟是682年即前72年格涅乌斯·伦图卢斯·克洛狄亚努斯和卢奇乌斯·盖利乌斯，都是因对斯巴达克作战乖方而被元老院革去统帅职的。我们可以想象，他们这重要而严肃的官职所能支配的一切方法，他们无不运用来崇奉新掌权的人和欺侮元老院。元老院至少有八分之一即六十四位元老被除名，这是空前的数目，内有盖乌斯·恺撒昔曾弹劾而无效的盖乌斯·安东尼，683年即前71年的执政官普布利乌斯·伦图卢斯·苏拉(Publius Lentulus Sura)和大约不少的最招人怨的苏拉爪牙。

所以在684年即前70年，他们大致又回到苏拉复古以前的状态。首都的群众现在又由国库来供养，就是说，由各省来供养；保民官的权力现在又给每个奸雄一种合法特许，任他们推翻国家的秩序；富豪现在又执掌包税权和对省长的司法监察权，高视阔步地与政府并驾齐驱，无异于昔日；元老院现在又因骑士阶级陪审员的宣判和监察官的谴责而战战兢兢。苏拉的制度本以在政治上消灭豪商和奸雄为贵族独掌政权的基础，现在这样一来，全被废弃。几
个次要法规到后来才被取消，如恢复僧院的自行补充权，现在姑且 105
不论；苏拉的一般法令，除两类外——一类是他觉得须向反对党做的让步，如承认一切意大利人的罗马公民资格，一类是没有鲜明党派作用的法规，所以就是明达的平民党对之也不吹毛求疵，如限制脱籍人，规定官吏的职权和刑法的大改革等——，一切荡然无存。

关于这些原则上的问题，联合党较为一致，但关于一场这种政治革命所引起的个人问题则不然。我们可以逆料，平民党不以普通承认他们的党纲为已足，现在他们也要求他们所谓复古：恢复同党死者的纪念，惩罚他们的凶手，召还被称公敌的流亡人，解除那加在他们子孙使失其政治资格的处分，归还苏拉所没收的产业，以独裁的后嗣和爪牙所有的财产赔偿他们的损失。这诚然是平民党获得纯粹胜利后必有的自然结果；不过683年即前71年联合党的胜利却与此悬殊。平民党对这次胜利的贡献是他们的名义和党纲，但拿出实力完成此事的却是加入这运动的军官，尤其是庞培；这些人绝不赞成一种反动，这反动不但要根本动摇现存的局势，而且终必害到他们自己——关于庞培流谁的血，克拉苏如何奠定他那巨富的根基，时人记忆犹新。所以683年即前71年的联合党毫不替平民党谋报复或甚至谋复原，乃是理之当然，同时也表示平民党力量薄弱。监察官伦图卢斯规定一种特殊法律，追收一切购买充公财产所欠的价款或甚至苏拉已豁免的价款，这也不能认为例外；因为这样一来，虽则不少的苏拉党在个人利益上大受影响，然而就这办法本身而论，却大体是确认苏拉所行的没收。

苏拉的工作就这样破坏了；但将来的局势应如何，这问题因破
106 坏而起，却不因破坏而解决。联合党所以能够团结，只因有废除复古工作为他们的共同目的，这目的一旦达到，联合党即使在名义上不自行解散，在实际上也是如此；同时，优势应先属于谁的问题似乎将有既迅速而又暴烈的解决。庞培和克拉苏的军队仍屯在城门前面。庞培诚然曾允诺在凯旋后（683年即前71年12月末）解散部下的军队；但他起初没有践言，为的是以首都门前的西班牙军镇

压罗马市和元老院，使政治革命顺利完成——这也同样适用于克拉苏的军队。如今已不再有这种理由，但军队仍迟迟不解散。局势仿佛要变为两个与平民党联合的将军有一个要取军事独裁地位，把寡头党和平民党一同套一枷锁；这人只能是庞培。克拉苏在联合党里自始就居次要的地位，他曾不得不自请加入，甚至他被选执政官，也大半由于庞培的傲然说项。庞培强大绝伦，显然是左右大局的人物；如果他能利用局势，似乎必能如大众的本能现已给他的称号，成为文明世界最强国的绝对统治者。整批卑鄙下贱的人业已蜂拥于这位将来君主的身边。他那些势力较弱的对头业已想再来一个联合，以谋最后的补救；克拉苏对这年纪较轻却完全赶过了他的敌人，满心怀着旧有和新起的妒忌，于是求与元老院接近，并且要用空前的施舍笼络首都的群众——仿佛克拉苏亲自帮着摧残的寡头党和那永远忘恩负义的群众，能给人任何保护，以抗西班牙久战的兵。一时之间，庞培和克拉苏的军队似乎要在首都门前闹到彼此交战。

不过平民党以其聪明和柔顺挽回了这场惨祸。为他们一党打算，一如为元老院和克拉苏打算，最重要的是庞培不可取独裁一职；但他们的领袖对于自己的力弱和敌人的性格具有真知灼见，试 107
用和解的方法。要攫取王冠，庞培不缺少别的条件，所缺少的只是第一个——真正王者的胆量。我们已在上文描写过他的为人：他既想做忠实的共和派又想做罗马的主人翁，态度不明，意志不定，表面上自夸独断独行，骨子里却是易于驾驭。这是命运给他第一次的大试验，他没有及格。庞培所以不解散军队，他的借口是他不信任克拉苏，所以他不能率先解散军队。平民党劝克拉苏在这里采取迎合的步骤，在众目睽睽之下向他的同僚讲和；他们又公开和秘密地力劝庞培，请他在战胜敌人和调解各党的两项功劳外再加上第三项最大的功劳，即保持祖国的内部和平，排除那内战将临的骇人景象。任何能感动一个喜虚荣、欠灵敏而又犹豫不决的人的力量，一切外交上的媚术，一切爱国精神的表演装置，都为达到所欲的目的发动起来；但最主要的却是，因为克拉苏及时让步，局势一变，以致庞培除公然做罗马僭主或引退外，别无办法。所以他终于退让，允许解散军队。他被举为684年即前70年的执政官时，无疑地，他必想望取得米特拉达特斯战争的统帅职，现在他已不再想望此职，因为卢库卢斯683年即前71年的战役似已实际结束了这个战事。元老院依森普罗尼乌斯法给他一个执政省份，他认为有失他的尊严，拒而不受，克拉苏在这里也学他的榜样。因此，庞培既已解散部下的军队，便于684年即前70年最后一日卸去执政官职，一时完全脱离国事，他声明此后将做一个单纯的公民，过安闲的生活。他所自处的地位使他非取王冠不可；他既不愿为此，便失去一切身份，所余的只是弃权的王位候补人这个假身份而已。

108 在当时局势之下，此人居首位；此人一退出政治舞台，各党的地位最初与见于格拉古和马略时代的相去不远。苏拉仅加强了元老政府，并没有创造它；所以苏拉所建的堡垒陷落以后，政府仍大致在元老院之手，不过元老院所借以为政的宪法大半是复旧的格拉古宪法，里面当然弥漫着与寡头党为敌的精神。平民党促成格拉古宪法的恢复，但没有一位新格拉古，这宪法便是个无头的身躯；庞培和克拉苏都不能长做这个头领，本已明白，而由近事看来，更加明白。所以平民反对党因为缺乏一个能直接夺取政权的领袖，不得不暂时止于对政府步步阻挠和骚扰。但在寡头党与平民党之间，资本阶级又起而再受尊重，在最近的危难时期，资本阶级曾与平民党联合，但现在寡头党却热心努力地拉拢他们，以便在他们身上得到对平民党的均势。这样，财主们受双方的殷勤请求，不免利用他们有利的地位，使人以一道人民法令把他们唯一尚未取回的旧权利——剧场里专供骑士阶级用的十四座位——现在（687年即前67年）归还他们。大体看来，他们不骤然与平民党破裂，可是又复更与政府接近。元老院对克拉苏及其党羽的关系已属于这一方面；但元老院与富豪更深的谅解却似乎多因一事而成立，即元老院最良将官卢奇乌斯·卢库卢斯曾深深得罪那些与亚细亚省有重大关系的资本家，686年即前68年元老院听资本家的力劝，竟免去卢库卢斯亚细亚省长之职。

但当首都各党正从事于照例的互相争吵而不能达到真正解决之时，东方的事却陷于不幸的状况，这已在上文叙述了；这些事使 109
首都因循的政治遇到危机。东方的战事无论海陆都有极不利的转变。687年即前67年年初，罗马的本都军覆没，罗马的亚美尼亚军于退却时完全解散；他们所征服的地方一概失去，海洋为海盗所独霸，因此意大利的粮价暴涨，以至于他们怕闹正式的饥荒。固然，如我们所见，海军元帅马尔库斯·安东尼的毫无能力，一向贤能的卢奇乌斯·卢库卢斯的鲁莽实为这些灾祸的原因；固然，平民党的鼓动革命也大有助于亚美尼亚军的解散。但一切的事无论是政府自己或别人弄坏的，现在却当然要政府负其全责；愤怒而饥饿的群众只求有个机会与元老院结算。

这是个决定成败的关头。寡头党虽已遭贬黜，失其势力，却尚未被推翻，因为政事的管理权仍操在元老院之手；但如果反对党取管理权尤其军事指导权为己有，寡头党便要倾覆；现在这是可能的了。如果使他人用较好方法指挥海陆战事的提议，如今在人民大会提出来，由公民的情绪看，元老院显然不能阻止提案的通过；公民干涉这些最高的行政问题，实际等于废弃元老院，把国政管理权移归反对党的领袖。此次交互错综的局势又把决定权弄到庞培的手里。两年多以来，这位名将住在首都，做个无职的公民。无论在元老院或罗马广场，人们很少听到他的声音。在元老院，他不受欢迎，也没有决定的势力；在罗马广场，他怕见各党派的狂暴举动。但他若露面，必有门下全部的侍从，无论贵贱陪他出来；就是他那庄严的缄默已足以感服群众。他仍带着他那盖世功名的全副光荣，丝毫未减，如果他自请往东方去，无疑地，他无论要求什么军事
110 和政治的全权，人民必都即刻给他。寡头党认为军事独裁制必致他们灭亡，又认为庞培自 683 年即前 71 年的联合以来就是他们最恨的敌人，这事对他们是个致命的打击；但平民党对这事也不感愉快。虽则取消元老院政权一事本身必合于他们的愿望，但如果此事以这种方式发生出来，便绝非他们本党的胜利，而是那太强大的盟友个人的胜利。后者不难起而与平民党为敌，比从前的元老院尤为凶险远甚。几年前因西班牙军解散和庞培退休幸而免于危险，如果庞培现在被任为东方军队的元帅，这种危险必将再见于今，较前更大。

然而这次庞培却争取时机，至少让别人替他争取。687 年即前 67 年，两种法案被提出：一种除应平民党长久的要求，下令解散亚细亚军服役期满的士兵外，又下令召还该军元帅卢奇乌斯·卢库卢斯，以本年两执政官之一盖乌斯·皮索或曼尼乌斯·格拉布

里奥补其缺；第二种则恢复元老院七年前所拟订的肃清海盗计划，
并加以扩充。元老院应由前执政官中指定一个将军，命他在海上
独任全地中海自赫拉克勒斯至本都和叙利亚沿岸的统帅，在陆上
分别与各省罗马长官共任全部海岸直入内地五百余公里的最高统
帅。他应有任职三年的保证。环绕在他左右的是罗马前所未有的
一个军事部僚，内有元老阶级的副官二十五员均带副执政官官徽，
行使副执政官职权，又有行使财务官职权的副财务官两员，以上各
员专由元帅任意选拔。他可以征集到步兵十二万，骑兵七千，战船
五百，因此各省和属国的资力都绝对受他的支配；此外现有的战船
和大批军队都立刻交给他。国家在首都和各省的帑藏，以及属国 111
的帑藏均应绝对供他使用，尽管有严重的经济困难，国库应即刻拨
给他一亿四千四百万塞斯特的款项。

不言而喻，以上两个法案，尤其与远征海盗有关的法案，使元老院的政府归于覆灭。固然，常任的最高官吏是经公民推举而来的，本身就是民社的正当将军，并且特任官吏，至少按狭义的法律而论，须有公民的核准才可做将军；但任命单独的统帅，民社并没有宪法上的权利，以前只是应元老院的建议，至少应一个自己可以行使将军职权的官吏的建议，人民大会才有时干预此事，规定特殊的权限。在这事上，自从有罗马自由邦以来，实际的决定权就属于元老院，并且经相当时间以后，元老院的这种特权终于得人承认。固然，平民党已曾摇撼这种特权；不过就是往日发生的最严重的事件——647 年即前 107 年把非洲统帅一职移归马略——也仅是一位在宪法上能任将军之职的人，依公民的决议，奉命担任一次指定的征战。但时至今日，公民竟不仅要把最高官职的非常权力随意

给一个无职的人，而且也要把他们所决定的具体权限给他。元老院须在一班前执政官中选择此人，但这只是个形式上的补救；选择所以留给元老院去做，只因为那实在不是选择。当在热烈激昂的群众面前，元老院绝对不能把海上和海岸的元帅一职给庞培一人以外的任何人。但还有比这在原则上否认元老政权更加危险的，就是一个几乎握无限军事权和财政权的官职一旦设立起来，元老
112 政权便实际等于作废。往日将军的职务任期限为一年，范围限于指定的一省，兵力和财力的给予也受严格的限制，这个新设的特任官职却自始即有任期三年的保证，当然还可以再行延长；辖地占各省的大半，甚至往昔不属于军事权限的意大利也在其内；国家的士兵、船只和钱财都听其支配，几乎没有限制。我们刚刚指出，罗马共和政治法的最古基本原则，就是没有人民参加便不能把最高的军权和政权给人，甚至这个原则也为新元帅的缘故遭到破坏。因为对于他所提名的二十五员副将，这法律预先予以副执政官爵位和副执政官特权[①]，罗马共和国的最高官职竟成为一个新创官职

① 特任官的职权(*pro consule*, *pro praetore*, *pro quaestore*)按罗马的政治法，可由三种方式而起。第一种源于在罗马城以外办理公务所适用的原则，即官职延至法定期限为止，官权却须延至继任人到来为止，这是最古、最单纯而又最常见的办法。第二种源于正当的机关——特别是人民大会，以后元老或许也做这事——任命一个宪法上未规定的长官，此官在其他方面都与常任官相等，但为表示官职的特殊性起见，仅自称为“代副执政官”或“代执政官”。又有几个官吏也属于此类，就是先用常法任命财务官，然后特别赋予他们副执政官或甚至执政官的职权(*quaestores pro praetore* 或 *quaestores pro consule*)；例如，679 年即前 75 年普布利乌斯·伦图卢斯·马尔塞利努斯尔往赴昔兰尼加，689 年即前 65 年格涅乌斯·皮索往赴近西班牙，696 年即前 58 年加图往赴塞浦路斯，都是这种性质。第三种特别官吏的职权基于最高官吏所有的请人自代之权。如果最高官吏离开辖境或因他故而不能行使他的职务，他可以命他左右的一个人做他

的属僚；要替这新官职取一个适当的名称，尚有待于未来，但以事 113
实而言，就是现在，这官职已含有君主制。有了这个法案，现存局势的完全转变就立了基础。

一个人方才显出那样明白的优柔寡断，他所定的法令竟这样雷厉风行，实出乎我们意料以外。但庞培所以这次比做执政官时做事果断，却很不难索解。现在的问题不是他即刻出来做君主，而仅是他用一种军事的非常法令先做君主制的准备。他的法令无论如何富于革命性，却仍可完成于现行宪法形式之下，并且可使庞培径达他所想望的旧目标，即率兵征米特拉达特斯和梯格兰。要辩护这解除元老院兵权一事，成败得失的问题也可为重要的理由。庞培不能忘记，几年以前，依与此全同的原则拟定了一个剿除海盗的计划因元老院措置乖方，这计划归于失败；他又不能忘记，西班牙战争时，元老院置军队于不顾，并且昧于理财，使战争结局限于极危险的地步；他不能不见，大多数贵族对他这苏拉党的叛徒做何感想，如果他许人派他到东方做一个仅有寻常权限的政府将军，他便要遇到何种命运。所以他当然表示：要他担任这个统帅，第一条件是给他一个离元老院而独立的地位，公民也当然立刻同意。再

（接上页）的代理，于是这人名为 *legatus pro praetore*；如果人选落在财务官身上，这财务官便名为 *quaestor pro praetore*。同样，如果最高官吏手下没有财务官，他可以使他的随员之一担任财务官的职务，这随员便名为 *legatus pro quaestore*，这个名称或首见于665—667年即前89—前87年任马其顿省长副官的苏拉在马其顿造的四德拉克马银币上。不过最高官吏若在行使职务上没有遇到阻碍，竟在就职时，即刻以最高权力赋予他手下的一个或几个人，这却与代理的性质不符，所以不为旧日的政治法所许；如是，行执政官庞培的行副执政官（*legati pro praetore*）是一种创新，已与帝国时代占很重要地位的行副执政官种类相似。

者我们可以设想，庞培两年前引退时，他左右的人必愤慨不小，他这次所以行动迅速，大概是他们怂恿的结果。召回卢库卢斯和征伐海盗的法案是保民官奥卢斯·伽比尼乌斯（Aulus Gabinius）提出来的，此人在经济和道德上都已破产，却是个巧妙的交涉家、豪放的演说家、骁勇的战士。庞培力言他绝不想做海盗战争的元帅，
114 只愿在家休息；这话虽没有诚意，其中或许也有点真实性；这位勇敢而活跃的门客与庞培及其切近的朋友过从甚密，完全看透当时的局势和人物，大半不愿他那眼光短浅、一筹莫展的恩主，擅做决定。

平民党的领袖无论在暗地里如何不满，当然不能公开出头来反对这个法案。由一切情形看，平民党绝不能阻止这法案的通过；他们的反对却足以使平民党与庞培公然破裂，因而迫使庞培亲近寡头党，或置两党于不顾，肆行他个人的政策。现在平民党别无办法，只有仍守他们与庞培那虚伪的联合，并且乘现在的机会，至少把元老院确实推翻，舍去反对党的地位而入政府，至于以后如何，则留待将来如庞培有名的性情懦弱去解决。因此，他们的领袖——一个是副执政官卢奇乌斯·昆克提乌斯，即七年前致力于恢复保民官职权的人，一个是前任财务官盖乌斯·恺撒——都拥护伽比尼乌斯的建议。

特权阶级愤怒欲狂，不但贵族如此，而且豪商也是如此，豪商觉得这么彻底的政治革命危害他们的特权，于是再认元老院为他们的真正保护主。保民官伽比尼乌斯提出他的建议以后，来到元老院时，罗马的父老几乎要亲手把他勒死，至于这种办法要造成如何对他们不利的结果，他们在激昂中却未曾置念。保民官逃到罗

马广场，号召群众去攻元老院，恰在这时，元老院散会。寡头党的先锋、执政官皮索偶然落在群众手里，当然要成为公愤的牺牲品，幸而伽比尼乌斯来到，因为不愿使这不合时宜的暴行危害他那确定的成功，救了执政官。同时，群众的愤恨仍不稍减，并且因粮价高涨和种种半属虚谬的流言而日甚一日——例如据说卢奇乌斯·
卢库卢斯已把交给他的战费一部分用在罗马城放利息，一部分用 115
在使副执政官昆克提乌斯脱离平民党；元老院想使他们所称为“第二个罗慕洛”的庞培遭到第一个罗慕洛的命运①；还有其他与此相似的谣传。

于是投票的日子到了。群众摩肩接踵地站在罗马广场；一切能使人望见讲坛的建筑物，甚至在屋顶上，都告人满。伽比尼乌斯的同僚已把他们的否决权许给元老院；但在这惊涛骇浪般的大众面前，除卢奇乌斯·特雷贝利乌斯（Lucius Trebellius）一人外，全体默然。特雷贝利乌斯对自己和元老院曾誓言宁死不屈。他一说出否决，伽比尼乌斯立刻中止他那法案的表决，向集会人民提议，他们应仿照昔日经提比略·格拉古的提议对待奥克塔维乌斯的手段，来对待他这位倔强的同僚，就是说，立刻把他免职。他的提议付表决，表决票开始宣读；起初宣读十七张的票都赞成这个提议，再有一个赞成票便可得多数，这时特雷贝利乌斯忘记了他的誓言，胆寒气馁，竟撤销他的否决。然后保民官奥多（Otho）力谋至少保存同僚制，不选一个而选两个将军，结果无效；老迈的昆图斯·卡图卢斯是元老院里最受尊重的人，竭力要使副将不由元帅任命而

① 据传说，罗慕洛王为众元老所肢解。

由人民选择，结果也是无效。在群众喧哗之中，奥多甚至不能得发言的机会，伽比尼乌斯好意殷勤地替卡图卢斯取得发言的机会，群众肃然静听这位老人的话；但尽管如此，他的话仍不中用。建议不但一条不改地变成法律，而且庞培所请求追加的几点也立刻得到完全同意。

人们怀着紧张的希望之心，眼看两位将军庞培和格拉布里奥
116 起身赴任。伽比尼乌斯法一经通过，粮价即刻跌到平常的行市——可见人们对于远征大军及其驰名领袖抱有何等的希望。结果，我们以后还要叙述，不但实现了希望，而且超过了希望；三个月内，肃清海上的事即告完成。自汉尼拔战争以来，罗马政府从未在对外行动上显出这样的魄力；比之于寡头党那松懈无能的行政，平民党军人合组的反对党，已极光彩地证明其有取得和运用政权的本领。庞培在纳博—高卢做剿除海盗的准备，执政官皮索竟以既不爱国又不巧妙的企图，要用琐屑的障碍加以阻挠，这事不但提高公民对寡头党的憎恨，而且增加他们对庞培的热情；只因庞培个人的调停，人民大会才没有直接地把这执政官免职。

同时，亚洲大陆上的混乱更甚于前。格拉布里奥应接代卢奇乌斯·卢库卢斯的职位，做征讨米特拉达特斯和梯格兰的元帅，但他停在小亚细亚西部，并且虽以攻击卢库卢斯的种种宣言鼓动兵士，却不接受元帅职，所以卢库卢斯不得不留任。对于米特拉达特斯，当然无所作为；本都骑兵在比提尼亚和卡帕多奇亚抢掠，肆无忌惮，未遭惩罚。庞培因为海盗战争的缘故也率兵往赴小亚细亚；他本人久已想做本都—亚美尼亚战争的元帅，现在似乎最合情理的无过于任用他为这个元帅。不过我们可以想见，平民党与他们

的将军志愿不同，在这事上力避首倡其议。平民党大概曾劝伽比尼乌斯，不要自始就把米特拉达特斯战争和海盗战争一同委托庞培，而委托前者于格拉布里奥；无论如何，这位将军已嫌太强，平民党绝不能愿意提高他的地位，也绝不能愿意使他长居此位。庞培本人照常保持被动的态度；或者，如果没有发生一件各党都未预料的事，他在完成所受的使命以后，就要真正回国。

有一个完全无用并且不关重要的人名叫盖乌斯·马尼利乌斯 117
(Gaius Manilius)，他做保民官时，提出欠妥的法案，因此失了贵族党和平民党的欢心。人人晓得，庞培最热望但不敢要求的是什么，如果马尼利乌斯能替庞培取得它，必能托庇在这位强有力的将军保护之下；他抱着这个希望，便向公民建议，应自比提尼亚和本都召还省长格拉布里奥，自西利西亚召还马尔奇乌斯·列克斯，把他们的职务和东方战事的指挥权——似乎没有固定的期限并且总有媾和及结盟的自由权——一概交给这位海上和海岸的特任执政官，使他于已有的职务外兼任此事(688年即前66年年初)。由这件事，我们很明白地看出罗马的宪法机构如何混乱。关于立法权，竟使无论如何卑微的奸雄手握创制权，使毫无能力的群众手操决定权，并且扩充到最重要的行政问题。马尼利乌斯的建议，没有一个政党认为可以采纳，然而这建议却未在何处遭到严重的抗拒。平民党的领袖曾因为一些理由被迫容忍伽比尼乌斯法，现在也因为那些理由而不敢直接反对马尼利乌斯法；他们把不悦和忧惧藏在胸中，在大庭广众之间却替平民党的将军说话。贵族党的温和派宣布赞成马尼利乌斯的建议，因为既有伽比尼乌斯法，抵抗无论如何总是无效的；有远见的人业已看到，元老院的良策是尽量与庞培接近，庞培与平民党的破裂可以逆睹，他们破裂时，元老院应把庞培罗致到自己这方面。首鼠两端的人到了今日，也似乎已有定见，并且能断然出头而不怕失宠于任何一党，他们深以此日为幸——马尔库斯·西塞罗第一次登政治讲坛，就是替马尼利乌斯的建议做辩护，可为明证。只有昆图斯·卡图卢斯所领导的严格的贵族党至少露出他们的色彩，发言反对这个建议。当然，这建议经几乎一致的大多数人通过，成为法律。因此，庞培于他所已有的大权外，又得到小亚细亚最重要省份的行政权，以至于在罗马的广
118 大领域内不再有一块地方不服从他；又得到一个战争的指挥权，这战争有如亚历山大的远征，人们能说战争在何地何时开始，却不能说在何地何时结束。自有罗马以来，从未有一个人一手独揽此权的。

元老院与平民党的斗争始于六十七年前的森普罗尼乌斯法，终于伽比尼乌斯－马尼利乌斯法。森普罗尼乌斯法首先定革命党为政治上的反对党，伽比尼乌斯－马尼利乌斯法首先使他们由反对党变为政府；现行宪法因奥克塔维乌斯的无效否决而首次破坏之时，是个伟大的时刻，元老政治的最后堡垒因特雷贝利乌斯的退缩而陷落之时，也是个富有意义的时刻。双方都有这种感觉，甚至元老们的怠惰心灵也在这垂死挣扎之中震惊起来，然而宪法争执的结局却与其开端大相径庭，并且远较其开端为可怜。这革命由一位任何方面都可谓高贵的少年开其端，却由最卑鄙的鲁莽阴谋家和奸雄做结束。另一方面，贵族党在起初时沉着抵抗，连孤立的前哨站也认真把守，在终结时，他们却率先用暴力手段，以大言掩饰他们的无能，以可鄙的神情背弃信义。昔日似属奇梦的目的而

今达到了；元老院已不再握政权。但少数见过革命最初风潮并听过格拉古昆仲言论的老人，抚今追昔，他们觉得其间一切——省民和公民，国法和军纪，生活和习俗——都改变了；谁要以格拉古时代的理想与理想的实现互相比较，谁就不免发出苦笑。然而这种思量属于过去。至关于现在或也关于未来，贵族的倾覆却是既成的事实。寡头党类似一支完全解散的军队，他们的散兵可以加强任何队伍，但不复能自守阵地，也不能自拚一战。但旧战争结束之 119
日就是新战争酝酿之时——以前联合推倒贵族宪法的两派势力，一个是平民反对政府的文势力，一个是日益想占优势的武势力，现在又要互相斗争。庞培的特殊地位在伽比尼乌斯法之下已与共和政体不能相容，在马尼利乌斯法之下尤其如此。就在那时，他的敌人已有正当的理由说，伽比尼乌斯法不是命他为海军元帅，而是命他为全国摄政；一个熟悉东方情形的希腊人称他为“王中王”，并不为过。如果他以后又自东方得胜归来，名望更高，带着充盈的库藏，率着又能战又忠顺的部队，伸手要夺王冠——那时谁能攀住他的臂膀？难道前执政官昆图斯·卡图卢斯能号召元老们抵抗当时第一流的将军和他部下能征惯战的兵团吗？或者那新受命的市政官盖乌斯·恺撒刚用三百二十对决斗士及其银制武器使罗马城的群众饱尝眼福，他能唤起他们来做这事吗？卡图卢斯大声喊道：不久以后，人们将再要逃到卡庇托尔的高岩上去保全自由。这场风波竟不如他所料的来自东方，反之，命运之神使他的话应验得出他意外的一字不差，几年以后，竟由高卢搬来了肆行破坏的风暴。这不能算是预言者的罪过。

第四章　庞培与东方

687年即前67年年初，庞培以几乎无限的全权从事率兵征讨海盗之时，罗马任东方的海陆情形如何毫无希望，已见上文。他先把交给他的绝大领域分为十三区，每区派一副将去装备船只和兵丁，搜查海岸，捕捉盗舟，或把盗舟驱入其他副将的罗网。本年春季，他亲率现有兵船的大部——其中罗德斯的兵船在这次也建立了卓著功绩——到海上去，先扫荡西西里、阿非利加和撒丁的海面，特别为的是疏通这几省到意大利的粮食运输。同时，他的副将掌肃清西班牙和高卢沿海的事。就在这时，庞培的副将马尔库斯·彭波尼乌斯（Marcus Pomponius）依伽比尼乌斯法在纳博省办理征兵，执政官马尔库斯·皮索企图加以阻挠——这是个不智的举动，群众当然对执政官表示愤慨，为制止此事并使群众不致越轨泄愤起见，庞培暂时又来到罗马。过了四十天以后，西地中海的航业处处可以通行无阻，庞培便率最精良的船六十艘往东方，先到海盗最初和主要的场所，即吕基亚和西利西亚的海上。一听得罗马舰队到来，不但海盗船处绝迹于公海，而且吕基亚坚固的堡垒安底克拉哥（Antikragos）和克拉哥（Kragos）都没有强烈抵抗，便行投降。庞培的允当宽和态度比恐惧尤为有效，使这些难以行近的海上堡垒自行开门投降。他的前任曾命人把每一被擒的盗匪钉在十字架上，他却毫不迟疑，一律赦免，特别以非常宽大的态度对待所掳盗船上的一般船夫。只有勇悍的西利西亚海王至少在他们的领海，敢用武力抵抗罗马人；他们先把妻室儿女和丰富的财物安置 121
在陶鲁斯的山寨中，而后在西利西亚西边科拉奇松（Korakesion）的海外等候罗马舰队。但庞培的船舰兵员众多，一切武器齐备，获得全胜。既不再有何障碍，他便下船登陆，开始攻打和破坏海盗的山寨，同时他不断提出自由和饶命作为投降的代价。不久，堡垒和山岳中的海盗大众不再继续这绝望的战争，听命投降。庞培到西利西亚后四十九日，西利西亚平定，战争告终。

海盗的迅速扑灭是个大安慰，却不是个丰功伟业；海盗不能抵挡罗马国所发动的过多资力，一如大城市中联成一气的盗党不能抵挡那组织完善的警察。若拿这种侵掠当作胜利来赞扬，未免头脑简单。但与长久不息、范围极大并且日益加大的祸害相比，人所畏惧的海盗竟平定得意外迅速，这事当然给公众一个极强烈的印象，并且这既是一人总揽政权制的初次试验，各党都期待着要看此人是否比同僚团体较明治道，所以这事更给公众一个强烈的印象。庞培掳获和海盗献给他的大小船将近四百只，内有真正战船九十艘，据说被毁的海盗船共约一千三百只；此外，海盗充盈的军械厂和武器库都被焚毁。海盗丧命的约一万人，被战胜者生擒的在两万人以上；另一方面，驻西利西亚的罗马军舰队统帅普布利乌斯·克洛狄乌斯（Publius Clodius）和其他被海盗掳去的许多人，有几个在本国早认为已死的，却都因庞培而重获自由。687 年即前 67 年夏季，即在开战后三个月，商业交通又走入常规，往日的饥荒没有了，意大利又是一片富裕景象。

122 然而克里特岛上发生了一个不愉快的枝节，使罗马这次可喜的武功稍为减色。在这岛上，昆图斯·梅特路斯为驻军统帅，已至第二年，此岛的征服事业大体已告成功，他正在完成此事时，庞培来到东方的海上。冲突当然不免，因为此岛虽则很长，宽度却没有一处在一百三十公里以上，按伽比尼乌斯法，庞培应与梅特路斯共任全岛的统帅；但庞培很谨慎，不把这岛交给他的副将。然而克里特仍行抵抗的民社一方面看见战败的本国人受梅特路斯极为残酷的惩治，另一方面听说庞培在小亚细亚南部，对于向他投降的地方常给宽和的条件，所以宁愿向庞培提出联合投降。他当时在潘菲利亚，先从他们的使者手里接受他们的投降，然后派他部下副官卢奇乌斯·屋大维（Lucius Octavius）与使者同到梅特路斯处，通知他约已订好，并且接收各城。当然，这种办法不像是彼此同僚；不过梅特路斯竟完全不顾各城与庞培所订的约，仍视他们为敌人，在形式上看，庞培完全正当，梅特路斯却显然错误。屋大维抗议无效；他既未带兵来，便由阿喀亚召庞培派驻该地的副将卢奇乌斯·西塞纳（Lucius Sisenna）来克里特，也是无效。梅特路斯不管屋大维和西塞纳，围攻埃琉特纳（Eleutherna），袭取拉帕（Lappa），屋大维本人也在拉帕被俘，遭到侮辱而后被释，与他一同被擒的克里特人却都被交给刀斧手。因此，西塞纳的兵和梅特路斯的队伍正式开战。西塞纳死后，屋大维代统其军；甚至西塞纳的队伍奉命开回阿喀亚以后，屋大维仍协同克里特的阿里斯廷继续作战，两人据守希拉派那（Hierapytna），做极顽强的抵抗，而后为梅特路斯所攻克。

这样一来，激烈的贵族党梅特路斯实已独自与平民党的元帅

开始正式的内战。这些事件的结果只是两将军互通怨愤的信札，123
两年以后，二人又复不但和平而且“友好”地并肩坐在元老院，罗马国政难以形容的混乱，由此可见。

在上述各事进行之时，庞培仍在西利西亚；表面上似乎准备明年对克里特人或可谓对梅特路斯作战，实际上却在等候唤他的号令，以便干涉小亚细亚大陆上极端纷扰的局势。卢库卢斯的军队在受了损失和芬布里亚兵团离去以后，余部尚驻在本都界上特罗克末(Trokmer)地方的哈里斯河上，无所事事。卢库卢斯仍暂掌元帅职，因为奉命为他继任的格拉布里奥仍逗留在小亚细亚西部。昆图斯·马尔奇乌斯·列克斯所率的三个兵团在西利西亚，也一样无所事事。本都领土又全落在米特拉达特斯王的掌握，他用残酷的手段使归附罗马的个人和民社，例如攸帕托利亚抵偿其叛逆之罪。东方两位国王不对罗马人取真正的攻势，或因那不在他们计划之中，或——也有人主张——因庞培在西利西亚登陆，使米特拉达特斯和梯格兰不再前进。马尼利乌斯法实现了庞培私心怀抱的希望，其迅速或非他始料所及；格拉布里奥和马尔奇乌斯·列克斯被召还，本都－比提尼亚和西利西亚的省长职和驻在两省的军队，以及本都－亚美尼亚战事的指挥权，连同对东方各君长宣战，媾和和结盟的便宜行事权，现在都移归庞培。瞻望着这么丰富的荣誉和战利品，庞培便把惩罚那脾气恶劣、谨守寥寥桂叶的贵族一事，欣然忘怀；他放弃了远征克里特和再追海盗，他筹划对本都王和亚美尼亚王取攻势，使他的舰队也来助攻。但在这陆战之中，他绝不完全忽略那常常再起的海盗。他离开亚洲(691 年即前 63 年)以前，使人在那里装备防御海盗所需的船只；次年经他建议，又

124 决定在意大利行类似的办法，由元老院给予此事所需的款项。他们仍用巡防骑兵和小舰队保卫海岸；由下文将述的696年即前58年征塞浦路斯和699年即前55年征埃及看来，虽则海盗没有全受控制，可是庞培远征之后，在罗马一切变迁和政治危机中，海盗永不能再像在腐朽寡头党的政府之下那样抬头，也永不能再像那样完全把罗马人逐出海面。

还有不多几个月，小亚细亚的战事就要开始，新元帅利用这个时间加紧活动，做外交和军事上的准备。他派使者到米特拉达特斯那里去从事侦察，而不试行真正的调解。本都朝廷尚有一种希望，以为帕提亚王弗拉特斯见同盟军最近大胜罗马，必将决定加入本都—亚美尼亚同盟。为抵制这事起见，罗马使者往克特西枫(Ktesiphon)的宫廷；亚美尼亚王室的内乱纠纷使他们有了援助。梯格兰大王有一个与他同名的儿子起兵叛父，或是因为他不甘等待老人的死，或是因为他的几个弟兄皆已因他父亲的多疑而丧命，他灼见只有公然造反才能保全性命。既败在他父亲手里，他同一些亚美尼亚贵族逃到帕提亚王的宫廷，在那里谋害他的父亲。一部分由于他的努力，弗拉特斯才宁愿由罗马人手中接受双方向他提供的入盟报酬——确保两河流域的主权；他已与卢库卢斯缔结关于幼发拉底河界线的协定，现在他又与庞培重申前约，甚至允许与罗马人合攻亚美尼亚。但小梯格兰所造成的损害又有甚于促进罗马人与帕提亚人的联盟的，即他的叛变使梯格兰与米特拉达特斯之间发生嫌隙。大王暗地里怀疑外祖父或曾助外孙——小梯格
125 兰的母亲克娄巴特拉是米特拉达特斯的女儿——造反，双方虽没有公然破裂，两位君主的和好谅解却正在最紧要的时候遭到破坏。

同时，庞培厉行备战。他督促亚洲各同盟和藩属民社依约出兵。他张贴公告，召集芬布里亚兵团的退伍老兵重来麾下，做义勇队，由于许以重赏和庞培的名望，他们一大部分居然应召而来。集合在庞培指挥之下的大军，除补助兵不计外，共约四五万人。①

688 年即前 66 年春季，庞培前往加拉廷，接任卢库卢斯军的元帅职，而后率领他们入本都境，命西利西亚的兵团随后赶来。在特罗克末的塔纳拉（Tanala）地方，两位将军相会；双方的友人都希望使他们弃嫌言好，但不能做到。初见面时的礼貌不久变作愤愤的谈论，愤愤的谈论不久又变作激烈的对骂；两人分手时的恶感比相会时更加厉害。因为卢库卢斯继续施赠和班田，仿佛他仍在职似的，庞培宣告前任在他到任后所有的一切行事均属无效。由形式上看，他是对的；人们不能期望他以相当融洽的态度对待一个有功劳而过于受辱的对头。

天时一行许可，罗马队伍便越过本都边境。在这里，米特拉达特斯率步兵三万，骑兵三千抵御他们。他的同盟在患难中弃他不顾，罗马又加强奋力地攻打他，他试行求和；不过他不能听从庞培所要求的无条件投降——最不幸的战争还能有更坏的结果吗？他 126
的军队大部是弓手和骑兵，为使他们免受罗马列阵步兵那可怕的冲击起见，他由敌人前面缓缓退却，走曲曲折折的路线，迫罗马人追随其后；遇有机会，便用他那优势的骑兵抵挡敌人的骑兵，阻碍罗马人的粮道，使他们吃苦不小。最后，庞培不能忍耐，不再追赶

① 庞培分给部下将士的赠金共计三亿八千四百万塞斯特（一万六千塔兰特）；因为将领所得为一亿塞斯特，每一士兵所得为六千塞斯特，凯旋时，军队大约仍有四万人。

本都军，置国王于不顾而进攻本都国土；他走到幼发拉底河上流，渡过河去，入本都国的东部。但米特拉达特斯沿幼发拉底河左岸追来，他一到阿奈特（Anaiten，又名阿奇利森[Akilisen]）地方便在坚固多水的达斯泰拉（Dasteira）寨截住罗马人的路线，由这里用他那轻兵控制平原。庞培仍未见西利西亚各兵团前来，没有他们，他的兵力不足以保持这个阵地；他不得不退过幼发拉底河，到本都属下的亚美尼亚，借着林木茂密岩壑纵横的广大地域来躲避国王的弓手和骑兵。以后西利西亚的队伍来到，能用优势的兵力重取攻势，庞培始再前进，用长约三十公里的一串兵站包围国王的营垒，把他正式封锁在此，同时罗马的分遣队却走遍本都国土。本都营中遭了大难甚至须宰杀拉车的牲口；国王停留了四十五天以后，终于先命他的部队把他既不能救又不愿其落在敌人之手的病兵伤兵一概处死，而后在夜间毫无声息地拔营东去。庞培小心谨慎地追蹑其后，经过他所不知的地域；军队现已行近本都与亚美尼亚交界之处。罗马将军灼见米特拉达特斯不想决战于他自己的境内，而想把敌人引到无限辽远的东方。他便决定不准这事发生。

两军扎营之处相距很近。在中午休息时，罗马军出发，不使敌
127 军知觉，绕过敌后，占据前面吕库斯河（Lykos 即捷希尔-伊尔马科[Jeschil-Irmak]）南岸的高地，此地控制敌军所必经的隘道，距今恩德利斯（Enderes）不远，就是以后尼科波利斯（Nikopolis）的基址。次日早晨，本都军照常拔营，以为敌军仍在后面，行军一日路程以后，在四周高地已为罗马人所据的山谷中扎下营寨，兵士、随营人、车辆、马匹和骆驼挤作一堆。到了夜静的时候，忽然，他们周围起了一片骇人的兵团呐喊声，投射物两点一般由四面八方向这

稠密的亚洲军打来，虽在暗中，却没有一个投射物不生效力。罗马人既已放完他们的投射物，现在借着初升的月光看见本都军，便由高地向下冲击，这群人差不多毫无防御，听他们宰割；没有死在敌人的锋刃的，却在兽蹄和车轮可怕的拥挤中被踏成肉泥。这是老国王与罗马人所争的最后战场。他带着三个从人——两个骑兵，一个常改装为男从在他身边英勇作战的妃嫔——逃到西诺里亚(Sinoria)寨，他的亲信一部分来会。他把存在此地的钱财六千塔兰特黄金分给他们，自带毒药并且也让他们带着，而后与他手下所余的一队人急忙跑到幼发拉底河上游，以便与他的同盟亚美尼亚大王相会合。

这个希望也成泡影，米特拉达特斯信赖联盟，所以走亚美尼亚的路线，而今这联盟已不存在。当上述米特拉达特斯与庞培的战争时，帕提亚王听从罗马人尤其亚美尼亚的亡命王子的力劝，率兵侵入梯格兰的国土，逼他退入险阻的山地。侵军甚至开始攻打他的都城阿塔克沙达，但攻城旷日持久，弗拉特斯王率大部军队离去，于是梯格兰击破帕提亚留后的部队和王子所率的亚美尼亚流亡人，恢复全国的统治权。但在这种情形之下，亚美尼亚王当然不 128
愿与新得胜的罗马人作战，更不愿为米特拉达特斯牺牲自己；自从他听说他的逆子想往依外祖，他更不能信任米特拉达特斯。所以他始与罗马人商谈单独的和约，但他不等待和约结成，便断绝与米特拉达特斯的联盟关系。米特拉达特斯来到亚美尼亚边境时，才晓得梯格兰大王已悬赏一百塔兰特购他的头，已拘捕他的使者，已把他们交给罗马人。米特拉达特斯见他的国土在敌人手中，他的同盟又要与敌人成立和解；他不能继续作战；他想沿着黑海东岸和北岸逃去，或可再把他那叛归罗马人的儿子马迦儿逐出博斯普鲁国，在梅欧提斯(Mäotis)河上得一块行新计划的新土地；如果他能成功，他便可引以为幸。所以他向北去。国王既已逃过小亚细亚古界发西斯河，庞培便一时不再追赶；但他不回师幼发拉底河源一带，却向侧面一转走到阿拉克西河流域，要与梯格兰决个胜负。

差不多未遇抵抗，他进到阿塔克沙达地方(距埃里温[Erivan]不远)，在离城二十公里处扎下营寨。大王的儿子到这里来投奔他，王子希望他父亲灭亡以后能由罗马人手中得到王冠，所以用种种方法尽力阻止罗马人与他父亲订约。大王因此更决心不惜任何代价来求和。他骑在马上，不穿紫袍，但仍戴着王者的冠冕，来到罗马的营门，请人引他去见罗马将军。他听罗马侍卫的命令，依罗马军营的规则，下马解去佩刀，然后行蛮族的礼节，拜倒在特任执政官的脚下，并且把冠冕拿在手里，表示无条件投降。庞培得了这
129 种毫不费力的胜利，非常喜欢，扶起这位王中王，把王者服色再加在他身上，而后吩咐和约的条件。他须缴军费六千塔兰特，并且犒赏兵士每人五十第纳尔，除此以外，还须割让他所攻取的一切地方，不但包括他在腓尼基、叙利亚、西利西亚和卡帕多奇亚所有的属地，而且连幼发拉底河右岸的索芬尼和科杜内也在内；他的领土又只限于亚美尼亚本部，他的大王之位当然告终。在一年的战役中，庞培完全平定本都和亚美尼亚的两位霸王。在688年即前66年年初，没有一个罗马兵在罗马旧属地以外；到本年年底，米特拉达特斯王成为流亡的人，没有军队，辗转于高加索的山谷中，梯格兰王坐在亚美尼亚的宝座上不再是个王中王，却成为罗马的藩臣。幼发拉底河以西的小亚细亚全境都无条件服从了罗马；得胜军在

河东亚美尼亚国土上扎营度冬，营地由幼发拉底河上游至库尔河。罗马人饮马于库尔河，在当时尚系初次。

但罗马人踏上新地，却又惹起新战争来。高加索中部和东部的强悍民族见远来的西方人在他们境内扎营下寨，不免愤慨。在现代格鲁吉亚那块肥饶多水的高原上，当时住有伊比利亚民族，他们是个骁勇而有组织的农业民族，他们各氏族所有的地方，在族长治下，按共有制耕种土地，土地所有权不分属于耕种者个人。军队与人民合一，人民的领袖一部分是操政权的氏族——其中最老的常为国王，主持伊比利亚全国的事，次老的常为法官和军队的统帅——一部分是某几个祭司家族，他们的主要职责是保存与其他民族所订条约的知识和注意条约的遵守。不自由的大众算是国王的农奴。他们的东邻是阿尔巴尼亚人（Albaner，又名阿兰人[Alaner]）居于库尔河下游，远至里海，文化程度比他们低得远甚。阿尔巴尼亚人大都以畜牧为业，步行或骑马，在今日希尔瓦（Schirwan）的丰美草地上牧放很多群的牛羊；他们的耕地寥寥无几，耕地仍用古代没有铁铧的木犁。他们不知有铸造的货币，计数不过 130
一百。他们共有二十六部落，每部落各有其酋长，各操其特殊的方言。阿尔巴尼亚人数目远较伊比利亚人为多，勇敢却不能与他们相比。两民族的战术大致相同；他们主要的武器是弓箭和轻标枪；他们常以印第安人的方式藏身于林中，由树后向敌人射箭，或由树顶向敌人掷标枪，阿尔巴尼亚人也有很多骑兵，一部分仿米底亚—亚美尼亚方式，被重铁，戴胫甲。两民族都自荒古以来就在他们的农田和牧地上过完全自主的生活。自然仿佛在欧亚二洲之间立起高加索山脉，做阻挡民族流徙的堤防；在这里，昔日居鲁士和亚历山大的武力受了限制，现在这堵垣墙的骁勇防军也准备守它以抗罗马人。

消息传来，说罗马元帅想在次年春间过山到高加索山外去追本都王——因为他们听说米特拉达特斯度冬于黑海上的狄奥斯库里亚斯(Dioskurias，即苏琼卡莱[Suchum Kale]与阿那克利奥[Anaklio]之间的伊斯库里亚[Iskuria])——，阿尔巴尼亚人大惧，688—689年即前66—前65年仲冬他们在君长奥罗吉斯(Oroizes)的领导下先渡过库尔河，猛攻罗马军，当时罗马军因为给养的缘故，分为三个大队，由昆图斯·梅特路斯·凯勒(Quintus Metellus Celer)、卢奇乌斯·弗拉库斯(Lucius Flaccus)和庞培本人分别率领。但首当其冲的凯勒英勇抵抗，庞培解决了派来攻他的一支兵以后，也追击处处败阵的蛮族，远至库尔河。伊比利亚王阿托科斯(Artokes)守静不动，以和平友善相许；但庞培得知他暗中备战，要在罗马人行经高加索山隘口时袭击他们，他便在689年即前65年春间追击米特拉达特斯以前，进攻彼此相距约三公里的两座堡垒，一座是哈莫奇卡(Harmozika，即霍鲁姆奇科[Horumziche]，又名阿玛奇[Armazi])，一座是塞萨莫拉(Seusamera，即特苏玛[Tsumar])，在今提夫利斯(Tiflis)稍上之处，控制库尔河及其支
131 流阿拉瓜(Aragua)河的山谷，因此也控制由亚美尼亚通至伊比利亚的仅有孔道。阿托科斯还不晓得，已为敌人所袭，急忙烧毁库尔河桥，一面交涉，一面向内地退却。庞培把两座堡垒占领，渡库尔河去追伊比利亚人；他想这样可使他们立刻投降。但阿托科斯愈远愈远地退入内地；他终于停在裴洛儿(Peloros)河上，目的不在投降而在作战。然而伊比利亚的弓手却一刻也不能抵挡罗马兵团

的冲杀，阿托科斯一见罗马人又渡过裴洛儿河，他终于依从了战胜者所提的条件，遣送他的儿女为质。

现在庞培按照他从前拟定的计划，由库尔河流域经萨拉帕纳(Sarapana)隘口到发西斯河流域，沿此河顺流而下，到了黑海，黑海里已有塞尔维利乌斯所率的舰队在科尔奇斯沿岸等候他。但陆军和舰队所以开到那常见于寓言的科尔奇斯海岸，却因为一种不确定的观念，因为一个几乎不可捉摸的目标。罗马人刚刚走过他们所不知并且大部为敌国的地方，完成一次艰苦的行军，但比起仍待走过的前途，这还不算什么；如果他们真能率兵由发西河口开到克里米亚，陆路经过贫穷好战的蛮族部落，水路经过人所不知的荒凉海面，沿岸有些地方山脉直入海中，绝对非登船不可——如果这种或比亚历山大和汉尼拔的战役尤为艰难的行军能顺利完成，就是在最好情形之下，他们能得到什么利益可与劳苦和危险相称？当然，老国王一日仍在人世，战争便一日不完；但这事有如猎取野兽，做这空前的大举，谁敢担保真能捉住国王呢？这种追击，可望的利益无多而可虞的危险却大，那么，就算米特拉达特斯有再点起小亚细亚战火的可能，不也以停止追击为善策吗？固然，军中有许多人，首都有更多人同声劝将军穷追勿止，不惜任何牺牲；但发出这项议论的，一部分是有勇无智的急性人，一部分是不义的朋友，后者愿出任何代价以使权势太大的统帅远离首都，使他受东方无 132
穷事业的牵制。庞培是个经验丰富、行事谨慎的军人，绝不坚持这样不智的远征，以他的声名和部队为孤注；阿尔巴尼亚人在他的军队后面起而叛变，他得到一个停追国王和下令回师的借口，舰队奉命巡查黑海，保护小亚细亚北岸以防任何敌军的侵犯，严厉封锁西米里(Kimmerisch)的博斯普鲁斯,以死罪威吓任何破坏封锁的商人。庞培率陆军,不免饱经艰苦,经科尔奇斯和亚美尼亚领域,先到库尔河下流,然后渡河再进,到阿尔巴尼亚的平原。

数日之间,罗马军须在烈日之下走过乏水的黑土地,未遇敌人;只是到了阿拔斯(Abas,或为见于他书的阿拉佐尼[Alazonios],今名阿拉善[Alasan])河的左岸,才有欧雷兹王之弟科西斯(Koses)所率的阿尔巴尼亚军列成阵势,抗罗马人;他们据说连由外高加索草原民族来的助兵在内,共计步兵六万,骑兵一万二千。然而他们若不以为只须与罗马骑兵交锋,他们也不会冒险一战;但骑兵只是摆在前列,骑兵一退,藏在后面的罗马步兵集团便显露出来,交战不久,蛮军就被逐入森林,庞培下令包围森林,放火焚烧。于是阿尔巴尼亚人只得遵命结和,库尔河与里海之间的一切部落也仿强大民族的榜样都与罗马将军结一和约。如是,阿尔巴尼亚人、伊比利亚人以及高加索山迤南和山麓的定居民族至少一时与罗马成立藩属关系。另一方面,发西河与梅欧替河之间的各民族——科尔奇斯人、索尼人(Soaner)、赫纽克人(Heniocher)、蔡格人(Zyger)、阿喀亚人,甚至遥远的巴斯塔奈人——都列在庞培所征服的民族的长表上,"征服"这个概念显然用得很欠恰当。高加
133 索山又得证实它在世界史上的意义,罗马的武功无异于波斯和希腊的武功,也以此为界。

于是罗马人对于米特拉达特斯王任其自便,听其自然。昔日他那开创本都国的祖先初因避安提柯的刀斧手而逃入将来的国家,只有六骑跟随他,现在米特拉达特斯也不得不再逃出本国的疆界,离去他自己和他父亲所攻克的土地。但命运有如骰子,也曾替

别人掷出极高的胜利和极大的亏输，却从未屡次三番，反复无常，像替西诺培的老苏丹掷出的那样；东方的命运变得迅速而不可测。如今米特拉达特斯已到晚年，很可以一面忍受每一新变化，一面想着新变化也只是新革命的又一阶梯，并且唯一永久不变的只有命运的变化不息。罗马的统治究竟极为东方人所难堪，并且无论就他的好处和坏处来看，米特拉达特斯总是真正的东方君主；在罗马元老院以怠惰的态度治理各省，罗马城各政党的交争已把内战酝酿成熟之时，米特拉达特斯如果幸能待时而动，便很可以第三次恢复他的领域。就因这个缘故——因为他有生之日都是有所希望，有所图谋之时——他生存一天，便一天为罗马人之患，他昔日率几十万兵要由罗马人手里夺取希腊和马其顿时既然如是，现在年老做流亡人时亦复如是。689 年即前 65 年，这位不肯甘休的老人由狄奥斯库里亚斯，经历不可言喻的艰苦，有时陆行，有时浮海，达到潘提卡彭国，借着他的名望和扈从众多，他推翻他那逆子马迦儿的王位，逼他自杀。由这地方，他再企图与罗马人交涉；他请求把祖遗的国家还给他，并且声明他愿承认罗马的至尊权，按藩臣的方式纳贡。不过庞培不肯给这国王一个使他再玩旧把戏的地位，坚持他非亲来投降不可。

然而米特拉达特斯不想委身于敌人之手，却正在筹划日益荒诞的新策略，竭尽他所保全的财物和残余国土的力量，他又编成一 134
个三万六千人的新军，其中一部分是他按罗马方式武装和教练的奴隶，另外还配备一个战舰队；据谣传，他的计划是向西进兵，经色雷斯、马其顿和潘诺尼亚，裹胁萨尔马提亚草原的西徐亚人和多瑙河上的凯尔特人为同盟，以这些民族的排山倒海之势攻击意大利。

固然曾有人认为这是宏伟的计划，以本都王的战略与汉尼拔的行军相比；但同一计划，出自奇才便是妙策，出自妄人便属荒谬。东方人想这样侵犯意大利，简直可笑，这不过是绝望后昏迷幻想的结果罢了。由于领袖的明察冷静，罗马人才不冒险追赶那冒险的敌人，不在辽远的克里米亚防御一种攻势，这攻势若不自灭，就在阿尔卑斯山麓去防御，也还不迟。

实际说来，庞培不再顾虑这无力巨人的恫吓而从事组织他所获的领土，此时老国王的命运不假庞培的助力，就实现于遥远的北方。他的过度备战，拆毁博斯普鲁斯人的房屋，把他们的耕牛拿来杀掉，以屋梁和牛筋造战具，使博斯普鲁斯人发生极激烈的骚乱。兵士也不顾从事意大利无望的远征。米特拉达特斯无日不为猜疑和逆谋所包围；他没有感发手下人爱慕和效忠的才能。早年他手下的名将阿克劳斯已被迫托庇于罗马军营，在卢库卢斯战争时，他最信任的军官狄奥克勒斯(Diokles)、菲尼克斯(Phönix)，甚至最有名的罗马流亡人也投归敌方，现在他的命星晦暗，除阉宦外，无人能接近这老病苦闷的苏丹，所以他的臣下相继离叛，日速一日。法那哥里亚(Phanagoria，在亚洲沿岸与刻赤[Kertsch]隔海相对)寨的统帅卡斯托尔(Kastor)首举叛旗；他宣布此城自主，把堡垒里米特拉达特斯的儿子献给罗马人。叛变蔓延于博斯普鲁斯各城，
135 刻松尼索斯(Chersonesos，距塞巴斯托波尔[Sebastopol]不远)、特多西亚(Theudosia，即卡法[Kaffa])和其他地方都响应法那哥里亚人，这时国王自由发泄他的疑忌和残暴。由于卑鄙阉宦的指控，他最亲信的人也被钉在十字架上；国王的儿子最难保全生命。法纳克斯(Pharnakes)是他的爱子，大概要立为后嗣，此时竟决心做

叛党的首领。米特拉达特斯遣侍卫去捉他，又派兵去攻他，他们都投归王子；意大利逃亡人的军国或为米特拉达特斯部下最能战的军队，因而也最不愿参加那冒险对于逃亡人尤为危险的远征意大利，全体拥护王子；陆军其他队伍和舰队也效法这种榜样。

地方和军队既已背弃国王，首都潘提卡彭终于开门延入叛党，把围在宫中的老国王交给他们。老国王由宫城高墙上求他儿子至少饶他一命，不要把手浸在父亲的血里；但一个人手上沾染过他母亲的血，并且最近又沾染他无辜儿子齐法利(Xiphares)所流的血，这种请求出于此人之口，似乎不带好意；法纳克斯的残酷无情和不顾人道竟过于其父。所以苏丹自知必死，决定至少保其常态，至死不变；他的王后、他的妃嫔、他的女儿，连埃及王和塞浦路斯王的妙龄新人在内，一概须遭惨死，在他面前饮干毒药杯；然后他也拿起毒药，因为药力欠速，他伸出颈项，请一个凯尔特佣兵名贝退图斯(Betuitus)的把他砍死。这样，在691年即前63年，米特拉达特斯·攸帕托殒命，享年六十八岁，在位五十七年，自他初次出马与罗马人交战到现在共二十六年。法纳克斯送他的尸首给庞培，以见他的功劳和忠诚，庞培命人把他葬在西诺培的王墓。

在罗马人看来，米特拉达特斯的死等于一个胜仗：来向将军报 136
告这个变故的使者出现于耶利哥(Jericho)城下的罗马兵营，头戴桂冠，仿佛他们有胜利来告。他这一死，就是一个伟大敌人入墓，任何曾在偷惰的东方抵抗罗马人的，都不及他伟大。群众自然而然地具有此感：昔日西庇阿既以为战胜汉尼拔重于战胜迦太基，现在罗马人一听得米特拉达特斯的死，也几乎忘了对东方众多部落和这个伟大国王的胜利；在庞培隆重入城时，惹得群众注目的无过于图画，他们从画中看见逃亡的米特拉达特斯王亲手牵马执辔，然后在他那些女儿的尸体中间倒地而死。人们无论对此王的特性下何等的判断，他总是世界史上可谓重要的角色。他不是个有天才的人物，或甚至也不是个饶有本领的人物；但他怀恨的本领很高，由于他的愤恨，他维持一场以弱敌强的斗争历半世纪，固然没有成功，可是仍不失为光荣。他的个性已使他成为重要人物，他在历史上所占的地位使他成为更重要的人物。他是东方对西方的民族反动的先锋，他开始东方对西方的新战争；无论战败者和战胜者都感到他的死亡不是战争的终结，而是战争的开端。

同时，在 689 年即前 65 年对高加索各民族的战事以后，庞培回到本都国，荡平那里最后仍行抵抗的城堡；城堡均被铲平以防匪患，把石块填入堡内水井以使其不能再用。到了 690 年即前 64 年夏季，他由这里往叙利亚，去整顿该地的事务。

要把当时叙利亚各地所有的混乱情形叙述得清清楚楚，颇为不易。固然，由于卢库卢斯的攻势，亚美尼亚的省长马伽达底已于 685 年即前 69 年退出这些地方，托勒密氏虽愿继续先人的努力，使叙利亚沿海成为本国的属地，却怕触怒罗马政府，不敢占领叙利亚；又因为罗马政府还没有确定托勒密氏对埃及那太形可疑的合
137 法权利；并且叙利亚的君长已屡次请求罗马，说拉伽代王家已绝嗣，应承认他们为合法的继承人，所以托勒密氏更不敢占领叙利亚。但当时大国虽一概不干涉叙利亚的事，而因为君长、骑士和城市无穷无止的交争，这地方所受的害却万倍于经过一场大战。

在塞琉古王国，当时的实际主人是贝都因人、犹太人和纳巴泰人。这片不宜人居、无泉无树的沙漠草原，由阿拉伯半岛伸至并且

越过幼发拉底河，西抵叙利亚的山脉及其狭窄的海边，东至底格里斯河的肥沃低地和幼发拉底河下游，这片亚洲的撒哈拉（Sahara）是伊思迈（Ismael）子孙的原始家乡；自有传说以来，我们就见贝都因人（Beduin，即 Bedawin，意为“沙漠之子”）在这里支起帐幕，放牧骆驼，或骑上快马，有时追赶他那部落的仇敌，有时追赶旅行的商人。从前梯格兰王曾用他们来实行他那半商业半政治的计划，以后叙利亚又完全无主，这种沙漠民族便乘这有利的时机扩张到北叙利亚全境。有些部落与叙利亚文明人为邻，因而获得安定生活的始基，于是在政治上差不多居于领导的地位。阿拉伯当时最著名的首领有马旦部（Mardaner）酋长阿波伽儿（Abgaros），梯格兰命此部居于两河流域上游埃迭萨和迦赖（Karrhä）附近；在幼发拉底河以西大马士革和安条克之间，有罕萨部（Hemesa 即霍姆斯[Hoems]）酋长散西科蓝（Sampsikeramos），他又是坚固的阿雷图萨寨（Arethusa）的寨主；有在上述区域游徙的另一部落酋长阿齐素（Azizos）；又有蓝贝部（Rhambäer）的君长阿尔考敦（Alchaudonios）已与卢库卢斯成立联络；此外还有几个。

除这些贝都因君长外，还有处处出现的一伙强人，在拦路抢劫这高等职业上，他们不亚于沙漠人甚至驾乎其上。属于此类的有托勒密（Ptolemaos Mennäos Sohn），他或许是叙利亚最强大的盗魁，也是当时的首富之一，他所统治的地方是黎巴嫩山（Libanos）谷中和沿海伊泰雷人（Ityräer）之地（今德鲁森[Drusen]），以及马
萨耶（Marsyas）平原以北一带，连同赫琉波利斯（Heliopolis 即巴勒 138
贝克[Baalbek]）和喀尔琪（Charkis）等城，以私财养骑兵八千；又有狄奥尼修斯（Dionysios）和奇尼拉斯（Kinyras）二人，为沿海特里波利斯

(Tripolis 即特拉布鲁斯[Tarablus])和拜布洛斯(Byblos,特拉布鲁斯与贝鲁特[Beirut]之间)的主人;又有犹太人西拉斯(Silas)在利西亚斯(Lysias),此寨距奥伦特斯河上的阿帕米亚(Apamea)不远。

另一方面,在叙利亚南部,犹太民族似乎将在此时结成一个政权。叙利亚王行一律希腊化的政策,曾危害犹太民族的原始宗教。由于虔诚和勇猛地守护这种宗教,哈斯摩尼氏(Hasmonäer),又名马迦比氏(Makkabi),不但达到世袭公侯的地位,渐跻于王者的尊荣,而且这些俨如君主的祭司长向南、北、东三面扩张势力,征服领土。当英勇的詹尼亚斯·亚历山大(Jannäos Alexandros)死时(675 年即前 79 年),犹太国的疆域南面包有菲力斯特人(Philister)的全部领域而至埃及边境,东南至纳巴泰人的佩特拉(Petra)国,詹尼亚斯曾由此国夺来约旦河和死海右岸的大块土地,北逾撒马利亚(Samaria)和德伽波利斯(Dekapolis)而至格尼查雷(Genezareth)湖;他已在这里设法占领托勒迈斯(Ptolemais,即埃科[Acco]),击退伊泰雷人的侵犯获得胜利。沿海服从犹太人的地方自骆驼山(Berg Karmel)起至利诺科鲁拉(Rhinokorura)止,包有重镇加沙——只有阿斯迦隆(Askalon)一地仍系自主——以致往昔几不通海的犹太领域现在可算在海盗渊薮之列。特因亚美尼亚的侵军刚要行近犹太边境之时,就为卢库卢斯的干涉所阻,如果这个可注意的战胜攻取的祭司国不因内部分裂而停止其武力发展,哈斯库尼王家雄才大略的君主或能更远播其兵威。

宗教和民族的独立精神奋力合而为一,产生了马迦比国,但不久以后,彼此又分而为二,甚至互相冲突。自由奉行宗教之权,由叙利亚君长手中强夺而来的,已足使犹太的正统派即所谓法利赛派(Pharisaeismus)满意;他们的实际目标是根本不顾尘世的政府,以一切主权国家的正统派组成一个犹太民社;这民社的统一性显见于每一方正犹太人须向耶路撒冷的神堂纳捐税,又显见于宗教 139
学校和宗教法庭。正统派脱离了政治生活,在没有思想的神学和繁文缛节的仪式中日益僵化;与之对立的是古代大族即所谓撒都该人(Sadducäer)的后裔,他们是争民族独立的战士,因战胜异族统治而势力加强,进一步想要恢复犹太人的国家;他们的思想一部分是关于教义的,他们只承认"圣经"本身,至于"法学者的遗著"[①]即有关圣典的文献,他们只能视为典据而不能视为圣典;另一部分特别是政治的,他们不主张听天由命,等待上帝齐保图(Zebaoth)的大力,而主张要救国救民,须属望于人世的武力,尤须属望于重建在马迦比盛世的大卫(David)国的内外加强。正统派得祭司阶级和群众的拥护,否认哈斯库尼氏做祭司长的合法,以虔诚者常用以争人世财产的全副蛮横仇恨态度,攻击这种奸邪的异教派。另一方面,国家派所倚赖的是受希腊文化影响的智能,容纳许多皮西底亚(Pisidien)、西利西亚佣兵的军队和贤能的君主,他们在这里与教权的竞争很像一千年后霍亨斯陶芬王家(Hohenstaufen)与教皇的竞争。詹尼亚斯曾用强硬手段压制祭司阶级;到他两个儿子的时候(685 年即前 69 年),起了兄弟相残的内战,因为法利赛人反对那有魄力的阿里斯托布洛斯(Aristobulos),想立他那温和怠

① 如是,撒都该派排斥天使和幽灵等教义,不信死者复生。法利赛派和撒都该派传统的争执点,大都关于仪式法律和教历等次要问题。有一件特殊的事实,即得胜的法利赛派把他们在某一争执确占优势的日子或驱逐异端分子于最高会议以外的日子,一概加入全国纪念日或节庆之列。

惰的弟弟赫卡努斯(Hyrkanos)为挂名的君主,以达到他们的目的。这种分裂不但使犹太的武功归于停顿,而且给外国一个机会来干涉,取得南叙利亚的霸主地位。

140 纳巴泰人首先如此。人们常把这可注意的民族与其东邻游徙的阿拉伯人混为一谈,但这民族与阿拉米一支关系较近,而与伊斯迈的真正子孙关系较远。很早时候,大约为贸易的缘故,阿拉米民族,或按西方人的称呼,叙利亚民族就由巴比伦附近他们最古的居留地,派一个殖民团到阿拉伯湾北端;这就是西奈半岛上苏伊士湾与埃拉(Aila)之间佩特拉地方(Wadi-Musa)的纳巴泰人。在他们的港口,地中海的货物与印度的货物彼此交换;南方的驼队大道由加沙通到幼发拉底河口和波斯湾的,也经过纳巴泰人的首城佩特拉,此城至今仍有壮丽的石宫和石墓,比那几已绝灭的传说更能证明纳巴泰人的文明。法利赛派不脱祭司的常态;据他们看,以本国的独立和完整换取本派的胜利,代价不算太高,于是请纳巴泰人的君主阿雷塔斯(Aretas)助他们抗阿里斯托布洛斯,他们允许归还詹尼亚斯由他夺来的一切领土以为报。因此,阿雷塔斯率着据说为数达五万的兵侵入犹太,又得法利赛派的增援,他把阿里斯托布洛斯围困在犹太都城。

动武和交战的风气遍及叙利亚全境,在这种情形之下,最遭殃的当然是较大的城市如安条克、塞琉西亚、大马士革等,这几处的公民眼见他们的农业以及海上和驼队的贸易受了摧残。伊泰雷人由他们那些山中和沿海的堡寨出动,闹得陆地和海上一样不安,拜布洛斯和贝里图斯(Berytos,即贝鲁特)的公民不能抵抗他们以保护自己的田地和船舶。大马士革的公民想委身于较远的纳巴泰王或犹太王以抵御伊泰雷人和托勒密的攻击。在安条克,散西科蓝和阿奇素参加公民的内争，就在当时，这个希腊大城已几乎成为一个阿拉伯酋长的驻地。这种情势使我们想到德意志中世的无君时期，那时纽伦堡和奥格斯堡不能仰赖王法王权的保护，而只倚仗他们自己的城墙；叙利亚的商业公 141
民不甘宁耐，盼望来一个强大势力替他们恢复自由和交通安全。

然而叙利亚并非没有正统的国王；这种国王甚至有两三个。一个名安条克（Antiochos）的王子已受卢库卢斯任命做叙利亚最北部科马艮（Kommagene）省的统治者。亚细亚人安条克要求叙利亚的王位，已蒙元老院和卢库卢斯一致承认，亚美尼亚人退去以后，他被人迎入安条克城在这里被认为国王。第三个塞琉古家王子菲力普斯即刻在这里与他对立争衡，安条克人民众多，其易于激动和乐于反抗几与亚历山大城的人民无异，人民和附近的一两个阿拉伯酋长都参加这家庭斗争，现在安条克家的统治似乎与这种斗争不可分离。那么，正统君主渐遭臣民的讥笑和厌恶，所谓合法国王竟不及小君长和盗魁重要，又何足怪？

要在混沌中产生秩序，所需的既不是高妙的意匠，也不是赫赫的耀武扬威，而是灼见罗马及其属国的利益，并且以坚强和始终一致的精神把认为必要的制度成立起来，加以保持。元老院的正统政策已被人滥用得够了；将军受反对党的招致来主政，自当不以朝代的理由为准则，而仅负责使叙利亚王国将来不因伪主的争夺或邻国的贪婪而退出罗马属国的地位。但要做这事，只有一个方法：多由于他们自己的罪过而少由于外患，政权久已实际脱离此王家各君的掌握，罗马民社应派一位总督，以强有力的手腕执掌政权。庞培就采取这个方法。亚细亚人安条克请承认其为叙利亚继统的君主，所得的答复是，一个国王既不知如何保持又不知如何统治他

的国家，就算他的臣民请求把主权还他，庞培也不干，而况这事违
142 反他们明言的愿望，他更不干。有了罗马特任执政官的这封信，塞琉古家便在居王位二百五十年以后被废。安条克本受酋长散西科蓝的保护，在安条克冒充国王，不久以后，中了散西科蓝的诡计而丧命，此后不再有人说到这些伪王和他们的权利。

但要成立罗马人的新政府，使混乱的局势有尚佳的秩序，还须用武力进入叙利亚，以罗马兵团震慑或荡平那些起于多年无政府时期的扰乱治安者。当庞培在本都国和高加索作战时，他已注意到叙利亚的事务，命几个委员和支队遇必要时即行干涉。689 年即前 65 年，奥卢斯·伽比尼乌斯——即昔日做保民官时派庞培到东方的人——率兵沿底格里斯河前进，然后经过两河流域到叙利亚，以整顿犹太的纷乱局面。同样，危急的大马士革也已有洛利乌斯(Lollius)和梅特路斯驻防。不久以后，庞培另一部将马尔库斯·斯考鲁斯(Marcus Scaurus)来到犹太，解决那里层出不穷的争斗。庞培远征高加索时，卢奇乌斯·阿弗拉尼乌斯(Lucius Afranius)为亚美尼亚的罗马军统帅，现在由科杜内(Korduene，在北库尔第斯坦)进至两河流域上游，借迦赖的希腊居民同情援助，幸能渡过危险的沙漠，征服奥斯隆的阿拉伯人。690 年即前 64 将终时，庞培亲至叙利亚留居至次年夏季[1]，为现在和未来计，断然
143 干涉和整顿叙利亚的事务。他想使此地恢复塞琉古王朝盛世的景

[1] 庞培 689—690 年即前 65—前 64 年的冬季时，仍在里海附近。至 690 年即前 64 年，他才攻下本都国仍在抵抗的最后堡垒，而后一面徐徐南行，一面整顿各处的事务。叙利亚的组织确始于 690 年即前 64 年，叙利亚的地方纪元以此年为元年以及西塞罗关于科马艮的话均可为此事之证。在 690—691 年即前 64—前 63 年的冬季，庞培的大营似在大马士革。

况，他废除一切僭窃的政权，命盗魁放弃其堡寨，使阿拉伯人的领域仍以沙漠地带为限，明白规定各民社的关系。

为迫人服从这种严厉的命令起见，兵团屯驻备战，特别对那些强悍的盗魁，兵团的干涉证明是必要的。利西亚斯的城主西拉，特里波利斯的城主狄奥尼修斯，拜布洛斯的城主西尼拉斯都在他们的寨里被擒杀，伊泰雷人的山寨和沿海堡垒都被攻破，托勒密被迫纳款一千塔兰特以赎他的自由和君长之位。在他处，新主人的命令也大半得人服从，未遇抵抗。

只有犹太人踌躇不决。关于赫卡努斯和阿里斯托布洛斯的争执，庞培从前派去的调停人伽比尼乌斯和斯考鲁斯——据说两人都受了巨额的贿赂——所做判决利于阿里斯托布洛斯，他们又使阿雷达王撤去耶路撒冷的围军，取道回国，撤退时败于阿里斯托布洛斯之手。但庞培一来到叙利亚，他便取消他属员的成命，令犹太人复用593年即前161年前后元老院所承认的祭司长旧制，把世袭君主制与哈斯库尼氏各君所征服的领土一概放弃。法利赛人派最负声望的二百人为使团，往见罗马将军，结果使他做出这推翻犹太国的事；这事不利于他们的国家，却诚然利于罗马人，在这事上，罗马人当然也不能回到塞琉古家的旧法，不能容忍一个战胜攻取的势力如詹尼亚斯的，存在他们的帝国范围以内。何为善策，耐心忍受难逃的定数呢，还是手执武器战死呢？阿里斯托布洛斯犹豫不定；有时他似乎要随顺庞培，又有时他要号召犹太人的爱国派与罗马人斗争。终至罗马兵团来到城门，他才向敌人屈服，君主失去 144
自由，他手下军队较果敢或较激烈的部分不肯服从他的命令。首都投降；狂热派以不怕死的顽强态度据守神庙的危岩，历时三个月，到后来攻军乘守兵礼拜日休息的时候终于攻入，占据神祠，把发起这场拼命抵抗的人，只要还没有死于罗马人刀剑之下的，一概交给侍卫的斧钺。这样一来，罗马新并各地的最后抵抗便告终止。

卢库卢斯所开始的工作完成于庞培之手；以前正式的独立国比提尼亚、本都和叙利亚都入了罗马版图；元老院一被推翻，格拉古党一握政权，一百余年来认为必要的事，即在较为重要的属地以直接统治代替薄弱的保护制，便终于实现。罗马在东方又获得新边界、新邻国、新友新敌的关系。新加入罗马的间接领土的，有亚美尼亚王国、高加索的诸侯，又有辛梅里安人的博斯普鲁斯国，米特拉达特斯·攸帕托广大侵地所余的一小部分，如今在他杀父的儿子法纳克斯治下成为罗马的属邦；只有法那哥里亚城因其统兵官卡斯托曾举叛旗，受罗马人的承认，成为独立的自由市。

对于纳巴泰人，罗马人不能夸耀同样的成功。固然，阿雷达王顺从罗马人的愿望，已撤出犹太；不过大马士革仍在其手，纳巴泰国土尚未受任何罗马兵的践踏。要荡平这个地方，至少要向在阿拉伯的新邻国表示现在罗马的鹰徽已称霸于奥隆特斯和约旦河上。要表示叙利亚各处不再是任人蹂躏的无主之地，庞培始于691年即前63年远征佩特拉；但在出征期间，他为犹太人发动的叛变所阻，纳巴泰人的首城远在沙漠中，他欣然让他的后任马尔库斯·斯考鲁斯实行这件困难的事。[①] 实际说来，斯考鲁斯不久也不

① 固然，奥罗修和狄奥必都守李维之说，谓庞培到达佩特拉并且占领此城，甚至达到红海；但他率兵往耶路撒冷时，中途接到米特拉达特斯的死讯，旋即由叙利亚折回本都，这事见于普鲁塔克，并由弗洛鲁斯和约瑟夫（Josephus）加以证实。阿雷达王所以在战报中见于庞培所克诸王之列，只要以庞培使他退出耶路撒冷为解释就够了。

得不回来，没有完成他所做的事。他不得不只在约旦河左岸的沙 145
漠中，倚赖犹太人的援助以与纳巴泰人作战，他仅得到很不重要的胜利。最后，伊都美亚（Idumäa）犹太人的灵巧领袖安第帕特（Antipater）劝阿雷达拿一宗款项由罗马省长方面买得他一切领土连大马士革在内的保证；这就是斯考鲁斯铸钱所纪念的和平，钱上刻着阿雷达王手牵骆驼，跪在地上，向罗马人献橄榄枝。

以上是罗马人对亚美尼亚人、伊比利亚人、博斯普鲁斯人和纳巴泰人所成立的新关系，比这重要远甚的，是罗马人因占领叙利亚而与帕提亚国为邻。虽则本都国和亚美尼亚国尚存之时罗马对弗拉特斯应用和善的外交，虽则当时卢库卢斯和庞培都情愿让他占有幼发拉底河外的地域，现在这个新邻国却粗暴无礼地立在帕提亚王朝之侧；如果王者自忘其过的伎俩还许他回忆，现在他必忆及米特拉达特斯的警告，即帕提亚人与西方人联盟攻击同族的国家，必致同族先亡而后自己也归覆灭。罗马人与帕提亚人联合，已弄得亚美尼亚一败涂地；亚美尼亚倾覆以后，罗马人信守其旧政策，改换关系，损害强大的盟友以利受挫的敌人。老梯格兰受庞培的非常优待，其子为帕提亚王的盟友和女婿的则否，这已是他的政策的一部分；不久以后，庞培命人逮捕小梯格兰及其家属，甚至弗拉特斯向友好的将军替女儿女婿说项，也不释放，这是直接的无礼。
但庞培不止于此。关于科杜内地方，弗拉特斯和梯格兰都提出要 146
求，庞培命罗马部队替梯格兰占领此地，把原来据守该地的帕提亚人驱逐出境，追到阿迪亚波纳的阿贝拉，事先并未询问克特西枫的政府（689年即前65年）。然而比这事严重万倍的，却是罗马人似乎绝不愿尊重依约划定的幼发拉底河界。有几次，罗马部队要由亚美尼亚往叙利亚的，都横越两河流域；罗马人以非常优厚的条件把奥斯隆的阿拉伯酋长阿波伽鲁斯（Abgaros）收为保护国，甚至奥鲁洛斯（Oruros）位于两河流域上游尼西比斯与底格里斯河之间，在幼发拉底河的科马干渡口以东三百五十余公里，也被指为罗马领域的东界——大概是间接领域的东界，因为罗马人已把两河流域较大较肥饶的北半和科杜内一同拨给亚美尼亚帝国。如是，罗马人与帕提亚人的疆界不是幼发拉底河而是叙利亚－两河流域的大沙漠；这似乎也是临时的疆界。帕提亚派使者来坚请遵守以幼发拉底河为界的条约——当然，这条约似乎只是口头缔结的——，庞培用暧昧的话回答道：罗马权利所到的地方便是罗马的领域。帕提亚属下米底区域的总督甚至辽远的埃利迈（Elymais，在苏锡亚那［Susiana］、米底亚和波斯之间，今卢里斯坦［Luristan］）省总督都与罗马元帅有深可注意的交通，他那句话的注脚似乎即在于
147 此。[①] 埃利迈是个荒远好战的山地，其总督常力求离大王而独立，庞培竟接受这君主所施的敬礼，这对于帕提亚政府更是个侮辱和威胁。又有一件同样重要的事，即素来在官场交际中罗马人也称呼帕提亚王为“王中王”，现在他们忽然改变称呼，仅称他为王。这不但是失礼，而且更是威吓。往昔整个伊朗和图兰（Turan）都曾

① 这种见解根据普鲁塔克的叙述，斯特拉波所述埃利迈省的位置又可为普鲁塔克的佐证。在庞培所克国土和君主的名录中，竟有米底亚及其王达琉（Dareios），这是一种点缀；由此又造出庞培对米底亚的战争甚至他的远征埃克巴塔那（Ekbatana）。这里还没有把这城与传说位在骆驼山上的埃克巴塔那混为一事；只是那种不堪的夸张——似源于庞培浮夸而故意闪烁其辞的战报——把他抄掠盖图利亚人一事变为进兵非洲西岸，把他那远征纳巴泰人而不果的事变为攻克佩特拉城，把他宣判亚美尼亚疆界一事变为定罗马帝国边界于尼西比斯之外。

受安条克的统治，那时还没有帕提亚帝国而只有帕提亚郡，自罗马人继承塞琉古家族的遗产以后，仿佛他们想乘势恢复昔时的状态。所以克特西枫的朝廷饶有与罗马开战的理由；690 年即前 64 年帕提亚因边界问题对亚美尼亚宣战，似乎是对罗马开战的前奏。但当可畏的将军率大军驻在帕提亚界上之时，弗拉特斯不敢公然与罗马人决裂。庞培派委员和解帕提亚与亚美尼亚的争执，他们强加调停，把科杜内和两河流域北部都断给亚美尼亚人，弗拉特斯也依从他们。不久以后，他的女儿、外孙和女婿成为罗马将军凯旋礼的点缀。甚至帕提亚人一见罗马的优越兵力便也战战兢兢，如果他们没有像本都人和亚美尼亚人那样为罗马武力所败，其原因似乎仅在他们不敢挺身作战。

现在庞培仍须负责整理新得省份的内部关系，尽量消弭十三年战争糜烂的痕迹。小亚细亚的组织工作始于卢库卢斯和那协助他的委员团，克里特的组织工作始于梅特路斯，二者都由庞培而底于成。亚细亚省原来包括米西亚、吕底亚、弗雷吉亚和卡里亚，现在由边省变为腹地。新设的省份有比提尼亚和本都省，辖境为尼 148
科弥底故国的全部和本都故国西至哈里河或河外的部分；有西利西亚省，虽成立较早，但现在始扩大和组成名实相符的一省，连潘菲利亚和伊扫里亚包括在内；又有叙利亚省和克里特省。当然，按现代领土的意义看，要以这些地方为罗马的领土，还差得多。政治的形式和秩序大体一仍其旧，只是罗马民社代替昔日的君主而已。这些亚洲省份仍旧包含国有的土地，在实际和法律上自治的城邦，君主和祭司的统治地以及王国，五光十色，纷然杂陈；关于内政，一概多少有点自主，关于其他方面，却有时宽有时严地听命于罗马政府及其代行执政官,很像昔日听命于大王及其总督。

在属国君主之中,卡帕多奇亚王,至少在等级上,占第一位,卢库卢斯已以梅利坦(Meliten,在马拉提亚[Malatia]附近)区至幼发拉底河的地方封给他,扩大他的领土,庞培又赠给他许多土地,在西边有自卡斯塔巴拉(Kastabala)起至伊康附近的德贝(Derbe)止取自西利西亚的几处地方,在东边有幼发拉底河左岸正对梅利坦的梭芬尼区,这是原想封给亚美尼亚王子梯格兰的;于是幼发拉底河最重要的渡口全为卡帕多奇亚君主所掌握。叙利亚与卡帕多奇亚之间的科马艮小郡及其首城萨摩萨达(Samosata,即萨姆萨特[Samsat])成为一个属国,仍在上述塞琉古家的安条克之手;[①]他又得到重要堡垒塞琉西亚(Seleukeia,在比拉德吉克[Biradjik]附近),控制幼发拉底河迤南的渡口,再加河左岸邻近的地方。如是,罗马人刻意把幼发拉底河的两个主要渡口连同河东的相当领土留
149 给两个全属于罗马的君主。小亚细亚除卡帕多奇亚王和科马艮王以外,又有一位新王狄奥塔鲁斯(Deiotarus)在位,他的实力超过他们远甚。住在佩西努附近的凯尔特人托里士脱博吉部一个小王和罗马属下的其他小藩臣同应卢库卢斯和庞培的征召从军,在这些战事中,狄奥塔鲁斯与一切怠惰的东方人不同,灼然显出他的可靠和勤勉,以致除他那加拉廷的祖产和阿弥苏(Amisus)与哈里河口之间那片肥沃的属地外,罗马将军又赠给他本都旧帝国的东半连

① 据说安条克曾与庞培作战,观于他与卢库卢斯所订的条约以及他不受干扰的仍居王位,此说不甚相合。大概只因科马艮的安条克也见于庞培所克的众君主之列,所以造成此说。

同沿海城市法纳奇亚(Pharnakia)和特拉佩苏斯(Trapesus),以及直抵科尔奇亚和大亚美尼亚边界的本都—亚美尼亚,这样造成小亚美尼亚王国。不久以后,他又逐出凯尔特人特罗克米部的小王,夺其疆土,增益他那业已广大的领域。如是,这个小封君变成小亚细亚一个最强的君主,罗马人可以托他保卫帝国一段重要的边境。

至于不甚重要的藩属,有加拉廷另外很多的小王,其中特罗克米部的君主孛哥第亚塔鲁斯(Bogodiatarus),因在米特拉达特斯战争中卓著才能,庞培赐给他旧日本都的边城米特拉达底(Mittradation);又有帕夫拉戈尼亚的君主阿塔鲁斯(Attalos),其族出自拜勒门(Pylameniden)古王家;又有科尔奇亚境内的阿里斯达库斯(Aristarchos)和其他小君长;又有达孔第牟托(Tarkondimotos)统治东西利西亚的阿曼(Amanus)山谷;又有托勒密仍统治黎巴嫩山上的喀尔琪;又有纳巴泰王阿雷达为大马士革之主;最后又有幼发拉底河两岸各地的阿拉伯酋长,如奥斯隆的阿波伽鲁斯,罗马人千方百计地劝他归附,以便用他为攻帕提亚的先锋;其他如希弥沙的散西科蓝、蓝贝儿王阿尔考敦和包斯特拉(Bostra)的另一酋长。

除这些外,还有教主,在东方,教主常与世俗君主无异,也统治土地和人民;他们的权威已在那宗教狂的发源地根深蒂固。罗马人聪明,不侵犯他们的权威,甚至也不掳掠他们神庙中的财宝。教主有培西努神母的大祭司;又有妈神的两个大祭司,一个在卡帕多 150
奇亚的科马那(在萨鲁斯[Saros]上游),一个在本都同名的城(托卡特附近的古梅尼克[Gümenek]),每人在本国的权力都仅亚于国王，甚至到很晚时，每人仍拥有自具裁判权的广大地产和近六千的奴隶，米特拉达特斯的将军阿恺劳斯投归罗马人，其同名之子受庞培的封赏，为本都的大祭司；又有卡帕多奇亚国摩里门(Morimene)地方维那西宙斯(Venasischen Zeus)的大祭司，他每年的入款共计十五塔兰特；又有生西利西亚的"大祭司和君主"，在埃亚斯(Ajas)之子托克罗(Teukras)所建宙斯庙的地方，他的后裔凭着世袭的权力为此庙的住持；又有犹太人的"大祭司和人君"，庞培既铲平其都城的城墙以及国内王家的库藏和城堡，严戒他维持和平，不要再想攻城略地，然后把犹太国的君位归还他。

与以上的人主和教主并立的还有城邦。一部分城邦组成较大的联合，享受相当的独立，特如吕基亚二十三城的联盟秩序优良，永远不参加海盗的乱事；反之，许多孤立的民社，就算有特许状保证他们的自治，实际上仍全隶于罗马省长。

罗马人不能不见，既要代表希腊文化并且要在东方保护和扩张亚历山大的疆域，他们便特有提倡城市制度的义务；因为城市既处处是文明的柱石，东方人和西方人的敌对尤其在一种差别中表现得极为明显，即东方行军事独裁的封建阶级制，而希腊和意大利却行工商业城市的共和制。卢库卢斯和庞培虽在其他方面不想使东方的情势归于一律，庞培虽在枝节问题上很愿批评和变更前任
151 的办法，但在原则上两人却完全一致，即尽量在小亚细亚和叙利亚提倡城市生活。上次战争时，居齐库斯奋力抵抗，打破敌人最初的猛烈攻势，卢库卢斯使此城大拓其疆土。沿海的赫拉克莱亚曾力抗罗马人，恢复其领土和港口；科塔对这不幸城市的野蛮暴行遭到元老院极严厉的申斥。卢库卢斯真正深以为憾的，是他遭遇不幸，

西诺培和阿弥索斯受本都兵和他自己部下的蹂躏，他竟不能救；他至少尽力恢复两城，大大扩展其领土，再招人民来居住——一部分是旧居民，应他的召请，成群回到他们所爱的家乡，一部分是希腊籍的新移民——并且负责重修那些已毁的建筑。庞培做事也本着这种精神并且规模更大。平定海盗以后，他不守前任的例，未把两万多的俘虏钉在十字架上，却把他们一部分安置在西利西亚平原的荒城中，如马洛斯（Mallos）、阿大那（Adana）、埃皮发尼亚（Epiphaneia），尤其索洛（Soloi），此后索洛改名庞培波利斯（Pompeiupolis，即“庞培城”），把另一部分安置在阿喀亚的杜末（Dyme），甚至安置在塔兰托。这种用海盗来殖民的办法很受指责，①因为这有点像奖励犯罪；实则由政治和道德看来，这事却很正当，因在当时情形之下，海盗与贼匪不同，他当然可以按军法处置俘虏。

但庞培所特别注重的是，提倡罗马新省份的城市生活。我们已见本都帝国如何缺乏城市；甚至一百年后，卡帕多奇亚各地还大都没有城市，只有山寨供农民在战时避难之用；小亚细亚的整个东
部，除沿海稀疏的几处希腊殖民地外，当时必也如是。庞培在这几 152
省新创的城市连在西利西亚的居留地在内，据说为数达三十七处，其中几个达到很繁盛的地步。在本都故国，有最著名的尼科波利斯（Nikopolis，即“胜利城”），建在米特拉达特斯最后败阵的地点，

① 西塞罗的非难 *piratas immunes babemus, socios vectigales* 大概就指此事而言，特因为海盗殖民地可能受庞培的赐予，有免税权，各省属于罗马的民社则普通有纳税的义务。

这是常胜将军最华美的胜利纪念；又有梅伽洛波利斯(Megalopalis)因庞培的别号而得名，建在卡帕多奇亚与小亚美尼亚的交界处，即以后的塞巴斯提亚(Sebasteia，今名锡瓦斯[Siwas])；又有罗马人不幸战败的场所齐拉，原起于当地阿奈提斯(Anaitis)神庙的四周，昔属于大祭司，现在庞培使这地方得有城市的形式和特权；又有狄奥斯波利斯(Diospalis)，昔名伽比拉(Kabeira)，以后改为新恺撒利亚(Neokäsareia，即尼科萨[Niksar])，也是上次战事的一个战场；又有马格诺波利斯(Magnopalis)，又名庞培波利斯(Pompeiupolis)，在吕科河与伊里斯河合流处，原名攸帕托里亚(Eupatoria)，为米特拉达特斯所建，后因其叛归罗马，为他所毁，现在重建起来；又有昔名法兹蒙(Phazemon)的尼亚波利斯(Neapolis)，在阿马西亚(Amasia)河与哈里河之间。这种城市的建立大都不是移远方人民来拓殖，而是废除村落，使村民聚居于新城垣中；庞培把军中残废和年老的兵士安置在尼科波利斯，他们宁愿立刻在当地安家立业也不愿以后在意大利做这事。但在其他地方，也因这位摄政的指示，兴起了希腊文明的新中心。在帕夫拉戈尼亚，有第三个庞培波利斯，纪念666年即前88年米特拉达特斯大胜比提尼亚之地。卡帕多奇亚或为此次受战祸最烈的区域，这里有国王行宫马查迦(Mazaka，即以后的恺撒里亚，今开塞里[Kayseri])和另外七个地方都经庞培重建，得有城市规模。在西利西亚和柯勒叙利亚(Koilesyrien)，庞培建立的城市共计二十座。在犹太人所割让的区域，德迦波利斯(Dekapolis)的迦达拉(Gadara)，根据庞培的命令，由故墟再建起来，是为塞琉奇斯城(Seleukis)。亚洲大陆受庞培支配的官地必有大半供他那些新居留地之用；反之，庞培很少或绝不注意克里特岛，在那里，罗马的官地似乎仍旧相当广大。

庞培不但以创建新城邑为务，而且以整理和提高原有的民社 153
为务。他竭力排除流行的弊病和侵官越职，他草拟详赡的民社章程，慎行规定各种权限，给自治市一种细腻的整顿。一些最大的城市领受了新特权。得到自治的有奥隆特斯河上的安条克，这城是罗马最重要的亚洲城市，其地位不亚于埃及的亚历山大城和上古的巴格达，即帕提亚帝国的塞琉奇亚，又有安条克邻邑波斯的塞琉奇亚，它是为其奋勇抵抗梯格兰的报酬；又有加沙和一切由犹太人治下解放出来的城市，又有小亚细亚西部的迈底伦；又有黑海上的法那哥利亚。

这样，罗马国在亚洲的结构告成，这个结构包含封建君王和藩臣、教主以及一串全自由和半自由的城市，宛然使人想到日耳曼民族的神圣罗马帝国。无论就其所克服的困难或其所得的结果而论，这事不足为奇；罗马贵族界滥用大言赞卢库卢斯，单纯的民众也滥用大言夸庞培，一切大言也不能使之成为奇事。尤其庞培任人夸他并且自夸，以致他的糊涂在人们心目中几乎言过其实。迈底伦人认他为本城的救主和开创者，认他为全世界海陆战事的结束者，替他立一石像；对一个平定海盗和东方各国的人，这种恭维似乎不算太过。但罗马人这次却驾于希腊人以上。庞培的凯旋铭指出所征服的人民计一千二百万，所攻克的城市和堡垒计一千五百三十八座——似乎数量可以代替品质——，他的胜利范围据说自麦奥提斯克海(Mäotischen meer)至里海，自里海至红海，可是这三个海，他一个也没有目睹眼见；不但如此，就是他不明说，他至

少使大众以为合并叙利亚(这本不是个丰功伟绩)就等于把整个东
154 方远至大夏和印度都收入罗马帝国的版图——据他的叙述,他在东方所克土地的界限竟达到这样渺茫的远处。平民党的奴颜婢膝无时不与朝廷上的相颉颃,现在也欣然加入这种无味的夸张。693年即前61年9月28日和29日,即庞培“大帝”四十六岁的生辰,堂皇的凯旋队伍走过罗马街市,点缀品除各种珍宝不论外,还有米特拉达特斯的御冠以及亚洲三个最强大国王——米特拉达特斯、梯格兰和弗拉特斯——的子女;平民党仍以为未足,又以王者的尊荣报答这征服二十二个国王的将军,赠给他一顶金冠和终身任职的徽章。为尊敬他起见,他们造一种钱币,表现由三大洲带回国来的三根桂枝环拱着一个地球,上面挂着公民献给那非洲、西班牙和亚洲凯旋将军的金冠。一方面既有这种孩气的敬礼,无怪另一方面发出与之意见相反的论调。罗马贵族界有一种流行的话,以为平定东方的真功劳应属于卢库卢斯,又以为庞培往东方去,只为的是排挤卢库卢斯,把别人折下的桂枝编织起来,戴在他自己的额上。两句话都完全错误;奉派到亚洲代卢库卢斯的不是庞培而是格拉布里奥;卢库卢斯作战虽然骁勇,庞培接任元帅时罗马人确已失其早期的成绩,本都的土地确没有一尺在他们的掌握。首都居民的嘲笑较为中肯,他们不免用他所征服的大国之名,来称呼这位荡平全球的将军,有时称他为“战胜撒冷者”,有时称他为“埃米尔”(Emir,即 *Arabarches*),有时称他为罗马的散西科蓝。

不怀成见的批评家既不赞成那种夸诞,也不同意这种鄙薄。在平定和整顿亚洲上,卢库卢斯和庞培显然都不是英雄和创国者,而是有眼光有魄力的武将和省长。卢库卢斯为将军时,显出非凡

的才略和濒于鲁莽的自信力，庞培则显出军事的眼光和罕有的自 155
制力；任何将军有那样的兵力，处在那样完全自由的地位，没有像
庞培在东方那样做事谨慎的。最光荣的事业仿佛由四面八方自来
找他；他可以随便动身往辛梅里安人的博斯普鲁斯，或赴红海，他
有对帕提亚人宣战的机会；埃及造反的各省请他来废掉那未得罗
马人承认的托勒密王，实行亚历山大的遗嘱；但庞培既不到潘提卡
彭，也不往佩特拉，既不往克特斯枫，也不去亚历山大城；自始至
终，他只摘取自然落在他手的果实。同样，无论海陆，他一概用压
倒的优越兵力作战。如果这种节制，如庞培常说的，由于严守所受
的训令，甚或由于灼见罗马的武功须有止境，再拓疆域于国无益，
那么，这节制应受赞美，应受高于最饶才略的军人在历史上所受的
赞美；不过就庞培而论，无疑地，他的自制只是他那特别缺乏决断
和独创力的结果——当然在这种情形之下，他的短处远较他前任
与此相反的长处有益于国。诚然，卢库卢斯和庞培都有很大的错
误。卢库卢斯自食其果，他的战胜之功因他做事不慎而全部失去；
庞培对帕提亚人的政策失当，使后人承受其恶果。如果有胆量，他
可以对帕提亚人开战，否则他可以对他们保持和平，依约承认幼发
拉底河为疆界；他却过于胆小，不敢取前一办法，过于虚骄不肯取
后一办法，结果，克特斯枫的朝廷本愿亲善邻国并且在它那方面已
见实行，庞培却愚昧背信，以极无限制的侵略使善邻关系不能存
在，可是他许敌人自择决裂和报复的时机。卢库卢斯治理亚细亚
得有富逾王侯的财产；庞培组织亚细亚也由卡帕多奇亚王、殷富的
安条克城以及其他君主和民社受到大宗现款和更大宗的兑付券以
为报。但这种勒索几已成为常例捐税，在较重大的问题上，两位将 156

军显然不一味贪贿，只是遇有可能，使那与罗马同休戚的一方拿出钱来。就当时的状况看，两人虽有此事，他们的行政仍不失为比较可嘉，他们办事首先为罗马谋利益，而后为各省人民谋利益。

变保护国为属国，改善东方的边境，成立统一强固的政府，不但是受统治者的幸福，也是统治者的幸福。罗马所获财政上的利益难以数计；除特许免税的民社外，一切君主、祭司和城市均须向罗马纳产业税，这种新税使罗马的国家收入增加一半。亚洲当然受了大害。庞培归入国库的金钱实物共值两亿塞斯特，分给部下官兵的总计一万六千塔兰特；如果我们再加卢库卢斯带回国来的巨款，罗马军队非正式的需索，以及战争损失的数目，亚洲财源的枯竭可想而知。就其本身而论，罗马在亚洲的课税或不恶于以前君主的课税，但因自此以后税收流出境外，税款仅有小半再用在亚洲，于是课税成为重负；总之，无论在旧有省份和新设省份，课税的基本原则是有计划地剥削各省以利罗马。但这事的责任属于将军个人的较少，属于将军须顾虑的国内党派的却很多；卢库卢斯甚至力图阻遏罗马资本家的盘剥重利于亚洲，他所以遭到失败，这也是一个主要原因。两人如何真心诚意地想复兴所克各地的繁荣，可见于他们不受党派政策束缚时所做的事，特别见于他们对小亚细亚各城的注意。虽则几百年后，亚洲许多残破的村落使人不忘大战时期，西诺培却很可以用卢库卢斯重建此城之年为新纪元的元
157 年，本都国内地较大的城市差不多都可以感谢尊敬庞培为他们的开创者。卢库卢斯和庞培在罗马属下亚洲的组织工作，虽有不可否认的缺点，大致看来，却可谓合理可嘉；这组织虽难免有严重的弊病，然而因其与那久已痛感缺乏的内外和平同时俱来必为遭过

大难的亚洲人所欢迎。

和平大体存在于东方；庞培以其特有的畏怯仅暗示把幼发拉底河东一带地方并入罗马帝国的观念，后来罗马掌权的新三头政府奋然重提这个观念，但结果失败；不久以后，东方各省和其余地方同被卷入内战的旋涡。在这期间，西利西亚省长须与阿马纳斯(Amanas)的山间部落战无虚日，叙利亚省长须与沙漠的人群战无虚日，尤其在后者与贝都因人的战争中，覆没了罗马许多队伍；但这些行动，意义不过如此。更可注意的是坚韧的犹太民族对战胜者的顽强抵抗。奥卢斯·伽比尼乌斯为省长时(697—700 年即前 57—前 54 年)，废阿里斯托布洛斯王的儿子亚历山大和以后越狱逃出的阿里斯托布洛斯，激起三次对新统治者的叛变，罗马所立的大祭司赫卡努斯政府每次均软弱无能地向叛党屈服。他们以卵投石，并非因为受了政治思想的逼迫，而是因为东方人对这逆天悖理的统治权抱着不可制伏的厌恶；例如，埃及危急，叙利亚的戍兵撤退，最末也是最凶猛的叛变立即乘机而起，先以杀戮巴勒斯坦的罗马侨民为事。少数罗马人逃出此难，暂时托庇于伽里岑山(Garizim)，叛党把他们围困在那里，贤能的省长不无困难，始能救出他们，经过几次激烈的战争和持久的围攻，始能压服叛乱。因此，大
祭司的君主政体作废，犹太人的疆土一如往昔的马其顿，被分为五 158
个独立区，由贵族组织的主政团体管理行政；撒马利亚和其他为犹太人所铲平的地方也被重建起来以与耶路撒冷成均势；最后，犹太人被课的捐税重于叙利亚其他罗马属地的捐税。

我们还须看一看埃及国及其属地塞浦路斯，拉吉德王朝广大的征服地现在仅余这个美岛仍属埃及。当时东方的希腊国家只有

埃及至少在名义上仍是个独立国；正如往昔波斯人占据地中海东部时，埃及最后才被征服，现在由西方来的强大侵略者也长久迁延，不吞并这块肥饶特殊的国土。有如上述，其原因既不在恐怕埃及的抵抗，也不在缺乏相宜的时机。埃及差不多与叙利亚同样无力，并且在673年即前81年，按一切的法律形式已归罗马民社所有。国王的禁卫军管制亚历山大城的朝廷，任免大臣，有时废立国王，任意侵夺，如果国王不许他们加饷，他们便围困王宫，这种政治绝不为国内或可谓首都所喜，因为国内农奴不能算数；这里至少有一派人想望罗马人合并埃及，甚至设法促成这事。但埃及王愈不能想用武力抗罗马埃及的黄金，便愈力拒罗马的统一计划；并且因为埃及财政行一种特殊专制共产的集中制度，亚历山大城朝廷的收入甚至在庞培增加罗马公家进款以后，仍几乎等于罗马的国家收入。又加以寡头党的猜疑不肯许任何人征服或治理埃及。所以埃及和塞浦路斯的实际君主行贿于元老院的领袖，竟不但能苟延
159 他们将倾的王位，而且能使他们的王位再得保障，由元老院买得王号的核准。不过虽有此事，他们却还未达目的。正式的政治法须经罗马公民的议决；罗马公民的法令公布以前，托勒密昆仲仍须仰每一平民党领袖的鼻息，所以他们须对罗马的另一政党也发动一番贿赂战，这党既较为强大，索价也远较高昂。

两地的结果不同。696年即前58年，人民，就是说，平民党领袖，下令合并塞浦路斯，为什么现在做这事呢？官方借口的理由是塞浦路斯人支持海盗。马尔库斯·加图受反对党的托付执行法令，不带军队，来到此岛，但他无须军队。国王服毒自尽；居民不做抵抗，就随顺了难逃的命运，被归在西利西亚省长的治下。充盈的

府库所存近七千塔兰特，国王既贪且吝，舍不得用这笔款行贿以保其王冠，结果金钱与王冠一同落在罗马人手，很如意地充实了他们那空虚的帑藏。

另一方面，695年即前59年，其兄居埃及王位的，却能由罗马的新主人买得人民法令的承认；据说购价达六千塔兰特。固然，人民久已怨恨这位好笛师和坏君主，现在塞浦路斯确实失去，又因与罗马人交易，赋税加到极重虽堪的程度，人民穷极无奈（696年即前58年），因此逐他出国。于是国王仿佛因被逐出所购的产业，向卖主求援，卖主很讲道理，以为他们既是诚实的商人，义当替托勒密恢复国土；不过这武力占领埃及的重任以及可望由此得来的额外利益应属于谁，各党却不能有一致的见解。只到了三头政府在卢加会议上又臻巩固，托勒密见再缴一千塔兰特之后，此事才有办法；叙利亚省长奥卢斯·伽比尼乌斯现在奉到当权者的命令，要他立刻采取必要步骤，送王回国。同时，亚历山大城的公民给被逐国 160
王的长女贝伦尼琪（Berenike）加冕，使罗马属下亚洲一个教主阿恺劳斯做她的丈夫，阿恺劳原是科马那的大祭司，抱有大志，希望登拉吉德王朝的宝座，不惜以其安稳清高的位置为孤注。他企图博得罗马当国者的赞助，始终无效；但想到必须用武力保其新国以抗罗马人时，他却不畏缩。

伽比尼乌斯表面上没有对埃及作战的全权，却受当国者的命令做这事，借口传闻埃及人帮助海盗和阿恺劳与建舰队，毫不迟疑地向埃及边界进发（699年即前55年），以前许多攻埃及的军队都覆没于加沙与佩卢西翁（Pelusion）间的沙漠行军，这次沙漠行军顺利完成——这特别是敏捷灵巧的骑兵统领马尔库斯·安东尼

(Marcus Antonius)的功劳。边城佩卢西翁的犹太驻防兵以堡垒投降,毫无抵抗。在这城前面,罗马人遇到埃及人,击败他们——这次安东尼又有卓著功勋——进到尼罗河;罗马军到尼罗河,这是首次。在这里,埃及的舰队和陆军列阵做最后决战,但罗马人又复得胜,阿恺劳及其党羽多人都战死。此战以后,首城立刻投降,于是一切抵抗告终。这不幸的国土被交给正统的暴主;在佩卢西翁时,如果没有侠义的安东尼干涉,托勒密已想用绞刑和斩首来庆祝正统政府的恢复,现在这些刑法自由进行,无人拦阻,最先是无辜的女儿被她父亲送到绞架。国王不能支付那与罗马当权者约定的报酬,因为此地民穷财尽,他们虽尽取贫民的钱财,也绝对不能榨出所需的巨款;但罗马人注意于至少保持此国的安静,留本国步兵
161 以及凯尔特和日耳曼的骑兵戍守京城,以代替埃及的禁卫军,并且其他方面,罗马军也不是不能与他们媲美。这样,昔日罗马对埃及的霸主政治变为直接的军事占领;本地君主制名义上的继续,并不是此国的特权,而是一个双重的负荷。

第五章　庞培出外时期的党争 162

伽比尼乌斯法一旦通过，首都各党的地位顿改旧观。自平民党当选将军掌握兵权之日起，他的一党或算做他一党的，便在首都占了优势。固然贵族阶级仍紧相团结，由人民大会产生的执政官无一不是，如平民党所说，从襁褓中即已定为执政官的人；就是当权者也不能控制选举，也不能在选举上打破故家旧族的势力。但不幸，贵族才做到几乎把“新人物”完全排出执政官地位的时候，非常的军权又成为新起的明星，弄得执政官职黯然无色。对于此事，贵族虽不直接承认却心有所感；他们自以为必亡，无法挽救。只有昆图斯·卡图卢斯坚贞可敬，牢守他那绝不愉快的地位，做失势党的斗士，至死方休(694年即前60年)，除他以外，在最高级贵族之中，我们举不出一个有勇有恒的维护本阶级利益的贵族。他们最有才略和声望的人物，例如昆图斯·梅特路斯·皮乌斯和卢奇乌斯·卢库卢斯，实际都已退位，只要能做得不失什么礼节，他们都退隐于别墅，以便在庭园和藏书室，在养鸟室和养鱼池中间，忘记罗马广场和元老院会堂。贵族中的后辈当然更是如此，他们不是完全沉溺于奢华和文学，便是趋炎附势。

少年人中只有一个例外，这就是马尔库斯·波尔奇马斯·加图(Marcus Porcius Cato，生于659年即前95年)。他有极佳的志向，罕见的热心，然而在那政治上丑态百出的时代，他仍不失为一个最离奇最可悲的现象。他为人正直有恒，居心和行事一律真挚，一心眷恋祖国及其世传的政体，但头脑迟钝，在嗜好和道德方面均乏热情，总之，他可以做个不坏的财务官。但不幸他早年误受口头
163 禅的影响，他的主义一部分是斯多葛派的成语，这种成语已变为光秃秃的抽象观念，已割裂得无从索解，却流行于当时的上流社会；又一部分是他曾祖的榜样，他认为自己须专务仿效曾祖；于是他始以模范公民和道德宝鉴的神情游行万恶的首都，依老加图的例诟骂当世，行路徒步当车，借贷不取利息，当兵不要奖章，仿罗慕洛王的例不穿汗衫，以作恢复古代的初步。这真是他祖宗的奇怪讽刺画：他祖宗原是个斑白的农夫，为怨恨愤怒所激成为演说家；他祖宗既善于挥刀作战，又善于扶犁耕田；他祖宗以其褊狭可是独具的健全常识，说话普通切中肯綮；这位少不更事的腐儒却口吐学究的名言，处处有人见他手不释卷地坐着，这位哲人既不懂战术又不知任何别的技术，在抽象道德上想入非非。然而他在道德上达到重要的地位，因此在政治上也达到重要的地位。在一个卑鄙怯懦已极的时代，他的勇气和消极道德很能感动群众，他甚至造成学派竟有人——当然在以后——又模仿和戏拟这个哲人的活样范。他的政治势力，也基于这种原因。因为在保守党的名人中，只有他即使无才无智却至少有正气和胆量，只有他永远不顾有其必要与否，甘愿以己身为孤注，所以虽则他在年龄、爵位和心智上都还不够资格，他却不久就成为贵族党公认的首领。在一个刚毅人的坚持能决定成败之处，他诚然有时达到成功，并且关于详细节目问题，尤其关于理财性质的问题，他的干涉常属切当，因为每次元老院开

会，他必出席；他做财务官时开了一个新纪元，他生存一日，便一日详细稽核公家的预算，他当然常因此与包税商发生争斗。除此以外，他简直丝毫没有政治家的本领。他甚至不能领会政治的目的，不能观察政治的关系；他的全副战术不过是反对每一违背，或者他以为违背贵族阶级世传的道德政治教条的人，这样，他所做的有时 164
对本党有利，有时对敌党有利。他是贵族阶级的堂·吉诃德先生，由他的性格和行为可见，当时诚然有个贵族党，但此党的政策却不过是水中镜花而已。

对这种贵族党作战，不足为荣。然而平民党对已败的敌人当然不停攻击。像随营的贩夫猛冲陷落营垒一样，平民党的一伙人攻打已溃的贵族，这种鼓煽至少在政治的浮面上激起一番汹涌的波涛。群众更情愿参加此事，因为盖乌斯·恺撒为保持群众的欢心起见，举行奢侈壮丽的赛会（689 年即前 65 年）——一切装备甚至野兽笼似乎都是重银的——又在一般情形之下也慷慨好施，他的施舍既专赖借债更显得丰盛优渥。攻击贵族的事种类极多。贵族政治的弊病供给了丰富资料；自由主义的或带自由主义色彩的官吏和讼师如盖乌斯·科尔涅利乌斯（Gaius Cornelius）、奥卢斯·伽比尼乌斯、马尔库斯·西塞罗等，都不断把贵族主政那最可恶可耻的方面，有条有理地揭露出来，并且提出加以制止的法律。元老院奉命在规定日期接见外国使者，这样一来延缓接见的常例便作废。向驻罗马的外国使者借款，被宣告为不可起诉，因为只有用这种办法始能严禁元老院习以为常的贪污（687 年即前 67 年）。元老院使几种案件免受法律裁判的权利，现在遭到限制（687 即前 67 年）；又有一种弊端，即每一在外省有私事料理的罗马贵族，常使人赋予派往该地的罗马使者资格，也遭到限制（691 年即前 63 年）。对于购买选票和选举舞弊，人们加重治罪（687 年即前 67 年、691 年即前 63 年），尤其后者以极为可恼的方式愈来愈多，因
165 为有些人被逐出元老院以后，企图再次当选回院。按罗马的习惯，副执政官在就职时宣布标准法，以后他办理司法便非遵照标准不可，这是一向认为不言而喻的，现在才明定为法律（687 年即前 67 年）。

但平民党尤其致力的是完成平民党的复古，以适合当时的形式，实现格拉古时代的主要思想。人民大会选祭司一事为格涅乌斯·多米提乌斯所创行，后为苏拉所废止，到了 691 年即前 63 年又为保民官提图斯·拉比努斯（Titus Labienus）的法律所恢复。他们乐于指出，现状距完全恢复森普罗尼乌斯粮食法如何还差得多，同时却默然不谈时移世易，国家财政拮据，享全部特权的罗马公民为数大增，因而复古绝对不行。在波河与阿尔卑斯山之间的区域，他们热烈扶植一种与意大利人争政治平等的运动。686 年即前 68 年盖乌斯·恺撒已为此事游历此区各地，到了 689 年即前 65 年，马尔库斯·克拉苏为监察官，准备把这里的居民直接登记在公民册上，只因他的同僚作梗，其事不果；继任的监察官似乎常有这种企图。昔日格拉古和弗拉库斯既为拉丁人的靠山，所以现在平民党的领袖也自充波河以外人民的保护主，盖乌斯·皮索（687 年即前 67 年执政官）竟敢侵犯恺撒和克拉苏这些属下之一，不得不痛悔其非。另一方面，这些领袖似乎不欲拥护新自由人的政治平等；保民官盖乌斯·马尼利乌斯在一个来者寥寥的大会上通过复兴苏尔庇克乌斯关于新自由人选举权的法律（687 年即前

67年12月31日），即刻为平民党的首领所否认，经他们同意，元老院就在这法律通过的那天把它取消。依同一精神，人民法令于689年即前65年把一切既无罗马公民权又无拉丁公民权的外国人都逐出首都。显然，格拉古政策的内在矛盾——既许被排斥者力求加入特权阶级，又许特权阶级力守其特权——已传到他们的继承人恺撒及其同党，一方面使波河外的人有取得公民权的希望， 166
另一方面却赞成新自由人仍无公民权，又赞成那种野蛮的办法，即不许希腊人和东方人以其勤勉和商业技巧与意大利人竞争于意大利。

深为注意的是平民党对待人民大会旧刑事裁判权的方式。苏拉并未真正取消这种裁判权，但惩治叛逆和凶杀的陪审法庭实际已代其位；旧程序在苏拉以前久已全不适用，任何有理性的人绝不会想到认真把它恢复。但因人民至尊这个观念似乎要求他们至少在原则上承认公民的刑事裁判权，所以在691年即前63年，保民官提图斯·拉比努斯把三十八年前杀死或据说杀死保民官卢奇乌斯·萨图宁的老人告到这个高等刑事法庭，如果年史所载是实，图卢斯(Tullus)就用这个法庭判那杀姊妹者霍拉提乌斯(Horatius)为无罪。被告是一个名叫盖乌斯·拉比里乌斯(Gaius Rabirius)的，这人即使未曾杀死萨图宁，至少曾在贵族的筵席上夸示他那砍下的头；并且这人在阿菩利亚地主中，素以掳掠人口和屡犯血案著名。至于这事的目的——即使不是原告的目的，至少是站在他背后那些聪明人的目的——绝不是使这个恶棍死于十字架，所以先是元老院根本变更弹劾的方式，而后反对党借某种托辞解散那召来为罪人宣判的人民大会，以致整个讼案作废，平民党也非不愿如此。可是经过这个程序，罗马自由的两种护符，一个是公民的上诉权，一个是保民官的不可侵犯又复固定为实际的权利，平民政治的法律基础又复取得承认。

在一切个人问题上，平民反动派，只要在他们能做和敢做之
167 处，有更为热烈的表现。固然，为谨慎起见，他们不力行把苏拉没收的产业归还原主，以免与友党起争执，同时也免得与实利派陷于冲突，因为起于党见的政策罕能与实利派相抗衡；流亡人的召回与财产问题关系过于密切，也似乎同样不宜。反之，他们大大努力，归还被罪者的儿女被夺去的政权(691 年即前 63 年)，元老派的首领不断受到个人的攻击。如是，688 年即前 66 年，盖乌斯·莫米乌斯(Gaius Memmius)对马尔库斯·卢库卢斯提出一个有党见的诉讼。如是，他们使他那声望较高的哥哥在首都门前等候很应得的凯旋礼，一候三年(688—691 年即前 66—前 63 年)。同样，昆图斯·列克斯和平定克里特的昆图斯·梅特路斯也遭到侮辱。更惊人的是 691 年即前 63 年，平民党的少年领袖盖乌斯·恺撒不但敢与贵族最有名的人——昆图斯·卡图卢斯和平定伊绍拉的普布利乌斯·塞尔维利乌斯——竞选大祭司长职，而且在公民大会上竟获胜利。据说苏拉曾侵吞公款，他的后嗣，尤其是他的儿子福斯图斯(Faustus)日日有被控追还公款之虞。他们甚至扬言要根据瓦列里乌斯法重提 664 年即前 90 年搁起的平民控案。我们可以想见，受最重的法律追究的，是那些参加执行苏拉法令的人。财务官马尔库斯·加图既以其不切实际的正直自开其端，认为他们所受的杀人奖赏是非法由国家窃去的产业，要求他们退还(689 年即前 65 年)，无怪次年(690 年即前 64 年)盖乌斯·恺撒为惩凶的长官

时，径认苏拉法令的一条——即杀一个被摈法外的人不足为罪——为无效，使人把苏拉最有名的刽子手卢奇乌斯·卡奇利那、卢奇乌斯·贝连努斯(Lucius Bellienus)、卢奇乌斯·卢斯奇乌斯(Lucius Luscius)传到他手下陪审员面前，判定他们一部分的罪。

最后，他们如今不忘当众再提平民党那些英雄烈士久被摒斥的名字，尊重他们的纪念。由于他们对杀他的人起诉，萨图宁如何恢复名誉，已见上文。但昔日人一提起盖乌斯·马略的名字，一切 168
人都心惊肉跳，现在这名字的声音却与前不同；那从北方蛮族手里救出意大利来的恩人，恰好就是平民党现在领袖的姑父。686年即前68年，盖乌斯·恺撒不顾禁令，竟敢在马略寡妻丧葬之日，当众展览这位英雄的尊容于罗马广场，群众欢声雷动。但三年以后(689年即前65年)，一天早晨，马略所使人建在卡皮托尔而苏拉所命人推倒的纪胜碑突然又在原处闪出黄金云石的光辉，于是非洲和辛布里两役的老兵眼泪汪汪，簇拥着他们爱戴的主帅的石像，这纪胜碑也是同一大胆人违法重建的，当着欢乐的群众，元老院不敢把它夺去。

但这些举动和争执虽则声势汹汹，从政治上看来，却占很次要的地位。寡头党败了，平民党已得到政权。各级的小人赶快来再给这倒下的敌人一顿脚踢，平民党也有他们的法律基础和主义崇拜，他们的空论家非到平民的全副权利件件恢复时不肯甘休，因此不免如正统派所常有的，有时惹人耻笑；这一切不但都在意料之中，而且无关重要。通盘看来，这运动并无目的；我们由此可见，发起运动的人因寻不出他们活动的目的而不知所措，因为这运动差不多全视大体已定或次要的事为转移。

这是不能不如此的。在对贵族的斗争中,平民党已是战胜者;但他们并非独自战胜,他们前途仍有一番熬炼试验——这不是与旧敌结算而是与太强大的盟友结算,在对贵族的斗争中,他们的胜利大体都是这位盟友所赐,现在他们又因为不敢拒绝他,把空前的军事和政治之权寄在他手。这位在东方和海上的将军仍从事于废
169 立君主;他做这事要用多少时间,他何时可以宣布战事完结,除他自己以外,无人能知;因为有如一切其他的事,他回意大利的时候,就是说,决定胜负的日子,操在他自己的手里。同时,罗马的各党都在坐候。当然,贵人党在期待这可畏将军的到来时,心中较为平静;他们见到庞培就要与平民党破裂,一旦破裂,他们只能得利而不能受损。以之,平民党却一面等候,一面痛感忧惧,想乘庞培未归,他们仍有余暇的期间,埋设一个反地雷,以防将起的爆炸。

在这事上,他们又与克拉苏意见一致,要抵制他所妒恨的敌人,克拉苏别无办法,只有再与平民党联合,并且联合得比以前尤为密切。第一次联合中,恺撒和克拉苏都是较弱的,彼此已特别接近;罗马最富的人与欠债最多的人结成极密切的联络,现在共同利益和共同危险更加紧他们的团结。在大庭广众中,平民党称在外将军为其党的领袖和光荣,似乎把一切箭都向贵族射去,可是暗中却做反庞培的准备。在历史上,平民党这些避免临头军事独裁的尝试,比那大部只用做掩蔽的反贵族的叫嚣煽动,重要远甚。固然,这些事进行在黑暗之中,我们的文献又只许几条散光射到暗处;因为不但当时有其隐瞒此事的理由,下一时代亦复如此。但一般看来,这些努力的过程和目的却十分明白。要有效地摧毁这个军事力量,非用另一军事力量不可。平民党的计划是按马略和秦

纳的前例，先取政权为己有，而后委他们的一个领袖平定埃及，或做西班牙省长，或做某一与此相类的常任官或特任官，这样便可以拿他和他的军队与庞培及其部下相抗衡。要做此事，他们需要一次革命，一次首先对徒有其名的政府而实际却是对当选君主庞培的革命，[①]要造成这个革命，自伽比尼乌斯一马尼利乌斯法通过起 170
至庞培归国止(688—692 年即前 66—前 62 年)，罗马无日没有阴谋。首都在忧疑悬望之中，资本家的沮丧心情，付款的停止，屡见不鲜的破产，这都预示酝酿中的革命将至，同时这个革命仿佛也要在政党中造成一个全新的局势。平民党的策略越过元老院而以庞培为目标，暗示这位将军可与元老院相接近。再者，平民党既想以其所喜人物的独裁抵制庞培的独裁，严格说来，他们也承认了军事政治，实则他们是用别西卜(Beelzebub)驱逐魔鬼；在他们手里，主义问题成为人的问题。

所以按平民党领袖所拟的计划，革命的第一步就是先由平民党的同谋在罗马激起暴动，以推翻现存的政府。首都最下等和最上等社会的道德状况使这事有可叹太多的资料。首都的自由无产阶级和奴隶无产阶级性质如何，我们不必重述。一句饶有意义的话“只有穷人能代表穷人”已可得而闻，于是一种观念兴起，以为穷苦大众可以仿效寡头党，自成一个独立的势力，不但不许人加以凌

---

① 任何人只要统观本期全部的政治状况，必无须借助于特别证据，便晓得 688 年即前 66 年及其后的平民党阴谋，其终极目的不在倾覆元老院，而在推翻庞培。然而这种证据也不缺乏。萨卢斯特说，伽比尼乌斯一马尼利乌斯法使平民党受致命伤；688—689 年即前 66—前 65 年——九年的阴谋和塞尔维利乌斯的建议都特以庞培为目标，也有同样的证明。此外，单看克拉苏对阴谋派的态度，我们便可充分见到这是对付庞培的。

虐，而且他们也可以自做暴主。首都的时髦生活，不但使人倾家荡产，而且败坏人的体力和心力。那盛行香发卷以及时髦髭须和花袖口的高雅社会，其中虽有舞蹈弹琴和早晚饮酒的欢乐，可是道德
171 和经济的破产，好歹遮掩着的绝望，疯狂或毒恶的决心也就藏在这里，成一个骇人的深渊。以上各界的人士公然切盼再来一个秦纳时代及其褫夺人权，没收财产和消灭欠账；有很多人，包括不少的门第不低和才略出众的人物在内，都等待信号一发，便要像一伙强盗似的攻击文明社会，抢回他们挥霍掉的财产。人只要能聚在一处，便不乏领袖；这里不久也找到堪做盗魁的人。

前副执政官喀提林和财务官格涅乌斯·皮索所以在侪辈中特著声望，不独因其系出贵族和身为高官。他们已全无退后的余地，他们的荒淫和他们的才干一概博得同党的敬仰。尤其喀提林是这万恶时代的恶人。他的恶行属于罪犯录不属于历史；但他的外貌——苍白的面色、凶狠的眼光、忽缓忽急的步履——露出他已往的罪孽。他饶有这种匪首所需的性质——享一切乐和吃一切苦的本领、勇敢、军事才能、知人、罪犯的魄力，以及能使弱者堕落，教堕落者犯法的可骇教授法。

有金钱和政治势力的人要把这种分子组成一个推翻现政府的乱党，自不能是件难事。任何可望有褫夺人权和取消欠账的计划，喀提林、皮索及其党羽无不欣然赞成；再者，喀提林特别仇视贵族阶级，因为贵族阶级曾反对这声名狼藉的危险人物候选执政官。昔日他既曾做苏拉的刽子手，率领一队凯尔特人搜捕被摈法外的人，把他自己的老岳父和另外许多人亲手杀死，现在他也欣然同意替反苏拉党做同类的事。一个秘密会党组成了。入会的人据说为

数在四百以上；意大利各部和各城邦均有分会；除此以外，当然的 172
一个暴动既以切合时宜的政纲——“消灭债务”为标榜，一旦发作，各级浪荡青年必有许多人不待召请，成群归附。

据说在688年即前66年12月，会党领袖以为得到起事的良机。当选689年即前65年两执政官的普布利乌斯·科尔涅利乌斯·苏拉（Publius Cornelius Sulla）和普布利乌斯·奥特洛尼乌斯·帕伊图斯（Publius Autronius Paetus）晚近均经法庭证实有贿选之罪，所以依照法规均丧失其居最高位的希望。于是两人都加入会党。谋乱者决定以武力替两人取执政官职，这样一来，他们便可自取国家的最高权。在新执政官应当就职的那天——689年即前65年1月1日——他们要用武装徒众攻打元老院会堂，杀死新执政官和其他指定的人，先取消那排斥苏拉和帕伊图斯的法院判词，而后宣布两人为执政官。然后克拉苏任独裁，恺撒任骑兵统帅，无疑地，他们必想乘着庞培远离首都而有事于高加索时，建立一支可观的武力。将领和士兵都已雇来，受了指示；在指定的那天，恺撒一得到克拉苏的暗示，便须对喀提林发信号，喀提林就在元老院会堂附近等候这约好的信号。但他枉自等候；克拉苏没有到这有决定作用的元老院会议，因而所筹划的暴动这次归于失败。后来他们又商妥一个相似而更大的杀人计划，要在2月5日实行。但这计划又成泡影，因为喀提林发令太早，预约的匪党还未到齐。于是秘密泄露了。政府固然不敢公开进攻乱党，但他们给那要受直接危害的执政官一队卫兵，并且用政府雇来的队伍抵挡阴谋派的队伍。为遣去皮索起见，他们建议派他做近西班牙带副执政官职权的财务官；克拉苏赞成，他的希望是为叛党取得这重要省份的物力。更进一步的建议却为保民官所阻。

173 以上是载籍的言语,载籍所述的显然是流行于政府党中的说法,其详情的可信与否既无法查考,便须永成悬案。至关于主要情节——恺撒和克拉苏的参加——,政敌的陈述诚然不能当作充分证据。但他们在这时期的显著举动却明明与这报告所归于他们的秘密行动恰好相合。克拉苏是本年的监察官,欲以监察官名义把波河外的人登记在公民录,这简直已是个革命举动。更可注意的是,克拉苏这次也想把埃及和塞浦路斯登记在罗马领域录,[①]约在同时(689年即前65年或690年即前64年),恺撒也使几位保民官向公民大会提议派他到埃及去,以便拥那被亚历山大人逐出的托勒密王复位。这些阴谋诡计殆与他们敌人所提出的罪状相吻合。确实情形如何,这里无法考察;但很可能的是,克拉苏和恺撒定计要在庞培出外时自取军事独裁一职;埃及被选为平民党军事力量的基地;总之,689年即前65年的暴动计划就为的是实现这种目的;如是,喀提林和皮索是克拉苏和恺撒手中的工具。

一时之间,阴谋归于停顿。选举690年即前64年执政官时,174 克拉苏和恺撒都没有再谋取执政官职位;其一部分的原因或许在平民党领袖的昆仲卢奇乌斯·恺撒(Lucius Caesar)——一个常受

---

① 西塞罗的《亚历山大王》(*de rege Alexandrino*)曾被人误指为698年即56年所作,其实应属于此年(689年即前65年)。据其残编所明示,克拉苏主张埃及已因亚历山大王的遗嘱而成为罗马所有,西塞罗驳斥此说。这个法律问题必已在689年即前65年,经人讨论,但到了698年即前56年,因695年即前59年的尤利乌斯法成立,这问题便无足轻重。更有进者,698年即前56年,所讨论的不是关于埃及应属于谁的问题,而是国王为革命党所逐,如何送他复位的问题,并且在这次我们所洞悉的商谈中,克拉苏并未参加。最后,在卢卡会议以后,西塞罗绝不能认真反对三头之一。

亲属利用为工具的软弱人——这次为执政官候选人。但由亚洲来的消息催他们赶快行事。小亚细亚和亚美尼亚的事务已完全整理就绪。平民党的战略家指出米特拉达特斯战争要做到捉住国王才算完结，所以必要的是绕黑海去穷追，但最重要的是莫入叙利亚；但无论他们说得如何清楚，庞培却不理这类的话，到690年即前64年春季，他由亚美尼亚出发，进兵叙利亚。如果埃及真被选作平民党的大本营，现在时不可失，否则庞培不难比恺撒先到埃及。松懈怯懦的禁令未能解散688年即前66年的阴谋派，将到691年即前63年执政官的选举时，他们又复活动起来。人物或许大致仍旧，计划也变更甚少。运动的领袖又隐身幕后。这次他们推喀提林和盖乌斯·安东尼候选执政官，安东尼是演说家安东尼的少子，那败在克里特岛而获恶名的将军安东尼的昆仲。他们信任喀提林；安东尼原与喀提林同为苏拉党，几年前也同因此事被平民党传讯和被逐出元老院，并且他是个懒惰而无足轻重的人，绝不适于做领袖，完全破产的他却贪执政官职和属于此职的利益，情愿献身做平民党的工具。阴谋派的领袖想借着这两个执政官来夺政权，逮捕留在首都的庞培子女为质，在意大利和各省整军经武以抗庞培。一听得首都起事，省长格涅乌斯·皮索便须在近西班牙举起叛旗，阴谋派不能由海路与他联络，因为庞培控制海上。要做这事，他们所依赖的是平民党旧属下波河外的人——当时这种人中间有激烈骚动，他们当然即刻就要得到公民权——，此外还有凯尔特各部落。[①] 175

① *Ambrani* 大概不是与辛布里人并称的安布隆人（Ambronen），而是 *Arverni* 一词之讹。

这种联合的线索一直达到毛里塔尼亚。阴谋派有一个努凯里亚的罗马批发商人普布利乌斯·西提乌斯(Publius Sittius),他因财务纠纷被迫离开意大利,在毛里塔尼亚和西班牙纠集了一群武装亡命徒,以佣兵首领身份率领他们,往来于旧日与他有商业关系的西非洲。

平民党夺其全力来做选举战。克拉苏和恺撒赌他们的金钱——自己的或借来的——和联络来替喀提林和安东尼求执政官职;喀提林的同伴也尽心竭力拥他当政,他允许给予敌党的官职僧位、宫室田产,尤其免去他们的债务,他们也晓得他必不守然诺。贵族十分为难,主要原因是他们连作为抵制的候选人也提不出。这种候选人有砍头的危险是显然的;公民喜居危险地位的时代已成过去——现在就是野心家遇到可畏的事也不敢做声。所以贵族仅止于做个微弱的尝试,以宣布禁贿选的新法来制止竞选的阴谋;但这种法律被一位保民官否决作废;他们又把自己的选票投给一个虽不为他们所喜却至少于他们无害的候选人。这人便是马尔库斯·西塞罗——一个有名的骑墙政客,[①]他的惯技是有时向平民党,有时向庞培,又有时由稍远处向贵族党眉目传情,并且一切有势力的被控人,不问其为谁或属于何党——甚至喀提林也算在他的委托人之列——他都惯于替他们做辩护;他本不属于任何党派,或可谓——差不多相同——属于实利派,此派在法庭里占优势,喜

① 这话说得爽直,无过于诈称他兄弟所作的纪念碑文,他的兄弟本人必不能公开发表那样坦白的话。要寻这事的确证,无成见的人可以不无兴趣地阅读反鲁卢斯的第二篇演说“平民党的首任执政官”,在演说中以悦人的方式哄骗亲爱的公众,向他们说明“真平民政治”。

欢这位善辩的律师和谦恭而善诙谐的伴侣。在首都和外县城市， 176
他都有联络，足与平民党所提的候选人争胜；因为贵族虽不愿选他而竟选他，庞培派也选他，他以大多数的票当选。平民党的两候选人所得票数几乎相等，但安东尼的家族声誉高于另一候选人，所以他多得几票。这偶然之事使喀提林不能当选，使罗马免于又一个秦纳的祸害。不久以前，皮索已在西班牙为其本地护兵所杀，据说是他那政敌和私仇庞培唆使的。① 只有执政官安东尼一人，阴谋派不能有为；两执政官还未就职，西塞罗即已断绝其与阴谋派所结的疏远关系，同时他放弃用抽签决定执政省份的法定权利，把马其顿省长的肥缺让给这债台高筑的同僚。所以这计划的主要预备条件也告失败。

同时，东方局势的发展，使平民党感到日甚一日的威胁。叙利亚的整顿进行迅速，埃及已有人请庞培率兵前来，替罗马占领该地；平民党必恐怕再听得庞培自据尼罗河流域的消息。大概正因为这种恐惧，所以恺撒想即刻使人民派他到埃及去以助国王抗叛臣；这事不成，似由于贵贱人等都不愿做任何不利于庞培的事。庞培的回国和因而可能发生的变故愈来愈近，弓弦虽已屡次折断，却有再行拉弓的必要。罗马城在阴沉骚动之中，政治运动领袖的常常集会表示又有某事正在酝酿。

酝酿的是什么，到新保民官就职时（690 年即前 64 年 12 月 10 日）便明白了；一位保民官普布利乌斯·塞尔维利乌斯·鲁卢斯

① 他的墓志铭至今仍存，其文如下 *Cn. Calpurnius Cn. Piso quaester pro pr. ex s. c. provinciam Hispaniam citeriorem oplinuit*。

(Publius Servilius Rullus)立刻提出一种土地法,意在替平民党领袖取得一个类似庞培由伽比尼乌斯—马尼利乌斯法案得来的地
177 位。表面上的目的是在意大利设立殖民地。然而供这种用途的土地却不由夺取私产而来;反之,一切现存的私人权利都得有保证,甚至最近非法占用的土地也都变为完全的产业。只有坎帕尼亚的出租公地要分割出来,供殖民之用;在其余各处,政府须按寻常收购的方式取得要分配的土地。为筹措此事所需的款项起见,其他在意大利,尤其在意大利境外的公地应陆续拿来变卖;所谓意大利境外的公地包括马其顿、科松色雷斯、比提尼亚、本都、昔兰尼加的旧王家食邑,也包括按战争法得有完全产权的西班牙、非洲、西西里、希腊和西利西亚各城市的领土。国家自666年即前88年以来所得的动产和不动产,是凡以前未曾处置的,也要一律变卖;这条所指的以埃及和昔兰尼加为主。为达到同一目的,除享有拉丁权的城市和其他自由市外,一切藩属民社都要负担很高额的捐税和什一税。最后,供这项购置之用的又有自692年即前62年算起各省新税的收入,和一切尚未依法运用的战利品的收益;这种规程适用于庞培在东方新开的税源以及庞培和苏拉后嗣手中可有的公款。为执行这种法令,应选出自有其裁判权和兵权的十人院,十人应在职五年,并且应有骑士阶级的助理官二百名在其左右;但选举十人时,只有亲自报到的候选人可以当选,并且与选举祭司同,先由三十五部中抽签决定十七部,只有这十七部可以从事选举。人们不必大有聪明,便可灼见他们在这十人院制度上想要仿庞培政权的榜样另造一个政权,不过这政权的军事色彩较淡而民主色彩较浓罢了。他们特需要裁判权以便解决埃及问题,特需要兵权以

便整军抗庞培；禁选缺席者一条把庞培排斥出去；减少有权投票的 178
部数，操纵各部的投票，目的都在使平民党便于以其意见控制选举。

但这种企图全未达到目的。群众觉得使人把他们的粮食在罗马廊阴下由公仓里量给他们，比自己辛苦耕植要舒适些，已用完全冷淡的态度听取这个建议的本身。不久，他们也觉得，庞培绝不容这在各方面都对他有害的议案，又觉得一个政党在痛感恐慌时竟低首下心，做这样太过的提案，境况必不见佳，在此等情形之下，政府不难打消这种提案。新执政官西塞罗利用机会，在这里卖弄他那顺水推舟的本领；一位保民官准备否决，还未施行否决，发起人已把建议撤回(691 年即前 63 年1 月 1 日)。平民党所得的只是一个不快意的教训，即人民大众或因爱慕，或因畏惧，仍附庞培，任何提议若被公众看出是反对庞培的，必至失败。

厌倦了这一切无效的鼓动和毫无结果的营谋，喀提林决计把这事做到一个定局，弄出一个最后的结束。在夏间，他筹划着发动内战。破落户和谋反的人麇集于埃特鲁里亚，这里有一座很坚固的城费苏里，是十五年前雷必达起事的中心，这次又被选作叛党的大本营。汇款寄到此处，由首都那些与阴谋有干系的贵妇人供给款项；武器和兵士也聚集在这里，苏拉部下一个老将叫作盖乌斯·曼利乌斯(Gaius Manlius)的，其骁勇和肆无忌惮无异佣兵，也在这里暂做元帅。在意大利别的地点，也有相同但规模较小的军事准备。波河外的人非常兴奋，似乎只等信号一发便要动手。在布鲁
提区，在意大利东岸，在卡普亚，在任何有大群奴隶聚集的地方，第 179
二次奴隶叛乱，与斯巴达克那次相仿的，似乎就要起来。甚至在首

都,也有所酝酿;人们看见被传讯的债务人以傲慢态度来在市政官面前,不能不忆起阿塞琉被杀以前的景象。资本家焦急得不可名状;似乎有厉行禁止金银出口和警备主要港埠的必要。喀提林又报名应选 692 年即前 62 年的执政官,阴谋派的计划是在选举时径行杀害主持选举的执政官和讨厌的竞选人,以任何牺牲使喀提林当选,遇必要时,甚至调费苏里和其他集合地点的队伍来攻首都,用武力打破抵抗,也在所不惜。

西塞罗借着他的男女侦探之力,总是很快地备悉阴谋派的行动,在择定的选举日(10 月 20 日),元老院开大会时,当着阴谋派主要领袖的面,他痛斥阴谋派。喀提林不屑于加以否认;他傲然答道,如果执政官人选落在他身上,这没有头领的大党当然不再缺一个领袖,来抵敌那在恶劣头领指导之下的小党。但因他们未亲见阴谋的具体证据,胆小的元老院没有别的可施,只有照例预先许可官吏因事制宜,采取非常措置(10 月 21 日)。如是,选举战来到近处——这次与其说是选举,不如说是战争;因为西塞罗也自用少年人,尤其商人阶级的少年编成一个武装卫队;元老院把选期延到 10 月 28 日,那天保护和控制大校场的就是他的武装队。阴谋派既不能杀死主持选举的执政官,也不能依他们的意思决定人选。

但同时内战起来了。10 月 27 日,盖乌斯·曼利乌斯在费苏里竖起召集叛军的鹰徽——这是辛布里亚战争中马略的鹰徽之
180 一——,他已号召山中盗匪和乡民来归附他。他的宣言,按平民党的旧习惯,要求解除那压杀人的债务负担,减轻债务诉讼的手续,当然,如果债额真多于财产,这种手续仍在法律上使欠债人失去自由。首都的流氓似乎自命为昔日平民农夫的合法继承人,自以为

在辛布里战争的光荣鹰徽之下作战，仿佛他们不但想污辱罗马的现在，而且想污辱罗马的以往。然而这个暴动始终是孤单的；在其他集合地，反谋不外搜集武器和举行秘密会议，因为处处缺乏果断的领袖。这是政府的幸运；因为虽则将临的内战久已公开宣布，但政府犹豫不决，陈腐的行政机构运转不灵，所以不能做任何军事准备。到了现在，政府始征集民兵，命高级军官往意大利各处，以便每人扑灭他防区内的叛乱；同时决斗戏班的奴隶被逐出首都，巡逻队奉命巡哨。

喀提林处在困难地位。按他的计划，首都和埃特鲁西亚应在选举执政官之日同时起事；首都的运动归于失败，埃特鲁里亚的运动却发作了，这不但危及他个人，也危及他那事业的全部成功。现在他的同党既已在费苏里起兵叛政府，他不能再留居首都；可是一切都系于现在使首都阴谋派至少赶快动手，而且这事须发生在他离罗马以前——因为他深知他那些帮手的为人，不敢在这事上信赖他们。阴谋派较有位望的，有683年即前71年执政官普布利乌斯·伦图卢斯·苏拉，他以后被逐出元老院，现在为回元老院起见，重做副执政官，还有两个前任副执政官，一个是普布利乌斯·奥特洛尼乌斯(Publius Autronius)，一个是卢奇乌斯·卡西乌斯(Lucius Cassius)，三人都是无能之辈；伦图卢斯是个平庸的贵族，好说大话，自命不凡，可是心思迟缓，做事犹豫，奥特洛尼乌斯除喊声洪亮外，毫无长处，至于卡西乌斯一个这么肥胖这么愚蠢的人如 181
何落在阴谋派里，简直无人能知其故。但同党中较有才干的，如少年元老盖乌斯·西提古斯(Gaius Cethegus)以及两个骑士卢奇乌斯·斯塔提利乌斯(Lucius Statilius)和普布利乌斯·伽比尼乌斯·卡皮托(Publius Gabinius Capito),喀提林又不敢使他们做这运动的领袖;因为就是在阴谋派中间,习惯上的官阶制度也占势力,就是乱党也以为除非有一个前执政官或至少一个前副执政官做领袖,他们不能得胜。所以叛军虽急盼元帅到来,元帅在叛变发作后仍不离政府所在地虽是个危险的事,喀提林却决定在罗马再住几时。既惯于以其骄横态度慑服怯懦的敌人,他公然去到罗马广场和元老院会堂,这里有人威吓他,他答道:人们要慎防把他逼到极端,如果有人放火烧他的住宅,他便不得不用断垣残壁来熄火。实际说来,无论私人或官吏都不敢捉拿这个危险人物;有一位少年贵族在法院控告他犯伤害罪,这是相当不重要的,因为在诉讼程序完结以前,此案早已要到别处去解决了。但喀提林的计划归于失败,主要原因是政府的侦探混入阴谋派的内部,一直把阴谋的一切详情确确实实地报告政府。例如,阴谋派希望用突击方法袭取重要的堡垒普拉内斯特,他们来到城前时(11 月 1 日),见戍兵已有戒备,并且兵力已增;同样,一切事都告失败。喀提林虽鲁莽,现在也觉得应当在最近期间择日离去;但先经他用力劝勉,在 11 月 6 日和 7 日阴谋派的末次会议,他们决定在首领起身以前刺杀那指导反阴谋的主要人物,即执政官西塞罗,并且为预防奸细计,立刻实行决议案。因此,在 11 月 7 日清晨,他们选派的凶徒敲打执政官的宅门,但他们见卫队增多,自己被逐——这次也是政府的细作胜过阴谋派。

182 次日,西塞罗召集元老院开会。到了现在,喀提林还敢出席,并且执政官当他的面揭穿最近几日的事,气愤愤地攻击他时,他还想辩护;但人们不再听他的,他坐处附近的长凳上空无一人。他离开会议,依约往赴埃特鲁里亚;无疑地,即使没有此事,他也要这样做。在这里,他自称执政官,预备一得到首都阴谋派起事的消息便发兵进攻首都。政府宣布褫夺两个罪魁喀提林和曼利乌斯的法律保护,其党羽有到某日仍不解甲的也同样办理,并且征发新民兵;但这个以讨喀提林为务的军队,却以执政官盖乌斯·安东尼为统帅,这人与阴谋派的瓜葛。世所共知,由他的品格看来,他率兵是讨伐喀提林,还是投他入伙,完全要看机会如何。他们的直接目的似乎是要把这个安东尼变成第二个雷必达。对那些留在首都的阴谋派,人们也不加干涉,可是人人能把他们指出,并且他们绝未放弃在首都起事的计划;反之,喀提林离开罗马以前,他已把这计划决定了。一位保民官应召集人民大会以为信号;西提古斯应在次夜铲除执政官西塞罗;伽比尼乌斯和斯塔提利乌斯应在城中十二处同时放火;这时喀提林应率兵前进,首都党人应尽速与他进行联络。喀提林去后,伦图卢斯为阴谋派首领,如果西提古斯的迫切陈辞发生效力,如果伦图卢斯决定赶快动手,那么,阴谋到了此时仍可成功。不过阴谋派正与他们的敌人一样无能和胆小,几个星期过去了,没有达到决定的结果。

最后,反阴谋却造成决定的结果。伦图卢斯做事迂阔,忽略切
近而必要的事,却喜欢规划远大的策略以为掩饰;现在有凯尔特的 183
阿洛布罗根部代表在罗马城,他与他们发生联络;这些人代表一个完全解体的民社,他们自己也是债台高筑,伦图卢斯想把他们牵入阴谋;他们离城时,他把寄给他亲信的通信和函件交他们带去。阿洛布罗根人离开罗马,但到 12 月 23 日的夜间,在城门附近被罗马当局捉住,他们所带的文件被取去。显然,阿洛布罗根的代表已屈

身为罗马政府的细作，其所以进行商谈，不过是想把所要的不利于乱党首领的证件弄到政府手中罢了。次日早晨，西塞罗极守秘密，下令逮捕最凶险的阴谋首领；关于伦图卢斯、西提古斯、伽比尼乌斯和斯塔提利乌斯，这命令见于实行，其余几人却在逃未获。被捕者和脱逃者的罪状十分明显。抄没的信件上有被捕者不能不承认的印章和笔迹，逮捕以后，信件即刻呈交元老院，被捕者和证人都受到审讯；此外确凿的证据，如阴谋派藏在家中的武器，他们所说的恐吓话等，不久也都水落石出；阴谋的事实充分而有法效地成立了；经西塞罗的提议，他们把极重要的文件立刻作为传单，公布出来。

乱党的阴谋，无人不恨。寡头党自乐于利用这次揭发来报复一般平民党尤其恺撒，但寡头党已完全土崩瓦解，不能实行这事，不能用昔日谋害格拉古昆仲和萨图宁的手段，再来谋害恺撒；在这方面，结果只是力不从心。首都的民众特别愤恨阴谋派的放火计划。商人和整个实利派当然认为欠债人对债主的斗争是有关他们生存的战事；他们的少年热烈愤激，手执刀剑，麇集于元老院会堂
184 四周，对喀提林的党羽拔刀相向。一时之间，阴谋确被制住；虽则终极的主使人仍逍遥法外，阴谋派的执行人员却是或已被捕，或已逃亡；除非有首都的暴动做支援，集合在费苏里的一伙绝不能大有成就。

在稍有秩序的国家，这样一来，此事在政治上就可告一结束，军队和法庭就可担当其余的事。但在罗马，已闹到政府不能安然拘禁两个贵族的地步。伦图卢斯和其他被捕者的奴隶和新自由人正在蠢动；他们被囚在私宅中，据说有人定计要用暴力把他们救出

来。由于近年来的变乱迭起，匪徒头目收取若干费用来包办暴动
和迫害的，在罗马实不乏人。总之，喀提林已得闻此事，并且就在
近处，足能用他手下的匪徒举行袭击。这些谣言究竟有多少是真
的，我们不能断言；但忧惧却非无故，因为依照宪法，首都的政府既
无军队甚至也无足资震慑的警察可供调遣，实不免受每伙匪徒的
危害。有人表示意见，以为即刻把囚犯处死，便可断绝一切解放囚
犯的企图。按宪法说这事做不得。依据古来神圣的申诉权，能宣
告罗马公民死刑的只有全体公民，并无别的机关，自公民法庭作废
以来，便不再宣告死刑。西塞罗必情愿拒绝这危险的建议；虽则在
律师看来，法律问题本身无足轻重，他却晓得做律师的享“豁达”之
名是如何甚属有益的事；他不愿因这次杀人流血而与平民党永久
分离。但他左右的人，尤其他那贵族出身的妻室力劝他奋勇去做，
以竟其保国的全功；这位执政官与一切懦夫同，既渴想避免胆怯的
形迹，却又战战兢兢地怕负这可骇的责任，非常为难，便召集元老
院开会，把四个囚犯的生死交给这个团体去决定。当然，这是没有 185
意义的；因为元老院在宪法上既是比执政官更没有判断这事的权，
一切责任依法仍归在执政官身上；但何时有不自相矛盾的懦夫呢？
恺撒竭力营救囚犯，他的演说满是暗含着平民党必不免报仇的恐
吓语，造成极深的印象。虽则一切前执政官和元老院的大多数都
已赞成执行死刑，但到了现在，他们以西塞罗为首，又似乎大都愿
守法律。但加图以讼棍的伎俩弄得主张宽和的人有参加阴谋的嫌
疑，并且援引那准备以街市暴动救出囚犯的话，他竟能使没有主见
的人再陷入恐慌，使大多数人赞成把罪人立刻正法。

执行这个法令的责任当然在发起这个法令的执政官身上。12

月5日深晚，囚犯被提出来，离开他们一向的住处，经过人民密集仍很拥挤的市场，被解到常监死囚的牢中。这是卡皮托尔山麓一个十二尺深的地洞，昔日曾充井室之用。执政官亲自带领伦图卢斯，副执政官带领其余的人，都有众多卫兵跟随着，但人所预料的搭救却未见于实行。囚犯究竟被解往牢稳的拘留所，还是被带到行刑场，无人知道。到了牢门，他们便被交给执行死刑的三个人，然后在炬光之下被绞死。执政官在门前等到行刑完毕，然后在罗马广场上，以他那人所熟知的洪亮声音，向静候的群众宣布说："他们死了。"群众潮水似的涌过街衢，向执政官欢呼致敬，一直闹到夜深，他们以为房屋财产的安全都是他的恩赐。元老院下令举行公众感恩节，贵族阶级的魁首马尔库斯·加图和昆图斯·卡图卢斯给那拟定死谳的人加上"国父"的尊号——这是现在初见的尊号。

186 但这是个可骇的功绩，又因为全体人民都目之为可嘉的大功，更为可骇。这几个政治犯在法律上诚然有罪，但不至于死罪，只因人不相信牢狱的稳固，并且没有够用的警察，罗马政府的多数派竟冷酷无情地通过把他们赶快处死的议案，舆论也就赞许这议案。一个国家宣告自己破产，或从未有像罗马这样可怜的，这最野蛮的暴行竟须由罗马最无操守无胆量的政客来实现，这"第一位平民党的执政官"竟被选来摧残罗马共和政体长久以来自由的护符——申诉权——这是历史的悲剧中不常缺少的一点诙谐。

如是，阴谋在首都未曾发作，便被消灭，消灭以后，还有埃特鲁里亚的叛乱尚待荡平。喀提林来到时，军队只有二千人，以后众多新兵成群入伍，军队几乎增加五倍，已能编成尚可满额的两个兵团，但是两兵团中只有四分之一武器齐备。喀提林已率其部队入山据守，避不与安东尼的队伍一战，意在完成部下党徒的组织，等候叛党在罗马的起事。但叛党失败的消息传来，叛军因而解散，于是不甚受累的人大都归家。剩下一班果敢的或不如说绝望的残部想打出一条路来，经亚平宁山而入高卢；但这小队人马来到皮斯托里亚(Pistoria，即皮斯托亚[Pistoja])附近的亚平宁山麓时，见两支军队把他们夹在中间。前面是由拉文纳和阿里米努姆来的昆图斯·梅特路斯的军团，占据亚平宁山的北坡；后面是安东尼的军队，此人终于依从部下将领的力劝，同意于冬季行军。喀提林两面受敌，他的粮饷渐形匮乏；无法可想，只有猛扑距他最近的敌人，就是安东尼。在山岩环绕的一个隘谷里，叛军与安东尼的军队起了 187
战斗；安东尼——为的是至少不必亲手杀戮他从前的同党——已借口某事把这天的战事托付一个老于行伍的勇将马尔库斯·佩特莱乌斯(Marcus Petreius)。由于这战场的性质，政府军的兵多势大不关重要。喀提林和佩特莱乌斯都把他们最可靠的部队置在最前列；没有人施恩饶命，也没有人受饶命之恩。战斗长久不息，双方各有许多勇士阵亡；在战斗开始之前，喀提林已遣去他的和他一切将领的马匹，由这天的战事看，可见他天生来不是做寻常事业的人，又可见他既有指挥作战的将才，又有冲锋陷阵的勇气。后来佩特莱乌斯终于用他的卫队冲破敌人的中军，先把他们击败，而后由内里攻打两翼。这就把胜负决定了。喀提林军的死尸——共计三千——仿佛排成行列，陈在他们作战之地；军官和将军在一切无望时奋身向敌人冲去，于是求死而得死(692 年即前 62 年年初)。由于这次的胜利，元老院加安东尼以常胜将军的尊号，举行新感恩节，政府和人民的渐习于内战，由此可见。

如是，无论在首都和意大利，乱党的阴谋都被人用残暴手段平定了；使人不忌此事的，只有刑事手续在埃特鲁西亚各乡镇和首都剪除失败党的羽翼，和意大利的股匪大增——例如有一股来自斯巴达克和喀提林的残兵，于694年即前60年在图里区域为军队所歼灭。但我们务须切记，遭这灾难的绝不仅是谋在首都放火和在皮斯托里亚作战的真正乱党，而且整个平民党也受其害。有一件事在法律上不能视为确凿，在历史上却可视为证明的实情，即平民党，尤其克拉苏和恺撒曾参加这次阴谋，一如其参加688年即前66年的阴谋。固然，卡图卢斯和元老派的其他首领指斥平民党魁
188 与乱党共同谋反，寡头党想借法律行残杀时，平民党魁又以元老资格发言和投票来反对，以上种种只能在党派的诡辩上算作他与喀提林同谋的确证。但一串别的事实却较重要。按明言而无可否认的证据，克拉苏和恺撒特别扶助喀提林来候选执政官。690年即前64年，恺撒在惩凶所传讯苏拉的刽子手时，他让其余的人被判罪，却使最有罪最有害的喀提林受释放。12月3日揭发阴谋时，西塞罗诚然未把两位大力者的名字归在他有所闻的谋反者之列；不过首告人供出的，不但有以后受到检察的人，而且还有执政官西塞罗以为应从名单上除名的“许多无辜的人”，却是众所共知的事；到以后他没有讳言实情的理由时，他才明说恺撒是个同谋。又有一事含着间接但甚为易解的控告，即12月3日被捕的四人中，两个最无害的人斯塔提利乌斯和伽比尼乌斯被交给元老恺撒和克拉苏来看管；这明明是使他们受牵累，如果他们让罪人脱逃，舆论如何就要视他们为从犯，如果他们真把罪人拘留，他们的同谋便要视他们为叛徒。

下面在元老院发生的情景足以表明当时的局势。伦图卢斯及其同党一被逮捕，首都乱党派往喀提林处的一个使者立刻被政府侦探捉住，人们保证他不受责罚，使他在元老院全会中详细供招。但他一说到口供的吃紧处，特别举出克拉苏派遣他，元老们就打断他的话头，并且由西塞罗提议，决定不再追究，便把全部供词一笔勾销，并且不顾对这人的免罪担保，决定把他拘禁起来，直到他非但不认前供，而且招出主使他做这种伪证的人而后已。在这里昭然若揭，不但这人很洞明时势，人请他攻击克拉苏，他回答说不愿 189
触犯众中之雄，而且西塞罗所领导的大多数元老也一致不许把揭发做到某种限度以外。公众却不这样精细；少年拿起兵器以防杀人放火的，他们所痛恨的人无过于恺撒；12 月 5 日他离开元老院时，他们拿刀指他胸膛，在当时他已险些把命丧在十七年后被刺死的地方；以后他很久不再入元老院会堂。任何人只要不抱偏见地考察阴谋的经过，必不禁怀疑，以为当此期间，喀提林必始终有势力更大的人为他后盾；这等人倚仗法律上缺乏齐全的证据，又倚仗大多数元老只是略知内幕，抱着冷淡畏怯的态度，渴欲抓住任何借口以免有所行动，所以他们能阻挠当局对阴谋派的认真干涉，能设法使乱党首领自由离去，甚至能操纵对乱党的宣战和派兵，以致派兵几等于派去援兵。如是，由事件过程的本身看，我们已可证明喀提林反谋的线索上达很高，绝不止于伦图卢斯和喀提林；同时又有值得注意的，很久以后，恺撒做到全国领袖时，他与喀提林党仅存的一个人有极密切的联络，这就是毛里塔尼亚义勇队的首领普布利乌斯·西提乌斯；他修改债务法，又完全依照曼利乌斯宣言所要求的精神。

以上一切都是昭彰的证据；但即使不然，自伽比尼乌斯-马尼利乌斯法创立以来，军事权威与平民党并立，较以前更是咄咄逼人，平民党对之无可奈何，那么，按这种事常有的情形，平民党要由暗地图谋和联合乱党中求最后的解救，已差不多是必然之势。当时的情形很像秦纳时代的情形。庞培在东方所居的地位既然与那
190 时苏拉的相差不远，所以克拉苏和恺撒想在意大利树立一个类似昔日秦纳和马略所有的势力来反抗他，以便如有可能，比他们更善用这种势力。达到这种结果的途径又要经过恐怖政策和混乱局势，喀提林诚然是开辟这条途径的适当人物。当然，平民党较有声望的领袖尽量藏身幕后，把肮脏工作留给肮脏的同党去做，希望以后能收得其政治上的成果。更是当然的，所事失败以后，地位较高的同谋竭力隐讳他们的与闻其事。到了后来，这位从前的阴谋家自己成为政治阴谋的对象时，这伟人一生的暗淡年头也正因此故更被严密地遮掩起来，甚至有人本着这种思想，替他写作特别的辩解。①

五年以来，庞培总在东方统率陆军和舰队；五年以来，平民党总在本国设法倾覆他。结果是使人灰心丧气。以不可言喻的尽心

① 萨卢斯特的"喀提林"就是这种的辩解，作者是人所共知的恺撒党，发表这著作时是在708年即前46年以后或在恺撒做独裁之时，或更可能在其后嗣行三头政治之时，这显然是在政治上有用意的著作，其所孜孜努力的一方面是尊崇那实为罗马君主制所本的平民党，一方面洗刷那沾在恺撒遗念上最恶劣的污点，此外又尽力替三头中马尔库斯·安东尼的叔父文过饰非。萨卢斯特的"朱古达"，也完全相同，其用意一部分在揭发寡头党政府的可怜，一部分在颂扬平民党魁首盖乌斯·马略。作者巧妙，能把这些著作的辩解和控告的性质藏在背后，这不证明此等著作非党派文字，而只证明它们是优良的党派文字。

努力，他们不但毫无所得，而且不论在精神和物质方面都受到莫大的损失。638 年即前 71 年的联合，在纯粹平民党人看来，必已是个耻辱，可是那时平民党只与反对党两个有名的人结合起来，并且使他们受平民党政纲的约束。但到了现在，平民党竟与一伙凶手和破落户连成一气，这些人差不多也都是从贵族营里起来的，他们至少暂时接受平民党的政纲，就是说，接受秦纳的恐佈政策。实利 191
派是 683 年即前 71 年联合的一个主要分子，现在这样一来，便与平民党失和，先被迫归附贵族党或任何既愿保护他们以护乱党而又能做此事的势力。甚至首都的群众虽不反对街市的暴动，却不愿见人放火焚烧他们头顶上的房屋，现在也稍感恐慌。值得注意的是，正在本年 691 年即前 63 年，森普罗尼乌斯授粮法全部恢复了，诚然，这是元老院听加图的建议来做的。平民党领袖与乱党的联合显然造成平民党与罗马市民的分裂；寡头党所求的是扩大这条裂痕，把民众拉拢到他们方面，他们至少不无一时的成功。总之，这一切阴谋一方面使庞培知所戒惧，一方面使他勃然大怒；这一切既已发生，平民党既已几乎自断其与庞培的联络，此党便不能名正言顺地再要求 684 年即前 70 年稍有理由的事，即庞培不可用刀矢去来自坏其所抬举同时也把他抬举起来的平民势力。

如是，平民党体面扫地，势力衰减，但最重要的，因为此党的惶惑和软弱已暴露无遗，他们竟成为笑柄。在挫辱那已倒的政府和诸如此类的琐屑事上，他们可谓大而且强；但他们每次想达到政治上的真正成功，结果必至完全失败。平民党与庞培的关系既虚伪而又可怜。他们有大批的颂扬和敬礼加在他身上，同时却炮制一次复一次的阴谋反抗他；这些阴谋有如肥皂泡，一次复一次地自行炸裂。东方和海上的将军不但绝未抵挡他们，而且他得胜于平民党，好像赫拉克勒斯得胜于俾格米人(Pygmäen)，自己并不晓得。引起内战的企图惨遭失败；如果乱党至少显得有些魄力，纯粹平民党虽知如何雇用乱党，却既不知如何领导他们，也不知如何拯救他
192 们，又不知如何与他们同死。甚至衰老将死的寡头党，得到由平民党来归的民众的援助，尤其凭借——在这事上昭然若揭——他们与庞培的利益相同，竟能平定这次革命的企图，因此还能造成对平民党的最后胜利。同时，米特拉达特斯王死了，小亚细亚和叙利亚整理就绪，庞培时时可望回到意大利。解决之期已不在远；但将军回来了，比以前声名更高，势力更大，平民党却受了空前的挫折，毫无势力，二者之间，真还有谈到解决的余地吗？克拉苏准备把他的家属和黄金都装在船上，往东方某地去避难；甚至像恺撒那样圆融那样雄健的人也似乎就要放弃这毫无希望的争竞。本年(691年即前63年)是他候选大祭司长职的一年，选举那天的早晨，他离家时说，如果这事也归失败，他便不再跨过他的门限。

第六章　庞培的隐退和争权者的联合

庞培既已完成所负的职责，又转向本国一看，他再见王冠待他拾取。罗马共和国的发展久已趋向这个变故；如果要废止贵族政治，君主政治便在所不免，这是每一虚心观察者所明见，也是经人说过千百遍的话。元老院既遇到民政方面与它对立的自由党，又遇到军事方面的强权，现在已告倾覆；所余的问题只是决定新体制的人物、名称和形式，并且这些已在一部分为平民分子，一部分为军人分子的革命中，昭示得清清楚楚。最近五年的事仿佛已确定当前政变的特色。亚洲新设的省份把这位整理亚洲事务的人看作亚历山大大王的继承人，加以王者的尊荣，甚至以招待君主的礼招待他所宠爱的脱籍人，庞培就在这里奠立他那统治权的基础，就在这里得到罗马国未来君主所需的财富、军队和神圣光彩。再者，由于首都乱党的阴谋和与之相连的内战，每一服膺政治利益甚至仅服膺物质利益的人，眼见一个政府无权无兵如元老院政府的，使国家受到政治骗子那既可笑而又可畏的虐政；又见到如果要保持社会的秩序，政体的改革使军权与政府联络得更为密切，实为急迫的需要。如是，君主起于东方，宝座设在意大利；据我们的见解，692年即前62年是共和末年，君政元年。

固然，没有斗争，这个目标不能达到。这政体已历五百年。在

这政体之下,台伯河畔的一座小城已发达到空前伟大和光荣的地
194 步,这政体的极柢已入地下人莫能知的深处;企图推倒这个政体,究竟要把文明社会动摇到何等程度,完全不能预计。向这个大目标竞走,几个竞争者已落在庞培的后面,但未全被淘汰。那么,这一切分子要联合推翻新体制,庞培要眼见昆图斯·卡图卢斯和马尔库斯·加图,与马尔库斯·克拉苏、盖乌斯·恺撒和提图斯·拉比努斯互相团结来反抗他,也不全在意料以外;但做这不可避免而确属严重的斗争,不易遇到比现在更为有利的局势。很可能的,喀提林谋乱的印象犹新,一个以秩序和安全相许但以自由为牺牲的政府必可得全体中间派的服从,此派特别包括专自顾其物质利益的商人,也一样包括贵族的大部,贵族本身分崩离析,在政治上毫无希望,不得不止于乘机与君主谋妥协,以取得富贵和势力;或者,甚至最近遭到那样惨祸的平民党也许有一部分人低首下心,希望由他们所抬举的军事领袖身上能实现他们要求的一部分。但无论党派的情形如何,在庞培及其得胜军面前,至少当最初之时,意大利各党有什么要紧?二十年前,苏拉既与米特拉达特斯成立临时和约,便能以其五个兵团对付那多年大规模备战的——上自温和贵族和自由主义的商人,下至乱党——全体自由派,贯彻一种与事物自然发展相反的复古政治。庞培的工作远不如那样困难。他回来了,已经凭着良心把海上陆上的种种职务圆满完成。他可以希望除极端派的反抗外,不至于遇到另外的严重反抗;极端派各自孤立时,不能有所作为,就是合而为一,也不过是仍然激烈相仇,心里根本不睦的各派联合。既全无武装,他们便没有军队和首领,在意大利没有组织,在各省没有倚仗,尤其没有一个将军;他们的行列

中简直没有一个著名的武士，更不必说一位将官，敢号召公民来与 195
庞培一战。还有可加考虑的，革命犹如一座火山，至今已七十年烟焰不断，自耗其热，眼见得火势已尽，就要自行熄灭。现在要为党派的利益把意大利人武装起来，是否能像昔日秦纳和卡尔博那样成功，甚属可疑。在罗马共和的有机发展中，某种天然的需要已规划出政治革命，如果庞培拿住不放，他如何能不造成一次政治革命呢？

庞培握住时机，担任东征的使命；他似乎愿意上进。691 年即前63 年秋，昆图斯·梅特路斯·涅波斯（Quintus Metellus Nepos）由庞培营次来到首都，出面做保民官的候选人，明言他的目的在利用保民官地位替庞培取得 693 年即前 61 年的执政官职，并且先要凭借特殊的人民法令，替他取得喀提林战事的指挥权。罗马城十分激昂。毫无可疑，涅波斯必系奉庞培直接或间接的命令行事；庞培的志愿是以将军身份率亚洲的兵团来到意大利，而后在这里一手执掌最高军事权和最高民政权。人们以为这是进向宝座的又一步骤，以为涅波斯的使命是以半官方式宣布君主政体。

一切均系于两大政党对这种表示的态度，他们将来的地位和国家的前途都依此为转移。但涅波斯的受欢迎与否又视当时各党对庞培的关系而定，这种关系却很奇特。庞培做平民党的将军，到东方去。他很有不满意于恺撒及其党羽的理由，但没有发生公开的破裂。庞培处在很远的地方，专致力于别的事务，并且全无政治上的理解力，至少当时绝未看透平民党所酝酿对他阴谋的范围和相互关系；或因他的高傲和浅见，他甚至以不理这些暧昧活动为荣。

196 又加上对庞培这类人很关重要的事，即平民党永不忘在表面上示敬于这位伟人，就是现在（691 年即前 63 年），他们还不待要求便从他所愿，以一个特别的人民法令给他空前的尊荣和勋章。但即使没有以上的一切，为庞培自己熟知的利益计，他也应至少在表面上仍附平民党；平民政治与君主政治的关系非常密切，以至于庞培想望王冠时非照旧自命为民权护法不可。所以私人的和政治的理由既共同使庞培与平民党魁不管往日的一切，仍保持以前的联络，敌党却未行一事来弥补庞培自投归平民党以来与苏拉派所生的嫌隙。他个人与梅特路斯和卡图卢斯的争执转移到他们人多势众的同党。他做将军，始终遇到元老院的琐屑反抗；但在一个器量偏小的人看来，正因为它琐屑，所以更加可恨。他痛感元老院没有按功劳来尊崇他这非常的人物，就是说，没有用非常的方式尊崇他。最后，我们不要忘记，此时贵族阶级正因新得胜利而兴高采烈，平民党却深受挫折；贵族阶级的领袖是拘迂半痴的加图，平民党的领袖是最圆滑的阴谋能手恺撒。

在这种情况之下，庞培遣派的使者来到。他宣布利于庞培的建议，贵族阶级不但目之为对现行法制的宣战，而且公然以对待宣战的态度对待此等建议，毫不留意掩饰其惊慌和愤恨。马尔库斯·加图明言要排斥这些建议，使人举他与涅波斯同做保民官，庞
197 培再三想与他个人亲近，遭他峻拒。当然，自此以后，涅波斯自以为不必顾及贵族，反更愿与平民党相结，因为平民党仍很圆通，顺从必然之势，宁欲把意大利元帅和执政官自动给予庞培，而不愿使他用武力来夺取让步。这种亲善的谅解不久便表现于外。平民党认为最近大多数元老决定处死叛党一事等于违法冤杀，涅波斯公

然承认(691 年即前 63 年 12 月)他们的见解;西塞罗写连篇累牍的文章为此事辩护,寄给庞培,庞培竟有意义地默无一言,可见涅波斯的主公也与平民党的见解相同。另一方面,据说昆图斯·卡图卢斯侵吞了重修卡皮托尔庙的款项,恺撒就副执政官以后,第一件事便是查办卡图卢斯;并且把这庙的落成改归庞培办理。这是一个妙计。卡图卢斯从事于建筑这庙,已历十五年,似乎很愿终身为建筑卡皮托尔的监督;攻击这种在公务上的舞弊——只因受任者是个有名望的贵族,所以弊端不见——实属凿然有据,并且大快人心。但一方面,因为这样一来,庞培可望在世界第一城最得意的地点削去卡图卢斯的名字,刻上他自己的名字,赠给他的正是最能迷惑他并且无害于平民党的东西,即盛大而却空虚的荣耀;又一方面,贵族阶级既绝不能让他们最优秀的分子失败,便与庞培发生极大的纠纷。

同时,涅波斯向公民提出他那有关庞培的建议。投票那天,加图及其同党同僚昆图斯·米努奇乌斯(Quintus Minucius)以否决来干涉。涅波斯置之不理,继续宣读提案,于是一场正式冲突起来了;加图和米努奇乌斯猛扑涅波斯,强迫他住口;一伙武装打手固然解救了他并且把贵族党逐出罗马广场,但加图和米努奇乌斯回来,现在也有武装人众跟随,终于替政府保住战场。元老院见他们的打手得胜,敌党的打手失败,勇气增加百倍,便把保民官涅波斯停职,因副执政官恺撒曾竭力助涅波斯提出法案,也把恺撒停职; 198
元老院有人提议免他们的职,为加图所阻,大概非因此事不当为,而因此事不合法。恺撒不理这个法令,依然尽他的职分,至元老院对他用武而后已。一有人晓得这事,群众便即刻来在他的门首,听他调遣；街市战是否要发作，至少梅特路斯的建议是否要再行提出，庞培所愿得的意大利统帅职是否要拿给他，专视他的意见为转移；但这不是恺撒的利益所在，所以他劝群众散去，于是元老院收回惩戒他的法令。涅波斯在停职以后，即刻离城登船往亚洲而去，向庞培报告出使的结果。

关于时局的变化，庞培尽可满意。现在达到王位的路径自非经过内战不可；由于加图的倔强到底，他始能有发动战事的正当理由。喀提林的党羽既受了非法的治罪，保民官既遭了空前的暴行，庞培可以一面做罗马人民自由的两种护符——申诉权和保民官不可侵犯——的保卫者，对贵族开战，又一面可以做治安派的战士，对喀提林的匪徒开战。庞培似乎不能忽略这个机会，684 年即前 70 年他因解散军队而陷入苦境，只因有了伽比尼乌斯法才得解脱，他似乎不能眼睁睁地再蹈覆辙。但白冠加额的机会虽似不远，他心魂虽渴望有此，可是一临到行动问题，他的心和他的手却又误了他的事。此人除自命不凡外，处处全是凡庸一流，只要能不离法律的根据，他必乐于不受法律的束缚。他逗留于亚洲，就使人有这种疑惑。如果他愿意，他很可以在 692 年即前 62 年 1 月率舰队和陆军来到布隆迪西乌姆港，在那里迎接涅波斯。他在亚洲耽搁了
199 691—692 年即前 63—前 62 年的整个冬季，造成一种不利的结果，即贵族党当然竭力加速其对喀提林的战事，在这时已歼灭他的部众，这样一来，亚洲兵团便失去屯聚在意大利的正当口实。像庞培这类的人，因对自己和幸运都缺乏信念，在公众生活上惴惴不安地谨守正当的形式，以为口实差不多与动机同样紧要，对这类的人，上述情形有重大的关系。再者，他也许心里想：即使他把部下的军

队解散，他也不让他们完全脱手，遇有必要，他还能比别的党魁更迅速地召集一支即可作战的军队；又想平民党正在俯首帖耳地听候他的号令，就是无兵他也能对付元老院；还有这类思考所引起的其他种种，其所含的实情恰足以使一个情愿自欺的人以这些思考为有理。当然，庞培很特殊的性格又转移了时局。他是一个或许能犯罪但不能不从命的人；无论用好坏的意义来说，他都是个十足的兵丁。大人物尊重法律，是尊重道德上的必要；常人尊重法律，是尊重流传的日常规范；法律形成习惯，在军纪中尤甚于他处，军纪所以能束缚每一意志不坚的人，有如一种魔咒，即以此故。我们往往看见一个兵丁，即使他决心不服从他的长官，一旦长官要他服从，他便不由自主地即刻归队。拉菲特（Lafayette）和迪穆里埃（Dumouriez）所以在背信之前踌躇到最后一刻，以致所事不成，就是这种心情使然；庞培也因为这种心情而失败。

692 年即前 62 年秋间，庞培乘船到意大利。在首都一切都准备迎接新君主之时，消息传来，说庞培刚在布隆迪西乌姆上岸，便把他的兵团解散，带小队护兵来京。如果不劳而获王冠是个幸运，那么，凡夫受到命运保佑的无过于庞培；但对一个无勇的人，神灵枉费了一切恩典和赏赐。

各党喘出一口气。庞培又复退位；他那些已遭失败的竞争者 200
可以再从头竞走——最奇怪的当然是庞培又参加竞赛。693 年即前 61 年 1 月，他来到罗马。他的地位是个难处的地位，游移于两党之间，暧昧不明，以至于人们送给他格涅乌斯·西塞罗（Gnaeus Cicero）的绰号。他失去一切人的欢心。乱党以他为对头，平民党以他为不可喜的同党，马尔库斯·克拉苏以他为政敌，富人阶级以他为不可靠的保护者，贵族阶级以他为公开的仇雠。[①] 诚然，他还是全国最强有力的人物；他那散在全意大利的军界党羽，他在各省尤其东方各省的势力，他的军事名望，他那绝大的财富，使他重要绝伦；但他却得不到所预期的热烈欢迎，反遭到过于冷淡的待遇，他所提出的要求遭到更为冷淡的待遇。按照他已使涅波斯发表的意见，他自请重做执政官，当然又要求承认他在东方的举措，实践他许给部下兵士土地的诺言。对于这些要求，元老院里起了一场有计划的反对，其中卢库卢斯和平克里特者梅特路斯的私仇、克拉苏的旧怨以及加图的愚妄自喜占最主要的成分。他们即刻直言不讳，拒绝庞培重做执政官的要求。回国的将军向元老院第一个请求是把选举 693 年即前 61 年执政官的事延到他至首都之后，就是这个要求也未蒙采纳，更休想由元老院得到必需的宽免，以便不受苏拉关于重行当选的法律限制。至于他在东方各省所做的规定，庞培当然请元老院整个批准；卢库卢斯通过一个建议，要把每一法令分别讨论和表决，这样一来，便有了无限烦恼和许多零碎失败的
201 余地。授田于亚洲军的诺言诚然蒙元老院全部批准，但同时又把它推广到梅特路斯的克里特兵团；并且还有更坏的，因为国库空虚和元老院无意为此事动用公地，这事未见实行。庞培遇到元老院这种顽固狠毒的反对，没有制胜的希望，便求助于公民。不过在这场所，他更不晓得如何行动。平民党的领袖虽不公然反对他，却绝

① 庞培归国以后向公民首次演说，西塞罗述其所造成的印象如下：“*Prima contio pompei non iucunda miseris，inanis improbis，beatis non grata，bonis non gravis；itaque frigebat*。”

无与他同休戚的理由，所以袖手旁观。庞培自己的爪牙——如仗他的势力并且一部分用他的金钱当选的693年即前61年执政官马尔库斯·普皮乌斯·皮索(Marcus Pupius Piso)和694年即前60年执政官卢奇乌斯·阿弗拉尼乌斯(Lucius Aflanius)——显然是拙笨无用的人。终至保民官卢奇乌斯·弗拉尼乌斯(Lucius Flanius)把授田于庞培老兵一事作为一个普通土地法而提出公民大会之时，这建议既无平民党的支持，又受贵族的公开抨击，只得到少数人的赞成(694年即前60年年初)。现在这个位望崇高的将军几乎低首下心，取悦于民众，如梅特路斯·涅波斯提出一个法案取消意大利的关税，就是他所促成(694年即前60年)。但他做民魁，既无技巧，也乏成效；这有损于他的名望，又不能使他如愿以偿。他已完全自投罗网。他的敌人总括他那时的政治地位说：他力求"以缄默保全他那凯旋绣衣"。确实说来，他别无办法，只有烦恼。

于是一个新联合出现。往日的擅权者退休以后，政治上即刻风平浪静，平民党领袖曾努力利用这个机会，为自己谋利益。庞培归自东方时，恺撒不过如昔日的喀提林，是个几缩成阴谋帮的政党的首领，又是个倾家荡产的人。但自此以后，他先充任副执政官(692年即前62年)，而后受命为远西班牙省长，因此他能设法一方面偿清债务，一方面替自己建立军事名望的基础。他的旧友和 202
同盟克拉苏因皮索殒命而失去对付庞培的后盾，现在希望再得之于恺撒，所以甚至在他动身以前，已替他解除一部分最重的债累。他自己也极力利用他居西班牙的短时间。到了694年即前60年，他由西班牙回来，带着充盈的囊橐，以得胜将军身份饶有要求凯旋的权利，就在次年出面候选执政官；因为元老院不准他在外报名执政官选举，他为候选起见，放弃了凯旋荣典，毫不迟疑。多年以来，平民党所力求的是使一个同党拥有最高官职，意欲由此津梁达到自有其武力。一切色彩的政治家都早已灼见，民政的搏斗不能解决党争，只有军事力量能解决党争；但是，平民党昔曾与强大军事领袖相联合，使元老政权归于消灭，其经过给人一种无情的昭示，即每一这种联合必终致使民政分子附属于军事分子，如果平民党真要秉政，便须不与原在党外甚至对党有仇的将军相结，而须把他们自己的领袖造成将军。以此为志的企图，如实行选举喀提林为执政官和在西班牙或埃及取得军事的后盾，均已失败；现在有一种可能的事，即经法律的常规替他们最重要的人物取得执政官职和执政省份，并且建立——如果我们可以这样说——一支平民党的自家武力，脱离那可疑的危险盟友庞培。

平民党要达到真正的成功，这条路所给予的未必是极好的希望，却是唯一无二的希望。但他们愈不得不设法替自己开这条路，便愈确实可料他们的政敌必坚决抵抗。结局要看谁是他们在这事上的对头以为断。贵族阶级一成孤立，便不足畏；但喀提林一事刚
203 刚证明，贵族在实利派和庞培党多少有点公开地予以援助之处，依然有些势力。贵族曾屡次打消喀提林的候选执政官；毫无可疑，他们也要照样对待恺撒。但是就算恺撒或能不顾他们而当选，单是他的当选还嫌不够。他需要至少几年的工夫在意大利境外发挥效力，不受干扰，才能得到强固的军事地位；当然，在这准备期间，贵族阶级必用尽方法来阻挠他的计划。一种思想自然而来，即能否如683—684年即前71—前70年那样再使贵族陷于孤立，平民党

能否一方面与他们的同盟克拉苏，另一方面与庞培和大资本家，成立以共同利益为坚固基础的联合。就庞培而言，这种事诚然等于政治上的自杀。他一向在国政上的重要，端赖他是同时唯一能调遣兵团的党魁，现在兵团虽已解散，但由某种意义来说，仍可谓听他支配。平民党的计划正是要夺去他的优势，使他们自己的领袖与他并驾齐驱，争军事上的雄长。他绝不能赞成此事，并且恺撒仅是个政治运动家时已给他不少的烦恼，最近在西班牙又极灿烂地证明他有军事本领，庞培更不能亲助这样一个人取最高统帅之位。不过另一方面，由于元老院那种恼人的反对和群众对庞培及其愿望的冷淡，他的地位尤其对部下老兵的地位变为十分痛苦，十分屈辱，以至于人们由他的性格很可望以救他脱离苦境为代价，得他加入这种联合。至于所谓骑士党，他们总归附权势所在之处，如果他们见庞培与平民党又真正联合起来，当然不致使人久候。再加上正在此时，由于加图以在别处都很可嘉的严厉态度对待包税商，大资本家又与元老院发生激烈的争执。

如此，在694年即前60年夏季，结成第二次的联合。对于恺撒，人们保证他为次年的执政官和以后的省长；对于庞培，人们许以批准他在东方所定的法规和授田于亚洲军；对于骑士阶级，恺撒 204
也允许替他们取得元老院所不予的权利；最后，对于克拉苏，不免至少许他依附这个联合，不过他既不能拒绝加入，他当然不能因为参加而得到确定的诺言。683年即前71年秋季和694年即前60年夏季两次缔结的联合，成分毫无二致，甚至人员也完全相同，但各党今昔的地位却如何的悬殊啊！那时平民党不过是个政党，他们的同盟却是带领部队的得胜将军；现在平民党的领袖自己是个

头带胜利冠、胸怀宏伟武略的凯旋将军，他的盟友反是手内无兵的
退休将军。那时平民党在主义问题上得了胜利，为酬答这个胜利，
把国家最高的官职让给两个盟友，现在平民党较为切实，自握最高
的民政权和军事权，只在次要事务上对同盟有所让步；饶有意义的
是，甚至庞培重任执政官的旧要求也无人顾及。那时平民党须为
他们的同盟而牺牲，现在同盟须委身于平民党。一切情势无不全
变，然而变得最烈的莫过于平民党的性质。固然，平民党自出世以
来，骨子里就含有君主制的成分；但理想的政体以其多少有点明显
的轮廓浮现在此党最优秀分子的心目中的，却始终是一种民政共
和政体，就是伯里克利式的国家组织，在这种国家里，君权的基础
在于他以最高尚最完美的方式代表公民，公民中最高尚最完美的
人又承认他是他们所甚信赖的人。恺撒也由这种见地出发；但这
种见地既是理想，或可稍微影响现实，却不能直接实现。单纯的民
政权如盖乌斯·格拉古所有的，平民党武装如秦纳所试行而甚不
充分的，均不能在罗马共和国保持永久的优势；那不为一党而为一
位将军作战的军事机构，佣兵头领的粗暴力量，起初供复古政府之
205 用而出现于政治舞台，不久以后便显得绝对优于一切政党。恺撒
在实际党务工作中，必对此也深有所见，所以熟虑之后，造成一种
重大的决定，就是使这军事机构本身为他的理想效劳，借佣兵头领
的力量建立一种合他意旨的共和国。抱着这个目的，他在683年
即前71年与反对党的将军成立联盟，尽管他们接受平民党的政
纲，这次联盟却弄得平民党和恺撒濒于覆灭。十一年以后，他还抱
着这个目的，自己出面为佣兵头领。两次的事都做得有点儿天真
孩气——他笃信一种可能性，以为即使不能借别人的刀剑，总能用

自己的刀剑创出一个自由共和国。我们不难见到，这种信念实为荒谬；一个人用恶鬼做仆人，没有不变成他的奴隶的；但最伟大的人并不是最寡过的人。如果历这许多世纪之后，我们一见恺撒的志向和行事仍旧肃然起敬，这不因为他向往和获得一顶王冠——这事本身与王冠同不是什么大事——而是因为他永不抛弃那一人统治一个自由共和国的伟大理想，就在他做了君主的时候，这理想也使他免于陷入庸俗王者的窠臼。

各党联合起来，不难通过选恺撒为695年即前59年的执政官。贵族不得不止于用贿选方法——由整个贵族阶级共同集资，甚至在那贪污最烈的时代也使人惊异——选一个名叫马尔库斯·毕布路斯（Marcus Bibulus）的人做他的同僚；他们一班人认为他的褊狭固执是保守力，如果这些高官贵人爱国输财而不得相当的报偿，至少其咎不在此人的好意。

做了执政官，恺撒先把他盟友的要求提出讨论，其中重要万分的无过于授田给亚洲军的老兵。一般说来，恺撒为此事草拟的土地法固守一种原则，即去年由庞培建议提出而未能通过的法案中
所胪列的原则。定为授田之用的土地只是意大利的公地，就是说， 206
大体是卡普亚区，如果这不敷用，应以东方新省的税收，按监察官册籍上所载的税额估价，购买意大利别的地产；如是，一切现有的产权和世传的产业均不受影响。各块分地细小。受田者应为贫穷公民，至少家有三个儿女的父亲；那可疑的原则"服兵役即有得地产之权"未见规定，不过向分地人员劝告，要特别顾及老兵，也一样要特别顾及被逐的定期佃户，却属公平，并且每次如是。执行权交给一个二十人的委员会，恺撒明言自己不愿被选入此会。

对这个建议,反对党处在困难的地位。他们按理不能否认:本都和叙利亚各省设立之后国家财政应能放弃坎帕尼亚的租金;这地方既为意大利一块最肥美的土地,特适于小规模的产业,便没有不许私人经营的理由;最后,公民权既扩充到全意大利,若仍不予卡普亚镇以市自治权,未免又欠公平,又属可笑。整个建议的特色是适度。正直和坚实,又有平民党的特征很巧妙地与之打成一片;因为大体看来,这就等于重建马略时代所创而又为苏拉所废的卡普亚殖民地。在形式上,恺撒也尽量不忘恭敬。他把土地法案,以及庞培在东方所发布的法规应整个批准的建议,和包税商免缴定额三分之一的请求,先向元老院提出讨论,并且声明若有修改的建议,他情愿接受和商讨。这个团体从前拒绝这些建议,以致逐庞培和骑士阶级投归敌方,而今得有机会,自见其举动如何荒谬。或许
207 就是这种说不出的感觉,驱使着高门贵族激烈反对,与恺撒的沉静态度迥不相侔。他们直截了当,甚至不加讨论,便把土地法拒绝。关于庞培亚洲措置的法令,也同样不能得他们的青睐。关于包税商的建议,加图按照罗马议会制度的恶习惯,设法把它说死,即扯长他的演说,至法定的闭会时刻;恺撒似欲逮捕这个顽梗的人,于是这建议也终究被他们驳斥。

当然,所有建议现在一概提交公民大会。恺撒差不多根据实情,告群众说:他以最恭敬的方式,把这最合理最必要的建议提交元老院,只因其来自平民党的执政官,竟遭到傲慢的拒绝。他又说,贵族为使这些建议遭人驳斥起见,已酿有阴谋,他要求公民尤其庞培和他的旧部助他抵敌诈骗和暴力;这话也不纯属虚构。贵族阶级以那愚而好自用的毕布路斯和固守成见的痴人加图为首,

实欲把这事闹到公开动武。庞培受恺撒的怂恿，宣布他对当前问题的态度，一反他往常的模样，直言无隐地说：如果任何人胆敢拔出刀来，他也要拿他的刀，并且到那时候，也不把盾牌留在家里；克拉苏也这样说。庞培的旧部奉命在投票日——这次投票实对他们最有关系——把武器藏在衣下，蜂拥来到投票场。

然而贵族阶级不遗余力地想打消恺撒的建议。每天恺撒一到人民大会，他的同僚，毕布路斯便举行那常用的政治观象，中止一切公事；恺撒却不顾上天，断续进行他那尘世的事。保民官发出否决，恺撒只是置之不理。毕布路斯和加图跳上讲台，向群众演说， 208
照常鼓吹暴动；恺撒命侍卫把他们拉出罗马广场，并且务使他们不受别的伤害——这出政治喜剧要永不失为喜剧，也是对他有利的事。

不管贵族阶级一切的阴谋诡计和一切的喧嚣咆哮，土地法案、批准亚洲组织案和宽免包税商案一概通过人民大会，以庞培和克拉苏为首的二十人会也选出就职。贵族用尽一切力量，结果只是联合派因他们那盲目狠毒的反抗而团结更坚，他们把不久就须用在重大事故上的力量，消耗在到底无关轻重的勾当。他们彼此祝贺所表现的英勇；毕布路斯说他宁死不屈，加图在狱卒手里仍滔滔不绝地演说，这都是爱国伟绩；除此以外，他们听天由命。在那年所余的时日，执政官毕布路斯总是闭门家居，同时他又用公告宣布说，他有个虔诚的心愿，要在本年间一切适于人民大会的日子，观察天象。他的侪辈又钦佩这位恩尼乌斯论法比乌斯所云“以因循来救国”的伟人，他们学他的榜样；他们的大多数，连加图在内，都不再出席于元老院；见世事不管政治天文学而依然进行，他们只是在四壁之内帮同他们的执政官发牢骚。在公众看来，这位执政官和一般贵族的消极态度当然等于政治上的退位；联合派见敌人听任他们采取再进的步骤，几乎不加阻挠，他们当然很觉满意。

最重要的步骤，就是规定恺撒将来的地位。按宪法说，元老院应负责在选举执政官以前先决定执政官第二年的权限；所以元老院逆料恺撒将当选之时，便为这事选择了两个除修建道路和别的公用工程外，696 年即前 58 年省长无事可做的省份。当然，这事
209 不能这样罢休；联合派决定使恺撒由人民法令，得到一个仿伽比尼乌斯一马尼利乌斯法设立的非常统帅职。但恺撒已公开声明他不愿提出自利的议案，所以保民官普布利乌斯·瓦提尼乌斯(Publius Vatinius)向公民提议，公民当然无条件地赞成。恺撒因此得为内阿尔卑斯高卢的省长和统率三个驻扎该地并且在卢奇乌斯·阿弗拉尼乌斯手下已习于边疆战事的兵团，还有他的副将一如往日庞培的副将，也都居同副执政官的品级；他有任职五年的保证——往昔任职有期限的将军都没有他这样长久的任期。多年以来，波河外的人总在想望公民权，已投在平民党尤其恺撒的门下，现在成为他治下的主干。他的辖境南抵阿努斯河和卢比孔河，包括卢卡和拉文纳在内。纳博省及其驻军一兵团又被追加在恺撒的领域内——元老院听庞培的建议通过这个议案，至少可免再见这个统帅职也经特殊人民法令归于恺撒。这样一来，他们如愿以偿。意大利本部既然依法不得驻兵，以后五年之间，北意大利和高卢的统帅同时也能控制意大利和罗马城；谁能做五年的主人，也能做终身的主人。不言而喻，新秉政者又复不忘用种种赛会和娱乐来保持民众的欢悦，并且乘着每一机会充裕他们的府库；例如联合派以高

价卖给埃及王一道人民法令，承认他为合法君主；同样，别的小君主和民社也在此时获得特许状和特权。

这种措置的永久性似乎也有充分的保证。执政官职，至少次年的执政官职，寄托在稳妥的手中。起初，大家以为此职必由庞培和克拉苏自己担任；但两位秉政者宁愿使人选举同党中次要而可靠的两个人——一个是庞培部下最贤能的副将奥卢斯·伽比尼乌
斯，一个是不甚重要却是恺撒岳父的卢奇乌斯·皮索——做696 210
年即前58年的执政官。庞培自任意大利的留守，在这里，他为二十人会之长，管理土地法的执行，把卡普亚区的土地分给将近两万的公民——大部为他部下的老兵。恺撒的北意大利的兵团用为他抵抗首都反对党的后盾。要想秉政者中间发生破裂，至少目前还无可望。恺撒做执政官时所公布的法律，庞培至少与恺撒同样关心地予以维持，这就可保证庞培和贵族阶级继续破裂——因贵族首领尤其加图仍目此等法律为无效——也可保证联合继续存在。再者，联合派各领袖间的私人关系也拉拢得更加亲密。恺撒忠心诚意，固守对他同盟的诺言，把他所应许的给他们，既不折扣，也不欺诈，尤其土地法原为庞培的利益提出的，他把它完全当作自己的事，以巧妙和刚强的手腕使它终底于成；庞培不是不能领略义举和诚意，三年以来他处在请求者的苦境，此人竟一举而助他脱离此境，他自当对这人具有好感。庞培又常与恺撒这样不胜其和蔼的人亲密往来，于是件件具备使利益的结合化为友谊的结合。这个友谊的结果和保证——当然同时也是个不容误解的公告，宣布新成立的联合政治——就是庞培娶恺撒二十三岁的独女为妻。尤丽娅（Julia）有得自她父亲的娴雅可爱，与那年龄几大她一倍的丈夫

相处，家庭生活极为快乐；公民遭了那么多的苦难和变乱以后，渴望休息和秩序，认为这个婚姻是将来太平盛世的保证。

庞培和恺撒的联合愈缔结得这样牢固紧密，贵族党的事便愈无希望。他们觉得刀悬头上，并且深知恺撒的为人，以至于确信他
211 遇有需要，必毫不踌躇地使用此刀。一位贵族写道："我们面面失败；由于怕死和怕被放逐，我们已放弃'自由'；人人嗟叹，无人敢言。"同盟派所欲的无过于此。但虽则大多数贵族的情绪这样称心如意，贵族党当然还不乏鲁莽的人。恺撒刚卸去执政官职，即有几个最激烈的贵族卢奇乌斯·多米提乌斯(Lucius Domitius)和盖乌斯·梅米乌斯(Gaius Memmius)在元老院全会中提议取消尤利亚法。这诚然只是一件蠢事，结果仅使联合派得利；因为现在恺撒自己坚持，要元老院考察被攻击的法律是否有效，元老院不能不正式承认其合法，不过我们可以想象，在这事上，秉政者却见到一种新要求，他们须惩治几个最著名最嚣张的敌人以警其余，因而可确保其余的人固守那叹息无言的良策。土地法照例有一条款，以丧失政治权利为条件，勒令全体元老誓守新法；起初，人们希望这个条款将使最热烈的对头依照征服努米底亚者梅特路斯的故事，拒绝宣誓，自行离国。可是他们竟不这样讨人欢喜；甚至严厉的加图也从命宣誓，他的"桑丘"(Sancho)追随其后。又有一种不名誉的企图，想借着人言以谋杀庞培为理由，以刑事诉讼威吓贵族党的首领，因而逼迫他们出国，但因所用的人不能胜任，归于失败；首告者名叫维提乌斯(Vettius)，他夸诞过甚，自相矛盾，保民官瓦提尼乌斯指导这种奸计，又极昭彰地显见他与维提乌斯同谋，以至于人觉得最好把维提乌斯勒毙狱中，把全案作为罢论。然而在这一次，贵

族党的完全解体，贵族们的无限惊慌，却十足地大白于世；甚至卢奇乌斯·卢库卢斯那样的人也亲自跪在恺撒的脚下当众声明说：因为年事已高，他自觉不得不退出政治生活。

所以到了最后，他们止于以少数几个人为牺牲。加图深信全部尤利亚法无效，直言不讳，他又是个思想与行为一致的人，所以最重要的事莫如遣走加图。马尔库斯·西塞罗当然不是这种人，他们不惧怕他。但平民党曾理直气壮地指斥691年即前63年12月5日的冤杀案，现在他们居联合的领导地位，绝不能在胜利以后不惩此案的罪人。如果他们要想追究那不幸法令的真作者，他们便不应抓住那位胆怯的执政官，而应抓住那一班怂恿怯夫杀人的狭义贵族。但按正式的法律，负这事责任的当然不是执政官的顾问而是执政官本人，特别是仅查办执政官而毫不牵连全体元老在内，却是个较宽的办法；因此，在西塞罗的罪状中，他借以下令行刑的元老院法令直被称为伪造的法令。甚至对西塞罗，当权者也愿避免惹人注意的步骤；但他不能自克，既不提出他们所要的保证，又不利用几次给他的正当借口而自离罗马，甚至也不守缄默。极愿避免触人之怒，怀着极真诚的惶恐，他却没有足以明哲保身的自制力；有时一句孟浪的戏谑使他心中发痒，又有时他那因众贵族的赞赏而几至昏迷的自负心，发为平民律师的铿锵句调，话语便不得不脱口而出。 212

处分加图和西塞罗的法令既经议决，便交由普布利乌斯·克洛狄乌斯(Pullius Clodius)去执行；克洛狄乌斯为人放荡荒淫，可是聪明而特为勇敢，多年来他总对西塞罗怀着极深的仇恨，为报仇和充当民魁起见，在恺撒执政期间，他骤然改节，由贵族变为平民，

而后被选为696年即前58年的保民官。同执政官恺撒做克洛狄
213 乌斯的后盾，留在首都附近，直到两个罪人受了惩处之时。遵照他所受的训令，克洛狄乌斯向公民建议，委加图去整理拜占庭的市政纠纷和合并塞浦路斯王国；塞浦路斯与埃及同因亚历山大二世的遗嘱而归于罗马，但埃及曾纳贿于罗马人以免被并，塞浦路斯则否，并且塞浦路斯王昔曾得罪克洛狄乌斯本人。关于西塞罗，克洛狄乌斯提出一个法案，此案特指不经审讯和判决而杀一公民为罪，犯者应受放逐的惩罚。如是，加图负着体面的使命，被遣离国，西塞罗则至少受到无可再轻的惩罚，并且法案上并未提到他的名字。但他们不禁欣喜，一方面见西塞罗以胆怯著名，属于政治上的骑墙派，便惩治他所表现的刚毅；另一方面见加图激烈反对一切的公民干政和一切的非常统帅职，便以人民法令加他统帅职；他们又用同样的诙谐态度，拿加图的乖僻美德作为有关此人的建议的根据，他的美德似乎特适于执行这棘手的任务——没收塞浦路斯王家大宗的财宝——而不饱私囊。两个建议一概带着敬重和冷嘲的色彩，恺撒对元老院的态度始终具有这种特色。两个建议都没有遇到反抗。大多数元老见他们办理喀提林一案的法令受人嘲笑和指责，为设法抗议起见，公然穿上丧服，这当然无济于事；西塞罗到了业已嫌迟的今日，始亲自跪倒在地，向庞培讨饶，也当然无济于事；甚至禁他留居本国的法令尚未通过，他已须自行出国(696年即前58年4月)。加图也怕惹出更严厉的处置，不敢推辞所得的任命，只得接受任命，登船东去。急务已毕，恺撒也可以离开意大利，去致力于较郑重的工作。

第七章　平定西方 214

政治上的自私自利不幸循环反复地在元老院和首都街市发动斗争，有如上述。本章要撇开罗马首任君主究竟名为格涅乌斯、盖乌斯或马尔库斯的问题，而叙述一件更为重要的事，一件以其后果至今仍能左右世运的大事。兹当此事发端之时，让我们暂且放眼四顾，就罗马人征服今法兰西所在之地以及初与德意志和大不列颠的居民相接触等事，阐明其与世界史的关系，发挥我们在这方面的见解。

已蔚为国家的民族吞并政治上未成年的邻族，文明民族吸收心智上未成年的邻族：这定律与引力定律一样普遍适用，一样很合自然法则。根据这条定律，意大利民族既然是上古唯一能把较高政治发展和较高文明合为一体的——虽则在这方面其文明有欠完满，只有皮毛——自可在东方把那些摇摇欲坠的希腊国家夷为藩属，在西方用它的移民逐出文化较低的利比亚人、伊比利亚人、凯尔特人、日耳曼人；正如英吉利在亚洲可以征服一个地位相等但缺乏政治能力的文明国，在美洲和澳洲可以今昔一贯地把它的国民特性加在广大的蛮族地带，化蛮荒为文明区域。罗马贵族已完成这问题的先决条件，即意大利的统一，至于这问题本身，他们却没有解决，他们始终把意大利境外的新获领土，不看作一种难免的祸害，便看作征收租税的国外产业。罗马平民党或君主党——二者

名异而实同——不朽的光荣就在正确了解它这最高的宿命，并且力促其实现。元老院迫于不可抵抗的时势，违其本愿，奠立罗马将
215 来统治东西两方的基础，以后卜居各省的罗马移民固然是地方的祸害，却至少在西方也是高等文化的先锋——时势所酝酿和罗马移民所自然营求的事，那手创平民党的盖乌斯·格拉古都能用政治家的真知灼见领会在心，着手实行。新政策有两个基本观念，就是在罗马势力范围内，原属于希腊人的地方应再归统一，原不属于希腊人的地方应作为殖民地；在格拉古时代有合并阿塔鲁斯王国和弗拉库斯征服外阿尔卑斯等事，两观念已被承认，但以后反动派占了上风，又遇阻碍。罗马国仍是一片纷纭杂乱的地方，既未完全占领，也没有相当界限。罗马在西班牙和希腊一亚细亚的属地都与本国相隔遥远，中间地带只有沿海边缘属于罗马人；在非洲北岸仅迦太基和昔兰尼加两地像孤岛似的为罗马人所据；甚至属国的大块土地，尤其在西班牙，也只是名义上受罗马的管辖。但政府方面绝没有把统治权集中起来，加以修整，舰队的衰落似乎终使远方属地的最后联系归于废弛。固然，平民党只要能再抬头，便想以格拉古的精神缔造他们对外的政策，尤其马略依这种观念行事；但因他们没有久操政权，计划仍旧还是计划。到了684年即前70年苏拉体制倾覆，平民党确实掌握政权，这方面始有一番骤然的转变。第一，地中海上的主权恢复了，是为罗马这种国家的生死问题。再者，在东方，罗马吞并本都和叙利亚两地，于是幼发拉底河的边界巩固了。但在阿尔卑斯山外还有未做的事，即一方面要确定罗马领域的北界和西界，另一方面要为希腊文明和依然无恙的意大利民族力量，取得未开发的新地。

这便是盖乌斯·恺撒所担任的工作。我们若把高卢专看作恺

撒训练自己和兵团以备将来内战的操场，那就不只是个错误，那就是冒犯了主宰历史的神圣精神。虽则平定西方是恺撒借以达到目 216
的的手段，因为他以后的优势就基于外阿尔卑斯的战争，可是一个天才政治家的特权却正在他的手段同时也是目的。恺撒固然因为党的目的需要武力，但他不是以党人的身份征服高卢。第一，罗马永有被日耳曼人侵入的危险，早在此时，罗马在政治上已须抵御日耳曼人于阿尔卑斯山之外，又须在那里建立一道堤防以确保罗马世界的和平。往日罗马公民已嫌本土太狭，有陷于衰落的危险，元老院行征服意大利的政策，拯救了他们的灭亡。现在意大利本土又嫌太狭，社会的危机又复发作，其性质无异于前，规模却较庞大，因而国势又复衰颓。指引恺撒逾阿尔卑斯山的，是一个高妙的观念，一个伟大的希望——他深信不疑，以为他必能在那里替本国人得到一个广大无垠的新家乡，使国家因基础加广而复兴。

就某种意义而论，693 年即前 61 年恺撒在远西班牙省的征战，已可算作以平定西方为务的事业。西班牙虽久已听命于罗马人，但就是德姆斯·布鲁图斯征加莱西亚人（Kalläker）以后，西岸仍大体不属于他们，北岸简直没有他们的足迹，罗马属下各省无时不遭那两处的侵掠，西班牙的文明化和罗马化受害不小。恺撒沿西岸的行军即以这两处为目标。他越塔古斯河北边的赫米尼西亚山脉（Herminische Berge，即埃斯德雷亚山脉[Sierra de Estrella]）先击败该处的居民，把他们一部分迁到平原，而后平定杜罗河两岸地方，达到半岛东北端，以由加的斯带来的舰队之助，占领此处的布里干提乌姆（Brigantium，即科伦纳[Coruña]）。因此，大西洋岸 217
的卢西塔尼亚人和加莱西亚人均被迫承认罗马为上国，同时征服者也务削减应纳的贡献,整理各民社的财务,以改良一般属国人民的境况。

这位才兼文武的伟人初次用兵和为政,便见出他以后在较大场面中所表现的本领和宗旨,虽然如此,他在伊比利亚半岛的施为却太嫌短促,不能深著成效;况此处地势和民性特殊,只有长期继续不断地活动始能发生永久的影响,短促的施为更不能深著成效。

另一处在罗马人开发西方上更关重要,这便是介于比利牛斯山与莱茵河以及大西洋与地中海之间的地方;自奥古斯都时代以来,凯尔特地——高卢——这个名词就特属于此地;不过严格说来,凯尔特地的范围一方面较狭于此,又一方面广大得多,而且此地始终未形成民族的统一,在奥古斯都以前也未造成政治的统一。696 年即前 58 年恺撒来到此处所遇的庞杂情形所以不易叙得明明白白,即以此故。

地中海沿岸区域约包有伦河以西的朗格多克(Languedoc)和以东的多菲内(Dauphané)和普罗旺斯(Provence),为罗马一省已六十年,自辛布里部的风涛横扫此地以来,罗马人在这里罕有不动干戈的日子。664 年即前 90 年盖乌斯·凯利乌斯(Gaius Caelius)在阿奎一塞克斯提亚附近与萨列儿部(Salyern)交战,674 年即前 80 年盖乌斯·弗拉库斯进兵西班牙时又与其他凯尔特部落交战。在塞尔托里乌斯战争期间,省长卢奇乌斯·曼利乌斯须急速赴援其同僚于比利牛斯山外,在伊莱尔达一战败阵而回,归国时中途又败于此省西邻阿奎塔尼亚部(Aquitanern)之手(约在 676 年即前 78 年),这样一来,比利牛斯山和罗讷河之间或甚至罗讷河与阿尔卑斯山之间,所有土人似乎全部叛变。庞培经过那叛乱的高卢而
218 往西班牙时,须用武力打开一条路,为惩处他们的叛变,庞培把沃尔卡-阿雷哥密部(Volker-Arekomiker)和赫尔维部(Helvier)的土

地(今加尔[Gard]和阿尔代什[Ardêche]等省)交给马赛利亚人;省长马尔奇乌斯·芳提乌斯(Marcius Fonteius,678—680 年即前 76—前 74 年)实行这些法令,平定沃康提部(Vocontier,在今德龙[Drôme]省),保卫马赛利亚以抗叛党,解救被围的罗马省城纳博,于是恢复了此省的安静。然而一方面人心绝望,另一方面高卢各省既同遭西班牙战争的祸害,又受罗马人公私一般的横征暴敛,经济发生困难,这情形不许他们安静。特别是阿洛布罗根部距纳博最远,常在骚动之中,688 年即前 66 年盖乌斯·皮索担任那里的“绥靖工作”以及 691 年即前 63 年乱党谋反时阿洛布罗根使者在罗马城的行为均足为证,不久以后(693 年即前 61 年),此部公然背叛。卡图基纳图斯(Catugnatus)率阿洛布罗根人作殊死战,起初不无胜利,但在索洛尼姆(Solonium)一战,先壮烈抵抗,而后为省长盖乌斯·庞普提努斯(Gaius Pomptinus)所克。

尽管有这些战事,罗马领土的疆界并无重大进展;庞培使塞尔托里乌斯残部往居的卢古杜努姆聚落(Lugudunum Convenarum)以及托洛萨、维也纳和日内瓦仍是罗马西北部最边远的地点。然而对于本国,高卢属地却日渐重要。南高卢气候绝佳,似意大利,地势便利,腹地广大肥美,便于商业,其商道直抵不列颠,与本国的水陆交通也很畅快,所以在经济上对意大利骤臻重要,较老属地,例如西班牙,历数百年之久也还不及它;又因当时在政治上失败的罗马人特别要到马赛利亚来避难,重见意大利的文化和意大利的奢华于此地,所以自愿迁居的意大利人也日多一日地来到罗讷河和加伦河上。一种叙述作于恺撒来此的十年以前,据说:“高卢省里满是商人,罗马的公民蜂拥于此地。高卢土人每做一事,必以罗 219

马人为中人，高卢每一文钱易手，必经过罗马公民的账簿。”由同一叙述，我们又可见除纳博的殖民团外还有大批的罗马农人和牧人住在高卢；然而我们又不可忽略，罗马人在各省所有的土地，正如英国人在美洲最早领土的大半，均为住在意大利的高级贵族所有，那些农人和牧人多半都是他们的管家，即奴隶或脱籍人。

在这种情形之下，文明和罗马风气如何在土人中迅速发展，可想而知。凯尔特人不喜务农，新主人强迫他们易刀剑为耒耜；我们很可相信，阿洛布罗根部所以拼命抗拒，一部分就是这类法令使然。早年时，希腊文化也曾对这些地方稍有影响；它们的高等文明要素都由马赛利亚而来，他们种葡萄和橄榄，使用文字①以及铸造钱币，都受了马赛利亚的感发。罗马人在这里也没有排斥希腊文化，马赛利亚由罗马人得来的势力足以偿其所失而有余，甚至在罗马治下时高卢各区仍公然任用希腊医生和修辞家。但有不言而喻的，南高卢的希腊文化与意大利的无异，也由罗马人得有同一特性，于是特殊的希腊文明变为拉丁-希腊的混合文化，此地不久便有很多新信徒皈依这种文化。南高卢人名为“穿长裤的高卢人”以别于意大利“披斗篷的高卢人”，他们诚然不似后者的完全罗马化，但就在当时，他们已与北方尚未克服的“长发高卢人”迥然不同。固然，他们中间流
220 行一种半截的文化，他们那不纯粹的拉丁文很有供人嘲笑的资料，并且任何人若有系出凯尔特人家之嫌，别人即不免使他自觉其与“穿袴

① 例如在沃克努斯部的维松(Vaison)发现一个用普通希腊字母的凯尔特语铭文。其文如下：*σϵγομαρος ουιλλονϵος τοουτιους ναμαυσατις ϵιωρου βηλησαμισοϵσυ νϵμητοη*。最后一词意谓“神圣”。

人的瓜葛”。但这种拉丁文虽不见佳，远来的阿洛布罗根人却能用以与罗马当局商洽事务，甚至不用译人便能在罗马法庭上做证。

如是，这些地方的凯尔特人和利古里亚人正在丧失其民族性，并且由他们那些无望的叛乱可证其在如何难堪的政治和经济压迫下趋于枯萎，所以这里土著人口的衰微实与当时意大利高等文化的传入同时并进。阿奎－塞克斯提亚是个大地方，纳博更是个大地方，两城大概可与贝内文托和卡普亚并称；在罗马属下的希腊城市中，马赛利亚组织最善，最为自由，最能自卫，也最为强大，所行的严格贵族政治在罗马守旧派看来必指为好城邦制的模范，所据有的重要领土曾蒙罗马人大加扩充，贸易又甚广大，此城与那两个拉丁城并立等于意大利的雷吉纳和拿波里与贝内文托和卡普亚并立。

一过罗马边界，景象便不同了。大凯尔特民族在南方各地的已渐为意大利移民所压倒，在塞文(Cevennen)河以北的却仍度其自古以来的自由生活。我们这不是初次遇见他们；意大利人与这绝大民族的支队和前哨已曾交战于台伯河和波河之上、卡斯蒂利(Castilien)和克恩滕(Kärnten)的山中，甚至小亚细亚内地的深处；但在这里，意大利人始攻打到他们主干的核心。凯尔特民族定居于中欧以后，便大半散布于今法兰西以及德意志西面和瑞士，住在各河流的肥沃谷地和怡人的山地，由此出发，至少占据英伦南部，或许就在此时已尽占大不列颠和爱尔兰；[①]他们在这里形成一

① 泰晤士河两岸的英伦部落均借用比利其部落的名称，可见比利其凯尔特人迁居不列颠一事前后持续颇久；例如阿特雷巴特部、比利其部，甚至不列颠部(Britanner)，“不列颠”一词似乎是把住在亚眠下游索姆(Somme)河上的不列顿部(Britonen)移用到一个英伦部落，而后推到全岛。英伦的金币也由比利其而来，并且最初与比利其金币一致。

221 个民族集团，分布广于他处，但在地理上却打成一片。领域既这样辽阔，语言风俗当然不免歧异，虽则如此，自罗讷河和加伦河至莱茵河和泰晤士河一带，各部落却似彼此往来甚密，精神上有共属一族之感，因而团结起来；反之，这些部落虽必与西班牙和今奥地利的凯尔特人稍有局部的关系，却因一方面有比利牛斯和阿尔卑斯两大山的阻隔，另一方面有罗马人和日耳曼人也在这里行侵略，所以这同种各族的互相往来和精神联系大受阻碍，迥非那条狭窄海峡分隔大陆上和不列颠的凯尔特人可比。可惜这不凡民族在这主要场所的内部发展史不许我们循序考察，我们不得不止于按恺撒时代在这里所见的情形，至少叙述其文化史和政治状况的大略。

据古人的记载，高卢的人口相当稠密。由几种叙述，我们可推测比利其各地每一平方公里平均十六人，约与今日的威尔士（Wal-
222 lis）和利夫兰（Livfland）相仿，赫尔维部每平方公里平均二十人；[①]大概在文化高于比利其而山岭少于赫尔维之处，例如在比图里吉（Biturigen）、阿维尔尼（Arvernern）、埃杜伊（Häduern）等部，数目更高。固然，高卢有人务农，因恺撒同时的人已在莱茵区见用泥灰

① 比利其各部落若不包括雷莫部在内，就是说塞纳河与斯海尔德河之间东至雷穆和安德纳赫（Andernach）的地方共约十一万至十二万平方公里，约计可出第一期征兵三十万人；因此，如果我们把贝洛瓦契部第一期征兵与全体能战男子的已知比率认为处处可用，则比利其能战的人数必达五十万，因而全部人口至少达二百万。在迁徙以前，赫尔维部及其属下各族共计三十三万六千人，如果我们假定他们当时已被逐出莱茵河右岸，他们的领域约计一万六千五百平方公里。农奴是否在此数内，我们不能断定，因为我们不知凯尔特奴隶制度的方式如何；由恺撒叙述奥格托里克斯（Orgetorix）的奴隶、门客和债务人的话看来，他们似乎也在数内。

再者，上古史特别缺乏统计的根据，这种用推测补其缺漏的办法，我们自当慎重接受，聪明的读者既不为所误，也不因此而绝对排斥它。

石施肥的习惯而惊异，①还有凯尔特人用大麦造啤酒（*cervesia*）的原始习俗也证明种谷术的传播早而且广；不过农业却不受重视。甚至在文化较高的南方，人也以为凯尔特自由人若手持耒耜，便有失体面。在凯尔特人看来，畜牧业高于农业远甚，在畜牧上，当时罗马地主特别乐用凯尔特种的牲畜和凯尔特奴隶，此等奴隶勇敢善骑马，又熟习畜养牲口的事。② 尤其在凯尔特北方各地，畜牧业全占上风。布列塔尼（Bretagne）在恺撒之时是个缺粮的地方。在东北，茂密的森林与阿登（Ardennen）的中心相结合，自北海至莱茵河几乎连绵不断；佛兰德（Flander）和洛特林根（Lothringen）那块今称福地的平原，那时有梅纳皮（Menapier）和特雷维里（Treverer）的牧人在遮天蔽日的橡林中牧放半家半野的猪。正如在波河流域，凯尔特人原用橡实养猪，罗马人代之以生产羊毛和种植谷类，所以在斯海尔德（Schelde）河和玛斯（Maas）河的平原上，养羊和农耕也由罗马人得来。不列颠甚至还不惯于打谷，更北地方竟全无农业，只知利用土地来畜养牲口。马赛利亚种植橄榄和葡萄，获利甚丰，但在恺撒时代，塞文河外尚无人经营此业。 223

① 瓦罗书中记斯克法（Scorfa）的话说："在外阿尔卑斯莱茵河上的腹地，我在那里做统帅时，走过一些地方，既不见葡萄树，也不见橄榄树，又不见果树，他们用掘出的白垩土肥田，他们既无岩盐，又无海盐，只把某种木料烧成碱灰，用以代盐。"这话所描写的大概是恺撒以前旧省东境阿洛布罗根地的情形，以后普林尼又详述高卢不列颠人用泥灰石肥田。

② "高卢牛特别驰名于意大利，尤其长于田间工作，而利古里亚牛则毫无用处"（瓦罗）。固然，这里所谓高卢指内阿尔卑斯高卢而言，但该地的畜牧业必导源于凯尔特时代。普劳图斯都已言及"高卢马"（*Gallici canterii*）。"不是每一种族都适于牧人之业，巴斯图尔人（Bastuler，在安达卢西亚）和特杜尔人（Turduler，也在安达卢西亚）均不适于这事；凯尔特人最长于此，尤其关于骑的牲口和负重的牲口（*iumenta*）"（瓦罗）。

高卢人自始就好聚居，无城防的村落到处皆是，696年（即前58年）时，只是赫尔维部就有四百村，此外还有很多的独家住户。但有垣墙的城镇也不缺乏，城墙系以木架嵌石而成，既适用而又结构精美，使罗马人见而惊异；另一方面，就在阿洛布罗根的城镇，屋宇也确乎纯系木造。这种城镇，赫尔维部有十二座，苏埃西翁(Suessionen)也有此数；而在更北地方，例如在内尔维部(Nervier)固然也有城镇，人民遇有战事，却逃命于沼泽和森林而不入守城垣；在泰晤士河外，原始的防御物——木栅——完全代替了城墙，当战争时，这是人民和牲畜的唯一避难所。

城市生活的较大发展与水陆交通的旺盛密切相联。处处都有道路和桥梁。河川如罗讷河、加伦河、卢瓦尔河和塞纳河等本身就使人乐于航行，所以内河航业规模既大，获利亦丰。但凯尔特人的航海业却更可注意万分。不但由一切方面看，凯尔特人似乎是第一个经常航行大西洋的民族，而且据我们所知，造船和操舟之术在这里也发展到惊人的地步。我们由其所经海面的水性可想而知，地中海各民族的航业在相当长久期间止于用桨，腓尼基人、希腊人和罗马人的战舰永远是划桨的低身船，船帆仅用为船桨的偶然辅
224 助，只有上古文明发达时期的商船才是名副其实的帆船。[①] 但当恺撒之时及很久以后，高卢人固然在海峡上用一种可以携带的皮艇，这似乎大致是普通划桨的小船，可是在高卢西岸，圣东尼部

① 我们所以得此结论，因为商船名为“圆”船以别于名为“长”船的战船，同样还有划桨船（ἐπίχωποι νῆες）与商船（ὁλχάδες）之别，又因为商船船员不多，至多不过二百人，而一只普通的三层桨船所用的桨手有一百七十人。

(Santonen)、皮克顿部(Pictonen),尤其维纳特部(Veneter)却行驶造得很笨的大船,这种船不用桨来发动,而备有皮帆和铁制锚链;他们不但用这种船与不列颠交通,而且从事海战。所以我们在这里不但初次遇到大洋航业,而且帆船也在这里完全代替了划桨小船——上古世界当活动力日衰之时自然不知利用这种进步,到我们这文化复兴的时代,才有人从事于收获这进步的无量效果。

不列颠与高卢的沿海既有这种经常的海上交通,海峡两岸居民在政治关系上的非常密切,以及海外贸易和渔业的兴隆便都不难索解。特别是布列塔尼的凯尔特人由英伦取来康瓦里(Cornwallis)矿坑的锡,经高卢的河道和陆路运至纳博和马赛利亚。据说恺撒之时莱茵河口有几个部落赖鱼类和鸟卵为生,此言盖谓这里的人大规模捕捉海鱼和拾取海鸟的卵。关于凯尔特人的商业和交通,传到今日的记载既破碎而又稀少,我们若加以综合补充,则河埠和海港的关税何以在几个部落——例如埃杜伊部和维纳特部——的预算里占重大地位,他们何以认为全国主神是个护路保商的神,同时也是开创工艺者,其故可知。由此看来,凯尔特人的工业必不全等于零;凯尔特人非常工巧,尤擅长照样仿造和依命制物,特为恺撒所称道。然而在大多数部门,他们的工艺似未超乎寻常之上;麻织品和毛织品的制造以后盛行于高卢中部和北部的,确 225
可证明为罗马人所倡始。金属工艺却为例外,并且据我们所知,也是唯一的例外。高卢古墓出土的铜器往往制造精美,至今仍然柔韧,阿维尔尼部的金币大小轻重毫厘不爽,二者到现在仍足以证明凯尔特铜匠和金匠的技巧。古人的叙述也与此相符,据说罗马人由比图里吉部学得镀锡术,由阿勒西儿部(Alesier)学得镀银术——镀锡术的发明可以锡的贸易为证明两种发明大概都起于凯尔特人的自由时期。

与金工技巧密切相连的是开采金属的技术，尤其在卢瓦尔河上的铁矿里，这技术达到专门矿师的程度，以至于当攻城时开矿人成为重要的角色。当时罗马人有一种流行的意见，以为高卢是世界上一个最饶黄金的地方；固然，由人所熟知的土地情形和凯尔特墓中出土物的数量看来，他们的见解不能成立，因为墓中黄金不多，并且远不如在真正产金区的同类出土物中那样常见；无疑地，希腊旅行家和罗马兵士，向本国人描述阿维尔尼王的富丽和托洛萨神庙的财宝时，不免力事夸张，这种观念必因此而起。但他们的话却不纯属虚构。我们很可相信，在发源于阿尔卑斯山和比利牛斯山的河川内外，淘金和检金事业在今日工价之下不能获利，但当文化较低时期，用奴隶制，这事业必有利可图，规模庞大；此外半开化民族的商业情形也往往便于积蓄一批不流通的贵金属，高卢或许也非例外。

造型艺术的低劣深堪注意，并且与金属工艺的机巧相形之下，其低劣更加显著。他们喜好杂色鲜艳的装饰品，可见审美能力的
226 缺乏；高卢的钱币给我们一个惨痛的证据，钱上图形的意匠有时过于简单，有时离奇怪诞，但无时不幼稚，并且在技巧上几一律粗陋无比。铸钱事业历数百年，并且稍有技巧，竟大体以仿造两三种希腊钱范为限，而且仿造得日益失其真相，这或许是史无前例的事。另一方面，诗的艺术为凯尔特人所重，与此民族的宗教甚至政治制度密切相联，据我们看，宗教诗以及宫廷诗和托钵诗都很繁盛。在凯尔特，自然科学和哲学虽拘泥于当地神学的形式和束缚，却也不

乏学习的人；无论何处，无论如何，只要遇有希腊的人文主义，他们无不欢迎。至少祭司一概通晓文墨。当恺撒时，自由的高卢大半用希腊文，例如赫尔维部即其中之一，但就在当时的最南各地，因与罗马化的凯尔特人互相来往，拉丁文已占优势，例如当代阿维尔尼部的钱币上就有拉丁文。

凯尔特民族的政治发展也有很可注意的现象。这里与他处无异，国家的组织也以氏族部落为基础，有君主，有参议会，有能服兵役的自由人的民社；但又有其特异之处，就是它始终没有超过部落组织。在希腊和罗马，城垣很早就代替部落，为政治单位的基础；若两部落同在一城内，便合为一个联邦，若一个公民团派一部分的国人往居一座新城，一个新国照例由此而起，新国对母国只有孝敬，至多不过有属下的关系。在凯尔特却不然，公民团永久就是氏族；君主和元老会所主宰的是部落而非任何城市，部落大会为国家的至上权威。城市与东方的相仿，其重要只在商业和战略而不在政治，因此，据希腊人和罗马人看来，就是有城垣的很大地方如维也纳和日内瓦，也不过是村落。恺撒之时，原始氏族组织仍存于凯尔特人所居的岛屿和大陆北方各部落，大体无改于旧；民社握最高 227
权，关于重要问题，君主须遵守民社的法令；参议会人数众多，在几个部落中达六百人，但以其重要而论，似乎不过如罗马王政时期的元老院。反之，在多事的高卢南部，当恺撒以前六七十年间——末主的子女至恺撒时仍存于世——至少大部落如阿维尔尼、埃杜伊、塞昆(Sequaner)、赫尔维等部发生革命，结果王政废除，政权落于贵族之手。

如上所述，凯尔特人绝无城邦，与此互为表里的就是政治发展的另一极端——骑士制度——在凯尔特部落组织中十分占有优势。由各方面看来,凯尔特的豪门似乎都是高等贵族,或许大部是今昔王家的宗室;即如一部落中互相敌对的两党领袖常属于一家,深可注意。这些大家巨室兼握财政、武备和政治的优势。国家的利权都由他们垄断承租。普通自由人受赋税的重累,被迫向他们借债,放弃自由,先在事实上做债务人,而后在法理上做奴仆。他们发展出家兵制度,即贵族雇一些骑马奴仆(所谓 *ambacti*)[1]为侍从的特权,因此造成割据自雄的现象;贵族倚仗自己的部曲,抗拒
228 合法的官府和国军,实际上弄得国家四分五裂。假如一个部落有胜兵役的男子八万人,中有一个贵族能带一万家兵赴大会,而奴仆和欠债人尚不在内,则这个人显然是个独立君主而非本部落的公

---

[1] 早在罗马纪元第六世纪,波河流域的凯尔特人必已用这可注意的词,因为恩尼乌斯已知此词,在那样早的时候此词只能由该处传给意大利人。然而此词不只是凯尔特文,而且是德文,为德文 Amt 一词的语根;甚至家兵制本身也是凯尔特人和日耳曼人所共有。考证此词因而也考证此制究竟由日耳曼人传到凯尔特人,还是由凯尔特人传到日耳曼人,这是史学上很关重要的事。假使如平常的想法,此字本系德文,原来的意义是作战时立在主人背后(and 等于"对",bak 等于"背")的奴仆,这与此词非常早见于凯尔特一事并不完全矛盾。由一切类比看来,养家兵(即 *δοῦλοι μισθωτοί*)之权不能自始即属于凯尔特贵族,而只是与较古的君主制和自由人的平等相对抗,渐渐发展出来。如果这样看来,凯尔特家兵制不是本国自古以来的,而是较晚的制度,那么,鉴于凯尔特人与日耳曼人几百年来已有的关系(详见下文),凯尔特人在意大利一如在高卢大半雇用日耳曼人做那些武装奴仆,便不但可能,而且可信。果若是,则所谓"瑞士亲兵"(Schweizer)必早于人所着想的几千年。罗马人或许仿凯尔特人之例,称日耳曼民族为 Germani,如果 Germani 一词真是源于凯尔特语,这显然与上说若合符节。当然,如果 ambacti 一词能由凯尔特语根得到满意的解释,以上那些假定便必须退后;即如崔斯(Zeuss)探求此词的来源,以为 ambi 等于"周围",ag 等于 agere,意指"周围行动的人"或"左右听差的人",所以就是从人、奴仆,不过他还不敢确定。至于此词也是个凯尔特人名,或许也保存于坎布尔语(Cambrisch)中的 *amaeth*(小农人、苦力),却不能用以决定以上两说的是非。

民。再者，各部落的大家巨室密切相联，借着互通婚姻和特别条约的力量简直结成一个坚固的同盟，一个单独部落实无力对付这种同盟。因此，各民社不再能维持公共安全，恃强欺弱成为普遍流行的现象。只有奴仆还能由主人得到保护，主人为义务和利益所迫，不能不替他的属下报仇申冤；国家不再有保护自由人的力量，所以自由人成群归附强有力者，做他们的奴仆。

公民大会失其重要性；贵族跋扈应受君权的制裁，但在凯尔特地一如在拉丁姆，君权竟亡于贵族的跋扈。执法者(Vergobretus)[1]代君主而兴，他与罗马执政官相仿，任期也仅一年。若有一个部落仍团结而不分裂，这部落便由参议会来指导，当然，在参议会中贵族领袖夺政权为己有。不言而喻，在这种情形之下，各部 229
落必有骚动，昔日拉丁姆在国王被逐后也有几百年的骚动，颇与此相类。各民社的贵族虽彼此另结了反抗民社当局的联盟，民众却不熄其恢复王政的愿望；常有一个杰出的贵族，如往昔罗马斯普里乌斯·卡西乌斯的行径，想以部落大众为后盾，破坏其他贵族的势力，为自己的利益计，恢复王权。

如此，各个部落日趋衰微，不可救药；同时，全体一致之感却正在这民族中勃然而兴，并且以种种方式求表现和确立。凯尔特全体贵族的团结与各个部落的联合互相对立，虽则扰乱了现状，却也唤起和培植了民族全体一致的观念。此民族常遭外患，与邻国交战，疆土日蹙，其效果亦复相同。昔希腊人对波斯人作战，意大利人对内阿尔卑斯的凯尔特人作战，始感到全国一致的存在和力量，

[1] 源于凯尔特语的 *guerg*(工作者)和 *breth*(裁判)。

今外阿尔卑斯的高卢人对罗马人作战，似乎也有此感。在各部落彼此争雄的喧嚣中，在封建社会的一切争吵中，仍可听到一些人的主张，他们情愿以各个部落的独立甚至骑士贵族权利的独立换取民族的独立。反抗异族统治的事如何深得民心，可见于恺撒的战争，凯尔特爱国派对恺撒的态度，与以后德意志爱国派对拿破仑的完全相同；关于反抗运动的广大和饶有组织，证据甚多，消息传递的迅速如电报，即其一端。

凯尔特民族虽在政治上极为分崩离析，在宗教甚至神学上却久已统于一尊，否则凯尔特民族意识的普遍和强大便不可解。凯
230 尔特的祭司团，或用土名来说，德鲁伊(Druiden)教会确以宗教和民族的共同维系，合不列颠群岛和全高卢为一体，或许还有其他凯尔特人的地方也在其内。这教会自有其首领，由祭司自行选出；自有其学校来教授那包罗甚广的传说；自有其受各部落尊重的特权，尤其免税和免兵役的特权；有年会，会场在“凯尔特地的中央”沙特尔(Chartres)附近；最重要的，还有笃信的人民，对于祭司，人民苦苦尽忠，盲目服从，似乎不亚于今日的爱尔兰人。我们可以想见，这样一个祭司团必欲夺取尘世的政权，并且已做到一部分。在行一年君主制的地方，当君位虚悬时，祭司团主持选举。祭司团主张他们可以把个人和全民社逐出教会以外，因而逐出文明社会以外，他们的主张居然成功。祭司团务使最重要的案件，尤其关于疆界和遗产的案件归它审判。他们既有把人逐出民社之权，凯尔特人又常杀人祭神，有尽先以罪犯为牺牲的习惯，祭司团似乎依据前者，或也依据后者，发展出祭司的广大刑事裁判权，与国王和法官的裁判权鼎足而立。祭司团甚至要求宣战媾和的决定权。高卢人

差不多是个教会团，有教主和教士大会、免税免役之权、禁人参加圣典的法令和宗教法庭；不过这个教会国与晚近的不同，它不自外于民族，反而非常富有民族色彩。

但彼此一家的感觉虽在凯尔特各部落中勃然兴起，这民族
却仍不能得到政权集中的凭借；意大利有罗马民社，希腊人有马
其顿王，日耳曼人有佛兰克王做他们中央集权的凭借，凯尔特人
却没有。凯尔特祭司团和贵族，虽则以某种意义而言，可谓能代
表和维系这个民族；但一方面，他们各谋本阶级的利益，因而不
能统一全族，另一方面，他们又很强大，不许任何君主和部落成
统一之业。统一的初步却不缺乏，这种工作都顺着部落组织的
自然趋势走霸主制一条道路。强大部落夷弱者为藩属，以致霸
主对外兼代表藩属，在国际条约上兼替藩属立约，而附属部落义 231
当服兵役，有时也须纳贡。一些各不相干的联合就这样发生出来；
至于一个全高卢的霸主，一个即使很松却能团结全民族的联合，则
付阙如。

如上所述，罗马人初征外阿尔卑斯时，在北方见有苏埃西翁部属下的不列颠一比利其同盟，在高卢中部和南部见有阿维尔尼联盟，又有属国较少的埃杜伊部与阿维尔尼联盟争雄。恺撒之时，我们见比利其部在高卢东北部，介于塞纳河与莱茵河之间，仍为这样一个联合，但似乎不再伸到不列颠；在今诺曼底和布列塔尼地方，有阿列摩利加（Aremorika）各部落即沿海各部落的联合出现，与比利其部并立；在高卢中部即本部，仍旧两党争霸，一党以埃杜伊部为首，另一党本以阿维尔尼部为首，此部因与罗马交战而衰弱，失其霸主地位，乃以塞昆部为首。这些不同的联盟都是比肩而立，各

不相属;高卢中部各大国的霸权似乎永未达到高卢东北部,切实说来,甚至永未达到高卢西北部。

这些部落联合自可稍餍民族对自由的渴望。但由任何方面看来,这些都嫌不足。联合非常松弛,无日不徘徊于同盟制与霸主制之间;全体在太平时节以联邦大会为代表,在战时以将军为代表,[①]代表的力量极端薄弱。只有比利其联盟似乎团结得稍为坚固,由于爱国心的勃发,他们居然能击退辛布里部,这或许对于他们有益。霸权之争使每一联合发生裂痕,经若干时日,裂痕不但不能弥补而且加大,因为任一竞争者得胜,他的对手仍不失其政治上
232 的生存,就算他们屈身为藩属,以后永可再起而奋斗。强大部落的竞争不但闹得自己不睦,而且波及每一附属部落和每一村落,并且因为每人各视其私人关系而定其向背,竟往往波及每一家庭。希腊不亡于雅典对斯巴达的战争,而亡于每一附属民社甚至雅典本城都有雅典党和斯巴达党的内讧,所以阿维尔尼部与埃杜伊部的争霸,以其规模更小而又更小的反复重演,使凯尔特民族沦胥以亡。

这些政治和社会的情形转而影响这民族的武备。骑兵是绝对主要的兵种,此外在比利其部尤其在不列颠群岛,还有上古民族的战车也显得非常完善。此等骑马乘车的军队都出自贵族及其部下;贵族有真骑士之风,喜爱狗马,以重价购买外国种的骏马。贵族的精神和战术自有其特点:征兵时,任何能骑马的人甚至白发老翁一概从军出征,他们将与其所藐视的敌人开战时,必人人宣誓

① 由维钦托利被控叛逆罪一事,可见这种联军元帅对军队方面所处的地位。

说，他们的队伍若不能至少两次冲过敌人的阵线，他们誓不回家。受雇的战士中盛行佣兵的风气，道德堕落，淡漠无情，以致视别人甚至自己的性命轻于鸿毛。几个故事虽染有奇谈逸事的色彩，却仍能为此说之证；据说凯尔特人开宴时以刺剑为戏，往往拼命相扑，凯尔特人又有一种流行的风俗，尤甚于罗马人的决斗戏，即他们贪定额金钱或若干瓶酒，自卖其身，供人杀戮，在万众目睹之下，横卧盾上，情愿受死。

比之骑兵，步兵较为落后。罗马人曾在意大利和西班牙与凯尔特部队交战，大致看来，这种步兵与他们大同小异。大盾仍旧是主要的护身武器；反之，在攻击武器中，长杆刺枪现在代刀剑而为主要的武器。几个部落如果联合作战，扎营和打仗当然便以部落 233
为单位；至于每部落的征兵是否有军事的编制组成更小而整齐的战略单位，则无形迹可寻。凯尔特军仍用长列车辆拉载随军的辎重；罗马人每夜设立一座有寨墙的营垒，凯尔特人不然，他们永远用一种可怜的代替品，即车寨。说到某几个部落，例如内尔维部，步兵的善战格外显著；可注意的是，这种部落没有骑兵，甚至不是凯尔特人而是日耳曼移民，也未可知。但一般看来，这时凯尔特的步兵似乎是一种不好战的庞大民军；在较南各地，勇气与蛮风一齐消逝，这种情形最甚。恺撒说，凯尔特人不敢明目张胆地与日耳曼人交战。这位罗马大将对凯尔特步兵的批评，还有比上述意见更为苛刻的，他在第一年战役中晓得凯尔特步兵之后，永不再用他们与罗马步兵联合作战。

如果我们按恺撒在外阿尔卑斯一带之所见，而考察凯尔特人的全部情况，那么，与一百五十年前波河流域凯尔特人的文化程度相比，他们的文明可谓确有进步。那时民兵出类拔萃，完全是他们军队的主脑，现在骑兵却占第一位。那时凯尔特人住在无围墙的村落，现在他们的市镇周围都有建筑甚佳的墙垣。伦巴底古墓出土的物件，尤其以铜器和琉璃器而论，不及北高卢的远甚。或许欲知文化的程度，最可靠的尺度无过于全族一体的感觉，凯尔特人在今名伦巴底的地方作战时，这感觉还很少见，但他们对恺撒作战时，这感觉已昭然可睹。由一切方面看，凯尔特民族与恺撒相遇之时，已达到其命定的文化的最高点，当时已在盛极而衰。甚至据我们这些不很周知的人看来，恺撒时外阿尔卑斯凯尔特人的文明，确有几方面令人起敬，又有更多方面饶有趣味；从许多观点看，这种
234 文化与近代文化关系较密，而与希腊罗马的文化关系较远，它有帆船，有骑士制度，有教会组织，而更重要的，又有几番尝试——虽则是不充分的尝试——他们要不以城市而以部落为建国的基础，并且再高一等，要以民族为建国的基础。但正因我们这里所遇见的凯尔特民族已发展到了顶点，所以它那道德禀赋的较为低微，换句话说，它那文化能力的较为薄弱，更加显著。这民族不能自创一种民族的艺术，也不能自创一个民族的国家，至多只能做到一种民族的神学和一个特殊的贵族阶级。原有的天然胆量已不可复见；军事的武勇本基于较高的道德和适当的组织，二者又随文明增进以俱来，这种勇气只以发育不全的形状见于骑士阶级之中。固然真正的野蛮风气已归没落，高卢往昔常把肥肘子给最勇的人吃，但每一座客只要自以为这事于他有损的，便可随意以此为理由向接受肘子的人挑战；又酋长死后，他最忠实的家兵便与他俱焚，这些习惯已成过去。但杀人献神的事仍未绝迹；法律原则认为刑讯不可

施于自由男子，却可施于自由女子和奴隶，甚至在凯尔特的文明时代，妇女在他们中间占何等可惨的地位，由此可见。各民族在原始时期特有的优点，凯尔特人已把它失去，而文明十足浸入民族骨髓时所得来的长处，凯尔特人却未获得。

以上是凯尔特民族的内部情形。还有他们对邻族的外事关系尚待阐明；当时各民族正在力争雄长，大行赌斗，到处都是攻取难而自守更难，他们在争斗中有何举动，也尚待叙述。沿比利牛斯山一带，各民族的关系久已和平解决，凯尔特人侵逼伊比利亚即巴斯克(Basken)的原始土人而稍把他们排挤出去的时代，早已成为过去。在恺撒时，比利牛斯山的谷地以及柏恩(Bearn)和加斯科涅(Gascogne)的山岭，还有加伦河南的沿海草原，都是阿奎塔尼部的确实领土，此部是很多伊比利亚人的小部落所合 235
成，他们彼此很少接触，与外界更少接触；在这区域，只有加伦河口和重要港埠伯第伽拉(Burdigala，即波尔多[Bordeaux])握在一个凯尔特部落之手，这部落名为比图里吉一维维西(Bituriger-Vivisker)。

远较重要的是凯尔特民族与罗马人和日耳曼人的接触。我们不必重述上文已述的事实，即罗马人如何在缓缓前进中渐渐逼退凯尔特人，终于占领阿尔卑斯山与比利牛斯山之间的海滨，因此完全截断他们通意大利、西班牙和地中海的路；几百年前，罗马人在罗讷河口建了一座希腊堡垒，已种下这番变故的根苗。但我们须在这里重提往事，即不仅罗马的优越武力压迫凯尔特人，罗马的优越文化也一样压迫凯尔特人，高卢颇有希腊文化的萌芽，毕竟有助于罗马文化的传布。贸易和交通常为侵略的先声，这里也是如此。

凯尔特人不脱北方人的习气，爱喝烧酒，他们与西维亚人相仿，饮用不加水的美酒，尽醉方休，使节饮的南方人惊异厌恶，但商人却非不愿与这种顾客做交易。不久以后，这种生意便成为意大利商人的金窟；一坛酒换一个奴隶，在高卢不是什么稀罕的事。其他奢侈品，例如意大利的马在高卢也是赚钱的货物。在这时，已有罗马公民获得罗马界外的地产，按意大利方式加以利用，例如早在673年即前81年左右，塞古西亚维部（Segusiaver，在里昂附近）的罗马田庄已见于记载。无疑地，如上所述，自由高卢例如阿维尔尼部所以在被征服以前已有人通晓罗马语言，即以此故；但这种知识大概仍限于少数人，甚至与埃杜伊联邦的官员交谈，也须用译人。正如
236 贩卖烈酒和越界居住的人开了占领北美洲的路，这些罗马酒贩和地主也把将来的征服高卢者招引前来。对方的人如何洞明此事，可见于一种禁令，高卢一个最强干的部落内尔维部，与几个日耳曼部落相似，发令禁止与罗马人交易。

罗马人由地中海的压迫已很猛烈，还有更加猛烈的，就是日耳曼人由波罗的海和北海南下的压迫，这是一个来自东方民族大摇篮的新种族，以青年的精力，当然也以青年的粗暴，自跻于几位长兄之列。虽则这种族住在莱茵河畔的部落——乌西皮部（Usipeten）、滕克特里部（Tencterer）、苏甘布雷尔部（Sugambrer）、乌比尔部（Ubier）——已稍开化，至少已不再自愿迁居，但是再远的内地不重农耕并且各部落尚未达到定居的地步，却为一切记载所公认。这方面有一个特征，即当时他们的西邻说到日耳曼任一内地民族，还不能用他们的部落名做称呼，只知他们总名斯维比人（Sueben，就是迁徙无定的人、游徙的人）和马科曼尼人（Marcomanen，即守边武士）。[①] 在恺撒时，这种名称不能是部落名，不过据罗马人看来，似属如此，以后也屡成为部落名。

这个大民族压迫凯尔特人，最为凶暴。日耳曼人与凯尔特人争莱茵河以东之地，或有战事，但我们完全不得而知。我们所能知的只是当罗马第七世纪末年前后，凯尔特人已失去直抵莱茵河的全部土地，往日波伊部大概住在拜恩（Baiern）和波希米亚（Böhmen），现在竟流落无归，甚至以前赫尔维部所有的黑林（Schwargwald）即使不为住在附近的日耳曼部落所据，至少也是 237
边境上两族交争的一块不毛之地，很可能就在当自己符合此地以后的名称，真是赫尔维的沙漠（die helvetische Einöde）。日耳曼人常用野蛮的战略，把许多里的邻近地方化为一片荒漠，以御敌人的侵犯，这战略似乎也用在这里，规模极大。

但日耳曼人却不停留在莱茵河。辛布里部和条顿部的队伍，就其主力而言，是日耳曼各部落合成的。五十年前，他们发兵进攻，咆哮横行于潘诺尼亚、高卢、意大利和西班牙，似乎只是一番大规模的侦察。日耳曼各部落已在莱茵河西岸，特别在它下游，成立了永久居留地；这些拓殖家既以征服者身份闯入，便不断向他们邻近的高卢居民要求质子，征收年贡，仿佛高卢人是他们的藩属。其

---

① 恺撒所谓"斯维比人"大概就是卡蒂人；但此名确属于恺撒时代，甚至很久以后，此名也属于日耳曼任何其他堪称为经常游徙的部族。所以梅拉（Mela）和普林尼书中的"斯维比王"虽必为阿里奥维斯特无疑，我们却绝不能因此断定阿里奥维斯特是个卡蒂人。马科曼尼人的自为一族，在马包德（Marbod）以前无可考；很可能到当时为止，Marcomanen 一词不过表示其字源上的意义，即国防军或边防军。恺撒把马科曼尼人列在参加阿里奥维斯特军队的民族中，他曾在"斯维比人"一词上误解了一个普通名词，在这里或许也是如此。

中有阿杜亚都契部(Aduatuker),原是辛布里部队的残余,现已蔚为一个大部落;在吕蒂希(Lüttich)的玛斯河上有一些别的部落,以后总名通格里部(Tungrer);甚至本区两个最强大的民族特雷维里部(在特里尔[Trier]附近)和内尔维部(在埃诺[Hennegau]),在名家著作里也直称为日耳曼人。这些叙述是否完全可信,我们诚然不敢断言,因为据塔西佗说到后两个民族的话,嗣后至少在这些地方,一个人是日耳曼人的血胤而不属于被轻视的凯尔特民族,引以为荣;然而斯海尔德河、玛斯河和穆塞尔河(Mosel)一带的人民确似以种种方式大部与日耳曼分子相混合,或至少受有日耳曼人的影响。日耳曼殖民地本身,或许藐小,却非不重要,因为这时前后,我们从混乱黑暗中看到莱茵河右岸的人民波涛起伏,自可见日耳曼较大的部众正在准备循这些前哨的足迹而渡莱茵河。异族入主的危险由两方面袭来,内部又分崩离析,人自不能期望这不幸的
238 凯尔特民族振作精神,努力自救。分裂和起于分裂的衰落是这民族以往的历史;一个民族不能举出一场战争与马拉松和萨拉米斯(Salamis)以及阿利奇亚和劳底平原等战争相比,一个民族甚至当少壮之时也不能一致努力来灭马赛利亚,而今已到晚年,它如何能抵御这么可怕的敌人?

凯尔特人若仅靠自己,必非日耳曼人的敌手,愈是这样,罗马人便愈当谨慎监视两民族间所起的纠纷。虽则由此而来的运动至今尚没有对罗马人发生直接的影响,但运动的结果如何,却与他们最重大的利益有关,他们自当挂念。我们可想而知,凯尔特民族的内部情况旋即与其对外关系永久交织起来。正如希腊的斯巴达党与波斯人合攻雅典人,罗马人自初到阿尔卑斯山外以来,就遇到阿

维尔尼部与埃杜伊部争霸,前者是当时南凯尔特的宗主国,后者帮助罗马人攻它;罗马人得力于“罗马民族的新兄弟”,于是不但征服了阿洛布罗根部和阿维尔尼部的大块间接领土,而且用他们的势力使仍然自由的高卢霸权由阿维尔尼部转移到埃杜伊部。不过希腊民族所受的威胁只是来自一面,凯尔特人则有两个国仇同时来逼;他们当然求一方的保护以拒他方,如果凯尔特有一党依附罗马人,敌党当然联合日耳曼人来对抗。就比利其部而论,这办法最是便当,他们与渡过莱茵河的日耳曼人为邻,彼此交际频繁关系密切,并且他们文化较不发达,或许觉得异族斯维比人与自己的关系至少不远于那文化发达的同族阿洛布罗根人或赫尔维人。但在南凯尔特,如上所述,现在大部落塞夸尼部(在贝桑松[Becanson]附近)为反罗马党的领袖,南凯尔特人受罗马人的直接威胁,这时也有一切理由招致日耳曼人来抗罗马人;元老院为政因循,罗马有酝 239
酿革命的迹象,凯尔特人不是不晓得,他们以为这个时候正宜于铲除罗马的势力,特别宜于挫辱罗马属下的埃杜伊部。埃杜伊部与塞夸尼部的领土以索恩河(Saone)为界,两部落因渡河税问题发生决裂,约在683年即前71年,日耳曼君长阿里奥维斯特(Ariovist)率武士一万五千人渡莱茵河,做塞昆部的佣兵统帅。

战事延长了许多年,双方互有胜负;全盘看来,结果不利于埃杜伊部。他们的领袖埃波雷多里克斯(Eporedorix)终于号召全体部属,率着非常优势的兵力攻日耳曼人,但日耳曼人坚不肯战,藏在沼泽森林中不肯出来。但到了后来,各部落倦于等候,渐渐分散,日耳曼人始出现于旷野,于是阿里奥维斯特逼敌人战于阿得马格托布里加(Admagetobriga),结果埃杜伊部骑兵的精华都死在战场。埃杜伊部既败，不得不依战胜者提出的条件结和：他们须放弃霸权，承诺带领全部的附庸做塞昆部的藩属；他们须向塞昆部或不如说向阿里奥维斯特纳贡献，并且派出他们最高的贵族为质；最后，他们又须发誓永不索还质子，也不请求罗马人来干涉。

这个和约似乎缔结在693年即前61年前后。① 为荣誉和利益计，罗马人自当起而反对；埃杜伊部贵族狄维提亚库斯(Divitiacus)为该部罗马党的领袖，因而现在为其本国人所逐，亲到罗马来求他们干涉。还有一个更严厉的警告，就是693年即前61年阿洛布罗根部的叛变，此部是塞昆部的邻国，其叛变必与这些事有关毫无疑义。不错，罗马人发令要高卢省长援助埃杜伊部；他们谈到派
240 执政官和执政官军过阿尔卑斯山；但这种事的决定权特属于元老院，在这里，元老院也终于多大言而少实行。阿洛布罗根部的叛变为武力所平，但对于埃杜伊部，罗马人不但毫无作为，而且在695年即前59年竟把阿里奥维斯特载在亲罗马的君主名录中。②

日耳曼这位军事领袖当然认为这是表示罗马人放弃其所未占的凯尔特土地，所以他准备以此为家，着手在高卢土地上建立一个日耳曼的诸侯国。他带来的部队已多，以后应他的呼唤而继至的部队更多——至696年即前58年为止，渡莱茵河的日耳曼人约计十二万——，日耳曼民族的大移徙有如一条江河，水闸一开便泻入

---

① 据恺撒之说，阿里奥维斯特于683年即前71年来到高卢；据恺撒和西塞罗之说，阿得马格托布里加(Admagetobriga，这是此地的真名，现在根据一个假铭文常称为Magetobriga)之战在693年即前61年。

② 在信札中，像西塞罗那样一个著名的元老竟用轻薄口吻谈论外阿尔卑斯的大事，我们最好体会那种口吻，便不至认此事为不足信，或甚至在不明政治和苟且偷安以外再加以更深的解释。

锦绣一般的西方，他想使这全部的移民定居于此，造成他统治高卢的根基。他在莱茵河左岸创立的日耳曼居留地范围如何，我们不能断言；无疑地，范围必很广大，他的计划更加广大得多。他对待凯尔特人如同对待全被征服的民族，并且对各部落毫无差别。原来塞昆部雇他做他们的元帅，他才渡过莱茵河，现在就是塞昆部也如战败的敌人似的，不得不把领土三分之一割给他——大概就是以后特利保契部（Triboker）所居的上埃尔萨斯（Elsacs）——阿里奥维斯特便与其手下人永居于此；仿佛这还不够，以后哈鲁德部（Haruder）到来，他又替他们向塞昆部再要来三分之一的领土。阿里奥维斯特似乎要在高卢做马其顿的腓力，他想使凯尔特人，无论亲日耳曼人的或附罗马人的，一概奉他为主。

这位日耳曼的强大君长，出现在这样危险的近处，本已引起罗马人极重的忧虑，又因他不是孤立无援，似乎更是咄咄逼人。乌西 241
皮部和滕克特里部原居莱茵河右岸，因为他们的领土被骄横的斯维比部落不断蹂躏，不胜其扰，当恺撒来到高卢（695 年即前 59 年）以前，已由他们的故居出发，到莱茵河口另觅新居。他们已由那里的梅纳皮部（Menapier）夺得右岸之地，可料他们必企图把左岸之地也据为己有。再者，斯维比部的队伍聚集在科伦（Köln）和曼茨（Mainz）之间，意欲到对岸凯尔特的特雷维里部，做不请自来的客人。最后，凯尔特人最东的部落是善战而人多的赫尔维部，他们的领土日益遭日耳曼人的侵害；他们又失去莱茵河北之地，那里的赫尔维人重回旧土，因此或又有人口过剩之苦；又阿里奥维斯特定居于塞昆部领域内，赫尔维部有与同族人完全隔绝的危险；所以赫尔维部想出一种死中求生的计划，即自动退出他们的故土，把它舍给日耳曼人，却到侏罗山(Juro)以西去略取较大较肥美的新居地，如果可能，并取高卢腹地的霸权——昔在辛布里部入侵时，赫尔维的几个部落已有这种计划，并已有实行的企图。劳拉契部(Rauraker)的领土(巴塞尔和南埃尔萨斯)也受到威胁，波伊部的残余早已被日耳曼人逼得离乡背井，现在流落无归，这两个部落和几个小部落都与赫尔维部联成一气。早在693年即前61年，他们的游击队已过侏罗山，甚至来到罗马的省境，他们的拔营出发必不能再延多久；那么，波登湖(Boden see)与日内瓦湖(Genfer see)之间一带重要地方既已为其防守者所弃，日耳曼的移民必不免进入此地。自莱茵河至大西洋，日耳曼部落都在移动，莱茵河全线都受他们的威胁；这个时刻类似以后恺撒帝国日衰而受阿勒曼尼部(Alamannen)和法兰克部(Franken)攻打之时；并且正在当时，他们似乎就要以五百年后对罗马人使用有效的策略，施于对凯尔特人。

242 696年即前58年春间，在这种情形之下，新省长盖乌斯·恺撒来到纳博的高卢，他的辖境原是包有伊斯特里亚和达尔马提亚的内阿尔卑斯省，以后由元老院的法令，始把此省加入。他的任期先为五年(至700年即前54年年底为止)，而后在699年即前55年又加五年(至705年即前49年年底为止)，他的官职使他可以荐举同副执政官级的副将十人，并且(至少按他的解释)可以任意用他治下的公民——在内阿尔卑斯特别众多——补充他麾下的兵团甚或组织新兵团。他在两省接收的军队，常备步兵方面共有四个受过训练、习于战斗的兵团，即第七、八、九、十等兵团，至多不过二万四千人，此外照例有属国派来的辅助兵。再说骑兵和轻装兵，有西班牙的马队以及努米底亚、克里特和巴利阿里的弓手和轮索手。恺撒的属僚是首都平民党的精英，除无用的年轻贵族不少外，其中也有几个能干的军官，例如普布利乌斯·克拉苏（Publius Crassus）是恺撒政界老盟友的幼子，还有提图斯·拉比努斯是个忠实的副官，由罗马广场随这位平民党魁到战场。恺撒并未领受确定的任务。一个有灼见有胆量的人，他的任务就在随机应变之中。在这里，元老院所疏忽的也须补救，尤其日耳曼移民的狂流须制止。

正在此时，赫尔维部开始入侵，这事与日耳曼人的入侵密切相关，并且已有多年的酝酿。为了不使日耳曼人享用他们遗下的庐舍，为了使他们自己不能回来，赫尔维人烧毁他们的市镇和乡村；他们长串的车辆载着妇女儿童和大部的动产由四面八方来到日内瓦的勒曼（Leman）湖，他们和同伴已约定于本年 3 月 28 日[①]在此地会合。按他们自己的计算，全体共三十六万八千人，其中能战的约占四分之一。因为侏罗山脉蜿蜒于莱茵河与罗讷河之间，几乎 243
把赫尔维部的疆土完全由西方对锁起来，其狭隘的小径很适于设防，却不适于这种车队的通行，所以众领袖议定先向南绕道，而后在侏罗山西南最高部分与萨瓦（Savoy）山领之间罗讷河穿山过岭的地方，在今莱克吕斯寨（Fort l'Ecluse）附近，打开一条向西去的路。不过在这里的右岸，岩壑与河流紧紧相接，以至于仅余一条不难堵塞的隘路，此岸又属于塞昆部，他们很容易阻挡赫尔维部的通行。所以他们宁愿在罗讷河的峡口上游渡到阿洛布罗根属下的左

① 这日期系按未修正的历法。通行的修正在这里没有充分可靠的资料为根据，但按这种修正，此日相当于儒略历的四月十六日。

岸，意欲向下游走到罗讷河流入平原处再回右岸，而后进趋高卢西部的平原，这里是大西洋岸的圣东尼区（Santonen，即圣东日[Santonge]，为夏朗德[Charente]河的谷地），地味膏腴。这班流亡的人要选它做新居地。这个行程在经过罗讷河左岸时要穿过罗马的领土，并且恺撒也不愿默许赫尔维部定居于西高卢，所以他坚决地不许他们通过。不过他的四个兵团却有三个驻在遥远的阿奎莱亚；他虽急忙召集外阿尔卑斯的民兵，但罗讷河自流出日内瓦附近的勒曼湖至其峡口，长二十余公里，他要用这么小的兵力来阻挡凯尔特无数的大军渡河，似不可能。然而赫尔维部愿用和平手段实行渡河和假道于阿洛布罗根部的领土，恺撒与他们举行交涉，竟得到十五天的延缓，用来拆毁日内瓦的罗讷河桥，以及筑一条长约三十公里的长城，以阻敌人渡到罗讷河南岸——这是首次应用罗马人以后大规模实行的方法，即建造许多堡垒而以墙垣和壕沟把它们连成一串，作为帝国边疆的军事屏藩。赫尔维部想用船只或渡
244 口达到彼岸，在这些线上为罗马人所阻，竟归失败；他们不得不放弃渡罗讷河的计划。

另一方面，高卢的反罗马派希望得赫尔维部的强大增援，尤其埃杜伊部狄维提亚库斯之弟杜诺里克斯（Dumnorix）——兄为该部罗马党的领袖，弟则为民族党的领袖——都替赫尔维部说项，赫尔维部竟得通过侏罗山隘和塞昆部的领域，要禁止此事，罗马人没有法律上的根据；不过据他们看，赫尔维部的进兵虽无关罗马领土形式上的完整，却危害他们更高的利益；只有恺撒一反往昔元老院所任命的一切省长甚至马略之所为，不自限于谨慎守边的工作，而率大军逾越一向的疆界，始能保护这些利益。恺撒不是元老院的

将军而是国家的将军，他毫不犹豫。他立刻由日内瓦亲到意大利，以他特有的敏捷，带来驻在那里的三个兵团和两个新编的补充兵团。

他把这些队伍与驻在日内瓦的兵团合在一处，而后率全军渡罗讷河。他出人意外地来到埃杜伊部的领域，那里的罗马党当然立即恢复政权。说到给养问题，这事并非无关重要。他见赫尔维人正从事于渡索恩河而由塞昆人的领域走入埃杜伊人的领域；他们有仍留在索恩河左岸的，尤其第哥林(Tigoriner)兵团，都被急进的罗马人截击歼灭。但这远征队的主力都已渡到河的右岸；恺撒追赶他们，赫尔维庞大军队二十天不能完成的过渡，他于二十四小时内完成了。罗马军既渡河，赫尔维人不能向西继进，便转面向北；无疑地，他们必假定恺撒不敢深入高卢腹地来追他们，并且怀着一个主意，就是假如他不再追赶，他们便再转向原来的目的地。罗马军蹑敌军之后，相距约八公里，尾追了十五天，希望遇一有利时机，在必胜的条件下攻打赫尔维部的大队，把它歼灭。不过这时 245
机没有到来；赫尔维的车队虽行动不灵，其首领却晓得防备袭击，不但似有丰富的粮食供应，而且借着侦探之力把罗马营内每事都打听得清清楚楚。反之，罗马人始苦于缺乏日用品，尤其在赫尔维部境内离开索恩河而不再有河道运输之时。埃杜伊部所许的供应竟不见来，是为这个困难的主因，又因两军都仍在该部境内来往移动，这事更起人疑。再者，罗马几达四千骑的大马队显然全不可靠——这诚然不难索解，因为其中差不多全是凯尔特的骑士，尤其是有名的罗马敌人杜诺里克斯所率的埃杜伊私家马兵，并且恺撒本人收容他们，与其说以他们为兵士，不如说以他们为人质。他们败于远较薄弱的赫尔维骑兵之手；按正当的理由，人们相信这败仗是他们自己造成的，他们把罗马营中一切的事都通知敌人。恺撒处在危急的地位；有不幸昭然若揭的，即甚至在埃杜伊部，虽则它与罗马有公开的联盟，并且它的利益使它倾向罗马，凯尔特的爱国党却仍有何等的能为？如果罗马人敢于日益深入那骚乱的国土，日益远离他们的交通线，则将有何等的结果？军队正经过距埃杜伊部首城比布拉克特（Bibracte，即欧坦[Autun]）不远之处；恺撒决定先用武力夺取这个重要地方，然后续向内地前进，他很可能意欲完全停止追赶，占据比布拉克特。不过当他不再追赶而转攻比布拉克特之时，赫尔维部便以为罗马人准备逃窜，现在他们那方面取攻势。

恺撒所最想望的莫过于此。两军布阵于两条平行的山丘，凯
246 尔特人先开战端，击破那进入平原的罗马骑兵，进攻那立在山坡的罗马兵团，但在这里遇到恺撒的老兵，不得不退。于是罗马人乘胜而下，来到平原，凯尔特人又向他们进攻，同时凯尔特一支后备军来攻他们的侧面。罗马攻军的后备队进前与这支凯尔特军队战，把他们追出主力军，到了辎重和车寨的所在，他们竟覆没于此。赫尔维部的主力也终被击退，不得不转回东方——这正与他们远征所取的方向相反。有了这一战，赫尔维人建立新居于大西洋岸的计划成为泡影，他们落在战胜者的掌握；但在战胜者方面，这也是一场恶战。恺撒当然不能完全信任他的属僚军官，开战之始，他就遣走一切军官的马匹，以明示部下据守阵地的必要；实际说来，如果罗马人败于此战，他们必至全军覆没。罗马的队伍疲乏太甚，不能力追败军；但恺撒布告说，一切助赫尔维人的，他将视为罗马的

仇敌，以对付赫尔维人的手段来对付，因此败军所至，特别在林贡(Lingonen，在朗格勒[Langres]附近)，无人肯给予援助，他们既没有供应，又失去辎重，又受大批不能作战的随营人之累，于是不得不向罗马将军投降。

战败者所受的待遇比较宽大。埃杜伊部奉命让无家可归的波伊部住在他们境内；在凯尔特最强大的部落中间，这战败的敌人居留地，以功用而言，几等于罗马殖民地。赫尔维和劳拉契两部的余众约占出发部队三分之一强，当然被遣回故地。罗马人把他们的故地并入罗马行省，但许其居民以优厚条件与罗马联盟，以便在罗马属下，防守莱茵河上游一带，抵御日耳曼人。只有赫尔维部西南端成为罗马的直接领土，以后这里在勒曼湖可爱的湖滨上，凯尔特 247
古城诺维奥杜努姆(Noviodunum，今名尼永[Nyon])变为罗马边陲上一座堡垒，即“尤利亚的骑士殖民地”(Julia Equestris colony)。[1]

如是，在莱茵河上游，日耳曼人入寇的威胁解除了，同时凯尔特的反罗马党也受了挫折。在莱茵河中游一带，日耳曼人已渡河多年，阿里奥维斯特与罗马争权于高卢，他的势力日益扩大，罗马人也须取同样的行动，并且不难觅得决裂的时机。现在大概据这里大多数的凯尔特人看来，与阿里奥维斯特将来或已往加在他们身上的奴隶待遇相比，罗马人的在上称尊似乎为害较小；至于少数

① Julia Equestris，后面的称号可视为与恺撒其他殖民地的称号 Sextanorum，decimanorum 等同类。恺撒部下的凯尔特或日耳曼骑兵既得到罗马或至少拉丁公民权，当然也在这里受有分田。

仍对罗马怀恨的，至少须守缄默。中高卢的凯尔特各部落在罗马影响之下开了一个公会，以凯尔特民族的名义，请罗马将军助抗日耳曼人。恺撒准其所请。埃杜伊部受他指使，停付那依约应纳的贡献，并且索还所送的质子；因为这种背约的事，阿里奥维斯特进攻罗马的保护国，恺撒于是乘机与他举行直接交涉，除归还质子和承诺与埃杜伊部保持和平外，特别要求阿里奥维斯特担保不再招引日耳曼人渡莱茵河。日耳曼将军答复罗马将军时，满心觉得他与罗马人有平等的权利。他说，依战争法，北高卢属于他，犹如南高卢属于罗马人，他既不阻止罗马人收阿洛布罗根部的贡献，他们也不当妨碍他课税于属下。在以后的秘密建议中，他显然深知罗马的情形；他说有些人由罗马城向他要求，请他铲除恺撒，他提议
248 如果恺撒留给他北高卢，他愿助取意大利政权以为报。凯尔特民族的党争既替他打开了入高卢的路，他似乎期望乘意大利的党争来巩固他在高卢的政权。数百年以来，没有一个强国对罗马人用完全平等的口气，粗鲁无忌地表示其独立，像现在日耳曼这位酋长似的；罗马将军要求他按照属国君长的惯例亲来谒见，他立即拒绝。

现在更须毫不迟疑，恺撒即刻出发，进攻阿里奥维斯特。他的部队，尤其他的军官见他们要与十四年来未尝入居室庐的日耳曼精锐部队来角力，大起恐慌；仿罗马马道德的堕落和军纪的沦丧也要出现在恺撒的兵营，激起逃亡和兵变。但这位将军声言，若有必要，他将单同第十兵团往攻敌人，于是不但能用这种诉诸荣誉的方法使这个兵团依附麾下，而且能用军事竞赛的方法使别的队伍也服从指挥，并且能以他自己的发奋努力感动部下。他不给他们考

虑的余暇，便率队急进，幸能比阿里奥维斯特占先，夺据塞昆部的首城维松提奥（Vesontio，即贝桑松[Besançon]）。应阿里奥维斯特的要求，两位将军举行了一次见面会商，这似乎只是暗中要害恺撒的性命；在两位高卢暴主之间，只有武力能解决问题。战争暂告停顿。在下埃尔萨斯穆尔豪森（Mühlhausen）[①]的某地，距莱茵河约七公里之处，两军驻在相离不远的地点，后来阿里奥维斯特竟能 249
率他那很占优势的兵力，从罗马兵营的旁边走过，屯在它的后面，切断罗马人与基地的交通和饷道。恺撒陷于苦境，欲以一战谋解脱，不过阿里奥维斯特不肯应战。罗马将军别无办法，只好不顾他兵力的较为薄弱，仿效日耳曼人的行动，也派两个兵团行经敌军之旁，在日耳曼兵营的彼方取一据点，以恢复他的交通线，同时四个兵团留驻旧营。阿里奥维斯特一见罗马人分兵为二，便试攻他们那较小的营垒，但为罗马人所击退。恺撒感于这次的胜仗，便率全军向前进攻，日耳曼人也列成个长蛇阵，每部落为一单位，载辎重和妇女的军车则置在阵后，以使士卒难于逃亡。恺撒亲率罗马的右翼急攻敌

① 格雷（Göler）以为这次战场在距穆尔豪森不远的塞尔奈（Cernay），这与拿破仑指贝尔福特（Belfort）地方为此次战场大致相合。这臆说虽非定论，却适合当时的情势。由贝桑松到那地点路程不远，恺撒竟须七天始能走到，这事他自己解释说，他曾为避免山路绕道七十五公里；又这次的追击直到莱茵河而后已，并且显然结束在交战的那天而非经过数日，据这段整个的叙述，鉴于古书对这事无所可否，我们断然赞成战场距莱茵河五罗马里而非五十罗马里的意见。吕斯图（Rüstow）误解此事，所以提议把战场改在萨尔（Saar）河上游。所望于塞昆部、洛伊克部和林贡部的粮食，并非要在进攻阿里奥维斯特的路上送到罗马军中，而是要在他们出发以前送到贝桑松，而后由军队自己携带；试看恺撒一面指这些粮饷给部队看，又一面以途中可收得粮食安慰他们，这种情形便十分明白。恺撒由贝桑松控制朗格勒和埃皮纳勒（Epinal）一带，他又来自无力再供粮饷的地方，我们可以想见，他宁愿就地征发军需，而不愿取之于他所自来的地方。

军，把他们逐走，日耳曼的右翼也一样得胜。胜负仍属相等；但后备兵的战略已决定了多次对蛮族的战事，这次也决定对日耳曼人的战事，使罗马人得胜；普布利乌斯·克拉苏及时派遣第三线的军队来援，恢复了左翼的战斗力，因而决定了胜利。罗马人穷追敌军，直至莱茵河；只有少数人，连那位君主在内，能逃到彼岸(696 年即前 58 年)。

这件灿烂的事宣告罗马政权已达到一条大河，那条意大利兵在这里初次看见的大河；一次胜仗就赢得莱茵河的界限。莱茵河左岸日耳曼各殖民地的命运操在恺撒手里，他可以毁灭它们，但他不做这事。邻近的凯尔特部落——塞昆部、洛伊克部(Leuker)、梅
250 狄奥马特利克部(Mediomatriker)——都既不能自卫，又不可靠；移来的日耳曼人不但可望成为较勇的守边者，而且可望成为较好的藩臣；他们的民族性使他们不能与凯尔特人联合，他们自己的利益在保持新得的居地，又使他们不能与莱茵河彼岸的同族联合，所以他们处在孤立地位，不得不依附中央政权。恺撒处处对待战败的敌人总优于可疑的友人，在这里也是如此；阿里奥维斯特安置在莱茵河左岸一带的日耳曼人——斯特拉斯堡(Strassburg)附近的特里波契部(Triboker)，斯佩尔(Speir)附近的内梅特部(Nemeter)，沃尔姆斯(Worms)附近的汪琼部(Vangion)——恺撒都让他们保其新居，并且托他们守莱茵边界，以抗他们的同族。[①]

① 关于日耳曼人的这些居留地，这似乎是最简单的臆说。阿里奥维斯特把这些民族安置在中莱茵，这是可能的，因为他们参加他的军队作战，并且以前未见于世；恺撒使他们仍有其居留地，也是可能的，因为他向阿里奥维斯特声明愿容忍那已居高卢的日耳曼人，又因为我们以后还见他们住在这里。至关于日耳曼人的这些居留地在战后有何规定，恺撒未尝言及，因为他有意地对他在高卢所做的组织事宜一概不谈。

斯维比部威胁中莱茵区特雷维尔部的疆土，一听得阿里奥维斯特战败的消息，便又退入日耳曼的腹地，途中遭附近各部落的攻击，大受损失。

这次战役的影响不可限量，到数百年后仍显然可见。莱茵河已成为罗马帝国对日耳曼人的边界。高卢不再能自主，罗马一向统治它的南岸，近来日耳曼人又想占据以北之地。最近的事已造成定局，即高卢不但一部而且全部都要属于罗马的主权，那条大河所成的天然疆界也要变为政治疆界。昔当元老院较盛之时，他们曾不遑宁息，必使罗马的统治权达到意大利的天然疆界——阿尔卑斯山和地中海——和附近岛屿而后已。这个扩大的帝国也须有一番与上相似的用兵拓地，修整疆界；但现政府把这事付诸运数，他们所务的至多是使疆界不必由自己直接保卫，而非使疆界得有保卫。人们觉得，现在始有另一种精神和另一种手腕来支配罗马 251
的国运。

未来大厦的基础已经奠定，但要完成这座大厦并且完全做到高卢人承认罗马的统治和日耳曼人承认莱茵河界，还差得很多。固然，中高卢全部由罗马边界而上至沙特尔和特雷维斯(Treves)都服从了新政权，毫无异议；并且在莱茵河的上游和中游暂时也不必忧虑日耳曼人的侵犯。不过，罗马人攻打的是中高卢，北方各地——无论是布列塔尼和诺曼底的阿雷摩里加各部或是更为强大的比利其联邦——却不受其影响，不见有随顺那战胜阿里奥维斯特者的理由。再者，如上所述，比利其部与莱茵河外的日耳曼人有很密切的关系，在莱茵河口，日耳曼部落也正准备渡河。因此，在697年即前57年春间，恺撒率着今已加到八个兵团的军队往攻比利其各部落。比利其联邦不忘五十年前他们共同奋勇抵抗辛布里部于国界上而获胜，又为由中高卢逃来的众多爱国志士所鼓动，便派全部征兵——武装兵三十万人在苏埃西翁王伽尔拔(Galba)麾下——往南方边界去迎击恺撒。只有一个部落——强大的雷莫部(Remer，在兰斯[Rheims]附近)——见异族来侵，以为是个摆脱邻国苏埃西翁的统治的机会，准备在北方扮演埃杜伊部在中高卢所演的角色。罗马军和比利其军差不多同时来到他们的境内。

恺撒不敢与兵力六倍于他的骁勇敌人交战；他在埃纳河(Aisne)以北距今蓬塔韦尔(Pontavert，在兰斯与拉昂[Laon]之间)不远之处一座高原上扎下营寨，有河流沼泽和壕沟堡垒环绕其侧，几乎面面都是易守难攻，他止于用守势策略来阻挠比利其人渡
252 埃纳河以截断他的交通。如果他算计比利其联军必不胜其重累，不久便要解体，他便所料不差。伽尔拔王是个正直人，到处受人敬仰，但在敌境指挥三十万人的军队，却非他所能胜任。他们不能前进，粮饷渐渐告罄，联盟营内渐渐起了不满和不睦的心情，特别贝洛瓦契部(Bellovaker)本与苏埃西翁势均力敌，见同盟军统帅一职不归在他们的部落，已觉不悦，又有消息传来，说罗马同盟埃杜伊部正筹备侵入贝洛瓦契境，他们便不能再留。大家决定散伙回家；虽则因为体面关系，一切部落都同时约定共同驰援那最先被攻的部落，但这种不切实际的条款只是以可怜的方式掩饰这联盟的不幸瓦解而已。这个变故宛然使我们想起1792年几在同地发生的事；正如在香槟(地区)(Champagne)战役，因为他们不战而败，所以也败得更重。退兵时统帅指挥欠佳，因而罗马将军像追败兵似的追赶他们，并且把留在最后的支队歼灭了一部分。但胜仗的效

果还不止于此。恺撒侵入比利其西疆各部时，所有部落都相继放弃希望，几无抵抗；不但苏埃西翁（在苏瓦松[Soissons]附近）如此，就是与他们争霸的贝洛瓦契部（在博韦[Beauvais]附近）和昂比亚部（Ambianer，约在亚眠附近）亦复如此。城市一见那奇怪的攻具，那滚到他们城墙的楼车，便开启城门；不肯顺从异族主人的，都往海外避难于不列颠。

在东疆各部落，民族意识发作得更加有力。维罗曼都部（Viromanduer，在阿拉斯[Arras]附近）、阿特雷巴特部（Atrebaten，在圣康坦[S. Quentin]附近）、日耳曼人阿杜亚图克部（Aduatuker，在那慕尔[Namur]附近），尤其内尔维部（在埃诺[Hennegau]附近），以及其不可轻视的属邦，人数不亚于苏埃西翁和贝洛瓦契部，勇气和健旺的爱国心则远胜于他们，现在这些部落结成另一个更亲密的联盟，把他们的军队集合在桑布尔（Sambre）河的上游。凯尔特 253
的奸细把罗马军的行动报告他们，极为精确；他们自己有乡土的知识，这些地方又处处造有高篱以防御常来骚扰的马贼，所以联军能遮掩他们的军事行动，大致不为罗马人所见。罗马人来到距巴韦（Bavay）不远的桑布尔河上，兵团正在左岸山顶上从事于建立营寨，同时骑兵和轻步兵哨探对岸的高地，忽然之间，这支哨兵受敌军全力攻击，由山上被逐到河里。一刹那的工夫，敌人也渡过河来，不顾死活地猛冲，攻打左岸的高地。掘壕的兵团士卒简直无暇把鹤嘴锄换成刀剑；兵士有许多未戴头盔，须在当时立足之处搏战，没有阵线，没有计策，也没有真正的统帅；因为攻势突如其来，并且地面上高篱交错，所以各部队全失其联络。随后不是一场战争而是许多互不相连的冲突起来了。拉比努斯率左翼击败阿特雷巴特部，甚至把他们追过河去。罗马中军把维罗曼都部逼下高坡。但中军因得胜而不能自已，竟离开右翼侧面的阵地，甚至半竣工的营垒也为内尔维人所据，于是恺撒所亲率的右翼更容易被多得远甚的内尔维人所包围；两个兵团各挤成一个稠密的人群，各遭正面和两侧的攻击，各丧失其大半的军官和精锐的士卒，似乎就要被打得破烂粉碎。罗马随营人员和盟邦部队已在四散逃窜，凯尔特的骑兵，如特雷维里部的助战队，全队地疾驰而去，以便由战场直接归家，去宣布这人所乐闻的败讯。这是千钧系于一发的时候。元帅亲执盾牌，在最前线上搏战；他的榜样，他那当时仍能感人的喊声使那动摇的队伍又立定脚跟。他们已稍稍自解其围，至少已恢
254 复本翼两兵团的联络，这时救兵来到——一部分是罗马殿后军带着辎重那时已来到岸边山顶上，而后由山顶走下，又一部分是拉比努斯在对岸已冲入敌营，把它占领，现在终于见到右翼所遇的危险，便由那里派得胜的第十兵团来助元帅。内尔维人既与同盟隔绝，又四面八方同时被攻，现在战局转变，他们却与自以为胜的时候一样英勇，战侣纷纷阵亡，尸积如山，他们仍在尸山上战到最后一人。据他们自己说，他们的六百名元老只有三名未死于此战。

既遭了这个全军覆没的败仗，内尔维部、阿特雷巴特部和维罗曼都部必不得不承认罗马为上国。阿杜亚图克部来得太迟，不及参加桑布尔河上的战事，仍想扼守他们最坚的城（在法尔伊兹[Falhize]山上，近玛斯河，距于伊[Huy]不远），但他们不久也就投降。投降后，他们胆敢乘夜攻打城门前的罗马营垒，结果失败；罗马人以可怕的严酷报复他们的背信。罗马人宣布阿杜亚突克部的属邦，内有玛斯河与莱茵河之间的埃布隆部（Eburon）和附近的其

他小部落，为独立国，同时把被俘的阿杜亚图克人全体拍卖，以裕罗马的国库。仿佛辛布里部所遭的厄运仍在迫害辛布里部最后的残余。对于其他藩属，恺撒止于使他们普遍解除武备，遣送质子。雷莫部自然成为比利其高卢的主脑部落，一如埃杜伊部之在中高卢；甚至中高卢也有几个氏族与埃杜伊人有仇，宁愿居于雷莫部属邦之列。只有远在海滨的摩里尼（Moriner，在阿图瓦[Artois]）和梅纳皮部（在佛兰德和布拉班特旁）以及斯海尔德河与莱茵河之间大部为日耳曼人所居的地方，此时仍未受罗马的侵犯，仍不失其世传的自由。

现在依次轮到阿雷摩利加部。697 年即前 57 年秋间，普布利
乌斯·克拉苏奉派率一支罗马兵到那里；维内蒂部据有今名莫尔 255
比昂（Morbihan）的港埠，又有一个大舰队，在航业和商业上居凯尔特全体部落的首位，克拉苏使这部落和卢瓦尔河与塞纳河之间一切沿海地方都顺从罗马，献纳质子。但他们不久就反悔了。次冬（697—698 年即前 57—前 56 年）罗马官吏来这一带征收所要求的粮食，维内蒂人竟把他们留住，作为质子的抵偿。此例一开，不但阿雷摩利加各部落，就是仍属自由的比利其沿海各部落也迅速效尤；在公会不肯响应叛党的地方，例如诺曼底几个部落，群众把他们处死，倍加热烈地皈依民族的大义。整个海岸自卢瓦尔河口至莱茵河口都起兵叛罗马；最坚决的爱国志士由凯尔特一切部落赶到那里参加解放的大业；他们已在期望整个比利时起事、不列颠来援和莱茵河外的日耳曼人到来。

恺撒遣拉比努斯率全部骑兵到莱茵河，以弹压比利其部的骚乱，遇有必要，也防堵日耳曼人渡莱茵河；叛党的主力会集于诺曼

底，他派另一副将昆图斯·提图里乌斯·萨比努斯(Quintus Titurius Sabinus)率三个兵团到那里。不过叛党的真正中心却是那强大而智巧的维内蒂部，水陆的主要攻势都以他们为目标。恺撒的副将德西姆斯·布鲁图斯(Decimus Brutus)率罗马舰队进攻，其中一部分是属下凯尔特部落的战船，又一部分是若干在卢瓦尔河上仓促造成而由纳博省桨手驾驶的罗马战船；恺撒亲率部下步兵的精锐入维内蒂部境内。但当地人先有戒备，布列塔尼的地势和在他们掌握的强大海权都于他们有利，他们既巧妙而又坚决地加以利用。这地方山海交错，粮食稀少，城市大半坐落在绝壁和地岬上，由大陆到这些地方来，专赖难于渡过的浅滩。由陆路而来的
256 攻军既难输饷，又难攻城，而凯尔特人以他们的船只却容易供给各城所需的一切，并且万一无可奈何，还能做到弃城退去。罗马兵团围攻维内蒂各城市，耗时费力，结果只见胜利的主要收获终被敌人的船舶载运而去。

罗马舰队遇到暴风，长久被阻于卢瓦尔河口，以后终于来到布列塔尼沿海，他们便用海战来决定此战的胜负。凯尔特人自知其海上的优势，便调出他们的舰队以敌布鲁图斯所率的罗马舰队。凯尔特舰队不但为数达二百二十艘，远多于罗马人所能带来的，而且在大西洋汹涌的波涛中，他们那高身平底坚固的舰船比罗马那低身尖底轻脆的划桨船适用得多。罗马人的投射器和跳板不能达到敌船的高甲板，船头铁嘴撞到坚固的柚板，毫无力量，倒退而回。但罗马水兵用长竿缚镰刀，割断那系帆桁于船桅的绳索，于是帆桁和船帆都落下来，又因为凯尔特人不知如何把破坏处赶快修补起来，这船便正如今日折了桅杆的船，成为废船；罗马许多的小船不

难联合攻击，夺得敌方一只残废的大船。高卢人正在海岸边与罗马人接战，一见这种策略，便想由岸边驶至大海，以使罗马人不能来追；但他们不幸，忽遇海上全然无风，于是沿海各部落竭全力装备的大舰队几全为罗马人所毁。如是，这次海战——以历史知识所及的而言，是大西洋上的首次海战——正如二百年前密莱（Mylae）之战，尽管在极不利的情势之下，一个侥幸应急的创造使罗马人获得决定的胜利。布鲁图斯得胜，结果维内蒂部和整个布列塔尼投降。恺撒曾屡次宽宥凯尔特的战败者，现在对这些顽抗的人 257
却用可骇的严厉手段，意在使他们知所戒惧，而不在惩治破坏条约和拘捕罗马官吏之罪；他令人把公会的人员一概处决，把维内蒂部的人民一个不剩地卖做奴隶。由于遭了这种惨酷的命运，也由于他们的智力和爱国心，维内蒂部比凯尔特其他氏族更应该得到后世的同情。

同时，沿海各部落的征兵集合在海峡，萨比努斯用去年恺撒在埃纳河上克比利其的征兵的战略来对付他们；他取守势，直到敌军不甘宁耐并且缺乏粮饷之时，而后设法使他们误会他手下队伍的军心和兵力，尤其利用他们自己的烦躁，诱他们贸然来攻罗马营垒，把他们击破；于是民兵溃散，远至塞纳河一带的地方都归顺了罗马。

只有摩里尼部和梅纳皮部坚不承认罗马为上国。为强迫他们承认起见，恺撒来到他们的边境；但他们鉴于本国人过去的经验，避免在边疆上接战，退入当时由阿登至北海几乎连绵不断的森林。罗马人企图用斧斫开一条穿林而过的道路，把斫下的树木排在两旁，作为防御敌人的鹿角桩；不过这种行军极为艰苦，特别是冬季将近，恺撒虽勇，数日后也觉得最好下令退兵，不过摩里尼人只有一小部分降服，至于较为强大的梅纳皮部，罗马人还未抵其境。次年（699 年即前 55 年）恺撒有事于不列颠之时，又派军队的大半往攻这些部落，但这次远征也大致终于无功。然而以结果言，这几年的战役却把高卢几乎完全平定，使其受罗马人的统治。中高卢既毫无抵抗地随顺了，比利其各部落在 697 年即前 57 年的战役中，沿海各部落在次年的战役中，也为武力所迫，承认了罗马的统治
258 权。凯尔特的爱国志士原抱着崇高希望来开战，但这种希望没一处得到实现。日耳曼人和不列颠人都未来援；在比利其，拉比努斯到场，就足能使去年的战事不至再起。

恺撒既这样用武力把罗马的西方领域打成整个的一片，他也不忘为新克的领土开辟一面对意大利本国，一面对西班牙省的交通——真的，意大利与西班牙之间尚缺大块领土，新克土地就是要填补这个缺陷的。固然，有了 677 年即前 77 年庞培所修越过日内瓦山的军路，高卢与意大利的交通大为便利；不过自全高卢为罗马人所征服以后，便须有一条由波河流域不向西而向北越过阿尔卑斯山脊的路线，以缩短意大利与中高卢的交通。那条越圣伯纳山、入瓦莱斯部、沿日内瓦湖的路久已为商贾所用的捷径；为控制此路计，早在 697 年即前 57 年秋间，恺撒即命塞尔维乌斯·伽尔拔（Servius Galba）占据奥克托杜鲁姆（Octodurum，即马蒂尼［Martigny］）和征服瓦莱斯的居民——当然，山岳人民的英勇抵抗只能使这事实现较迟，却不能阻其实现。

再者，为与西班牙取得联络起见，恺撒在次年（698 年即前 56 年）派普布利乌斯·克拉苏往阿奎塔尼亚，命他强迫那里的伊比利亚部落承认罗马的统治权。这事不无困难；伊比利亚人团结得比

凯尔特人坚固，由敌人学习的能力也比他们高强。比利牛斯山外的部落，尤其是骁勇的坎塔布雷部(Cantabrer)，都派兵来援他们受威胁的国人，又有在塞尔托里乌斯麾下受过罗马式训练的惯战军官与之俱来，阿奎塔尼亚民兵在数目和勇敢上已很可观，这些军官又尽量把罗马兵法尤其扎营的原理传给他们。不过罗马的将官优良，能克制一切的困难，几次鏖战得胜，于是自加伦河至比利牛斯山附近的民族都服从了新主人。259

恺撒抱定的目的之一——平定高卢——除不足挂齿的几点不算外，是凡用武力能做到的大致都已达到了。不过恺撒所任工作的另一半却距圆成尚远，日耳曼人尚未处处被迫承认莱茵河为界。就在目下698—699年即前56—前55年的冬天，在该河下游罗马人未到的地方，又有越界的举动。日耳曼的乌西皮部和滕克特里部昔曾企图渡莱茵河而居梅纳皮部境内，已如上述，现在终于以佯为退却瞒过敌人的戒备，用梅纳皮的船只渡过河来——这是绝大的一群人，据说连妇女儿童在内，共计四十三万口。他们似乎仍在尼姆维根(Nymwegen)和克莱夫(Kleve)地方；但据说他们听从凯尔特爱国派的邀请，意欲侵入高卢腹地，且因他们的骑兵队已窜到特雷维里部的边境，足证谣言的不诬。但恺撒率兵来到他们对面之时，这些饱尝忧患的移民却似乎不想再起冲突，而情愿由罗马人手中受田，在罗马治下安然耕种。当交涉此事时，罗马将军忽起疑心，恐怕日耳曼人只图争取时间，以待派出的骑兵队归来。这种疑心是否确有根据，我们不能断言；不过一支敌军不管事实上的停战而攻打罗马的前哨，恺撒以为所疑有据，又因受损甚重而大怒，便自信应当置一切国际法于度外。次日早晨，日耳曼的君长和元老

来到罗马兵营道歉，说这次攻击他们事先并未闻知；但他们被捕，日耳曼的大众没想到被攻，又失去了他们的领袖，突遭罗马军的袭
260 击。这与其说是战争，不如说是打猎杀人；没有死在罗马人刀下的都淹毙在莱茵河里；差不多只有遭袭击时遣出的支队能免于屠戮，重渡莱茵河而回，苏甘布雷部(Sugambrer)把他们收容在境内，似乎在利珀(Lippe)河上。恺撒对待这些日耳曼移民的办法遭元老院严厉而正当的责难；但这事无论怎样不可原谅，日耳曼人的侵犯却因此而为雷厉风行的手段所遏。然而恺撒觉得应当再进一步，应当率兵团渡莱茵河。他与莱茵河外并不是没有联络。日耳曼人在当时他们所达到的文化程度，尚无民族的团结；以政治的纷纭而言，他们虽然另有原因，却不亚于凯尔特人。乌比部(在锡格河[Sieg]和兰河[Lahn]两河上)是日耳曼最开化的部落，晚近被迫称臣纳贡于内地一个强大的斯维比部落；早在697年即前57年，他们已遣使请恺撒照解放凯尔特人的先例，使他们脱离斯维比人的统治。这种请求势必把恺撒卷入无穷的冒险事业，他不想认真答复；但要使日耳曼的武力不敢出现于莱茵河此岸，他似乎应该到河的彼岸，把罗马的武力至少表现一番。苏甘布雷部保护乌西皮和滕克特里的逃亡人，给他个适宜的因由。似乎在科布伦茨(Koblenz)与安德纳赫(Andernach)之间的地方，恺撒搭了一座跨莱茵河的板桥，率部下兵团由特雷维里部渡到乌比部境内。几个部落请降；不过这次远征原以讨苏甘布雷部为目的，此部却在罗马军行近之时，与受其保护者一同退入内地。同样，强大的斯维比部——大约就是见于后世名为卡蒂(Chatten)的部落——原压迫乌比部，现在也撤出系靠乌比境的地方，把不能战的人口置在安全地带，同时

命一切能战的男子集合在本部落的中心地点。这种挑战，恺撒既不必接受，又不愿接受；他的目的一部分是侦察，一部分是如果可能，借着渡莱茵河的远征威慑日耳曼人，至少威慑凯尔特人和在本土的同人，这目的已大体达到；既在莱茵河右岸停留了十八天，他 261 又回到高卢，拆毁背后的莱茵桥(699 年即前 55 年)。

现在还有岛上的凯尔特人。他们既与大陆凯尔特人尤其与沿海各部落关系密切，可知他们必是至少同情于本族的抵抗外族；如果他们不以武力助爱国党，他们至少在这倚海为固的岛上，对任何不能再在本乡得安全的人，供给一个光荣的避难所。这里面当然有危险在，即使不在当时，也总在未来；一种办法似属明智，即纵然不从事于征服此岛，也要在这里以攻为守，以登岸昭示岛上的人，使知罗马人的武力也达海峡以外。罗马将领普布利乌斯·克拉苏首先入布列塔尼，至 697 年即前57 年已由那里渡海来到英伦西南端的“锡群岛”(Zinninseln，今锡利群岛[Scilly Islands])；到了 699 年即前 55 年夏间，恺撒亲率只有两个兵团的军队在最狭处渡过海峡。① 他

① 恺撒到不列颠的行程系由加来(Calais)与布洛涅(Boulogne)之间的沿海港埠渡到肯特(Kent)的海岸，有这事的性质和恺撒的明言为证。人常想把地点决定得更为精密，但无成效。一切见于记载的只是：第一次航行时，步兵在一个港埠登船，骑兵在其东相距八罗马里的港埠登船；第二次航行时，恺撒于上述两埠中择一最方便的为登船之所，这就是以后不再提起的伊提港(Portus Itias)，此处距不列颠海岸三十或四十罗马里。恺撒说他选择一条“最短的渡海路线”，我们由这句话，固然可以断定他渡过的不是英吉利海峡而是加来海峡，但他渡加来海峡时是否循着数学上最短的路线，却不能断定。要用这些论据——其中最好的也因为各家数字不同而几于无用——来决定地点，非本地绝对笃信的地志家不能办；但许多可能性中最可取的或是下列意见：伊提港在格里诺角(Cap Gris Nez)以西昂布勒特斯(Ambleteuse)附近，骑兵登船处在同一地岬以东埃加勒(Ecale，即维桑[Wissant])附近，登陆之处在多佛(Dover)以东沃尔默堡(Walmercastle)附近。

262 见海岸上有敌人的大军把守，便带着船只再向前行，但不列颠的战车在陆上前进与罗马战船在海上一样迅速；费了极大的气力，战船用机械和手掷的投射器扫射海滩，罗马兵在其掩护之下，始能一部分涉水，一部分乘小舟，在敌人的面前达到海岸。惊慌初起之时，最近的村落投降；不过岛人不久即见敌人如何薄弱，如何不敢远离海岸。土人逃入内地，不久又回来威胁罗马的营垒；舰队被留在没有遮蔽的泊船所，遇到首次骤起的暴风，大受损失。罗马人竟能一面击退敌人，一面把船只略加修理，而后于恶劣节候来到之前，乘船重到高卢海岸，不得不引以为幸。

这次远征举动轻率，兵力不敷，恺撒本人对其结果极不满意，所以他立刻（699—700 年即前 55—前 54 年的冬季）命人装配一队八百艘的运输舰，到了 700 年即前 54 年春间，又乘船驶往肯特海岸，此次带着五个兵团、二千骑兵。不列颠人的军队这次也集合在海滨，见了这个庞大舰队，便不敢交战而退，恺撒立即率兵向内地进发，得了几次胜仗以后渡过斯陶尔（Stour）河；但因舰队停泊在无防波堤的港湾内，复遇海峡的暴风，半遭破坏，他不得不甚违本愿，停止进攻。等到罗马人把船只拉上海滩，大做修船的准备，他们已失去宝贵的时间，凯尔特人却巧妙地乘机行事。

胆大心细的君长卡西维劳努斯（Cassivelaunus）统辖今名米德尔塞克斯（Middlesex）及其四周之地，往日曾为泰晤士河以南凯尔特人之患，现在却为全民族的护卫和斗士，做国防的领袖。他不久即见，若以凯尔特步兵抗罗马的步兵，绝对不能有成，大批民兵既难赡养，又难控制，只是防务的障碍；所以他遣去步兵，只留战车。他收集了四千辆战车，车上的武士习于跳下车来，徒步作战，恰如

罗马最古的公民骑兵，也可以一物两用。到恺撒能再进兵之时，他 263
未遇阻碍；但不列颠的战车永远行驶于罗马军的前面和旁边，使居民退出本地（因为没有城市这事并不甚难），使罗马军不能派出支队，并且威胁罗马军的交通。罗马人似乎在伦敦上游金斯顿(Kingston)与布伦特福德(Brentford)之间渡过泰晤士河，他们前进，但并无真正的进步；将军没有得胜，兵士没有得利物，唯一的真成绩是在今名埃塞克斯(Essex)的地方有个特里诺班特部(Trinobanten)归降，但这事的起因不在于此部畏罗马人而在其与卡西维劳努斯仇恨甚深。罗马人愈前进，危险便愈增加，肯特众君长奉卡西维劳努斯的命令攻打罗马的海军营，虽被击退，却是一种紧急警告，令他们及早回头。不列颠的一座大木栅被攻下，其中大批的牲畜落在罗马人手中，于是这漫无目标的前进得一尚可的结束，转旆回师也有了一个尚佳的借口。卡西维劳努斯也很有见识，不把凶险的敌人逼到极端，并且应恺撒的要求，允许不侵扰特里诺班特部，纳贡献，出人质；至于交出武器和留下一支罗马戍兵，则不见叙述，就是那些诺言，就其有关将来的而论，可想也是言者听者两无诚意。得到人质以后，恺撒回到海军营，再由此回到高卢。这次他似乎确想征服不列颠，如果他真有此意，一方面由于卡西维劳努斯取聪明的守势战略，又一方面由于意大利的划桨船舰不适用于北海的波涛，这计划竟全归泡影；因为所约定的贡献确是永未缴纳。但直接的目的——使岛人从傲慢不谨慎的心情中的觉醒，使他们为自己的利益计不再让大陆的移民荟萃在他们岛上——确似达到了；至少我们以后不再听见人诉说岛人保护陆上的移民。

防堵日耳曼人入侵和征服大陆凯尔特人的事业，已告完成。 264

但以常情而言，征服一个自由民族比较容易，使被征服的永远听命却比较困难。霸权之争陷凯尔特民族于灭亡，尤甚于罗马的侵略，征服以后，因为征服者取霸权为己有，争竞始稍宁息。特殊利益都归沉寂，在同受压迫之下，他们又有了全族一体之感；他们有自由和国体的时候，冷冷淡淡地把它们赌输出去，而今到了太晚之时，他们才以无限爱慕充分领略了它们的无量价值。但这真是太晚了吗？他们又羞又怒地自认说，一个民族至少有一百万能战的男子，一个民族自古以来就有很确实的善战美名，竟让至多不过五十万的罗马人支配他们。中高卢联邦连一仗也不打便随顺了，比利其联邦不过表示欲战便也随顺了；反之，内尔维部和维内蒂部英勇不屈而亡，摩里尼部和卡西维劳努斯麾下的不列颠人以智巧的抵抗得到成功——各事的一切，无论已做的或忘做的，失败的或成功的，都驱使爱国志士再做尝试，如有可能，再做更团结更有效的尝试。特别在凯尔特贵族中间流行一种骚动，这骚动仿佛时时刻刻都要发作成一场普遍的叛乱。特雷维里部自697年即前57年在内尔维战争中负了嫌疑以来，便不再出席于公会，并且与莱茵河外的日耳曼人结成太可疑的联系，在700年即前54年第二次征不列颠以前，恺撒即已须亲往该处。那时恺撒止于把最有名望的爱国党尤其因杜提奥马尔乌斯(Indutiomarus)与特雷维里部应出的骑兵同带到不列颠；他极力宽恕阴谋，以免严厉措置把阴谋激成叛乱。但埃杜伊的杜诺里克斯也在应赴不列颠的军队中，名为骑兵
265 将官，实则是个人质，他竟悍然不肯登船，反而骑马向家乡而去，恺撒不能不以他为逃兵，使人追赶；于是他为派来的队伍所追及，他又挺身抗拒，便被斫倒(700年即前54年)。凯尔特最强大最不倚

赖罗马的部落,其最有声望的骑士竟为罗马人所杀,这对凯尔特全体贵族是一声霹雳;每一自觉与他同志的——这种人占绝对多数——由这个惨祸里看见他将来的命运。

如果凯尔特贵族因为爱国和绝望而谋反,现在谋反者便迫于恐惧和自卫而起兵。700—701 年即前 54—前 53 年冬季,除一兵团驻在布列塔尼和另一兵团驻在很不靖的卡尔努特(Carnuten,在沙特尔附近)以外,罗马全军共计六兵团都扎在比利时境内。因为粮饷缺乏,恺撒分别在贝洛瓦契、昂比亚尼(Ambianer)、摩里尼、内尔维、雷莫和埃布隆等六部造了六个兵营,把他的队伍扎得比往常相隔较远。其中最东的固定兵营位于埃布隆部境内,大概距后来的阿杜亚图卡(Aduatuca,今通厄伦[Tongern])不远,这营里的兵力最为雄厚,有恺撒部下最有名的队长昆图斯·提图里乌斯·萨比努斯所率的一个兵团,又加以猛将卢奇乌斯·奥伦库勒乌斯·科塔(Lucius Aurunculeius Cotta)[①]所率的种种别动队共计半个兵团;忽然间,埃布隆部君长安比奥里克斯(Ambiorix)和卡图沃尔库斯(Catuvolcus)率民兵把这座营垒团团围住。攻势来得非常突兀,以至于不在营内的士卒也不能召回,被敌人歼灭;除此以外,目前的危险尚不为大,因为粮食无缺,埃布隆人猛扑,碰到罗马堡垒,不能为力,向后退却。但安比奥里克斯告罗马将官说:罗马一 266

① 由于萨比努斯早年的功绩,由于两人同见记载时萨比努斯总是占先,又由于此次败仗的叙述,可以推知科塔虽与萨比努斯同为军使而非其副将,却系年龄较少、威望较低的将领,大概曾奉命遇有意见不合时须对萨比努斯让步。再者,我们绝不能设想恺撒命两个权力相等的将官共同主持一座兵营,却全不预防两人意见的不合。那五队兵不算在一个兵团之内,一如莱茵河桥的十二队兵;他们似乎是全军他部的别动队所合成,被调来增援这距日耳曼最近的营垒。

切在高卢的兵营都同日同样地受到攻击，如果罗马各支军队不赶快出发，彼此集合在一处，他们必遭覆灭无疑，又因为日耳曼人也已由莱茵河外进兵来攻，萨比努斯更当赶快；他本人因与罗马人相好，愿担保他们自由退到最近不过两天路的罗马兵营。以上的报告似非纯属捏造；埃布隆这个小部落曾特受罗马人的优待，今竟以攻罗马人，实属难信；并且因为其他兵营距此遥远，难于互相联络，叛党倾全力来攻而把罗马军各个击破，也是不可忽视的危险；然而他们若顾荣誉，有智谋，便须拒绝敌人提出的条件，固守那交给他们的据点，却是毫无疑义的。在军事会议中，也有许多人，尤其重要的卢奇乌斯·奥伦库勒乌斯·科塔，异口同声地表示这种意见。可是统帅却决定接受安比奥里克斯的建议。于是次日早晨，罗马军队开去；但他们一走到离营三四公里的狭谷中，只见埃布隆人把他们包围起来，每条出路都被阻塞。他们想用武力开一条路，但埃布隆人绝不肯做肉搏战，只是由他们那险固的据点向罗马人丛中施放飞射的武器。萨比努斯不知所措，仿佛要由反叛者手里寻求免于反叛之道，便请与安比奥里克斯开一会议；敌人准如所请，却把他和同来的军官们先解除武装而后杀害。统帅既死，埃布隆人同时由四面八方攻打那些疲敝沮丧的罗马人，冲破他们的阵线；他们大多数，连业已受伤的科塔在内，都死于这次所受的攻击；一小部竟能重回所弃的营垒，都在次夜自刎而死。全军覆没。

267　这次的胜利为叛党始料所不及，凯尔特爱国党因而骚动愈烈，以致除埃杜伊部和雷莫部外，罗马人不能再信赖任何地方，于是叛变起于极不相同的各地点。第一，埃布隆人乘胜进攻。阿杜亚都契部欣然乘此机会报复恺撒对他们的侵害，强大的梅纳皮部尚未被征服，两部落的民兵齐来加强埃布隆人的兵力，他们入内尔维部境内，内尔维部立刻归附；如是，他们全军增至六万人，进到内尔维部的罗马营前。昆图斯·西塞罗（Quintus Cicero）为那里的统帅，兵力单薄，处境困难，特因攻军自敌人学得造罗马式的城墙和壕堑以及龟甲车和活动楼橹，火球和火枪如骤雨似的打到兵营的草顶矮屋上，他的处境更加困难。被围者唯一的希望寄在恺撒身上，他正与三个兵团在不甚远的亚眠地方驻营度冬；但历长时间，萨比努斯的惨祸和西塞罗的危局竟无丝毫消息传到将军耳内，高卢流行的观感如何，由此可见。

一个凯尔特骑士终能由西塞罗的营垒偷过敌阵，来见恺撒。恺撒一听得这惊人消息，即刻出发，不过仅带着两个共约七千人的薄弱兵团和骑兵四百；然而恺撒进兵的消息便足以使叛军撤围。这事正合时宜，西塞罗营内未受伤的人已不及十分之一。叛军转攻恺撒，恺撒又用那屡次制胜的方法，使敌人误认他的兵力；他们在极不利的情势下胆敢来攻罗马营垒，结果吃一败仗。因为这一败，或不如说因为恺撒亲临战场，这个叛变起初那么胜利，传播得那样广远，却可怜突然停战——这事虽奇，却足见凯尔特民族的特性。内尔维人、梅纳皮人、阿杜亚都契人、埃布隆人各自归家。沿 268
海部落的军队原准备攻那驻在布列塔尼的兵营的，也照样办理。埃布隆部为强邻特雷维里部的属邦，它所以敢取那次攻势而得胜，大半由于特雷维里部领袖因杜提奥马尔乌斯的怂恿，特雷维里部一听得罗马人在阿杜亚图卡的败讯，便起兵进入雷莫部境内，意欲攻打拉比努斯所率驻在那里的兵团；他们现在也不再战。恺撒非不愿把进讨叛区的事延到春天；他部下已饱尝艰苦，他不欲使他们蒙犯高卢极凛冽的冬天，并且他已下令征新兵三十队，赫赫然补那覆没的十五队之缺，一俟补充完毕，他才再到战场。同时，虽则暂且停战，叛变却进行不息。叛党在中高卢的主要巢穴，一个是卡尔努特部各区和邻境的塞农部（Senonen，在桑斯[Sens]附近），塞农部把恺撒任命的君长驱逐出境；又一个是特雷维里部，他们号召全体凯尔特的侨民和莱茵河外的日耳曼人同来参加这将临的民族战争，召集他们的全部武力，意欲到春季再进入罗马辖境，消灭拉比努斯的部队，设法与塞纳河和卢瓦尔河上的叛党取得联络。恺撒在中高卢召集公会，这三个部落的代表始终未曾到会，这就是公开宣战，正如一部分的比利其部落攻萨比努斯和西塞罗的营垒是公开宣战。

冬季将终，军队已大大增强，恺撒便率他们出发，征讨叛党。特雷维里人集中叛变的企图未见成功；酝酿叛乱的地方为入境的罗马军队所镇压，公然反叛的受个别的攻击。内尔维部首先被恺撒亲自击破。塞农部和卡尔努特部也遭同样的厄运，梅纳皮部是唯一未尝随顺罗马的部落，长久不失其自由，现在罗马人由三面同
269 时进攻，他们也被迫放弃自由。同时，拉比努斯也给特雷维里部布置同样的命运。一方面由于邻境的日耳曼人不肯供给他们佣兵，一方面由于全部运动的主脑因杜提奥马尔乌斯与拉比努斯部下的骑兵交锋阵亡，他们初次的进攻软弱无力。但他们不因此而放弃其计划。特雷维里部的招募员虽遭莱茵河上居民的拒绝，却在日耳曼腹地的好战部落尤其似在卡蒂部中颇受欢迎；他们倾其全力来到拉比努斯对面，等候那些随后赶来的日耳曼部队。但拉比努斯假作想避他们而仓皇遁去的样子，特雷维里人便不待日耳曼人

到来即在一个极不利的地点攻罗马军，结果全被击破。日耳曼人来到，已嫌太晚，只得折回，特雷维里人也只得投降；这部落的政权又落在罗马党领袖辛格托里克斯（Cingetorix，系因杜提奥马尔乌斯的子婿）之手。恺撒征梅纳皮部和拉比努斯征特雷维里部以后，罗马全军又会合于特雷维里部境。为使日耳曼人不愿再来起见，恺撒又渡莱茵河，以便如果可能，痛击这些讨厌的邻人，但卡蒂人信守其经验过的战略，不在西境而在远远的腹地——似在哈茨（Harz）山——集兵守土，恺撒即刻回头，止于留一支兵戍守莱茵河的渡口。

如是，一切参与叛乱的部落账目都清理了，只有埃布隆部被略去，却未被遗忘。恺撒自遭阿杜亚图卡之祸以来，即身穿丧服，以为他的士卒不是死于光明正大的战争，而是被人背信谋杀，他发誓要替他们报得仇恨，才脱丧服。埃布隆人束手无策，毫无作为，在他们的茅屋中坐视邻境各部落相继投降，直到罗马骑兵由特雷维里境经阿登山，进到他们的本土。他们绝未防备这种攻势，以致罗马骑兵走到安比奥里克斯的家宅，几乎把他擒住；他很艰难地趁着
手下从人为他牺牲之时，逃入邻近的森林。罗马十个兵团继骑兵 270
而来，同时，一道檄文发到周围的部落，请他们追猎那些属于法外的埃布隆人，协同罗马兵去劫掠他们的国土；响应这种号召的不在少数，就连由莱茵河彼岸来的一队苏甘布雷骑兵也在其内；附带地说，这种人对待罗马人与对待埃布隆人无异，昔在阿杜亚突卡之战，他们曾大胆袭击罗马兵营，几乎得手。埃布隆人遭了可骇的劫运。他们虽可藏身于森林沼泽，猎人却多于被猎者。许多人自杀，如白发君长卡图沃尔库斯；仅少数人得保其生命和自由，但罗马人

特欲捉拿的君长安比奥里克斯就在其中，他只带四名骑兵逃过莱茵河。既惩处这罪情特重的部落以后，又继以其他地方惩治个人叛逆的诉讼。宽恩的时节已成过去。奉罗马同执政官的命令，罗马的刀斧手把卡尔努特的著名骑士阿科（Acco）斩首（701 年即前 53 年），于是棍棒斧钺的政治正式开幕。反对党寂然；到处安安静静。本年（701 年即前 53 年）将终时，恺撒照常走过阿尔卑斯山，以便经一冬的时间就近观察首都日益纷乱的局面。

这位精明的计算家这次却算错了。火被压住，但未熄灭。那斫得阿科头落的一击，为凯尔特全体贵族所同感。正在此刻，时势比以前较有希望。去冬的叛变所以失败，显然只因恺撒亲临战场，而今他在远处，因内战将起而逗留于波河上，高卢军集合在塞纳河上流，与其可畏的领袖相隔甚远。如果现在中高卢普遍起事，那么，就算意大利的纠纷不能完全阻止他再关心于高卢，在恺撒重到阿尔卑斯山外以前，罗马军即可被人包围，几无防御的罗马旧省即可沦陷。

中高卢各部落的谋反者都聚在一处，卡尔努特部因受阿科被
271 杀的直接影响，自请领先。在 701—702 年即前 53—前 52 年冬季某日，卡尔努特骑士古特鲁亚图斯（Gutruatus）和康孔涅托杜姆努斯（Conconnetodumnus）在塞纳布姆（Cenabum，在奥尔良［Orleans］）发出起事的号令，把那里的罗马人一概处死。整个高卢都陷于极剧烈的骚乱；爱国志士处处夺起。但对全民族深有影响的莫若阿维尔尼部的起兵。这个民社往日在君主治下为南高卢的霸主，到了对罗马战争失利因而君政没落以后，仍是全高卢一个最开化、最富强的民社，其政府一向依附罗马，牢不可破。就是现在，爱

国党在秉政的国会里仍居少数；他们想要求国会加入叛党，结果无功。所以爱国党攻击的目标是国会和现存政体，而况阿维尔尼部以国会代君主的政体改革起于罗马人得胜以后，似乎也由受罗马影响而来，国会和现存政体更成为攻击的目标。

阿维尔尼的爱国领袖维金格托里克斯(Vercingetorix)无异于寻常的凯尔特贵族，在本部落内处有近于王者的权势，并且为人庄严，智勇兼备，他这时离开都城，乡间人本来对专政的寡头党与对罗马人一样仇视，他号召他们即刻恢复阿维尔尼的君主政治和对罗马开战。群众争先恐后地归附他，卢埃里乌斯(Luerius)和贝图伊图斯(Betuitus)王位的恢复同时也是对罗马宣布民族的战争。这民族以前屡次企图摆脱异族的羁绊，都因缺乏统一的中心而失败，现在有了这位自命的新阿维尔尼王，就有了统一的中心。大陆上凯尔特人仰望维金格托里克斯，等于岛上凯尔特人仰望卡西维劳努斯；大众同具一种强烈的感觉，以为除他而外，无人能做民族的救星。

叛乱迅即蔓延到西方自加伦河口至塞纳河口一带，这里一切的部落都承认维金格托里克斯为元帅；若有国会作梗，群众便逼它附和叛乱；只有少数部落例如比图里吉部，受了逼迫才肯加入，这或许只是掩人耳目而已。卢瓦尔河上游以东的地方不甚利于叛乱 272
的发展。这里一切都系于埃杜伊部，此部却游移不定。爱国党在这部落里很有势力，但这部落对霸主阿维尔尼部的旧仇抵消了他们的势力——对于叛党，这是个极大的损害，因为要使东面各部落，尤其塞昆部和赫尔维部加入，必先使埃杜伊部加入，并且一般看来，高卢这部分的决定权全在他们的掌握。叛党正这样努力从事，一面要劝那些仍在迟疑的部落尤其埃杜伊部归附他们，一面要占据纳博——他们有一个骁勇的领袖卢克特里乌斯(Lucterius)已出现于这老行省境内的塔恩(Tarn)河——,罗马元帅忽然出友人和敌人的意外,在隆冬时来到阿尔卑斯山的这边。他不但迅速做成必要的准备来保卫纳博省,而且派一支兵经积雪的塞文山而入阿维尔尼境;但他不能留在此处,他的军队驻扎在桑斯和朗格勒,埃杜伊部若加入高卢联盟,随时可以切断他到军中的道路。他极秘密地往赴维也纳,由维也纳只带少数骑兵经埃杜伊境走到军中。叛党决定起兵时所抱的希望现在已成泡影;意大利仍旧平静,恺撒又得带领他的军队。

但他们怎么办呢?在这种情形之下,要用武力决胜负,确属不智,因为武力的胜负已经决定,无可挽回。他们若想用凯尔特的队伍,无论集成大军或各部落相继牺牲,来动摇罗马的兵团,便不啻想用投石来动摇阿尔卑斯山。维金格托里克斯放弃了击败罗马人的念头。他采用的战术与卡西维劳努斯拯救岛上凯尔特人所用的相仿。罗马步兵是不能击败的,但恺撒的骑兵却几乎全是凯尔特贵族的助战队,普遍的叛乱既起,这种骑兵便实际解散。叛党实大致为贵族所组成,他们或可发展这种武器的优势,以致能蹂躏远近
273 各地,烧毁城市和村落,消灭仓库,威胁敌人的供应和交通,而敌人却无法认真制止。因此,维金格托里克斯倾全力增加他的骑兵和弓手步兵,按当时的战术,弓手步兵通常与骑兵联合为一。入伍的民兵数目庞大,反而有碍自己的行动,他固然不把他们遣回家乡,却不许他们对抗敌人,他企图渐使他们能筑垒行军和做灵巧的运动,并且使他们稍知兵士不仅以打仗为事。罗马人所以在战术占优势,其全部奥妙都本于筑营法,因此罗马每支军队都既享堡垒戍兵

的一切便利，又有攻势军队的一切利益，维金格托里克斯由敌人学习，特别采取罗马的筑营法。[①] 诚然，不列颠绝少城市，其人民粗野、果敢而且大体一致，一种策略完全适用于不列颠及其居民的，不能绝对移用在卢瓦尔河上的沃壤及其政治上即将全部瓦解的偷惰居民。维金格托里克斯至少做到下列各事：凯尔特人往日每城必守，结果一城不守，现在不复如此；他们一致赞成在敌军来攻以前先把不能守的地方破坏，却用全力保卫坚固的堡垒。同时，阿维尔尼王用种种方法竭力使人皈依民族的大义，对怯懦不前的严厉无情，对犹豫不决的恳求敦劝，对贪财的用黄金，对确定的仇敌用武力；并且就是对群众，他也不分贵贱，都强迫或诱惑他们拿出一点爱国心来。

恺撒安置在埃杜伊境的波伊人几乎是罗马唯一可靠的同盟，冬季尚未告终，维金格托里克斯已向他们进攻，意欲在恺撒来到以前先把他们消灭。恺撒一听得敌人进攻的消息，便把辎重和两个 274
兵团留在阿格丁库姆（Agedincum，今桑斯）的冬营，即刻进攻叛党，在别种情形之下他必不愿进攻得这么早。他痛感骑兵和轻步兵的缺乏，便陆续招募日耳曼的佣兵以为补救，这种佣兵不用他们那身小力弱的马，却备有一部分，买来一部分由军官征来的西班牙马和意大利马。卡尔努特人曾发令造反，恺撒既命人劫掠他们的都城塞纳布姆（Cenabum），把它烧成灰烬，便渡卢瓦尔河入比图里吉境。这样一来，他做到使维金格托里克斯放弃波伊城的围攻，也

① 当然，在攻击武器的用途只以劈刺为主之时，这才可能。拿破仑说得好，在现代战事里，这种方法已不适用，因为我们的武器既由远处奏效，展开的阵势自优于密集的阵势。在恺撒时，情形正与此相反。

向比图里吉而来。这里是初次试用新战术的地方。奉维金格托里克斯的命令，比图里吉城邑毁于烈火的一日达二十余处，恺撒也命罗马的游击队把他们所能到的邻近地方自行毁坏。

按照维金格托里克斯的意旨，比图里吉那富而且强的都城阿瓦里库姆(Avaricum，今布尔日[Bourges])应遭同运；但比图里吉君长长跪哀求，军事会议里的大多数人准其所请，决定宁可尽全力保卫此城。于是战事首先集中于阿瓦里库姆的四周。维金格托里克斯把他的步兵置在此城附近的沼泽中占一块不可逼近的阵地，以至于就是没有骑兵掩护，他们也不必怕罗马兵团来攻。凯尔特骑兵扼守一切道路，阻塞敌人的交通。城里有重兵防守，与城下军队保持毫无障碍的联络。恺撒处在很困难的地位。他企图诱凯尔特步兵与他作战，没有成功，他们立在不可攻的阵线上，不肯移动。他的士卒虽在敌前奋勇筑垒和作战，被围者的智巧和骁勇却与他们并驾齐驱，几乎做到纵火烧毁敌人的攻具；并且在一个广漠荒芜而有远占优势的骑兵巡逻的区域，要供给将近六万兵的粮饷，也成为日益困难的事。波伊人的区区存粮不久便被用完，埃杜伊人承
275 诺的供应没有到来；谷类业已吃光，兵士专以肉类为每日食粮。但守兵无论如何拼命地战斗，此城已濒于不能再守的时候。若在敌人占领以前，乘夜间悄悄撤兵，把这城毁掉，现在尚有可能。维金格托里克斯做这事的准备，但撤退时把妇女儿童留在后面，他们的悲号引起罗马人的注意；撤退竟告失败。次日是个阴霾的雨天，罗马人爬上城墙，因痛恨这城的顽强守御，破城以后，连里面的老弱妇女一概不饶。凯尔特人曾在这里存积丰富的粮食，现在恺撒的饥饿士兵大享其利。罗马人一夺得阿瓦里库姆(702年即前52年

春），便赢得对叛党的首次胜利；按往日经验，恺撒很可以逆料叛党必将瓦解，所需的只是分别对付各个部落。所以他先率全军亲临埃杜伊部，以这种赫赫的示威，逼使那里骚动的爱国党至少保持一刻的安静，然后分军为二，派拉比努斯回阿格丁库姆，与留在该处的军队会合；这次卡尔努特部和塞农部又首倡逆谋，拉比努斯可以率四个兵团先平定两部落境内的反叛；恺撒本人率其余六兵团南下；准备往阿维尔尼山中作战，这就是维金格托里克斯的本土。

拉比努斯由阿格丁库姆沿塞纳河左岸而上，意欲夺据卢特提亚（Lutetia 即巴黎），这就是位于塞纳河洲上巴黎人（Parisier）的城，而后由这个居叛区中心的险固地点再去平定叛区。但他走过梅洛杜努姆（Melodunum，即默伦[Melun]）以后，便见老迈的卡姆洛格努斯（Camulogenus）已率全部叛军布阵于这里难攻的沼泽中间，阻住他的道路。拉比努斯退了一程，在梅洛杜努姆渡塞纳河，沿河右岸而上，向卢特提亚进兵，未遇阻碍；卡姆洛格努斯命人焚
毁此城，拆断那通往左岸的桥梁，在拉比努斯对面立一阵地；拉比 276
努斯既不能使他交战，又不能在敌军监视之下渡过河去。

另一方面，罗马主力军沿阿列（Allier）河而下，入阿维尔尼部。维金格托里克斯想阻它渡到阿列河左岸，但恺撒瞒过了他，数日以后，便来到阿维尔尼的都城热尔戈维亚（Gergovia）[1]前面。然而维

① 人常在阿维尔尼首城尼米图姆（Nemetum，即克莱蒙[Clermont]）以南一小时路程至今仍名热尔戈[Gergoie]的一片高地上寻求此地；这里不但有粗陋寨垣的遗址发掘出来，而且这地名的流传直到第十世纪尚有文献可考，足见这地点决定得很正确，无置疑的余地。再者，这地点既符合恺撒别的叙述，又符合他相当明白地指热尔戈维亚为阿维尔尼部的首邑。因此我们须假定，阿维尔尼人兵败以后不得不由热尔戈维亚迁都于不那样强固的邻邑尼米图姆。

金格托里克斯就在阿列河上抵御恺撒之时，必已命人收集充足的粮食存在热尔戈维亚，又命人在城墙前面颇为峻峭的小山上筑造一座具有坚固石墙的永久营垒；并且因为他动身较早，所以比恺撒先到热尔戈维亚，在坚城下的设防营垒里等候敌人的来攻。恺撒兵力较弱，对这地方既不能正式围攻，甚至也不能充分封锁，他把营垒扎在维金格托里克斯所占的高冈之下，不得不保持与敌人同样不动的态度。恺撒始终胜利地进展在塞纳和阿列两河上骤归停顿，这几乎可说是叛党的胜利。以结果而言，这次停顿在恺撒方面实等于一次败仗。

埃杜伊人迄今仍踌躇不定，现在却真诚准备加入爱国党；恺撒调埃杜伊一队兵到热尔戈维亚，中途受他们将领的指使，响应叛党；同时，埃杜伊人始在本部落里劫掠杀害侨居的罗马人。恺撒率
277 围军三分之二往迎那调到热尔戈维亚的埃杜伊军，他忽然出现，使他们在名义上又听号令，但这种关系比以前更加空洞，更易断绝，并且因为要使这种关系不断，竟使留在热尔戈维亚城前的两兵团遭到大难，代价也未免太昂。维金格托里克斯迅速而果敢地利用恺撒离去的机会，乘他不在时攻打城前的罗马军，结果，几乎击败他们和攻陷罗马营垒。只因恺撒敏捷无比，阿杜亚突图卡的惨祸才不致重见于此次。埃杜伊人虽则又复甘言相许，但人们可以预料，如果封锁再持久无功，他们必公然归附叛党，因而迫恺撒撤围；因为他们一加入，恺撒与拉比努斯的交通必被截断，尤其拉比努斯陷于孤立，必遭极大的危险。恺撒决定不容事势到这地步；目的尚未达到便由热尔戈维亚退兵，虽既痛心而又危险，然而此事若非做不可，则宁可立即出发入埃杜伊部，不惜一切牺牲以阻止他们的正

式背叛。

但这种退兵不是他那活泼乐天的性格所喜，所以撤退之前，他仍最后尝试一次，要以精彩的胜利自脱苦恼的困境。热尔戈维亚守兵的大部正在他们以为必受攻击的一面从事修筑壕垒，罗马将军却利用这个机会袭击另一比较偏僻但当时缺乏守卫的入口。罗马攻城队确实爬过寨墙，占据了敌寨最近的部分；但全体守兵都已惊起，并且因距离不远，恺撒以为不宜再攻城垣。他下令退兵；但最前列的兵团因得胜而失之急躁，未闻号令或不愿听令，前进不止，冲到城墙，有些人甚至冲入城去。但阻挡侵军的大众愈来愈密，最前面的阵亡，攻城队止步，百夫长和士兵枉自英勇作战，慷慨捐躯；攻军伤亡很大，被逐出城和下山，恺撒扎在平原的队伍在这 278
里迎接他们，才使祸害不致扩大。他们希望攻取热尔戈维亚，反而吃了败仗，死伤很多——战士死者计达七百人，内有百夫长四十六人——这还是所受祸害最轻微的部分。

恺撒在高卢的地位所以令人敬畏，多赖他那胜利的光芒，这种光芒今始黯然减色。阿瓦里库姆周围的激战，恺撒欲逼敌人作战而无效，该城的坚守及其意外的攻陷，都有一种异于凯尔特初期战争的特色，都使凯尔特人对自己和领袖的信赖有增无减。再者新战术——在堡垒保护之下凭设防的兵营抗拒敌人——不但在卢特提亚卓著成效，在热尔戈维亚亦然。最后，这次败仗是恺撒本人第一次在凯尔特人手里所遭的败仗，实为他们成功的极峰，因而不啻是第二次发出的起事信号。现在埃杜伊部正式与恺撒决裂而与维金格托里克斯联合起来。他们的助战队仍在恺撒军中，他们不但背叛逃去，而且乘机把恺撒军在卢瓦尔河上诺维奥杜努姆（Novio-

dunum)的军需站劫走，于是金柜、武库、许多备用的马匹和一切送给恺撒的人质都落在叛党之手。又有至少与此同样重要的，即比利其部一向置身于整个运动之外，现在却也开始蠢动。强大的贝洛瓦契部也起来了，意欲乘拉比努斯军与四围中高卢部落的民兵对峙于卢特提亚之时，抄他后路。别的地方也无不起兵，甚至最坚决最受优待的罗马党也为爱国热情所感动，例如阿特雷巴特部的君长康米乌斯(Commius)因尽忠服务，曾由罗马人受得重要特权和对摩里尼部的霸权。叛党的线索竟达罗马的旧省份，他们希望诱阿洛布罗根部起兵叛罗马，或也不无根据。只有雷莫部及直接
279 属于雷莫人的苏埃西翁、洛伊克和林贡等地方仍保持孤立状态，不受普遍热心的影响，除此以外，自比利牛斯山至莱茵河的整个凯尔特民族现在初次也是末次的真正起兵，争他们的自由和国体；反之，深可注意，一切日耳曼民社在往日战斗中居最前列的，这次却都置身事外。真的，甚至特雷维里部也因与日耳曼人有私斗，不能积极参加民族的战争，梅纳皮部似乎也是如此。

这是个严重的生死关头，罗马人既由热尔戈维亚退却，又失去诺维奥杜努姆，便在恺撒的大本营里开了个军事会议，商讨现在应取的步骤。许多人异口同声，赞成越塞文山，退入罗马的旧省，这省现在面对叛党门户洞门，由罗马派来的兵团原为保护它的，它诚然急需这支武力。不过这种怯懦的策略不起于应时势的要求，而来自政府的训令和怕负责任的心情，恺撒不加采纳。他止于召集住在此省的罗马人来从军，命这项征兵尽力保护边境；另一方面，他亲自向相反方向出发，以急行军进到阿格丁库姆，命拉比努斯赶紧退到这里。凯尔特人自然企图使罗马两军不能相会。拉比努斯

曾把他的后备兵和辎重留在阿格丁库姆，他可以渡马恩河，沿塞纳河右岸下行，抵阿格丁库姆；但是他不愿凯尔特人再见罗马军退却。所以他不渡马恩河，而在受骗的敌人目睹之下渡塞纳河，在河左岸与敌军一战，他竟得胜，凯尔特人阵亡很多，凯尔特的统帅老卡姆洛格努斯也在其内。叛党想把恺撒牵制在卢瓦尔河上，也同样无功；恺撒不容他们有在此集合大军的时间，他见这里仅有埃杜伊的民兵，不难把他们击溃。于是罗马两支兵的会师顺利完成。

同时，叛党在埃杜伊都城比布拉克特商讨再进一步的作战方 280
略，这次会议的主脑又是维金格托里克斯，在热尔戈维亚的胜利以后，全国的人都热烈归附他。固然，就是到了现在，个别的利益仍不安缄默；在民族的生死斗争中，埃杜伊部仍要求霸权，在全体会议里提议以他们一个领袖代替维金格托里克斯。但全体代表不但拒绝此议，核准维金格托里克斯为最高统帅，而且通过他的作战计划，毫无修改。这计划大体与他在阿瓦里库姆和热尔戈维亚所运用的并无二致。曼杜比部(Mandubier)的坚城阿莱西亚(Alesia，在科多尔[Côte d'or]省的瑟米尔[Semur]附近，今名阿利兹－圣莱纳[Alise Sainte Reine])①被选作新阵地的枢纽，又在它的城下筑了一座设防的营垒。他们在此积蓄了无量的粮食，命热尔戈维亚的军队开到此处，依全国会议议决，把骑兵增到一万五千。罗马军既在阿格丁库姆复合为一，恺撒便率全副兵力向维松提奥(Vesontio)出发，因为叛党的队伍确已出现于塞文山南坡的赫尔维境，

① 近来有个多经讨论的问题，即阿莱西亚是否应与阿莱斯(Alaise，在杜省[Doubs]贝桑松以南二十五公里)认为同地，一切明慎的学者都答曰“否”，这是对的。

罗马的行省告急,他想现在行近此省来保护它,使不受侵犯。阿莱西亚差不多正在他的路上,维金格托里克斯唯一可运用的武力是骑兵,凯尔特骑兵在半途中攻击恺撒,但他的日耳曼新马队以列阵的罗马步兵为后盾,竟击败他们,使一切人无不诧异。

维金格托里克斯因此更赶紧入守阿莱西亚;恺撒的兵力远较薄弱,凯尔特的军队则驻在一座守御牢固、粮食充足的堡垒之下,并且拥有无数的骑兵队,如果他不欲放弃攻势,他便别无办法,只好在本年战役第三次再以寡敌众,攻击前进。但凯尔特人以前只与一部分的罗马兵团对抗,现在恺撒的全副战斗力却合而为一;在阿瓦里库姆和热尔戈维亚,维金格托里克斯做到置步兵于寨墙保
281 护之下,而以骑兵保持他对外的交通无阻,同时截断敌人的交通,在这里他却不能做到。凯尔特骑兵为他们藐视的敌人所败,已失其锐气,现在遇到恺撒的日耳曼骑兵,每战必败。攻军的长围线长约十五公里,把全城连附郭的营垒都包在内。维金格托里克斯原准备在城下交战,却没准备在阿莱西亚被围;因此存粮虽多,却远不足供给他那号称步兵八万、骑兵一万五千的军队和众多的城内居民。维金格托里克斯不能不见,他的战略这次反害了他自己,除非全国赶紧来救这位被困的将军,他便完了。罗马人合围时,存粮仍足支一个月,或许还多一点;到了最后一刻至少骑兵仍可自由通过之时,维金格托里克斯遣去麾下的全部骑兵,同时传令给全国的领袖人物,请他们召集所有的军队,率来援救阿莱西亚。至于他自己,作战方略是他拟定的,现在归于失败,他决定亲负这战略的责任,留在寨中,与他的部下有福共享,有祸同受。但恺撒准备一面被围,一面围人。他造长围线时,也布置了外面的防御,并且备有

较长期的粮食。日子一天一天地过去了，寨内不复有一石的粮食；他们须把城内不幸的居民驱逐出去，以致这些人在凯尔特和罗马的堡垒之间受双方的无情拒绝，终至惨死。

到了最后一刻，恺撒阵线的后面才出现了凯尔特－贝尔艮援军一望无际的队伍，据说共有步兵二十五万，骑兵八千。自海峡至塞文山，各叛变部已竭精尽力地拯救爱国党的精华和他们所举的将军——只有贝洛瓦契部答复说，他们愿对罗马人作战，但不愿战于他们自己的境外。第一次是阿莱西亚被困的兵与外面的援兵共 282
攻罗马的双层阵线，终被击退；但休息一天以后，凯尔特人又复来攻，竟能在长围线渡过山坡而受居高临下的攻击之处，填平壕堑，掷下墙头的守兵。于是拉比努斯原被恺撒派到这里，他聚合最近处的队伍，带四个兵团猛攻敌人。当最危急的时刻，恺撒亲临战场，在他目睹之下，双方拼命肉搏，攻军被逐回窜，恺撒带来的马队又自后攻打，使他们完全败北。

这不只是一场大胜；阿莱西亚的命运甚至凯尔特民族的命运都因此决定，无可挽回。凯尔特军队极为丧气，即刻由战场解散归家。就到现在，维金格托里克斯或仍可逃走，或至少能用自由人的最后办法来自救；他却不做这事，在军事会议中，他声明：他准备舍身牺牲，以自取的灭亡尽量挽救国家的灭亡。这竟成为事实。凯尔特将领把他们那受全国隆重推举的统帅献给国仇，以使他受相当的处分。阿维尔尼王骑着他的战马，穿着全副甲胄，来到罗马特任执政官面前，绕行法座一周，而后交出他的马匹和武器，默然坐在恺撒脚下的台阶上（702 年即前52 年）。五年后，他被人耀武扬威地牵过意大利首都的街市；战胜他的人正在卡皮托尔山巅敬致谢忱于神祇时，维金格托里克斯竟以叛罗马的大逆罪被斩首于山下。正如一日阴霾之后夕阳忽透层云，苍天也在各国灭亡时给它们最后的伟人。所以汉尼拔生在腓尼基史的末尾，维金格托里克斯生在凯尔特史的末尾。两人都不能拯救他们的国家使不受异族的统治，但他们却能使国家免于最后尚存的一种耻辱——无名的灭亡。愤愤不平的利己派和心惊胆战的怯夫常与堕落的文明相伴
283 而来，维金格托里克斯正如那位迦太基人，不但要与公敌战，而且特别要排除这班人不利于国家的抗拒；他所以在历史上取得地位，也不是因为他能打仗攻城，而是因为在一个以私人争利而致乱亡的国家里，他能使全国的力量和精神集中在他的一身。然而腓尼基商业城市那位冷静的市民，立志始终致力于一个大目标，历五十年而不懈，凯尔特的这位勇猛的君长建立大功和慷慨捐躯，却始终不出一个短短的夏季，世人的悬殊没有比这两人更明显的。无论以他的内心或外表而言，整个上古没有比他更道地的侠客。但一个人不当仅为侠客，政治家更不当仅为侠客。他的不屑逃出阿莱西亚，是侠客而非英雄的行为，因为对于国家，他的一身重于千千万万的寻常勇士。他舍身牺牲，也是侠客而非英雄的行为，因为由这番牺牲得来的不过是民族公开地侮辱自己，既卑怯而又荒谬地以其将断的气息，把这历史上伟大的生死斗争唤作一种反暴主的罪行。汉尼拔在相同情形下所作所为的，如何迥不相同啊！我们与这位豪侠的阿维尔尼王相别，自不能不感到历史和人道的同情；但凯尔特民族的特点就在其最伟大的人物到底不过是个侠客而已。

阿莱西亚陷落，城内的军队投降，凯尔特叛党受了可怕的损

失；但国家也受了一样重大的损失，战争却须从头再起。然而他们丧失了维金格托里克斯，无法补救。国家有他就有统一，没有他似乎也就没有统一。我们不见叛党有继续联防和再命元帅的事；爱国党的同盟自行解散，每部可随意与罗马人交战或讲和。当然，求休息的愿望无处不占上风。恺撒也有从速结束战事的意思。他那十年的省长任期已过七年，最近一年已引起首都政敌的疑问，他只 284
能稍有把握地期望再有两年；为他的利益和荣誉计，他须把新克的区域在稍为平静的状态中移交后任，但要造成这种局势，时间似嫌太少。这时战胜者需要施恩尤甚于战败者；他可以感谢他的运数，凯尔特人内部交争，性情轻浮，欣然接受他的提议。在亲罗马派众多之处——例如在中高卢两个最大部落埃杜伊部和阿维尔尼部——阿莱西亚一陷落，各部落即得与罗马完全恢复旧日的关系，甚至他们数达两万的俘虏也被释放，不取赎金，而其他部落的俘虏则成为得胜兵的劳苦奴隶。高卢各地大都如埃杜伊部和阿维尔尼部所为，听天由命，不再抵抗，坐待不可免的惩罚来临。但或因愚妄轻率或因悲哀绝望仍坚持那不可救药的事业，直待罗马讨伐军来到境内的，也不在少数。在702—703年即前52—前51年冬季，罗马人就对比图里吉部和卡尔努特部举行这种征伐。

贝洛瓦契部去年不参加阿莱西亚的援军，现在却做较严重的抵抗；他们似乎愿使人知，他们所以不参与那次决战，至少非由于无勇或不爱自由。阿特雷巴特部、安比亚尼部、卡莱特部(Caleten)和其他比利其部落都参加这个斗争；阿特雷巴特英主康米乌斯曾投归叛党，最为罗马人所难容，最近拉比努斯甚至想用可恶的奸计刺死他，康米乌斯见日耳曼骑兵在去年战役的价值，便带这种骑兵五百名来助贝洛瓦契部。贝洛瓦契部的科雷(Correus)有决断,有才干,担任战事的统帅,按维金格托里乌斯的战略作战,成绩斐然。虽则恺撒逐渐调来他部队的大半,他既不能使贝洛瓦契步兵一战,甚至他们占据其他阵地以便更能防御罗马加大的兵
285 力,他也不能阻止;而在多次战斗中,罗马骑兵特别是凯尔特助战队,总在敌骑尤其康米乌斯部下的日耳曼骑兵手中,受极重的损失。但科雷有一次与罗马劫粮队交锋遇害,他死之后,这里的抵抗也就瓦解;战胜者提出尚可的条件,贝洛瓦契人与他们的同盟一齐听命。特雷维里部又为拉比努斯所征服;附带着说,罗马军又穿过那被摈法外的埃布隆人境内,施以蹂躏。于是比利其同盟最后的抵抗崩溃了。沿海各部落仍企图与卢瓦尔河上的邻邦合抗罗马的统治。叛党队伍由安甸、卡尔努特和四围的其他地方集合在卢瓦尔河下游,把皮克顿部亲罗马的君长围困在莱蒙努姆(Lemonum,即普瓦捷[Poitier])。但这里不久也有一支罗马大军来攻;叛党撤围退兵,意欲渡过卢瓦尔河以限敌军,但在半途被追及击破;因此卡尔努特部和其他反叛的部落,甚至连沿海部落在内,都上书请降。

抵抗告终,只有几个头目率散兵游勇仍在各处高举民族的旗帜。卢瓦尔河上的联军溃散以后,骁勇的德拉佩斯(Drappes)和维金格托里克斯的忠实战侣卢克特里乌斯纠合一批最坚决的分子,与他们据守洛特(Lot)河[1]上的坚固山城乌塞洛杜努姆(Uxellodunum),在死伤很重的激战中,他们竟能供应充足的粮食。以后德

① 人常以为此地在距菲雅克(Figeac)不远的卡普德纳克(Capdenac),格勒最近宣称,以前有人提议它在卡奥尔(Cahors)以西的吕泽什(Luzech),他表示赞成。

拉佩斯被擒，卢克特里乌斯被截在城外，但守兵不顾首领的丧失，仍竭力抵抗；直到恺撒亲来，命人开凿暗渠以使供守军汲水的井泉改道，这座山寨，凯尔特民族的最后堡垒，始告陷落。为表彰这些拥护自由大义的最后斗士起见，恺撒命人割去每一戍兵的手，然后遣他们各还其家。恺撒以为一切皆系于至少平定全高卢的公开抵抗；康米乌斯仍自保于阿拉斯(Arras)一带，与当地罗马军队做游 286
击战，直至702—703年即前52—前51年冬季，恺撒准他讲和，甚至这个愤怒而当然怀疑的人傲然拒绝亲往罗马营垒，恺撒也不介意。大概对于高卢西北和东北那些不易走到的地方，恺撒也同样满意于徒有其名的归顺或甚至实际的休战。[1]

如是，经仅仅八年的战争(696—703年即前58年—前51年)，高卢——就是说，莱茵河以西、比利牛斯山以北的地方——成为罗马的属地。距完全平定此地未逾一年，在705年即前49年初，罗马军队便因内战终起于意大利而须撤过阿尔卑斯山，至多只有几个新兵队伍留在高卢。然而凯尔特人却不再起而反抗异族的统治，并且帝国旧省份一概对恺撒作战之时，只有这一块新获地方仍听命于它的征服者。在那决定成败的几年中，甚至日耳曼人也不再略取新殖民地于莱茵河左岸。在以后的几次危机中，虽则有极便利的机会可乘，高卢也没有发生全民族的叛变和日耳曼人的入侵。如果有个地方发生乱事，例如708年即前46年贝洛瓦契部起兵叛罗马，这些运动也极为孤立，与意大利的纠纷毫无关系，以

---

① 当然我们可以想象，这事不见于恺撒自己的记载，但萨卢斯特虽以恺撒同党的身份著书，却给我们一个不难索解的暗示。钱币又给我们另外的证据。

至于罗马省长无大困难即能平乱。固然，这种平静大概正如西班牙几百年的平静，也有其代价，即对距离最远、民族意识最强的地方——布列塔尼、斯海尔德河一带、比利牛斯山区域——暂许它们
287 以多少有点确定的方式实际脱离罗马的统治。然而就驱逐日耳曼人和平定凯尔特人而言，恺撒的建筑——虽则他当时另有更急迫的事，无暇及此，虽则他或许未完此事，便草草结束——却显然禁得试验，牢固可靠。

至关于管理方面，纳博省长所新克的领土一时仍合并于纳博省，到了恺撒卸去这个职位之时(710 年即前 44 年)，他所征服的领土才组成两省——一个是高卢本部，一个是比利其。各个部落既系被人征服，自当丧失其政治独立。他们一概须纳贡于罗马民社。可是他们的纳贡制度当然异于贵族和富豪用亚细亚以牟利的制度，而是仿西班牙的例，使每一民社负担一成不变的贡额，听他们自己征收。这样，每年有四千万塞斯特由高卢流入罗马的国库，当然，罗马政府负担莱茵河界的防务费以为报。此外，由于战争，积蓄在神庙和巨室的大批黄金当然转入罗马；恺撒拿高卢的黄金在罗马帝国全境普遍馈赠，并且一次把很多抛入金融市场，以至于黄金对白银的比率跌落百分之二十五左右，高卢由这次战争而丧失的款项若干，可想而知。

征服以后，往日的部落组织及其世袭君长或封建寡头的主政团大致仍继续存在，甚至藩属制度使弱小部落依附强大部落的，也未被废除，不过政治独立既然无存，这制度自然失其效力。恺撒唯一的目的在利用王家封建和霸权的现存分裂来做利于罗马的布
288 置，处处使赞成异族统治的人当权秉政。恺撒不遗余力，要组成一个高卢的罗马党；他的党羽普受金钱尤其充公田产的奖赏，又因恺

撒的说项，得充国会议员和国家最高官职。一些部落具有相当强大可靠的罗马党的，例如雷莫部、林贡部、埃杜伊部等都受优待，它们得到较自由的民社组织，即所谓同盟制度，并且关于霸权的调整，也占优先地位。至于凯尔特的国教和祭司，恺撒似乎自始就尽量加以宽容；以后罗马当局对德鲁伊教所取的步骤，在他这次毫无踪迹可寻。又有一事大概与此有关，即以后不列颠的战争明明带着宗教战争的特色，而这次高卢战争却绝非如此。

这样，对被征服的民族，恺撒表示一切相宜的体谅，他们的民族、政治和宗教制度，只要合于他们对罗马的属国地位的，恺撒无不尽量宽容；他这样做，并不是放弃他征服此地的基本计划——高卢的罗马化——而是要以极宽大的手段促其实现。一些情势已使高卢南省大部罗马化，只是让这些情势也发挥其效力于北方，他尚以为未足；他以道地政治家的本领自上而下地促进天然的发展，尽量设法缩短那常属苦痛的过渡时期。他使若干凯尔特贵族得为罗马公民，或甚至使几个得为罗马元老姑置不论，以下的事大概都是恺撒创行的：一件是在高卢各部落里以拉丁语代土语为官话，不过加以某种的限制，一件是以罗马币制代本地币制，不过罗马当局保留金币和第纳尔的铸造权，至于小货币则由各部落铸造，但仅流通于部落境内，并且也须按罗马的标准。自此以后，卢瓦尔和塞纳两河沿岸的居民依命使用一种胡乱的拉丁语，[1]这种谬误的语言可 289

---

① 如是，在勒梭维部（Lexovier，今利雪［Lisieux］，在卡尔瓦多斯［Calvados］）的维戈布雷特（Vergobret）所造的一枚半阿斯上，有下列的铭文：*visiambos Cattos vercobreto*；*simissos publicos Lixovio*。这些钱币往往字迹难于辨认，印模恶劣得难以置信，这与他们那期期艾艾的拉丁语极为相合。

使我们发笑，却饶有前途，非首都那种纯正的拉丁语所能及。如果高卢的部落组织以后似近于意大利的城邦组织，并且在部落组织中部落的首邑和民社会议比在凯尔特原来的组织中更加尊显，这种转变或许也由恺撒而来。由军事和政治的眼光看，罗马人宜建立一串外阿尔卑斯殖民地以为新政权的支持点和新文明的出发点，大概能感动其如何相宜的莫过于这位继承盖乌斯·格拉古和马略的政治家。如果他止于把部下凯尔特或日耳曼的骑兵安置在诺维奥杜努姆，把波伊人安置在埃杜伊境——在对维金格托里克斯的战争中波伊殖民地已完全尽了罗马殖民地的义务——其理由只在他更进的计划不许他使部下兵团解甲归田。关于这事，他以后几年对旧罗马省有何作为，下文当就其所在加以叙述；大概只因缺乏时间，所以他不能把那种制度推行到他最近平定的区域。

凯尔特民族大势已去。它的政治灭亡已完成于恺撒，它的民族灭亡现在开始，并且循序进行。对于力能发展的民族，命运也有时加以无妄之灾，但这不是无妄之灾，而是自造的孽，并且是稍有历史必然性的孽。即以最近战事的经过而论，不管是统观全局和细看节目，已可以证明此说。异族的统治将要成立之时，只有孤单的地方力行抵抗，并且大部系日耳曼人或半日耳曼人所居的地方。
290 异族的统治成立之后，他们企图把它摆脱，但不是冒昧从事，便是太倚赖一二著名的贵族，所以一个因杜提奥马尔乌斯、卡姆洛格努斯、维金格托里克斯或科雷一旦阵亡或被俘，所事便全告完结。别处的民族战争都以攻城和游击战见其全部深厚的道德力，在这次凯尔特的斗争中，攻城和游击战却始终特别可怜。罗马人只有少数晓得不蔑视所谓蛮族，其中一人说道：凯尔特人悍然挑逗未来的危险，但危险一来到面前，他们便气馁了。这句话未免刻薄，但凯尔特史每页都可证其不诬。在世界史的大旋涡中，一切民族不是坚韧如钢铁的，必不免遭到无情的毁灭，凯尔特这种民族自不能久保其生存；大陆凯尔特人受自罗马人的命运按理就是他们爱尔兰同族受自萨克森人的命运——它们的命运是被吞并在政治优势的国度里，作为将来发展的一种酵母。将与这个奇特的民族告别之时，让我们注意一件事，即我们今日常认为爱尔兰人独具的特性的，几无一不见于古人所述卢瓦尔和塞纳两河上的凯尔特人。所有特点都是今昔一致：懒怠耕田、喜欢酗酒滋闹、夸诞——我们记得热尔戈维亚战胜以后，挂在阿维尔尼圣林的刀据说系恺撒之物，他在这圣地看了一笑，命人慎勿侵犯神圣产业；言谈中满是譬喻和夸张，暗讽和离奇口吻；令人捧腹的诙谐——有一个绝妙的例，即一人当众演说时，若有另一人插嘴，依警律应把这扰乱治安者的衣服割开一个显而易见的大洞；深喜歌颂往昔的功业，确具演说家和诗人的天才；好奇心——商贩若不先把他所知或不知的新闻在大街上公开讲述，便不准通过——和愚妄轻信，依这种传说行事，因此秩序较佳的部落严刑禁止旅客把未证实的消息告知官吏以外的人；孩气的虔诚，视祭司如父，一切事都请教他；极诚挚的民族感， 291
同国的人密切团结，几如一家似的对抗外族；喜在偶然出现的首领部下起事造反，同时却完全不能保持不骄不馁的真勇气，不能灼见静候和发难的正当时机，任何组织、任何军事或政治的固定纪律，都不能做到，甚至不能得人容忍。无论何时何地，这民族总是懒惰而富诗意，怯懦而热烈，好奇轻信，和蔼伶俐，但就政治的观点而言，却是个完全“无用的民族”，所以它的命运也无论何时何地总是毫无二致。

但这次大举最重要的结果却不是这个大民族亡于恺撒的外阿尔卑斯战争，积极的结果比消极的重大万倍。毋庸置疑，如果元老政治能把它的残喘再延几代，所谓民族的迁徙必将提早四百年，必发生在意大利文明尚未移植到高卢或多瑙河上或非洲和西班牙之时。罗马这位文武兼全的伟人以其准确的眼光灼见日耳曼各部落为罗马、希腊世界的劲敌，他用坚毅的手腕详定以攻为守的新方略，教人凭借河流或筑造城垣来防守帝国的边境，殖民于沿边一带最近的蛮族部落以御较远的部落，招募新兵于敌国以补充罗马的军队，因此他替希腊、意大利文化取得一段必要的时间以便教化西方，正如往昔的教化东方。常人能及见他们行为的结果，天才人士所播的种子却慢慢生长起来。过了几个世纪，大家才晓得亚历山大不但在东方立下个昙花一现的国家，而且把希腊文化传到亚细亚；也过了几个世纪，大家才晓得恺撒不但替罗马人攻取一个新
292 省，而且奠下西方各地罗马化的基础。英吉利和日耳曼的远征由军事上看来那样鲁莽，当时那样毫无结果，也只有很晚的后人才看出它们的意义。无数民族，人一向仅赖舟子和商人多假少真的传说得知其存在和状况的，因此大白于希腊罗马世界。698 年即前 56 年 5 月，一个罗马人写道："函件和消息每日由高卢传来，报告我们素来不知的民族、部落和区域的名称。"历史的眼界因恺撒征外阿尔卑斯而扩大，这在世界史上与欧洲人群探查美洲同为一件大事。地中海国家的狭窄范围以外又添了中欧和北欧的民族，波罗的海和北海滨的居民；旧世界以外又添了个新世界，自此以后，旧世界影响新世界，新世界也影响旧世界。以后哥特人狄奥多里

克(Theoderich)做成功的,几乎已为阿里奥维斯特所做到。如果这样,我们的文明与罗马、希腊文明的关系,必不比与印度和亚述文明的关系更为密切。希腊、罗马过去的光荣所以能渡到近代史更壮丽的结构,西欧所以罗马化,日耳曼的欧洲所以古典化,地米斯托克利(Themistokles)和西庇阿等人名所以在我们听来异于阿索迦(Asoka)和萨尔马纳撒(Salmanassar),荷马和索福克勒斯所以异于吠陀(Veden)和迦力陀萨(Kalidasa),不仅为文学专家所钟爱,而且是家传户诵的作品——这都是恺撒的功绩。他那伟大前人在东方所创之业,经过中世的风波,差不多毁灭无余,恺撒的结构却历几千年而不坠,人类的宗教和团体改变了,甚至文明的中心也转移了,他的结构却可谓永久屹立。

要备述当时罗马与北方民族的关系,我们还须看一看意大利和希腊两半岛以北自莱茵河源至黑海一带的地方。固然,历史记载未曾顾到当时那里或也盛行的各族大乱,即使偶尔谈到这个区 293
域,也如漆黑里闪出一线微光,只能益惑,不能解疑,但指出各国史籍的阙漏,也是史家的义务,他不可一面述说恺撒宏伟的国防计划,另一面却耻言元老院所派将军想在此方保卫国界的拙劣布置。

意大利东北部仍旧有遭阿尔卑斯部落侵犯的危险。696 年即前 58 年罗马驻重兵于阿奎莱亚,内阿尔卑斯高卢省长卢奇乌斯·阿弗拉尼乌斯举行凯旋礼,由此可知这时前后必有远征阿尔卑斯山地的事;不久以后,我们见罗马人与诺里克(Noriker)一位君长联络更密,或许就是这事的结果。但到了 702 年即前 52 年外阿尔卑斯叛变迫使恺撒撤尽上意大利的军队时,阿尔卑斯蛮族忽然攻击那繁盛的城市特吉斯特(Tergest),可见就到以后意大利在这面也绝不安全。

那些据有伊利里亚沿海一带地方的好乱民族也无日不骚扰其罗马主人。达尔马提亚人早已为此方最大的民族，现在因容纳邻族入伙，势力大增，以致由二十市镇增到八十。他们由利布尼亚人(Liburnier)夺去普罗蒙纳城(Promona，距凯尔卡[Kerka]河不远)，不肯交还，恺撒便在法萨卢斯一战以后派兵向他们进攻；但嗣后罗马兵败，因此达尔马提亚一时成为反恺撒党的中心，居民与庞培党和海盗联合起来，在水陆两方面力抗恺撒的部将。

最后，马其顿以及伊庇鲁斯和希腊荒凉败落，较罗马帝国他部为甚。迪尔拉奇乌姆、德萨洛尼卡和拜占庭仍有一点商业往来；雅典的声名和哲学学府吸引旅行家和学子；但通盘看来，希腊往昔人
294 口众多的城市和人山人海的港埠现在都寂静如坟墓。但即使希腊人不动，马其顿那些崎岖山地里的居民却仍旧不断地抄掠和私斗，例如约在697—698年即前57—前56年阿格雷人(Aoräer)和多罗皮人(Dolope)蹂躏埃托利亚城市，到了700年即前54年住在德林(Drin)河谷的庇鲁斯特人(Pirusten)蹂躏南伊利里亚。四邻的民族也相率效尤。固然，在676—683即前78—前71年的八年战争中，北面的达尔达尼人和东面的色雷斯人已为罗马人所挫，自此以后，色雷斯最强大的君长科提斯(Kotys)治理奥德里西亚(Odrysen)古国的，便居罗马藩邦君长之列。然而这块已归平定的地方仍旧受北方、东方的侵犯。省长盖乌斯·安东尼(Gaius Antonius)进攻达尔达尼人和住在今名多布鲁恰(Dobrudscha)地方的部落，遭到激烈的抵抗，他们以由多瑙河左岸调来的巴斯塔奈人之助，在伊斯特罗波利斯(Istropolis，即伊斯特勒[Istere]，距库斯滕[Kus-

tendsche］不远）大败其兵（692—693年即前62—前61年）。盖乌斯·屋大维（Gaius Octavius）对贝斯人和色雷斯人作战，较为顺利（694年即前60年）；反之，马尔库斯·皮索（Marcus Piso，697—698年即前57—前56年）做元帅，又大坏其事。这并不足怪，因为无论敌友，只要出钱，他无不允其所欲。他做省长时，色雷斯的登底勒特部（Dentheleten，在斯特律蒙［Strymon］河上）在马其顿肆行劫掠，甚至把他们的哨兵扎在由迪尔拉奇乌姆到德萨洛尼卡的罗马军事大道。德萨洛尼卡的人民准备抵御他们的围攻，因为本省的罗马大军似乎只在那里以旁观者的态度，坐视山中人和邻境人荼毒罗马的安善藩属。

这种攻势自不能危害罗马的势力，并且一个新耻辱早已不足介意。但正在这时前后，有个民族始在多瑙河外达契亚（Dakien）大草原上做到政治上的统一，这民族将来在历史上的地位似乎异于贝斯人和登底勒特人。达契亚人又名盖塔人，他们有个圣人名查尔牟克西（Zalmoxis）与君主共理政事，这人远游异域，考察各种神祇的道行和灵迹，既已特别熟悉埃及祭司和希腊毕达哥拉斯派的智识，便回到本国，终生隐在"圣山"一个洞府里虔诚修道。他只 295
许国王及其臣仆来见，关于一切重要事务，他发谶语给国王，而后由国王传到人民。起初他同国的人视他为至上神的祭司，终至以他本人为神，正如说到摩西（Moses）和亚伦（Aron），人以为天主使亚伦为先知师，使摩西为先知神。一个永久制度由此而生，盖塔王必须有这样一个神灵在侧，国王的命令无不出自或似乎出自此神之口。这种特殊制度以神治思想辅助那似属无限的王权，因此盖塔王对臣民的关系大概略等于哈里发对阿拉伯人的关系。约在此时，盖塔王布雷比斯塔斯(Burebistas)和国神德铿(Dekaeneos)在宗教和政治上完成本国惊人的改革，也是上述制度的结果。这民族原本非常沉湎于酒，以致在道德和政治方面极为堕落，现在一听了节酒和尚武的新福音，便如脱胎换骨；他的部队既有了好似清教徒的纪律，并且热情蓬勃，布雷比斯塔斯王便能在几年以内创立一个强大国家，此国奄有多瑙河两岸，向南深入色雷斯、伊利里亚和诺里库姆(Noricum)。他们与罗马人还没有直接的接触；这个颇肖初期伊斯兰教的奇怪国家，将来结果如何，无人能知，但有不必先知即可预言的，就是像安东尼和皮索这样的同执政官必不配与众神争衡。

第八章　庞培和恺撒的共治 296

自从恺撒任执政官以来，平民党的领袖便仿佛受了官方承认，成为国家的共同统治者，成为秉政的“三头”，据舆论看来，其中绝对居首位的是庞培。贵族党称他为“布衣的独裁”，西塞罗向他行无效的跪拜礼；毕布路斯招贴上最尖刻的讽刺，反对党交际场中最毒辣的咒骂，都以他为目标。这只是在意料中。按众目共睹的事实看，庞培无疑是当时首屈一指的将军；恺撒是个巧妙的政党领袖和政党演说家，有不容否认的才略，但以性不好战甚至无丈夫气著名于世。这种意见久已流行；人不能期望那群贵族关心事势的真相，听到塔古斯河上无名的武功便抛弃他们已定的陈腐见解。在同盟中，恺撒显然只居副将的地位，弗拉维乌斯、阿弗拉尼乌斯和其他才干较差的爪牙所尝试而无功的，他能替他的首领办理完成。甚至他的地位为省长似乎也不能转移这种情形。阿弗拉尼乌斯近来也刚处在很相似的地位，却未因而变成特别重要的人物；近几年来屡次以一个省长兼辖几省，并且一人兼领的军队常常远过于四个兵团；阿尔卑斯山外的局势既复归平静，罗马人既承认阿里奥维斯特为友善的邻人，那里也就没有什么重大的战争可望。自然，庞培依伽比尼乌斯-马尼利乌斯法所得的地位可与恺撒依瓦提尼乌斯法所得的相比较，但比较的结果却不利于恺撒。庞培差不多管辖罗马帝国的全境，恺撒却管辖两省。国家的军队和库藏几乎绝对听庞培的支配，恺撒则只有拨给他的款项和二万四千名的军队。庞培的退职之期听他自定；恺撒的统帅职固然有久于其位的保证，
297 却还不过是个有限期的职位。最后，海陆最重要的任务，都托付了庞培；恺撒则被派往北方，由上意大利监视首都，务使庞培能安然统治此城。

但庞培虽受联合党任命来统治首都，他所担任的却远非其才力所能胜。庞培所了解的统治不过是可以包括在发号施令里的事。过去和未来的革命一齐激起首都的骚动浪潮，在许多方面，这座城可与十九世纪的巴黎相比，手无武力而统治此城，已属无限困难，又遇到这位强硬庄严的模范武人，这简直是个无法解决的事。不久以后，他闹到友人敌人一概不悦的地步，就他而论，他们可以为所欲为。恺撒离开罗马以后，联合党固然仍能控制世界的命运，却不能控制首都的街市。元老院仍有一种名存实亡的政权，也对首都的局势听其自然；推其原因，一方面是一部分元老受联合派控制的，未奉到当权者的训令，一方面是愤愤的反对党抱冷淡或悲观的态度，置身事外，主要的却是整个贵族阶级即使还不了解他们的毫无力量，至少开始觉到这种情形。所以一时之间，罗马城里绝无任何有抵抗力的政府，绝无真正的权威。大家生活在贵族政治已亡而军人政治未兴的一种无主时期；如果罗马国家把一切迥不相同的政治功能和组织都表现得特别纯粹和正常，非古今其他国家所能及，它也太嫌深刻地显露了政治混乱，即无政府状态。现在有个稀奇的巧合，就是恺撒在阿尔卑斯山外创立不朽事业的几年，罗马城里却演出世界史舞台上一出最荒谬的政治滑稽剧。国家的新

当局不理政事，只是闭门家居，抑郁无语。半存半废的旧政府中人也不理政事，只是有时在别墅的心腹中间私自叹息，有时在元老院 298
里同声一叹。一部分仍服膺自由和秩序的公民，厌恶这种骚乱，但既全无领袖和办法，他们也保持无益的消极态度，不但回避一切政治活动，而且尽量回避这座万恶的城。

另一方面，各色各样的浪人却从没有更好的日子，从没有更快活的运动场。小伟人难以数计。民魁完全成为职业，因而也不乏此业的标志——褴褛的外套、蓬松的胡须、飘飘荡荡的长发、深而低的声音；操此业而获厚利的屡见不鲜。为了这不断的叫嚣行动，剧院中人那种润喉的特效药竟为必需品；[①]在公众集会中，希腊人和犹太人、新自由人和奴隶最常到会，喊声也最大；就是举行投票时，投票的人也常常只有少数是依法有投票权的公民。在当时一封信里有下列一句话："下次我们可望我们的听差对放奴税投票得胜。"当日真正强有力的是团结甚坚的武装群众，即投机贵族用决斗奴隶和无赖汉编成的乱党队。拥有这种队伍的大都自始就算在平民党之数；但只有恺撒懂得如何慑服平民党，只有他晓得如何驾驭这些群众，自恺撒去后，一切纪律荡然无存，每一党人手造他自己的政策。当然，就到现在，这班人也极愿在自由旗帜之下从事斗争，但严格说来，他们却不是倾向平民主义，也不是反对平民主义；他们随机应变，在一时不可不有的旗帜上，有时标榜人民，有时标榜元老院或党魁的姓名，例如克洛狄乌斯曾先后拥护或自称拥护当政的平民党、元老院和克拉苏。只在他们无情迫害自己的仇人

① 这就是 *cantorum convitio contiones celebrare* 的意义（Cic. *sest*. 55. 118）。

时——如克洛狄乌斯迫害西塞罗，米洛（Milo）迫害克洛狄乌斯——这些群众领袖才依附党派，他们只把党人的地位用为此等
299 私斗的把柄。我们若欲写政治上这种群魔乱舞的历史，无异要使一阵嘲歌合于音乐；至于一切凶杀案件、围攻住宅、放火焚烧和一座首城以内的其他强盗行径，如何由嘘声和叫嚣闹到唾人面孔和践踏对方，再由这样闹到抛石头和拔刀剑，我们也都不必反复叙述。

这座演政治流氓戏的舞台以普布利乌斯·克洛狄乌斯为主要角色，摄政人如何利用他来对付加图和西塞罗，已如上述。现在既听他自便，这个有权势、有才略、有精力并且以职业言确系足为模范的党员，当他做保民官的期间（696 年即前 58 年），推行一种极端的平民政策，向公民白送粮食，限制监察官对不道德的公民的检举权，禁止官吏以宗教虚文阻碍大会机构的进行；不久以前（690 年即前 64 年）为制止群众组织起见，曾限制下流阶级的结社权，他现在取消限制，恢复当时业已废除的"街市团"（*collegia compitalicia*），这不是别的，就是首都全体自由或奴隶无产阶级的正式组织，依街市来划分，并且具有近于军队的编制。此外他做副执政官时（702 年即前 52 年），又拟定并想提出一种法案，把生而自由者的政治权利给予实际有自由生活的新自由人和奴隶，如果这事能做到，则这位悍然造成宪法改良的人便可谓功行圆满，他已在帕拉廷山就一座为他所焚的房屋的故址上建筑了一个自由神庙，他或许以实现自由平等的新努马自居，要请首都那伙可爱的群众来看他在自由神庙里举行大祭，庆祝平民盛世的降临。当然，这些争求自由的努力与贩卖公民法令一事并不相妨；这位仿效恺撒的人

与恺撒相似，也向他的同人出卖省长缺和其他大大小小的职位，向藩属君长和城市出卖国家的主权。

对这些事，庞培一概袖手旁观。这样一来，他大损自己的威望，即使他不晓得，他的对手却晓得。克洛狄乌斯胆敢为一很不重要的问题，即关于遣回亚美尼亚被擒王子问题，向罗马的摄政寻 300
衅，于是庞培的毫无办法大白于世。国家元首只知用党人的武器抵御党人，而运用这武器时又远不及对方巧妙。克洛狄乌斯最恨西塞罗，逐他出国，如果庞培因亚美尼亚王子而为克洛狄乌斯所欺，庞培也免西塞罗的放逐，使克洛狄乌斯不悦，并且彻底达到目的，以致化对手为不可和解的仇敌。如果克洛狄乌斯率他的群众扰乱街市，得胜将军也发动奴隶和打手，双方交锋时，将军当然敌不过民魁，在街市上吃了败仗，盖乌斯·加图几乎永被克洛狄乌斯及其党羽围困在园庭中。这种奇观中有个不算不奇的特点，即在争执中，摄政和恶棍竞相巴结已倒的政府；庞培为取悦于元老院起见，准许召回西塞罗，克洛狄乌斯则宣告尤利亚法为无效，并且请马尔库斯·毕布路斯当众证明其通过为违法！

混乱情绪的激昂沸腾自然不能产生确实的结果；它最分明的特色正是它那极为可笑的漫无目标。就是一位有恺撒那种天才的人也由经验而知平民运动已陈腐无用，甚至要到王位也不能再走民魁的路。恺撒已把预言家的外套和手杖丢在一边，如果当今共和与君政交替之际，有个傻子再穿起那件外套，拿起那根手杖，如果盖乌斯·格拉古的伟大理想被模仿得失其原状，再见于世，那么，这不过是历史上一种弥缝办法；发起这种平民运动的虽名为“党”，其实不是个“党”，所以后来在决战中绝没有分派它什么职

务。我们甚至不能断言，由于时局混乱，淡漠于政治的人是否心里也生了热烈的愿望，希求一个以武力为基础的强固政府。就算这
301 些中立的公民大都在罗马城外，因而不受首都骚乱的直接影响，姑置不论，一般受这种影响的人却鉴于他们以往的经验，尤其鉴于喀提林的乱谋，已完全皈依了官宪主义；但真正恐慌的人，他们深惧的却是推翻国体势必造成绝大变局，首都的混乱究竟也很浮浅，只是长此不息，还不足深惧。混乱的结果，在历史上值得注意的，只是庞培因受克洛狄乌斯的攻击而陷入苦境，他进一步的行动就大半是这种苦境使然。

庞培虽不爱好也不晓得首创一事，这次却迫于他对克洛狄乌斯和恺撒的改变关系，舍去他以前的消极态度。克洛狄乌斯已把他弄到可恼可耻的地位，甚至他那种偷惰的性情也终必被激得发怒。但远较重要的却是他对恺撒的关系转变。以这两位联合主政的人而言，庞培在他所担任的职务上完全失败，恺撒却晓得利用他的职权，以致大可置一切算计、一切恐惧于度外。他不甚征求许可，便在治下大半为罗马公民所居的南省征集士卒，使他的军队增加一倍；他不在北意大利监视首都，却率兵逾阿尔卑斯山；他扑灭另一次正在开端的辛布里入寇，两年以内(696 年即前 58 年和 697 年即前 57 年)，把罗马的武力传播到莱茵河和英吉利海峡。眼见这些事实，贵族就是用忽略和藐视为对策，也吓得不能喘气。这常被嘲笑做懦夫的人现在成为军队的偶像，成为戴胜利冠的驰名英雄，他的青翠桂枝照耀得庞培的枯槁桂枝黯然无色，并且早在 697 年即前 57 年元老院即已赐给他战胜后所常有的荣典，比庞培一向所得的都较优渥。庞培对他这旧副将所处的地位恰似在伽比尼乌

斯—马尼利乌斯法成立以后恺撒对他所处的地位。而今恺撒是当 302
日的英雄，是罗马最强大军队的主帅，庞培却是往昔著名的卸任将军。固然，翁婿之间还没有发生冲突，他们的关系表面依然无恙；但每一政治的联合，参加者的势力比率一旦大有变化，内部便不免解体。庞培与克洛狄乌斯的争执只是令人烦恼，恺撒地位的变动，在庞培方面，却是个很严重的患害；正如昔日恺撒和他的同盟曾觅一军事后盾来抵抗他，现在他也不得不觅一军事后盾来抗恺撒，他须放弃他那高傲的布衣地位，出面来做一种特任官职的候补人，有了特任官职，他便能以同等势力，如果可能，以较优势力，与两高卢的省长并驾齐驱。他的策略一如他的地位，正是恺撒在米特拉达特斯战争时所用的策略。要取得一个相似的统帅职，以与占优势但仍在远方的敌人成均势，庞培首先需要正式的政府机构。一年半以前，这机构完全听他支配。两摄政当时治国的凭借，一方面是绝对服从他们——街市的主宰——的公民大会，另一方面是恺撒力加威吓的元老院。庞培既是联合派在罗马城的代表并且是此派公认的首领，无疑地，他必可由元老院和公民大会取得他所愿的法令，甚至不利于恺撒的法令。但因与克洛狄乌斯起了难处的争执，庞培失去控制街市的力量，不能希望把一个有利于他的建议通过人民大会。元老院的情形尚不至于那样完全对他不利；但就是这里，庞培在长期抱不幸的消极态度以后，是否仍能以坚决的手腕操纵大多数元老以取得他所要的法令，也还是个疑问。

元老院的地位，或不如说一般贵族的地位同时也非复旧观。它就由完全屈辱中取得新力量。694 年即前 60 年的联合，有许多事还未到可见天日的时候便泄露了。加图和西塞罗被逐时，摄政

303 者虽很不露形迹，甚至对此事故作惋惜的姿态，舆论却以丝毫不爽的悟性推究出真正的主使人，恺撒和庞培又结成婚姻关系，这两件事使人不幸太明白地忆起王政时期的放逐令和家族联合。大众不甚关切政治事件，却也注意到未来王政基础的日益显著。大家始知道恺撒的目的不在修正共和宪法，当前问题是共和制的存亡问题，自那一刻起，许多最优秀的人士素来自居于平民党之列而尊恺撒为党魁的，势必投归反对党。到了现在，人们不仅在主政贵族的客厅和乡间别墅里谈到“三君主”和“三头怪物”。蜂拥的人群谛听恺撒就执政官职的演说，却不发出欢呼喝彩的声音；这位平民执政官步入剧院时，无一人动手鼓掌。大众见摄政的一个爪牙露面，便嘘声四起，一个伶人若说出一句反王政的话或反庞培的隐喻，就是庄重人也鼓起掌来。而且西塞罗要被放逐之时，大批属于中等阶级的公民——据说为数两万——学元老院的榜样，穿起丧服。这时有一封信里写道：“现在流行的莫过于恨平民党。”摄政使人讽示说，由于这种反抗，骑士阶级或不难在剧院中失去其新得的特殊座位，平民或不难失去其做面包的粮食；因此，人民在表现其不悦时或许较为谨慎，但情绪依然如故。以物质利益来动人，成绩较佳。恺撒的黄金源源流出。表面阔绰而经济破产的男人，有势力而无钱的贵妇人，负债累累的贵族少年，受窘的商人和银行家，或亲往高卢以取给于本源，或求助于恺撒驻首都的代办；任何外表像样的人——恺撒不理毫无办法的流氓——在两处都不易遭到拒绝。又加恺撒使人代他在首都兴造绝大的建筑物，因而无数的人，上自前
304 任执政官，下至普通苦力都有受益的机会，他又耗费极大款项举行公众的娱乐。庞培也是这样，不过较有限制；首都受他的恩，得有

第一座石剧院；他又以壮丽空前的典礼庆祝剧院的揭幕。不言而喻，这种施舍使一些倾向反对党的人，尤其在首都的，对新局面稍释敌意，但用这种行贿手段，却不能达到反对党的核心。现行宪法如何在人民中间根深蒂固，特别是距直接政党活动较远的地方，尤其乡镇如何不倾向王政，甚至不甘对它屈服，日益昭然若揭。

如果罗马有一种代表制，公民的不满便可在选举中得到自然的表现，并且因表现而增高；在当时情形之下，忠于宪法的人别无办法，只好听元老院指挥，元老院虽衰落，却仍显然是正统共和的代表和护法。于是元老院在被推翻以后，现在忽见一支军队听它支配，这军队强大忠诚，远超过元老院有权势、有光彩，倾覆格拉古昆仲并且倚仗苏拉的武力保护而重掌国政之时。贵族有见于此，始又振作起来。正在这时，西塞罗既保证自己加入元老院的听命派，不但不事抵抗而且竭力侍奉摄政，已得他们许可回国。在这事上，庞培只是偶然向寡头党让步，一则想借此捉弄克洛狄乌斯，二则想使这口若悬河的前执政官饱经捶打后做他柔顺的工具，虽然如此，西塞罗的放逐既然是对元老院的示威，拥护共和的人也利用他回国的机会举行示威。以一切郑重的方式，并且有提图斯·安尼乌斯·米洛的群众保护着以抗克洛狄乌斯的群众，两执政官把元老院先已议决的一个法案向公民提出，请他们准许前执政官西塞罗回国；元老院又号召一切忠于宪法的公民，在投票时不要缺 305
席。到了投票那天（697 年即前 57 年 8 月 4 日），体面人集会在罗马城的，尤其来自乡间的，竟非常之多。前执政官由布隆迪西乌姆到首都的旅行引起了一串同样的民意表示，其精彩不在首都之下。在这一次，元老院与护宪公民的新联合不啻公布于世，护宪公民经过一种检阅，结果非常顺利，贵族消沉的勇气所以复兴，得力于这事不少。

对这些大胆的示威，庞培束手无策，对克洛狄乌斯，他又陷于失身份甚至可笑的地位，因此他和联合派都弄得信誉扫地；元老院里一班依附摄政的人因庞培非常不胜任而丧气，又因诸事都得他们自理而毫无办法。不能阻止共和，贵族党完全恢复其在元老院的优势。在这时(697年即前57年)，此党的事业若操在英勇干练的人手里，确还不至于毫无希望。它现在有一百年来所没有的，即人民的坚固支持；如果它信赖人民和自己，它或能以极短极光荣的方式达到目的。为什么不明目张胆地攻击摄政呢？为什么没有一个果敢的名人领导元老院，取消那认为违法的特别职权，并且号召意大利一切共和派起兵讨伐僭主及其党羽呢？这样一来，元老院的政权或可再告恢复。固然，共和派这种作为未免大胆，但最勇敢的决定常是最明智的决定，在这里或也不是例外。不过，当时那伙偷惰的贵族当然不能做这样单纯而勇敢的决定。但另外有个方法，或许较为稳妥，至少较合于这伙护法派的特性；他们可以尽力
306 离间两位摄政，由两人不睦之中终于达到自操政柄。自恺撒占得优势，与庞培并立，使他不得不营求新权位以来，两位共掌国政者的关系即已发生变化，趋于离贰；如果庞培得了权位，大概无论如何，两人必至破裂和交战。如果在这事上庞培孤立无援，他的失败必无可疑，那么，在战事结束以后，护法派必只见自己仍受治于他人，不过统治者由二人变为一人而已。但贵族若用恺撒往日用以得胜的武器，与竞争者的较弱一方成立联盟，则以庞培那样的将军，以护宪派那样的军队，大概胜利必属于联盟；按庞培历来所表

现的无政治才看来，胜利以后再与庞培结算，似乎也不特别困难。

时局这样的转变自可促成庞培和共和派彼此间的谅解。双方接近能否做到，两摄政与贵族那全陷于混沌的相互关系首先应如何调整，势非决定不可，于是在697年即前57年秋季，庞培向元老院建议，请委他以特殊职权。他重提十一年前他所赖以得权的理由，即首都的面包价，当时正如在伽比尼乌斯法以前，面包价已高涨到难堪的程度。克洛狄乌斯有时归咎于庞培，有时归咎于西塞罗，说这是他们个人阴谋所策动；他们也归咎于克洛狄乌斯，事实是否如此，我们无法断定；海盗不息，国库空虚，政府怠惰而紊乱地管理运粮事业，即使没有政治上的粮食垄断，在一座几乎专赖海外供给的大城里，这几件事本身就很足以造成粮荒。庞培的计划是使元老院把全罗马帝国的粮政一概归他管理，为达到这最后目的起见，一方面要交给他罗马国库的无限支配权，一方面要交给他军队和舰队，另外再给他一种不但遍及全罗马帝国而且高于每省省长的统帅权——总之，他想造成一个伽比尼乌斯法的改良版，因而 307
当时悬而未决的埃及战事指挥权自然包在其内，一如往日米特拉达特斯战争的指挥权包括在剿灭海盗之中。近年来反对新君主的态度虽很得势，但在697年即前57年9月讨论此事时，元老院的大多数却仍为恺撒促起的恐怖所禁制。他们唯命是听，接受了这计划的原则，这是马尔库斯·西塞罗建议的结果，他在放逐中已学得柔顺，人们希望他在这里首先表示一番，果然不负所望。不过，保民官盖乌斯·梅西乌斯(Gaius Messius)既提出这项计划，在规定实行方案时，原计划很关重要的部分竟被删去。庞培既未取得国库的自由控制权，也未取得自己的兵团和舰队，甚至也未取得高于省长的权力；他们仅为使他能布置首都的供粮事务起见，准给他巨额类项和副官十五员，关于一切供粮事务，准他以后五年在罗马全境行使同执政官的全权，并使公民大会核准这项法案。原计划经过这番修正，几等于遭到拒绝，这事的起因很多：顾忌恺撒，若使他的同僚不但与他并列于高卢而且位在其上，最胆小的人必至对这事忧疑满腹；克拉苏是庞培的宿仇，勉强与他联合，却在暗中反对此事，庞培本人大半把这计划的失败归罪于他，或据说归罪于他；元老院共和派的敌意，任何在实际上或名义上扩大摄政权势的法令，他们无不反对；还有主要的原因，就是庞培自己的无能，甚至在非采取行动不可以后，他仍不敢承认他自己的行动，而宁可照旧把他的真意仿佛匿名似的假手于他的朋友提出来，同时他自己却以其出名的谦逊态度声明说，就是再少些他也满意。无怪他们依他的话行事，少给他些。

308 尽管如此，庞培却乐于至少找到一件正事来做，尤其乐于有个相当的借口离开首都。再者，他做到以较丰较贱的粮食供应首都，当然，各省不免深受其害。但他的真目的却未达到；他在一切省份都可以用同执政官的称号，可是他若没有自己的军队可指挥，这称号便总是虚名。因此，他不久再使人向元老院建议，请元老院委他送埃及被逐的国王回国，必要时得以武力从事。不过他愈显然急需元老院，元老们对他的要求便愈欠恭顺。他们立刻在西卜林(sibyllinschen)神谶里找到一句话，说派罗马军往埃及是目无神灵的事；因此虔诚的元老院几乎一致地议决不用武力干涉。庞培受挫已深，就是没有军队的差使，他也要受而不辞；可是他不改其沉默态度，关于此事，也一味任他的朋友去声明，他发言投票都主张另派一位元老。这建议无故地要以祖国那么珍贵的一条人命为孤注，当然遭到元老院的驳斥；经过无穷的讨论，最后结果是议决绝不干涉埃及(698 年即前 56 年 1 月)。

庞培在元老院屡遭挫败，更坏的是，他须任其过去而不争，不管这些挫败来自何方，大众自然以为它们是共和党的胜利和一般摄政的失败，所以共和党的反抗有如潮涌，与日俱增。698 年即前 56 年的选举已进行得不全如两位君主的意；恺撒的副执政官竞选人普布利乌斯·瓦提尼乌斯和盖乌斯·阿尔菲乌斯(Gaius Alfius)都告失败，而两个确系依附已倒的政府的格涅乌斯·伦图卢斯·马尔凯利努斯(Gnaeus Lentulus Marcellinus)和格涅乌斯·多米提乌斯·卡尔维努斯(Gnaeus Domitius Calvinus)却当选，前者为执政官，后者为副执政官。但到了 699 年即前 55 年的选举，卢奇乌斯·多米提乌斯·阿赫诺巴布斯(Lucius Domitius Ahenobarbus)竟出面竞选执政官，这人在首都饶有势力，极雄于财，人不易阻他中选，并且大家已充分晓得他不甘自限于暗中反抗。如是，人民大会背叛，元老院响应，元老院特请一些公认为前智的埃特鲁 309
斯坎人对某种预兆和怪异发表意见，郑重其事地加以讨论。据天象所昭示，由于上流阶级不睦，整个的兵权和财政权将落于一个统治者的掌握，国家将陷于丧失自由——神灵意中所指的似乎以盖乌斯·梅西乌斯的建议为主。不久以后，共和党由天上降临人世。恺撒做执政官时公布的卡普亚公地法和其他法律，他们永久认为无效，早在 697 年即前 57 年 12 月，元老院里已有人表示意见，以为这些法律不合程式，必须取消。698 年即前 56 年 4 月 6 日，前执政官西塞罗在元老院全会中提议，把坎帕尼亚班田的讨论列在 5

月15日的议事日程。这就是正式宣战;这话竟出自一个自以为能安然无事时始显露真相的人口里,更饶意义。贵族显然认为开战的时机已至,此战不是以庞培敌恺撒,而是对付一般的僭主政治。后事如何,不难见到。多米提乌斯直言不讳,他想以执政官身份建议公民要即刻由高卢召回恺撒。一种贵族的复古在酝酿中;贵族攻击卡普亚殖民地,就是对摄政挑战。

对于首都的事,恺撒逐日接到详细的报告,并且只要军旅事宜许可,便在南省最近便的地点注视它们,可是他一向不加干涉,至少不加以显见的干涉。但是到了现在,人已对他和他的同僚宣战,实则特别向他宣战,他须采取行动;他便迅速行动。他恰好正在近处;贵族甚至不以为应稍延时日,候他再回阿尔卑斯山外之时始行破裂。698年即前56年4月初,克拉苏离开首都,以便与他较强的同僚协商要务;他遇恺撒于拉文纳。两人由拉文纳往卢卡,庞培来此相会;原来克拉苏去后不久(4月11日),庞培也伪称要往撒丁和非洲采办粮食,离开罗马城。摄政最有名的党羽,如近西班牙
310 的省长梅特路斯·涅波斯,撒丁的省长阿皮乌斯·克劳狄乌斯(Appius Claudius),和许多另外的人,都继他们而来;在这会里,计有仪仗队一百二十名,元老二百余名,君主制的新元老院与共和制的元老院相对已在这里有了代表。由每一观点看,决定权操在恺撒。他利用这决定权,把已有的合治制度重建在平分政权的新基础上,使它更为稳固。军事上最关重要的省长位置仅次于两高卢的,都归于他两个同僚——两西班牙的归于庞培,叙利亚的归于克拉苏;两个职务都应由人民法令保证他们任期五年(700—704年即前54—前50年),在军事和财政方面也应有相当的供给。另一

方面，恺撒把他那在 700 年即前 54 年期满的统帅职约定延长到
705 年即前 49 年年底，又约定他的军队得增至十兵团，他任意招
募军队，得使国库负担饷金。再者，庞培和克拉苏得有允诺，可在
次年(699 即前 55 年)重任执政官，然后往就省长；同时恺撒也自
留余地，到 706 年即前 48 年他省长任满之后，就他而论，一人重任
执政官依法须隔十年的期限已过，他可以即刻再任这最高的官职。
庞培和克拉苏管理首都的事务，需要武力的后盾，原供此用的恺撒
兵团现在既不能撤离外阿尔卑斯的高卢，他们的需要因而更甚，为
获得武力后盾起见，他们得召集新兵团，组成西班牙军和叙利亚
军，等到他们认为相宜的时候，再由意大利把它们分别派往目的
地。这样一来，主要问题解决了，至于次要的事如规定对首都反对
党应守何种战略，来年的竞选应如何管制等，并不耽搁长久的时
间。以其照常的轻松手腕，这位调解大家使那些妨碍协议的私人
争执归于平息，强迫最顽梗的分子彼此合作。庞培与克拉苏之间 311
恢复了同僚的谅解，至少表面上如此。甚至普布利乌斯·克洛狄
乌斯也被劝得他自己和党羽都保持安静，不再使庞培烦恼——以
这位大魔师的奇迹而言，这不算是最小的。

悬案的全部解决不由于平等交争的独立摄政互相妥协，而由
于恺撒的一片好意，依当时的情形看，这事灼然可见。庞培来到卢
卡时，处在一种痛苦的地位，他毫无力量，逃亡出来，求救于他的对
头。恺撒把他遣走，把联合宣布解散，还是要收容他，使联合仍旧
存在——无论他取哪种办法，在政治上，庞培总不免于毁灭。在这
种情形之下，如果他不与恺撒决裂，他便成为盟友保护下的无权门
客。如果反而言之，他竟与恺撒决裂，并且——这是很不可能

的——到现在还与贵族联合起来，那么，互相敌对的人迫于需要在最后一刻结成的联合，极不足畏，恺撒未必因欲防范这种联合而肯做那些让步。若说克拉苏真与恺撒敌对，这完全不可能。恺撒无故放弃他的优越地位，并且在结成694年即前60年的联合以后他不肯让他的对头再任执政官和掌握兵权，此后他们显然意在武装抗恺撒，用种种方法，力求不顾甚至违反恺撒的意旨达到目的，终属徒劳，现在他竟自动让他们再任执政官和掌握兵权；他的动机是什么，实在难说。诚然，不独庞培一人得到率兵的位置，他的宿仇和恺撒的多年盟友克拉苏也是一样，并且，无疑地，克拉苏所以得到重要军事地位，不过以他为庞培新权力的平衡器而已。但是尽管这样，恺撒仍受无量的损失，因为他的对手原是没有力量的，现在却变为重要的统帅。或许恺撒觉得自己对部下还缺乏充分的控制力，不能有恃无恐地率他们与国家的正统当局作战，所以他务使
312 人现在不召他离高卢以致逼他发动内战；不过内战的发动与否，当时系于庞培的极小，而系于首都贵族的极大，这种理由至多只能使恺撒不与庞培公开决裂以免反对党见而胆壮，而不能使他对庞培这样让步。纯粹的私人动机或许也助成这种结果；或者恺撒回想他往日对庞培方面也曾处于同样的无力地位，只因庞培退休，当然不是慷慨而是怯懦的退休，他才得免于灭亡；也许因为他的爱女钟情于丈夫，他不忍伤她的心——他心中除政治外还有容纳许多另外事物的余地。不过确定的原因，无疑地，还是顾及高卢。恺撒与替他作传的人不同，据他看，平定高卢不是可用以取得王冠的附带事业，而是本国所赖以外策安全、内图整顿的事业，一言以蔽之，就是本国前途所系的事业。为了安安静静地完成这件武功，免得即

刻着手整理意大利的乱事，他毫不犹豫，放弃他对政敌的优势，给庞培充分的权力以与元老院及其党羽去结算。如果恺撒所欲的不过是尽速做罗马王，这种让步便是政治上的大错；但这位奇人的大志却不限于下贱的目标——一顶王冠。他自信能把两件一样巨大的工作——一件是解决意大利的内政，一件是替意大利文明取得一块新鲜土地——同时举办，同时完成。这两件事当然互相牵制；在他进趋宝座的路上，他的攻取高卢与其说给他便利，不如说给他阻碍。他把意大利革命延到706年即前48年而不在698年即前56年把它解决，结果对他不利。不过无论他做政治家或将军，恺撒总是个特别大胆的赌徒，他恃才轻敌，永远让给他们多多的胜算，有时让给他们过多的胜算。

因此，现在贵族到了实践其大言之时，他既敢于宣战，也当敢于作战。但世上可怜的景象莫过于胆怯的人不幸有了大胆的决断。他们丝毫没有虑到将来。仿佛无人想到恺撒或将从事自卫，313
也无人想到庞培和克拉苏到现在还可以再与恺撒联合，比以前更加亲密。这似乎难以置信，但我们若看一看当时元老院忠于宪法的反对党领袖，这便不难索解。加图仍在国外；[①]当时元老院最有势力的人是马尔库斯·毕布路斯，他是消极抵抗的英雄，最顽固最昏聩的前执政官。他们拿起武器，不过敌人只是一摸刀鞘，他们立

① 698年即前56年3月11日西塞罗演说，拥护塞斯提乌斯(Sestius)(*Sest* 28，60)，元老院因听得卢卡会议的议决案，讨论恺撒兵团问题(*Plut*，*Caes*，21)，这时加图还不在罗马；到了699年即前55年年初，我们始见他又在活动，并且他既然在冬季旅行(Plut. *Cato Min*. 38)，必到698年即前56年年底始回罗马。所以，如果阿斯科尼乌斯(Asconius)书(35，53)妄加推测的，加图不能在698年即前56年2月为米洛辩护。

刻放下武器；仅仅卢卡会议的消息就足以压倒真正反抗的一切念头，使那群不幸不守本分的懦夫——元老院的绝大多数——再恢复其服从义务。他们不再谈到定期检讨尤利亚法的有效与否；元老院议决，恺撒私自召集的兵团应由国库负担；有人建议在调整下次执政省份时夺去恺撒的两高卢省，或其一，为大多数所拒（698年即前56年5月底）。[①] 如是，这团体当众悔过。贵族们因自己鲁莽，吓得要死，暗地里前后相继地来讲和并且誓言绝对服从——来得最快的无过于马尔库斯·西塞罗，他自悔食言，并且关于他最近的行径，他给自己加上很妥帖但不很光荣的徽号，可惜已嫌太迟。当然，摄政们情愿息事宁人，人来求饶，他们无不允准，因为没有一个值得另眼看待。卢卡会议的议决案一经披露，贵族阶级便改变腔调；要晓得他
314 们变得如何急骤，西塞罗不久以前所发表的小册子实值得与他的忏悔录互相比较，忏悔录的问世就是要表明他的悔过和善念。[②]

于是摄政们能任意整顿意大利的事务，并且整顿得比以前彻底。意大利和首都实际上有了戍兵，但是没有武装集合的戍兵，并且有了一个摄政做统帅。至于克拉苏和庞培为叙利亚和西班牙召集的兵团，前者诚然开往东方；庞培却命他的副将率当地已有的戍兵治理两西班牙省，同时他把那名为遣往西班牙的新兵团将士给假解散，他自己与他们一同留居意大利。

---

① *Me asinum germanum fuisse*（*Ad Att*. iv. 5,3）.

② 这悔过书便是那论指定699年即前55年执政省份的演说词，至今仍在。这演说发表在698年即前56年5月底。与它成对比的有拥塞斯提乌斯而反瓦提尼乌斯的演说词，又有论埃特鲁斯坎人意见的演说词，作于3月和4月，他竭力赞美贵族政治，特用很傲慢的口吻对待恺撒。西塞罗自己承认说（*Ad Att*. iv,5,1），甚至把那篇表示他又复归顺的文件传给他的亲密朋友，他也以为耻，这话诚然有理。

摄政们努力废除旧政体，以尽量宽和的手段使现行政治情况适合君主政治形式，人们愈清楚愈普遍地晓得这事，民意的无声反抗自当愈甚；但他们服从了，因为他们不得不然。第一，一切较重要的事，尤其一切有关军政和外交的事，均不与元老院商议便举办了，有时凭着人民法令，有时仅凭统治者的意见。卢卡会议商妥的决定，关于高卢统帅职的直接由克拉苏和庞培提出于公民大会，关于西班牙和叙利亚的则由保民官盖尤斯·特雷博尼乌斯（Gaius Trebonius）提出于公民大会，此外较重要的省长职也常常凭人民法令来补缺。恺撒已充分证明，摄政们不必得当局同意便可随意增兵，他们也毫不犹豫地互相借兵，例如恺撒为高卢战事受同僚庞培的援助，克拉苏为帕提亚战事受同僚恺撒的援助。波河外的人，按现行法律，仅有拉丁权，但在恺撒治下时，他实际把他们看作十 315
足的罗马公民。① 往昔新获领土，由元老院委员团办理组织事宜，恺撒却全按自己的判断把他在高卢攻克的广大土地组织起来，例如他绝不客气地创设公民殖民地，尤其以五千移民创设新科莫

① 此说不见于文献。不过若说恺撒全不征兵于拉丁民社，就是说，全不征兵于他所辖省份里远较广大的一部分，这本身已绝不可信，并且又有一事把它直接驳倒，即反对党用轻蔑的态度把恺撒所招的军队叫作“大部是波河外殖民地的土人”（Caes. *B. C.* iii. 87）；因为这里所指的显然是斯特拉波的拉丁殖民地（Ascon. *in Pison*. p. 3；Sueton. *Caes*. 8）。然而恺撒的高卢军里却没有拉丁队伍的痕迹，反之，据他自己的明言，他由内阿尔卑斯招募的新兵都编成新兵团或分配在旧兵团之内。恺撒可能合招募和授公民权为一事，但更可能的是他在这事上固守他那一党的见解，不求替波河外的人取得罗马公民权，却认为罗马公民权依法已属于他们。只有这样，才能有个谣传说，恺撒擅自推行罗马城邦制于波河外的民社。这个假定也可以说明希尔提乌斯（Hirtius）何以称波河外的城邑为“罗马公民的殖民地”，恺撒何以把他所创立的科莫殖民地当作公民殖民地看待，而贵族的温和派则只准它的权利与波河外其他殖民地的相同，即拉丁权，过激派甚至宣布移民所得的公民权完全无效，因而不准科莫人有那任拉丁城邦官吏所有的特权。

(Novum Comun，即科莫[Como])。皮索指挥色雷斯的战事，伽比努斯指挥埃及的战事，克拉苏指挥帕提亚的战事，都未商诸元老院甚至未照例向这机关报告；同样，凯旋和其他荣典的许可和实行都不问元老院的意见。显然地，这不仅仅由于不顾形式；元老院既然是十有八九绝不至于表示反对，则这种不顾形式便更不可解。反之，这是个深思熟虑的计划，要把元老院排出军事和高等政治的领
316 域，使它的参加行政以财务问题和内政为限；他们的敌人也深知此事，尽力用元老院议决案和刑事诉讼来抗议。摄政们虽大半排斥元老院，他们却仍稍稍利用那为害较小的人民大会，他们务使街市的主人翁在这里不再阻碍国家的主人翁；然而他们也屡次摆脱这空虚的幽灵，毫不掩饰地应用专制形式。

被辱的元老院好歹随遇而安。唯命是听的多数派仍以马尔库斯·西塞罗为领袖。他有律师才，能替一切事物寻得理由，至少寻得辞句，所以可供利用，并且贵族曾特借这人向摄政们举行示威，现在摄政们竟用他做奴隶性的喉舌，其中实有纯恺撒式的嘲弄在。因此，他们饶恕他那偶欲以螳斧当车轮的罪，然而不免先取得他百依百随的保证。他的弟弟不得不就高卢军的军官职，聊充他的保证人；庞培强迫西塞罗接受他手下的副官职，以便随时有借故把他放逐的把柄。克洛狄乌斯诚然奉令让他暂时得安，但恺撒既不因克洛狄乌斯而抛弃西塞罗，也不因西塞罗而抛弃克洛狄乌斯；于是在萨马罗布里瓦(Samarobriva)的总部里，这位伟大的本国救主和同其伟大的自由战士做接待室里的斗争，可惜缺少一位罗马的阿里斯托芬给它一番相当的描写。但不仅那根往日痛打西塞罗的棍子而今又悬在他的头上，还有金锁链也加在他的身上。当他财务

深感困难之时，恺撒免息借款给他，建筑事业使巨款流通于首都，
共同监工一职很受他欢迎；许多不朽的元老院演辞都被闷杀，只因
他担心恺撒的代办或许在闭会后递给他一纸账单。所以他自誓
“今后不再寻觅正义和光荣，而仅力求摄政们的恩宠”，又自誓“要 317
与耳朵帽一样柔软”。于是他们取其所长，用他做辩护士。既然做
辩护士，他的本分便常是须奉上命，替他最痛恨的仇人辩护，并且
特别在元老院里他几乎永充操权者的喉舌，把“别人大概同意，他
自己却不赞成”的建议提出讨论；真的，他既是大多数听命派的公
认领袖，竟能得到一点政治上的重要性。政府中其他人员，是凡可
用恐惧谄媚或黄金打动的，他们都以对待西塞罗的手段来对待，竟
能弄得他们大致听命。

固然，他们的敌人仍有一部分恪守其主义，既不怕威吓，又不受利诱。摄政们深信他们对付加图和西塞罗的那种特殊办法，对自己有害无利，容忍一个讨厌的共和反对党，为祸较小，而化敌人为殉共和制的烈士，为祸较大。因此，他们准加图回国（698 年即前 56 年年底），自此以后，他在元老院和罗马广场里常冒生命的危险，不断对摄政们行反抗，这自属可敬，但不幸亦属可笑。特雷博尼乌斯提出建议时他再闹到罗马广场上互相斗殴的地步，他又向元老院提出一个建议，即恺撒对乌西比部和滕克特部做了背信的事，因此应把他送交这些蛮族；大家听他做去。国库负担恺撒兵饷一案通过元老院以后，加图的门徒马尔库斯·法沃尼乌斯（Marcus Fauonius）跳出元老院的门，向市民宣布国难；这人见庞培的病腿上缠着一圈白布，便以无礼的态度，称它为放错了的王冠；前执政官伦图卢斯·马尔凯利努斯（Lentulus Marcellinus）在

众人对他鼓掌时，向大会高呼，请他们趁着还准他们这样做的时光，尽力使用这种表示意见的权利；克拉苏动身往叙利亚时，保民官盖乌斯·阿泰乌斯·卡皮托（Gaius Ateius Capito）用当时的一切宗教仪式，当众把他交给恶魔；对以上各节，他们也加容忍。通
318 盘看来，这些都是少数不平人所做的无效示威；然而它们所自来的小派别却关重要，因为此派一方面助长那暗中骚动的共和反对派，供给他们口号，另一方面往往激起元老院里其实对摄政们具有完全同感的多数派，使他们通过反摄政的法案。因为，多数派也觉得至少有时在小事上须发泄他们胸中的积愤，并且按照那勉强做奴隶者的常情，须把他们对大敌人的愤怒至少发泄在小敌人身上。只要遇到相干的事，他们便轻轻地向摄政手下人踢一脚；所以伽比尼乌斯请举行感恩节，竟遭拒绝（698 年即前 56 年），所以皮索由他所辖的省份被召回；所以保民官盖乌斯·加图（Gaius Cato）阻止 699 年即前 55 年的选举，直到护宪派的执政官马尔凯利乌斯卸职而后已，元老院竟因此穿上丧服。甚至西塞罗虽则在摄政面前永远卑躬屈节，也发表一本既狠毒而又无味的小册子，攻击恺撒的岳父。但元老院多数派这些反抗的倾向和少数派无效的抵抗只是更明白地表示一个事实，即政权现在已由元老院移到摄政，正如往日政权由公民移到元老院，元老院已几乎是君主用来吸收反君主分子的政治会议。塌台政府的党羽诉苦道："除那三个人外，没一个有丝毫的力量；摄政们无所不能，他们务使无人不明此事；全元老院仿佛都变了，听独裁的吩咐；我们这辈人一生也不能再见时局的转变。"他们正生活在非共和而为君主的时期。

但国家的指导权如果绝对受摄政们的支配，却仍有一个与政府

本身略有分别的政治领域易守难攻；这就是寻常官职的选举和陪审
法庭。不言而喻，陪审法庭不直接属于政治，却到处，尤其在罗马城
为主宰国政的精神所一同主宰。诚然，官吏的选举应属于国政本
身，不过在这时期，因为治理国家的大都是特任官吏或无爵位的人， 319
又因为甚至最高的寻常官吏如果属于反君主派，也绝不能切实影响
国家的机构，所以寻常官吏日益沦为傀儡——就是其中最想反抗的
也简直自称为无力的废物，并且完全不谬——，他们的选举因此也
变成纯粹的示威。如是，反对党既已被逐出本来的战场，战事却能
在选举和诉讼上继续进行。摄政们不遗余力，在这战场上也想得
胜。关于选举，他们已在卢卡彼此商定次年官吏的候选名单，他们
又用尽方法使在那里议妥的候选人得以通过。他们的金钱大半用
在运动选举一项。恺撒和庞培的军队每年有大批兵士给假，遣往罗
马城参加投票。恺撒常到上意大利最靠近首都的地点亲自指导和
监视选举运动。然而目的却达得很欠圆满。固然，庞培和克拉苏当
选 699 年度即前 55 年的执政官，与卢卡协定相吻合，反对党的候选
人只有卢奇乌斯·多米提乌斯坚持到底，但终被排出；不过这已只
是公然动武的结果，这次加图受伤，并且还有其他极坏的事。下一
次选举 700 年即前 54 年的执政官时，不管摄政如何努力，多米提乌
斯居然当选，并且去年加图曾候选副执政官，为恺撒手下的瓦提尼
乌斯所排出，全体公民都引以为憾，今年加图又候选此职，竟得胜
利。到了 701 年度即前 53 年官吏的选举时，反对党竟能把摄政手下
和其他候选人极可耻的选举活动指证得明明白白，以致摄政们因此
受谤，无法可想，只好把他们放弃。秉政者在选举战中屡次大败，推
其原因，一部分是陈腐机构难于管制，投票事务有计算不到的意外

事，中等阶级心怀反感，还有种种私心也干扰此事，常与党派立场发
320 生奇怪的冲突；但主要的原因却不在此。贵族阶级分为许多帮会，当时的选举大体为这些帮会所控制；他们把贿赂制组织得规模极大，规律极严。所以在元老院里有代表的贵族也就是主宰选举的贵族；但他们虽在元老院里勉强退让，在此处却暗地活动和投票，一味对摄政反抗，绝不怕人追究。不言而喻，克拉苏为699年即前55年的执政官时，使公民大会核准一种严惩帮会活动选举的法令，贵族在这方面的势力绝未因此而破坏，并且有以后几年的选举为证。

陪审法庭也同样使摄政大感棘手。按它们当时的组织，元老院的贵族虽在这里也占势力，决定权却大部属于中等阶级。699年即前55年庞培提议一种法律，规定提高陪审人的财产资格，这是个深可注意的证明，可见反抗摄政的人以真正中等阶级为主，大资本家处处显得比他们驯服，在此处亦复如是。然而在这里共和党还未完全失势，他们永远孜孜不倦地提出政治弹劾案，被告固然不是摄政本人，却是他们手下卓著的爪牙。起诉任务照例属于元老院的少壮派，并且可想而知，这班少年必比本阶级的老年人更热心于共和，才力更旺，更以大胆攻击他人为乐事，因此这种诉讼战更做得生气勃然。的确，法庭并不自由；如果摄政们认起真来，法庭也像元老院一样，不敢不服从。恺撒的心腹人，最勇猛最肆无忌惮的是瓦提尼乌斯；反对党的仇敌遭他们那几乎有口皆碑的痛恨和迫害的也无过于瓦提尼乌斯；但他的主人一发命令，他便免于一切对他提起的诉讼。可是如盖乌斯·利奇尼乌斯·卡尔乌斯(Gaius Licinius Calvus)和盖乌斯·阿西尼乌斯·波利奥(Gaius Asinius Pollio)一流人，晓得如何运用锋利的雄辩和尖刻的讥刺，

即使他们的弹劾失败，也没有不打中目标的；他们也间或得有成功。当然，这种成功大都得自低级人物，但就是当权者手下一个地位 321
最高最受人怨的党羽，即前执政官伽比尼乌斯，却也被人这样推翻了。的确，伽比尼乌斯关于海盗战事指挥权的法案和他在叙利亚省长任内对元老院的藐视都是贵族党不能饶恕的，他做叙利亚省长时又胆敢抗大资本家而保护省民的利益，他把这省移交克拉苏时又多方作梗，所以对于这人，贵族党的深恨、大资本家的盛怒，甚至克拉苏的憎恶都合而为一。对这些敌人，他的唯一护符是庞培，庞培极应当不惜任何牺牲来保护他这最有才最有胆最忠实的辅佐；但他在这里也如在他处，不晓得运用他的权力，不晓得像恺撒那样维护他的手下人；到了700年即前54年年底，陪审人员判定伽比尼乌斯的贪污罪，逐他出国。

所以通盘看来，在人民选举和陪审法庭的范围内，遭失败的是摄政。主宰这两处的分子较难捉摸，因此，比起政治和行政的直接机关来，也较难威胁或贿买。在这里，尤其在人民选举中，掌权者碰到秘密结成帮会的寡头党那种不屈不挠的力量，人们虽夺去他们的政权，却未把他们消灭；他们愈躲在暗中活动，人们愈难把他们打破。在这里，尤其在陪审法庭上，掌权者又碰到中等阶级对新君政的憎恶，这种憎恶以及一切由此而来的困惑，他们也无法消弭。在这两处，他们都遭到一串的失败。固然，反对党的选举胜利只有示威的价值，因为摄政们能应用其所有的方法把他们不悦的官吏实际取消，但反对党的刑事裁判使他们痛感失去有用的帮手。在当时情形之下，摄政们既不能废除人民选举和陪审法庭，又不能加以充分控制；反对党虽则觉得在这里也很受限制，却稍能保其战场。

然而反对党愈被排出直接政治活动以外，他们愈转向另一战

322 场,要在这战场上抵敌他们,显然更加困难。这就是文学。司法的反抗已同时是个文学的反抗,并且确乎是个文学的反抗,因为演辞照例要发表,用作政治宣传的小册子。人们以诗歌为箭,更迅速而锋利地射中目标。高门贵族的活泼少年以小册子和短歌热烈作战,意大利各乡镇里受有教育的中等阶级或更致力于此,都获胜利。在这战场上,有元老家的贵子盖乌斯·利奇尼乌斯·卡尔乌斯(672—706年即前82—前48年),他以演说家兼小册作家资格,又以多才多艺的诗人资格为人所畏,又有克雷莫纳的市民马尔库斯·福里乌斯·比巴库卢斯(Marcus Furius Bibaculus,652—691年即前102—前63年)和维罗纳的市民昆图斯·瓦里乌斯·卡图卢斯(Quintus Varius Catullus,667—700年即前87—前54年)。他们的短诗优雅而毒辣,其疾如矢地飞遍意大利,准能射中目标。这三人并肩作战,反抗的情调弥漫于这几年的文学。文学里满是怒骂,骂的是"大恺撒","无双的将军",骂的是两相亲爱的翁婿,他们铲平全世界,以便给浪荡宠臣一个机会,把那由长发凯尔特人掳来的赃物在罗马游街示众,以便拿那由西方最远岛屿抢来的物品供御宴,以便挥金如土地竞争恩爱,夺去本国诚实少年的情人。在卡图卢斯的诗歌[①]和当时文学的其他断片里,有一点写得绝妙的

① 传到今日的诗集里满是有关699年即前55年和700年即前54年事件的诗,必系在700年即前54年问世无疑。它所提到的事,最晚的是瓦提尼乌斯讼案(700年即前54年8月)。希罗尼穆斯所谓卡图卢斯死于697—前698年即前57—前56年的话,因此只须改正少数几年。由瓦提尼乌斯"任执政官时发假誓"一事来推测,人误以为这诗集发表于瓦提尼乌斯为执政官以后(707年即前47年);由此可知的只是这诗集出世时瓦提尼乌斯或许已算定做某年的执政官,早在700年即前54年他已饶有为此的理由,因为他的姓名确已列在卢卡会议商妥的候选名单里。

私仇和公恨，有一点共和党的苦闷流露在狂荡的欢笑或惨酷的绝望，都已更雄伟更卓著地见于阿里斯托芬和德摩斯梯尼的著作。

至少仨统治者最精明的一个深知反对党既不可轻视，又不可 323
用威令来压制。恺撒尽其所能，宁愿以私人资格拉拢较著名的作家。西塞罗所以特受恺撒的敬重，已大半因为他有文名；但高卢省长曾在维罗纳亲识卡图卢斯的父亲，现在竟不耻借他父亲的调停与卡图卢斯成立和解；于是这位少年诗人刚把最刻薄最直接的讥刺加在大将军身上，大将军却给他最恭维的优待。的确，恺撒的天才足以与文学对手角逐于文学界，为间接抵制多方的攻击起见，他发表了一篇关于高卢战争的详细报告，以巧妙的假天真向公众叙述他的军事行动如何必要，如何合法。不过只有自由能绝对地独具诗意和创造力；自由，并且唯有自由，甚至沦为最可怜的怪相，甚至以它末次的呼吸，也还能激起新鲜的热情。文学的一切健全要素始终都是反君政的；如果恺撒敢入这领域而能不遭失败，其原因只在他至今仍把自由国的伟大梦想存在心里，不过他不能把这梦想传给他的敌人，也不能传给他的党羽。实际政治不绝对受摄政的控制，一如文学不绝对受共和派的控制。①

① 下面卡图卢斯的诗(第二十九篇)作于699年即前55年或700年即前54年，在恺撒征不列颠以后而在尤利娅死以前：

原先属于长发凯尔特人和不列颠的，
现在马穆罗把它据为己有，
人若不是浪子，不是赌徒，不是饕餮，
这事谁能旁观，谁忍得看下去！
你这软弱的罗慕洛，你见了就准许吗？
他就应该这样无礼，浓抹着香膏，
像个芬芳的大肚汉，现在做个阿多尼，(接下页)

(接上页)

到这里走进我们处女的闺阁吗?
你这软弱的罗慕洛,你见了就准许吗?
你就是个浪子,是个赌徒,是个饕餮呵!
所以你,无双的将军,因此渡过海去,
到西方那个最远的岛屿,
就为的是把二三百万钱拿到这里,
浪费在你那陈旧无用的娱乐吗?
这若不是谬误的博施,还有什么是的?
难道他还不够倾家荡产的吗?
先是他祖遗的产业给他挥霍了,
然后是本都战利品,以后又是伊比利亚战利品,
这是塔古斯河冲着金沙的波浪看见的。
你们这些不列颠人,怕他吧!凯尔特人,怕他吧!
就是一份肥大的遗产,这无赖汉也能
把它吃光用光,你们为他保存什么?
所以,你们这相亲相爱的两翁婿呵,
你们就为这个毁灭全世界吗?

福米亚的马穆罗(Mamurra aus Formiae)是恺撒的宠臣,在高卢战争期间曾为他部下的军官,大概在这诗写作以前不久,他回到首都,那时他似乎从事建造他那在凯林山上的云石宫,这座宫多为人所称道,装潢穷极壮丽。伊比利亚战利品与恺撒做远西班牙省长有关,并且马穆罗那时已在他的总部里,与以后确在高卢一样;本都战利品大概指那对米特拉达特斯的战事而言,因为特别据这诗人的暗示,使马穆罗发财的不只是恺撒一人。

这首诗一片痛骂,很使恺撒难堪,另有一首恶意较小,为同一作者几在同时所作(第十一首),这首诗也可以引在这里,因为它以其悲感的笔调引出绝无可悲的差使把新摄政的属僚很巧妙地嘲笑一番——如伽比尼乌斯·安东尼等由最下流地方骤升到总部的一般人。我们须切记,作这诗时,恺撒正在莱茵河和泰晤士河上作战,克拉苏的征帕提亚,伽比尼乌斯的征埃及都在预备中。这位诗人仿佛也希望摄政中之一给他一个缺人的位置,在他手下人要动身的时候,给其中二人最后的吩咐:

福里和奥雷里亚,副将们
卡图卢斯对你们说,无论他要往印度极边,
到那遥远的东洋,波涛汹涌
澎澎湃湃冲打海岸的地方,(接下页)

这个反对党固然无力，却日益讨厌和无礼，有严加干涉的必要。伽比尼乌斯的被罪似乎转移了时局（700 年即前 54 年年底）。摄政们一致赞成行独裁制，但只是暂时的独裁制，借以贯彻特别关于选举和陪审法庭的新强制法。庞培既然负罗马城和意大利政治的主要责任，自然担任这议决案的实行；所以这事也带着他那拙于决断和行动的特色，也带着他那种罕见的缺点，即甚至在他愿意并且能够发号施令之处，他也不能说坦白的话。700 年即前 54 年底要求独裁制一案便已提出于元老院，但提案取暗示的方式，并且非由庞培亲自提出。此案的表面理由是首都的帮会制和乱党制继续存在，以其行贿和用武的举动确极有害于选举和陪审法庭，并且使骚乱长久不息；我们必须承认，既有这种理由，摄政们不难证明其特殊办法为正当。不过可想而知，未来独裁本人似乎不敢公然要 324 325

（接上页）

或往赫迦尼和阿拉伯，
到欢喜弓箭的帕提亚和萨克，
或到七股尼罗河使如镜的海面变色之处；
或者他要沿路越过阿尔卑斯山
到伟人恺撒立界碑的地方，
到莱茵河流域，野蛮不列颠人所居的天涯——
你们，请准备与卡图卢斯共享这一切，
共享神意定给他的命运，
请先把这短短的噩耗带给我的爱人吧！
不管她与她一伙情人行走坐卧，
她一次能拥抱三百个男子，
对人人都不贞，但随时能使人人满意。
她不像从前那样追寻我的爱情，
她把我的爱情随便摧残了，像犁铧
把散在田边的蝴蝶花翻起来一样。

求的东西，甚至奴颜婢膝的多数派也不敢给予。选举 701 年即前 53 年的执政官时，空前的骚扰造成极可恼的现象，以致把选举延到定期的一足年之后，经过七个月的虚位时期，到了 701 年即前 53 年 7 月才能举行。庞培见这种局势，认为所欲的时机已至，更明白地向元老院表示独裁制是个不二法门，它即使不能解决纠纷，也能快刀斩乱麻；不过他仍未发出断然的命令。选举 702 年即前 52 年的执政官时，摄政的候选人是昆图斯·梅特路斯·西庇阿(Qiuntus Metellus Scipio)和普布利乌斯·普劳提图斯·希普塞乌斯(Publius Plautius Hypsaeus)，二人都与庞培有亲密的私人关系，完全为他效忠，共和反对党最勇猛的党员提乌斯·安尼乌斯·米洛(Titus Annius Milo)竟入场做对抗他们的候选人；如果没有这件事，庞培的命令或许再久也不能发出去。

326 米洛有血气之勇，略有阴谋和欠债的本领，特富于先天带来而又加意培养的自信力，已在当时的政治浪人中博得声望，并且是本业中仅次于克洛狄乌斯的超等名人，所以与后者当然相竞相仇，不共戴天。克洛狄乌斯既为摄政所得受他们许可，再扮演过激的平民党，米洛当然变成贵族；现在假使有喀提林向他们自荐，共和反对党也要与他结盟，所以在一切暴动里他们承米洛为他们的正式护法。实际说来，他们在这战场上所得的少数胜利，都是米洛及其训练精良的决斗队的功劳。因此，加图和他的同党为酬劳起见，支持米洛候选执政官，甚至西塞罗也不免举荐他的敌人的敌人和他自己多年的保护者，并且米洛本人既然不吝金钱，不惜暴力，以求在选举上获胜，胜利似可稳得。在摄政方面，这事不但将是个痛心的新失败，也将是个真危险；因为人可以预料，这位大胆的党人一做执政官，必不像多米提乌斯和其他循规蹈矩的反对党人，绝不让人那么容易地把他弄得无足轻重。事有凑巧，克洛狄乌斯和米洛偶然在离首都不远的阿庇安大道上相遇，双方的部下打起仗来，克洛狄乌斯本人肩膀上挨了一刀，不得不避到附近人家。这事发生时没有米洛的命令；但事已至此，一场风波现在已不可避免，所以据米洛看来，犯全罪比犯半罪较为适宜，甚至较少危险；他命手下人把克洛狄乌斯从他那避匿处拉出来，把他杀死（702 年即前 52 年 1 月 13 日）。

摄政派的街市领袖——保民官提图斯·穆纳提乌斯·普兰库斯（Titus Munatius Plancus）、昆图斯·庞培·鲁孚斯（Quintus Pompeius Rufus）和盖乌斯·萨路斯提乌斯·克里斯普斯（Gaius Sallustius Crispus）——见这事发生，认为要替他们的主人谋利益，打消米洛的候选，实现庞培的独裁，这是个适当时机。克洛狄
乌斯一死，下层民众，尤其新自由人和奴隶，便失其恩主和将来的 327
救星；所需的骚乱因此不难造成。血淋淋的死尸既已陈列在罗马广场的演说台上，当众展览，相当的演说既已完毕，暴动便发作了。无信义的贵族集会之处定为大解放家的火葬场，群众把死尸抬到元老院，把它的建筑付之一炬。以后群众进到米洛的住宅前面，把它围困，直到他部下一阵乱箭射去，才把围攻者逐走。他们再进到庞培及其执政官候选人的住宅，呼前者为独裁，呼后者为执政官，然后到摄位的马尔库斯·雷必达（Marcus Lepidus）家，因为他应负主持执政官选举之责。叫嚣的群众要求他即刻准备选举，他守义不屈，予以拒绝，于是他被围困在住宅里，五日之久。

但这些可恶事件的主使人已做得太过，诚然，他们的主人翁决

定利用这如意的偶然事件，以便不但铲除米洛，而且取得独裁一职；但他所愿的是受职于元老院，而非受职于一群打手。混乱状态弥漫首都，人人实在觉得难以忍受，庞培调来军队，打平乱事；同时，他把一向请人去做的，现在命人去做，元老院遵命。不过他们来个徒劳的闪避：经加图和毕布路斯建议，特任执政官庞培除保留原职外受命为“无同僚的执政官”而非独裁（702 年即前 52 年中闰月的 25 日）[①]——这种闪避只为免用一个单纯代表事实的名义却采取一个带有两层矛盾[②]的名义，这使我们逼真地想起昔日贵族将亡时的聪明议案，即他们不让平民居执政官之位，却让平民行执政官之权。

于是庞培依法取得全权，便开始工作，对那在帮会和陪审法庭
328 里占势力的共和党力行起诉。他制一种特别法律和另一种惩治运动选举的法律，以重申和厉行现存的选举法规；对于 684 年即前 70 年以来所犯的这种罪，后者一概有追溯既往的力量，并且加重处罚。还有个更重要的法规，就是在官宦生涯中，省长职原是远较重要尤其远较肥美的一半，执政官、副执政官卸任时，政府不应即刻给他们省长，而须再过五年，这办法当然要在四年后才生效力，所以此后数年省长补缺之事大体都系于元老院所发管制这个期间的法令，因而实际系于一时主宰元老院的一人或一派。陪审法庭固然存而不废，但反诉权却受到限制，又有或许更关重要的，即法

① 本年一月有二十九天，二月有二十三天，随后有个二十八天的闰月，然后才是三月。

② *consul*（执政官）一词即是“同僚”的意思，一位 *consul* 同时又是 *proconsul*，就等于一位真执政官同时又是代执政官。

庭里的言论自由被废除，因为，辩护士的人数和每人发言的时间都以最高定额为限，当时盛行的一种恶习即除举出事实证人外又举出品行证人或所谓“赞颂者”以袒护被告，也被禁止。百依百随的元老院又奉庞培的指示，下令说：阿庇安大道上的斗殴已陷国家于危局；因此，依特殊法律，任命一个特别委员会，以审理一切有关该案的罪行，委员都由庞培直接指派。人们又想恢复监察官职的真正重要性，借着它的力量来廓清那很混乱的公民团，淘汰其最恶劣的分子。

这一切措置都在武力压迫之下实行了。因为元老院宣布国家有难，庞培征全意大利应当兵的男子来从军，使他们誓言绝对服从；一队胜任而可靠的兵暂驻在卡皮托尔，反对党每有活动，庞培必用武力干涉来威吓；克洛狄乌斯凶杀案的审判进行时，他违背一切往例，派一队卫兵扎在审判所。

复兴监察官制的计划归于失败，因为元老院里奴隶性的多数派无一人有充分的道德勇气和权威，足以做此职的候选人。另一 329
方面，米洛被陪审法庭判了罪（702 年即前 52 年 4 月 8 日），加图候选 703 年即前 51 年执政官的资格也被取消。演说和小册子的抵抗遭新诉讼法的打击，一蹶不振；于是为人所畏的法庭雄辩被排出政治领域，此后也受君主制度的羁绊。当然，反抗并未绝迹于全国大多数人的心中，甚至也未完全绝迹于公众生活——要做到那种地步，不但须限制人民选举、陪审法庭和文学，而且须把它们消灭。实则就在这些事上，庞培以其拙笨和刚愎反有助于共和党，以致他们在他独裁之下也能得到几次使他痛心的胜利。统治者为巩固他们的政权计，采取特殊办法，官方自然把这些办法称作维持公共安宁和秩序的法令，并且据说每一不喜乱事的公民大致都同意这些办法。但这种显而易见的骗局，庞培却把它做得太过，以致他选入那查办最近乱事的特别委员会的，不是他可靠的爪牙，而是一切党派最有名望的人士，甚至加图也在其内；并且他应用他的势力于法庭时，大抵意在维持秩序，使他的同党和敌党一概不能做出当时法庭里惯有的骚乱。摄政的这种中立态度可见于特别法庭的判决。陪审人员不敢开释米洛本人，但共和党被告的次要人物大都被释，而遭到断然判罪的却是在最近乱事参加克洛狄乌斯方面；换句话说，参加摄政方面的人，内有恺撒和庞培最亲近的朋友不少，甚至庞培的执政官候选人希普塞乌斯和为他的利益而指导暴动的保民官普兰库斯和鲁孚斯也在被罪者之列。庞培为表示大公无私起见，竟不阻止他们的被罪，这是一件蠢事；又有件蠢事，他在很不重要的事上反而袒护他的朋友，破坏自己制定的法律——例如在审
330 判普兰库斯时，他亲自出庭做品行证人，并且几个与他特有关系的人如梅特路斯·西庇阿实是受他保护，得免判罪。他常常要做互相矛盾的事，在这里也是如此；他想同时尽两种义务，既为公正的摄政，又为政党的领袖，结果他一事无成，舆论当然认他为暴横的摄政，同党也当然认他为一个非不能即不愿保护自家人的党魁。

但共和党人虽则仍在活动，甚至多因庞培失策而间或得到使人振奋的胜利，可是摄政成立独裁制的目的已大致达到，束缚勒得更紧，共和党受了挫折，新君主制更加巩固。公众始与此相安。不久以后，庞培患重病，病愈时，全意大利都以君主国遇此等事常用的必要庆典，祝贺他的复原。摄政们表示满意；早在 702 年即前 52 年 8 月 1 日，庞培辞独裁职，与他的手下人梅特路斯·西庇阿同为执政官。

第九章　克拉苏的死和共治者的决裂 7*

多年以来,马尔库斯·克拉苏也算在"三头怪物"的首领之列,实则他不能算数。他的作用是在庞培和恺撒两位真摄政之间维持平衡,更精确地说,他与恺撒合力以抗庞培。这个身份不是很荣誉的,但克拉苏追求他自己的利益,从不为热烈的荣誉心所阻。他是个商人,他容人对他讲价。人给他的并不多,但更多的既不可得,他便接受了;他的野心惹他烦闷,他那近于有权而却无权的地位使他懊恼,他想在他那堆得一天高似一天的金山上忘忧解闷。但卢卡会议也替他转变了局势;为了在很大让步以后仍对庞培保持优势,恺撒给他的老盟友一个机会,使他由帕提亚战争在叙利亚达到一种地位,与恺撒由凯尔特战争在高卢达到的一般无二。克拉苏年已六十,贪财欲已成为第二天性,每次新得的百万金只使他贪欲更盛,并且这位老人胸中的野心早已难于抑制,而今烈火中烧,使他焦灼,新前途究竟更激起他的贪财欲,还是更激起他的野心,自难断言。早在700年即前54年年初,他已来到叙利亚;他甚至不待执政官任满便起身出发。充满了焦急心情,他似乎想撙节每一分钟,以便偿其所失,以便除西方的财宝外再取东方的财宝,以便

---

*　此处为原书第5册页码,以下同。——编者

猎取将军的武力和光荣，与恺撒一样迅速，与庞培一样不劳而获。

他见帕提亚战争业已开始。庞培对帕提亚人的背信行为已见
上文；他不尊重约定的幼发拉底河界，夺去帕提亚帝国的几块地
方，以利那今为罗马属国的亚美尼亚。传弗拉特斯王安然忍受；但
8 后来他两个儿子米特拉达特斯和奥罗德斯（Orodes）把他杀死，于
是新王米特拉达特斯即刻向亚美尼亚王宣战，亚美尼亚王名阿塔
瓦斯特斯（Artavasdes），系最近死去的梯格兰之子（约 698 年即前
56 年），①这同时也是向罗马人宣战；所以犹太人的叛变一经剿平，
叙利亚那位有才有勇的省长伽比尼乌斯便率兵渡过幼发拉底河。
然而在这同时，帕提亚帝国里发生政变；其国贵族以少年英勇而有
才略的维齐尔（the Vizier）为首，推翻了米特拉达特斯，拥他的弟
弟奥罗德斯即王位。米特拉达特斯因此与罗马人联合，亲来伽比
尼乌斯的军营。由一切看来，罗马省长的企图可望获得最佳的结
果，不料这时他忽然接到命令，要他用武力送埃及王回亚历山大
城。他不得不听命；但他预料不久即回，所以被废的帕提亚王向他
求援时，他劝帕提亚王自行开战。米特拉达特斯就这样做，塞琉西
亚和巴比伦都响应他；但维齐尔身先士卒，攀登城堞，攻陷了塞琉
西亚；在巴比伦，米特拉达特斯本人迫于饥馑，不得不投降，于是他
弟弟命人把他处死。他的死对罗马人是个显而易见的损失；但帕
提亚国的骚乱绝不因此而结束，并且亚美尼亚战争也还继续进行。
伽比尼乌斯在结束了埃及战役以后，正要利用那仍然顺利的机会，

① 698 年即前 56 年 2 月间，梯格兰仍然在世；另一方面，700 年即前以前 48 年，阿塔瓦斯特斯已在位。

再从事那中止的帕提亚战争，这时克拉苏来到叙利亚，接受统帅职，并且也继承了前任的计划。他胸中满是高傲的希望，轻视行军的困难，更轻视敌军的抵抗力；他以自信的气概不但谈到征服帕提亚人，而且已在想象中战胜了大夏和印度。

然而这位新亚历山大却不慌不忙。他实行这些大计划以前，他还有闲暇做很繁冗很赚钱的次要事务。希拉波利斯一班比克(Hierapolis Bambyke)的德克托(Derketo)庙，耶路撒冷的耶和华庙和叙利亚省其他殷富的神庙，克拉苏都命人劫夺它们的财宝，他又下令征发各属邦的分遣队，或不如说征发分遣队代金。第一个 9
夏季的军事行动只限于两河流域的广泛侦察；罗马人渡过幼发拉底河，在伊克尼(Ichnä，在拉卡赫[Rakkah]以北拜利赫[Belik]河上)击败帕提亚的总督，占据邻近的城邑，内有大城尼科乎里乌姆(Nikephorion，即拉卡赫[Rakkah])，留兵戍守这些地方，然后回到叙利亚。进兵帕提亚的路线哪一条较为适宜，绕道经亚美尼亚呢，还是取直路经过两河流域的沙漠呢？人们一向游移不决。第一条路通过可靠盟友治下的山地，可取处在其较为安全；阿塔瓦斯特斯王亲到罗马军营来劝人用这战略。不过那番侦察却使人决定了取道两河流域。沿幼发拉底河和底格里斯河一带地方有很多繁盛的希腊和半希腊城市，它们尤其国际城塞琉西亚都绝不愿受帕提亚的统治；正如往昔凯雷的公民，现在罗马人所接触的一切希腊城邑，都切实显出它们如何乐于摆脱那难堪的异族统治，把罗马人当作解放者，几乎当作同国人来欢迎。阿拉伯君长阿布加鲁斯(Abgarus)控制埃德萨和凯雷的沙漠，因此控制由幼发拉底河到底格里斯河的日常路线，现已来在罗马军营，以便亲身向他们保证他的忠实。帕提亚人似乎完全无备。

于是在701年即前53年，罗马人渡过幼发拉底河（在比拉德吉克[Biradjik]附近）。要由这地点到底格里斯河，他们有两条路线可择：军队可沿幼发拉底河向下游移动而至塞琉西亚的高地，幼发拉底河和底格里斯河在这里相距仅有几里路程；他们渡过幼发拉底河以后，也可以即刻取最短的路线，直越两河流域的大沙漠，到底格里斯河。前一条路直达帕提亚的首府泰西封，此城在底格里斯河彼岸，与塞琉西亚相对；在罗马人的军事会议里，几个重要将领都对这条路线表示赞成，尤以财务官盖乌斯·卡西乌斯（Gaius Cassius）为甚，他指出沙漠行军的困难，又指出那自幼发拉底河左岸罗马戍兵传来的严重消息，说帕提亚人先有战备。不过阿拉伯君长阿布加鲁斯反对此说，他报告说，帕提亚人所从事的是退出西部各地。他们业已捆载财宝，开始移动，意欲逃往希尔卡尼亚人（Hyskanes）和西徐亚人之地；只有用急行军取最短的路线，才有完全赶上他们的可能；这样行军，罗马人大概至少能追及和毁灭西拉克（Sillakes）和维齐尔所率大军的殿后部队，掳获无数的战利品。友好的贝都因人的这些报告决定了进兵的方向；罗马军共有七个兵团，骑兵四千，轮索手和弓手四千，现在离开幼发拉底河，走入两河流域北部那些不宜人居的平原。

地阔天长，不见一个敌人，只有饥渴和无垠的沙漠仿佛在守卫东方的门户。经过多日的劳苦行军以后，距罗马人要渡的第一条河即巴利梭河（Balissos，即拜利赫河）不远，第一队敌骑终于出现。阿布加鲁斯和他的阿拉伯人奉派前往侦察；帕提亚的马队退到河边，渡过河去，消失在远处，阿布加鲁斯和他的部下在后追赶。罗马人不耐烦地等候他回来，等候更确实的消息。将军希望在这里最终赶上那永远退却的敌人；他那少年英勇的儿子普布利乌斯曾隶恺撒部下，在高卢极著战功，现在奉他派遣，率一队凯尔特骑兵来参加帕提亚的战事，他的战争欲爆发起来，有如烈火。既没有消息到来，他们决定冒险前进；前进的信号发出了，巴利梭河渡过了；在中午不充分地休息以后，军队毫不迟延，在将军领导之下，快步再向前进。这时忽然之间，帕提亚的战鼓在周围响起来；四面八方，只见正午的烈日中招展着他们的绣金锦旗，闪烁着他们的铁盔和锁子甲，并且在维齐尔身旁立着阿布加鲁斯和他的贝都因人。

罗马人到了太晚的时候始知已被诱入圈套。维齐尔以准确的
眼光看出罗马人所处危险且找到对付方法。要用东方的步兵抗罗 11
马列阵的步兵，必不成功；所以他摒去步兵，派主要战场上这个无用的大军在国王奥罗德斯亲自率领之下，往攻亚美尼亚；阿塔瓦斯特斯原应许派一万重骑兵与克拉苏军相会，因此不能践言，现在克拉苏深感缺乏这支兵的苦痛。另一方面，维齐尔用一种完全不同的战术对付超群绝伦的罗马战术。他的军队纯是骑兵；持长枪的重骑兵列成行阵，人马都用铁叶锁子甲或革袄和革裹腿为护身；士卒大部是骑射队。与此相比，罗马人的骑兵在数目和能力上都极占劣势。他们的步兵虽长于在短距离内用重标枪或在肉搏时用刀剑的逼近战，却不能强迫一支全是骑兵的军队与他们交锋，并且就是遇有交手仗，他们也觉得那些披铁甲、持长枪的敌人就算不比他们高强，也不弱于他们。与帕提亚这种军队相比，罗马军在战略上占劣势，因为骑兵控制了交通线；罗马军又在战术上占劣势，因为除非战斗成为一人对一人的决斗，每种近武器必败于远武器。罗

马的兵法全以密集阵为基础，密集阵遇到这种攻势，危险更大，罗马的行伍愈密，它的突击，诚然愈不可敌，但远武器也愈易射中目标。在寻常情形之下，城市要防守，地势的困难要顾到，这种专用骑兵攻步兵的战术绝不能完全实行，但在两河流域的沙漠里，经多日的行军，既碰不见一个阻碍，也遇不着一个战略据点，在这种情形之下，此等战术在这里可以尽量发挥它的精髓，于是也可以尽量发挥它的威力，因此也势不可当。这里的一切都辐辏起来使异域的步兵对土著的骑兵占劣势。同在一地，背负重物的罗马步兵辛
12 辛苦苦，曳步跋涉沙漠或草原，在杳无蹊径、只有稀疏而难寻的水泉做标志的路线上，死于饥饿或更多的死于干渴，帕提亚的马兵却自幼就惯于骑快马或骆驼，甚至在驼马上过生活，早已晓得如何减轻或至不得已时如何忍受沙漠里的困苦，驰骋如飞，不难穿越沙漠。这里天不落雨，不能减退难忍的暑热，也不能使敌军弓手的弓弦和轮索手的皮条由紧而松；这里许多地方沙层深厚，兵营的壕垒无法筑成。一方占尽军事上的有利地位，另一方占尽军事上的不利地位，我们简直不能想象有比这更甚的。

这新战术是最早的民族战术，在其适当地势上显得优于罗马的战术，要问在什么情形之下它起于帕提亚，不幸我们只能用揣测做答复。长枪手和骑射兵在东方起源极古，在居鲁士和大流士的军队里已是核心；但这两种兵一向只用为补助兵，其主要任务为掩护那丝毫无用的东方步兵。在这方面，帕提亚的军队与其他东方军队无异；有些军队据说步兵占其中六分之五。反之，在克拉苏的战役里，骑兵却首次独立出现，因此这种武器得有全新的用途和全异的价值，罗马步兵长于逼近战，莫之能御，这似乎使罗马的敌人

在世界极不相同的地方，互不相谋地同时用骑兵和远武器来抵挡它，并且同样成功。卡西维劳努斯在不列颠所完全做到的，维金格托里克斯在高卢所部分做到的，甚至米特拉达特斯·攸帕托也曾略微尝试的，奥罗德斯的维齐尔也在实行，不过规模更大，更为彻底而已。他做这事，得有特殊的便利：他有重骑兵供列阵之用；弓箭是东方民族的产物，在波斯各地运用得尤为巧妙，这给他一种有 13
效的远武器；还有地方和人民的特性使他能完全实现他的妙计。在这里，罗马的近武器和密集战术初次败于远武武器和展开战术，也在这里，酝酿出那在火器输入后始告完成的战术革命。

在这种情形之下，在北距那有罗马戍兵的卡莱（即哈兰[Harran]）四十五公里、南距伊克尼较近的沙漠中，罗马人和帕提亚人第一次作战。罗马弓兵被派前进，但帕提亚的弓比罗马的多得无数，弓的弹性和射程也大得远甚，罗马弓手即刻退回。不管罗马较精明的军官如何劝告，说与敌人作战时，应尽量展开阵线，兵团仍列成每面十二队的密集方阵，在这种情形之下，敌人的弓箭就是不瞄准也可以射中目标，罗马兵又无法反击，所以不久兵团便受了侧包抄，为凶猛的箭雨所冲倒。他们希望敌人终有箭尽之时，但一见驮着箭的骆驼排成无限长列，希望成空。帕提亚人仍在延长他们的战线。为了使侧面包抄不至于变为包围，普布利乌斯·克拉苏率一队精锐的骑兵、弓手和步兵进攻。敌军确乎放弃了合围的行动，向后退却，罗马这位暴躁的将官火速追赶。但普布利乌斯的部队一到完全不见主力军的地方，重骑兵便站住与他对抗，帕提亚大军由四面赶来，像一张网似的把他们团团围住。普布利乌斯见自己的兵在敌方骑射兵的乱箭之下枉自累累地死在左右，便率

凯尔特无甲的骑兵拼命冲击敌军的铁骑；不过凯尔特人虽勇敢不
怕死，手夺长枪或跳下马来刺杀敌人，但他们所造的奇迹却无济于
14 事。残军和伤了右臂的指挥官都被赶到一座小冈上，他们在这里
只能做敌方弓手更易射中的目标。两河流域的希腊人深谙地势，力劝小克拉苏与他们一同驰去，设法逃命，但他以为自己的有勇无谋把这些勇士引入死地，不肯不与他们同命，于是他吩咐他的持盾者把他刺死。其余军官大多数仿效他，也都自杀。全军约六千人中，被俘的不过五百名；无一人得免。同时，敌人对主力军的攻势变松，罗马人得休息，不胜欣喜。派出的支队一去无消息，终使他们由不可恃的安静中惊醒起来，为寻找那支兵的下落，他们走到战场附近，克拉苏忽见他儿子的头挂在面前的高杆上；现在敌人对主力军的可怕攻势又复开始，与以前同样猛烈，同样始终一致，毫无改变之望。他们既不能冲破长枪队的行列，又不能达到弓手的所在；只因黑夜到来，这屠杀才告一段落。如果帕提亚人扎营于战场，罗马军简直没有一个人能逃走。但他们只习于马上作战，因而怕受袭击，照例不露营于敌人的近处。他们用讥笑的口吻向罗马人大喊说，他们给将军一夜的工夫哭儿子，然后驰去，意欲明晨回来，捉取那流血倒地的猎物。

当然，罗马人不等到早晨。克拉苏已全失其神智，副将卡西乌斯和屋大维命那仍能行动的兵士即刻出发，尽量守静，把伤兵散兵——据说有四千人——一概留在后面，以便到凯雷的城垣内求保护。可巧帕提亚人次日回来的时候先从事于搜索和屠杀那些留在后面的罗马散兵，凯雷的戍兵和居民又早已由逃兵听到噩耗，急忙前来，迎接败军；于是这支残兵才免于似属难免的覆没。

围攻凯雷,不是帕提亚人所能想到的。但或因缺乏粮食,迫不得已,或因元帅丧胆,过于慌张,罗马人不久就自动离去;士卒要革除元帅的兵权,以卡西乌斯来代他,但未成功。他们向亚美尼亚的山岭走去;卢奇乌斯·屋大维率一队五千人的兵昼息夜行,达到辛纳卡(Sinnaka)寨,距可资保护的高地仅有一日的路程;一个向导又把元帅引入歧途,献给敌人,屋大维甚至冒生命的危险把他救出。于是维齐尔骑马来到罗马兵营的前面,用国王的名义,向罗马人提供和平和友善,并且建议举行两将军的晤面会商。罗马军士气沮丧,力求甚至强迫他们的统帅接受提议。维齐尔用照例的敬礼接待前执政官和他的属僚,重提缔结友好协约的话;不过他想到从前关于幼发拉底河界与卢库卢斯和庞培所结协定的恶果,当然愤慨,便要求即刻把协约写下来。帕提亚人牵出盛饰的良马一匹,这是国王赠给罗马元帅的,维齐尔的奴仆蜂拥在克拉苏左右,争先恐后地扶他上马。在罗马人看来,他们似乎有意捉拿元帅;屋大维因未带武器,便拔出一个帕提亚人所佩的刀,刺死马夫。在因此而起的混乱中,罗马的军官一概被杀;白发的元帅一如他的叔祖,也不愿做敌人的活战利品,求死而得死。留在兵营的大众没有首领,一部分被俘,一部分溃散。往昔始于凯雷之战的而今在辛纳卡之战完成了(701 年即前 53 年 6 月 9 日);这两战可与阿里亚、坎尼和阿劳西奥等战役相提并论。幼发拉底河上的军队不复存在。只有盖乌斯·卡西乌斯的骑兵团由卡莱退出时与主力军分离,还有其他失散的队伍和孤单的逃兵,能闪避帕提亚人和贝都因人,分头觅路而回叙利亚。罗马兵团渡过幼发拉底河的原在四万以上,回来的不到四分之一;死的占半数,将近一万的罗马俘虏被战胜者安置

16 在其国的极东，在梅尔夫(Merv)的绿洲，做帕提亚式服兵役的奴隶。自鹰徽为兵团前导以来，它们首次在同一年中成为两个外族手中的战利品，几在同时，在西方为一个日耳曼部落所得，在东方为帕提亚人所得。不幸的是罗马人的败衄在东方产生怎样的印象，没有充分的文献传到今日；但这个印象必是深刻而耐久的。奥罗德斯王新与亚美尼亚王阿塔瓦斯特斯结盟，他的儿子帕克鲁斯(Pakoros)与亚美尼亚王的姊妹结婚，他正在替他们举行典礼时，维齐尔的捷报来到，按东方的习惯，克拉苏的首级也一同来到。当时有许多小亚细亚游行的戏班把希腊诗歌和希腊戏剧传播到东方的远处；喜筵已经撤去，一个小亚细亚戏班正在观众面前演出欧里庇得斯的《巴克赫》(*Bakchen*)。阿伽夫(AGaue)在酒神节的狂欢中肢解了她的儿子，现在用酒神杖挂着他的头，由西塞隆(Kithäron)回来；扮演她的伶人却用克拉苏那颗血淋淋的头代替她儿子的头；又有使这半希腊化的听众欢喜无限的，就是他从头再唱那首人所熟知的歌：

我们由山中拿来，
带到我们家里去。
这个顶好的利物，
这个带血的野味。

自阿契美尼德时代以来，这是东方人首次对西方的真正胜利；并且为了庆祝这胜利，西方世界最美的作品——希腊悲剧——竟被它的堕落代表歪改成这么丑恶的游戏文章，这里面实寓有深意。

罗马的市民精神和希腊的天才始同时投合苏丹制的枷锁。

这场灾难本身已属惨烈，它的后果似乎也很可怕，似乎要根本
动摇罗马在东方的势力。帕提亚人绝对统治幼发拉底河外；克拉 17
苏覆没以前，亚美尼亚即已背弃罗马的盟约，现在他既覆没，此国全沦为帕提亚的藩属；帕提亚任命那骗罗马人的向导之一，名安德罗马库斯（Andromachos）的，为凯雷的新主人，他严办此城忠实公民依附西方人的罪；以上种种还是最微末的事。现在帕提亚人真心诚意地准备也渡过幼发拉底河，与亚美尼亚人和阿拉伯人联合把罗马人逐出叙利亚。犹太人和其他东方人渴望脱离罗马的统治，不亚于幼发拉底河外的希腊人渴望脱离帕提亚的统治；在罗马，内战就在眼前，此地此时的攻势自为它的大患。不过罗马有幸，双方的将军都换了。那位英勇的维齐尔先替奥罗德斯加冕，而后肃清国内的敌人，苏丹恐他的恩惠太大，不能不赶紧用刽子手把他铲除。他那叙利亚侵军元帅一职，由一位亲王即王子帕克鲁斯来充任，又因王子少不更事，命贵族奥萨克斯（Osakes）以军事顾问资格辅佐他。另一方面，谨慎果敢的财务官盖乌斯·卡西乌斯暂代克拉苏，接任叙利亚统帅职。

帕提亚人正如往昔的克拉苏，也不急忙进攻，在701即前53年和702年即前52年年间他们只派薄弱的游击队渡幼发拉底河，罗马人不难把他们击退，所以卡西乌斯得有时间来稍微整顿军队；犹太人恨克拉苏晚近劫掠他们的神庙，已起兵造反，赖有忠于罗马的希罗多·安提帕特（Herodos Antipatros）之助，卡西乌斯能使犹太人又复就范。如是，罗马政府若为防守有警的边境，派生力军往叙利亚，不是没有充足的时间；不过在革命初起的变乱中，这事竟

未见于实行；到了703年即前51年帕提亚人寇的大军终于出现在
幼发拉底河上的时候，卡西乌斯还是只有由克拉苏残部编成的两
个薄弱兵团。以这种兵力，他当然既不能阻人渡河，又不能保卫本
省。叙利亚受帕提亚人的蹂躏，西亚洲全部震动。可是他们不懂
18 得攻城。卡西乌斯率兵入守安条克，他们不但未达目的就由此撤
退，而且撤退到奥隆特河上时，被卡西乌斯的骑兵诱入埋伏，在那
里横遭罗马步兵的屠戮；奥萨克斯本人也在被杀者之列。于是友
人和敌人一概见到，帕提亚的军队若由寻常的将军指挥，在寻常的
地势上，也不能比其他东方军队更有多大的本领。然而攻势却未
放弃。在703—704年即前51—前50年的冬季，帕克鲁斯驻营于
幼发拉底河此岸的居雷斯提克(Kyrrhestike)；叙利亚的新省长马
尔库斯·毕布路斯既是个无能的政客，又是个可怜的将军，除闭城
自保外毫无善策。一般人预料，战争将再接再厉地起于704年即
前50年。可是帕克鲁斯不对罗马人用兵，却转而攻他父亲，因此
竟至与罗马省长结成默契。这样一来，罗马荣誉上的污点诚然没
有洗掉，罗马在东方的威望也没有恢复；可是帕提亚人入寇西亚的
事成为过去，幼发拉底河的边界至少暂时可保。

同时，罗马的革命有如一座定期的火山，正在冒出滚滚的浓烟，使人眩晕。罗马人始不再有一兵一第纳尔可用来对付公敌，不再有一念顾到各民族的命运。国家在卡莱和辛纳卡遭了大难，竟不甚引起当时政客的思虑和谈论，而在克拉苏死后两月党魁克洛狄乌斯死于阿庇安大道上的乱事，却使他们满腹思量，纷纷议论，这是个最可怖的时势征兆；但这并不难解，而且差不多可以原谅。两位摄政间的破裂，久已觉得难免并且常常宣告将至，而今一往直

前,不可阻遏。宛如古希腊舟子故事所叙的景象,罗马民社这只船现在仿佛介于两座相向漂来的礁石之间;在愈涌愈高的波涛之中,船上所载的人时时刻刻期待着砰然相撞,受无名恐怖的禁制,心醉神迷,这里每一极微的摇荡都惹得千人注目,无一人敢于左顾右盼。

恺撒既于698年即前56年4月的卢卡会议同意对庞培大大 19
让步,摄政们既因此居于大致均势的地位,只要那本不可分的君权的平分真能耐久,他们的关系便不乏耐久的外在条件。摄政们,至少在当时,是否决计团结,毫无保留地互相承认平等的权力,却是另一问题。如上所述,恺撒确系如此,因为他以与庞培平等为代价,换得征服高卢所需的时间。但庞培对于同僚制从来连暂时的诚意也没有。他是褊小而卑鄙的一流人,对这种人施行侠义,是危险的,他那褊小的心灵以为一遇机会便推翻他所勉强承认的敌手,确是智者所应为;他那卑鄙的性情又以为恺撒的纵容使他受到挫辱,渴望能对恺撒行报复。但按他那迟钝懒散的性格,他虽永未同意让恺撒与他并驾齐驱,可是解散联盟的企图大概先经过逐渐的步骤始显见于他的心中。总之,庞培的见解和意向,一般大众常比庞培自己还看得清楚,700年即前54年秋季,美丽的尤利娅妙龄去世,不久她的独子也跟着入墓,公众以为至少尤利娅一死,她父亲与她丈夫的私人关系便断绝了,这意见绝不错误。两人的亲属关系既遭噩运而中断,恺撒想把它重续起来;他请自与庞培的独女结婚,并且提供他当时最近的亲属,他的甥孙女奥克塔维亚(Octavia)与庞培结婚;不过庞培把他的女儿留给她现存的丈夫福斯图斯·苏拉即摄政苏拉的儿子,他自己娶了昆图斯·梅特路斯·西庇阿的女儿。私人关系的破裂显而易见地业已开始，不肯携手的是庞培。人们预料政治的破裂即将接踵而来，可是在这里，人们却错了，在公事上，同僚间暂时仍有谅解。原因是恺撒在完成征服高
20 卢的事业以前不愿废除这关系，庞培在就独裁职因而完全能控制政府当局和意大利以前也不愿废除这关系。两摄政在这种情形之下竟能互相援助，这自属奇怪，可是不难索解：700 年即前 54 年冬季在阿杜亚图卡的惨败以后，庞培把他那给假遣散的意大利兵团之一借给恺撒，另一方面，庞培镇压那顽强反抗的共和党时，恺撒予以赞同和道义上的援助。

到了 702 年即前 52 年年初，庞培用这方法取得完全的执政官职和完全优于恺撒的首都势力，并且全意大利能当兵的男子都向他个人和在他名下宣军人的誓言，他始决计尽早与恺撒正式决裂；他的意向也显露得够明白的。阿庇安大道之乱以后，法庭提起的诉讼恰好严峻无情地落在恺撒那些平民党的老同志身上，这或许还只是个拙笨举动，可置不论。禁止选举舞弊的新法律有追究既往直至 684 年即前 70 年的效力，连恺撒竞选执政官时所有的嫌疑行动也在其内，虽则不少的恺撒党徒以为其中确有用意可见，或许也只是个拙笨的举动。但庞培不顾时势的如何，不听众人的要求，竟不选他的旧岳父做他任执政官时的同僚，却与一个完全靠他的傀儡，他的新岳父西庇阿共居此位，现在就是人们怀着最大的好意，也不复能闭眼不见。庞培同时又命人把他那两西班牙省长的任期延长五年，直至 709 年即前 49 年并且由国库拨出一笔定额巨款充他部下的兵饷，却未规定对恺撒同样延长统帅的任期和同样拨款，而且同时发布了一种关于任省长职的新规程，竟要依这规程

间接做到在往昔商定的期限未满以前就召回恺撒，于是人们更不
复能闭眼不见。这些侵犯显然意在先暗损恺撒的地位，而后把他 21
推翻。时间没有比那一刻更顺利的。在卢卡会议上，恺撒所以对
庞培那样让步，只因为万一与庞培发生破裂，克拉苏和他的叙利亚
军必然加入恺撒方面；自苏拉时代以来，克拉苏即与庞培仇深似
海，在政治和私人方面几乎同样长久与恺撒连成一气，并且总由于
他自有的特色，即使他自己不能做罗马王，他也乐于做新王的银行
家，所以恺撒永远能信赖克拉苏，绝不必怕克拉苏与他的敌人联合
起来。因此，701 年即前 53 年 6 月叙利亚军和元帅一齐覆没的灾
变，对恺撒也是个惨重的打击。几个月后，全高卢的叛变，正在似
乎完全平定的时候，发作得比以前更加凶猛，恺撒在那里初次遇到
敌手，即阿维尔尼王维金格托里克斯。这次命运又复帮助庞培；克
拉苏死了，全高卢在叛乱中，庞培实际是罗马的独裁，元老院的主
人。如果他现在不由远处暗算恺撒，而径直迫使公民大会或元老
院立刻把恺撒由高卢召回，则结果将如何？

但庞培永远不知趁着幸运行事。他把破裂宣示得够明显的；在 702 年即前 52 年，他的行为已使此事毫无疑义，到了 703 年即前 51 年春间，他已明言要与恺撒破裂；但他却不与恺撒破裂，让几个月的光阴逝去，不加利用。

但不管庞培如何迟延，危机却迫于形势本身的力量，前进不息。从结局看，当前的斗争不是共和与君政之争——因为那事多年前已经解决——而是庞培与恺撒攫夺罗马王冠之争。两个争位者无一能由直认不讳上得到利益，他若直认不讳，必致即刻把那很大部分的公民，愿共和继续存在而相信其可能的，一概驱到敌营里

去。格拉古和德鲁苏斯、秦纳和苏拉所喊的口号虽已陈腐而无意
22 义，但在两将军争一人专政的战斗里，仍是够好的口号；虽则庞培和恺撒此刻都公开地自居于所谓平民党之列，可是有不容一刻怀疑的，即恺撒必标榜人民和民主的进步，庞培必标榜贵族和正统的政体。

恺撒无可选择。他自始就是个热诚的平民党，由外表看，他所谓的君政与格拉古的民治有别，由本质看，二者却无差异；他又是个极高尚极深沉的政治家，不肯掩藏他的本色，只肯在他自己的旗帜下作战。当然，这种口号只能给他小小的利益，其主要利益只限于这样一来他可以免遭直称王位的不便，免于用这犯禁的字样惊骇冷峻的大众和他自己的党徒。平民党的旗帜不能产生更明确的利益，因为格拉古的理想已被克洛狄乌斯弄得可耻可笑；现在或者除了波河外的人，哪里还有一个什么重要的阶级能为平民党口号所动，来参加这场斗争呢？

这种情形也可以决定庞培在当前战争中的身份，就算另外一种情形还不是不言而喻的，即他只能以正统共和的元帅身份来开战衅。如果有人是天生的贵族分子，这就是庞培；只是很偶然很自私的动机使他叛贵族而投归平民党。他现在要重返苏拉的遗风，这不但合于事理，而且由种种方面看，也大有益处。平民党的口号既然陈腐无用，保守党的口号若由适当的人喊出来，必然更有强大的效力。或许大多数公民，至少其中的精英都属于护宪派，以其人数和道德力而言，很可以应号召，在将临的争位战斗中做强有力的甚至决定性的干涉。他们所缺的只是领袖。马尔库斯·加图是他
23 们现在的首领，在日日有生命危险的状况下，或者没有成功的希

望，他按他所懂得的，尽其做领袖的义务；他的忠于职守值得钦敬，但做敢死队的殿后，在一个兵士是可嘉的，在一位将军便不足取。为了失势的政府党，一支强大的后备军仿佛自然而然地起于意大利，他既不知把它组织起来，又不知在适当时机调它作战，并且一切事毕竟都系于用兵，他却有正当理由永不以能用兵自命。如果不是这位既不知如何做党魁又不知如何做将军的人，而是个政治和军事上的名人如庞培的，举起现存政体的旗帜，则意大利各城的公民必然蜂拥来归，以便在这旗帜之下助战，这自然不是替庞培成王业，却是抗恺撒做国王。

此外另有一个至少同样重要的因素。庞培的特点是甚至他已立下决心，他也不能寻出实行决心的方法。他或许晓得如何作战，可是确乎不晓得如何宣战，加图派虽则确乎不能作战，却很能尤其很愿替那反抗即将奠立的君主制之战供给理由。按庞培的意见，他自己站在旁边，用他那特殊方式，有时说要立刻动身到两西班牙省去，有时准备去接任幼发拉底河的统帅职，同时正统的行政部即元老院应与恺撒决裂，对他宣战，委托庞培指挥战事，于是他服从大众的要求，出来做宪法的保护者以抗民魁、君政党的逆谋，以正直人和拥护现存秩序者的身份反抗浪人和乱党，以元老院正式任命的将军资格反抗街市上的战胜将军，因而再来一次救国。如是，由于与保守党联合，庞培所得的一部分是他私党以外的第二支军，一部分是个适当的开战宣言，而这些利益诚然是拿出高价，与主义相反的人相结合，才买得的。这个联合里含有无数的弊害，当时只有一个发展出来，而这已是个很严重的弊害，即庞培交出那随便何时和怎样对恺撒开战的权，在这有决定性的一点上视贵族团体一 24

切的偶然行动和反复无常为转移。

如是多年以来，共和反对党须安于旁观者的地位，简直不敢做声，而今因摄政们就要破裂，又复回到政治舞台。此党原是以加图为中心的一伙共和党人，他们决定不管时势如何，要拼个为共和而反君政的战争，并且愈早愈妙。698 年即前 54 年的尝试结果很惨，他们受这番教训，知道单是他们自己不但不能指挥战事，而且不能激起战事；人人晓得，就在元老院里，虽则除了少数例外，全体都不喜欢君政，可是大多数只愿在恢复寡头政治而无危险之时再恢复它，当然，这要有长久的等待。他们特别要求和平，不惜任何牺牲，不喜任何断然的行动，最不喜断然与任一摄政决裂。一方面有摄政，另一方面有这种偷惰的大多数，加图派要恢复旧政，只有一条路可走，这就是与一个危险性较少的摄政联合起来。如果庞培承认寡头政体，自愿替它攻恺撒，共和反对党便可以而且必须承认他为本党的将军，与他联合起来，强迫那怯懦的大多数宣战。庞培的矢忠宪法非出于完全诚意，固然无人不知，不过他既对任何事三心二意，他还没有像恺撒那样明确晓得，新君主须首先把寡头政治的垃圾堆扫除得干干净净。无论如何，战争可以训练出一支真共和军和几个真共和将军；到了战胜恺撒以后，在更顺利的情况下，他们可以再进一步，不但把两君之一排除，而且能打消那正在
25 形成的君主制。寡头党的事业虽属无望，庞培自愿与它联合的提议却是对它最有利的协定。

庞培与加图党的缔结联盟做得比较迅速。在庞培独裁时，双方已有一番可注意的接近。米洛之乱，庞培的全部举动；群众向他提供独裁之职，他加以峻拒；他明言只愿从元老院接受此职；他严

惩任何种类的扰乱治安者，尤其过激的平民党，毫不留情；他对加图及其同志非常有礼；凡此种种似乎既打算笼络守秩序的人，又侮辱平民党的恺撒。另一方面，对于授予庞培独裁职的建议，加图及其党徒不但不照常严加抨击，却在无关重要的形式修正之下把它作为他们自己的建议；于是庞培由加图和毕布路斯的手中接受了完整的执政官职。所以早在702年即前52年之初，加图党与庞培至少已有了默契，可是到了选举703年即前51年的执政官时，联合始可谓正式结成，这次当选的诚然不是加图本人，却是加图最坚决的党羽之一，即马尔库斯·克劳狄乌斯·马尔凯鲁斯(Marcus Claudius Marcellus)和元老院多数派里一个不关重要的人。马尔凯鲁斯不是个激烈的热心家，更不是个天才，而是个稳健严厉的贵族，如果要对恺撒开战，他正是宣战的正当人物。按当时的情形，这次选举，事前对共和反对党曾用压制手段，竟得这样惊人的结果，除非有罗马当时摄政的同意或至少有他的默许，这事简直不能发生。照常迟缓拙笨，可是百折不回，庞培向着破裂走去。

另一方面，恺撒无意于此刻与庞培失和。固然，他不能永远真愿与任何同僚共掌政权，更不能愿与庞培那种次等人共掌政权；无疑地，他必早已决定在高卢征战完结以后，自取独揽政权的地位， 26
如果必要用武力来强取它。不过像恺撒这样完全以政治为主而以军事为辅的人，自不能不见到，用武力来整理政治机构，结果必使政治机构陷于非常紊乱，往往使它陷于永久的紊乱；因此，如果困难还能解决，他必想用和平方法，至少没有公开的内战，把它解决。但即使内战不可避免，而因维金格托里克斯起事于高卢，既得的一切重成问题，恺撒由701—702年即前53—前52年至702—703年即前52—前51年冬季忙个不停，庞培和根本与恺撒作对的护宪党又控制了意大利，他不能情愿在此时被迫来做内战。所以他想维持与庞培的关系，借以维持和平，并且万一可能，用和平方式达到那已在卢卡应许他的706年即前48年执政官之位。如果到那时候，凯尔特事务业已了结，他正式受命为国家的首领，他的政治才能既比军事才能更高于庞培，他很可以期望没有特别困难，就能在元老院里和罗马广场上用智谋战胜庞培。或者竟有可能，替他那拙笨、犹豫而高傲的政敌寻得某种尊荣而无权的地位，使他自安于消灭；恺撒再三企图与庞培保持婚姻的关系，其目的或就在准备这样一种解决法，要借着承继两竞争者血统的子孙相继承，来造成旧争执的最后和解。那时，共和反对党仍无领袖，因此也大概归于平静，和平便可维持。如果这事不能成功，如果终须——这诚然是可能的——武力解决，那么，恺撒便能以其在罗马的执政官资格，支配元老院里那服从命令的多数派；他便能阻挠甚或打消庞培与共和党的联合，那时若从事战争，必比现在以高卢同执政官的身份率兵攻元老院及其将军，更相宜而有利得多。固然，这计划的成败系于庞培是否很客气地仍依卢卡协约使恺撒取得706年即前48
27 年的执政官职；但即使这事失败，恺撒切实再三表示最大的礼让，也永远于己有利。一方面，他可取得时间以达到他在高卢的目的，另一方面，首先破裂因而发动内战的怨尤将落在敌人身上——在他与元老院多数派和实利派，特别与部下兵士的关系上，这事对恺撒极为重要。

他就按这种见解行事。他当然整军经武；他招募新兵，到了702—703年即前52—前51年冬季，他的兵团连那个借自庞培的在内已增至十一个。他明言无隐地赞许庞培独裁时期的行为和他恢复首都秩序的成绩，认热心朋友的警告为谗言而不听，以为能把灾难延缓一日即有一分的利益，忽略其可以忽略的，忍耐其可以忍耐的——只是始终不变地坚守那个断然的要求，即到了705年即前49年，他的高卢省长任满之时，应按共和政治法所许可，他的同僚所向他约定的，使他在706年即前48年重任执政官职。

这个要求成为现在发动外交战的战场。如果恺撒被迫在705年即前49年12月末日以前退职，或延到706年即前48年1月1日以后才在首都就职，那么，在卸省长职和就执政官职之间，他一时无职，罗马法既只许无职的人被控，他便有受刑事诉讼的危险，因为加图久已准备弹劾他，又因庞培是个太可疑的保护者，公众可预卜在这事上他必遭到米洛的命运。

现在恺撒的敌人要达到这个目的，有很简单的方法。按现行选举法，每一候选执政官的人须于选举以前即就职半年以前，亲自向主管官员报名，使他的姓名登记在候选人的官方名册上。这种纯属形式的义务，候选人常常可以免于履行，在卢卡会议，人们认
为恺撒当然可以免尽这种义务；不过关于此事的法令尚未公布，又 28
因庞培现在掌握立法机构，恺撒在这事上自依赖他那政敌的好意。不知何故，庞培自动放弃了这完全稳妥的方法；以他的同意，在他独裁期间(702年即前52年)，一道保民官的法令免去恺撒亲来的义务。然而不久以后，新选举法公布，以概括的字句重申候选人须亲办登记的规定，却未替前已为人民法令所豁免的人附加例外；按照严格的形式，有了这后出的概括法律，那给予恺撒的特权便告废除。恺撒发出怨言，这种条文也加上了，可是未经特殊人民法令的

核准,所以这个规定纯以搀越方式加入已公布的法律的,只能视为在法律上无效。因此,庞培本可以坦率坚持的东西,他却宁可先拿它奉送而后把它收回,终于用极不合法的方式遮掩他的收回。

上述的办法意在间接缩短恺撒的省长任期,同时公布的省长任职法规却意在直接达到这个目的。恺撒的省长任期,最后根据庞培和克拉苏共同建议的法律,已保证为十年,按通常算法,这十年自 695 年即前 59 年 3 月 1 日起至 705 年即前 49 年 2 月末日为止。又因按照旧例,续任执政官或续任副执政官可在他第一年任满之后即刻就职,所以恺撒的继任人应不从 704 年即前 50 年而从 705 年即前 49 年的首都官员中任命,因此不能在 706 年即前 48 年 1 月 1 日以前就职。由这看来,恺撒在 705 年即前 49 年所余的十个月里仍有统帅权,其根据不在庞培一李锡尼法,而在一种旧规,即有定期的统帅职在任满以后仍持续至继任人来到为止。但是自 702 年即前 52 年的新法成立以来,不任命要外放的执政官和副执政官为省长而任命五年或更多年前已外放的为省长,因此,以前首
29 都官员任满可以立即就统帅职,现在按照规定,却须隔一时期才能就任统帅,那么,每一省长依法出缺,现在都不难立刻由别处找人补缺,所以在已知的情形下,也不难使高卢统帅的更换不在 706 年即前 48 年 1 月 1 日而在 705 年即前 49 年 1 月 1 日。在这些安排里,庞培可怜的虚伪和迟缓的诡计,彰明较著地与护宪派的繁文缛节和法律学识混合起来。多年以前,这些政治法的武器还不能应用,目前他们即刻布置就绪,预占地步,以便一面可用派人继任的手段,强迫恺撒在庞培法向他保证的任期届满那天,即 705 年即前 49 年 3 月 1 日,卸去统帅职,另一面可把选他为 706 年即前 48 年

执政官的票作为无效。恺撒既不能阻止这些举动，只好保持缄默，听其自然。

于是宪法的纡缓步骤逐渐进行。按照习惯，元老院讨论705年即前49年的省长位置，属于前任执政官的须在703年即前51年之初讨论，属于前任副执政官的须在704年即前50年之初讨论；在703年即前51年讨论中，元老院首次谈到推举两高卢的新省长，因而庞培所主使的护宪派首次与元老院里拥护恺撒的人发生公开的冲突。执政官马尔库斯·马尔凯卢斯提议，自705年即前49年3月1日由续任执政官恺撒管理的两高卢交给政府提议的当年两执政官管理。长久闷在胸中的愤气有如一股急流，水门一开，便突然发泄出来；在这次讨论里，加图派把他们反对恺撒的意见和盘托出。他们认为确定的是：特殊法律许给续任执政官恺撒的特权即不必亲来报名候选执政官之权，又为以后的人民法案所取消，那加在人民法案里的保留也是无效的。按他们的意见，现在征服高卢一事既已完结，元老院应使恺撒立刻遣散那些服役 30
期满的兵士。恺撒在上意大利的颁发公民权和设立殖民地，他们认为违法和无效；又有一事更足以表明这个意见，一位可敬的元老来自恺撒的殖民地科莫，即使此地只有拉丁权而无公民权，此人也可要求罗马公民权，执政官马尼利乌斯竟命人在他身上用那仅许用于非公民的鞭挞刑。

恺撒当时的拥护者以盖乌斯·维利乌斯·潘撒(Gaius Vilius Pansa)最为有名，他的父亲曾被苏拉摈于法外，可是他还能入政界，先做恺撒部下的军官，而后在本年做保民官，这一班人在元老院里主张：以高卢的局势和公道而言，不但不应把恺撒先期召回，而且应使他以执政官兼任统帅；无疑地，他们必指出，几年以前，庞培正是这样以执政官兼西班牙省长，就到现在，他除任首都粮政监督一要职外，又握有西班牙再加以意大利的统帅权，不但如此，他还命一切能当兵的男子向他宣誓，并且还未解除他们的誓约。

法律程序始见于正式陈述，但它的进行却未因此而加速。元老院的多数派见破裂在即，几个月不开一次能有决议的会，另外几个月也虚耗在庞培的肃静犹豫之中。庞培终于放弃缄默，照常半吞半吐，闪烁其词，可是够明白地左袒护宪派而反对他素来的同盟。恺撒党要求许他们主人兼任执政官和省长，他直截了当地予以驳斥；他又粗鲁地说，在他看来，这个要求无异于一个儿子请打他的父亲。他也声明不准恺撒直接兼任执政官和省长，由这看来，他在原则上赞成马尼利乌斯的建议。可是他虽未做明定的声述，却暗示或可准恺撒候选706年即前48年的执政官而免其亲来报
31 名，并准他留任省长，至多到705年即前49年11月13日。但此后不久，庞培仍不改其延宕故态，恺撒的代表请延期到704年即前50年2月再推举继任人，竟得到他的许可；他们的请求大约根据庞培－李锡尼法的一款，即在恺撒任省长的最后一年开始以前，不许在元老院里讨论推举继任人一事。

于是元老院就本着这个意成立法案(703年即前51年7月29日)。高卢省长的递补问题被排在704年即前50年3月1日的日程；但他们现已着手解散恺撒的军队，正如往日以人民法案解散卢库卢斯军队的办法，他们怂恿他部下的老兵向元老院请求退伍。固然，恺撒的党徒尽其在法律上的能事，要以保民官的否决权做到这些法案的取消；不过庞培很明确地发表意见，认为官吏应绝对服

从元老院，不应因调解一类的老套而有所改变。庞培现在已成了寡头党的喉舌，寡头党的用意显露得不为不明，就是倘或得胜，他们要按他们的意思修改宪法，连类似人民自由的制度也一概要废除；例如他们攻击恺撒时绝不利用公民大会的机构，即因此故无疑。这样，庞培与护宪派的联合便正式公布了，加于恺撒的判决显然已经拟定，只是把宣判的日期延缓而已。次年官吏的选举结果对他完全不利。

当他的政敌运用备战的党派策略之时，恺撒已扑灭高卢的叛
乱并恢复这征服地全境的治安。早在 703 年即前 51 年的夏季，借
着边防的正当口实，但显然表示高卢今始不再需要兵团屯驻，他把
一个兵团调到北意大利。即使他早不看见，到现在总不能不见，他 32
无法避免对本国人动刀兵；不过因高卢刚告平定，最好仍有兵团暂
留于此，所以，就到现在，他还想拖延下去；他既深知元老院的多数
派极爱和平，便不放弃希望，仍设法使他们不管庞培所施的压迫，
不肯宣战。他甚至不惜重大牺牲，只要能避免与最高的政治团体
公然对抗。704 年即前 50 年春季，元老院应庞培的提议，请庞培
和恺撒各出一个兵团以供当前帕提亚战争之用，庞培依这项决定
向恺撒索还几年前借给他的那个兵团，以便派往叙利亚，对这两层
要求，恺撒一概照办，因为就其本身而论，元老院这项法案不能说
不是切合时宜，庞培的要求也不可谓不公允，并且遵守法律和外示
忠贞在恺撒比几千士兵更关重要。两个兵团急速开来，听政府调
遣，但政府不派他们往幼发拉底河，却把他们留在卡普亚以备庞培
之用，于是公众又得一个机会，以恺撒的显然力避破裂，比较他敌
人那不顾信义的备战。

为了与元老院辩论，恺撒不但收买了本年执政官之一卢奇乌斯·埃米利乌斯·鲍卢斯（Lucius Aemilius Paullus），而且最重要的，收买了保民官盖乌斯·库里奥（Gaius Curio）。在当时那些浪荡的才子中，库里奥或许是个最优秀的，[①]他那文雅的风度、流畅隽永的口才、阴谋的技巧和在强干的浪子怠惰无事时活动得更加厉害的精力，都臻于绝顶；可是他那荒淫的生活、借债的本领——据估计他的债务达六千万塞斯特——和道德及政治上的没有操守，也臻于绝顶。他以前曾拿他自己向恺撒兜售，为恺撒所拒绝；
33 此后他施展才能，攻击恺撒，以致恺撒后来又把他收买；价钱很高，可是“货物”却值这个价钱。

在他任保民官的第一月，库里奥装作独立的共和党人，以这个身份对恺撒和庞培一概厉声抨击。这使他处于似乎不偏不倚的地位，到了704年即前50年3月，次年高卢省长的递补一案又在元老院里提出讨论，他非常巧妙地利用这种地位；他完全赞成这个法案，可是要求把它同时推行到庞培和他的非常统帅。他的理由是，只有废除一切的例外职位，才能造成合于宪法的状况，庞培既单受元老院的委任而为特任执政官，他比恺撒更不能不听命于元老院，两位将军若仅去其一，结果只是增加宪法的危险；这种议论使一知半解的政客和一般民众恍然大悟。库里奥又宣布说，他想用宪法上属于他的否决权阻止任何对恺撒的不公举动，这话甚为元老院内外的人士所赞许。恺撒立刻声明，他同意库里奥的建议，并且自愿随时听元老院的要求，卸去省长和统帅职，只要庞培也这样做；

---

① *Homo ingeniosissime nequam*（Vellei. ii. 48）.

他可以如此，因为庞培若无意大利一西班牙的兵权，便不复可畏。反之，庞培正因此故不能不拒绝，他答道，恺撒须先退位，树立榜样，他想从速加以效法；这个答复甚至未明言他退位的确切日期，所以更不满人意。决议又拖延了几个月，庞培和加图派见元老院多数派的心情可疑，不敢把库里奥的建议付表决。恺撒利用夏季，在他所克的区域内奠立和平状态，在斯海尔德河上举行一次大阅兵，又率凯旋军走过那完全服从他的北意大利省；到了秋天，他来到拉文纳，即他所辖省份的迤南边城。

库里奥的建议须付表决，不可再缓，表决终于举行，证明庞培和加图的一党完全失败。以三七〇票对二十票，元老院决议勒令 34
西班牙和高卢的省长同时辞职，罗马的良善公民听得库里奥立功救国的喜讯，无限欢欣。如是，庞培与恺撒同为元老院所罢免，恺撒准备服从，庞培却断然拒绝。主执政官盖乌斯·马尔凯卢斯(Gaius Marcellus)是马尔库斯·马尔凯卢斯的堂兄弟，并且与他同属于加图党，现在对奴隶性的多数派痛加责骂；在自己的营阵里被人击败而且败在一群怯夫之手，自然是可恼的。但是一个领袖不把他的命令简单明了地吩咐元老们，却在老年时又复借助于雄辩教师的指示，以新加琢磨的口才抵敌库里奥少壮灿烂的才华，在这个领袖之下，哪里来的胜利呢？

联合党在元老院里遭到失败，处于极苦痛的地位。加图派曾把事情弄到决裂地步，使元老院与他们共同行动，而今眼见他们的船以极可恼的方式，走到偷惰的多数派那块沙滩上，竟告搁浅。在会议上，他们的领袖须听庞培的痛骂；他用力并且丝毫不错地指出假和平的危险；虽则只有他能取迅速行动，用快刀来斩乱麻，可是他的同盟深知他们不能指望他做这事，要按他们所应许的造成转变，还在于他们自己。宪法和元老政治的拥护者，先已宣布公民和保民官的合法权利为无意义的虚文，现在他们又须以同样态度对待元老院本身的合法决议，正统政府既不让人得它同意来救它，他们便须违背它的意志来救它。这事既不新奇，也非偶然；往日苏拉和卢库卢斯与今日加图和他的党徒完全一致，也须不管政府的愿否，实行他们每一为它的真利益而筹划的强硬决策；宪法的机构实
35 已陈腐不堪，现在的元老院一如几百年来的公民大会，不过是个常出轨的破车轮而已。

到了 704 年即前 50 年 10 月，谣传恺撒已由外阿尔卑斯的高卢调四个兵团来到内阿尔卑斯的高卢，把他们屯在普拉森提亚。军队的调动本在省长职权之内，并且库里奥在元老院里把谣言的完全无稽指证得明明白白，所以执政官盖乌斯·马尔凯卢斯建议以传闻为根据，命庞培进攻恺撒时，为元老院大多数所否决。可是，当选 705 年即前49 年执政官的二人也属于加图党，马尔凯卢斯竟联合他们同谒庞培，这三人以他们的全权，请庞培率领那驻在卡普亚的两个兵团，并且任意召集意大利的民兵入伍。发动内战的全权，难想象有比这更不成体统的，不过人们已无暇再顾这些末节；庞培竟接受了这个全权。于是他们开始备战，召集兵士；为了亲自进行这事，庞培于 704 年即前 50 年 12 月离开首都。

恺撒已完全达到目的，把发动内战一事转嫁在敌人身上。他自己固守法律的立场，却迫使庞培宣战，而且迫使他不以正统政权的代表身份而以元老院少数派——他们公然革命，威吓多数——的将军身份来宣战。虽则此战与正式法律问题无关，一刻也不能

瞒过大众的本能，可是恺撒的成就仍不算小。现在既已宣战，恺撒
的利益便在尽速动手。他敌人的准备正在开始，甚至首都也没有
戍兵。在十天或十二天之内，一支军队三倍于恺撒在上意大利的
兵力的，便能集合在罗马城；但袭取那无备的京城，甚至以冬季的
一番速战攻取全意大利，在敌人能加以利用之前先截住他们最大
的资源，仍然非不可能。那位精明强干的库里奥，在辞去保民官
(704 年即前 50 年 12 月 9 日)以后，立刻到拉文纳来见恺撒，勤勤 36
恳恳地向他主人陈述当时的局势；并且无须这种陈述，恺撒就深信
现在若再迟疑，只有害处。但是为了不给敌人控告他的口实，他一
向未调兵到拉文纳来，因此他一时只能遣人传令，命全军赶快出
发；他须等候着，直到至少那个驻在上意大利的兵团开到拉文纳。
同时，他把一封最后通牒送到罗马，这通牒即使没有别的用处，也
能以其极端的柔顺使敌人更受舆论的攻击，并且因为他自己似乎
踌躇，或竟可使敌人懈于对他备战。在这通牒里，他把从前对庞培
的反要求一概放弃，自请按元老院所定的期限卸去外阿尔卑斯高
卢省长一职并解散部下十个兵团的八个；他声明说，如果元老院留
给他内阿尔卑斯高卢和伊利里亚的省长职和一个兵团，或者单是
外阿尔卑斯高卢省长职和两个兵团，其实不必留到他就执政官职
的时候，只要留到 706 年即前 48 年执政官的选举完毕以后，他也
就满意了。如是那些调解的方案，在开始讨论时元老党甚至庞培
曾声明他们认为满意的，恺撒都同意了，并且表示他愿自当选执政
官时起至就职时止居于无职地位。至于恺撒究竟真想做这些惊人
的让步，自信就是这样退让仍能对庞培竞争取胜，还是他倚仗对方
已闹到太甚的地步，必认为这些调解方案无非是恺撒自觉其事毫

无希望的明证，我们不复能确实断定。大概恺撒所犯的过失与其说是不想履行他的然诺，绝不如说是做事过于大胆；并且如果出人意外，他的建议竟被接受，他必能实践他的诺言。

库里奥又复在虎穴中代表他的主人。费了三天工夫，他由拉
37 文纳走到罗马。705年即前49年1月1日，新执政官卢奇乌斯·伦图卢斯(Lucius Lentulus)和小盖乌斯·马尔凯卢斯[1]第一次召集元老院会议，他就在大会中呈递将军致元老院的函件。保民官马尔库斯·安东尼是库里奥的知己，并且曾参加他一切的荒唐行径，因此在首都的丑史上很著名，但同时他又由埃及和高卢战争博得骑兵良将的名头，又有保民官昆图斯·卡西乌斯，庞培以前的财务官；这两人现在代替库里奥在罗马办理恺撒的事，坚持要即刻宣读他的函件。恺撒那种庄重而显豁的字句把内战的将至、一般人的愿望和平、庞培的骄横和他自己的退让都叙述得近情近理，有一切不可抵抗的力量，他那调解方案的中和无疑地必使他的同党也觉得诧异，他那断然声明这是他最后一次的伸手言和——凡此种种都造成极深刻的印象。尽管庞培的众多兵丁成群进入首都，使人恐惧，多数派的心情却不容置疑，人不敢让他们发表意见。关于恺撒重提的勒令两将军同时卸去兵权一案，关于他信内所提的一切妥协计划关于马尔库斯·凯利乌斯·鲁孚斯(Marcus Caelius Rufus)和马尔库斯·卡利狄乌斯(Marcus Calidius)所提的应使庞

① 与704年即前50年的执政官有别；马尔库斯·马尔凯卢斯是703年即前51年的执政官，704年即前50年的执政官是他的堂兄弟，705年即前49年的执政官是他的亲兄弟。

培立刻往赴西班牙一案,两执政官都以身为主管人的权力,不准举行表决。他们一个最忠实的同志马尔库斯·马尔凯卢斯,只因不像他同党那样不明军事情况,提议应俟意大利征兵都已入伍再做决定;甚至这个建议也不许付表决。庞培照例使他的喉舌昆图斯·西庇阿声明,他决定除了当今,永不再管元老院的事,如果他们再行迟疑,他便撒手。执政官伦图卢斯毫不隐讳地说,这事已不再依靠元老院的法案,如果元老院不改其奴隶性,他将自行其是,与他那些有力的朋友采取进一步的办法。多数派既遭了这样的威吓,便依他们所受的命令做成议决案:恺撒应在距今不远的规定日 38
期把外阿尔卑斯高卢交给卢奇乌斯·多阿埃诺巴尔布斯·米提乌斯,把内阿尔卑斯高卢交给马尔库斯·塞尔维里乌斯·诺尼亚努斯(Marcus Servilius Nonianus)并应解散他的军队,否则以叛逆论。恺撒党的保民官对这决议行使否决权时,不但,至少他们这样说,他们在元老院里受庞培兵士的持刀恫吓,被迫为保全性命计,穿着奴隶服装,逃出首都,而且现在受够了威吓的元老院竟把他们那很合法式的干涉认作革命企图,宣布国家有难,照例召集全体公民入伍,并且号召一切忠于宪法的官吏自来带领军队(705 年即前 49 年1 月 7 日)。

现在够了。由逃到他营里来求保佑的保民官口中,恺撒得知首都如何对待他的提议,他便召集当时由特格斯特(Tergeste 即的里雅斯特[Triest])驻所来在拉文纳的第十三兵团的士卒,向他们说明事实真相。这不仅是一位明达人情、掌握人心的天才,在他自己和世运的震荡转变中,把他那灿烂的口才发挥得光皎万丈;这也不仅是一位慷慨好施的主帅和得胜的将军,向那些他所征召入伍、八年来追随他的旗帜而且日益欢欣鼓舞的兵士，发表演说。这位特别是个雄健不挠的政治家，二十九年以来，他不论时势的好坏总在拥护自由；他为了自由曾冒刺客的匕首、贵族的刽子手、日耳曼人的刀剑和陌生海洋的波涛，永不退缩或动摇；他曾撕碎苏拉的宪法，推翻元老院的政权，借着阿尔卑斯山外的战事，使那无保护无武装的平民党得有保护和武装。他的话不是对克洛狄乌斯派说的，因为此派的共和热情早已烧成灰烬渣滓，而是对那些来自北意
39 大利城市乡村的少年说的；他们对于公民自由的大义仍有新鲜纯粹的感觉，仍能为了理想而战，为了理想而死；他们亲自在代表他们的地方，以革命的方式，由恺撒手里受到政府所不肯给他们的公民权，恺撒若倒下来，他们必再遭棒打斧劈，他们已有事实证明，寡头党想用这些武器毫不留情对待波河外的人民。在这种听众面前，这样一位演说家叙述事实：对于平定高卢的将军和他部下，贵族准备给他们什么酬谢，公民大会横被废弃，元老院受人恐吓，五百年前，他们祖先曾手执武器由贵族方面夺得保民官的制度，他们有加以保护的神圣义务，他们祖先曾代表自己和子孙誓必人人保障保民官，至死方休，他们也有保守这种誓言的神圣义务。然后这位平民党的领袖和将军号召人民的兵士说，现在和解的努力既已用尽，让步既已达到极点，他们应跟他前去，对那既可恨而又可鄙、既无信而又无能、怙恶不悛至于可笑的贵族阶级，做最后一次不可避免的决战——当这时候，没有一个军官，没有一个士兵能退缩不前的。拔营的命令发出了，恺撒率领他的先锋渡过一条窄窄的河，这是他所辖省份与意大利的分界，也是宪法禁高卢省长渡过的。一别九年之后，他再踏上祖国的土地，同时也踏上革命之路。“骰子掷下去了。”

第十章　布隆迪西乌姆、伊莱尔达、法萨卢斯和塔普苏斯 40

如是，罗马原有的两位共同统治者谁配做它首任的专制君主问题，须用武力来解决。让我们看看在当前的战事中，恺撒和庞培的力量成怎样的比例。

恺撒的力量大部基于他在本党内所享的全无限制的权势。如果说在这党里平民党与君主党合流起来，这不是一种偶然结成并且可以偶然解散的联合使然；反之，平民党既没有代议组织，它骨子里就含着平民主义和君主政治都在恺撒身上得到既绝顶而又终极的表现。无论在政治或军事方面，最初和最后的决定权无不尽在恺撒手里。每一有用的工具虽都很受他的尊敬，但仍不失为工具；在他那一党里，恺撒的地位无人及得，他的左右只是些军事政治的佐贰，他们通常都由军队出身，既当了兵，就受过训练，永远不问理由和目的，只是绝对服从。特别因为这个缘故，在内战开始那决定性的时刻，恺撒的全体将士只有一个不肯听命；至于这人正是其中最居前列的，也不过证明在恺撒与其同党的关系上，这种见解不谬而已。

提图斯·拉比努斯曾与恺撒共尝悲惨的喀提林时期一切的苦难，又共享高卢一路胜利的光荣，他总是独率一支兵，一面常常指挥全军的半数；无疑地，他是恺撒最老、最能干而且最忠实的副将，所以也居最高的地位，享最高的尊荣。到了704年即前50年还委他做内阿尔卑斯高卢的最高统帅，意在一面把这亲信的职位交给妥实人，又一面助拉比努斯竞选执政官。拉比努斯就由这里与敌党建立联系，在705年即前49年战事发生时，他不到恺撒的总部，却往庞培的营垒，并且整个内战期间始终对他的老友和主帅作战，
41 非常激烈。关于拉比努斯的人品和他改变的详情，我们没有充分的材料；但大致看来，这确乎只是更证明了一个事实，即军阀很可以信赖他的军尉，而不能信赖他的上将。由一切方面看，拉比努斯是个长于军事而短于政治的一流人，所以他们倘不幸而自愿或被迫参加政治，必不免头晕眼花，拿破仑那些上将的历史就是这事可悲又复可笑的许多例子。他或许自以为应与恺撒比肩，做平民党的第二领袖，这要求既遭拒绝，他便投归敌营。在这里，一种弊病初次显露其严重性，弊病就在恺撒把部下军官看作不能独立的副手，使适于独当一面的人在他营里不得上进，同时不难逆料，将来的内战必蔓延到这广大帝国的一切省份，他所急需的正是这种人才。但最高领袖权的统于一人却足以抵偿此弊而有余，这是成功的第一条件，只有付这种代价始能保持。

因其工具的有用，统一的领袖权十分强大。这里最可注意的是军队。军队仍有步兵九个兵团，即至多五万人，但全部都曾与敌人相对抗，并且三分之二都曾参加对凯尔特人的战事。骑兵是日耳曼和诺里克的庸兵，在对维金格托里克斯的战争中，已证明他们的有用和可靠。凯尔特民族虽在军事上不如意大利人，却是英勇的，恺撒对这民族进行了八年变化多端的战争，自当得有机会，按

照只有他能晓得的方法来组织他的军队。兵士的有用端赖先有健全的体格，恺撒征兵时所注意的是新兵的强壮和灵活，而非他们的财产和道德。但军队与他种机构无异，它的效能特系于敏捷和迅速的运动；恺撒的兵士随时有立即开拔的准备，并且行军迅速，在 42
这两方面，他们达到罕能达到而确是无出其右的完满地步。自然勇气被视为高于一切；恺撒运用巧妙绝伦的技术，鼓励军事上的竞赛和团体精神，以至于某些兵士和队伍所受的恩荣，就是在落后者看来也似乎是按武勇而分的必要等级。他常在没有大害之处使他的兵士不知战事将至，让兵士与敌人不期而遇，以使部下忘掉畏惧。但服从与勇敢并重。他要求兵士遵令行事，而不问其原因和目的；盲目服从是件难事，他多使兵士受无故的疲劳，以训练他们的盲目服从。纪律严峻却不苛细；战士与敌人相抗的时候，纪律保持得毫不容情；其他时候，特别在胜利以后，束缚松懈，如果这时有个素来胜任的战士喜欢遍体芬芳或用华美武器等为装饰，甚至他闹到犯了暴行或很重的不法之罪，只要他的军事关系不因此受到直接的影响，那么，这种荒唐和罪过便都无人过问，如果地方人士诉说这些事情，元帅便置若罔闻。反之，若有兵变，则不但主使者永不遇赦，就是叛变的队伍亦复如是。

但真战士不当仅是有用、勇敢和服从，他应当情愿甚至自动地如此；只有天才能以榜样、以希望，尤其以用当其才的感觉使手下的活机器乐于服务。一个军官若欲部下骁勇，他须亲与他们共冒危险，恺撒就是做将军的时候也有机会拔刀出鞘，而后与最善用刀的兵士一样用它；但关于活动和劳苦，他对于自己的要求却永是远过于对兵士的要求。当然，胜利直接有利于将军，恺撒却务使兵士

43 也把私人的希望系在胜利上。如上文所述，他晓得如何使他的兵士热心于平民主义，只要平凡的时代还许人发生热情，波河以外的地方是他部下大多数兵士的故乡，这地方与意大利本部的政治平等化被列为战争目标之一。不言而喻，此外还不乏物质的报酬，既有对于卓越军功的特别奖赏，又有对于每一胜任兵士的普通奖赏；军官得到馈赠，兵士受有赐物，将来凯旋时，还有最丰富的犒赏可望。

但最关重要的是恺撒有真将军的本领，晓得如何使这雄伟机器每一或大或小的轮轴都觉得用当其材。普通人是天生替人服务的，如果他觉得有一位大匠指导他，他便不反对做个工具。无论何时何地，将军的慧眼总在注视全军，以大公无私的精神行赏罚，把每人的活动都导向对于全体有益的路途去，所以就是最卑贱者的血汗也不被当作试验品和儿戏，也因此故，遇必要时，他能要求绝对的牺牲甚至于死。恺撒不许每人洞见整个的发动机，却许每人略窥政治和军事的情势，以使兵士认他为政治家和将军，也许把他理想化。他绝不把兵士看作与他平等的人，而看作可以要求信义并且能力持信义的人，他们须置信于将军的诺言和保证，而不虞欺诈，不听谣言；他把兵士看作打仗和得胜的多年伴侣，其中没有一个他不知名姓的，也没有一个经过那些战役而不与将军造成多少有点私人性质的关系的；他把兵士看作好友，以亲密的态度和他所特有的愉快圆通与他们絮语和往来；他把兵士看作受他保护的人，他的神圣义务是酬谢他们的功劳，报复他们的不平和死丧。或许从来没有一个这样全合理想的军队——一台能做工并且愿做工的机器，操在把自己的弹力传入机器的大匠之手。恺撒的兵都能以一

当十，并且自觉如此；关于这事，我们不可忘记，罗马的战术完全适 44
合于肉搏，尤其适合于刀剑战，在这种战术之下，罗马熟练的兵胜于生手的程度远较今日的情形为甚。[①] 但还有比骁勇过人更使恺撒的敌人丧气的，便是他的兵依附将军，忠实不移，殊足动人。这位将军号召部下随他去打内战时，除了上述的拉比努斯一人外，竟没有一个罗马军官和罗马兵遗弃他：这在历史上或许是无双的。他的敌人从前想仿照解散卢库卢斯部队的方式解散他的部队，结果惨败，现在又希望他部下发生大规模的离叛，结果一样惨败。甚至拉比努斯投归庞培的壁垒时，他必带去一队凯尔特和日耳曼的骑兵，却未带去一个罗马步兵。真的，兵士仿佛要表示此战既是将军的事，也一样是他们的事，他们自行木筏上，被敌方的战船围住，经整天的工夫，他们让人射他们，直到日落，竟不投降，没有被射死的也在夜间自杀。我们不难想象，这种人民可料他们做什么事。他们既已给予恺撒财力，足能把原有军队增加一倍以上，所以内战
爆发之后，即刻广行征募，便有大批新兵应召而来。 45

反之，在意大利本部，恺撒的势力不可与他敌人的同日而语。虽则他运用巧妙的手腕昭示加图派的罪过，并且向一切秉着良心愿有所借口以守中立的，如元老院的多数派，或秉着良心愿有所借口以归附他的，如他的兵士和波河外的人，都充分证明了他的名正

① 恺撒的第十兵团有一个百夫长被俘，向敌军元帅说，他准备用部下十个人对付敌方精兵一中队（五百人）。拿破仑一世评论说："按古代的战斗方式，一场战斗只是各自捉对的决斗，这话只有在百夫长口里才是对的，若出于今日军人之口便是夸大了。"恺撒军中盛行的尚武精神如何有阿非利加战事和第二次西班牙战争的报告附在"随感录"里，给我们鲜明的证据；阿非利加战争的报告似为一位二等军官所做，第二次西班牙战争的报告，由各方面看来，似为一位下级军官的营中日志。

言顺。但公民大众却自然不为此事所惑：高卢统帅发动他部下兵团来攻罗马时，他们不顾一切正式法律的解释，认为加图和庞培是正统共和的保卫者，恺撒是平民党的僭主。再者，由马略的内侄、秦纳的女婿、喀提林的同党，一般人所预料的是重演马略和秦纳的暴行，实现喀提林所计划的乱党暴动；恺撒虽因此确乎取得盟友，成群的亡命政客立即委身听他差遣，破产的人视他为救星，首都和乡镇最下等的群众听得他进兵的消息，陷于骚动，可是这些人却是比仇敌更为危险的朋友。

在各省和属国，恺撒的势力比在意大利的更为渺小。固然，外阿尔卑斯高卢直至莱茵河和海峡都服从他，纳博的殖民团和住在高卢他处的罗马公民都效忠于他；但就在纳博省，护宪派也有许多党徒，并且在当前的内战中，新克省份不但对恺撒无益，而且简直
46 是个大累赘；事实上，因为这些正当的理由，他这次战争绝不用凯尔特步兵，只是很慎重地用凯尔特骑兵。在其他省份和半独立或全独立的邻国，恺撒诚然企图取得援助，厚赠各君长，使人在各城大兴土木，遇有必要，给他们财政和军事的帮助；不过大致看来，这种办法自然不能多有成就；这种关系对他稍为重要的大概只有对莱茵河和多瑙河等区域日耳曼和凯尔特君长的关系，尤其对那以招募骑兵见重的诺里克王弗奇奥(Voccio)的关系而已。

如是，在开战时，恺撒仅为高卢的统帅，所有的主要凭借不过是胜任的副将、忠实的军队和热心听命的一省，庞培则为罗马全国的实际领袖，完全握有在罗马大帝国正统政府支配之下的一切资源。不过他的地位虽在政治和军事方面远较重要，却远不及那样明确和强固。恺撒的地位自然而且必然地造成统一的领袖权，联

合党却在本质上与统一的领袖权相矛盾；庞培是个军人，不能不见这种领袖权的必不可少，想逼迫联合党接受它，使元老院推他为海陆唯一绝对的大元帅；然而他不能取消元老院本身，也不能阻止元老院在政治的最高指导上占优势，在军事的最高指导上偶然施行干涉，因而为害倍增。庞培和护宪派还记得双方曾用恶毒的武器交战了二十年，他们都存着强烈而难于隐藏的意识，以为胜利一到，首先的结果便是战胜者中间发生破裂，他们彼此不幸都有正当的理由来互相轻蔑，贵族界的权贵太多，差不多一切参加的人都智力不高，道德堕落——通盘看来，恺撒的敌党产生一种不情愿、不听命的合作，与对方那协和团结的行动迥不相侔。

恺撒的敌人虽则经常感到几派天然相仇的势力联合起来的一 47
切不便，这联合却实在仍是个大势力。这联合独霸海上；一切港口、一切战船、一切舰队的材料都听它支配。而西班牙省仿佛是庞培势力的根本，正如西高卢省是恺撒势力的根本，这两省很忠实地依附它们的主人，并且在贤能可靠的省长手里。在其他省份，西高卢省当然除外，近年来省长和统帅的职位，在庞培和元老院少数派的影响之下，也用妥实人来充任。属国始终参加庞培方面而抗恺撒，极为坚决。最重要的君长和城市在庞培多次掌权时期，已与他建立了极密切的私人关系。例如在马略战争时，他曾为努米底亚和毛里塔尼亚王的战侣，并且重建努米底亚国；在米特拉达特斯战争时，除许多其他的教主和人主外，他曾重建博斯普鲁斯－亚美尼亚和卡帕多奇亚等国；并且创立加拉提亚的德奥塔鲁斯国，罗马人所以从事埃及战争，本由于他的促使，拉吉德王朝的统治所以再臻巩固，也由于他副将的力量。就是恺撒所辖省境以内的马赛利亚城，固然获得恺撒的种种恩惠，可是在塞尔托里乌斯战争时，它却曾受庞培之赐，领土大为扩张；况且马赛利亚秉政的寡头党与罗马的寡头党为天然的同盟，因种种相互的关系而结合益坚。这些私人的动机和关系，以及这三大洲的战胜者在此等遥远地方照耀得远胜于高卢战胜者的光荣，或者在这里对恺撒为害尚小，而为害更大的却是他们并非不知这位继承盖乌斯·格拉古的人的见解和计划，即属国必须统一，各省宜设殖民地。属国君长觉得迫在眉睫的
48 灾祸，无过于努米底亚王尤巴（Juba）多年以前，在他父亲希姆普萨尚存的时候他与恺撒有过极激烈的争执，而且到了晚近，那在恺撒佐贰中战居首位的库里奥也曾向罗马公民提出合并努米底亚国的建议。最后，如果事情闹到使独立邻国来干涉罗马内战的地步，则唯一有实力的是帕提亚，此国实际已因帕克鲁斯与毕布路斯所成立的联络而与贵族党联盟，同时恺撒却是个十足的罗马人，不肯因为党派的利益，与战胜他朋友克拉苏的人相联合。

至关于意大利，大多数公民，如上所述，都不喜恺撒，当然以全体贵族及其很多的党徒尤甚，但大资本家也不亚于他们，若一旦国家有了彻底的改革，他们不能希望仍保其偏私的法庭和横征暴敛的独占权。小资本家、地主和一般有产可失的一切人等，也同样地反对平民党；不过在这些阶层里，下一租期和播种收获等事通常重于其他顾虑。

庞培所能调遣的军队大部是西班牙的队伍，七个惯战而绝对可靠的兵团；此外还有驻在叙利亚、亚洲、马其顿、非洲、西西里和他处的部队，当然力量薄弱，又很散漫。在意大利起初即可应战的只有恺撒新近交出的两个兵团，其实力不过七千人，其可靠与否又太成问题，因为他们本是内阿尔卑斯高卢的征兵，恺撒的老战侣，

现在横遭阴谋的暗算，使他们变节易主，他们深感不满，他们临别
时，将军把许给每一兵士的凯旋赏慷慨地先给他们，回想这事，不
免对将军有去后之思。不过除西班牙的队伍或由经过高卢的陆路
或由海路可于春季来到意大利的不计外，还有 699 年即前 55 年应
征剩余的三个兵团以及 702 年即前 52 年宣誓效忠的意大利征兵，
都可以从给假中召还。若把这些都包括在内，庞培所能调遣的队 49
伍，除西班牙的七个兵团和散在他省的兵团外，只是在意大利的就
共有十个兵团，即六万人，①所以庞培说他只要把脚一跺，便有遍
地的武士，这绝不是夸张。固然，要动员这些队伍，仍须一段时间，
虽然是短短的时间，但这事以及实行元老院因起了内战而征募新
兵的命令，却都在进行准备中。元老院一通过那有决定性的法案
（705 年即前 49 年），在隆冬时候，贵族最尊显的人士立刻出发到各
地去，以便催促新兵的召集和兵器的制造。骑兵很感缺乏，因为关
于这种兵，他们惯于全赖各省尤其凯尔特的助战队；为了至少做个
开端起见，他们把属于恺撒的决斗士三百名由卡普亚的训练所里取
出来，使他们骑在马上，然而这事大遭一般人的非难，以致庞培又把
这队人马解散，由阿普利亚的骑马牧奴中征募三百人来代替他们。

国库的短绌如常，他们取给于地方府库甚至自治市的神庙府库以补现金的不足。

在这种情势之下，战争开始于 705 年即前 49 年 1 月之初。能进攻的军队，恺撒所有的不过一个兵团，即步兵五千，骑兵三百，他

① 这数目是庞培亲自举出的，并且与事实相符，因为他在意大利损失了约六十个中队即三万人，他带到希腊的军队共二万五千人。

们驻在拉文纳，经公路距罗马城约三百七十公里；庞培有两个薄弱的兵团，即步兵七千，骑兵一小队，由阿皮乌斯·克劳狄乌斯(Appius Claudius)节制，驻在卢凯里亚，经公路至首都的距离约略与之相等。恺撒其余的队伍，除那些正在编制未经训练的新兵队不
50 计外，一半驻在索恩河和卢瓦尔河上，另一半驻在比利其；而庞培的意大利后备兵则已由四面八方来到他们的集合地；在恺撒的外阿尔卑斯军的第一队能达到意大利以前，一个远占优势的军队必早已准备在那里迎击它。以一支兵力与喀提林军相等的部队，目下又无任何精锐的后备兵，竟要对一支在良将麾下人数较多并且与时俱增的军队取攻势，这似乎是件蠢事；不过这是有汉尼拔精神的蠢事。如果开战之期延到春间，则庞培的西班牙军就会进攻外阿尔卑斯的高卢。他的意大利军就会进攻内阿尔卑斯的高卢。庞培在战术上不弱于恺撒，在经验上还比他高强，在这种正规进行的战事中，他是个可畏的敌人。现在，因为他惯用优势大军缓慢而妥实地作战，或者一个完全秉其不备的攻势可以把他打得大败；恺撒的第十三兵团曾受高卢人的奇袭，又在一月间作战于贝洛瓦契部境，饱尝艰苦，这种突如其来的战争和冬季作战的辛劳自不甚能动摇他们的心神，庞培的军队则或系恺撒的老兵，或系操练不精的新兵，仍在编训之中，一遇这样的战事，必至瓦解。

于是恺撒入意大利。① 当时由罗马涅南下的大路有两条：一

① 元老院的法案是1月7日通过的，到了18日，罗马已有几天之久晓得恺撒越境；使者由罗马到拉文纳，至少需三天的工夫。因此，恺撒的出发在1月12日前后按照普通的算法，在儒略历的704年即前50年11月24日。

条是埃米尔一卡西道，由博诺尼亚越亚平宁山而至阿雷提乌姆，一条是波庇尔一弗拉明道，先由拉文纳沿亚得里亚海岸而至法努姆，然后在这里分道，一股向西经佛尔洛(Furlo)隘口而至罗马，又一股向南至安科纳，再进至阿普利亚。马尔库斯·安东尼由第一条道进至阿雷提乌姆，恺撒亲自由第二条道冲向前去。他们到处未遇抵抗，高贵的招兵官不是军人，招来的群众不是兵士，乡镇的居民仅忧虑受围攻的连累。伊古维乌姆(Iguvium)集有副执政官昆图斯·米努奇乌斯·特尔穆斯(Quintus Minucius Thermus)部下 51
的翁布里亚新兵两千人，当库里奥率一千五百人前来时，将军和兵士仅一听得他的前进，便都逃走；并且处处都是如此，只是规模较小而已。

恺撒在阿雷提乌姆的骑兵距罗马仅约二百公里，他进攻罗马，还是进攻那驻在卢凯里亚的兵团，其间有选择的余地。他竟选择后者。对方感到无限的惊骇。庞培在罗马接到恺撒进兵的消息，他起初似乎有意保卫首都，但又有消息传来，说恺撒已入皮塞努姆境，并且在那里得到初步的胜利，庞培便放弃首都，下令撤退。贵族界陷于恐慌，又听得恺撒的骑兵已出现于城门前面的无稽谣言，更加恐慌。元老们接到通知，说每一留在首都的均当以叛徒恺撒的同谋论，于是他们蜂拥着走出城门。而执政官完全失其神智，以致连国库都不保；庞培要求他们去取，并且很有时间去取，他们的答复却是，他们以为如果庞培先守住皮塞努姆，国库便更为安全！大家都不知所措；因此在特阿努姆一西底奇努姆(1月23日)开了一个军事大会，庞培、拉比努斯和两执政官都出席。首先，他们把恺撒的调解方案又提出来；甚至到了现在，恺撒还声明愿即刻解散他的军队，把他的省份交给所推举的继任人，用合法的方式候选执政官，只要庞培到西班牙去，意大利解除武装。他们的答复是，如果恺撒即刻回他的省份去，他们担保以一道在首都正式通过的元老院法案做到意大利解除武装和庞培离去；他们或许不想以这个答复专来骗人，而想以它来接受调解方案；但无论如何，就事实看，适得其反。恺撒愿与庞培亲自会商，庞培谢绝，也不能不谢绝，以免因为他仿佛与恺撒有新联合，更激起宪法派对他已有的猜疑。关于作战，特阿努姆会议通过的是：庞培应为驻在卢凯里亚的两个
52 兵团的统帅，他们虽不可靠，却是一切希望之寄托；他应带着他们进入他和拉比努斯的故乡，即皮塞努姆；他应如三十五年前那样亲自号召当地的征兵从军，并应率领忠实的皮塞努姆部队和以前在恺撒麾下的老兵设法防堵敌人的前进。

皮塞努姆是否能支撑到庞培来保卫它的时候，是为一切之所系。以其再行会合的军队，恺撒已沿海岸路线经安科纳而入皮塞努姆。这里也在用全力进行备战；就在皮塞努姆最北的城邑奥克西姆（Auximum），一大队新兵集合在普布利乌斯·阿提乌斯·瓦鲁斯（Pullius Attius Varus）的麾下；不过经这自治市的请求，瓦鲁斯甚至在恺撒来到以前便撤退出去，恺撒一小队兵在距奥克西姆不远的地方追及他们，交锋不久，就把这队伍完全击溃——是为此战第一次的交锋。同样，不久以后，盖乌斯·卢奇利乌斯·希鲁斯（Gaius Lucilius Hirrus）带着三千人退出卡麦里努姆（Camerinum），普布利乌斯·伦图卢斯·斯宾特（Publius Lentulus Spinthes）带着五千人退出阿斯库鲁姆。兵王完全忠于庞培，大都情愿舍弃他们的房舍田园，跟着他们的领袖出境；但庞培所派暂时

办理防务的军官卢奇乌斯·维布利乌斯·鲁孚斯(Lucius Vibullius Rufus)——这不是个高贵的元老而是个有经验的军人——来到时,这地方却已失守;他只得从无能的招兵官手里接收那逃出来的六七千新兵,把他们带到最近的集合地。

这就是科菲尼乌姆即阿尔巴、马尔西和帕埃利尼等区征兵的集中地点;聚在此处的大队新兵将近一万五千人,都是由意大利那些最尚武又可靠的地区征来的,并且是宪政党正在编组的军队的核心。维布利乌斯来到这里时,恺撒距此还有几天的路程,他不妨遵庞培的指示,即刻出发,把救出来的皮塞努姆新兵和聚在科菲尼乌姆的新兵一同带到阿普利亚与主力军相会合。不过科菲尼乌姆的统帅卢奇乌斯·多米提乌斯已被指定继恺撒为外阿尔卑斯高卢的省长,他是罗马贵族中一个最褊狭顽固的人;他不但不肯服从庞培的命令,而且阻止维布利乌斯至少带着皮塞努姆的人往赴阿普 53
利亚。他坚信庞培只因固执己见而迟延,将来必然要前来救他,所以他绝不诚心做被围的准备,甚至不把屯在四外市镇的新兵聚在科菲尼乌姆城内。但庞培竟不来,并且有正当的理由;因为,他或可应用他那两个不可靠的兵团做皮塞努姆民兵的后盾,却不能单用它们与恺撒交战。几天以后,他不来,恺撒却来了(2月14日)。他的军队在皮塞努姆时有阿尔卑斯山外的第十二兵团来会,到了科菲尼乌姆城下又有阿尔卑斯山外的第八兵团来会,此外一方面以被俘或自动来归的庞培兵,一方面以立刻在各处征来的新兵,又编成三个新兵团;所以恺撒在科菲尼乌姆城下时,麾下已有兵四万人,其中见过战事的居半数。多米提乌斯一天盼望庞培到来,他便一天使人守城;庞培的信终于打破他的迷梦,他便立下决心——他当然不想坚守孤城，那样他就会对本党有绝大的功劳，甚至也不想投降，他决定的是一面把救兵已近的话通知一般兵士，一面在当夜与他那些贵族军官一同脱身逃走。然而他连实行这妙计的头脑也没有。他那错乱的行动泄露了他的秘密。一部分兵开始叛变，马尔西新兵以为他们的将军不能做这种可耻的事，愿意攻打叛兵；但他们也不得不勉强相信罪状的真实，于是全体守兵捉住他们的官佐，把他们和自己以及本城一概移交恺撒（2 月 20 日）。因此，恺撒的骑兵前哨一到，阿尔巴的驻军三千人和屯在特腊契纳的新兵一千五百人都立刻放下武器；第三支兵驻在苏尔莫（Sulmo）的有三千五百人，以前已被迫投降。

恺撒一占领了皮塞努姆，庞培立即觉得意大利必失，无可挽回；不过他想尽可能延缓登船之期，意在保全他那些仍可保全的队
54 伍。因此，他慢慢向最近的港口布隆迪西乌姆移动。卢凯里亚的两个兵团，庞培能在那无人烟的阿普利亚仓促搜罗的新兵，以及两执政官和其他委员在坎帕尼亚募得而赶快带到布隆迪西乌姆的队伍，都来到这里；一些亡命的政客，内有最著名的元老携着眷属，也都来到这里。他们开始登船；不过这群人全体仍达二万五千名，所备船只不敷一次运完他们之用。别无办法，只得把军队分作两批。一大半先行（3 月 4 日），庞培带着一小半约一万人在布隆迪西乌姆等候开回的舰队；虽则若终想恢复意大利，宜据守布隆迪西乌姆，可是他们不敢久守此地以抗恺撒。这时，恺撒来到布隆迪西乌姆，开始围攻。恺撒最初企图用堤坝和浮桥封闭港口，意在使开回的舰队不能进来；但庞培使人把停在港内的商船武装起来，设法阻止港口的全部封锁，直至舰队到来为止；庞培用极巧妙的方法，不

顾围军的戒备和居民的敌意，竟能把军队撤出，不受损害，不留一人，他们都被运到恺撒力所不及的希腊（3 月 17 日）。因为缺少一支舰队，围攻失败，再事追赶也一样失败。

在一场两个月的出征，并没有一次大战的战事中，恺撒击溃了十个兵团的军队，以至于只有小半很艰难地乱纷纷渡海逃脱整个意大利半岛，连首都及其国库和积在那里的一切用品在内，都落在战胜者的手中。无怪失败的一方埋怨这“怪物”惊人的迅速、明智和魄力。

但征服意大利，恺撒究竟所得的多还是所失的多，尚属疑问。固然，由军事观点看，很大的人力物力现在不但脱离了敌人的掌握，而且可供恺撒之用；就在 705 年即前 49 年春季因处处举行大 55
批征兵，他的军队，除了九个旧兵团外，又有了用新兵编成的很多兵团。但另一方面，现在他不但须留大军戍守意大利，而且他的敌人控制海洋，想要封锁他的海外交通，因而首都有乏食之虞，他也须设法抵制。于是恺撒原来已够纷繁的军事工作更加纷繁。在财政方面，恺撒幸而取得首都的库款，诚然关系重大，但进款的主要来源，尤其东方的税收却在敌人手里，并且因为军队的需求大增，他又有赡养首都饥民的新义务，获得的巨款很快地化为乌有。不久以后，恺撒不得不请求私人贷款；因为他似乎绝不能用这方法久延时日，大家都预料所余的办法只有大规模地没收财产。

恺撒由征服意大利而走入的政治关系，给他造成更大的困难。资产阶级无不忧虑乱党的革命；朋友和仇敌都视恺撒为第二个喀提林；庞培相信或自谓相信恺撒仅为不能还债所迫而发动内战。这诚然是荒谬的，但就事实看，恺撒过去的行径绝不能安人心，而今他左右随员的气象更不能安人心。最负恶名的人，全国闻名的人物如昆图斯·霍腾西乌斯、盖乌斯·库里奥、马尔库斯·安东尼——西塞罗命人处死的喀提林党伦图卢斯，就是安东尼母亲的后夫——都是里面头等的角色；人民眼见恺撒手下的官员不但养活舞女——别人也做这事——而且公然由这种娼妓陪着外出。那么，何怪庄重而无政治偏见的人也预料必有赦免一切、被逐出境的罪人，取消债主的权利，遍发没收财产、褫夺法权和杀人的命令，甚至高卢兵大掠罗马等事呢？

56 但在这方面，这"怪物"辜负了敌人和友人的期望。甚至恺撒在意大利占第一座城阿里米努姆时他便禁止普通兵士在城内武装出现；乡镇无论对他友好或敌视，一概受到保护，秋毫无犯。守军哗变，在深晚时交出科菲尼乌姆城，他竟违反一切军事上的顾虑，把占领此城的事延到明晨，只因为免使市民受到他那些怀恨兵士的黑夜侵入。关于俘虏，普通士兵大约对政治是淡漠的，都被并入他的军队，军官则不但蒙他赦宥，而且不问何人，不要求任何诺言，一概慷慨释放；他们当作私产来要求的一切东西，他甚至不严究这种要求的证据，便爽爽快快地交给他们。他就这样对待卢奇乌斯·多米提乌斯，甚至使人送拉比努斯的钱财和行李到敌营给他。在最棘手的财政困难中，不管他敌人在国内与否，他们的绝大产业都未被侵犯；真的，恺撒宁可向朋友借贷，也不征收那形式上许可但实际上已废的土地税，激起业主来反抗他。这位战胜者以为胜利仅解决了他的工作的一半，而且不是较难的一半；据他自己的话，他认为只有无条件赦免战败者，才能保住永久的胜利，所以在他由拉文纳进到布隆迪西乌姆期间，他不断地再行努力，想做到与庞培亲自会商和可以容忍的和解。

但是，如果贵族先前不肯听从和解，经过这意想不到而且很可耻的播迁以后，他们更愤怒欲狂，战败者暴烈的复仇表示与战胜者的温和态度成一奇怪的对比。流亡者常由所在的兵营里与留在意大利的朋友通信，信札里满是没收财产和褫夺人权的方案，满是肃清元老院和国家的计划，与此相比，苏拉的复古成为儿戏，甚至他们本党最温和的同志听了也心惊胆战。弱者的愚妄愤怒和强者的 57
明智宽大都产生了效果。那些重视物质利益而轻视政治利益的大众一概投入恺撒的怀抱。各乡镇都把这位“正直、宽大而聪明”的战胜者视为神灵；甚至敌人也承认他们的崇拜出于诚意。宪政党在意大利遭破船的惨祸以后，大资本家、包税商和陪审员不甚乐于再信任这些舵师；资本又复出现，“富豪又去做他们的日常工作，即写利息账”。就是元老院的大多数，至少以人数而论——因为其中确只有少数高贵而有势力的元老——不管庞培和执政官的命令，仍留在意大利，一部分甚至仍在首都，他们都默认恺撒的统治。恺撒的宽大就是似乎过甚，也不失为妙计，竟达到目的；资产阶级见混乱将临，慄慄危惧，现在稍释忧虑。对于将来，这诚然是个无量的利益；混乱和几乎同样危险的恐怕混乱被阻住了，这是将来改革国政的先决条件。

但是在这一刻，对于恺撒，这种宽大比重演秦纳和喀提林的狂暴，更为危险；这种宽大并未化敌为友，反而化友为敌。那些依附恺撒的喀提林党见不举行杀人和掳掠，十分愤慨；此等凶悍不怕死的人物，一部分是有才能的，可料必是乖戾难制。另一方面，各色各样的共和派不因战胜者的宽仁而改变主张或弃嫌修好。按照加图派的信条，他们对他们所谓祖国尽义务，可以不顾一切；就是一个由恺撒得到自由和性命的仍可以并且应当起兵攻他，至少谋害他。宪政派一部分不甚坚决的分子固然愿从新君手里接受和平和保护，可是他们心中却仍旧诅咒君主和君主政治。政体的改变愈
58 彰明较著，倾向共和的心情便愈显见于大多数公民——无论政治感较为锐敏的首都人，或精力较强的乡间人和乡镇人——的意识中；就此点而言，罗马城的宪政党人向他们出亡的同志所报告的，说国内一切阶级一切人都倾向庞培，确系实情。较坚决较尊显的同志，正因其居于亡命的地位，对那些较低微较冷峻的大众具有道德上的压力，使这些人等的不满继长增高。正直人因为留在意大利而受良心的责备，半贵族以为他若不与多米提乌斯氏和梅特路斯氏共同出亡，就算坐在恺撒那无名人士的元老院里，他也居平民之列。战胜者的特别宽仁使这个缄默的反对党在政治上更加重要，因恺撒不用威胁手段似乎他的秘密敌人便能对他的统治表示反抗而无甚危险。

关于此事，他旋即由元老院方面得到深可注意的经验。恺撒发动战事，本为了从压迫者手里解放出那被威胁的元老院。这事完成了；所以他愿元老院核准既成的事实，给他继续作战的全权。因此，恺撒一来到首都门前（3 月底），他本党的保民官便替他召集元老（4 月 1 日）。到会的人相当多；但留在意大利较有名望的元老却未出席，甚至奴隶性的多数派的旧首领马尔库斯·西塞罗和恺撒的岳父卢奇乌斯·皮索也在其内；更坏的，出席的人都不愿赞成恺撒的建议。前执政官出席的只有两人，其中之一塞尔维里乌斯·苏尔庇奇乌斯·鲁孚斯是个只愿寿终正寝的懦夫，恺撒一说

到继续作战的全权，他便表示意见说，如果恺撒放弃那到希腊和西班牙去作战的念头，他将更有功于国。然后恺撒请元老院至少做个媒介，把他的和平方案传达给庞培，他们诚然不反对这办法本身，可是亡命者对中立派的恫吓已使他们非常恐惧，以致无人肯负 59
这和平的使命。因贵族不愿帮着对立君主的宝座，因这高贵团体的惰性——不久以前恺撒曾利用它来打消依法推举庞培为内战的大元帅——他现在提出同样请求时，也遭挫折。此外还有其他的障碍。为了好好调整他的地位，恺撒愿被推为独裁，但因按照宪法只有两执政官之一能任命这种官，没有如愿以偿；恺撒又想收买执政官伦图卢斯，因伦图卢斯财政混乱，这事很有希望，然而竟归失败。再者，保民官卢奇乌斯·梅特路斯（Lucius Metellus）对这位续任执政官的一切行动提出抗议。并且做出姿态，当恺撒的人来取国库的款项时，他要亲身掩护它。在这里，恺撒不得不命人把这不可侵犯的人尽可能轻轻地推到一边；在其余的地方，他永不用强暴的手段。他向元老院声明，正如宪政派不久以前所声明的，他诚然愿按宪法的方式，借最高当局的帮助来整理各事，但帮助既不可得，他也可以不要它。

不再管元老院和政治法的形式，他命副执政官马尔库斯·埃米利乌斯·雷必达（Marcus Aemilius Lepidus）为京尹，把首都临时的行政权交给他，关于他属下各省的行政和继续作战事宜，他也做了必要的布置。甚至在大战的喧闹中，首都的群众一面耳听恺撒那浮滥诺言的迷人声音，一面眼见这君主在他们那自由的罗马城里初次行使君权，并且命他的兵士打开国库的门，他们仍得有深刻的印象。不过群众的印象和感觉决定时势的日子已成过去；现在是兵团决定时势，多些或少些的痛苦感觉实不再重要。

恺撒赶紧重开战事。他的成功素来得力于攻势，他想仍然保持攻势。他敌人的处境很奇怪。原来的计划是由意大利和西班牙
60 同时攻入两高卢省，这计划因恺撒的进攻而失败以后，庞培要到西班牙去；在这里，他有个很强固的地位，军队达七个兵团；庞培的老兵有很多在里面从军，几年卢西塔尼亚山中的战事使士兵和军官都经过锻炼。在统兵官里，马尔库斯·瓦罗诚然仅是个著名学者和忠实党员，但卢奇乌斯·阿弗拉尼乌斯却曾在东方和阿尔卑斯山立战功，还有战胜喀提林的马尔库斯·裴特雷也是个既骁勇而又有才的将官。在远西班牙省，恺撒仍有一些自他做那里省长以来的党徒，但更重要的埃布罗省则以一切敬仰和感恩的关系亲附名将庞培，因他二十年前曾在塞尔托里乌斯战争期间做这里的统帅，并且在那次战事结束后又曾改组此省。在意大利惨败以后，庞培最善之策显然是同他的残部往赴西班牙，然后率领他的全部兵力抵挡恺撒。但不幸他因希望仍能救出科菲尼乌姆的队伍，久留在阿普利亚，以致被迫舍坎帕尼亚的港口而取较近的布隆迪西乌姆为登船之地。他既是海上和西西里的主人，他为什么不回到原来的计划，我们不能断言；大概贵族不改其眼光短浅、心中多疑的故态，不愿委身于西班牙的队伍和人民。总之，庞培留在东方；恺撒或先攻庞培所亲率正在希腊整编的军队，或先攻庞培副将所率在西班牙即可应战的军队。他择定后者；于是意大利战事一完，他便从事于集兵罗讷河下游，内有他的九个精锐兵团，还有骑兵六千，一部分是恺撒由凯尔特各邑个别选拔的，一部分是日耳曼的佣兵，另外还有一些伊比利亚和利古里亚的弓手。

但他的敌人也正在这里活动。卢奇乌斯·多米提乌斯即被推来继任恺撒的外阿尔卑斯高卢省长的，一蒙恺撒释放，便立刻与他的从人和庞培的亲信卢奇乌斯·维布利乌斯·鲁孚斯一同由科菲 61
尼乌姆往马赛利亚竟劝得该城响应庞培，甚至不许恺撒的军队通过。关于西班牙的军队，两个最不可靠的兵团被留在远西班牙省，由瓦罗率领；五个精锐兵团加上西班牙步兵四万——一部分是凯尔特伊比利亚的常备步兵，一部分是卢西塔尼亚人和其他轻兵——又加上西班牙骑兵五千，都由阿弗拉尼乌斯和裴特雷指挥；他们遵维布利乌斯传来的庞培命令，已出发去封锁比利牛斯山，防堵敌军。

同时，恺撒亲到高卢，因马赛利亚的围攻方始，他不能离开，所以立刻派那集在罗讷河上的队伍的大半——六个兵团和骑兵——沿着纳博而至罗德（Rhode，即罗萨斯[Rosas]）的大道进行，以先发制敌于比利牛斯山。这事成功了，当阿弗拉尼乌斯和裴特雷来到山隘时，他们见恺撒军已据山隘，比利牛斯山一线已告失守。他们于是据比利牛斯山和埃布罗河之间的伊莱尔达（Ilerda，即莱里达 Lerida）为阵地。此城南距埃布罗河三十公里，位在其支流之——西克里斯河（Sicoris，即塞格雷[Segre]）右岸，要渡过这条河，只有由紧靠伊莱尔达的一座坚固桥梁。伊莱尔达以南，沿埃布罗河左岸的山岭蜿蜒在距城很近的地方；伊莱尔达以北西克里斯河两岸都是平地，这城就立在一座俯瞰平地的小山上。对于须受围攻的军队，这是个很好的阵地；但在忽略了比利牛斯线以后，要想认真防守西班牙，便非退守埃布罗河不可；又因伊莱尔达与埃布罗河之间没有建立固定的交通线，也没有一座跨过该河的桥梁，所以由暂时防地到真正防地的退路也没有充分的保障。恺撒军占据伊莱尔达上游，在西克里斯河与辛伽(Cinga，即 Cinca)河——两河在伊莱尔达下游相会——所成的三角洲上；但恺撒来到军营(6 月 23 日)以后，进攻才真正开始。在城垣之下，双方同等激烈，一样
62 英勇，战斗多次，迭有胜负；但恺撒军意欲占据庞培兵营与此城之间的地方以夺取石桥，却未达到目的；因此他们与高卢的交通仍专赖西克里斯河上两座仓促造成的桥梁，又因此河流到伊莱尔达城时已嫌太大，非这种桥所能跨过，所以他们的桥造在上游距城十三或十五公里之处。

以后雪融水涨，两座临时桥梁都被冲去，他们既无船渡那高涌的河，在当时情形之下又一时不能想法修复桥梁，所以恺撒军便被局限于辛伽河与西克里斯河之间的狭窄地带；但西克里斯河左岸连同军队所借以与高卢和意大利相通的道路却几乎没有防御，受庞培军的威胁，庞培军一部分由城桥过河，一部分用卢西塔尼亚的方式，用皮筏游泳而渡。当时正在收获以前不久，旧粮几已用罄，新粮尚未登场，两河之间那窄窄一条地方的食物旋即被吃一空。兵营里饥馑正式流行，小麦一年底值五十第纳尔，并有疠疫发作；反之，在河左岸，食粮和种种用品却堆积起来，并有形形色色的队伍聚在那里，自高卢来增援的骑兵和弓手，假满的军官和士兵，回营来的抄掠队，兵六千人遭庞培党优势兵力的攻击，大受损失，被逐到山中，同时河右岸的恺撒军对这寡不敌众的战斗却不得不袖手旁观。军队的交通线握在敌人手中，在意大利由西班牙来的消息忽然断绝，这里开始传播的可疑谣言距实情并不甚远。如果庞培军稍稍乘胜奋力，必能制伏那些挤在西克里斯河左岸而不能抵

抗的军队，至少能把他们赶得回窜高卢，然后完全占领此岸以致入港渡河，他们没有不晓得的。可是这两者都被忽略，固然那些队伍
被逐退受了损失；但他们既不消灭也未完全败退，阻敌渡河一事便 63
大体任河流去做了。

于是恺撒拟订计划。他命人在营里仿照当时不列颠人和以后撒克逊人在海峡用的船只式样，用轻木为骨，用柳条编织裹以皮革，造成可以搬运的船，然后用车辆把它们运到以前便桥所在之地。人乘着这种脆弱的船，竟达彼岸，既见其无人把守，便无甚困难，把桥梁重建起来；于是交通很快地恢复，所渴望的军需品运到兵营。如是，这支军队本处在绝大的险境，恺撒的妙计把他们救援出来。于是恺撒那还较敌骑胜任的骑兵立刻着手扫荡西克里斯河左岸的地方；自比利牛斯山至埃布罗河的最大西班牙民社——奥斯加（Osca）、塔拉克（Tarraco）、德尔托萨（Dertosa）等——甚至埃布罗河以南也有几个，都投归恺撒那边。

现在由于恺撒的抄掠队和邻近各民社的投敌，庞培军的粮饷匮乏；他们终于决定退守埃布罗河防线，急忙在西克里斯河口下游从事搭一浮桥。恺撒想断敌人过埃布罗河的退路，把他们困在伊莱尔达；敌人一日据有伊莱尔达桥，他一日不能控制那里的渡口和桥梁，他便一日不能把军队分配在河的两岸，也不能包围伊莱尔达。所以他的兵士日夜工作来开沟渠以泄水，要把河水降到步兵能涉过去的深度。但庞培军渡埃布罗河的准备已完，恺撒军包围伊莱尔达的布置尚未就绪；前者已造成浮桥，开始沿西克里斯河左岸向埃布罗河进发，恺撒军的沟渠，在将军看来，似还未达到能供步兵利用的程度；他只命骑兵渡河，攻敌人的后队，至少阻碍和扰

害他们。

但在黎明时，恺撒的兵团见那自半夜以来即在退却的敌军纵队，他们以其惯战老兵的准确直觉，看出这种退却在战略上的重要
64 性，即这种退却将迫使他们追蹑敌人，走入遥远难行而满布敌兵的地域；经他们自己的请求，将军冒险率步兵入河，河水虽达肩头，他们却能渡过未遭意外。这正是最后的机会。伊莱尔达城与环绕埃布罗河的山岭之间有一条窄窄的平原，如果庞培军过了平原，进入山地，则他们的退兵不能再受阻挡。他们尽管受敌骑经常的攻击，进行非常迟缓，却已到距山地七八公里的地方，这时他们因自半夜以来即在行军，疲倦不可名状，竟放弃任当日走过全部平原的最初计划，安营扎寨。在这里，恺撒的步兵追击他们，夜晚都在他们对面扎营：庞培党起初想在夜间行军，以后因怕受骑兵的夜袭而作罢。次日，两军也停留不动，只以侦察地势为事。

到了第三日清晨，恺撒的步兵出发，意欲穿过路旁杳无人迹的山地，绕过敌人的阵地，截断他们到埃布罗河的路线。这奇怪的目的起初似是转回伊莱尔达前面的兵营的，庞培党的军官没有立刻知道。当他们晓得的时候，他们便把营垒辎重都牺牲掉，沿大路急速前进，以便比恺撒军先达到河边的山脊。但时间已嫌太晚，他们来到时，敌人的密集队已扎在大路上。庞培党无法，只得另觅一条经过高山通到埃布罗河的路线，但派出去做这事的卢西塔尼亚队伍被恺撒的骑兵包围击破，他们的企图归于失败。庞培军后面有敌人的骑兵，前面有敌人的步兵并且士气非常沮丧，如果他们与恺撒军交战，结果不问可知，并且交战的机会屡次出现；可是恺撒不利用这种机会，他的兵士以为必能得胜，急欲作战，被他勉强制住。

无论如何，庞培军在战略上已遭失败，恺撒避免以无用的屠杀削弱 65
他的兵力和使激烈的争斗更加狠毒。他做成截断庞培军到埃布罗河的路线以后，就在那天，两军开始互相亲近，商洽投降的事；庞培党所要求的条件，尤其用于饶恕他们的军官一事，已得到恺撒的许可，这时裴特雷带着他那由奴隶和西班牙人编成的卫队来袭商洽者，命人把他所能捉到的恺撒党一律处死，然而恺撒却把来到他营中的庞培党送还，不加伤害，仍求一种和平的解决。伊莱尔达仍有庞培党的一支戍兵和大仓库，现在成为他们的目的地；不过敌军当前，他们与这诚堡之间又隔着西克里斯河，他们出发了，但没有行近目的地。他们的骑兵渐渐恐慌起来，以致步兵须把他们纳在中央，兵团须做殿后；水和粮秣日益难得，他们因不能再喂驮兽，须把他们杀掉。这支流浪的军队终于正式被围，后有西克里斯河，前有在他们周围掘壕筑垒的敌军。这支兵企图渡河，但恺撒的日耳曼骑兵和轻步兵先发制人，占据对岸。

一切勇气和忠心也不能再挽回那不可免的投降（705 年即前 49 年 8 月 2 日）。恺撒不但允许军官和士兵不失其生命和自由，保有他们所仍有的财物，恢复他们已被取去的财物，而由他自己负责以十足价格赔偿他的兵士，而且，他虽强迫那些在意大利俘获的新兵加入他的军队，却敬重庞培的老兵，约定不许违反任何人的意志来逼他入伍。他只要求人人交出武器，转回家乡。因此，西班牙本地的兵士，占全军三分之一，立刻解散，意大利籍的兵士则在外阿尔卑斯和内阿尔卑斯的高卢退伍。

这支军队一解散，近西班牙省自然落在战胜者的掌握。在远 66
西班牙省，马尔库斯·瓦罗代庞培为元帅，他听得伊莱尔达败讯之后，以为最善之策莫如入守岛上的城市加的斯，把由没收神庙的财宝和恺撒党名人的财产得来的巨款，和一支他所建的不为不大的舰队，以及托他率领的两个兵团，一齐带到加的斯，以策安全。不过仅听得恺撒到来的谣传，那些久已依附恺撒的最大城市便表示拥护他逐去庞培的戍兵，或使他们也起叛变；科杜巴、卡尔莫，甚至加的斯都是如此。一个兵团又自动开往希斯帕利斯（Hispalis），与此城一同投归恺撒。最后就是意大利迦也闭门拒瓦罗，于是瓦罗决定投降。

约在同时，马赛利亚也屈服了。马赛利亚人以罕有的魄力，不但抵挡围攻，而且握海权以抗恺撒；海上是他们天然的活动场所，庞培又实际独霸海上，他们可以希望由他得到有力的援助。但恺撒的副将，贤能的德奇穆斯·布鲁图斯，即在大西洋对维内提部赢得首次海战胜利的人，竟能迅速装备一个舰队；敌人的水兵一部分是马赛利亚人所雇的阿尔比奥克（Albioekin）的佣兵，一部分是多米提乌斯的牧奴，不管他们如何英勇抵抗，布鲁图斯最终以他那选自兵团的骁勇水兵，击败较强大的马赛利亚舰队，把他们船舰的大半不是打沉就是掳去。以后庞培一支小舰队在卢奇乌斯·纳西迪乌斯（Lucius Nasidius）指挥之下由东方经西西里和撒丁来到马赛利亚的港湾，马赛利亚人又重整海军，与纳西迪乌斯的船舰一同驶出，攻布鲁图斯。双方交战于陶罗伊（Tauroeis，即马赛利亚东面的拉奇奥塔特[La Ciotat]）的海外，马赛利亚人拼命猛战，如果纳西迪乌斯的船舰在这天也是如此，结果也许不同；可是纳西迪乌斯的部下逃去，胜利归于布鲁图斯，庞培舰队的残部逃往西班牙。被
67 围者完全被逐离海面。在陆地方面，盖乌斯·特雷博尼乌斯率兵

攻城，仍遇极坚决的抵抗；阿尔比奥克佣兵虽屡次突击，城内所积聚的无量矢石虽轻巧可用，围军的攻具终于进到城墙，一座城楼陷落。马赛利亚人声明他们将放弃守御但愿与恺撒本人缔结降约，请罗马统帅停止攻打，以待恺撒的到来。特雷博尼乌斯曾受恺撒的明令要他尽可能保全这座城市；他允许所要求的停战。不过马赛利亚人利用这事来行诡诈的突击，把几无防备的罗马攻具烧完一半，于是围攻战又复开始并且更加激烈。罗马这位良将把被毁的楼橹和假山非常迅速地修理完竣，现在马赛里利人又完全被围。

恺撒平定西班牙以后，回到马赛利亚城下，见此城一方面受敌
人的攻打，一方面遭饥荒和疠疫，已陷于极惨的境遇，这次具有诚
意，愿以任何条件，再行投降。只有多米提乌斯不忘他曾如何辜负
战胜者的宽容，走上一只小船，偷过罗马的舰队，以便替他那不解
的深仇去寻第三个战场。恺撒的兵士曾发誓要把这无信的城市所
有男子一概处死，他们声势汹汹，要求恺撒发令掳掠。不过恺撒在
这里也记得他那植希、意文明于西方的工作虽受逼迫也不肯重演
灭科林斯的事。古代爱奥尼亚航海国属下那些曾称雄海上的自由
城市，以马赛利亚距母国为最远，能把希腊航海生活保持得新鲜纯
粹的几以此城为最后一个，并且希腊城市在海上作战的也以它为
最后一个——现在马赛利亚固然须把它的武库和海军库交给战胜
者，失其一部分的领土和特权，可是在那当时正达到新历史意义的 68
远方凯尔特地域，它虽则在物质方面不及以前伟大，在精神方面却
仍为希腊文化的中心。

如是，在西方各省，战争经过种种危急的变化以后，终于把胜利断给恺撒，西班牙和马赛利亚都被打平，敌人的主要军队都被掳

得不剩一人，同时在恺撒征服意大利以后认为须立刻取攻势的第二战场上，也正举行着武力决赛。

上文已述，庞培党有意使意大利陷于饥馑。他们掌握着做这事的手段。他们完全控制海洋，并且很热心地在一切地方——加的斯、乌提卡、梅萨那，尤其东方——努力扩充他们的舰队。他们又据有首都生活必需品所取给的一切省份：马尔库斯·科塔(Marcus Cotta)据撒丁和科西嘉，马尔库斯·加图据西西里，自称元帅的提图斯·阿提乌斯·瓦鲁斯(Titus Aattius Varus)和他的同盟努米底亚王尤巴据非洲。恺撒必要的急务是阻挠敌人的计划，夺取他们那些产粮的省份。昆图斯·瓦勒里乌斯(Quintus Valerius)奉派率一个兵团开往撒丁，强迫庞培党的省长退出此岛。恺撒把那较为重大的事业，即夺取敌人的西西里和非洲，交给年少的盖乌斯·库里奥，辅之以有才而又有战事经验的盖乌斯·卡尼尼乌斯·雷比鲁斯(Gaius Caninius Rebilus)。库里奥不动一刀，就占据了西西里；加图既没有真正的军队，又没有一个刀手，只得先以其正直的态度警告西西里人，说莫做无益而徒自累的无效抵抗，然后退出此岛。

这个岛对首都很关重要，库里奥留兵一半保护它，而率另一半，即两个兵团和五百骑兵，登船开往非洲。在这里，他可料必遇较烈的抵抗；除尤巴那众多而有其特长的军队外，省长瓦罗已从非洲的罗马移民中编了两个兵团，并且装备了一个十艘的小舰队。
69 一个兵团和战船驻在哈德鲁米图姆，瓦罗自率另一个兵团驻在乌提卡前面，但库里奥凭借他那优势舰队的助力，竟能在两地之间登陆成功，未遇困难。库里奥转身来攻瓦罗，扎营于距乌提卡不远之处，这正是一百五十年前老西庇阿首次在非洲驻冬营的地方。恺撒须把他最好的军队集合起来，以供西班牙战事之用不得不大部分用那由敌人手里夺来的兵团，尤其科菲尼乌姆的战俘编成西西里、非洲军；庞培党在非洲的军队有些军官，就曾服务于科菲尼乌姆被击破的兵团，现在他们用尽千方百计，想使这些现在对他们作战的老部下恢复以前的忠节。但恺撒没有错用了他的副将。库里奥不但晓得如何指导军队和舰队的行动，而且晓得如何以私人的力量感化兵士；军饷充足，他战无不胜。

瓦罗以为库里奥的队伍只是缺乏来投他的机会，他大都为了给他们这种机会，决定索战，结果却不符他的期望。听了少年领袖的热烈陈辞而感奋，库里奥的骑兵击溃敌人的马队，并且在两军面前也击破与马队同来的轻步兵；他的兵团见这些胜利和库里奥个人的榜样，勇气勃发，便穿过两战线间一条难行的深涧向前进攻，但庞培党不俟来攻就逃归营垒，到了当夜，甚至弃营而去。胜利十分圆满，所以库里奥即刻进行围攻乌提卡一事。但消息传来，说尤巴王倾其全副武力来救这城，库里奥正如往日赛法克斯来到时西庇阿所用的办法，决定撤围，回到西庇阿的故垒，以待西西里援兵的到来。不久以后，又来了一个消息说尤巴因有邻邦君长来攻，已带着主力军转身回去，仅派萨布拉(Saburra)率一小队人马来救被围者。库里奥本来天性活泼，只是很不情愿地决定休息，现在又即
刻出发，乘萨布拉尚未能与乌提卡守兵取得联络之时，先与他 70
交战。

他的骑兵已在晚间前进，居然能于夜间袭击萨布拉在巴格拉达河上的队伍，使它大受损失；听得这胜利消息以后，库里奥即备

着步兵前进，以便用他们完全击破敌军。不久，他们在那向巴格拉达河倾斜的高地最低坡上，看见萨布拉的队伍正在与罗马骑兵交锋；来到的兵团就帮着把他们驱逐得完全下坡而入平原。可是在这里，战局起了变化。他们本以为萨布拉没有后援，其实不然；他距努米底亚主力军不过七八公里，努米底亚精锐的步兵以及高卢和西班牙的骑兵二千人已来到战场援助他，并且国王率大部军队和战象十六头也正向前来。在夜间行军和激烈战斗之后，此刻罗马的骑兵共计不过二百人，这些骑兵与步兵同因劳苦和战斗而疲惫已极，于是在他们被诱到的广大平原上，不断增加的敌军把他们团团围住。库里奥想作肉搏战，结果无效；利比亚骑兵的惯技是罗马队伍一前进，他们即刻后退；罗马队伍转身时，他们便来追赶。他企图再取高地，结果也无效；高地已被敌骑占据和封锁。一切都完了。步兵被砍得不剩一人。至于骑兵，只有几个能杀出去；库里奥或许也能自保性命，但他既没有了交给他的军队，不忍单独去见他的主帅，于是手中持刀而死。甚至屯在乌提卡前面营中的军队和很容易逃往西西里的舰队卫兵，受了那迅速骇人的惨败的影响，次日也向瓦罗投降(705 年即前 49 年八九月间)。

恺撒所布置的远征西西里和非洲就这样结束了。占领西西里和连带着占领撒丁使首都最迫切的需要得到供给，专就此点而论，
71 这远征达到了目的；至于征非洲的失败——战胜者不能由此再得多大的利益——和丧失两个不可靠的兵团，人们可以对之节哀自慰。但库里奥的早死，对恺撒甚至对罗马却都是个无法补偿的损失。虽则库里奥没有军事经验，并且以荒淫著名，恺撒把最重要的独立统帅职交给他，并非无故：这位性如烈火的青年有一点恺撒的

精神。他有很多类似恺撒之处：他也曾享尽快乐，他也不因身为军官而变成政客，他的政治活动使他手握兵权，他的口才也不是雕琢字句而是深有所感的口才，他的用兵也基于以轻微的武力迅速行动，他的性情也是轻快，往往流于轻浮，坦白可爱，图眼前的圆满生活。如果像他的将军论他的话，他那少年的烈性和高傲的勇气使他陷于疏忽，如果他过于骄傲，自取其死，以免因犯了可饶恕的过失而受人饶恕，恺撒的历史也不乏同样疏忽和骄傲的因素。可惜这样一个才情洋溢的人，天不许他泻尽痴迷，自保其身以待那绝少人才而骤陷于庸人为政的下一代。

这些战事对庞培的一般军事计划究竟有何妨碍，尤其意大利失陷以后那计划把什么任务派给西方的大军，我们只能用推测的方式来判断。有人说庞培意欲取道于阿非利加和毛里塔尼亚来援他那在西班牙作战的军队，这不过是在伊莱尔达营中传播的荒唐无稽的谣言而已。更可能的是，甚至到了失去意大利之后，他仍固守早先的计划，即夹攻恺撒于外阿尔卑斯和内阿尔卑斯的高卢，仍想由西班牙和马其顿同时作互为犄角的进攻。我们可以假定，西班牙的军队应在比利牛斯山续取守势，直至马其顿那正在编组的军队也能出征而后已；然后两支军队同时出发，按当时情形实行会师于莱茵河或波河上，同时舰队大概也从事于恢复意大利本部。72
似乎根据这种假定，恺撒最初准备抵抗敌人攻意大利。他部下一个最能干的军官，即保民官马尔库斯·安东尼，在这里以同副执政官的权力，统率军队。东南各港——西普斯(Sipus)、布隆迪西乌姆、塔兰托——可料都是首先试行登陆的地点，驻了三个兵团的戍军。此外，那位名演说家的不肖子昆图斯·霍腾西乌斯(Quintus

Hortensius）把一支舰队集合在第勒尼安海，普布利乌斯·多拉贝拉又集合另一舰队于亚得里亚海，它们的用途一部分是帮助防务，一部分是运输那要征希腊的车队。万一庞培要由陆路侵入意大利，则恺撒老同事的长子马尔库斯·李锡尼·克拉苏应指挥内阿尔卑斯高卢的防务，马尔库斯·安东尼的弟弟盖乌斯·安东尼应指挥伊利里亚的防务。

但意料中的攻势有劳久候。到了盛夏，战事才起于伊利里亚。这里有恺撒的副将盖乌斯·安东尼率部下两个兵团驻在库利克塔岛（Culicta，即夸尼罗[Quarnero]湾里的维格利亚[Veglia]），又有恺撒的水师统帅普布利乌斯·多拉贝拉率兵船四十艘泊在此岛与大陆之间的狭隘海股。庞培的亚得里亚海水师统帅马尔库斯·屋大维（Marcus Octavius）率希腊分舰队，卢奇乌斯·斯里鲍尼乌斯·利波（Lucius Scribonius Libo）率伊利里亚分舰队，合攻多拉贝拉的小舰队，结果尽毁其船舰，把安东尼截在岛上。巴西鲁斯（Basilus）和萨卢斯特自意大利，霍腾西乌斯自第勒尼安海来救他，但敌军舰队远占优，他们无一能有任何的成就。他们不得不把安东尼的兵团委诸命运。粮饷告罄军士怨恨，势将哗变；除少数队伍乘筏达到大陆外，这仍有十五中队的军团竟放下武器，被装在利波的船上运往马其顿，到那里合并在庞培的军队里；现在伊利里亚沿岸毫无军队，屋大维留在那里，以完成未竟的征服事宜。当时这区域最强大的民族达尔马提亚部和那重要的岛城伊萨（Issa，即利萨
73 [Lissa]）和其他地方都归附了庞培党；不过恺撒党也据守萨龙（Salonae，即斯帕拉托[Spalato]）和利苏斯（Lissos，即阿莱西奥[Alessio]），萨龙的恺撒党不但奋勇抵抗围攻，而且到了陷于窘境的时

候，竟能出击得手，以致屋大维撤退围军，开船到都拉奇乌姆去度冬。

庞培的舰队在伊利里亚建的战功，就其本身而言，虽不为不大，但对于整个战局，却影响极微；如果我们想一想在705年即前49年那整个多事之年，庞培部下陆海军的成绩只限于这一项武功，并且将军、元老院、第二大军、主要舰队，恺撒敌人所有的无限兵源和更为广大的财源既都荟萃于东方，当西方那决定一切的战斗需要参加时，东方却丝毫没有来参加，那么，这种战功更显得渺小。帝国东半的军队分散于各处，将军都有优势兵力不肯作战，联合党内部不睦，这些固然不能作为卸责的口实，却或可说明陆军不动的原因；但舰队控制着地中海，没有对手，这舰队竟这样未做一件能影响时局的事——既未援助西班牙，也等于未援助那忠实的马赛利亚人，没有保卫撒丁、西西里、非洲，也没有，即使不恢复意大利，至少阻碍它的粮运——这使我们不难想象庞培营中盛行的混乱和乖戾。

这一年的全部战果也与之相称。恺撒的双重攻势，即一面攻西班牙，一面攻西西里和非洲，在前者完全成功，在后者至少有一部分成功；同时庞培饿死意大利的计划因恺撒夺去西西里而大半失败，他那一般的作战计划则因西班牙军覆没而全成泡影；在意大利，恺撒的防御布置只有一很小部分得到应用。尽管在非洲和伊利里亚遭了惨痛的损失，恺撒经过这第一年的战争，极为明白地得 74
了决定性的胜利。

但是如果东方没有重要的举动以阻止恺撒平定西方，在东方的人却至少乘这蒙耻得来的喘息时间，努力于政治和军事的整理。

恺撒对手的大集合地是马其顿。庞培本人和来自布隆迪西乌姆的流亡大众都到此地；其他由西方逃难的——西西里的马尔库斯·加图，马赛利亚的卢奇乌斯·多米提乌斯尤其西班牙已解散的军队，有些良将和精兵以其将军阿弗拉尼乌斯和瓦罗为首——都来到此地。在意大利，贵族的出亡不但渐成为荣誉的事，而且几成为时尚的事，恺撒攻伊莱尔达的不利消息传来，这事又得到个新的激励；有不少活跃的党人和首鼠两端的政客逐渐走来，甚至马尔库斯·西塞罗也终于相信他写了和睦论，还不足以尽他为国民的义务。罗马政府以德萨洛尼卡为临时驻所，此地的流亡元老为数几近二百人，内有很多白发的老人和差不多全体的前执政官。但他们真不愧为流亡人。在这罗马的科布伦兹(Koblenz)，罗马贵族所表现的可怜相也是他们的多大言而少实行，他们那不合时宜的怀念既往和更不合时宜的互相攻讦，他们在政治上的怪癖和在财务上的窘迫，旧建筑既已土崩瓦解，他们仍以极郑重的神情看守宪法上每一旧花饰和锈斑，这还是小事；贵族们在良心上不敢把他们在
75 罗马城圣地以外开的议会称作元老院，而谨谨慎慎名之为“三百人会”，①他们又大做政治法的研究，探讨是否和如何能合法地在卡皮托尔以外制定元老院法，这不过是可笑而已。

比这恶劣远甚的是冷淡派的漠不关心和过激派的褊狭固执。

① 按正式的法律，“合法的议会”正如“合法的法庭”，只能在罗马城或城郊内举行，德萨洛尼迦的元老院所以自称“三百人会”(*Bell Afric*. 88,90；Appian,ii,95)，非因其有三百个议员，而因这是元老古来的常额。大概这个议会用有名望的骑士补其缺额；但普鲁塔克认为意大利的三百元老都是批发商(*Cato Min*. 59,61)，却系误会了他的典据(*Bell Afr*. 90)。德萨洛尼迦的伪元老院必也是这样组织的。

关于前者，人既不能使他们做事，也不能使他们缄默。如果有人要求他们以任何确定的方式为公众福利去尽力，他们便以懦夫所特有的矛盾，认为这种提议出于恶意，欲使他们再受牵累，于是他们或全不听命做事，或不尽力去做。此外，他们在事后的埋怨和太聪明而不能实行，自然永是做事者的障碍；他们的日常工作是批评、嘲笑和嗟叹每件大事和小事，以他们自己的怠惰和绝望弄得大众精力松懈、勇气消沉。

弱者显出他们的没精打采，过激派却反而十足显出他们的过度紧张。这里人不讳言，任何和平谈判的先决条件是拿恺撒的头来；就是到了现在，恺撒还屡次求和，但每次都被人看也不看，丢在一边，或者被人利用来暗中谋害敌方使者的性命。不言而喻，恺撒公然的同党集体地和个别地丧失了生命和财产；但多少守中立的人也未遭较佳的命运。科菲尼乌姆的主角卢奇乌斯·多米提乌斯在军事会议里郑重提议，那些曾在庞培军中作战的元老，应投票判决一切始终守中立的或虽已出亡而未从军的元老，并且应按他们自己的意见把这些人个别地释放，或处以罚金，或甚至处以死刑和没收财产。另一个过激派因卢奇乌斯·阿弗拉尼乌斯防守西班牙失策，正式向庞培起诉他受贿和谋叛的罪。这些色彩浓厚的共和党，他们的政治理论几乎有宗教信仰的性质，因此他们怨恨较冷淡的党员和庞培及其私党，如果可能，尤甚于怨恨公开的敌人，并且 76
这是正统神学家所常有的一种冥顽不灵的怨恨；流亡军队和流亡元老院所以乱纷纷起了无数激烈的纷争，大致都是他们的罪过。但他们还不止于言论。马尔库斯·毕布路斯·提图斯·拉比努斯和其他同伙实行他们的理论，使恺撒军落在他们手里的将士整批受戮；我们可想而知，恺撒的队伍不能因此而懈于作战。要响应宪政党而起革命，一切要素无不具备，如果在恺撒外出之时，这革命未起于意大利，那么，据恺撒那些有见识的敌人看来，其主要原因在一般人恐怕复旧以后，宪政党过激派毫无节制地逞凶。庞培营中较善良的人见这种疯狂举动，无可奈何。庞培本人是个英勇的军人，尽可能饶恕俘虏；但他太胆怯并且处在太困难的地位，不能按元帅之所当为，阻止或甚至惩罚这种暴行。只有马尔库斯·加图在这斗争中至少保持一贯的道德，较致力于阻遏这种行为；他使流亡元老院通过一件特别法案，禁止掳掠属国城市和在战争以外杀戮公民。贤能的马尔库斯·马尔凯乌斯抱有同样的见解。固然没有人比加图和马尔凯乌斯更深知，极端派遇有必要，将不雇元老院的法案而实行他们那些莽撞的事；但如果在今日他们还须不忘谨慎之时，不制伏过激派的狂暴，则到了胜利以后，人民可以遭到一种苏拉和马略所骇然不忍见的恐怖局面；加图，据他自己承认，所以怕本党得胜尤甚于怕本党失败，其故不难了解。

马其顿营中的军事管理确操在元帅庞培之手。他的地位，无日不是艰难苦恼的，又因705年即前49年的不幸事件而更为恶
77 劣。在他同党的人看来，他应负这种结果的大部责任。由许多方面说，这判断有欠公允。噩运的大部都应归咎于那些刚愎抗命的副将，尤其应归咎于执政官伦图卢斯和卢奇乌斯·多米提乌斯；自庞培接统军队以后，他就以巧妙的手腕和英勇的气概率领他们，至少把很多的队伍救出危难；至于恺撒才智超群，庞培不是他的敌手，则当时已为人所公认，平心而论，这不能算是庞培的罪过。但只有结果能决定人们的判断。宪政党信任这位将军，才与恺撒破

裂；这破裂的恶果却反落到将军庞培的身上；虽则因其他领袖一概不能用兵，他们没有更换最高统帅的企图，可是无论如何，他们对元帅的信心却动摇了。除战败的惨痛结果外，又有播迁的有害影响。流亡人中诚然有一些精兵和良将，尤其往日属于西班牙军的人员；但来从军作战的人实居少数，而与庞培有同等权力，可自称为同执政官和统帅的贵族将军，以及那些多少有点勉强来参加现役军队的贵族却为数多得惊人。首都的生活方式由这些人传到营中，绝非军队之利；这些贵族的帐篷是优美的亭馆，地面上精雅地铺着新草皮，墙壁披着常春藤，餐桌上摆着银器，就在大白天，人也往往在桌上传杯饮酒。这些时髦的武士与恺撒的冒失鬼迥乎不同，后者吃的粗面包是前者所望而却步的，后者无粗面包可吃时，甚至吞咽草根，并且誓言宁愿嚼树皮也不对敌人甘休。再者，庞培的行动原须尊重一个与他个人不和的团体的权威，因而常感掣肘，到了流亡的元老院几乎就在他总部内卜居之时，流亡人的毒恨在元老院会议中发泄出来，这困难更特为增加。最后，绝没有一个名
人能用他个人的力量抵抗这一切荒谬的举动。庞培本人智力太 78
差，不能如此，并且太犹豫、拙劣和欠坦白。马尔库斯·加图至少有必要的道德权威，也不乏以此来助庞培的好意；但庞培不呼他相助，却怀疑嫉的心，使他居闲散的地位，例如，他宁可把很重要的舰队最高统帅一职交给那毫无能力的马尔库斯·毕布路斯而不给他。

如是，庞培以他所特有的乖张态度处理他的政治关系，并且竭力使已坏的局面变得更坏，同时他又以可嘉的热诚专心致志于他的职务，即组织他本党那众多而散漫的军队。他的军队以他由意

大利带来的部队为核心，这些再加以伊利里亚的战俘和住在希腊的罗马人，共组成五个兵团。另有三个兵团来自东方，两个叙利亚的为克拉苏的残军所组成，又一个由原驻西利西亚的两个薄弱兵团合并而成。这些戍兵不妨撤退；因为，一方面，庞培党与帕提亚人有默契，并且庞培若不愤然拒付他们的要求——割让他并入罗马帝国的叙利亚省——甚至还可以与他们结成同盟；另一方面，恺撒想派两个兵团至叙利亚，借着被囚在罗马的王子阿里斯托布鲁斯之力，鼓动犹太人再行起兵，但一部分因其他缘故，一部分因阿里斯托布鲁斯身死，这计划作罢。再者，还有应征而来的新兵团，一个出自住在克里特和马其顿的老兵，两个出自小亚细亚的罗马人。此外还须加上志愿兵两千名，自西班牙的精锐部队和其他相似的兵源而来。最后，又有属国的助战队。庞培与恺撒同，也不屑征发属国的步兵；只有伊庇鲁斯、埃托利亚和色雷斯的民兵奉召防守海岸；还有希腊和小亚细亚的弓手三千名和轮索手一千二百名被收为轻兵。

反之，骑兵除一队可观而无军事重要性的贵胄侍卫，由罗马的贵族少年和庞培所使骑马的阿普利亚牧奴所组成的以外，纯为罗
79 马属国和保护国的助战兵。骑兵的核心是凯尔特人，一部分是亚历山大城的戍兵，另一部分是德奥塔鲁斯王和其他加拉提亚君长的助战兵，德奥塔鲁斯王虽年事已高，仍亲率部队而来。与他们会合的有色雷斯很好的马队，一部分是他们的君长萨达拉(Sadala)和拉斯库波里斯(Rhaskuporis)带来的，一部分是庞培在马其顿省招募的；又有卡帕多奇亚骑兵；又有康马革纳王安条克派来的骑射兵；又有亚美尼亚的助战兵，幼发拉底河西岸的为塔克西勒斯

(Taxiles)部下,东岸的为麦伽巴特(Megabates)部下;又有尤巴王派来的努米底亚队伍——共计七千人。

最后,庞培的舰队甚为可观。这舰队一部分是由布隆迪西乌姆带来的或以后建造的罗马运船,一部分是埃及王科尔基斯君长、西利西亚君塔孔迪牟(Tarkondimotos)、推罗、罗斯、雅典、科西拉等城邦,总而言之,亚洲和希腊一切沿海国家的战船——共计五百艘,罗马船占五分之一。至于粮食和军用品,积存在都拉奇乌姆仓库里的不计其数。军帑很是充盈,因庞培党据有国税的主要来源,并且把保护国的君长、有名的元老、税收的包商,总而言之,在他们势力所及之地,一切罗马人和非罗马人的财源都取来应用。在阿非利加、埃及、马其顿、希腊、西亚洲和叙利亚是凡正统政府的威望和庞培对君主和民族那很著名的保护关系所能做到的,无不被发动来保护罗马共和;当时流行于意大利的谣言说庞培正在武装盖塔人、科尔基人和亚美尼亚人抗罗马,营中都称呼庞培为“王中王”,这不能算作过甚之辞。通盘算来,他能支配的陆军有骑兵七千和步兵十一个兵团,固然,其中至多只有五个兵团可谓习于战
斗,他能支配的舰队有船五百艘。庞培充分注意兵士的给养和饷 80
金,又保证他们若得胜利必受极丰厚的报酬,所以兵士的情绪全然良好,几个恰是能战的队伍甚至情绪极好;但这军队大部是新招的兵,他们的编制和训练虽在热烈进行,却必然需要时间。全部看来,他的武力声势浩大,可是也有点庞杂。

按元帅的计划,到了705—706年即前49—前48年的冬季,陆军和舰队应在伊庇鲁斯沿岸和水上大致全部会合。水军统帅毕布路斯已率船一百一十艘来到他的新总部科西拉。陆军在夏季期间

曾以哈亚克蒙(Haliakmon)河上的柏罗亚(Berrhöa)为总部,现在尚未来到;其大部正沿着由德萨洛尼卡往西岸的大路上向将来的总部都拉奇乌姆缓缓移动;梅特路斯·西庇阿由叙利亚带来两个兵团还逗留在亚洲的波加蒙度冬,预计到了春间始能来至欧洲。此刻保卫伊庇鲁斯海岸的,除舰队外,只有义勇队和附近各地的征兵。

如是,尽管中间遇到西班牙的战争,恺撒仍能在马其顿取攻势;他至少不失时机。他早已命战舰和运输船集合在布隆迪西乌姆,到了西班牙投降和马赛利亚陷落以后,他又把用在那里的军队大部也调往布隆迪西乌姆。固然,恺撒这样要求他的兵士空前努力,比战斗更能减损兵士的数目。最老的四个兵团之一,即第九兵团,在走过普拉森提亚时竟至哗变,这是流行于军队中的情绪的危险表示;但恺撒的镇定和他个人的威望把它制住,于是这方面没有阻挠登船的事。不过705年即前49年3月的追击庞培已因缺船而失败,这次的远征也有因缺船而不果之势。恺撒已命人造战船
81 于高卢、西西里和意大利的港口,现在尚未造好,总之还不在当地;他那亚得里亚海的舰队去年已在库里克塔被毁灭;他见布隆迪西乌姆所有的战船不过十二艘,要开往希腊的军队共计步兵十一个兵团和骑兵一万,所有的运输船不足装运全军三分之一。敌人的大舰队独霸亚得里亚海,尤其独霸东岸大陆和岛屿上的一切港口。在这种情形之下,有一个问题,就是恺撒为什么不舍海路而取经过伊利里亚的陆路。若取陆路,他可免受舰队的一切威胁,并且他的队伍大部来自高卢,他们走这条路也比走布隆迪西乌姆近便。固然,伊利里亚地险民贫得不可名状,但不久以后就有其他军队经过

那里，并且在攻克高卢的将军看来这不能是个不可克服的阻碍。或许他忧虑，当他艰苦地走过伊利里亚之时，庞培也许运他全部的武力渡过亚得里亚海，于是他们两人便即刻交换位置，恺撒须据守马其顿，而庞培却在意大利；不过他的敌人行动迟缓，可望不会有这样迅速的转变。或者恺撒所以决定取海道，只因他当时以为他的舰队已达到不可侮的地步，他自西班牙回来以后，才晓得亚德里亚海上的真相，这时再改变作战计划也许已嫌太晚；或者以恺撒那永远促他决断的急躁性情而言，我们可以说十之八九是如此的，当时伊庇鲁斯沿岸仍无守兵，但几天以后必有敌人来布防，这种情形给恺撒一个不可抵抗的引诱，使他再行冒险一击，以阻挠他敌人的全部计划。

不管怎样，706 年即前 48 年 1 月 4 日[①]，恺撒率着因劳苦和疾病而人数大减的六个兵团和骑兵六百，由布隆迪西乌姆开船，驶往伊庇鲁斯沿岸。这事与往日有勇无谋的远征不列颠如出一辙；但至少第一着是成功的。他们在阿克罗科劳尼(akrokeraunischen，即奇马拉[Chimara])巉岩中间一个人迹罕至的碇泊所，名帕莱萨(Paleassa，即帕尔贾萨[Paljassa])的，抵达海岸。庞培有一支十八 82
艘的舰队泊在奥里克(Orikon，即阿弗洛纳[Avlona]湾)，他的舰队总部则在科西拉，这两处的人都看见了恺撒的运输船；但前者自以为兵力太弱，后者没有准备开船，所以第一批运来的兵登陆无阻。恺撒的最初胜利与敌人的震骇同样巨大。伊庇鲁斯的民兵无一处从事抵抗；重要的沿海港埠奥里克和阿波罗尼亚连同一些小地方

① 按修正的历法，约在 705 年即前 49 年 11 月 5 日。

都被取去；庞培党所择为主要武库、充满了各种军实，但只有薄弱戍兵的都拉奇乌姆陷于绝大的危险。

但战事进一步的发展却与这辉煌的开端迥不相侔。毕布路斯犯了疏忽的罪，以后加倍努力，稍偿其罪。他不但掳获几达三十只的回返运船，把船只和所载的一切人等都付之一炬，而且沿着恺撒所占据的整个滨海地方，由萨松（Sason，即萨扎尼［Saseno］）起至科西拉各港口为止，都设立极小心的警备，但因时在严冬，警备船所需的一切，甚至木柴和淡水都须取于科西拉，这事甚为艰苦；并且不久以后，毕布路斯因不惯受这种劳苦而死，他的继任人利波甚至一时封锁布隆迪西乌姆港，占据港前一个小岛，后来淡水缺乏，他才再行离去。恺撒的军官不能把第二批军队运给他们的将军。恺撒本人也不能攻下都拉奇乌姆。庞培由恺撒的一个和平使者方面，得知他准备渡海到伊庇鲁斯沿岸一带，因此急速进兵，正在恰好的时候入守这重要的兵库。恺撒陷于危境。虽则他尽其绵薄的兵力尽量扩在伊庇鲁斯的势力范围，他的军队给养仍属困难而不能确保，敌人则拥有都拉奇乌姆的仓库，并且控制海面，一切都很
83 充足。他的军队大概不过二万人，庞培的兵至少有他的一倍，他不能向它索战，并且他须以下列一事为幸，即庞培慢条斯理地进行工作，不即刻迫他作战，却在都拉奇乌姆与阿波罗尼亚之间阿普索（Apsos）河右岸正对左岸的恺撒所在之处，驻营度冬，以便春间来自波加蒙的兵团到达以后他可以用无敌的优势兵力消灭敌人。这样，几个月过去了。如果好季节来到，敌人得到强大的增援和自由运用的舰队，而恺撒仍在此处，他的薄弱军队一面有敌方绝大的舰队，一面有敌方三倍于它的陆军，被夹在伊庇鲁斯的巉岩中，那么，

由一切方面看，他非灭亡不可；并且冬季又已将告终。他的全部希望仍寄在运输舰队；任何偷渡或冲出封锁线的企图都太嫌鲁莽；但在第一次自动的蛮干以后，第二次的冒险是迫于不得已的。恺撒觉得他的处境如何无望，可见于他的决定：舰既仍未到来，他想独自乘一渔舟渡亚得里亚海而至布隆迪西乌姆，以把舰队带来，实则只因找不到一个舟子担任这冒险的航行，决定才未见于实行。

但无须他的努力，他那在意大利统兵的忠实部将马尔库斯·安东尼便用尽力量来援救他的主人。运输舰队装载了步兵四个兵团和骑兵八百，又由布隆迪西乌姆港开航，幸而一阵南风吹它驶过利波的战舰。但这阵风既这样救了舰队，却使它不能遵令停泊在阿波罗尼亚，驱它驶过恺撒和庞培的营垒，经都拉奇乌姆以北而向利苏斯走去，幸而此城仍附恺撒。这舰队驶过都拉奇乌姆港时，罗德斯的战舰起而追逐，安东尼的船刚入利苏斯港，敌人的舰队立刻
来到港口。但正在这时，风忽转向，把追船驱回大海，一部分撞在 84
石岸上。由于最神奇的幸运，第二批运来的兵也登陆成功。

固然，安东尼与恺撒相距仍有约四日的路程，中间隔着都拉奇乌姆和全部敌军，但安东尼幸能完成那危险的行军，经由格拉巴·巴尔干山(Graba Balkan)的隘口，绕过都拉奇乌姆，在阿普索河右岸得到来迎的恺撒的接应。庞培先想阻遏两敌军的相会和逼迫安东尼军独自作战，结果无功，然后取一新阵地于格努萨(Genusa，即Uschkomobin)河上的阿斯帕拉吉姆(Asparagium)，此河与阿普索河平行，在阿普索河与都拉奇乌姆城之间；在这里，他又停住不动。现在恺撒自觉兵强可以请战，但庞培不肯应战。另一方面，恺撒做到欺蒙敌人，正如在伊莱尔达那样，出其不意，以他那善于行军的

队伍，揳入敌营与其所倚赖的都拉奇乌姆城之间。格拉巴一巴尔干山脉自东向西伸展，终于亚得里亚海上成为都拉奇乌姆那条狭长如舌的地带，又在都拉奇乌姆以东二十二公里处向西南伸出一个旁枝，这旁枝也向海湾，成新月形，主脉与旁枝之间夹着一片小平原，平原围绕着一座峙立海岸上的危岩。如今庞培就在这里安营下寨，由它容易得到一切必需品的丰富供应；同时在恺撒军中，尽管派强大的别动队到内地去，尽管将军竭全力缔造有组织的运输系统，以做到经常的供应，却感到过度的缺乏，须常常以肉类、燕麦甚至菜根代替他们所惯于食用的小麦。

他那冷静的敌人既据有沿海平原，坚守不动，恺撒便从事于占领平原周围的一圈高地，以便至少能阻遏敌方优势骑兵的活动，更可自由地攻都拉奇乌姆，并且如果可能，强迫他的敌人应战或登
85 船。恺撒的队伍被派往内地的几占一半；要用其余的兵实际围困那数目或许加倍，地位集中并且以海洋和舰队为后盾的军队，似乎是个冒险举动。然而恺撒的老兵却以无限的努力，造一串长二十二公里的要塞来包围庞培的营垒，以后除这内线外，又正如在阿莱西亚城下那样，添造一条外线，以抵御来自都拉奇乌姆的攻势和借舰队之助很容易做到的迂回战。庞培屡次攻打这些要塞的一部分，意欲如果可能，击破敌人的阵线，但他不企图以一战来阻遏包围；他宁可在他兵营的周围也造一些要塞，并且把它们彼此连成一线。双方都努力把沟垒尽量向前推进，在永久不停的冲突中，工事只能缓缓进行。同时在恺撒兵营的另一面，他们也与都拉奇乌姆的守兵交锋，由于与城内有默契，恺撒希望能掌握此城，但为敌人的舰队所阻。各个地点有不断的战斗，最激烈的日子，六处同时作

战，通常看来，骁勇有素的恺撒兵占上风；例如有一次，一个中队据其沟垒抵抗四个兵团，历数小时之久，直至援兵来到。双方都没有大胜；可是庞培军渐渐深感包围的压迫。由高地流到平原的小溪被阻塞，他们不得不只用又少又坏的井水。更使人感痛苦的是缺乏驮兽和马匹的饲料，这事舰队不能充分补救；牛马大批死亡，舰队把马匹运到都拉奇乌姆，也无济于事，因为那里也找不到足够的饲料。

庞培不能再迟疑，他须立刻对敌人一战，以自脱于这种苦境。
他听得由敌方逃来的凯尔特人说，敌人两道壕垒在海滩上相距六
百英尺，没有筑横墙以资守御，他就根据这个来划策。他命兵团由 86
营里攻恺撒的内线，又命轻兵乘船到敌人壕垒以外登陆去攻外线，
同时又派第三支兵在两线之间所留的空隙处登陆，从后面攻那已
够忙碌的守兵。靠海的防线被夺，守兵纷纷乱窜，另一道防线的司
令官马尔库斯·安东尼勉强能保持此线，暂时阻住庞培军的进展，
但姑不论伤亡重大，沿海的外防线仍在庞培军之手，战线又被攻破
不久以后，庞培军有一兵团不慎而陷于孤立，恺撒更急切地乘这机
会率大部步兵去攻它。但这兵团英勇抵抗，因交战之地曾屡经或
大或小的队伍用作营垒，丘陵与壕沟纵横交错，恺撒的右翼和骑兵
完全迷失路径，他们不接应左翼去攻庞培的兵团，却走入由一座旧
垒通到河流的窄沟。如是，庞培率五个兵团急速来助他的队伍，此
时敌军两翼分离，一翼完全陷于危境。恺撒军见他进兵，大起恐
慌，全体回头乱跑；如果结局仅止于丧失一千精兵，恺撒军未至全
败，这只因庞培在这坎坷的地上也不能自由发挥他的力量，又因他
怕中计，即勒住他的队伍。

但即使如此，这也是个惨败。不但恺撒受了极重的损失，把他的壕垒，那四个月绝大工作的成绩，一下都丧失了，而且由于最近的战斗，他又被打回原来的出发点。他全被驱逐得离海更远，因为庞培的长子格涅乌斯(Gnaeus)奋勇进攻，把恺撒停在奥里克的几
87 只船烧的烧、抢的抢，不久以后，又把留在利苏斯的运船也放火焚毁；这样一来，恺撒不能再由布隆迪西乌姆经海道调来增兵。庞培军骑兵众多，现在脱了羁绊，涌入附近地带，恺撒军的给养本无日不感困难，现在有全不可能之势。恺撒没有船只竟对那控制海上而以舰队为后盾的敌人取攻势，这种大胆的冒险已全告失败。在素为战墙的地方，他遇见一个无法攻克的守势阵地，不能给都拉奇乌姆或敌军严重的打击；反之，现在只听庞培来决定是否在最有利的情势下进攻这在粮饷上已受重大威胁的敌人。战事已临转折点。迄今为止，由一切方面看，庞培从事战争，未尝有特别计划，只是按照每次遇到的攻势来调整他的守御；这办法诚然无可非难，因为战事持久给他机会来使新兵能战，调来他的后备兵，更充分发挥他的舰队在亚得里亚海上的优势。恺撒不但在战术上失败，在战略上也失败了。诚然都拉奇乌姆的败仗没有达到庞培所不无理由预料的效果；恺撒的老兵卓著军人的魄力，这军队不至于因饥饿和哗变而即刻完全瓦解。不过以适当的乘胜追击来收战胜的全果，却似乎专视敌人的意志而定。

采取攻势的权操在庞培，他就决定取攻势。他有三个不同的办法可使他的胜利发生效果。第一法是最简单的，即对败军攻打不休，如果败军拔营而去，即追蹑其后。第二法，庞培可以让恺撒及其精兵驻在希腊，而按他久已准备的办法亲率主力军往意大利，

意大利的民心确实反对君政，并且精兵和可靠的勇将既已被派往希腊军，恺撒的武力无足轻重。最后一法，战胜者可以移兵内地， 88
与梅特路斯·西庇阿实行会师，设法捉住那驻在内地的恺撒军。真的，由意大利运来的第二批军队到达以后，恺撒即刻派强大的支队到埃托利亚和色萨利收取军粮，并且命格涅乌斯·多米提乌斯·卡尔维努斯（Gnaeus Domitius Calvinus）率两个兵团沿伊格纳提亚（Egnatischen）大道进趋马其顿，意在截击那由德萨洛尼卡也沿此路前进的西庇阿部队，并且如有可能把它各个击破。卡尔维努斯和西庇阿已彼此接近，相去不过数里，这时西庇阿忽向后转，急渡哈里亚克蒙河（Haliakmon，即 Jadsche Karasu），先留马尔库斯·法沃尼乌斯（Marcus Favonius）所率的辎重队于此。而后冲入色萨利，恺撒的新军兵团由卢奇乌斯·卡西乌斯·朗基努斯率领着正从事于平定该地，西庇阿欲以优势的兵力向他进攻，但朗基努斯越山而向安布拉西亚退去，往会恺撒派到埃托利亚的格涅乌斯·卡尔维西乌斯·萨比努斯（Gnaeus Calvisius Sabinus）所部支队，于是西庇阿只能使色雷斯骑兵追他，因为卡尔维努斯要使他那留在哈里亚克蒙河上法沃尼乌斯部下的后备队，遭到他自己要加于朗基努斯的厄运。所以卡尔维努斯与西庇阿又在哈里亚克蒙河上相遇，在这里对垒多时。

庞培可以在这些计划里有所选择；恺撒却无选择的余地。在那次不幸的战斗以后，他开始向阿波罗尼亚退却。庞培追他。一支受敌人追赶的败军沿着由都拉奇乌姆到阿波罗尼亚的艰险而有几条河横阻的道路行军，实非易事；但他们的将军善于指挥兵士，又有不可磨灭的行军能力，所以庞培追了四天以后，不得不以为无用而停追。他如今须在远征意大利和进兵内地之间有所决定。前者虽似相宜而有吸引力，虽有许多人对它表示赞成，他却不愿牺牲西庇阿的队伍，他尤其希望这样进兵可以把卡尔维努斯的队伍控制手中。当时卡尔维努斯驻于伊格纳提亚大道上的赫拉克利亚—利凯斯蒂斯(Herakleia Lynkestis)，介在庞培与西庇阿之间，恺撒
89 既退往阿波罗尼亚，他距恺撒比距庞培的大军更远，并且他不知都拉奇乌姆的事和他自己的危境，因为敌人在都拉奇乌姆得胜以后，全地方都倾向庞培，恺撒的使者无处不被捉拿。敌方主力进至距他几小时的路程以内，卡尔维努斯始由敌军前哨的述说，得知真相。在最后一刻，他急速拔营南去往色萨利得免当前的毁灭；庞培不得不仅止于把西庇阿救出险地。同时恺撒抵达阿波罗尼亚一路无阻。都拉奇乌姆之败以后，他立刻决定尽可能把战事由海岸移至内地，意在使敌人的舰队——他从前努力的失败以此为根本原因——不能参战。他行军到阿波罗尼亚，目的只在把伤兵置在安全处所并且就他仓库所在之地发放兵饷；这事一完，他立刻出发到色萨利去，留兵戍守阿波罗尼亚、奥里克和利苏斯。卡尔维努斯的部队也在向色萨利移动，又有这次由陆路经伊利里亚而来的意大利援兵——昆图斯·科尼菲奇乌斯(Quintus Cornificius)所率的两个兵团——恺撒在色萨利与他们相会更易于他在伊庇鲁斯攀登埃乌(Aoos)河谷的崎岖小径渡过伊庇鲁斯与色萨利分界的山脉来到佩涅奥斯(Peneios)河；卡尔维努斯也奉命向这里来，于是两军经最短和最不受敌人威胁的路线完成会师。会师之地在距佩涅奥斯河源不远的埃吉尼乌姆(Aeginium)。如今联合的军队来在贡菲(Gomphoi)城下，这是他们在色萨利遇到的第一城，这城闭门

抵抗；他们把它攻陷，纵兵大掠，色萨利的其他城市因此震惊，恺撒的兵团只要一来到门前，他们立即随顺。在这些行军和战所之中，借助于佩涅奥斯河流域所供给的虽不甚丰的粮食，他们所经败仗的余痕和忆念渐渐消失。

如是，说到直接的效果，都拉奇乌姆的胜利对战胜者产生的并 90
不见多。庞培以其庞大的步兵和众多的骑兵不能穷追那机动敌人入山；恺撒一如卡尔维努斯，也避掉追兵，两人竟在色萨利会在一处，十分安全。如果庞培现在毫不迟疑，率他的主力登船而往意大利，一到那里，他必成功无疑，这或许是最好的办法。但当时只有一个分舰队开往西西里和意大利。在联合党的营垒里，人们以为都拉奇乌姆一战已完全决定了对恺撒的斗争，所余的只是收获胜利的成果，就是说，穷追败军，把它捕获。他们从前太谨慎的谦抑现在一变而为更不合理的骄横；他们不顾以下的事实：严格说来，他们在追击上已归失败，他们须准备在色萨利遇到一个完全经过休养和重整的军队，并且离开海洋，舍弃舰队的支持，尾追敌人到他所自择的战场上，当然其中也有不少的危险。他们只是决计不惜一切牺牲去与恺撒作战，所以要尽速用最便利的方法追及他。他们留十八个中队守都拉奇乌姆，留三百只战船于科西拉，加图接掌两地的兵权；庞培和西庇阿向佩涅奥斯河下游进发，前者似乎沿伊格纳提亚路至佩拉而后转入向南的大道，后者由哈里亚克蒙河经过奥林匹斯山的隘口，两人相遇于拉里萨(Larisa)。

拉里萨以南有一片平原绵亘于狗头山(Kynoskephalä)地与奥斯里斯(Othrys)山脉之间，佩涅奥斯河支流埃尼佩乌斯河(Enipeus)横贯其地，恺撒就驻在埃尼佩乌斯河左岸法萨卢斯城附近；

庞培在他对面埃尼佩乌斯河右岸沿狗头山高地的斜坡扎营下
91 寨。① 庞培的军队全集于此;反之,恺撒以前派往埃托利亚和色萨利差不多两个兵团的军队,当时由昆图斯·福菲乌斯·卡勒努斯(Quintus Fufius Calenus)率领,驻在希腊,还有奉派由意大利经陆路到他这里来的科尔尼菲奇乌斯的两个兵团已抵伊利里亚,恺撒

① 战场的所在不易确定。阿庇安把它置在"新"法萨卢斯(今费萨拉[Fersala])与埃尼佩乌斯河之间。在这里只有两条河较关重要,并且必是古人所谓阿皮丹诺斯(Apidanos)河和埃尼佩乌斯河,即索法第提科(Sofadhitiko)河和费萨里提(Fesaliti)河——前者发源于陶马克山(Thaumakoi 即 Dhomoko)和多洛皮(Dolopis)高原,后者发源于奥斯里斯山(Othrys),两河只有费萨里提河流经法萨卢斯;既然,据斯特拉波说,埃尼佩乌斯河发源于奥斯里斯山,流经法萨卢斯,那么莱亚克(Leake)所称费萨里提河就是埃尼佩乌斯河一说,极为允当,而格雷(Göler)所宗的假定以为费萨里提河就是阿皮丹诺斯河的,实不能成立。古人关于这两条河的其他说法一概与此相合。不过我们自须与莱亚克一同假定,弗洛科(Vlokho)河——由费萨里提和索法第提科两河合流而成,然后流入佩涅奥斯河——在古代既称为阿皮丹诺斯河,又称为索法提第科河,而因索法第提科河或长有水而费萨里提河则否,这种名称更是当然的。所以此战所由以得名的旧法萨卢斯必在费萨拉(Fersala)与费萨里提河之间。因此,战场位在费萨里提河左岸,庞培军面对法萨卢斯,置右翼于此河上。然而庞培军的营垒却不能立在这里而立在埃尼佩乌斯河右岸狗头山的斜坡上,一部分因为他们阻挡恺撒到斯科图萨的路,又一部分因为他们的退路显然是越过营垒上面的山而走向拉里萨;如果按莱亚克的假定,他们扎营于埃尼佩乌斯河左岸法萨卢斯的东面,那么,此河正在这里有很深的河床,他们绝不能渡河向北击,庞培便须不逃往拉里萨而逃往拉弥亚(Lamia)。所以庞培军大概扎营于费萨里提河的右岸,他们渡过河去,意在既要作战,又要在战后回营,然后由营垒上登克兰农山和斯科图萨山的斜坡,斜坡在斯科图萨上面达到绝顶,是为狗头山。这事非不可能。埃尼佩乌斯河是一条缓缓流动的小溪,据莱亚克考察,在11月水深二英尺,在热天完全干涸;此战又发生在盛夏之时。再者,交战以前,两军相距三罗马里零四分之一,所以庞培军能做一切准备,也能用一座桥使他们与本营的交通线相当安全。如果战事的结局是完全失败,他们当然不能退到河边和渡河,无疑地,庞培所以仅勉强同意在这里作战,即以此故。庞培军的左翼距退路的基地最远,也感到这种情形;但至少中军和右翼的退却,做得不甚慌忙,在已知的情势下,还不至于无法实行。恺撒和抄袭他的人都不言渡河一事,这是因为庞培军的愿战既显见于全部叙述,若再说到渡河,便把他们的愿战弄得太形昭彰;并且关于对庞培军有利的退却条件,他们也保持缄默。

尚有待于这两支兵。庞培的军队计有十一个兵团即步兵四万七
千，骑兵七千，在步兵方面不止倍于恺撒，在骑兵方面还七倍于恺 92
撒；恺撒军经劳苦和战斗，人数大减，以致他的八个兵团只有武装兵二万二千人，不及常额的一半。庞培的得胜军备有无数骑兵和良好仓库，粮食充足，而恺撒的队伍则难于维持生活，只希望由不久就要收获的粮食得到较好的给养。庞培兵在最近的征战中学得战争的知识和对将领的信任，军心极佳。在庞培方面，一切军事理由都赞成一种意见，即他们如今既已在色萨利与恺撒对垒，不当久稽决战之期，当然在军事会议中，还有比上述理由更有力量的，这就是众多贵族军官和其他随军人员的不耐流亡。自都拉奇乌姆之战以来，这些贵族便视本党的胜利为确定的事实；关于递补恺撒大祭司的遗缺一事，已有热烈的争执；许多训令寄到罗马，要租罗马广场的房屋以供下届选举之用。双方隔着一条小河，恺撒兵力薄弱得多，不敢渡河，庞培对这事也犹豫不决，激起大大的反感；据说庞培所以迟迟不战，只为了多控制几天那么多的前执政官和前副执政官，长保其元帅的身份。庞培依从了；恺撒正以为不至于有战事刚计划绕攻敌人的军队，因而要向斯科图萨（Skotussa）出发，也把兵团列阵备战，这时他见庞培军准备渡河来攻他。

如是706年即前48年8月9日，差不多在罗马人一百五十年前奠定其东方统治权的战场上发生了法萨卢斯之战。庞培把他的右翼置在佩涅奥斯河；恺撒在他对面，把他的左翼置在佩涅奥斯河前面一片崎岖不平的地上；另外两翼则远远立在平原内，双方都以骑兵和轻兵为掩护。庞培的计划是使步兵取守势，却以骑兵先击
溃他前面那按日耳曼式与轻步兵混合的薄弱马队，然后攻恺撒右 93

翼的后路。他的步兵奋勇抵住敌人步兵的首次冲击，交锋就在这里归于停顿。拉比努斯在敌骑英勇可是短促的抵抗以后，也把他们击溃，向左展开他的队伍，以便绕攻敌人的步兵。但恺撒预知他的骑兵必败，把他最精锐的步兵约二千人布置在骑兵背后，在右翼受威胁的侧面。敌骑追逐恺撒的骑兵，向前急驰；绕过阵线，忽然遇到这支勇猛向他们进攻的精兵，他们遭到这种出于意外而不常见的步兵攻势，[1]骤然陷于混乱于是撒开辔头，跑出战场以外。现在敌人的弓手失去保护，得胜的步兵把他们完全解决，然后冲击敌军的左翼，他们这方面开始绕攻敌军。同时，恺撒迄今留作后备队的第三支兵沿全线进攻。庞培军最精良的兵种竟遭意外的覆败，这使对方勇气百倍，却使本军，尤其元帅勇气消沉。庞培自始就不信任他的步兵，他一看见马队逃窜，甚至不等待恺撒总攻令的结果，立刻由战场驰马回营。他的兵团渐渐动摇，不久便退过小河而入营垒，做这事时，不免大受损失。

此战就这样失败了，许多善战的兵士阵亡，但军队仍然大体无
94 恙，庞培的处境远不如恺撒在都拉奇乌姆败阵以后那样危急。但恺撒曾身经变化无常的祸福，已知命运之神有时对她的宠儿也喜欢抽身而去，意在使他们以百折不回的精神再把她感动回来，庞培

---

[1] 与此相连的有恺撒对兵士的著名指示，即刺敌方骑兵的脸。骑兵非刀剑所能及，步兵在这里完全打破常规，对骑兵取攻势，应不投掷标枪，而用它们为手持的长枪攻骑兵，并且为了更能对骑兵自卫，应向他们的脸刺去。这种指示所化成的故事，即要使庞培的骑兵因怕脸上结疤而逃去，并且他们竟“把手举在眼睛前面”，疾驰而去，这话不攻自破；因为，只有假设庞培的骑兵大都是罗马的贵族少年，大都是“文雅的舞蹈人”，这故事才有可信。这或许至少是营中诙谐家把一种很不合理而确属滑稽的意味加在那简单适当的命令上。

则迄今只知命运之神为一常在的神，她一旦离开，他便对于自己和她都断绝希望；并且在恺撒的伟大心性中，绝望只能发展出日益雄健的精力，而庞培的渺小心灵在同一压力之下却陷于深不见底的颓丧。正如往日在对塞尔托里乌斯之战，他遇到比他高强的敌人，几乎要弃其所担任的职务而去，他如今一见他的兵团退过河来，也就抛去那不幸的元帅绶带，由最近的路向海驰去，以便到那里找一只船。他的军队既气馁胆裂，又没有领袖——因西庇阿虽受庞培承认与他共任最高统帅，可是仅有元帅之名——希望能在壁垒中自保；但恺撒不许他们休息；营中罗马和色雷斯卫兵的顽强抵抗很快就被压倒，这群人被迫纷纷退到兵营上面克兰农(Krannon)和斯科图萨的高地。他们企图沿着这些小山向前，回拉里萨，但恺撒的部队把战利品和疲劳都置之度外，由平原较好的路径前进，竟截断逃军的路线；真的，到了深晚庞培军停止进行时，追兵竟能造一道防线使逃军不能达到附近唯一的小河。

法萨卢斯之战就这样结束了。敌军不但被击破，而且被歼灭；敌人死伤倒在战场的计有一万五千人，恺撒军则仅失二百人；次日清晨，那留在一处仍达二万人的大众都放下武器；只有孤零零的队伍，当然连最有名的军官在内避难于山中；敌人的十一个鹰徽有九个交给了恺撒。恺撒在交战那天，已命兵士莫忘敌人是他们同国的人，莫像毕布路斯和拉比努斯那样对待俘虏；然而他也觉得如今有严办的必要。普通兵士被并入他的军队，地位较高的人被课罚 95
金和没收财产；被俘的元老和著名骑士都受死刑，很少例外。宽恩的时期已过；内战愈持久，它愈是残酷无情，难于和解。

过一些时候，706年即前48年8月9日的后果始完全大白于世。最不容置疑的是，那些只因庞培党较强而依附它的，现在见它败于法萨卢斯，便一概投到恺撒这边来；这败仗有完全的决定性，以致一切不愿或不必替失利党奋斗的都归于恺撒。一切国王、民族和城市迄今受庞培保护的，现在都召回他们的海陆助战队，并且拒纳失败党的逃难人；埃及、昔兰尼、叙利亚各城邦、腓尼基、西利西亚和小亚细亚、罗德斯、雅典，总而言之，整个东方都是如此。真的，博斯普鲁斯王法纳塞斯非常献殷勤，以致他一听得法萨卢斯战事的消息，便不但把几年前庞培所宣告为自由市的法纳哥利亚和经他核准的科尔基斯君长的领土，甚且把庞培封给德奥塔鲁斯王的小亚美尼亚国，一概取为己有。这种普遍的归顺几乎只有两个例外，一个是小城梅伽拉让恺撒的兵团包围攻陷，另一个是努米底亚王尤巴，他久已预料恺撒要吞并他的国土，在战胜库里奥之后，更确实地预料必有此事，所以他当然不管好歹，须拥护失败的一党。

正如保护国归顺了法萨卢斯的战胜者，宪政党的尾巴——一切无诚意参加宪政党的，或如马尔库斯·西塞罗一流人只在贵族周围活动像在布罗肯(Brocken)周围跳舞的假巫觋的——也都前来与新君讲和，新君于是以轻蔑宽恕的心情也欣然客气地准如所请。但失败党的中坚分子却不妥协。贵族政治的大势已去，但贵
96 族们却永不能改宗君主政治。人类至上的启示也是无常的。昔为真理的宗教可变为欺人之谈，往日赐福的政体可变为祸害；但就是那过时的福音也仍能得到信徒，即使这种信仰不如对话真理的信仰那样能移动山岳，它却还自信到底，等到它拖着它那最后的祭司和最后的党徒同归于尽，一辈新人得免于过去和无常的幽灵，控制

了一个返老还童的世界，它始脱离人间。这正是罗马的情形。贵族政治现在无论陷溺到如何腐败的地步，它往日曾是个伟大的政治制度；那神圣的火，昔曾赖以征服意大利和战胜汉尼拔的，现在虽然光焰稍减，却在罗马贵族尚存之时仍炽烈于贵族之中，使旧政治下面的人不能与新君有真诚的谅解。宪政党的大部至少表面上归顺，承认这位君主，以至于接受恺撒的恩赦，尽量退享在野的生活；当然这种行为通常不无一个隐衷，即借这种方法自保以待将来时局的转变。不甚有名的党人大半都这样做；可是有才的马尔库斯·马尔凯乌斯即造成对恺撒的破裂的，也在这班智者之列，自动往勒斯博斯（Lesbos）度放逐的生活。然而在大多数的真贵族中，热情却强于冷静的思考；此外他们以成功仍属可能来自欺，又恐怕战胜者必然报复，二者也在许多方面一同发生效用。

大概没有一人判断事势，能像马尔库斯·加图那样有痛切明白的眼光和不为一己存畏惧和希望的。他完全相信，伊莱尔达和法萨卢斯两战以后，君政在所不免，他又有道德上的毅力来自己承认这苦痛的事实和依此行事，所以他对于一个问题，即宪政党是否应继续作战，必然地使许多不知为何牺牲的人为一个无望的事业来牺牲，一时犹豫不决。但他既决定了不以胜利而以更迅速更光荣的灭亡为再对君政作战的目的，他还尽量设法不把任何不愿与共和偕亡而愿与君政和好的人牵入战争。他以为当共和仅受威胁 97
之时，人有权利和义务来强迫那些淡漠和不肖的公民参加战事，但是如今还强迫个人与那无望的共和同归于尽，实系无意义的虐政。他不但自己把愿回意大利的人一律放行；而且那最暴烈的暴烈党人，小格涅乌斯·庞培，力主把这些人尤其西塞罗处死刑之时，只有加图以其道德权威使这事不致实现。

庞培也不愿和平。如果他是个不贪其位的人，我们还可以设想，他必晓得一个想戴王冠的人不能再回到平常生活的故辙，又晓得他一失败，世上便不再有他容身之地。但庞培并非过于自大不肯求恩，他若求恩，战胜者或许很慷慨地不拒他的请求；反之，他大概过于卑鄙，不能求恩。不问他是不能决心委身于恺撒，还是不改其糊涂寡断的故态，在法萨卢斯惨败的最初直接印象消失以后，他又开始怀着希望，总之，他决定继续对恺撒作战，在法萨卢斯战场失去以后再自寻另一战场。

如是，恺撒虽极力想用聪明宽和的手段平息敌党的愤怒，减少他们的数目，可是战事依然进行，毫无改变。不过领袖人物差不多都曾参加法萨卢斯的战斗；虽则除卢奇乌斯·多米提乌斯·阿亨巴布斯在逃走时被杀外，全都得免于难，他们却散在四方，所以不能商定一个继续作战的共同计划。他们或经马其顿和伊利里亚的荒山或借舰队之助，大部分得达科奇拉即马尔库斯·加图统率后备军留守之地。他们在这里举行一种军事会议，到会的有梅特路
98 斯·西庇阿、提图斯·拉比努斯、卢奇乌斯·阿弗拉尼乌斯、小格涅乌斯·庞培等，但元帅不在，人们痛感他的生死不明，党内意见分歧，于是他们不能通过任何共同遵守的议决案，终于各人自行其所认为对于一己或公家最合适的道路。要指出他们所攀援的那些草，哪一根是最能久浮在水面的，实是个很难的事。

马其顿和希腊都因法萨卢斯之战而告失陷。加图一听得败讯，立刻退出都拉奇乌姆。固然他一时还替宪政党守着科西拉，卢提利乌斯·卢普斯(Rutilius Lupus)也守着伯罗奔尼撒。庞培党

也仿佛一时要在伯罗奔尼撒的帕特雷(Paträ)实行自卫；不过卡列
努斯进兵的消息便足以把他们从这里吓走。他们也不想据守科西
拉。在意大利和西西里沿岸，庞培在都拉奇乌姆战胜后派来的舰
队曾攻打布隆迪西乌姆、梅萨那和维勃等港口，获得非不重要的胜
利，尤其在梅萨那，它烧毁正在替恺撒营造的全部船舰；但在这里
作战的船舶，大部都由小亚细亚和叙利亚而来，因有法萨卢斯之战
而为其本民社所召回，于是这远征军自行消灭。在小亚细亚和叙
利亚，此刻双方俱无军队，唯一的例外是法纳塞斯的博斯普鲁斯军
队，它扬言替恺撒作战，已占据他敌人的许多地方。在埃及，固然
仍有一支罗马大军，一部分是伽比尼乌斯留下的队伍，一部分是以
后招募的意大利亡命徒和叙利亚或西利西亚的股匪；但亚历山大
城的朝廷绝不想依恋失败党甚或使它的武力听他们支配，却是不
证而自明，并且不久便有召回埃及战船一事正式做证。对于战败
者，西方的情势稍形有利。在西班牙，人民对庞培有强烈的同情，
因此恺撒军不得不放弃原来由此进攻非洲的计划，并且一有著名 99
领袖来这半岛，叛变似乎不可避免。再说非洲，自 705 年即前 49 年
秋季以来，联合党或可谓在这里真正掌权的努米底亚王尤巴，已在
整军经武，未受干扰。整个东方既因法萨卢斯之战而不复为联合
党所有，他们却以光荣的方式大概可以继续作战于西班牙，并且确
实可以继续作战于非洲；因为，努米底亚王久已服从罗马民社，要
求他的援助以抗本国的革命党，自然是罗马人痛心的耻辱，但绝不
是叛逆行为。当然，有些人在这绝望的斗争里不再顾及正义或名
誉，也可以宣告置身法外，发动盗匪式的战斗；或者他们可以与独
立的邻国结盟，把公敌引入内战；最后，他们可以口头承认君主政

治，却用刺客的匕首进行正统共和的恢复。

战败者引退并且不承认新君政，这至少是当然的，因此也最确实表现他们的陷于绝境。自人类能记得的时候到当时，山中尤其海上不但是犯罪者的避难所，而且是穷苦不堪和含冤负屈者的安身处；自然地，庞培党和共和党要在山中和海上，对恺撒那把他们逐出的君主政体大胆作战；尤其自然的，他们要采取大规模的海盗行动，不过具有更坚固的组织和更明确的目标。就在来自东方的舰队被调回以后，他们仍拥有自己的很大舰队，而恺撒却永远等于没有战船；达尔马提亚部为了本身的利益起兵抗恺撒，他们既与达尔马提亚部有联络，又能控制最重要的海面和海港，对于海战尤其小规模的海战，这给人最有利的形势。往日苏拉追捕平民党终酿成塞尔托里乌斯的叛乱，这叛乱起初是海盗战，而后是陆盗战，最后成为一场极严重的战事，所以如果加图派的贵族或庞培的党羽有马略平民党那样大的精神和热心，如果他们中间有个真海王，那
100 么，在那尚未克服的海上，也许可以兴起一个不属于恺撒君主国并且或与之势均力敌的国家。

至于想把独立的邻国拖入罗马的内战，借它的力量造成反革命，这无论从哪方面看都应当受更严厉百倍的指责；法律和良心判决投归敌国者的罪重于盗贼的罪，一伙得胜的盗贼较容易重回自由而有秩序的国家，由公敌引导回来的出亡者则较难，并且失败党也未必能用这种方法做成复位。他们只有向帕提亚国企图求救；关于此国，它是否要拿他们的事当作自己的事，至少还属可疑，至于它要为了这事对恺撒作战到底，更是难定。

共和党谋乱的日子尚未到来。

如是，战败党的余部毫无办法地听命运的支配，甚至那些决心继续作战的也既不知如何着手，又不知何处着手，同时恺撒仍旧是速断速行，不顾一切追赶庞培——他的敌人只有庞培是他看得起的将官，庞培一旦被擒，他的敌人的一半或且较厉害的一半必不再能活动。他带了少数兵士渡赫勒斯滂海峡，他那只小船在这里遇到敌方开往黑海的一个舰队，舰队人员听得法萨卢斯一战的消息，似乎吓得魂不附体，全部为他所俘；最必要的准备一行就绪，他便立刻急往东方去追庞培。庞培已由法萨卢斯战场往勒斯博斯，由这里带去他的妻子和次子塞克斯图斯(Sextus)，然后绕小亚细亚驶往西利西亚，由西利西亚又驶往塞浦路斯。他原可以到科西拉或非洲去会他的同党；不过他厌恶他的贵族同盟，又想在法萨卢斯一战以后，尤其在他那可耻的逃走以后，他要在那里受什么待遇，他所以自辟蹊径，宁可托庇于帕提亚王而不托庇于加图，似乎即因此故。他正在塞浦路斯向罗马包税人和商人从事征收金钱和奴 101
隶，并且把二千奴隶武装起来，忽接到消息说安条克已响应恺撒，到帕提亚的路已不通。所以他改变计划扬帆驶往埃及，因为他的旧部下有很多服务于埃及的军队，而且此国的位置和丰富资源可以给他重整旗鼓的时间和机会。

在埃及，托勒密·奥勒特斯身死(703 年即前 51 年 5 月)以后，他那年约十六岁的女儿克娄巴特拉(Kleopatra)和年约十岁的儿子托勒密·狄奥尼苏斯(Ptolemäos Dionysos)遵父亲的遗嘱共登王位，并且成为夫妇；可是不久以后，这位弟弟或不如说他的监护人波提努斯(Potheinos)却把姐姐驱逐出国，使她不得不避难于叙利亚，她准备由这里回她祖国。为了保卫东境以抗克娄巴特拉，托勒密和波提努斯率全部埃及军驻在佩鲁修姆，正在这时，庞培，下碇于卡西角(Kasischen Vorgelirge)，派人请国王准他登岸。埃及朝廷早已听得法萨卢斯的败仗，就要拒绝庞培的要求；但监护人狄奥多图斯(Theodotos)指出，如果这样，庞培或将利用他与埃及军队里的关系煽动兵变；有一个较为稳妥并且对于恺撒方面也较为可取的办法，即乘这个机会铲除庞培。在希腊世界的政客中，这种政治理论不易失其作用。

王军的将官阿契拉斯(Achillas)和庞培的几个旧部下乘一小舟到他的大船上，请他去见国王，又因水浅，请他入他们的小船。当他走上岸时，军事保民官卢奇乌斯·塞普提米乌斯(Lucius Septimius)由后面刺杀他，他的妻室和儿子由大船甲板上目睹庞培被杀，却既不能援救，又不能报仇，不得不居于旁观者地位(706年即前48年9月28日)。十三年前的今日，他在战胜米特拉达特斯之后，曾凯旋入首都，这位三十余年来号称伟人，多年来统治罗马的
102 人物，竟在卡西险恶海岸的荒沙上死于他部下一个兵士之手。他是个良将，但智力和情感方面的天赋却属平庸，三十年间，命运所以用鬼神的恒心让他解决一切辉煌而不费力的事，所以许他采折他人所栽培养育的桂树，所以奉送他一切达到最高权力的条件，只为的是在他身上昭示一个古今无二的假伟人的炯戒。一切可怜的角色没有比名过其实的人更可怜的；这就是君主政治的不幸，因为一千年间，人民中未必能起来一位名副其实的王者。如果外表与实际的悬殊或永不如在庞培身上那样彰明较著，那么，下列一事很可以郑重考虑，即就某种意义而言，开一串罗马君主之先河的正是庞培。

恺撒随着庞培的足迹来到亚历山大城的碇泊所，见一切都已告终。庞培原是他的子婿，多年与他共掌国政，他为了生擒此人来到埃及，当凶手把庞培的头送到他的船上时，他深为震惊，转过脸去。恺撒要如何对付被擒的庞培呢？莽刺客的匕首使这问题无法答复；但人道的同情仍与雄心共存于恺撒的伟大胸襟中，这种同情既令他饶恕他的旧友，他的利害关系也要求他用刽子手以外的方法铲除庞培。庞培为罗马公认的统治者已二十年，这样根深蒂固的政权不能因人主之死而消灭。庞培之死并未使庞培党瓦解，反而使他们失去一个老朽无能的首领而在他两个儿子格涅乌斯和塞克斯图斯身上得到两个领袖，二人都是年少活泼的，塞克斯图斯又确乎是个人才。世袭的伪主风气有如寄生虫，立刻黏连在世袭君主政体之上，这种人事的变化对恺撒是否利多而害少，深可怀疑。

如今恺撒在埃及不再有事可做，罗马人和埃及人都预料他必立刻开船，从事于平定非洲和做一件巨大工作，即胜利后急待着手 103
的组织工作。但恺撒不改其习惯，他无论到这广大帝国的何处，总立刻亲自把事务整理出一个结果来，又坚信罗马戍兵和埃及宫廷均不至于有何抵抗，并且正在急迫的经济困难之中；他于是率着随来的两个混合兵团，共有步兵三千二百，凯尔特和日耳曼骑兵八百，在亚历山大登陆，驻节于王宫，进行征收所需的款项和规定埃及的王统，波提努斯发出无礼的话说恺撒，不可为这些小事而忽略他自己那样重大的事，他也不为所动。对于埃及人，他做事公平，甚至宽大。虽则他们援助庞培可为责纳战费的理由，这块民穷财尽的地方却免于受罚；695 年即前 59 年约定的款项起初拖欠，以后只付了半数，现在恺撒把它豁免，仅要求一千万第纳尔的结账钱。他命交战的姊弟即刻停战，请他们把争执交给仲裁去调查裁判。恺撒依据奥勒特斯的遗嘱，把埃及国断给那成为夫妇的姊弟克娄巴特拉和托勒密·狄奥尼苏斯，又不待要求便取消以前合并塞浦路斯国的法案，把它当作埃及王次子的封地，给予奥勒特斯的幼女阿西诺(Arsinoe)和幼子小托勒密。

但暗中正酝酿着一场狂风暴雨。亚历山大与罗马同是个世界城市，以居民的数目而言，不亚于意大利的首都，以活泼的商业精神、巧妙的工艺、科学和艺术的赏鉴力而言，却比它高明远甚；公民有强烈的民族自觉，即使缺乏政治的意识，至少有一种骚动的精
104 神，因此他们有今日巴黎人的风气，常常热烈举行街市上的暴动；他们眼见罗马将军入主拉吉德王家的宫廷，他们的国王接受他的法庭的判决，他们的感觉可想而知。波提努斯和幼主，我们可以想见，既很不满意于这种严追旧债，又很不满意于王统争执受人干涉——其结果只能有利于克娄巴特拉。为了满足罗马人的要求，把神庙的宝物和国王的金器，故意招摇过市地送到造币厂去熔化；埃及人本来虔敬得流于迷信，又把宫中驰名世界的富丽景象仿佛当作自己的来享受，现在看见他们的庙宇四壁空空，他们国王的餐桌上摆着木杯，深为愤慨。罗马的戍军久驻埃及，许多兵士与埃及女子婚配大部已失其国民性，并且其中有一伙庞培的老兵以及意大利的逃犯和奴隶，由于恺撒的命令他们不得不停止叙利亚边境的战事，所以他们也既恨恺撒，又恨他那寥寥的高傲部下。就在登陆时，群众见人拿着罗马的斧钺走入古王宫，起了一次暴动，他的兵士又有许多在这城内遭暗杀，因此恺撒晓得以他区区的兵力抵抗那愤怒的群众，他的处境如何危险。但因本季多西北风，恺撒难

于回去；他企图登船或许容易变为发动叛乱的信号；总之，恺撒不是不完事就走的人。因此，他立刻传令叫亚细亚的援兵开来，可是援兵来到以前，他却表示出极大的安全感。他营中的生活从没有比在亚历山大休息期间更快乐的；秀外慧中的克娄巴特拉既然对一般人不吝其妩媚，对她的仲裁人自更如此，恺撒也似乎在一切胜利之中最珍重他从美女方面得来的胜利。这是一出严重戏剧的快乐序曲。在阿契拉斯领导之下，并且，如后来所证实的，奉了国王和监护人的密令，罗马驻在埃及的戍军突然出现于亚历山大；人民见这军队来攻恺撒，他们即刻响应叛兵。 105

恺撒的镇定稍足以开脱他以前鲁莽之罪，他急忙集合他那分散的兵士，逮捕国王和他的大臣，设防自保于王宫和邻近的剧院。又因他的战舰队停在剧院正对面的主要港湾，他无暇为它谋安全，便命人把它纵火焚毁，并且小船据守那控制海港的灯塔岛法罗(Pharos)。这样，他至少得到一个有限的防御阵地，并且保住一条运粮和增援的通路。同时，他发令给小亚细亚的统兵官和最近的属国，叙利亚人和纳巴泰人，克里特人和罗德斯人，叫他们尽速派船到埃及来。叛军已由公主阿西诺和她的代表，阉人伽尼墨德斯(Ganymedes)率领，这时掌握全埃及和首都大半。在首都的街市，天天有战事，恺撒不能更自由地活动，只冲到那在城后面可供给他淡水和刍秣的淡水湖玛雷亚(Marea)，亚历山大人也不能制伏被围者，使他们全无可饮的水；因为，在恺撒的市区中，尼罗河的渠水因导入的海水而不可饮时，可饮的水却出人意外地见于海滩上所掘的井中。

在陆地方面既不能胜恺撒，攻军便致力于毁灭他的舰队，断他那赖以得粮的通海路线。灯塔岛和连结此岛与陆地的防波堤把海港分为东西两半，两半借防波堤的两个拱门互通往来。恺撒控制此岛和东港，防波堤和西港则为亚历山大人所据；亚历山大的舰队既被焚，他的船只出入无阻。亚历山大人先想使火船由西港驶入
106 东港，没有成功，然后以他们武库中的余物装备了一支小舰队，这时一队运船由小亚细亚载着一个兵团来到，由恺撒的船只拖带入港，为小舰队所阻；但恺撒部下精良的罗德斯水手压倒敌人。然而不久以后，亚历山大人夺取了灯塔岛，[①]由这里完全封锁了东港通大船的狭窄而多礁的港口；于是恺撒的舰队被迫停在东港前面无港埠设备的碇泊所，他与海上的联络仅系于一发。恺撒的舰队在这碇泊所，屡遭敌方优势海军的攻击，既不能避免众寡不敌的战斗，因为灯塔岛的失陷使它们无法入内港；又不能开船离去，因为碇泊所一失，恺撒通海的路线将全被封锁。虽则兵团的勇士有罗德斯巧妙水手的支援，一向使罗马人得胜，可是亚历山大人孜孜不倦地补充和增添他们的海军，每次攻军要打仗，被围者便非打仗不可，如果被围者有一次战败，则恺撒必全被封锁，或许竟致覆没。

绝对必要的是设法收复灯塔岛。小船由海港方面，战舰由海岸方面两路进攻，于是不但此岛确入于恺撒的掌握，而且防波堤的下段亦然；他们到了防波堤的第二个拱门时，恺撒下令停攻，并命他们在那里筑一道横墙堵塞防波堤向城市的一面。但是激烈战斗

① 埃及的舰队在科松被击败，又在第二战被歼灭，灯塔岛的失陷须与此事的叙述一同填入如今史有缺漏的地方，因为起初这岛在恺撒的掌握。防波堤必是永在敌人手里，因为恺撒与此岛的交通只是用船。

起于筑墙者的周围，罗马队伍全离开那与岛连接的防波堤下段；不料有一支埃及兵在那里登陆，从后面攻打那些拥挤在防波堤横墙处的海陆军兵，把这混乱的人群赶得纷纷落海。一部分为罗马船舶所救起，大部分溺死。约有四百兵士和更多的舰队人员做了这
次战事的牺牲品；将军本人与部下同遭此难，不得不逃避到船上， 107
船因载人过多而下沉时，他又不得不游泳到另一只船。但灯塔岛连同那远至第一个拱门的防波堤仍在恺撒手中，所受损失虽重，此岛的收复却足偿损失而有余。

渴望的救兵终于到来。波加蒙的米特拉达特斯是米特拉达特斯·攸帕托一派的善战武士，并且自称为他的私生子，他经陆路由叙利亚带来一支庞杂的军队——黎巴嫩君长部下的伊泰里亚人、散西科蓝之子詹布里克(Jamblichos)部下的贝都因人、大臣安提帕托(Antipatros)部下的犹太人以及西利西亚和叙利亚一般小酋长和民社的助战队。米特拉达特斯到佩鲁修姆，幸而当日即把它占领，由这里走大路进趋孟菲斯(Memphis)，以避三角洲河汊纵横的地带，而由尼罗河分支以前的地方过渡；犹太农民卜居埃及这地带的特别多，给他许多的援助。恺撒为了使幼王托勒密消弭变乱，已把他放给人民，结果无效，埃及人在他领导之下派一支军往尼罗河上要把米特拉达特斯阻在河的彼岸。这支兵竟与敌人相遇于孟菲斯以外，翁尼(Onion)与赫利奥波利斯(Helioplis)之间的所谓犹太营；然而米特拉达特斯习于罗马式的行军和扎营，屡战屡胜，达到对岸的孟菲斯。另一方面恺撒一接得救兵来到的消息，立刻用船载一部分军队到亚历山大以西玛雷亚湖的尾部，绕过这湖顺尼罗河而下，以迎接沿河上行的米特拉达特斯。

敌人不想阻挠他们的会师,会师告成。然后恺撒走入国王已退到的三角洲,尽管埃及前锋阵前有一道深沟,他第一次冲锋便把他们击破,即刻猛攻埃及的兵营。这兵营位在一片高地的脚下,介于尼罗河——与河仅隔一条小径——与难以行近的沼泽之间。恺撒令一支兵攻这兵营的前面,另一支兵同时沿尼罗河的小径攻它侧面,
108 在进攻中,又令第三支兵秘密攀登营后的高地。他得到全胜,攻下兵营,埃及人未死于敌人刀下的都想逃到尼罗河上的舰队时溺死。幼王所乘的小船因载人过多而下沉,他与小船同没于本国河流的波浪中。

由战场上,恺撒即刻率骑兵经陆地方面直入埃及人所占的首都区域。敌人衣丧服,手持神像来接他,恳求和平;他的军队见他由出发方向的对面回来,得了胜利,以无限的喜悦欢迎他。这城胆敢阻挠世界主人的计划,使他险些遭到灭亡,现在它的命运握在恺撒手里;不过他饶有人君的度量,不理会这事,按对待马赛利亚人的办法对待亚历山大人。他们的城大受糜烂,谷仓、驰名全世的图书馆和其他重要公共建筑都在焚烧舰队时化为乌有,恺撒指着这座城,劝它的居民将来专诚致力于培养和平的艺术,治愈他们加在自己身上的创伤;此外,他仅止于准许卜居亚历山大的犹太人与本城的希腊人享同等权利,以前罗马戍军至少在名义上听命于埃及王,他现在代以正式的罗马戍兵——两个曾在那里被围的兵团和另外一个来自叙利亚的兵团——由他所任命的将官指挥。这是个亲信的职位,他故意选择一个因为门第关系而不能滥用它的人来充任,这就是鲁菲奥(Rufio),一位善战的武士,但是脱籍人的儿子。克娄巴特拉和她弟弟托勒密得到在罗马主权之下的埃及政权;公主阿西诺被运往意大利,以免埃及人再用她做叛乱的借口,

因为埃及人不脱东方人的习气，忠于他们的王室，却不问王者为谁；塞浦路斯又成为西利西亚省的一部分。

这次亚历山大的叛乱，它本身虽无足轻重，与同时发生在罗马国的世界史事虽少真实的联系，然而由一方面看，它对世界史事却 109
有重大的影响，即这次叛乱迫使这位手握万几，没有他便一切不能做、一切不能解决的人，自 706—707 年即前 48 年 10 月—前 47 年 3 月把他正当的工作搁在一边，以便与犹太人和贝都因人共攻一座城的群众。一人专制的后果始赫然显露出来。人们有了君主政治；可是处处流行极可骇的混乱状态，君主又不在场。恺撒党一时正如庞培党，无人领导；各处的事专视各个将官的才力，尤其偶然事件而定。

在小亚细亚，当恺撒动身往埃及之时，并无敌人。但恺撒下令给该地副将格涅乌斯·多米提乌斯·卡尔维努斯，要他把法那西斯擅自由庞培同盟方面夺去的土地收回；法那西斯与他父亲一样，也是个顽强骄横的暴主，坚持拒绝退出小亚美尼亚，于是除率兵攻他外，没有别的办法。卡尔维努斯原有由法萨卢斯战俘编成而留在后面的三个兵团，他已不得不派出其中两个往埃及；他为了补这缺陷，由卜居本都的罗马人中仓促征集了一个兵团，再加以德奥塔鲁斯部下按罗马式训练的两个兵团，率着他们入小亚美尼亚。但博斯普鲁波军有多次与黑海居民交战的经验，显然比卡尔维努斯的军队善战。

在尼科波利斯一战，卡尔维努斯的本都征兵被击破，加拉提亚的兵团逃走；只有罗马人那个老兵团能杀出一条路去，损失不大。卡尔维努斯不但不能攻取小亚美尼亚，而且法那西斯重占他那本都“祖传国”，把他全副可恨的苏丹脾气发泄在该处居民，尤其是不幸的阿弥索斯人身上，他也不能阻止（706—707 年即前 48—前 47

年的冬季）。以后恺撒亲到小亚细亚，使人通知他说：法那西斯不助庞培，对他个人有功，却抵不得他那加在帝国的损害，在任何商谈以前，他须退出本都省，并且送还他所劫掠的财产。这时他固然
110 声明愿意服从，可是他深知恺撒有如何良好的理由赶往西方，不认真做退出的准备。他不晓得恺撒每着手一事，必把它做完。恺撒不再交涉，率着他由亚历山大带来的一个兵团以及卡尔维努斯和德奥塔鲁斯的部队，进攻法那西斯扎在琪拉的兵营。博斯普鲁斯人见他前来，便奋勇越过掩护他们正面的深涧，冲上山去攻罗马人。恺撒的兵士仍在从事于扎营，行列一时发生动摇；不过惯战的老兵迅即精神再振，以身作则地实行总攻，结果全胜（707 年即前 47 年 8 月 2 日）。五天之内，战争完毕——在这每一小时均属可贵的时候，这是个无价的幸事。

国王已取道西诺培回国，恺撒委托法那西斯的庶出昆仲，即勇将波加蒙的米特拉达特斯追赶他，又为了酬谢他在埃及所立的功劳使他代法那西斯为博斯普鲁斯国王。此外，叙利亚和小亚细亚的事务都和平解决了：恺撒自己的同盟受厚赏，庞培的同盟大抵受罚金或申饬后释放。只有最强大的庞培党德奥塔鲁斯又局限于他世袭的偏小领域即托利斯托伯吉部，小亚美尼亚非他所有，成为卡帕多奇亚王，阿里奥巴赞的封地。德奥塔鲁斯所篡的特罗克弥四王之职归于博斯普鲁斯新王，新王母族出自伽拉廷一个君长之家，父族出自本都三家。

当恺撒在埃及时，伊利里亚也发生了很严重的事。几百年来，达尔马提亚沿海一带总是罗马政权的痛处，自都拉奇乌姆之战起，该地人民就公开与恺撒为敌，并且在色萨利战争以后，内地也充满了分散的庞培党。然而昆图斯·科尔尼菲西乌斯却能以其由意大

利来此的兵团镇压本地人和亡命徒，同时又足以办理在这荒野地
方供给军粮的难事。库里克塔之役的战胜者，良将马尔库斯·屋
大维，率庞培一支舰队来到这里海面，对恺撒水陆作战，甚至在这 111
时候，科尔尼菲西乌斯赖耶德斯丁(Iadestines，即扎拉[Zara])船舶
和港埠的支援，也不但晓得如何自保，而且他这方面也对敌方舰队
打了几个海上的胜仗。但恺撒把奥卢斯·伽比尼乌斯由放逐中召
回，命他做伊利里亚省长，706—707 年即前 48—前 47 年的冬季，
新省长率步兵十五中队和骑兵三千由陆路来到伊利里亚，于是战
略一变。他前任只限于小规模的战事，这个勇猛活泼的人却不顾
严寒的天气，即刻率领他的全军从事于远征山地。但不利的气候、
给养的困难和达尔马提亚人的英勇抵抗消耗了他的军队；伽比尼
乌斯不得不开始退兵，中途为达尔马提亚人所攻，遭到惨败，带了
他那堂皇军队的薄弱残部很费力地来到萨隆(Salonae)，不久以
后，他死在此地。于是伊利里亚沿海城市大都向屋大维的舰队投
降；那些依附恺撒的，如萨隆和伊庇道鲁斯(Epidauros，即拉古萨
一维齐亚[Ragusa vecchia])，受海上舰队和陆上蛮族的激烈压迫，
以致被围在萨隆的残兵似乎不久就要投降献城。这时布隆迪西乌
姆兵站的统领是那有魄力的普布利乌斯·瓦提尼乌斯，他既没有
战船，便命人把船嘴装在普通船只上，用那些出医院的兵士做水
手，他带着这种临时造成的战舰与屋大维远占优势的舰队交战于
陶里斯(Tauris，即勒西纳[Lesina]与库尔佐拉[Curzola]之间的托
尔科拉[Torcola])，统兵官和水手的骁勇常常可以弥补船舰的缺
陷，此战也非例外，恺撒军竟得到辉煌的胜利。屋大维离开这里的
海面而往阿非利加(707 年即前 47 年春间)；固然，多年之间，达尔马

提亚人仍很顽强地继续抵抗,但这不过是局部的山岳战争。当恺撒由埃及回来,他这位果敢的副将已消除了伊利里亚目前的危险。

阿非利加的局势更为严重。自内战开始以来,宪政党就绝对主宰此地,并且他们的势力增长不已。迄法萨卢斯之战,真正操这
112 里政权的是尤巴王,他打败了库里奥。他那飘忽的骑兵和无数的弓手是军队的主力,庞培党的省长瓦鲁斯在他旁边,是个很不重要的角色,他甚至须把向他投降的库里奥兵交给尤巴,又须坐视这些人受戮或解往努米底亚腹地。法萨卢斯之战以后局势一变。除庞培本人外,战败党没有一个名流想投奔帕提亚人。他们也不企图用他们的联合力量保持海权;马尔库斯·屋大维在伊利里亚海面发动的战事是孤立的行动,没有长久的效果。大多数的共和党和大多数的庞培党一齐向阿非利加走来,只有在这里还可以对僭主做光荣合法的战争。法萨卢斯溃散的残兵,都拉奇乌姆、科西拉和伯罗奔尼撒的戍兵,伊利里亚舰队的余部渐渐在此集合;第二元帅梅特路斯·西庇阿,庞培的二子格涅乌斯和塞克斯图斯,共和党的政治领袖马尔库斯·加图,良将拉比努斯、阿弗拉尼乌斯、裴特雷、屋大维等也在此地聚会。流亡者的力量虽已减少,他们的狂热,如果可能,却反而增加。不但他们仍旧杀戮俘虏和恺撒的来使,而且尤巴王兼有党人的愤怒和非洲半开化人的凶暴,也立下一条规则,即任何民社若有同情于敌人的嫌疑,他们应灭绝其人民,烧毁其城市,并且对几个城邑,例如对哈德鲁米图姆附近不幸的瓦加,竟实行了这种理论。真的,仅赖加图的力行调停,此省的首城,那正如往日的迦太基久已为努米底亚王所嫉视的繁荣城市乌提卡,始未遭尤巴的同样待遇,他们对此城的公民仅采防范的步骤,因为人说

此城公民倾向恺撒，确乎不是诬告。

恺撒本人或他的任何副将既都对阿非利加毫无动作，联合党饶有时间做政治和军事上的新部署。第一，庞培死后，所遗元帅一 113
职须再选人递补。尤巴王非不欲仍保持迄法萨卢斯之战，他在阿非利加所占的地位；一般看来，他的举动实不再像个受罗马保护的人，而像个平等的盟友甚至保护主，例如他胆敢铸造刻有他的名字和纹章的罗马银币，甚至提出只有他可在营中穿紫衣的主张，向罗马统兵官建议要他们脱去紫色的官服。再者，梅特路斯·西庇阿替自己要求元帅职，因为在色萨利战争中，庞培以身为子婿而非以普通的军事理由，曾承认他与自己地位平等。瓦鲁斯以阿非利加省长——固然是自命的——资格也提出同样的要求，因为战争在他辖境内进行。最后，军队愿意马尔库斯·加图做他们的领袖。他们显然是对的。只有加图具有这繁难职务所必需的热心、毅力和权威；如果说他不是个军人，那么，任命一个晓得自谦而任部下做事的非军人为元帅，比任命一个如瓦鲁斯那样未见其才或甚至如梅特路斯·西庇阿那样已见其不才的将领为元帅，实好得无限。他们终于决定命西庇阿为元帅，而这决定大致为加图自己所促成。这事的原因不是他自觉不胜其任，也不是他的虚荣心觉得拒绝比接受更于他有利，更不是他喜爱或敬重西庇阿，反之，他却对这人有私仇，这人处处以无能著名，只因他是庞培的岳父，才能达到一种重要地位；唯一的原因是他固执法律的形式，宁愿使共和守法而灭亡，不愿用不规则的方法拯救它。法萨卢斯之战以后，他与马尔库斯·西塞罗相遇于科西拉，西塞罗自充任西利西亚省长以来仍带有将军衔，他由法律观点认为这人是他的上司，便请把科西拉的兵权转交西塞罗。这位不幸的律师现在正千遭万遍地诅咒那由阿玛诺斯(Amanos)折来的桂枝,被他这种甘愿的举动弄得几乎没有办法,连一切稍有眼光的人也为之惊愕。而今有更重要的事待解
114 决,加图也应用同一原则;元帅的位置应属于谁,他考虑这问题,仿佛是图斯库鲁姆一块地的问题,便把它判归西庇阿。有了这个判决,他自己和瓦鲁斯的候补权一同作废。但毅然反对尤巴王的要求的也是他,并且只有他;他使尤巴感到罗马贵族到他这里来与到帕提亚大王那里去不同,他们不是来向保护主请求援助,而是下令要求属国援助。在当时驻非洲的罗马兵力情况之下,尤巴不免稍微降低他的要求;但他仍能对软弱的西庇阿贯彻他一种主张,即他的兵饷应由罗马国库负担并且人应向他保证,一旦得胜必把阿非利加省割给他。

"三百人"的元老院重起于新元帅的旁边。它在乌提卡设院址,为了补充缺额,容纳骑士阶级最有名有钱的人。

大体由于加图的热心,军备的进行不遗余力,每一能胜兵役的人,甚至新自由人和利比亚人,都被招入兵团,因此很多人脱离农业,以致田地大部分无人耕种;但所达到的结果确乎足以动人。重步兵达十四个兵团,其中两个是瓦鲁斯业已成立的,另外八个是用流亡人和本省征兵合编的,四个是尤巴王按罗马式装备的兵团。重骑兵除尤巴部下按罗马式装备的马队外,还有与拉比努斯同来的凯尔特人和日耳曼人以及种种合并在内的人,共一千六百名。轻兵有无数骑马不用缰辔、作战只用标枪的努米底亚人,有一些骑射兵,还有一大队步下的弓手。此外加以尤巴的战象一百二十四,普布利乌斯·瓦鲁斯和马尔库斯·屋大维所指挥的舰队五十五艘。金钱十分缺乏,赖元老院方面的自动纳税而稍得补救,因为使

阿非利加最富的资本家入元老院，税收更加充裕。无量的粮食和其他军需品堆积在能守的要塞中，同时未设防城邑的储藏却被尽 115
量移去。恺撒不在此处，他的兵团嚣张难制，西班牙和意大利又起了骚动，因此他们的精神渐渐振作起来，法萨卢斯战败的回忆始消逝，新鲜的胜利希望始到来。

恺撒在埃及浪费时间，所受报应没有比在这里更重的。如果庞培一死，他立刻到阿非利加去，他会遇见一支薄弱、紊乱而恐慌的军队，又可以看见一群毫无组织的领袖；可是到了现在，特别由于加图的努力，阿非利加的军队却与法萨卢斯战败的军队人数相等，由名将率领，并且受严格的监督。

一般看来，恺撒这次远征阿非利加似乎有个特殊的灾星主宰着。就在他登船往埃及以前，他已在西班牙和意大利安排了种种措施，以便做阿非利加战争的初步和准备，但这一切只是酿成祸患。按恺撒的指示，南省长官昆图斯·卡西乌斯·郎吉努斯应率四个兵团自西班牙渡海到非洲，在这里与西毛里塔尼亚王博古德(Bogud)会师，[①]然后与他一同进攻努米底亚和阿非利加。但这开

① 西北非洲各国在这期间的情况很是暧昧。朱古达战争以后，毛里塔尼亚王博库斯大概统治着自西海至萨尔底港(Saldae)一带地方，即今日的摩洛哥和阿尔及尔；丁吉斯(今丹吉尔)的君长大概自始即与毛里塔尼亚王有别，他们早已见于记载，我们可以猜测，萨卢斯特书中的勒普塔斯塔(Leptasta)和西塞罗书中的马斯塔尼索苏斯(Mastanesosus)就属于他们一流，他们或许在某种限度内是独立的，也许受封于毛里塔尼亚王，正如叙法克斯已统治许多部落的酋长，并且在此时前后马西尼萨据有——或在尤巴主权之下——邻国努米底亚的锡尔塔。672年即前82年前后，我们见国王不是博库斯(Bocchus)而是一个名为博库特(Bocut)或博古德(Bogud)的人，这大约是博库斯之子。自705年即前49年起此国似乎分为两半，西半为博古德王所有，东半为博库斯王所有，以后毛里塔尼亚分为博古德之国即丁吉斯国和博库斯之国即约尔国(Iol，即恺撒里亚[Caesarea])，就导源于此。

往非洲的军队里有许多西班牙的土人和两个以前属于庞培的完全
116 兵团;对庞培的同情既流行于此省,也流行于军队,恺撒党长官那种拙笨强暴的举动又不适于消弭此项同情。一场正式的叛变发生了;军队和城市分为两派,有拥护省长的;有反对省长的;那些起来反抗恺撒这位副将的已想公然揭出庞培的旗帜,庞培的长子格涅乌斯已由非洲登船来西班牙以利用这有利的转变,这时最有名望的恺撒党自己否认这位省长,北省统帅又出来干涉,结果恰好及时平定了叛乱。格涅乌斯·庞培想占据毛里塔尼亚而无功,在途中耽搁,来得太迟;恺撒归自东方以后,派盖乌斯·特雷博尼乌斯往西班牙去代卡西乌斯(709 年即前 45 年秋季),特雷博尼乌斯到处遇见绝对的服从。但在这些错误之中,西班牙自然毫无作为来骚扰非洲共和党的组织工作;这还不算,西毛里塔尼亚王博古德拥护恺撒,至少可以阻碍尤巴王和他的部队退到西班牙去。

恺撒下令集合军队于南意大利,以便与他一同登船往非洲。但在这些队伍中,发生了更严重的事故。它们大都是老兵团,曾在高卢、西班牙和色萨利奠定恺撒的宝座。这些队伍的精神未因胜利而改善,却因长期在下意大利休息而完全败坏。将军曾要求他们做几乎非人所能的事,其结果不幸赫然见于他们那人数大减的行伍,这事就在这些铁汉中间也留下一种潜伏的仇恨,只要有时间和安静,仇恨便使他们的心情沸腾起来。唯一能驾驭他们的人不在此地,并且有一年之久差不多杳无消息;长官畏惧士兵远甚于士兵畏惧长官,长官常宽恕这些征服世界者对居停主人的种种暴行和每一件不守纪律的事。登船开往西西里的命令到来,兵士要离开坎帕尼亚的逸豫生活,而代之以艰苦必不亚于西班牙和色萨利两役的第三次战役那松得太久、紧得太骤的羁络突然折断。众兵团要领得许给他们的赏赐才肯从命，用辱骂来拒绝恺撒派来的军 117
官，甚至投石打他们。人们想提高所许的数目以消弭初起的叛变，结果不但无效，而且兵士成群地开往首都，要逼迫将军履行诺言。几个军官想在半途中制止兵变，竟遭杀害。这是个可怕的危险。恺撒当然虑到他们要来劫掠，便命城内少数的兵把守城门，至少挡住第一群人的劫掠，而后突然现身于怒气冲冲的群众中间，问他们要什么。他们大叫“退伍”。转瞬之间，这要求就被照准。恺撒附带着说，关于他许给兵士的凯旋赏以及关于他未曾许但是决定给他们的土地，他们可以在他和别的兵士凯旋之日向他申请；他们当然不能参加凯旋本身，因为他们先已退伍。群众没有想到有这种转变；他们本来深信恺撒要在非洲作战，非有他们不可，他们所以要求退伍，只为的是如果不准，他们可以在这上面附加他们的条件。多半由于怀疑自己是否必不可少或由于太难重返故道，这误入歧途的交涉再入正轨；作为人，见主帅的精诚甚至对忘掉忠节的兵士还守然诺，主帅的宽宏就是目下所给予的仍远过于所承诺的，不免觉得惭愧；身为军人，听元帅说他们将来须仅以百姓资格旁观战侣的凯旋，并且不再把他们唤作“战侣”而唤作“公民”，这种出自他口、听着这样耳生的称呼，仿佛把他们引以自豪的往日当兵生涯一下全部毁灭，不免深动于中；又加以处在这位雄伟无敌的人的魔力之下，兵士们一时默然站在那里，沉吟不决，然后四面八方起了一阵喊声，请将军再向他们开恩，再许他们被称为恺撒的兵士。恺 118
撒先让他们求够了，然后准如所请；但这次兵变的祸首却被削去三分之一的凯旋赏。历史上没有比这更大的心理杰作，也没有比这更完全成功的。

虽然如此，这次兵变却有害于阿非利加战役，因为它至少延缓了开战之期。恺撒来到指定的登船港利利巴厄姆时，那十个应往非洲的兵团仍未完全集合于此地，并且熟练的兵团落后最远。然而六个兵团，有五个是新编的，刚到这里，所需的战舰和运输船刚开来，恺撒便带他们出港（按未修正的历法在707年即前47年12月25日，按儒略历法约在8月8日）。因秋分时暴风正盛，敌方船队排列在迦太基湾前面埃吉穆岛的海滩上，不妨碍他们渡海；不过这阵暴风却把恺撒的舰队吹得四散，他乘机会在距哈德鲁米图姆（即苏萨［Susa］）不远处登陆时，他所能卸下的不过步兵约三千人，大部为新兵，和骑兵一百五十人。哈德鲁米图姆有敌人重兵据守着，他想夺此城，没有成功；但恺撒占据了两个相隔不远的海口，一个是鲁斯皮那（Ruspina，即苏萨附近的莫尔斯提尔［Monastir］），一个是小勒普蒂。他在这里筑垒自守；但他的地位很欠稳固，以致他使骑兵留在船上，使船舱装载淡水做开航的准备，以便若有优势的敌军来攻，他可以随时再行上船。然而没有这种必要，因为正在恰好的时候，遇风失路的船只来到（708年即前46年1月3日）。由于庞培党所做的布置，恺撒军痛感缺粮，就在次日，恺撒带着三个兵团从事于远征内地，但走到距鲁斯皮那不远的地方，遇见拉比努斯率来想把恺撒逐出海岸的军队来攻。拉比努斯仅有骑兵和弓手，恺撒差不多仅有列阵的步兵，所以兵团旋被包围，受敌人的射
119 击，无法还手，也无法进攻取胜。固然全线的展开解救了两翼，英勇的冲锋保全了军誉；但退兵在所不免，如果鲁斯皮那不那样近，摩尔人的标枪也许可以在这里做出帕提亚人的弓箭在卡莱所做

的事。

这次战斗使恺撒十分明白当前战争的困难，他的兵没有经验，又见这种新战术而气馁，他不再使他们受这样的攻击，等待老兵团的到来。敌人在远武器上占绝对的优势，恺撒利用这个期间稍图抵抗。他把舰队的相当人员归并到陆军里做轻骑兵和弓手，这不能有多少效用。恺撒所策动的牵制战收效稍大。盖图利亚部落游牧于大阿特拉斯(Atlas)山对着撒哈拉沙漠的南麓，恺撒居然能使他们起兵攻尤巴；原来马略和苏拉时代的战乱甚至也波及盖图利亚人，当时庞培曾使他们属于努米底亚王，为他们所愤恨，又自朱古达战争以来，伟大马略的好处还长存于他们的记忆中，所以他们对庞培的愤恨，自始就使他们倾向于马略的继承人。毛里塔尼亚的二王，丁吉斯的博古德和约尔(Iol)的博古斯，都是尤巴的天然敌人，并且久已与恺撒稍有联络。再者，喀提林党的最后一人，努凯里亚的普布利乌斯·西提乌斯仍流浪于尤巴和博古斯两国间的边区，十八年前，此人由意大利的破产商人变为毛里塔尼亚的佣兵队长，自此以后，就在利比亚的争斗中博得名望和一队亲随兵。现在博古斯和西提乌斯联合侵入努米底亚境内，占据重镇锡尔塔，他们的攻势以及盖图利亚人的攻势迫使尤巴把一部分军队调到他的南边和西边。

但恺撒的处境仍是够苦的。他的军队拥挤在一块6平方英里左右的地方；他的骑兵一如往日在都拉奇乌姆城下的庞培骑兵，也很感到刍秣的缺乏。不管恺撒如何努力，敌方在轻兵上仍对他占无限的优势，以致就是要用老兵实行攻入内地，也似乎几不可能。120
如果西庇阿向后退却，放弃沿海的城市，他也许能得个胜利，与奥罗德斯的维齐尔得自克拉苏，和尤巴得自库里奥的一般无二，至少他能把战事拖得无限长久。只要最简单的考虑便能想出这个作战计划，甚至加图，他虽不是战略家，也劝人采用它，同时又自请率一支兵渡海到意大利，号召共和党起兵，该地正完全陷于混乱，这事很可成功。不过加图仅能献议，不能下令；元帅西庇阿却决定应在沿海一带作战。这是错误的，因为这样一来，他们抛弃了一种确有胜利可望的战略，而且因为他们把战争移到的地方正在严重骚乱之中，他们用来抵挡恺撒的军队也大部想要叛变。他们雷厉风行地征兵，取去粮食，蹂躏小地方，一般人觉得自己被牺牲在一种自始即与己无干并且今已覆败的主义上，因此本地人民对这些在阿非利加地面做最后决死战的罗马共和党，愤愤不平；此党又对一切仅有冷淡嫌疑的民社实行恐怖政策，于是这种愤怒高涨，成为极激烈的怨恨。阿非利加的城市，只要是敢做这事的，无不响应恺撒；盖图利亚人和利比亚人大批在轻兵队甚至兵团里服兵役，在他们中间，逃亡蔚为风气。但西庇阿以愚人所特有的顽固态度，坚持他的计划，率全军由乌提卡来到恺撒所据的鲁斯皮那和小勒普蒂城下，用重兵戍守北方的哈德鲁米图姆和南方的塔普苏斯（Thapsus，在拉斯迪马斯［Râs Dimâs］岬）；尤巴也带着边防所不需的全部队伍来到鲁斯皮那，二人共同向对方屡次挑战。但恺撒决定等候他那些老兵团。当老兵团陆续到来而出现于战场的时候，西庇阿和尤巴便不再乐于拼一次阵地战，又因他们的轻骑兵占
121 非常的优势，恺撒无法逼迫他们作战。差不多两个月的时间费在鲁斯皮那和塔普苏斯附近的行军和游击战，主要目的一则寻找当地常有的窖藏粮食（*silos*），二则扩展哨兵线。恺撒为敌方骑兵所

迫，不得不尽量据守高地，或用壕垒线掩护他的侧面，可是在这艰苦而无希望的战事中，他渐渐使兵士习于这种别致的战法。朋友和仇敌几乎不认得，这位谨慎的决斗师细心训练部下并且常常亲加训练的，就是那位神速的将军；这种兼长缓战和速战的出色本领几乎使他们大惑不解。

到了最末一批的援兵来会以后，恺撒终于向侧面移动，进趋塔普苏斯。如上所述，西庇阿已置重兵戍此诚，因而犯了错误，即给敌人一个易于夺取的攻击目标，不久，他在第一个错误上又加了第二个更不可恕的错误，即为了救塔普苏斯，他如今在列阵步兵操决定权的地面向敌索战，促成恺撒所愿而西庇阿迄今当然拒绝的野战。西庇阿和尤巴的兵团直接沿着海岸来在恺撒兵营的对面，前列准备厮杀，后列从事掘壕筑垒；同时塔普苏斯的戍兵也准备反攻。恺撒的守营卫兵就足能击退后者。敌人的阵势欠稳固，行列不整齐，恺撒那些惯战的兵团已由此确定敌人的强弱，便迫令号兵吹攻击号，全线在恺撒领导之下向前进攻。恺撒见他的部下不待他发令便向前进，驰马赶来，率领他们攻击敌军。右翼在他部之前，发弹射箭，把对面的战象队——这是大战用象的最后一次——吓得回冲自己的队伍。掩护的部队被打得七零八落，敌军左翼被击破，于是全线溃败。败军的新垒还未造好，旧垒在很远的地方，因而他们被歼灭的更多；两座营垒几无抵抗先后陷落。败军大部 122
抛掉武器请求饶命，但恺撒的兵昔曾在伊莱尔达城下甘愿停战，在法萨卢斯慨然宽容无法自卫的人，如今却不同了。在塔普苏斯战场上内战的习惯和兵变所留下的仇恨都发泄得很是可怕。如果与他们交战的蛇怪永远再生新头；如果军队调来调去，由意大利到西班牙，由西班牙到马其顿，由马其顿到阿非利加；如果他们永未得到所日益渴望的安息，兵士追求其原因，以为在于恺撒那不合时宜的宽仁，并非毫无根据。兵士发誓要补救将军的疏忽，已缴械的同国人的哀求以及恺撒和高级军官的命令，他们一概置若罔闻。于是五万人横尸于塔普苏斯的战场，内有几个以暗中反对新君制知名因而为部下所杀的恺撒将领，这表示兵士如何自谋安息。另一方面，得胜军死者不过五十人（708 年即前 46 年 4 月6 日）。

塔普苏斯之战以后，阿非利加无人继战，正如一年半以前法萨卢斯之败以后东方也无人继战。加图以乌提卡的统帅资格召集元老院会议，报告防御力量的状况，向集会者提出讨论，他们究竟要投降还是要自卫到最后一人，他只恳求他们不要各自决定和行动，而要全体一致。那较为勇敢的意见得到几个人的拥护；有人建议为了国家，应解放能当兵的奴隶，但加图以为这是侵犯私产的违法举动，加以拒绝，他提出一个对策，即向蓄奴者呼吁爱国。但这集会里的人大都是阿非利加的大商人，这一阵的决断不久便过去了，他们一致赞成投降。以后摄政苏拉之子福斯图斯·苏拉和卢奇乌斯·阿弗拉尼乌斯率一支强大的骑兵由战场来到，加图仍企图用他们来守此城；但他们要求先让他们把乌提卡不可靠的公民一概
123 杀死，加图愤然拒绝，他宁可让共和党这座最后的堡垒无抵抗而落入新君之手，也不愿用这种屠杀来污辱共和的末日。他既一部分以他的权威，一部分以慷慨的布施，竭力制止了兵士对不幸的乌提卡人的愤怒；他既以动人的关切，尽其所能，对不愿委身受恺撒宽恩的人供给逃走的资助，对愿留居的人供给在最佳条件下投降的机会；既已完全明白他不能给任何人更进一步的帮助，他便自认为

解脱了统帅职务，回到寝室，拔刀刺入自己的胸膛。

至于其他逃亡的领袖，也只有少数能免于难。由塔普苏斯逃走的骑兵遇到西提乌斯的部队，不遭斫死，便被生擒；他们的首领阿弗拉尼乌斯和福斯图斯被解交恺撒，恺撒既不命人把他们处死，他的老兵便起而暴动，杀掉他们。元帅梅特路斯·西庇阿与败军的舰队同落在西提乌斯的私掠船掌握，他们正要下手时他自刺而死。尤巴王对这种结局并非无备，他决定若遇此事，要用一个他认为合于王者的死法，于是命人在他属下扎玛的集市上造一个绝大的火葬场，意欲把他的一切财宝和扎玛全体公民的死尸与他的身体一同化为灰烬。但此城的居民不愿在这位非洲的萨尔丹纳帕鲁斯(Sardanapalus)的丧葬典礼中被用作点缀品，国王偕马尔库斯·裴特雷由战场逃到城下时，他们闭门不纳。有些人习于炽烈骄横的享乐生活，性情野蛮化，甚至把死也弄成一个狂醉的筵宴，尤巴王也非例外，他和裴特雷走到他的一座别墅，使人摆上丰盛的筵席，宴会已毕，便挑逗裴特雷与他决斗至死。这位战胜喀提林的人死在国王手里，然后国王令一个奴隶把他刺死。少数漏网的名人，如拉比努斯和塞克斯图斯·庞培等，都继后者的长兄逃往西班牙，
仿往日塞尔托里乌斯的办法，在这仍属半独立地域的水面和山中， 124
寻求海盗和陆盗的最后安身处。

现在恺撒调整阿非利加的事务，没有阻碍。按照库里奥从前的建议，马西尼萨的王国被分裂。最东部即西提非(Sitifis)区域被并入东毛里塔尼亚王博库斯的国土，忠实的丁吉斯王博古德也受到厚赏。锡尔塔(今康斯坦丁 Constantine)及其周围地带一向在尤巴主权之下为君长马西尼萨及其子阿拉比奥(Alabion)所据的，现在为佣

兵队长西提乌斯所领有，以安置他那些半罗马的部队；①同时，这块地方以及前努米底亚国最大最肥美的部分都合并在旧有的阿非利加省内，名“新阿非利加”；共和政府曾把此地沿海对沙漠游徙部落的防务，委托保护国的君主办理，新君主却使帝国本身负担这种防务。

如是，庞培和共和党所做的对恺撒君主制的战斗，历四年之久，结果新君主完全胜利。固然，君主制不是在法萨卢斯和塔普苏斯的战场上创立的；自庞培和恺撒联合建立共治制度和推翻从前的贵族政体之日起，君主制可谓即已开始。然而只是经过 706 年即前 48 年 8 月 9 日和 708 年即前 46 年 4 月 6 日的流血洗礼，那与专制根本相反的共治始告废除，新君主制始得到长久的稳定和正式的承认。伪主起事和共和党作乱可以继之而来，酿成新骚动或甚至新革命和复古；但绵延五百年未尝中断的自由共和政体却被打破，君主制因系既成的事实而合法，便成立于罗马大帝国的全境。

125 宪法的斗争结束了，加图在乌提卡拔刀自刺的时候，他就宣告了这事的结束。多年以来，在正统共和对其压迫者的奋斗中，他总是最居前列的人物，他在久已不存任何得胜的希望以后，仍继续奋斗。但是到了现在，奋斗本身已不可能；布鲁图斯所创的共和已死，并且不能复活；共和党在世上还有什么可做呢？财宝被抢去，于是警卫兵卸职；如果他们回家，谁能责骂他们？加图的一死比他过去的一生更为高尚，尤其更为明智。加图绝不是个伟大人物；但

---

① 这种殖民地的遗迹仍存于上述地方的铭文里。西提乌斯这个名字在那里非常习见；非洲的弥勒夫（Milev）地方在罗马名为 *colonia sarnensis*，显然由努凯利亚的河神萨尔努斯（Sarnus）得名。

尽管他那样无远见，那样刚愎，那样枯燥烦絮，尽管那些谬误的空谈使他在当时和万世为无思想的共和主义者所宗仰，为一切玩弄共和主义的人所宠爱，可是在那陷于覆亡的大制度临终之时，却只有他光荣英勇地加以保卫。因为最聪明的谎言遇到最单纯的实话便在内心里觉得无地自容，又因为人性的高尚和光荣毕竟不赖聪明而赖诚实，所以加图在历史上的地位高于许多智力远胜于他的人物。他的身为痴人只是提高了他那一死的深长悲剧意义，实则正因为唐·吉诃德先生是个痴人，他才成为悲剧的人物。令人痛心的是，在那座曾有那么多的伟人智士生活行动的世界舞台上，这位丑角竟被注定来唱收场戏。共和党对君政非常鲜明的抗议是，首任君主一来，末一个共和党就去；恺撒用所谓合法性掩饰他的君主政治，这抗议像扯蛛丝似的把那合法性全部撕破，专制政体在调和各党的口号掩护下滋长起来，这抗议揭穿那口号的全部虚伪欺骗。以后几百年间，自卡西乌斯和布鲁图斯至特拉塞亚(Thrasea)和塔西佗，甚至到更晚的时候，正统共和的幽灵对恺撒君主政体所做的无情战事——那种阴谋战和文学战——就是加图临死时赠给仇敌的遗产。这个共和反对党由加图取得它的整个态度——庄 126
严、空洞的修辞、傲慢的刚直、不存希望、忠实至死不渝——因此这平生常做它的笑柄和耻辱的人既死以后，它即刻开始尊他为圣人。但这些敬礼中最大的却是恺撒无意中对他表示的敬礼；恺撒对于敌人，无论是庞培党或共和党，常抱着藐视宽仁的态度，唯独对于加图，他破了例，甚至加图既死以后，他还抱着强烈的怨恨加以迫害；原来常使现实政治家感到强烈怨恨的，就是这种立在既为他们之害而又为他们所不能到的理想境界以行反抗的敌人。

127

第十一章　旧共和与新君政

罗马的新君主、罗马－希腊文明整个领域的始皇帝盖乌斯·尤利乌斯·恺撒，经过一长串的重大胜利以后，终于在他五十六岁(他生于652年即前102年7月12日)那年，由塔普苏斯一战，掌握了世界前途的决定权。人的弹性很少有像他那样受到考验的；他是罗马所产唯一不二的、上古世界所产最末的创造天才，因此上古世界循着他所定的轨道进行，直到末日。他生在拉丁姆一个最古的贵族家——此家的世系上溯到伊里亚特的英雄，甚至到两民族共有的维纳斯·阿芙罗狄蒂，他童年和少年时的生活无异于当时贵族青年常有的生活。他曾兼尝时髦生活的精华和渣滓，曾作吟咏和朗诵，在闲暇时曾从事文学和作诗，曾扮演调情的把戏，曾钻研当时化妆上剃须、卷发和摺袖边的全部奥妙，以及长借不还那更奥妙远甚的技术。但他那柔韧如钢的天性竟能不为这些荒唐轻浮的行径所败坏；恺撒的体力以及理智和感情的弹性一概依然无恙。在剑术和骑术上，他是部下任何兵士的对手；在亚历山大时，他的泅水救了他的性命；他为了争取时间常在夜间旅行，其难以置信的速度——与庞培那种游行似的缓缓移动正好相反——使他同时代的人惊愕，并且他的成功多由于此。他的心智不亚于他的身体。他那可惊的理解力显见于他一切布置的精确和切当，甚至在他未亲见而发令的地方也是如此。他有绝伦的记忆力；他常同时做几样事，做得样样妥帖。虽则他是个绅士，又是个才子，又是个君主，他却仍有感情。他的父亲早死，他在有生之日，对他那贤母奥瑞利娅（Aurelia）常怀着极纯挚的尊敬；他诚心钟爱他的妻室，尤其他的女儿尤利娅，甚至在政治关系上，这事也不无影响。对当时最有才最优秀的人士，无论地位的尊卑，他都按各人的特性，与他们成立互相效忠的义气关系。他本人永不像庞培那样胆小而无情地遗弃他的任何同党，无论逢时的顺逆，他总——不仅为自己打算——依恋他的朋友，始终不渝，所以他的几个朋友如奥卢斯·希尔提乌斯（Aulus Hirtius）和盖乌斯·马提乌斯（Gaius Matius）等，甚至到他死后，仍显出他们对他忠诚的明证。 128

如果在构造得这样匀称的性情中，还有一方面可独称为特色的，这就是他避免一切空疏的理论和虚幻的事物。当然，恺撒是个富于热情的人，因为没有热情，便没有天才；但他的热情永不能把他压倒。他曾有一个少年时期，歌曲、恋爱和酗酒也曾使他满心快活；但这些却不能达到他本性的最深处。他从事于文学，既长久又热心；但亚历山大因想到荷马的阿喀琉斯而夜不能寐，恺撒却在无眠时默念拉丁名词和动词的变化。当时人人作诗，他也作诗，但他的诗缺乏诗意；反之，他感到有趣的却是天文和自然科学上的问题。亚历山大始终以酒消愁，这位有节制的罗马人却在少年长夜饮之后完全戒酒。那些在少年时曾为女性爱的十足光彩所辉映的人们，一概有女性爱的余光留在他们身上，永久不灭，恺撒亦复如是；甚至到他晚年，他还追求爱情，对女子博得胜利，并且在他外表上仍有一点花花公子的神情，或不如说，仍有一点自觉其具男性美

的快感。他深以头秃为憾，晚年出外总戴上桂冠以掩其秃，无疑地，他会舍弃几次的胜仗，如果他能借此恢复少年时的发缕。但就
129 在为君之时，他虽很喜欢与女人交际，却只是同她们玩耍取乐，不让她们对他有什么影响；甚至他那很招物议的与克娄巴特拉女王的关系，也不过是个计策，来掩饰他政治地位上一个弱点而已。

恺撒完全是个现实主义者，是个有头脑的人；他最显著的特色是冷静，他的所作所为一概洋溢着这种特色。因此，他能致力于目前的生活，不为回忆和期望所扰；因此，他能时时刻刻集中精力于一事，甚至在最琐屑枝节的事上也用他全副的天才；因此，他能以多方面的才力领略心智所能了解的一切，主宰意志所能控制的一切；因此，他能妥实而轻松地布置他的辞句，筹划他的军备；因此，无论遭时顺逆，他永不失其“可惊的清明”；因此，他能完全自主，不为嬖人、女宠甚或朋友所挟制。更有进者，由于理智的明透，对于命运的力量和人类的才能，恺撒从不做何幻想；他揭开那层怡人的帷幕，洞鉴自己的才短力绌。无论他如何明智地划策，虑到一切可能性，他心里却无时不觉得一切事成功须赖运命，就是说，须赖机会；他所以常对运命孤注一掷，尤其屡次挺身犯难，不顾危险，或也与此有关。上智既有时流于纯粹的赌博，所以恺撒的唯理主义也有个稍近神秘主义之点。

由这种天资，只能发展出一位政治家。所以恺撒自弱冠以来，就是个——以其最深的意义而言——政治家，他的目标就是人类所能树立的最高目标，就是在政治、军事、智力和道德方面复兴那很堕落的本民族和那更堕落的与本民族为亲姊妹的希腊民族。三十年阅历的艰苦教训使他对达到这目标的手段另有见解；可是无

论在他处于绝望的屈辱地位或掌握无限全权的时候，无论在他为 130
民魁乱党偷偷由暗中向它行进，或在他先为最高权的共有者而后为君主，工作于光天化日众目共睹之下的时候，他的目标却始终如一。他在极不同的时期所做的长久措置一概在建设大计中各有其相当的地位。所以严格说来，我们不应分言恺撒的成绩；他所做的事没有不相联属的。他那雄健的口才不屑用律师的一切技术，却如一片光亮的火焰，既能使人明理，又能激发热情，人们揄扬演说家恺撒，自属有理。他的文章有不可摹拟的简洁，他的字句有无匹的纯粹和美丽，人们赞赏作家恺撒，也自有理。他独异于他人，不为熟套和旧习所误，永能找出一个在某种情形下击破敌人的正当战法；他确有把握，有如卜人，能寻得达到任何目的的善策；他在战败以后仍能像奥兰治的威廉（Wilhelm von Oranien）那样屹立备战，每次必以胜利结束战事；他尽善尽美地运用天才军事家所以异于凡庸武将的一端，即大军的迅速行动，他的胜利保证不在兵多而在其运动的敏捷，不在长期准备而在速战猛攻，即使兵力不足亦复如是；古今最伟大的战略家推崇军事家恺撒，也是有理。不过这一切在恺撒只是次要的事；他诚然是个大演说家、大作家和大军事家，可是他所以如此，却只因他是个登峰造极的政治家。特别是军事家资格在他身上占完全骈枝的地位，一个主要的特色使他异于亚历山大、汉尼拔和拿破仑的，就是他那政治活动的出发点不是武人而是民魁。按他原来的计划，他想如伯里克利和盖乌斯·格拉古那样，不用武力便达到目的；历十八年之久，他总是以平民党魁资格专活动于政治的策略和阴谋之中，到了四十岁时，他始勉强相
信武力后盾的必要，带领一支军队。自然，就在以后，他也仍是个 131

政治家而非军人——他正像克伦威尔(Cromwell),克伦威尔也是由反对党的领袖一变而为军事首领和民主国王,那位清教君主虽似乎不类这位纵欲的罗马人,可是一般看来,在他的发展以及他的目标和成绩上,克伦威尔却在一切政治家中最与恺撒相近似。就以他的作战方式来看,也仍可见他是个临时改业的将军;拿破仑的攻埃及和攻英国既灼然显出他是个凭劳绩而升为统帅的炮兵中尉,恺撒的攻埃及和攻不列颠也灼然显出他是个变为将军的民魁。一位受过正式训练的军官必不准备像恺撒那样屡次因为不甚紧急的政治理由而舍弃极有根据的军事顾虑,最昭著的是他在伊庇鲁斯登陆一事。所以由军事观点看,他的行动有几个颇可非难;但将军的损失却是政治家的利益。政治家的任务有如恺撒的天才,具有普遍性;他以无限的忠诚和始终如一,献身于一个伟大目标,如果他所做的诸事彼此极不相同,极不相近,它们却毫无例外地全归于这个目标;他的伟大活动有许多方面和方向,他却从不有所偏重。他虽然是个战术大家,却因为政治的理由竭力避免内战,然而内战竟起,他便竭力使他的桂枝不染血迹。虽则他创立了军事君主政体,他却以史无前例的魄力不许有元帅集团或卫队擅权的事。如果他偏重文明的某种长处,那就是学术和文事而非战术。

他的政治工作有个最可注意的特色,就是它的完全和谐。实际说来,恺撒兼有一切足以成就人类最难事业的条件。他是个彻底务实的人,绝不许既往的印象和可敬的传统干扰他;他所重视的
132 只有活生生的现在和理性的定律,正如在文法上,他舍弃了历史博古的研究,只是一面承认现存的习用语法,另一面承认关于匀整的规则。他是个天生的人主,他统治人心有如风逐浮云,使形形色色

的人士——卑微的公民和粗鲁的下级军官，罗马的贵妇以及埃及和毛里塔尼亚的美貌公主，豪华的骑兵官和牟利的银行家——都不得不置身于他的门下。他的组织才能令人惊异。一位政治家断然迫人加盟，并且坚使他们合而不离，没有能像恺撒对联合党那样的；一位将军断然强迫梗顽抗命的分子入伍，并且坚使他们集而不散，也没有能像恺撒对他的兵团那样的；没有一位统治者能以恺撒那样犀利的眼光鉴定手下的人，给每人一个适合其才的位置。

他是人君，但他永不做王者的姿态。就在为罗马专制君主之时，他仍不失其党魁的风度；完全温柔和顺，谈话舒适悦人，对每人都是勤勤恳恳，仿佛他只愿做同列的首座。许多人在别处都与他相等，只是把元帅军令的格调移在政治上，恺撒则完全避掉这种错误；虽则他与元老院的龃龉给他很多用强暴手段的机会，他却未尝采取这种手段，如法国共和时期 2 月 16 日的事即“雾月政变”(achtzehnten Brumaire)。恺撒是人主，但他永不患僭主的昏眩症。在世界伟人之中，或许只有他一个能在大事小事上永不随意任情，却毫无例外地永按统治者的义务去做；回顾生平，他固然见着可为惋惜的失策，却不见因感情而失足的事可资悔恨。据史书所载，他的伟大前辈在东方时诗意和情欲勃然发作，杀死克莱多(Kleitos)，焚烧波斯波利斯(Peisepolis)，在恺撒一生的历史上没有一件事，即使小规模的事[①]，能与这个相比拟。总之，在那些伟

① 如果著名序词中叙述的恺撒与拉贝里乌斯的事，被引用为恺撒任意肆虐的例证，那么，人们必是根本把情况的离奇和诗人的反讽都误解了，姑且完全不论那种天真，把一位欣然揣起酬金的诗人看作烈士。

人之中，能保持其政治家对于可能与否的辨别力，至晚年而不失
133 的，或许只有恺撒一个；那些天资宏伟的人们有一件最难的事，即在成功已达绝顶之时承认成功的天然限制，能在这事上不遭失败的，或许也只有恺撒一个。是凡可能的，他都做了，他从不为了不可能的更好的事而放下可能的好事不做，也从不耻于用缓和剂至少减轻一些不可治的病症。但在运命发言之处，他无不听命。亚历山大在希帕尼斯河（Hypanis）上，拿破仑在莫斯科，他们所以回师，只因不得不然，他们恼恨运命，因为就是对于宠儿，它也只给有限的成功；恺撒在泰晤士河和莱茵河上，却是自动退回，就是在多瑙河和幼发拉底河上，他也未想到征服世界的大计划，却只实行他所熟虑的调整边界而已。

这个无双的人物有如上述，要描写他，似乎是很容易，却又无限困难。他的整个性情明明白白，表里通透；他的逸闻轶事保存在传说里的比上古任何与他同等人物的更为丰富和生动。我们对这人的观念或可有深有浅，但严格说来，不能有异；对每一不全陷于荒谬的研究家，这幅崇高的图像都显出同样的要点，然而无人能把它摹得惟妙惟肖。这奥秘在它的完美无缺。以人性和历史而言，恺撒立在平衡点上，人生的种种矛盾都在这里互相抵消。既有雄伟的创造力，又有深邃的智力；不复是个少年，也还不是个老人；有极高的意志力，也有极高的实行力；既满心是共和理想，又天生来是个人君；既然骨子里彻底是个罗马人，却又负有使命在本人和外界调和罗马和希腊的文化，使两者合而为一——恺撒是个十足的完人。因此，他比别的历史人物更缺乏所谓特点，实则特点不过是有违人类天然发展的现象而已。最初肤浅的看法所认为特点的，

经切近的观察以后,始知这不是他的个性,而是当时文化或民族的特色;例如他少年时的浪荡是他与一切居同等地位而更富天资的 134
时人所共有,他那无诗意而力遵逻辑的性格是一般罗马人的特性。他的非常受时与地的影响,也是他那圆满人性的一端,因为世上没有抽象的人性,一个活人不能不立在某民族和某文化潮流之中。恺撒所以是个完人,只因他比别人更能置身于时代潮流之中,又因他比别人更饶有罗马民族的主要特色,即做公民的真本领;即如他的希腊精神也只是久已与意大利民族性密切相混的希腊精神。但要把恺撒描写得惟妙惟肖,其困难或可谓其不可能也正在此。艺术家能画一切,只是不能画圆满的美,所以史家在千载一遇完人之时,也只能对他默然。因为模范固然可以言传,但它只给我们"无缺点"这个反面观念;在自然最圆满的表现中,模范与个性打成一片,这是自然的奥秘,不可以言语形容。我们只得向那些目睹完人的人道喜,并且稍由照耀这位大人物而创事业的不朽光辉里取得一点模糊的概念。这些事业诚然也带着时代的特色。这位罗马英雄本身不但能与他那年少的希腊前辈平等并立,而且驾乎其上;但同时世界已老,其少年时的光彩已告消逝。恺撒的活动不再像亚历山大那样欢欢喜喜地向前追求一个无限遥远的目标;恺撒用旧料在废墟上经营建筑,只求在已定的那块宽广但是有限的空间里,尽可能自做过得去的和安稳的布置。所以各民族的优雅诗才当然把这位无诗意的罗马人置之度外,却把诗歌的全副金光和传说的全副虹彩单加在腓力(Philippos)的儿子身上。但各民族的政治生活也当然在几千年间屡次回到恺撒所画的路线;到了今日,一些掌握世界的民族仍以他的名字称呼他们最尊的君主,这里面含着一 135

个意义深长但不幸也很可耻的警告。

若要做到废除那有百害而无利的旧状况而复兴这个国家，便须先使国家达到安谧，并须把地上那些自最近事变以来处处布满的瓦砾打扫干净。恺撒进行此事，由一个原则出发，即和解已有的各党各派，或说得更正确些——因为它们的主义既无法互相协调，真正的和解便谈不到——贵族和平民应放弃他们一向交争所在的战场，两党应相会于新君主政体的地面。所以第一件事就是把已往共和时代的旧争执一概作为罢论，永不重提。首都的群众听得法萨卢斯的战讯，便推倒苏拉的刻像，现在恺撒令人把它们再立起来，因而承认一件事，即只有历史配坐堂审判那个伟人，同时他也消灭苏拉特殊法律的遗毒，召还在秦纳和塞尔托里乌斯之乱被放逐的人，把已失的被选举权还给受苏拉剥夺人权者的子女。同样，在最近祸乱的酝酿期间，由于监察官或政治的诉讼，尤其根据 702 年即前 52 年的特殊法律而提出的弹劾，许多人丧失其元老院的位置或公民权，现在一概恢复原状。只有那些为了金钱而杀害法外人的，当然仍受谴责；还有元老党那最勇猛的佣兵头目米洛不在大赦之列。

这些问题大体已属于过去，不难解决，远较困难的是应付当时互相对立的两党——一面是恺撒自己的平民党，一面是已被推翻的贵族党。不言而喻，前者见恺撒得胜以后的行为和要求放弃本党的旧立场，比后者更不谅解。大致看来，恺撒本人所愿的必是盖乌斯·格拉古所图谋的结果；不过恺撒党的计划已不再是格拉古
136 党的计划。罗马平民党已被迫渐渐由改良进到革命，由革命进到作乱，由作乱进到向所有权作战；他们在自己中间庆祝纪念恐怖政

治，从前用花朵和花圈装饰格拉古昆仲的墓，现在却用来装饰喀提林的墓；他们置身于恺撒的麾下，因为他们期望他替他们做喀提林所不能成就的事。但很快就显然了，恺撒绝不愿执行喀提林的遗志，负债者可期望于他的，至多是缓和偿债和减轻诉讼手续，这时愤怒的人们哗然发问：平民党打胜仗，如果不是为人民是为谁呢？这种浪人，不分贵贱，只因恼恨政治经济农神节失败，始先向庞培党献媚，而后在恺撒离开意大利的将近两年期间（706—707 年即前 48 年 1 月—前 47 年秋季），在那里鼓动了一个内战中的内战。

副执政官马尔库斯·凯利乌斯·鲁孚斯（Marcus Caelius Rufus）长于做贵族而短于还债，稍有才干而很有修养，以激烈而流利的演说家身份一向在元老院和罗马广场里为恺撒一个最热心的拥护者；他未受上峰的指令便先向人民建议一种法律，许欠债者无息缓付六年，而后在遭反对之时，又提出另一法律，竟取消一切借款和现行房租的要求权；于是恺撒党的元老院把他免职。这事正在法萨卢斯一战的前夕，大战的局势似乎利于庞培党；鲁孚斯勾结元老党的旧队长米洛，两人共同策划一个反革命，一面标榜共和政体，一面标榜取消债权和解放奴隶。米洛离开他那流亡地马赛利亚，号召图里区的庞培党和牧奴起兵；鲁孚斯准备用武装奴隶夺取卡普亚城。不过后面这条计划还未实行，就被发觉，为卡普亚的民兵所摧毁；昆图斯·佩狄乌斯（Quintus Pedius）率一兵团入图里
境，击溃驻在此处的乱党；两个领袖的阵亡结束了这次乱事（706 137
年即前 48 年）。

尽管这样，次年（707 年即前 47 年）又有一个愚人，即保民官普布利乌斯·多拉贝拉，他与鲁孚斯一样无力还债，可是远不及鲁

孚斯有才，却把他那关于债权和房租的法律重提出来，并且与他的同僚卢奇乌斯·特雷贝利乌斯(Lucius Trebellius)再借此发动一次——这是最后一次——民魁战；双方的武装队互相狠斗，街市上起了多次的暴动，后来意大利的统帅马尔库斯·安东尼命军队干涉，不久以后，恺撒由东方回来，始把这蠢事完全制止。恺撒对这些要恢复喀提林计划的愚事极不重视，以致容多拉贝拉住在意大利，并且过了些时，竟再加以恩宠。这种流氓所关心的不是任何政治问题，而只是攻击所有权之战，对他们与对股匪无异，只是有个强有力的政府就能应付裕如；意大利的懦夫对当时的共产派感觉恐慌，恺撒却太伟大，太有心思，不以为事，也不借此替他的君主政治博得虚伪的人民爱戴。

如是，旧平民党的分裂已几乎达到极点，恺撒可以并且已经让它去分裂；但另一方面，旧贵族党有远较强大的活力，恺撒对它兼用相当的压迫和抚慰，不是造成它的解散——这只有时间能做到——而是替它的解散开一条路，引它入内。拿一件最小的事来说，恺撒就由于天然的礼义感，避免用无谓的讽刺来触怒失败党；他不因为战胜同国人而举行凯旋；①他常常说到庞培，永远带着敬意，元老院会堂里的庞培刻像曾被人民推翻，修复会堂时，他命人把它重立在从前的尊显地位。胜利后有政治的检举，恺撒把它的范围规定得无可再窄。宪政党也曾与徒有其名的恺撒党有种种联
138 络，恺撒不加以追究；法萨卢斯和塔普苏斯的总部里堆积着很多的

① 蒙达(Munda)战争(见下文)以后的凯旋大概仅关涉那些在败军中当兵的众多卢西塔尼亚人。

文件，恺撒不看便把它们投在火里，免得他自己和国家对国事嫌疑犯提出政治诉讼。再者，普通士兵曾随着罗马将领或本地军官参加对恺撒的战事的，一概免罪放行。只有那些曾服务于努米底亚王尤巴军中的罗马公民作为例外，他们的财产被没收，以罚他们叛逆之罪。直到 705 年即前 49 年西班牙战争结束时为止，恺撒甚至对战败党的军官也给予无限制的赦免；不过他以后始觉他这种办法太嫌过分，至少铲除他们的首领应是难免的。此后他所遵守的原则是，凡在伊莱尔达投降以后任职于敌军或参与对方的元老院的，如果战事完结时他仍在世，便失其财产和参政权，终身放逐于意大利境外；如果战事完结时他已不在世，至少他的财产充公；但这些人若早先曾受恺撒的宽宥，以后又见于敌人的行伍的，便因此被处死刑。但在实行时，这些原则大见减轻。弃顺从逆的人很多，只有很少数真被处死。没收死者的财产时，不但属于各份田产的债务以及遗嫠的嫁资要求当然清偿，而且父产也留下一部分给儿女。最后那些按原则应受放逐和没收财产的，有不少立刻完全遇赦，或如被拉入乌提卡元老院的非洲资本家，处罚金完事。就是其余的人，只要他们肯向恺撒请求，也几无例外地重得其自由和财产；有几个人，例如前执政官马尔库斯·马尔凯卢斯不肯做这事，竟不求赦而遇赦；最后到了 710 年即前 44 年，为了一切尚未召还的人，发布了一道大赦令。

共和反对党肯受宽宥，但是没有成立和解。他们普遍不满于新局势，愤恨这非常的统治者。要公开做政治的反抗，诚然不再有 139
机会；在讨论称号问题时，有人称恺撒为王，反对党的几个保民官对他们示威干涉，竟取得共和党的烈士冠，这个姑且不论；但共和主义更断然流露出反对的意见以及暗中的煽动和阴谋。皇帝出临公众时，无人拍手。揭帖和讽刺诗风行一时，满是对新君政刻薄而中肯的通俗嘲笑。反对党写小册子的人以赞颂加图为时髦题目，他们的著作所以得到更感激的读者大众，只因文学也不复自由了。就在当时，恺撒诚然也用共和党的方法攻共和党；他本人和更有才的心腹用反加图答复加图文学，共和党和恺撒党的写手为了已死的乌第卡英雄而交斗，有如特洛伊人和希腊人为了帕特罗克洛斯(Patroklos)的死尸而交斗；不过不言而喻，这次斗争，公众完全倾向共和党，恺撒党归于失败。他们没有别的办法，只好用恐吓手段对付作家；因此在被放逐者中间，一些在文学上既有名而又有危险性的人，如普布利乌斯·尼吉狄乌斯·菲古卢斯(Publius Nigidius Figulus)和奥卢斯·凯奇那(Aulus Caecina)，都比别人更难取得回意大利的许可，同时反对党的作家被容许在意大利的，须受实际的审查，因为可畏的处罚完全是随意为轻重的，所以这种束缚更是难堪。[①] 失败党对新君政所施的阴谋诡计，我们更当在另一有关之处加以叙述。这里且说几件事就够了：在罗马帝国全境。伪主和共和党的起事不断在酝酿中；内战的火焰有时是庞培党煽动的，
140 有时是共和党煽动的，又在各处熊熊发作；首都常有杀害这位君主的阴谋。但这些打击不能使恺撒永久用一队亲兵围护左右，通常只用公告宣布已被揭破的阴谋，即以为足。

这些愤愤不平的人不但威胁他本人，而且威胁他的创作，恺撒虽然惯于大胆漠视有关他个人安全的一切事，却也不能不见这很

① 谁要想比较作家所遭的新旧困苦，谁就可以在凯奇那的书信里找到这事的机会(Cirero，*Ad. Fam*，vi. 7)。

严重的危险。尽管如此，他却不顾朋友的警戒和劝告，也非不知甚至他的仁恩也不能化敌为友，竟非常泰然自若，仍对绝大多数的敌人力行宽恕。这不是骄傲性格的慷慨侠气，也不是懦弱性格的多情慈悲，这乃是政治家的深思远虑。他以为若把失败党吸收在国家以内，解决较速，对国家的损失也较小；若用宣告公敌的办法来消灭他们，或用流放办法来逐他们于国外，则解决较缓，对国家的损失也较大。实际说来，宪政党不单包含贵族阶级，也包含意大利公民内部一切有自由精神和民族精神的分子，恺撒若要达到他那崇高的目的，便不能缺少他们；要实行他那使国家返老还童的计划，他需要包括在宪政党里的全部有才干、有修养并且有祖遗和自得的名望的大众；由这种意义看来，他很可以把赦免敌人一事称为胜利的最佳酬报。所以他固然铲除了失败党最尊显的领袖，但对二三等的人物尤其少壮之辈，却不吝予以完全赦免；然而他不许他们悒郁无语地做消极抵抗，而以多少有点温和的强迫使他们积极参加新政府，接受它的尊荣和官职。亨利四世和威廉·奥兰治只在胜利之后始遭到最大的困难，恺撒亦复如是。每一革命的战胜者都由经验而知，如果在平定敌人之后他不愿如苏拉和秦纳那样仍只做个党魁而欲如亨利四世和威廉·奥兰治那样以国利民福代替他那自必偏颇的党纲，那么，一时各党各派，无论他本党和失败
党，必一齐联合反对新领袖；他对新使命愈有大而且精的观念，反 141
对便愈甚。宪政之友和庞培党虽在口头上表示服从恺撒，却在心中对君政怀着怨恨，至少对此朝怀着怨恨；衰落的平民党自从晓得恺撒的目的不是本党的目的之时起，便对恺撒公然反抗；甚至恺撒的私党一发现他们的领袖不建个佣兵队长国，却建个对一切人平

等公正的君主国，并且原属他们所应分得的利益要因失败党加入而减少，他们也怨声载道。这种整理国事的办法没有一党赞成，对敌人和对同党一律须强制实行。就某种意义而言，恺撒自己的地位现在比胜利之前更有危险；但他所失的正是国家所得的。由于消灭党派，又由于不但饶恕党人，而且不管他们在政治上的往事，许每一有才甚或只有好门第的人得任官职，他不仅替他的大厦取得国内所有的一切工作力，而且各党各派的人士自愿或被迫参加同一工作，也把国家不知不觉地引渡到新开的土地。至于这种的各党和解一时只是表面的和解，并且它们相合之处不在亲附新局势而多在恨恺撒，这却不能迷惑他；他深知敌对势力一旦有了这种表面的联合便失其锐利，又深知只有这样，政治家始能替时间做准备工作，唯有时间能把老辈人安在坟里，使这种争执一愈而永不复发。关于谁恨他或谁想刺死他，他更不问。他与每一真纯的政治家无异，为人民服务，不求报酬，甚至不求他们的爱戴，他牺牲时人的恩宠以求后人的幸福，尤其求人准许他拯救和复兴他的国家。

要想详论旧局势如何渡到新途径，我们先要切记，恺撒不是来始事而是来完功的。一个适合时代的新政体早已由盖乌斯·格拉
142 古拟订计划，他的党徒和继承者固守这计划，精神和成绩有多有少，却永未动摇。恺撒仿佛根据世袭权，自始就是平民党的首领，三十年来总高举着平民党的旗帜，从未改变他的色彩，甚至从未掩饰他的色彩；就在做君主时，他也仍是个平民党。他既把本党的遗产，喀提林和克洛狄乌斯的荒谬计划当然除外，毫无限制地接受了；他既对贵族阶级和真贵族表示极激烈的甚至私人的仇恨；他既固守不变罗马平民党的主要思想，如改善欠债者的境况，举办海外

殖民，渐渐夷平国内各级人士的权利差别，使行政权脱离元老院等，他的君主政体实与平民政体很少冲突，以致平民政体只因有了君主政体始能达到完成和实现。因为，他的君主政体不是东方那种神权的专制政体，而是盖乌斯·格拉古所欲创立、伯里克利和克伦威尔所创立的政体，即以得有全国至高无限信任的人代表国家。由这看来，恺撒的工作所根据的思想，并不是真正新鲜的；但它们的实现却属于他，无论何处，这毕竟是主要之点；丰功伟绩也属于他，那拟订计划的才子若能目睹这种成绩，必当诧为异事，人无论属于哪一历史时期或哪种政治色彩，只要在现实生活或史鉴里遇见这种成绩，无不各依其对大人物和大史事或多或少的了解力，激发出深了又深的感动和赞佩。过去如是，将来亦然。

然而说到这里，我们应断然宣称史家处处心照不宣的假定，我们应对愚人和骗子所共有的习惯表示抗议，这习惯就是使历史的褒贬脱离其固有的关系，而用作普遍适用的术语。就现在这例来说，把我们对恺撒的批判误解为对所谓恺撒政体（Caesarismus）的批判。固然，往世的历史应为现时的导师；但这话的意义不是庸俗的意义，不是说一个人只要翻阅书籍，便可在过去的记载里发现今日的情势，然后由此搜集病状来做政治的诊断，搜集特效药来开药 143
方；往世历史的教导作用，只在观察早期文化可以显示一般文明的固有条件、处处相似的基本力量及其处处不同的组合方式，并且可以领导和鼓励人们独立不倚地照样创造而不照样模仿。由这种意义来看，恺撒和罗马帝制的历史，尽管建造师极其伟大，尽管工作有历史的必然性，但对近代的专制政体，却真正是人手所不能写的尖刻批评。按自然法则，最小的有机体远胜于最巧的机器，所以虽有缺点的政体，只要容大多数公民有自由自决的余地，也远胜于最美妙最仁慈的专制政体；因为前者能发展，所以是活的，后者不改原状，所以是死的。这条自然法则已在罗马的军事专制君主政体上证实了；又因在创制者的天才推动之下，并且与外国毫无重大的纠纷，这君主政体发展得比在任何别的国家纯粹而自由，所以这条自然法则更完全证实了。如下文所要指出和吉本早已指出的，自恺撒起，罗马的体制只有表面的团结，只有机械式的扩张，而它的内部，就在恺撒时代，即已完全枯死。如果在专制政体的初期，尤其在恺撒本人的心灵里，仍存着富于希望的梦想，要把人民的自由发展与专制政治合而为一，那么，尤利乌斯氏各代高才皇帝的政治不久就以可怖的方式，告人水火同置一器的可能性如何。恺撒的工作所以必要而有益，不是因为它本身确已造福人类或可能造福人类，乃是因为在上古那以奴隶为基础、全无共和、宪法的代表制的人民组织中，面对着那经五百年的发展已成为寡头专制的正统
144 城邦政体，军事专制的君主政体实为理之当然的极峰，也是最轻的祸害。弗吉尼亚和卡罗来纳(Carolinas)的蓄奴贵族若一旦能达到苏拉时代罗马的同志那种地步，那么，由历史的精神看来，恺撒政体在那里也要成为合法的政体；①这种政体若出现于别种发展条件之下，它便既是个滑稽怪物，又是个僭位事件。但历史的判词虽可使愚人对坏恺撒发生误解，虽可给匪类撒谎作伪的机会，历史却不因此而容许

① 1857年我写这句话的时候，人们还不能知道由于人类史上空前的一场最大的战斗和最光荣的胜利，北美合众国如何迅速地免于这种可怕的考验，并且关于将来那绝对的、不为地方恺撒主义所永久限制的、自治的自由，得到了保证。

削减真恺撒应得的荣誉。历史也是一种"圣经",如果她不比"圣经"更能阻止愚人误解她和魔鬼引用她,她也能容忍两者,给予酬报。

在形式上,国家新元首的地位似乎是独裁,至少最初如此。恺撒在 705 年即前 49 年自西班牙归之后首次受任此职,但过了几天,他又把它放弃,专以执政官身份指挥 706 年即前 48 年决胜负的战事——执政官的任命问题就是爆发内战的导火线。但在本年秋季法萨卢斯之战以后,他却复居独裁之位,使人再委他任此职,起初任期无限,可是自 709 年即前 45 年 1 月起改为一年职,然后在 710 年①即前 44 年 2 月改为他的终身职,于是他最后明言废除以前保留的卸职,而以"终身独裁"(*dictator peipetuus*)这个新称号正式表明任期终身。这个独裁职,无论是第一次那暂时的或是第二次那永久的,都不是旧制的独裁职,而是只与它同名,依苏拉法令产生的最高非常职;它的职权不由那有关最高单人职的合法章程,而由特别人民法令来规定,这当然就是说:居此位者担任拟定法律和整顿国事时,他的职权在法律上没有限制,并且打破共和 145
的分权制。秉政者由特别法案取得不询问元老院和人民便决定和战问题、独立支配军队和国库以及任命省长之权。这不过是把这一般的权力应用在单个事例而已。因此,就是官吏权限以外甚至最高当局权限以外的权力,恺撒也当然能一手兼掌;②他放弃代替人民大会推举官吏之权,仅要求在选举一部分副执政官和低级官

① 710 年即前 44 年 1 月 26 日,恺撒仍称为第四次的独裁;在同年 2 月 15 日,他已是终身的独裁。

② 那规定独裁职的条文似曾一并举出"改良道德";不过恺撒未尝充任特属这类的官职。

吏时有强制的建议权，又使人以特别人民法令给他一种全为习惯所不许的创立贵族权——这两事殆似乎是他那方面的让步。

其他狭义的职务没有与这种独裁职并立的余地。监察官职务，他未尝担任，[①]但他确乎广泛行使监察官权，尤其行使那重要的推举元老权。他除独裁以外，屡次兼任执政官，有一次兼任无同僚的执政官，但从不长居此职，并且对那连任五年甚至十年的要求也不予允准。恺撒现在不必使人委他管理敬神事宜，因为他已是大祭司长。不言而喻，他也成为鸟占院的院员，并且一般说来，享受很多新的旧的名誉权利，如"国父"的称号，用那至今仍用的"尤利乌斯"(Julius)一词称呼他出生之月，和其他初起的朝廷风气最后流为直接崇拜的表示。值得特别注意的只有两种措置：恺撒自命与保民官同
146 等，尤其在身体不可侵犯的特权上与他们同等；"皇帝"这个名称与他结了不解之缘，他把"皇帝"和其他官衔一并当作名号。

智者不要证据便晓得，恺撒的目的是把他的至高权插入国家，确乎不是仅历数年，或甚至成为无限期的个人职务，略如苏拉摄政那样，而是要使它成为主要而永久的机关，就是说，一种世袭的权力；智者也无须证据便晓得，他替这新制度选了个适当而简单的名目，因为创造无内容的名目既是政治上的错误，设立有内容而无名目的全权也同样是个错误。不过恺撒所想望的具体形式是什么，诚然不易断定；一方面因为在这过渡期间暂时的和永久的建设还没有明白的分别，另一方面因为他那些热心的属下已不待主人的示意便先把一大批——必使他本人厌恶无疑——信任案和荣典法

① 恺撒用 *imperator* 称号时总不带着次数，并且总把它放在名字后面的第一位。

加在他身上。新君政绝不能附丽于执政官职，因为此职与同僚制不可分离；恺撒也显然力把这以前最高的官职降为虚名，以后他任此职时，不肯全年做下去，在任满以前便把它交给二等的人物。实际说来，独裁一职卓然为他所担任最久最固定的职务，但这事的原因似乎只在他要按独裁自古以来在宪法机构中的意义——克服非常危难的非常首长——来利用它。可是若以此职做新君政的支柱，它却少有可取之处，因为这职务曾带有例外性质，并且未免为人民所不喜，这体制又是敌党那位最有才的拥护者为了他自己的目的而创立的，我们不能相信平民党的拥护者竟选它为永久的体制。

“皇帝”这个新名目显然是新君政远较适当的称呼，因为它是新的，①它的采用又没有确定的外来原因可见。新酒不可以装在 147
旧瓶里；新事物在这里有了新名称，这名称又以极富意义的方式，总括了平民党在伽比尼乌斯法里已表示——只是不这样明确——的党魁职权，即把政权(*imperium*)永久集中于一位对元老院独立的人民领袖之手。在恺撒的，尤其他晚年的钱币上，我们也见到帝号卓然与独裁字样并立，并且在恺撒惩政治犯的法律里也似乎曾用此名称呼这位君主。到了后世，即使不在直接的后世，君政也连在帝号上。为了使这新职兼有平民的和宗教的神圣性，恺撒似乎想使它与保民官的权力和大祭司长之职一合而永不再离。

新体制的存在不仅仅限于创立者的终身，这是无疑；但他未能解决那特别困难的继统问题，并且他究竟想建立一种推举继任人

① 在共和时期，*imperator* 一名原指凯旋将军而言，战争一完，此名便废；以它为永久称号，似始于恺撒。

的制度如原始的王政所已有的，还是愿在这最高官职上既采用终身制也采用世袭制如以后他的养子所主张的，实无法断定。[1] 大概他有意多少兼采两种制度，像克伦威尔和拿破仑那样规定继承人，即统治者之子继统国政，但他若无子或以为其子不适于继位，统治者便可用收纳养子的方式，经自由选择以后，指定继承人。

按政治法说来，“皇帝”这个新职基于执政官或同执政官在城
148 界以外所居的地位，所以不但兵权，而且最高司法权，因此连行政权都包括在这新职之内。[2] 但以性质而言，皇帝的权力所以高于执政官、同执政官的权力，只在前者没有时间和空间的限制，可以终身执掌，并且在首都也有效力；[3]只在执政官可遭同等权力的同

---

① 有人说恺撒在世之时，曾经过一个正式的立法手续，使他的男系——亲生的或收养来的——后嗣能继承他的号令权和大祭司职，他的儿子恺撒便以此为其统治权的法律根据。由我们这传说的性质看来，我们须决然否认这种法律或元老院议决案的存在，但恺撒有意发布这种法令，仍属确有可能。

② 有一种意见流布很广，以为皇帝的职位不过是个终身的帝国元帅职，无论从字义来看，或从古代记载的见解来看，这意见都不正确。*imperium* 是号令权，*imperator* 是操此权的人；这两词一如与之相当的希腊词 κράτος αντοκρὰτωρ 含有特殊军事意义很少，所以罗马官权在显得纯粹而完备之处，其特色反而正在于把战事和讼狱，即军事和民政的发号施令权一包在内，成一不可分割的整体。狄奥说得十分对：皇帝用 *imperator* 名称“代替王者和独裁的称号来表示他的全权，因为这些旧称号在名义上不见了，但在实际上，*imperator* 称号能给予同样的特权，例如征兵权、课税权、宣战和媾和之权，对京城内外的公民和非公民行使至尊权，在任何地方对任何人处死刑或他刑之权，一般说来，取得与最古最高号令权相连的职位之权”。关于 *imperator* 不过是 *rex* 的别名，正如 *imperare* 与 *regere* 一致，不能比这话说得更明白了。

③ 奥古斯都建立元首制(*principate*)，恢复恺撒的号令权，他做这事有下列限制：元首在空间上应该有限制，由某种意义来说，在时间上也应该有限制；皇帝的同执政官权不过就是这个号令权，这权不应该用在罗马城和意大利。恺撒的号令权与奥古斯都的元首制主要不同之处就基于这一点；另一方面，两种制度真实相似之处也基于那种限制在原则上，更在实际上没有完全实现。

僚作梗，皇帝则否；只在历来加在原有最高职权上的限制，尤其容人上诉和尊重元老院劝告等等义务，都不适用于皇帝。总而言之， 149
皇帝这个新职不过是再兴的原始王位，因为执政官所以异于国王，正在那些拘束——职权受时间和空间的限制，同僚共治以及在某种情形之下须与元老院或民社合作。新君政没有一个不见于古君政的特色：集合最高的军事、司法和行政权于君主之手；做全国的教主；有发布具束缚力的法规之权；夷元老院为一议政会；复兴贵族和市政官。但还有比这些相似处更显著的，就是塞尔维乌斯·图利乌斯的君政与恺撒的君政内部的相似；如果那些古罗马的君主尽管手握全权，却是个自由民社的主人，并且他们正是保护平民以抗贵族的人，那么，恺撒也不是来毁坏自由而是来实现自由，最初是来打破贵族那种难堪的羁绊的。恺撒虽然不是个博古家，却回到五百年前去寻新国家的榜样，这也不足为奇；因为罗马国家的最高官位始终是个受许多限制的君位，王权观念本身也绝未作废。当极不同的时期，由很不同的方面，在十人政治，在苏拉和恺撒本人的独裁政治，就在共和时期也有重回王政的事；真的，无论何处，只要非常政权显然是必需的，那与平常有限政权相反的无限政权便理之当然地出头露面，而无限政权不过是君权而已。

最后，外在的原因也促人恢复从前的王政。人类极难达到新创造，所以把业已发展的体制当作传家宝，加以保存。因此，恺撒深谋远虑，与塞尔维乌斯·图利乌斯成立联系，一如后世查理大帝(Karl den Grofsen)与恺撒成立联系，拿破仑想至少与查理大帝成立联系。他做这事，也不绕弯，也不隐讳，却与他的后嗣一样，尽量公开去做；这种联系的目的确乎就是替新政体寻出一种本国通俗

的明白表现。历代相传的史籍惯于描述七位国王的事迹，自古以来，他们的像就立在卡皮托尔山上；恺撒命人把他的像立在他们身
150 旁，作为第八个。他出临公众时，身穿古阿尔巴王的服装。在他惩处政治犯的新法律里，与苏拉法律主要的不同处是，皇帝为人民的有生命有人格的表现，他的地位与民社并列，并且与民社平等。在政治誓言所用的套语里，除约维斯和罗马人民的家神外，又加上皇帝的神灵。按全上古所流行的见解，君主的外面标志是钱币上的君主肖像；710年即前44年，恺撒的头像在罗马国的钱币上出现。

所以人们至少不能埋怨，说恺撒不使公众晓得他对自己地位的见解如何；他尽量清楚明白地走出来，不但做君主，而且竟做罗马王。据说他甚至有意不用新名“皇帝”而直接用旧名“国王”来做他那职权的名称，这虽然未必如此，并且总是次要，却属可能。[①]当他在世之时，他的仇敌和他的朋友多已认为他欲使人明言举他为罗马王；真的，他几个最热烈的党羽曾用种种方法屡次劝他加
151 冕；最明显的是马尔库斯·安东尼，此人做执政官时，曾在人民面前

① 在这问题上，可以有不同的意见；然而恺撒做 *imperator* 来统治罗马人，做 *rex* 来统治非罗马人的假定却须直接地加以排斥。这话只基于一个故事，说当恺撒遇刺所在的元老院开会之时，一位管神签的祭司卢奇乌斯·科塔(Lucius Cotta)提出西比尔的一句断语，说帕提亚人只能败于“王者”之手，因此元老院便通过一个议案，给恺撒王者之权来治理各省。这故事在恺撒死后，确乎立刻传播各地，不过它不但连任何间接的证据也没有，而且当时的人西塞罗甚至明言宣布它是妄言，以后的史家尤其是苏维托尼乌斯和狄奥仅拿它当作谣言来叙述，绝不愿给它保证；普鲁塔克和阿庇安照例地，一个用说故事的口吻，另一个用独断的语气来重述它，也不能因此而使它更为可信。这故事不但是毫无实据，而且在本质上也不可能。恺撒太明智，太富于政治的敏悟，绝不会按寡头党的方式，用一下神签的机构来解决国家的重要问题；就是不论这个，他也绝不能想使平等化的国家这样在形式上和法律上分裂为二。

向他奉献王冠(710 年即前 44 年2 月 15 日)。但恺撒把这些提议立刻拒绝,毫无例外。如果他同时对那些利用此等事来鼓动共和党反抗的人施行惩处,我们不能由此断定他不是诚心拒绝。有人假定这些劝进的事是遵他的吩咐做的,意在使群众对罗马王权的非常景象有所准备;此说完全小看了恺撒所须应付的反对意见的雄厚力量,恺撒本人若这样公开承认反对意见的不谬,它不能更加驯服,却必至更为得势。造成这一幕的或许只是他那些热烈党徒的过分热心;也许只是恺撒允准与安东尼演这一幕,或甚至与他商妥演这一幕,意欲用极昭彰的方式,在公民目睹之下谢绝王号,以杜绝那讨厌的闲话,他甚至命人把这事载入国家的历书,确是不能再行收回。大概的情形是,恺撒既深知一种习用名称的价值,又深知大众的反感所钟的在名称而不在事物的本质,见王号已沾了古代的诅咒,同时的罗马人又熟知其用于东方的暴主而少知其曾用于本国的努马和塞尔维乌斯,所以他决定在皇帝名义之下取王权的本质为己有。

但不管人对于具体名称的意见如何,总有人主在,因此朝廷也设立起来,有它一切应有的浮华、无味和空虚。恺撒出临公众时不穿紫条沿边的执政官衣服而穿上古所认为王者装束的全紫衣服,坐在他的金椅上接见那庄严的元老行列,不必起立。庆祝他的诞辰、胜利和宣誓的节日充满了历书。恺撒来首都时,他的主要臣仆结队到很远处迎接和护卫他。与他接近始为很关重要的事,以致 152
他所住的城区,房租高涨。由于请求谒见的人极多,很难与他面谈,所以恺撒甚至与他的亲信也不得不多用书信通消息,就是最显贵的人员也须在客所里等候几小时之久。人们明白地感到——明白到恺撒所不喜的程度——他们来会的不再是个同等的公民。一种君主政治的贵族制兴起，可注意的是它的又新又旧，这种贵族制的起因是想以王政贵族夺寡头贵族的光辉，以贵族夺显贵的光辉。贵族团当时虽无阶级的重要特权，却依然存在，为一不开放的贵族公会；但它不能容新民族加入，所以经过几百年间愈缩愈小，到恺撒时，只有十五六个贵族氏家尚在。恺撒本人就生在一个贵族之家，使人以一道人民法令予皇帝创设新贵族氏家的权力，于是建立了那异于共和显贵的新贵族，即新贵族氏家族，君主政体的贵族所需的一切，如迷人的古色古香、完全依赖政府和毫无意义，这新贵族氏家族无不极为可喜地应有尽有。在一切方面，新君权都显露出来。

在这样一位实际不受限制的君主之下，简直设不到宪政，至于那迄今以公民大会、元老院和各个官吏依法合作为基础的共和政体的继续存在，更不必说了。恺撒十分确定地回到王政时代的遗风；公民大会依然是昔日王政时代的公民大会，与国王并立，并且与国王同为至尊人民的意志的终极表现；元老院又回到它原本的职责，即应君主的要求来献议；最后，人主又把全部的官吏职权集中于一身，以致没有另一个独立的国家官吏与他并列，一如没有这样的官吏与最古的国王并列。

关于立法，这位平民党的君主固守罗马政治法的原始准则，即只
153 有人民大会协同召集此会的国王始能厘定国家的组织，国王凭建制权来拟定的法令依法应受人民议决的核准。古代战士大会的可否含着自由的力量和道德政治的权威，在恺撒时代所谓“公民大会”里当然不能再激发这种力量和权威；公民团在立法上的合作，在旧体制里极其有限，可是真实而有生气，在新体制里却实际等于水月镜花。所以对公民大会不必有特别的法规加以限制；由多年的经验看来，每一政府，

无论是寡头的或君主的，都能与这形式上的主人和平相处。恺撒时代的公民所以为恺撒制度一个主要的分子并且间接有实际的重要性，只因其功用是在原则上保持人民的主权和力行抗议苏丹政治。

但同时还有一件本已显然而且确有明证的事，即最古政治法另一准则的再被采用系恺撒本人所为，不始于他的继承人；这准则是，最高的或不如说唯一的官吏所命令的，只要他在位一日，便一日绝对有效；立法权固然只是共属于国王和公民，但国王的诏谕，至少在下诏者去位以前，与法律同等。

这位平民党的国王虽至少把形式上的一部分主权这样让给公民团体，他却绝不想与那素秉国政的团体即元老院分掌政权。恺撒的元老院应该仅是——与以后奥古斯都的元老院迥不相同——一个最高议政会。他利用此会来与他预先商讨法律问题，借着它或至少以它的名义发布较重要的行政法规——因为，元老院的法令发布之后，所出席拟定它们的元老竟无一人知有此事，也诚然屡见不鲜。元老院本是个议事机关，在事实上而非在法律上逾越了它的权限，要使它再回到原始的地位，在形式上没有重大困难；但在这里，恺撒须防备实际的抵抗，因为罗马的元老院是反恺撒党的大本营，一如雅典的战神的法庭（Areopag）是反伯里克利党的大本 154
营。大都因为这种缘故，元老院在正常情形之下，人数至多曾达六百人，经最近的变乱而大减，现在由于非常的补充增到九百人；同时，为了至少保持它这个水准，每年应推选的财务官员额，即每年入元老院的员额，由二十人增到四十人。[①] 元老院的非常补充只

① 按往日假定的大约估计，这将产生一千至一千二百名元老的平均数。

有君主一人有权办理。至于寻常的补充，他用一种方法保证他自己的永久势力，即选举团受法律的束缚，[①]须就持有君主推荐书的候选财务官中投前二十名的票；此外，君主可随意把那些属于财务官或任何更高级官员的名誉权利，因而特别把元老院的议席，破例赐给甚至没有资格的人。所以当选为非常补充人员的，当然大都是依附新秩序的人，于是许多可疑和卑微的人与体面的骑士一同加入这崇高的团体——从前的元老曾被监察官或经司法判决除名的，来自西班牙和高卢的外国人多少须在元老院学拉丁文的，从前的下级军官迄今连骑士的指环也未得到的，新公民或营贱业者的儿子和其他诸如此类的人。排外的显贵自然最痛恨元老院的这种人事变动，他们认为这是故意贬损元老院这机关的价。恺撒却不能有这样的自杀政策；他既决定不让自己受议会的管制，也深知这
155 机关本身的必要。他们的眼光若较为正确，便可由这事看出，君主的目的是剥夺元老院那单独代表寡头贵族的旧性质，而使它重回王政时期的状态，即以各阶级最明智的分子，不必排斥寒门的人或外国人，来代表一切阶级的国民；正如最古的国王曾把非公民插入元老院，恺撒也把非意大利人插入元老院。

这样一来，显贵政治废除了，显贵的生存受了损害，新式的元老院仅是君主的工具，同时，在国家的政务和统治方面，专制政体也见于极严格的实行；整个行政权都集中在君主手里。第一，每一重要问题当然由皇帝亲自决定。恺撒能贯彻个人专政，达到我们

① 这确乎只与711年即前43年和712年即前42年的选举有关，但这制度实应为经常的制度。

小民所不能想象的程度，这不仅是他工作迅速无比、准确绝伦所能说明，而且另有更普遍的原因在。如果我们看到恺撒、苏拉、盖乌斯·格拉古和罗马一般政治家所呈现的活动，超过我们所想象的人类工作能力，其原因不在自那时以后人性的转变，而在自那时以后家户组织的转变。在罗马家庭这个机构中，甚至奴隶和脱籍人的智力也供家主之用，一个家主若晓得如何管理这班人，他的工作能力便仿佛千百倍于常人。这是个尽善尽美的官僚集权制，我们的营业制度诚然热心效法他，但依然瞠乎其后，一如今日的资本主义政治逊于上古的奴隶制度。恺撒晓得利用这种便宜；据我们所见，凡是需要特别信任的位置，只要别的条件许可，他在原则上无不用他的奴隶、脱籍人或其他出身寒微的门客来充任。由他全部的工作看，我们可见像他那样善于组织的天才，用那种的工具，可以做出什么事业；但若问他如何分别造成这些惊人的成绩，我们却没有充分的答案。官僚制度在这方面也类似一个工厂，即所出成
品似乎不是制造它的各个工人的，而是在它上面加盖印记的工厂 156
的。完全明白的只是，在他的工作上，恺撒绝没有一个助手对这事发生个人的影响，甚至也没有一个助手得知整个的计划；恺撒是唯一的建造师，他的工作只用粗使工人，不用伙友。

分别说来，在狭义的政治事务上，恺撒自然尽量避免托人代理。遇有不得已的时候，例如他常常离开罗马，特需在那里设个高等机关，他为这事择定的人，说起来很有意味，不是法定做君主代表的市政官，而是没有官方承认的职权的亲信，常是恺撒的银行家，即加的斯的聪明柔顺的腓尼基商人卢奇乌斯·科尔涅利乌斯·巴尔布斯(Lucius Cornelius Balbus)。在行政方面，元老院在

王政倾覆以后取国库的锁钥为己有，并且借此来把持政权，现在恺撒收回国库的锁钥，把它们只交给那些一心不二、绝对依附他的臣仆。就财产而言，君主的私产当然仍与国家的财产严格划分，但恺撒把国家整个财政和币制的管理权拿在手里，完全用他和一般罗马贵族经营自己财产的习惯方法来经营它。大致说来，将来各省赋税的征收和币制的管理都委皇帝的奴隶和脱籍人去办，元老阶级的人不得参与——这是个大有关系的步骤，过了相当时间以后，重要的代办阶级和"皇室"都由这个发展出来。

另一方面，各省的省长以前就是军事统帅性质，现在既已把财政事务交给皇家的收税官，更是如此。只有埃及的统帅职移归君主的私人。尼罗河流域情形特殊，在地理上是孤立的，在政治上是集权的，比别的地方更适于在有能力的领袖之下永久脱离中央政
157 府。在最近的变乱中，意大利遭难的党魁屡次做盘踞此地的企图，就是充分的证据。恺撒所以不正式宣布埃及为一省而容忍那较为无害的拉吉德王家，大概正以此故；驻埃及的兵团所以不托付一位属于元老院即属于前政府的人，这个统帅职所以正如收税使一职被目为奴才职，确乎即以此故。然而一般看来，恺撒所特别重视的，还是罗马军不可如东方王者军队那样由奴隶来统率。常规仍是以曾任执政官的人充重要省份的长官，以曾任副执政官的人充次要省份的长官；702 年即前 52 年的法律规定京官任省长须有五年的间隔，现在却又恢复古时的办法，京官一结束其职务似乎立刻就任省长职。另一方面，素来给合格候补人分配省份的事，有时根据人民或元老院的决议，有时由官吏商妥或用抽签法来办理，现在这事移归君主。因为执政官常常不满一年就被劝卸职，让位于当

选的后任(*cansules suffecti*),又因为每年选出的副执政官名额由八人增至十六人,其中半数一如财务官的半数由皇帝提名,最后因为皇帝即使不保留推举名义上的执政官之权,至少保留推举名义上的副执政官和财务官之权;所以恺撒稳能得到足数的为他所喜的候补人来充任各省的长官。他们的召回当然与他们的任命一样,都听君主的意见来定夺;通常的假定是前执政官的省长留在省里不得逾二年,前副执政官的省长留在省里不得逾一年。

最后,关于他居住的首都的行政,皇帝显然有一时也想委他所任命的官吏办理。他恢复古代王政时期的市政官职;他屡次在离京期间把首都行政交给一个或几个市政官,这种市政官是他不问人民的意见而自行任命的,他们任期无限,兼掌一切行政官的职 158
权,甚至有权用他们自己的名字但当然不用自己的肖像来造币。再者,在707年即前47年,又在709年即前45年的最初九个月,既没有副执政官,也没有牙座市政官,又没有财务官;707年即前47年的执政官到了岁尾才选出来,在709年即前45年,恺撒竟做无同僚的执政官。通盘看来,这似乎是企图也在罗马城内,以新君主的平民资历所加的限制为度,完全恢复旧日的王权,这就是说,国王以外的官职只有国王离京时的市政官和为了保障人民自由而任命的保民官和平民市政官仍许存在,至于执政官、监察官、副执政官、牙座市政官和财务官都要废除。① 但到了后来,恺撒却不行此

① 因此恺撒的法律说到这些官员时用谨慎的语气:*cum censor aliusue quis magistratus Romae populi censum aget*;*plaetor isve quei Romae iure deicundo praerit*;*quaester urbanus queive aerario praerit*。

道;他既不接受王号本身,也不取消那些与共和的光荣历史交织起来的古名号。执政官、副执政官、市政官、保民官和财务官大致仍有其以前的形式职权,然而他们的地位却完全改变了。共和的基本政治观念就是罗马帝国溶解在罗马城中,因此,势必视首都的城邦官员为帝国官员。在恺撒的君主制度中,这种见解及其后果都化为乌有;自此以后,罗马城的官员仅居帝国许多自治市的首位,尤其是执政官一职成为纯属有名无实的职位,它所以保有某种实际的重要性,只因此职连带着将来享有高等省长职之权。罗马民社惯于替被征服者造定的命运现在落到它自己身上,它那罗马帝国的统治权现在变为在罗马国内一种有限的市自治权。同时,副执政官和财务官的员额增加一倍,已见上文;关于平民市政官亦复如是,新添两个粮食市政官(*aediles curales*)来替办首都的供应事
159 宜。这些官职的任命权仍在民社,并且执政官、保民官和平民市政官的任命权不受限制。如上所述,每年应推举的副执政官、牙座市政官和财务官,皇帝保留其中半数的提名权,选举人不得违犯。一般看来,人民自由的古老而神圣的护符未受侵害;当然,这不能阻止个别的顽强保民官遭到严重干涉,事实上被废黜和开除元老名籍。

皇帝在较普遍较重大的问题上既这样自己做主,他既用他的臣仆管理财政,用他的部将节制军队,共和旧有的国家官职既重变为罗马城的市政官职,专制政体便充分地建立起来。

另一方面,在宗教机构上,他虽然颁布了一个关于这部分国政的详细法规,却未做重大改革,只是使君主身兼大祭司,或也兼高等僧院的僧职;与此有一部分相连的,即在三个最高僧院里各创设

一个新职位，在第四即餐主院里创设三个新职位。如果罗马的国教组织迄今被用作专政寡头党的后盾，它对新君主也可以有正复相同的功用。元老院那种守旧的宗教政策现在移归罗马新王；约在此时，严格的守旧派瓦罗发表他的《神物的古迹》，这是罗马国定神学的总簿和典籍，他竟能把这书献给大祭司恺撒。约维斯崇拜仍能发出微光，辉映那新建的宝座；旧国教在其最后阶段成为那当然自始就是空洞而柔弱的恺撒教皇制的工具。

在司法事务上，旧日国王的裁判权又建立起来。国王既然原是刑事和民事的裁判官，在前者依法不受人民赦罪机构的拘束，在后者依法不受把争端交陪审法庭判决的拘束，所以恺撒也主张他有权把死刑和私法案件一概弄到他自己的法庭来受唯一而最后的
裁判。他若在首都，便亲自处理；他若不在，便由市政官处理。实 160
际说来，我们见他完全按古代国王的方式，有时坐在首都罗马广场上公开审判那些被控谋逆的罗马公民，有时在他的住宅里开庭推问那些被控谋逆的属国君长；因此，罗马公民与国王的其他臣民相比，他们的唯一特权似乎只是审判手续的公开。当然，虽则恺撒公正审慎地尽其责任，这种复活的国王最高审判权也只能在例外的事件中始有实际应用的机会。

关于刑事和民事的寻常手续，往日共和的司法方式大致仍得保存。刑事案件仍旧由各种有权处理各罪案的陪审法庭来处理，民事案件一部分由遗产法庭即普通所谓百人法庭，一部分由个别陪审员来处理；司法程序，在首都的仍旧由副执政官监督，在各省的由省长监督。就是在君政之下，政治罪也交由陪审法庭来审判；关于这种罪，恺撒发布了新法规，以一切不许迫害异见的宽大精神

把应受法律惩办的行为明白列举出来，新法规所定的惩罚不是死刑而是放逐。至于陪审人员的选择，元老党欲使他们专由元老院产生，狭义的格拉古党欲使他们专由骑士阶级产生，恺撒则固守调解党派的原则，把这事留在科塔“妥协法案”所造成的状态中，可是有个修正——这大概由699年即前55年庞培的法律开其端，就是废去那来自下级人民的“国库使”(*tribuni aerarii*)，于是规定陪审员至少须属于四十万塞斯特级，陪审职务久已为元老和骑士的争端，现在由双方分任。

大致看来，国王裁判权与共和裁判权的关系是同等的，所以任
161 何案件既可以提到国王的法庭，也可以提到相当的共和法庭，如果二者发生冲突，后者当然退让；反之，如果二者之一已经宣判，这案件便因此终结。要推翻一位合格的陪审员在民事或刑事上所宣告的判决，新君也没有这种权力，除非在特别情形之下，例如纳贿或暴力，已经按共和的法律，使陪审的判决遭到取消。反之，每一个因官员的法令而受害的，可以向宣判法官的上司申诉，这条原则似乎在这时已大加扩充，以后皇帝的受理上诉权即源于此；大概一切有裁判权的官员，至少一切省份的省长既都是被认作君主的属官，所以对于他们每人的法令，都可以向君主提出申诉。

这些改革中最重要的，即上诉的普遍化，甚至不能算作绝对的改进，这些改革确乎不能完全治愈罗马司法所患的病症。任何奴隶国的刑事诉讼都不能是健全的，因为对奴隶的法律手续即使在法理上不操在主人手里，至少在事实上如此。我们可以想象，罗马的主人惩治奴隶的罪，根本不当作罪，而只因为奴隶犯了这罪就对他无用或不便；他打发犯罪的奴隶只是像打发好触人的牛一样，牛

被卖给屠户，犯罪的奴隶被卖给角斗场。但甚至对自由人的刑事诉讼——这自始就是政治诉讼，并且大部分永远是政治诉讼——也在最近几代的荒乱中由严肃的诉讼变成用私情、金钱和暴力来打的党派战。参加这事的一切人——官员、陪审团、各党派，甚至旁观的公众——都应共负其咎；但给正义最难治的创伤的却是辩护士的活动。罗马法庭中的雄辩有如寄生植物，一臻茂盛，一切确实的正义观念便归于消散；并且意见与证据的区别不易为公众所了解，简直被排出罗马刑事程序以外。当时一位富于经验的罗马辩护士说："一个真正老实的被告可以被人随意控告任何他已犯和 162
未犯的罪，而且必定被判有罪。"许多刑事辩护词由本期传到现在，其中竟没有一个认真确定所问的罪状，阐明证据或反证的。[①] 至于当时的民事诉讼在各方面也都不健全，自不待言；它也受政党政治搀越一切的影响，例如普布利乌斯·昆克提乌斯（Publius Quinctius）一案（671—673 年即前 83—前 81 年）随着秦纳或苏拉在罗马的得势，前后得到极相矛盾的判决；并且辩护士常常不是法学家，也在这里有意或无意地造成很多的纠纷。当然，政党在这里的搀越只是例外，并且辩护士在这里的花言巧语不能那样快或那样深地破坏正义观念；因此，我们所有的本期民事辩护词，虽则按我们的严格观念不是良好的辩护文章，但以内容而论，却远比同时的刑事演辞少毁谤而多法学意味。庞培曾钳制辩护士的雄辩，如

① 西塞罗在他的《论演说》（*De Oratore*）里关于刑事审判说道："最常有决定作用的是爱、憎、偏好、忿怒、忧、喜、希望、恐惧、幻想，或一般说来，热烈地以人民的判断为证据、为规则、为一种律条、为诉讼指示、为法律。"然后他又以此为基础对初操此业的律师加以指示。

果恺撒让这种办法继续存在并且把它加重，这至少是无损的；如果所任命的官吏和陪审员经过更完善的遴选，并且加以更完善的监督，又不再有贿赂公行和威吓法庭的事，这办法也是很有益的。但神圣的正义感和对法律的敬畏心既在大众心灵中难以毁灭，也更难再造。这位立法家虽消除了许多弊病，他却不能治愈病根；时间能医好一切可医的症候，它是否在这里也能施救，仍属疑问。

当时罗马的军事组织几与汉尼拔时代迦太基的军事组织一般
163 无二。统治阶级只提供给军官；属国人、平民和省民组成军队。在财政和军事上，将军几乎不倚靠中央，无论幸与不幸，大致唯他自己和所辖省份的资力是赖。城邦的精神，甚至民族的精神已绝迹于军队，只余团体精神做内部团结的维系。军队已不再是国家的工具；就政治而论，它没有自己的意志，但确能采纳主帅的意志；就军事而言，它在普通低劣的领袖之下成为无用的乌合之众，但在正当的将军麾下，便达到国民军所不能及的军事上的至善地步。做军官的阶级尤其堕落极深。上等人如元老和骑士等日益不习于武事。从前，人们激烈竞争军官的位置，现在每一骑士阶级的人，只要愿意从军，都包管能做一员兵团长官，并且有许多这种位置须用较低级的人来充任；贵族中若是还有从军的，他至少力求在西西里或他确信遇不到敌人的别处来消磨他的从军时间。军官有寻常的勇气和才能的便被诧为奇才；尤其如庞培，在军事上，同时人把他敬若神明，从任何观点看，这种崇拜都对他有害。要脱逃和哗变，通常都由军官发令；不管统帅的太过宽容，每日总有革除高级军官的提议。我们仍存有恺撒那幅不无讽刺地亲手绘出的图画，描写奉命进攻阿里奥维斯特时，他那大本营里的景象，咒骂和哭泣，做遗嘱，甚至做请假书。士兵中间不复有上流阶级的痕迹可寻。按法律说，普遍的兵役义务依然存在；不过招募以外若加上征发，征发便做得很不规则；许多有当兵义务的被略掉，而既已入伍的则被留在麾下，历三十年或更长久的时间。罗马的国民骑兵现在只是
当作一种骑马的贵胄侍卫队而存在着，他们那些香喷喷的骑士和 164
精选的骏马仅在首都节庆日表演一番；所谓国民步兵是从最低公民阶层收来的佣兵队；属国人专供给骑兵和轻兵，在步兵队里也渐渐为用日广。就当时的作战方式而言，队伍的效能大部系于百夫长。按民族的军事制度，士兵由一刀一枪的军功升到百夫长位置，现在这种位置不但一律凭私情来授予，而且把它卖给出价最高者的事竟也屡见不鲜。因政府不善理财，官吏又大多数纳贿和行骗，兵饷的支付非常短绌而不规则。

这事的必然结果是：罗马军队常常掳掠各省的人民，反抗本军的官长，遇见敌人便逃走；竟有大队人马如 697 年即前 57 年皮索的马其顿军，并未真被击败，却只因这种办理不善而完全覆没。反之，有能力的领袖，如庞培、恺撒和伽比尼乌斯诚然能用手头的材料造成有效、能战而且稍稍可做模范的军队；不过这种军队与其说属于国家，不如说属于将军。罗马海军始终最为罗马人天性所不喜，并且从未完全本国化，它更腐败，自不待言。在这里，在任何方面，一切能被破坏的也都在寡头政府之下被破坏了。

在以前松懈而无能的上级督导之下，纪律的束缚已归废弛，恺撒整顿罗马军制大体以抽紧和加强这种束缚为限。在他看来，罗马军制似乎不必也不能根本改革；他接受了军队的成分正如汉尼拔接受了它们。他的市政法规定：不满三十岁的人若欲充任市政

官职或做市参议会的议员，须先服三年马上的兵役——就是当军官——或先服六年步下的兵役，这固然证明他想吸引上等阶级来
165 从军，但也一样昭彰地证明了民族不尚武的精神既然日增月盛，他自己也认为不能再像以往那样，把高官显位的充任无条件地联系在服役期满上。这正可以说明恺撒为什么不企图重建罗马的国民骑兵。征兵事务有较好的安排，服役期限调整和缩短了；此外都照旧办理。列阵步兵仍大都征自低级的罗马公民；骑兵和轻步兵仍征自属国人民。舰队竟没有经过整顿，殊属可怪。

属国所供给的骑兵是不可靠的。恺撒不得不做一种他自己也必觉得可疑的革新，这就是他首先违背了不用佣兵打仗的古罗马制度，而把雇来的外国人尤其日耳曼人编入骑兵队伍。另一革新是兵团副将（*legati legionis*）的设立。迄今为止，兵团长官一部分是经公民，一部分是经有关省长推选的，他们统领兵团的方式是六个兵团长官统带一个兵团，轮流执掌兵权。将军任命一人为一个兵团的司令，只是临时的非常措置。反之，到了后来，这种兵团长或兵团副将显然是组织上的一个永久制度，并且不再由他们所服从的将军而由罗马城的最高统帅来任命；两种改革似乎都源于恺撒与伽比尼乌斯相连的规定。军事组织里加了这重要的中级官阶，推其原因，一部分在于需要加强兵权的集中，一部分在于感到缺乏有才的高级军官，主要部分在欲使皇帝所任命的一个或多个高级军官与省长共理政事，以平衡省长的权力。

兵制上最重要的改革是规定皇帝本人为永久的军事领袖，皇帝代替从前那非军事的并且处处无能的统治团体，总揽全部军事管理权，于是把这管理从大半徒有其名的指导变为真实而有力的

最高统帅权。至于这最高统帅对各省素为全能的分统帅居于什么地位,我们却无相当的资料可考。一般说来,副执政官对执政官的 166
关系,还有执政官对独裁官的关系,似乎用为类推的基础,所以省长本身固然仍有其省份的最高统帅权,但是皇帝可以随时取这统帅权为己有或把它交给代理人,并且省长的权力只限于他那一省,皇帝的权力则与君权和往日执政官权无异,广被于整个帝国。再者,现在军官无论兵团长官或百夫长的任命权,只要以前属于省长的,[①]也像兵团新副将的任命权一样,一概直接移归皇帝的掌握;同样,征兵的规定、假期的给予和较重要的刑事案件或许现在也已提交最高统帅裁夺。省长的权力既受了这种限制,皇帝既有管制监督之权,将来便不必深惧军队的完全败坏,也不必深惧军队变为个别军官的私人部属。

但是,虽则时势决然趋于军事君主制,虽则恺撒显然独揽最高统帅权,他却绝不愿用军队来建立他的威权,也绝不愿把他的威权建立在军队上。他固然认为他的国家需要常备军,但只因就本国的地理位置而言,需要广泛地调整边界和永久的边防军。一部分在较早时期,一部分在晚近的内战中,他曾致力于绥靖西班牙,曾沿着大沙漠一带设立强固据点以守阿非利加的边境,沿莱茵河一带设立强固据点以守帝国的西北边。对幼发拉底河上和多瑙河上的国家,他从事于同样计划。他尤其想远征帕提亚以报卡莱一战之仇;他曾定这个战事为三年,决计既谨慎而又彻底地与这班劲敌

① 对公民选举一部分兵团长官一事,恺撒——在这里也是个平民党——不加干涉。

做最后的结算。同样，盖塔王布雷比斯塔斯（Börebistas）在多瑙河两岸势力大长，他也曾设计攻布雷比斯塔斯，拟用类似他在高卢创
167 立以保护意大利的边区，来保护意大利的东北部。然而我们绝无证据，说恺撒像亚历山大似的想乘胜进到无限远的地方；诚然有人说他曾欲由帕提亚趋里海，由里海到黑海，而后沿黑海北岸到多瑙河，把全部西徐亚和日耳曼直至北海——按当时的观念以为北海距地中海并不甚远——都并入帝国，再经高卢回国；但可信的典籍无一能证实这种荒唐计划的存在。像恺撒的罗马国那样一个国家，已包含大批难治的蛮族分子在内，同化他们已足够将来几百年的工作而有余，这种武功就算在军事上能做得到，也不过是比亚历山大征印度更光辉百倍也更甚百倍的错误而已。按恺撒在不列颠和日耳曼地的行动看来，又按那些继承他的政治思想者的行动看来，恺撒很可能与西庇阿·埃米利亚努斯无异。他对神灵祈祷的不是增广帝国而是保全帝国，他的攻战方略仅限于调整疆界——当然以他那巨大规模为尺度——，既要保障幼发拉底河界线的安全，又要建立多瑙河的界线而使它可资防守，以代替那完全不定并且军事上无用的帝国东北界线。

但如果说，我们不可用同一意义把恺撒与亚历山大和拿破仑同称为世界征服者，仍只是似属可能的，那么，他不想使他的新君制大半依赖军队的支持，也不想普遍置武力于文事之上，而想把武力合并于文治，并且尽可能使武力隶属于文治，却也是千真万确。军人国有钱难买的柱石，那些驰名的高卢老兵团，正因为他们的团体精神与文治国家相水火，所以被恭而有礼地解散了；它们的名称只在新设立的城邦上永垂不朽。苏拉的兵士似有军事性质地聚居

在他们自己的殖民地，解散时受田于恺撒的兵士则不然，他们，尤 168
其是住在意大利的，尽可能离群独居，散布在整个半岛；只有一个例外，即坎帕尼亚有一部分土地仍由恺撒支配，他那些老兵的聚居在这里是无法避免的。难题是使常备军的兵士不越出公民生活的范围。恺撒的解决法一部分是保持那规定兵役年限而不确定长期服役——就是说，毫无遣散介于其间的服役——的旧办法，一部分是上文已述的缩短兵役年限。因而军队的组成人员变动加速，一部分是经常使服役期满的兵士落户务农，主要一部分是使军队离开意大利。一般说来，离开本国文事和政治生活的固有中心，而把兵士调到大王所认为只有兵适于居住的地方，就是调到沿边兵站以御外患。

军事国家的真标志，即发展和优待禁卫军，也不见于恺撒。虽则关于现役军队，为将军特设亲兵的制度由来已久，可是在恺撒率兵时，这制度完全湮灭；他的卫队似乎大致仅是传令官或非军人的侍从，永不是真正的特选队，所以永不为行伍军队所忌妒。恺撒做将军时既已这样实际上废去卫队，他做国王时更不容身旁有禁卫军。虽则刺客无时不潜伏于左右，并且他深知其如此，他却拒绝元老院所提设立贵族卫队的建议，局势一稍微安静，他便把原先在首都所用的西班牙卫队即刻解散，仅止于按照罗马高级官吏相沿的惯例，用仪仗队为随从。

虽则在与现实斗争时，恺撒不得不多多放弃了他本党和他少年时所抱的理想——即在罗马创造一个不凭武力而凭全国信赖的伯里克利式的政府——，可是就在今日，他仍以史无前例的魄力，
坚持那不成立军事君主制的基本主张。当然，这也是个不能实现 169

的理想——只有在这幻想上，这位精明人的热烈恋慕胜过他那清澈的理解力。一个政府，如恺撒所想望的，不但必然地很属于个人性质，因而不免随着创业者的死亡而消灭，正如伯里克利和克伦威尔那与此相类的事业也随着创造者的死亡而消灭；而且在这全国大乱的情况下，罗马第八代国王甚至当他在世之时未必能像他的前七代先王那样仅赖法律和正义来统治同国的人，更未必能在常备军已于最近内战中自知其强而失其畏惧之后，把这军队再并入文治社会中，作为一个有用的分子。谁若冷静考虑那畏惧法律的心已在最低和最高阶层的社会里消失到何等程度，他必视上述的希望为梦想；如果有了马略的兵制改革，兵士普遍不再为公民，那么，坎帕尼亚的兵变和塔普苏斯的战场不幸很明白地显示现在军队以什么方式来支持法律。甚至平民党的这位伟人也只能勉强而不完全地管束他所解放的力量；成千累万的刀剑仍听他的号令而出鞘，可是它们不再听他的号令而入鞘。运命比天才的力量大。恺撒本想做文治国的恢复者，却成为他所厌恶的军事君主制的创始人；他推翻了国内贵族和财阀的专政，结果只是树立了军阀专政以代之，于是国家仍旧受少数特权阶级的虐待和剥削。绝顶人物的一种特权就是犯这种有创造性的错误。伟人想实现理想的天才尝试，虽不能达到目的，却是人类的至宝。罗马军事国所以过了几百年后才成为警察国，罗马各代皇帝所以虽在其他方面不类似开
170 创他们统治权的伟人，却大致不对公民而对公敌用兵，并且对于人民和军队一律极为重视以致不使后者监视前者，这都是恺撒的功绩。

财政的整理，因为帝国非常庞大，又排斥贷款制，财政的基础

是稳固的，所以较少困难。如果国家历来常在财政困难之中，其咎不在国家岁入的不足，反之，近几年来，国家的岁入增加很多。以往的总岁入计两亿塞斯特，比提尼亚一本都和叙利亚两省的设立加上了八千五百万塞斯特，这个增额再加上其他新开的或扩大的财源，特别是由奢侈税那日增的收益而来的款项，远超过坎帕尼亚地租的损失。此外，经卢库卢斯、梅特路斯、庞培、加图等人的手，无量的额外款项流入国库。财政困难的原因一部分在经常和额外支出的增多，一部分在事务方面的混乱。属于前项的，对首都群众的配粮一事要求过多的款项；由于691年即前63年加图的扩大配给，这事每年的经费达三千万塞斯特，在696年即前58年取消那迄今偿付的代价以后，这事竟至耗费国家岁入的五分之一。在西班牙、马其顿和其他省的戍兵以外又加上西利西亚、叙利亚和高卢的戍兵，从此军事预算也增加了。在额外支出中，须先举出装配舰队的巨费，例如，在687年即前67年大侵掠以后的第五年，一次支出三千四百万塞斯特。此外又加上用在战事和备战的巨款，如仅为了配备马其顿军，一次付给皮索一千八百万塞斯特；甚至每年付给庞培二千四百万塞斯特以供西班牙军的给养和饷金，又付给恺撒不相上下的数目以供高卢军之用。这些对罗马国库的要求虽然 171
很大，如果往昔可为模范的国库管理没有沾染当时普遍的懈怠和诈伪，或许仍可应付；只因国库怠忽了追索积欠，所以常常停止付款。国库的主管官员，两个每年一换的少壮财务官，至多仅以不动为务；往日文书和别的职员以其纯洁当然深为人所敬仰，现在，尤其自从这些职位变成可买可卖的职位以来，他们中间盛行着极坏的弊病。

然而，罗马财政的脉络一旦不再如以前那样辐辏于元老院，而辐辏于恺撒的内阁，这个宏伟机器的一切转轮和发条便都自然而然地有了新生气，有了较严的秩序和较紧的联系。那两种导源于盖乌斯·格拉古而如痈疽一般腐蚀罗马财政的制度——把直接税出租和分配粮食——一部分被取消，一部分被改造。恺撒不愿像他前人那样以富豪和首都群众来制贵族，而愿废除贵族，使国家免受一切高低寄生虫的祸害，所以在这两个重要问题上，他所追随的不是盖乌斯·格拉古而是寡头党苏拉。间接税仍行租借制；在这种税中，这制度由来已久，并且绝不可少，因为罗马的财务行政原有一条准则，即收税应牺牲一切来保持简单明了。恺撒也谨守这准则，不使破坏。但自此以后，直接税或如阿非利加和撒丁的交纳粮食和油类，视为应直接供应国家的实物贡献，或如小亚细亚的赋税，化为定额的税金，让税区办理征收各种款项的事。

罗马民社居统治地位。既居统治地位，便应受属国的供养，所以首都的粮食配给一向被认为是罗马民社的有利特权。这种卑鄙的原则为恺撒所不取；但有不可忽视的大群完全无产的公民专赖
172 这些施食的保障，始免于饿死。在这种意义上，恺撒保持施食。按加图所恢复的森普罗尼乌斯法，每一卜居罗马城的罗马公民都依法有要求免费粮食之权，领粮者的名单最后曾增加到三十二万人。现在恺撒从这名单中剔除了一切富人和别有过活的人，把数目减到十五万人，并且永定此数为白领粮食者的最高数额；同时，他又命人每年修正名单一次，以便有人迁徙或死亡时可由最贫苦的申请者补其缺。政治的特权既这样一变而为赡贫事业，一个由历史的和道德的观点均堪注意的原则便初次活泼有力地出现了。文明

社会只是迟缓地，一步一步地，跋涉到利益休戚相关的地步；在上古初期，国家固然要保护其人民免受公敌和杀人者的侵害，但没有义务供给必需的生活资料，来应对更恶的敌人、贫乏、保护全无办法的同国人。雅典文明始在梭伦和以后的立法里发挥了一种原则，即赡养残疾者甚至一般贫民是民社的义务；在雅典那狭隘的生活中这始终是城邦的事，到了恺撒，他始把它发展为有组织的国家制度，把那原为国家的累赘和耻辱的安排，改造成今日无数造福人类的机关的第一个。人类的无限同情就在这里与人类的无限痛苦交争互斗。

除这些基本的改革外又有收支事务的彻底修正。经常的收入无处不加以整理和固定。有不少的民社甚至整个区域，无论是间接地由于罗马，或拉丁公民权的授予，或是直接地由于特别优待，都得有免税权。举例来说，用前面方式取得此权的有西西里的一切民社[①]，用后面方式取得此权的有伊利翁(Ilion)城。削减贡额的民社为数更多。例如远西班牙省各民社在恺撒为省长以后，经他的提议，元老院已许它们削减贡额；最受压迫的亚细亚省现在不但在征收直接税上得到便利，而且得全免三分之一的直接税。新添的税，如伊利里亚各被征服民社的税，尤其是高卢各民社的税——后者每年共缴四千万塞斯特——一概从低估算。另一方面，对于个别城市，如阿非利加的小勒普蒂，撒丁的苏尔奇(Sulci)和几个西 173

① 瓦罗在西塞罗死后所发表的一篇文章里直接证实西西里什一税的废除。在这里，他说到出产罗马人生活所赖的粮食的省份，只举出阿非利加和撒丁而不再提西西里。这样，西西里所受的拉丁权大概必包括免税权。

班牙民社，为了惩戒它们在最近战争中的行为，有提高贡额的事。意大利的港口税收入甚丰，在晚近无政府时期曾被取消，这种税大体落在由东方输入的奢侈品上，所以更要恢复。在这些新开的或复旧的经常财源之外，又有因内战而为战胜者所得的非常财源——在高卢搜括的战利品，首都库存的现金，取自意大利和西班牙庙宇的财宝，用强迫借贷、强迫馈赠或赔款的方式由属国和君长筹得的款项，还有同样用法庭的判决或直接致送付款令等方式加在罗马富人身上的罚金；但最重要的是变卖那些失败敌人的财产所获的金钱。这些财源如何丰厚，我们可由一事而推知：阿非利加的资本家曾参加反对党的元老院的，被处罚金，单是这一项就达一亿塞斯特，还有庞培财产的买主付价达七千万塞斯特。这办法是必要的，因为失败贵族的势力大部分基于其绝大的财富，只有强迫他们付出战费，始能有效地打破他们的势力。但这种没收不是令人可恨的，就是恺撒使变卖这些财产所得的款项专门有利于国。苏拉的宠臣每次侵吞公款，苏拉总加以饶恕；恺撒则不然，他甚至
174 从他最忠实的党徒，例如从马尔库斯·安东尼身上严追购物的款项。

在支出方面，首先由于配粮大受限制，支出削减。对首都贫民的配粮制仍旧保存，对罗马浴堂的供油制为恺撒所新创，配粮和供油都至少大部分永以撒丁的，尤其阿非利加的征实为基础，因而全部或大部从财务方面划分出来。另一方面，一部分由于常备军的增多，一部分由于兵团士卒年俸由四百八十塞斯特加到九百塞斯特，军务的日常费增加了。两者都确是不可少的。罗马全无真正的边防，边防必要的先决条件是大增军队。恺撒始行加倍发饷，这

固然意在使兵士对他恋恋不舍，但不因此而把它当作永久性的改革。以前饷金每天一又三分之一塞斯特，系远古时所定，那时货币的价值全异于恺撒时代在罗马城的价值；现在首都普通的短工用手劳动，平均每月可挣得三塞斯特。那种饷额所以能保持至今，只因当时兵士从军，不是为了饷金而主要地是为了兵役中大半不合法的外快。要做到军务的真正改良，并且要铲除那最为各省人民之累的兵士非法利得，第一个条件就是适应时宜，增加正饷；恺撒现在把它定为两个半塞斯特，可视为公正的步骤。而因此加在国库上的重负可视为必要的步骤，其结果也可视为很有益的步骤。

关于恺撒所必须或自愿负担的额外支出，我们难以想象。战争本身消耗了无量的款项；恺撒在内战期间不得不有所承诺，履行
诺言所需的款项或也不会较少。每一普通士兵因为参加了内战受 175
两万塞斯特的赏，首都群众每人却因为不参加内战，除粮食外又受三百塞斯特的赏：这是个恶例，并且不幸不为后世所遗忘；但恺撒饶有人君之度，不肯在这事上减低议价。此外，要求恺撒为荣誉而解囊的不知其数，他都答应了。共和晚年，财政困难，建筑事业遭到可耻的怠忽，恺撒特别为了建筑事业使绝大款项流通市面，他那些起在首都的建筑物，一部分建在高卢战役期间，一部分在其后，所费共计一亿六千万塞斯特。恺撒财政管理的总成绩表现于下列事实：他既做明智而坚强的改良，又正确地兼行节俭和博施，于是能对一切公平的要求应付裕如，完全无缺；到了710年即前44年3月国库存款七亿塞斯特，他自己存款还有一亿塞斯特，这十倍于共和极盛时的现金数目。

但解散旧有的政党，给新国家一个适当的政体、一支能战的军

队和一种秩序井然的财政，虽然是件难事，却不是恺撒工作最难的部分。如果意大利民族真要复苏，它便需要一番转变这大帝国一切部分——罗马城、意大利和各省——的改造。让我们在这里把旧状况和差强人意的新时代初期也描写一下。

拉丁民族的世家在罗马城中早已绝迹。一个首都失去其城市甚至民族的特色，较任何附属民社为速，这是势所必至的。在这里，上流阶级很快脱离了城市的公共生活，以便在全国而不在一城中觅得安家之地；在这里，不免聚集着外籍的侨民，忽多忽少地为了娱乐或事务而来的旅客，以及大群无业、懒惰、犯罪、经济和道德一概破产，也正因此故而到处为家的流氓。这一切都特为显著地适用于罗马城。殷富的罗马人常常把他的城中住宅仅看作一种寓
176 所。帝国官职一旦都从罗马的市府产生出来，罗马城的执事人员集会一旦成为帝国的公民大会，市区的或别的较小自治团体一旦不见容于首都以内，就罗马而论，一切真正的城邦生活便告终止。人们从这广大帝国的全境涌向罗马，为的是投机，为的是荒淫，为的是阴谋，为的是学习犯罪，甚至为的是躲藏起来以避法律的耳目。

以上这些弊病有点必然地从都市的本质里发生出来，其他较为偶然或者更为严重的弊病却与它们相伴而来。古今或许没有一个大城像罗马那样是全体赡养的；一方面是输入，另一方面是家庭的奴隶工业，使这里任何自由生产自始即不可能。上古一般国度的根本弊病——奴隶制度——在首都里为害之烈冠于各地。无一地像在巨室和暴发富户的京邸里，有那样大批的奴隶聚在一处的。无一地像在首都的奴隶群众中，有三大洲的各民族互相混杂着——叙利亚人、弗里吉亚人和其他半希腊人与利比亚人、摩尔人

相混杂，盖塔人和伊比利亚人与来者日多的凯尔特人和日耳曼人相混杂。那与不自由绝不可分的道德堕落，形式正义和道德正义的非常冲突，在这半开通或全开通、仿佛身为贵族的城市奴隶中极为彰明较著，迥非那些有如被拴的牛、带锁耕田的农奴所能及。还有比奴隶群更坏的，就是那些在法理上或仅在事实上被解放的奴隶，这是讨饭的流氓和暴发的富豪的混合体，他们不再是奴隶，但还不是完全的公民，在经济甚至在法律上依赖主人，但自命为自由人；这些脱籍人尤其向往首都，首都中有种种利益可得，并且零售业和手工业几乎全操在他们的手中。他们在选举上的势力有明言为证，他们在街市暴动中之居于领导地位，由于民魁用关闭商店和售卖场为似乎宣布街市暴动的惯用信号，已显然可见。

更有进者，政府不但不设法抵制首都人民的腐化，而且为了便 177
利他们的自私政策，竟促进这种腐化。有个明智的法律条文禁止被判大罪的人留居首都，怠惰的警察并未加以实行。警察对流氓社团的监视实为迫切的需要，但这事起初为人所忽略，以后竟被宣告为一种阻碍人民自由的限制，应该处罚。民间的节庆任意增多，以致单是七个寻常节庆——罗马节、平民节、神母节、谷神节、阿波罗节、花神节和胜利节——共历六十二天的工夫；此外，又加上角斗赛会和许多别种的额外娱乐。既有这样一个全无余粮的无产阶级，贱价供粮在所不免，人们却以毫无忌惮的轻浮态度处理它，于是粮价的涨落离奇怪诞，难以估计。[①] 最后，配粮制导致官方招请

① 在出产粮食的西西里省，每罗马斗的粮食在几年之内卖到两塞斯特至二十塞斯特，罗马既赖海外粮食以为生，又为投机家的渊薮，罗马粮价有何等的波动，由此可以推测。

全体没饭吃却怕工作的无产公民来首都居住。

播的是恶种，收的也与之相称。政界帮会和团队组织，宗教界的崇拜伊西斯和与之相若的虔敬狂都导源于此。人民无日不面对着饥荒，并且常常在饥饿之中。人们的生命没有像在首都那样不安全的；盗党以杀人为业，这是首都唯一的特有职业；引诱被害者到首都来是把他杀死的初步；没有一群武装的扈从，无人敢往首都的近郊。首都外面的情况也与其内里的混乱相当，似乎是一种对贵族政府的活讽刺。他们在治理台伯河上一无所为，只有使人用石料把那仍然将就使用的唯一桥梁建造起来，至少造到台伯河的沙洲。罗马城立在七座山上，关于夷平城区的事，他们也是毫无作
178 为，除非堆积的垃圾造成了一点改良。街道随山丘而上下，狭窄曲折，极少修理；人行道系羊肠小径，路面很坏。普通住宅都用砖草草筑成，高得令人头晕，大多数是投机建筑师替小产主造的，因此前者变为巨富，后者沦为乞丐。在这粗劣建筑物的大海中像孤岛似的，出现了富人的壮丽宫室，它们压缩小房屋的空间正如其主人压缩小民在国家中的公民权；在它们那些云石立柱和希腊刻像之旁，破庙及其大部仍用木雕的神像令人悲伤。街市警察、河岸警察、消防警察和建筑警察都谈不到；如果政府居然关心每年必有的水灾、火灾和房屋坍塌，这也不过是请神学国师对于这种征兆和怪异的真正意义，发表报告和意见。如果我们设想伦敦有新奥尔良(New Orleans)的奴隶人口，有君士坦丁堡的警察，有今日罗马城的非工业性质，而按照1848年以后巴黎的模样受政治的动荡，我们便能略知共和的光荣——西塞罗之流在愤懑信札中哀其没落的共和光荣。

恺撒不事哀悼，但可能补救的，他无不设法补救。罗马城当然

不改旧观，仍是个世界城。要想再给它一个特殊意大利的性质，不但行不通，而且与恺撒的计划不合。正如亚历山大以希腊的、犹太的、埃及的，尤其是世界的亚历山大城为他那希腊－东方帝国的适当首都，这新罗马－希腊世界帝国的首都，位于东方和西方的交点的，也应该不是个意大利民社，而是个失其民族性的万国首府。因此，恺撒容许人们在约维斯天父之外又崇拜新迁来的埃及神灵，甚至允许犹太人就在帝国首府内自由演习他们那种奇怪的外国仪式。无论罗马城里这群寄生人口，尤其是希腊－东方的人口如何驳杂可厌，他绝不阻碍它的扩张；有一件饶有意义的事：在他替首 179
都举行的人民节庆里，他使人不但用拉丁语和希腊语演剧，而且也用别种语言，大概用腓尼基语、希伯来语、叙利亚语或西班牙语。

恺撒虽则完全有意识地承认他所见的首都的根本性质，却致力于改良此地盛行的可叹可耻的状况。不幸根本的祸患正是无法铲除的祸患。恺撒不能取消奴隶制和随之而来的国难；他是否到相当时候要试行至少限制首都的奴隶人口，像他在另一处所从事的，须永远作为悬案。恺撒也不能从地下用魔术变出首都的自由生产事业，然而巨大的建筑业却稍能救那里的乏食，给无产者开了一个细小可是体面的利源。另一方面，恺撒孜孜努力于减少自由无产阶级的数量。人们为施粮所诱，络绎不绝地流向罗马，恺撒把施粮改为限于定额的赡贫制度，这即使不能完全止住人们流向罗马，至少大大加以限制。① 一方面由

① 有一件不无趣味的事，即一位晚出但是饶有见解的政论作家，即那署名萨卢斯特上书于恺撒的作家，向恺撒献议把京城的配粮制移用到别的自治市。这个批评有其明智处，例如相似的观念显然主宰着以后图拉真时代自治市赡养孤儿的义举。

于法庭奉命严酷无情地制裁流氓，另一方面由于广泛举办海外殖
民，现在无产者的人数也少起来；恺撒在他主政的几年内送到海外
去殖民的人共计八万，其中一大部分必是取自首都人口的下层阶
级，例如科林斯的移民大半是脱籍人。新组织的国家财政施行开
180 明的管理，供给这事的资金；又有两个新任官员，即粮食市政官，负
责专门监督承办商和首都的市场。

政体的改变很有效地制止了帮会风气，非法律禁止所能及；因为共和以及共和的选举和法庭完结了，竞选团和法庭的纳贿施暴，狐群狗党的一般胡闹，自然而然地也跟着完结。再者，由克洛狄乌斯法产生的结合也解散了，把整个结社的事置在政府当局监视之下。古代的公所和会社、犹太的宗教团体和其他特殊例外的种类，只要通知元老院似乎就够了；除此以外，要成立一个定期召集并且存有常款的会，通常须先得到君主的同意，而后取得元老院的特许状，便算照准。

此外，还有更加严厉的刑事司法和强有力的警政。法律，尤其
关于行凶的法律比以前苛酷；共和法律那不合理的规定，即定了罪
的犯人有权自动离境以避免所遭惩戒的部分，当然作废。关于首
都警政，恺撒所颁布的详细章程大部尚存；谁要愿意就可自己考证
出来，皇帝不耻力劝各户主修理街衢，用凿来的石头铺筑整个人行
181 道，也不耻发布关于抬轿和赶车的相当规则，由于街道的性质，车
轿只许在晚间和夜间随便走过首都。监督地方警政，仍旧大部分
是四名市政官的事，他们即使不在早先，至少在这时奉命每人视察
京内一个明白划分的警区。

最后，恺撒本人既有罗马人的建筑欲，又是长于组织的人，首

都的建筑业和与之相连的补助公益机关，都经恺撒之手而有突飞猛进之势。这现象不但重辱了晚近无政府时期的办理不善，而且超过罗马贵族在其极盛时所做的一切，正如恺撒的天才超过马尔奇氏和埃米利氏的正当努力。恺撒超越前人之处不仅仅在建筑本身的规模和用在建筑上的巨款；恺撒替罗马公共机关所做的事所以异于一切同类的事业，也在他有真正政治家的公益感。他与他的继承者有异，不建筑庙宇和其他壮丽的结构；当时罗马的公民大会、主要的法庭、交易所以及每日的业务和消遣都拥挤在罗马城的市场里，恺撒至少移去这里的人民大会和法庭，替前者造了一座新会场，即战神广场上的尤利亚神庙(Saepta Julia)，替后者造了个新裁判所，即卡皮托尔与帕拉廷之间的尤利亚场(Forum Julium)。属于同样精神的是他所创始的每年以大半来自阿非利加的油三百万磅供应首都浴堂的制度：浴堂因此能把涂抹身体的油供浴客之用，不取分文——据上古时期以沐浴和涂油为基础的保养法，这是清洁和卫生警务上一个很明智的规则。

但是要达到完全改造罗马的目的，这些宏大的安排不过是初步而已。种种计划都已拟定：一座供元老院用的新会堂，一个壮丽的新商场，一个与庞培剧院相匹敌的剧院，一个拉丁文和希腊文的
图书馆——仿亚历山大城新毁的图书馆而造，为罗马此类图书馆 182
的第一个——，最后，其富丽堂皇要超过以前所有一切庙宇的玛斯庙。更著天才的是想改变台伯河的整个下游水道，自今日的摩尔桥起，不使它流经梵蒂冈场(vaticanische Feld)与大校场之间，却把它引导得绕过梵蒂冈场和雅尼库鲁姆山，以达奥斯蒂亚港，那里的不良碇泊所应改造为一个完全满意的人工港。这个伟大计划若

能实现，则一方面首都最厉害的仇敌——附近的恶劣空气——被驱除了；另一方面，首都极为有限的建筑机会一下子也扩大起来，梵蒂冈场现在会移到台伯河左岸，代替战神广场，于是战神广场的宽广土地便可作公私建筑之用，同时，首都所痛感缺乏的安全海港也得到了。仿佛这位皇帝要转移山河，与自然界争强赌胜。

然而，由于这种新秩序，罗马城在舒适和壮丽方面虽然获益很多，它在政治上的至尊地位，如上文所述，却正因为这个变动，一失而不可复得。诚然，罗马国与罗马城合而为一的话，经相当的时间后，日益成为悖理的妄言，但这条准则已与罗马共和的本质密切交织起来，共和本身不灭亡，它也不能灭亡。在恺撒的新国里，这准则，或者除了法律上几种虚文外，其他完全废除，首都民社始在法律上被置在与其他自治市同等的地位；例如恺撒在这里与在他处无异，不但力行整顿事物，而且致力于正式用切当的名目称呼它，他发布的意大利自治市法，无疑必是故意的，既应用于首都，也应用于其他城市民社。我们可以再加一句，正因为罗马是个不能有活力的城邦组织的首都，所以大体说来，它甚至还在帝国时代的其他自治市以下。共和的罗马城是个匪窟，但同时也是个国家；君政的罗马城虽然使用三大洲一切的富丽堂皇装点自己，闪烁着黄金
183 和云石，但在国家里却不过是一座与贫人院相连的王宫，换句话说，不过是个不可免的恶物而已。

如果首都的问题只在用极大规模的警律铲除明显的恶弊，那么，要挽救那极为混乱的意大利民族经济，便是远较困难的工作。根本的祸患是上文已加详述的祸患，即农业人口的绝灭和商业人口不合理的增加，其他无穷的祸患都连带而来。意大利农业状况

如何，想必读者不会忘记。尽管有最热烈的尝试想制止小地产的消灭，在意大利本部的任何区域，或者除了亚平宁山和阿布鲁奇山的谷地以外，农业经济都不再是当时主要的经济形式。至于田庄的管理，以前叙述的加图办法与瓦罗向我们描写的办法并无大异，只是后者好歹把罗马时髦生活的进展形迹显示出来。瓦罗说："往日田庄上的仓廪大于庄主的住宅，现在常常与此相反。"在图斯库鲁姆和提布尔，在特腊契纳和贝亚的沿海，这都是昔日拉丁和意大利农民播种收获的地方，而今崛起了罗马贵族的别墅，成一片别样的辉煌景象，有些别墅连同附属的围地和引水渠，养育河海鱼类的淡水池和咸水池，蜗牛和蛞蝓的培养所，家兔、野兔、红鹿、小鹿和野猪的兽栏，以及甚至能容仙鹤和孔雀的鸟房，占一座中等城市的地面。但大城市的奢侈也能使许多勤劳的工人致富，比施赈的慈善事业多赡养些贫人。普遍看来，贵族的鸟房和鱼池当然是个很靡费的嗜好。但这种经营已发展得非常广大和精深，以至于，举个例说，一座鸽棚里的现货据估计值十万塞斯特；当时已有合理的施 184
肥法，以至于由鸟房取得的肥料成为农业上的重要品；一位鸟商能一次拿出五千只鸫鸟——他们也晓得养这种鸟——每只卖三第纳尔，有一位鱼池主人一次能拿出二千尾海鳗；卢奇乌斯·卢库卢斯身后留下的鱼类卖了四万塞斯特。可以想见，在这种情形之下，谁若能勤勉聪明地干这种职业，谁就能用比较小的投资获得很大的利益。这时有个小小养蜂家从他那在法勒里附近不过一英亩的茴香园里，每年平均卖出至少值一万塞斯特的蜂蜜。植果树的人竞争得非常激烈，以至于在高雅的别墅里，内镶云石的水果所常同时布置成食堂，有时把买来的好水果陈列在这里，当作本宅的产物。

在这时期，小亚细亚的樱桃树和其他外国的果树始栽在意大利的果园中。拉丁姆和坎帕尼亚的莱园以及玫瑰和堇菜的花坛出产丰富，神圣路的“美味市场”(Forum cupedinis)常摆着水果、蜂蜜和桂冠，它们竟在首都的生活里占据重要的地位。一般看来，田庄的经营既是种植园式的经营，在经济上已发达到登峰造极的程度。在农业上，列蒂谷地、富奇湖周围，利里斯河和沃尔图诺河上各区域，事实上，一般的中意大利都极为繁荣；甚至某种工业适于与用奴隶经营的田庄合办的，也被聪明的田主兼办起来，在情形顺利的地方，田庄上建有旅馆、织布厂，尤其是砖瓦厂。特别是意大利出产油和酒的人不但供应意大利市场，而且拿两种物品做很大的海外输出业。这时有一篇质朴的专门著作把意大利比作一个大果园；又有当时一位诗人描写他那美丽家乡的景象：这里，有水量充足的
185 草场、茂盛的谷田、怡人的葡萄山，周围镶着一条橄榄树的黑边；这里，田地的“珠宝”一笑百媚生，把最可爱的园圃抱在怀里，并且被果树像花园似的围绕着——这种描写显然是每日呈在诗人眼前的景致，使我们恍如身在托斯卡纳和特拉·底·拉沃罗(Terra di Lavorro)最繁荣的地方。畜牧业因为以前所述的理由日益向意大利南部和东南部扩展，从各方面看来，固然是个退步，但它也稍稍参加大农业的一般进步；例如改良育种的事很多，种驴卖到六万塞斯特、十万塞斯特，甚至四十万塞斯特。意大利坚实的大农业，当此智力的普遍发展和资金的充盈使它多产之时，其结果光华灿烂，迥非往昔小农经济所能及；这种农业已传到意大利境外，意大利的大农业家利用各省大片的土地来养牛甚至种谷类。

田庄经济伤天害理地勃兴于小农人的废墟上，与它并行的金

融业达到何种规模，与犹太人竞争的意大利商人如何涌入帝国的各省和属国，一切资金如何终于流到罗马，还须加以说明。我们只须指出一事，即在首都的金融市场里，这时正规的利率是百分之六，所以这里的金钱比上古其他处平均的价格便宜一半。

因为这种经济制度无论在农业或商业方面都以资金堆积和投机事业为基础，所以在财富分配上起了极可怕的不均。一句常用并且常常滥用的习语，说“一个由百万富翁和乞丐合组的国家”，或许没有比用在共和末世的罗马更完全切当的；或许也没有别处那样非常确凿地承认奴隶国的精义——富人靠奴隶劳动来生活的必定是体面的，贫人靠自己双手的劳动来生活的必定是卑鄙的—— 186
为全部公私交际的基本原则的。[①] 一个真正的我们所谓的中等阶

① 下面西塞罗《论义务》里的一段说明当时的特色：“一般看来，何种职业和行业可以算作体面，何种可以算作下贱，有下面各种观念统治着。首先被咒骂的是人们为了它而招公众怨恨的行业，例如收税员的行业、放债者的行业。工钱劳动者以劳力而不以劳心受酬的职业也是下贱而不是体面的，因为他们就为了这些工钱仿佛把自己出卖到奴隶地位。由商人手里买进来从速零卖的旧货贩也是下贱的人，因为如果他们不漫天撒谎，他们便不能发财。手艺人也一概操着贱业，因为人们在作坊里不能是君子。最不体面的是手沾污秽的手艺人，例如，引用特伦提乌斯的话，‘制香肠者、厨子、卖飞禽者、渔夫’；此外还有卖香料者、跳舞师和赌博摊上的全体。但有些行业或须先有较高的教育，或能赚得不少的赢利，如医术、高等学科的讲授，对于身份与之相当的人是体面的行业。商业，如果是零售业，是下贱的；大商人由极不相同的地方运来大批货物，并且无欺地把它们销售给大批人，当然不很挨骂；实际上，如果他厌于赢利，或不如说觉得赢利已经足够，从前既常常由海上走入港口，所以终于由港口走到地产，这样，人们很可以有正当的理由来赞美他。但是在一切行业里没有比地产业更好、更有利、更满意，对自由人更体面的。”因此，严格说来，体面人必须是个地主；商业只在它是达到这终极目的的手段时始与他相宜；学艺当作职业看，只适于希腊人和不属于统治阶级的罗马人，这种人以其学问总可以博得对于其厕身于上等社会的容忍。这是个完全发展了的田庄贵族，带着浓厚色彩的商业投机和轻轻渲染的普通文化。

级是没有的，因为在充分发展的奴隶国里，这个阶级委实不能存在；看来似是并且确有点是中等阶级的，却系富裕的实业家和地主，他们或者极乏修养，或者修养甚高，以致自安于他们自己的活动范围，置身于公共生活之外。实业家中有很多脱籍人和其他暴发户，他们通常昏头昏脑，装作贵族，智者并不甚多。一个属于此
187 类的模范人物是提图斯·庞波尼乌斯·阿提库斯(Titus Pomponius Atticus)，常见称于此时的载籍。一部分由于他在意大利和伊庇鲁斯所经营的大田庄农业，一部分由于他那分支遍于意大利、希腊、马其顿和小亚细亚的金融业，他赚得绝大的财产；但他仍然完全是个单纯的实业家，不受诱惑去求官或与国家做金融生意，并且既不贪吝，又没有当时那种挥霍难堪的奢侈习气——例如他的膳食费每日一百塞斯特——，他自甘于一种舒适的生活，把城市和乡村的可喜处，与罗马和希腊上流社会交际的乐趣以及文学和艺术的一切赏心乐事都收来享用。

意大利的旧式地主数目较多，魄力较大。673 年即前 81 年宣布公敌时，有个名叫塞克斯图斯·洛奇乌斯(Sextus Roscius)的被杀害。当时的文学描写过他，留下这样一个乡村贵族(*pater familias rusticanus*)的写真：他的资产共计六百万塞斯特，大都投在他那十三处田庄上；他合理而热心地亲自加以经营；他很少或绝不来首都，他一旦来到那里，他那村野的风度使他迥异于文雅的元老，正如他那无数粗笨的农奴群迥异于首都那班有礼貌的家奴。比起受了世界主义陶冶的贵族界和到处并且无处为家的商人阶级，这些地主以及大体受他们控制的“乡村市镇”(*municipia rusticana*)，不但较能保存祖先的纯粹高尚的语言，也较能保存祖先的

纪律和习俗。地主阶级被目为民族的核心;投机家既已挣得家私,想要加入国内名人之列,便买一处田庄,即使自己不变成乡绅,至少把他的儿子造成这种人。地主阶级的痕迹在民族运动出现于政治之处,在文学发生绿芽之处,我们都可以遇见;爱国的反对党就由这个阶级取得反抗新君制的最大力量;瓦罗、卢克莱修、卡图卢斯都属于这个阶级;地主生活的较有精神或许没有比在西塞罗《论法律》第二卷美妙的阿尔皮诺(Arpina tischen)引言中更特别显著的——在这位作者又空虚又繁富的著作中这段引言有如沙漠里的 188
一块绿洲。

但有修养的商人阶级和刚健的地主阶级都大大地被两个能转移社会风气的阶级埋没了——这两个阶级就是乞丐和贵族界。我们没有统计的数字来精确表明当时贫富的相对数量,可是,我们可以在这里重提五十年前罗马一位政治家所说的话,即罗马公民中拥有稳固的财富的民户为数不到二千。自此以后,公民团已异于往昔,但据明显的迹象看来,贫富间的不均仍至少无异于前。大众的日益贫困不幸太昭彰地表现在他们蜂拥去领配粮和从军;与此相当的福利增加,有此世一位作家的明言为证,他谈到马略时期的情形,称一个值二百万塞斯特的田产为“按那时情形的财富”;我们所见关于个人财产的话也正可达到这种结论。极富的卢奇乌斯·多米提乌斯·阿亨巴布斯允许两万兵从他的财产里每人得四尤格土地;庞培的田产共值七千万塞斯特,伶人埃索普(Aesopus)的田产值二千万塞斯特;富人中之最富者马尔库斯·克拉苏在入世时就有七百万塞斯特,在逝世时,在人民身上挥霍了一笔巨款后,仍有一亿七千万塞斯特。一方面那样贫,一方面那样富,其结果是双方经济上和道德上形异而质同的瓦解。如果普通人口有借国家财力的支持才能免于饿死，那么，乞丐的惰性和乞丐的享乐便是乞丐困苦的必然结果，当然，也交替着为其原因。罗马的平民宁可在剧院里呆看也不做工；酒馆和娼寮顾客极多，以致民魁为了自己的利
189 益，特别拉拢这些行业的主人归附他们；角斗戏既暴露而又培养上古最烈的道德堕落，这时已达到极盛的地步，以致卖戏单成为厚利的营业；就在这时，人们采用了一种可怕的新办法，即战败者的生死不取决于角斗规则或战胜者的自由意志，而取决于观众的偶然幻想，按观众的示意，战胜者不是饶了倒地的敌人，便是把他杀死。角斗业涨价，或可说自由跌价，以致当时战场所缺乏的不怕死和争胜心普遍见于角斗场的队伍，并且在角斗规则认为必要之处，每一角斗人都能让刀剑洞胸，一声不响，毫不退缩，甚至自由人也常常为了饭食和工钱而卖身给承办者做角斗奴隶。罗马纪元第五世纪的平民也曾忍饥挨饿，但他们未尝出卖他们的自由；那时的法学专家更不屑以粗暴的法律秘诀，把角斗奴隶这种既不道德又不合法的合同——让他自己无抵抗地被锁住、被鞭挞、被烙、被杀，如果这机关的规则需要这样——视为合法的、可以起诉的合同。

在贵族界，这种事现在还没有，但根本说来，贵族界也没有什么两样，更不较为良好。在无所事事上，贵族悍然与无产阶级竞争。如果后者在街道上逍遥自在，前者便躺在床褥上，直到大天白才起。这里盛行着浪费，既无限度，又乏雅趣。政治上有浪费，剧院里也有浪费，结果当然二者都被败坏；人们用难以置信的价钱买执政官职——在700年即前54年夏季单是初次投票表决就花费了一千万塞斯特；雅人对戏剧的乐趣也全为愚妄的奢侈点缀所败

坏。罗马城的房租似乎平均四倍于乡村城市；那里曾有一所住宅卖到一亿五千万塞斯特。当苏拉死时，马尔库斯·雷必达（676 年即前 78 年执政官）的住宅是罗马最美的，三十多年以后，甚至不能列在罗马宫室表上的第一百名。在别墅上的浪费已见上文；我们看见有人花四百万塞斯特买一所房子，可贵处大半在它的鱼池；现 190
在十足的贵族至少要有两个别墅，一个在首都附近的萨宾山或阿尔巴山，另一个在坎帕尼亚浴场附近，如果可能，再加上一个紧靠罗马城外的园子。比别墅宫室更荒唐的是陵墓宫室，这种建筑有几座至今犹在，证明罗马富人需要何等齐天的石造山陵才算死得合乎位分。

嗜好狗马的人也不缺乏；二万四千塞斯特买一匹华美的马，并非不普通的价钱。他们讲究好木料的家具，一张非洲柏木的桌子卖一百万塞斯特；他们讲究紫材料和透明纱的衣服，附带着讲究在镜子前面把衣褶整理得很美观，据说演说家霍滕西乌斯起诉一位同僚的伤害罪，因为他在人群中挤皱了霍腾西乌斯的衣服；他们讲究宝石和珍珠，在这时期，珠宝始代替往日远较美丽和雅致的金饰：到了庞培战胜米特拉达特斯而行凯旋，出现了战胜者全用珍珠造成的像，餐所的沙发和其他家具都用银镶，甚至厨房里的器皿都用银造，已完全是野蛮风气。还有属于此类的，本时期的收藏家从旧银杯取下那精雅的凸雕圆牌，再把它镶在金器上。旅行也不乏奢侈。关于一位西西里省长，西塞罗告诉我们：“省长旅行时，这当然不在冬季而只在春初，也不在日历本的春季而在玫瑰始开之时。他按照比提尼亚王的习惯，让八个人用轿抬他，坐在用玫瑰花叶装的马尔达纱的垫褥上，头上戴着一个花圈，颈上套着另一个花圈，把一个细布带芝麻点、装着玫瑰花的小香袋按在鼻孔上，这样，他让人抬着他，甚至抬到他的寝室。”

但是一切奢侈没有像最粗的一种——饮食奢侈——那样兴盛的。整个的别墅布置和整个的别墅生活都终究归在饮食上；他们
191 不但有冬夏不同的餐所，而且筵席或摆在画廊，或在果室，或在鸟房，或在鹿苑的一座台上，约定的“俄耳浦斯”穿着戏装出现，一吹他的喇叭，受过相当训练的牝鹿和野猪便应声由各方面向台子赶来。他们在点缀上这样用心，却也不忘这事的实际。不但厨子是个学过烹饪术的人，而且主人自己常做厨子的教师。烤肉早已与海鱼和牡蛎相形见绌，现在意大利的河鱼完全被摈于盛宴以外，意大利的佳肴和意大利的酒几乎被视为下品。现在就是在人民节庆，除了意大利的法勒里酒外还分配三种外国酒——西西里酒、勒斯博斯酒、开俄斯酒，而三十年前，就是在大宴会上把希腊酒传递一巡也就够了；在演说家霍滕西乌斯的酒库里存有一万瓶外国酒。无怪意大利种葡萄的人始报怨希腊岛屿酒的竞争。博物家在海陆搜罗新的动植物，没有比当日美食家在海陆搜罗庖厨新珍馐更热心的。[①] 种种食物罗列于前，到了宴后，宾客为了避免它们的后

① 691年即前63年以前，穆奇乌斯·伦图卢斯就任大祭司时举行宴会，僧侣——连恺撒在内——，维斯塔贞女以及几个别种祭司和他们的近亲妇女都来参加，这宴会的菜单至今仍在。餐前来的是海胆、鲜牡蛎（任宾客随意要多少）、大淡菜、海菊、鸫加芦笋、肥母鸡、牡蛎和淡菜糕、黑白二色的藤壶，随后又是海菊、甘蜊、有刺水母、鹿排骨、野猪排骨和麦烘煎的鸟类，接着又是鸣鸟、两种紫贝。大餐身是猪乳房、野猪头、鱼糕、猪肉糕、鸭子、炖小水鸭、兔子、烤鸟类、小粉糕、本都糕。

这是僧院宴会，据瓦罗说，它们使一切佳肴的价格高涨。在他一篇讽刺诗里，他列举最著名的外国珍馐如下：萨摩的孔雀、弗里吉亚的松鸡、米洛斯的鹤、安布拉基亚的山羊羔、喀尔西顿的鲔、加的斯海峡的鳗鲡、塔希努的小母驴、塔兰托的牡蛎和海扇、罗德斯的鲟鱼、西利西亚的斯克鲁鱼、萨索斯的坚果、埃及的枣椰、西班牙的橡实。

果，服一剂呕吐药，人不再引为怪事。一切荒淫事都系统化和繁难化，以致它也有它的教师，教贵家子弟罪恶的理论和实践，以糊其口。

这个混乱的景象既单调而又复杂，不必再细说了；又因罗马人在这方面绝非独创，只限于就希腊—亚细亚的奢侈加以一种更无限度更无意义的模仿，更不必细说了。自然，布卢托(Plutos)与克罗诺(Kronos)同样吞噬自己的儿女；这些物品大半是毫无价值的满足贵族欲望的东西，为它们而竞争，物价必因而高涨，以致在随波逐流的人手里，极大的财产不久就烟消云散，甚至仅为了体面关系而做万不得已的事的，也眼见他们继承的稳固财产很快被消磨了。例如，执政官的选举运动是望族趋于败落的常道；关于赛会、大建筑和其他一切诚然快意可是费钱的事，差不多都可以这样说。当时赛过王侯的财产常被赛过王侯的债务超越其上；692 年即前 62 年左右，恺撒的债务，减去他的资产以后，仍达二千五百万塞斯特；马尔库斯·安东尼二十四岁时欠债六百万塞斯特，十四年以后达四亿塞斯特；库里奥欠债六千万塞斯特，米洛欠债七千万塞斯特。罗马贵族界的浪费生涯如何彻头彻尾地靠着贷款，有一事为证：一次由于各竞选执政官者的借贷，罗马的月息忽然由百分之四涨到百分之八。无力还债若在相当时期能达到债主会商或至少清理债务，则至少可以再成立明朗的关系；但事情却不如此，债务人通常尽可能拖欠下去，非但不出卖他的财产尤其是他的地产，而且继续借债，装作富翁，直到破产来得更快。清理的结果与米洛的无异，债主所得的只有他们所要清算的数目百分之四强。在这由殷富到破产的极速转变中，在这有系统的欺骗中，当然没有像冷静的

银行家那样得利的，他们晓得如何给贷款或不给贷款。这样，债务人与债主的关系差不多又回到第五世纪社会危机最烈时期的双方
193 关系；徒有其名的地主仿佛是债主的蒙恩业主；欠债人有的对债主处在奴仆的从属地位，以致其中卑贱得像脱籍人一样，现身于债主的侍从中，高贵的甚至在元老院里也按照他们债主爷的指示来发言和投票，有的准备对财产本身宣战，不是用恐吓手段恫吓债主，就是用作乱和内战铲除他们。这些关系是克拉苏的势力所倚赖的；从这里面产生了秦纳以及更明显的喀提林、科利乌斯、多拉贝拉等人的暴动，这些暴动都以"清账"为口号，完全类似一百年前震动希腊世界的有产者与无产者的战争。自然，在这种腐败的经济状况之下，任何财政的或政治的危机都会引起最可怕的混乱；更不待言常见的现象——资金消失、地产忽然跌价。无数人破产和几乎普遍的无力还债——这时都出现于内战期间，正如它们也出现于同盟战争和米特拉达特斯战争期间。

不言而喻，在这种情形之下，道德和家庭生活在社会一切阶层中变成古董。贫穷不但是最重的耻辱，最大的罪恶，而且是唯一的耻辱，唯一的罪恶。为了金钱，政客出卖祖国，公民出卖他的自由；为了金钱，官员的位置和陪审员的票都可以出卖；为了金钱，贵妇卖身像普通娼妓一样；伪造文件和弃信背誓成为常事，以至于当时有一个诗人称誓言为"涂债的泥"。人们已忘诚实为何物；拒收贿赂的人不算是正直人，而算是私人的仇敌。奥卢斯·克伦提乌斯(Aulus Cluentius)一案把意大利一个乡城最有名望之家的罪恶——那样变化多端、那样可怕、那样伤天害理——在我们眼前展开一幅骇人的图画，古今各国的犯罪统计罕有其匹。

这样，在民族生活的底上，淤泥堆集起来，一天比一天歹毒，一天比一天深沉；同时表面却因此而更平滑更光亮地涂上一层文雅 194
习气和普遍友谊的油漆。全世界互相拜访，以致在贵族住宅中，已须使每早来谒的人依主人或有时仆役所排的一定顺序入内，只是较有名望的，主人个别接见，至于其余的人，则有的分组打发，有的到最后一总打发——据说盖乌斯·格拉古是这种分别的先驱，在这事上他也是新君制的创始人。互通书札礼也达到与拜访礼同样广大的范围；在彼此既无私人关系而又无业务往来的人之间，友谊信飞驰于海上陆上，反之，真实正式的营业信却只在写给一个团体时才出现。同样，请客赴席、照例的新年送礼、家庭的节庆都失其本来的性质，几乎变成公众的典礼；甚至死亡也不能解脱罗马人对无数"亲人"的殷勤，为了死得体面，他须给每人至少一件纪念品。正如在今日商界某一派别中，纯真诚挚的家庭关系和家庭友爱关系已完全绝迹于当时的罗马，以致一切营业上和知交上的来往可用毫无意义的形式和花言巧语来点缀；于是实在的友谊便渐为友谊的鬼所代替，许许多多的地狱之鬼盘旋于此时的宣告公敌和内战中，而这个鬼所居的地位还不是其中最小的。

此时灿烂的堕落还有一个与以上一样的特点，这就是妇女的解放。在经济上，妇女早已自行独立；这时期已有专门替妇女办事的律师，对于单身而富有的妇女，他们很殷勤地帮助她们管理财产和诉讼，用他们的营业知识和法律知识感动她们，因而取得较丰的酒钱和遗产，非其他跑交易所的人所能及。但妇女觉得自己不只摆脱了父亲或丈夫的经济监护，各色各样的恋爱事件无日不在进行之中。舞女(*mimae*)的事业繁多和技巧足能与今日的舞女相抗 195

衡;她们的歌星、爱神(*cytheris*)和同类的名目甚至玷污了历史篇章。但对于她们这仿佛受了特许的行业,贵族界妇女的自由艺术却是大害。第一流家门的通奸案屡见不鲜,以致只有全然稀罕的丑闻才能使奸情成为特别闲话的对象,现在法庭的干涉似乎近于可笑。693年即前61年,普布利乌斯·克洛狄乌斯在大祭司家的妇女节庆上干出一件绝伦的丑事,这事虽比五十年前闹到一串死刑判决的事严重千倍,却几乎没有调查并且完全没有处罚便过去了。浴场季节——在四月间,那时政务暂停,贵族界聚会在贝亚和普泰俄利——的主要魔力就由于合法和不合法的关系,连同音乐、歌唱以及船上和岸上精美的早餐鼓舞游船航行的兴致。在这里,妇女操着绝对的统制权;但她们绝不满足于当然属于她们的领域;她们也装作政客,出席于党派的集会,用她们的金钱和阴谋参与当时那些放荡的帮会活动。谁若看见这些女政客在西庇阿和加图的舞台上演戏,旁边立着一个美少年,光下巴、尖声音、细碎的步伐,戴着头巾和围巾,穿着百褶衣和女鞋,模仿狂荡的娼妓,谁就很可以畏惧这男女似乎要交换职分的反常世界。关于离婚,贵族界的想法如何,可在他们那最好最道德的人物马尔库斯·加图的行为里看出来:他的朋友想要他的妻室,他便应这朋友的请求,毫不迟疑地与她离婚,以后他的朋友死了,他也毫不迟疑地再娶这个妻室。独身和绝嗣日益普遍,尤其是在上流阶级中间。在这些人中间,结婚既早已被认为一种累赘,人们至多是为了公众利益才自取
196 这种累赘,现在我们在加图和他的同志身上也遇到了一百年前波利比乌斯视为希腊衰亡之源的准则,即一个公民的义务是使大财产不至分散,所以不要生太多的儿女。"生儿育女者"(*proletarius*)

的名称昔日曾为罗马人的尊号，现在那种时代何在！

由于这样的社会情形，意大利的拉丁人种萎缩得可惊可骇，散布在意大利的锦绣山河上的一部分是寄生的移民，一部分是纯粹的荒地。意大利人口的一大部分成群往外国去。要用意大利官员和意大利戍兵供应地中海的全部领域，所需的人才和劳动力的总量已超过这半岛的能力，尤其因为这样派往外国的分子大都成为民族的永久损失。罗马民社越变成包括许多民族的帝国，统治的贵族便越失其以意大利为唯一家乡的习惯；至于应征入伍或应募从军的人，一大部分死于多次的战事，尤其死于残酷的内战，另一部分则因长久的有时竟达一世的服役时间，完全与家乡脱离关系。与公务一样，投机事业使一部分的地主和几乎全体的商人终身或至少长期留在国外，特别是后者败坏道德的巡行贸易使他们完全不惯于祖国的公民生活和家庭里多有拘束的生活。当作他们的代替品，意大利一方面得到奴隶的和脱籍人的无产者，另一方面得到从小亚细亚、叙利亚和埃及成群迁来的手艺人和商贩，他们欣欣向荣的地方主要的是首都，更主要的是奥斯蒂亚、普泰俄利和布隆迪西乌姆等港埠。然而在意大利最大最重要的部分，就连这种以不纯分子代替纯粹分子的事也没有，人口显而易见地减少下去。这话特别适用于畜牧区，例如养牛业的福地阿普利亚，据当时人说，这是意大利最荒凉的地方；此话又特别适用于罗马周围的地区，这里的坎帕尼亚在退步的农业和日益恶劣的空气永久互为因果之下，一年比一年荒凉。拉比奇(Labici)、伽比和包维莱(Bovillae)从 197
前都是可喜的小乡城，现在这样衰落，以致难于找人做他们在拉丁节庆里的代表。图斯库鲁姆虽仍是拉丁姆最大民社之一，它的人口却几乎全属于几家住在首都而保留本乡图斯库鲁姆公权的贵族，以有选举权的公民数目而言，它竟远不及意大利内地的小民社。这个地区能当兵的壮丁往昔曾为罗马自卫力量之所基，今已完全绝迹，以致人们读年史上的埃奎战役和沃尔西战役，见那些与现在状况相比似属荒唐的记载，觉得惊讶，甚至觉得恐怖。并不是处处都这样坏，尤其不是在中意大利的余部和坎帕尼亚；然而如瓦罗所抱怨的，一般说来，“意大利往日人口众多的城市现在都萧条了”。

这是个可骇的景象——这是在寡头党统治下意大利的景象。在乞丐世界与富人世界之间，不幸的对立无法调解，也无法缓和。这种对立，双方感觉得越清楚越痛切，财富升高得越使人眼晕，贫穷的无底洞张开得越深，那么，在这投机和赌博的多变世界之中，个别的人越常常由天上被掷到地下，又由地下被掷到天上。两个世界在外表上彼此分离得越远，它们在某些地方越完全同归一致，即它们同样消灭那为全民族性的种子和核心的家庭生活，同样懒惰和荒淫，同样行设基础的经济，同样有懦弱的依赖性，同样而只是规模不同地腐化，同样有罪犯式的不道德，同样渴望着对财产开战。殷富和穷苦联合起来，把意大利人逐出意大利，使这半岛一方面充满了奴隶群，另一方面充满了可畏的寂静。这是个可怕的景象，但不是意大利所特有的景象；在任何地方，只要奴隶国的资产阶级政治已有完满的发展，这政治必同样地把上帝的美丽世界化为沙漠。正如江河各映出不同的颜色，阴沟却处处看来相同，所以
198 西塞罗时代的罗马大体类似波利比乌斯的希腊，更决然类似汉尼拔时代的迦太基，在那里，专政的全能资产阶级以完全类似的方式

毁灭了中产阶级，把商业和田庄农业提高到最盛的程度，终致酿成全国在虚伪粉饰之下的道德腐化和政治腐化。今世资产阶级对民族和文明所犯的一切大罪仍远不及上古资产阶级国家所做的恶事，一如自由人无论如何贫穷，仍胜于奴隶要等到北美的祸种成熟的时候，世界才会再收同样的果实。

这些压倒意大利民族经济的病症，就其最深的核心而言，是不可救药的，其尚可救药的一部分也大体须赖人民和时间加以改善；最明智的政府有如最巧妙的医生，不能使有机体的腐败津液化为新鲜的津液，遇到根柢较深的毛病时，它所能做的也不过是防止意外，以使自然界的治疗力奏效而已。新政府的和平力量本身就供给了这种预防剂，有了这个和平力量，几个最坏的赘瘤，例如用人工豢养无产阶级，犯罪不受惩罚，收买官职和其他种种，便自行消灭。但政府所能做的还不止于仅为害。有些太聪明的人不肯筑堤防海，因为没有堤能抵抗突涨的潮水，恺撒却不属于这一流。如果一个民族及其经济能自家遵着合于自然的路径走，那就更好了；但因它们已越出这条路径，恺撒便用全力自上而下地使民族回到家乡的和家庭的生活，并且以法律和布告改良民族经济。

为了制止意大利人长离意大利，为了使贵族界和商人在他们的本乡安家，不但兵士的服役期限缩短了，而且元老阶级人士除服公务时候外，一概不许在意大利境外居住，同时其他届结婚年龄的意大利人（自二十岁起至四十岁止）不得连续三年不在意大利。按同样的意义，恺撒在首次做执政官，创立卡普亚殖民地时，即已特 199
别顾念子女众多的家长，现在做了皇帝，他提议额外奖赏人口众多的家长，同时，他只以全国最高裁判官的资格，用罗马人认为严峻无比的手段处理离婚案和奸淫案。

他甚至也不耻于发布反对奢侈的详细法律，其中把建筑奢侈，至少把最不合理的枝节之一——墓碑——加以消减；把紫衣和珍珠的使用限于一定时期、年龄和阶级，完全禁止成年人使用它们；规定筵席费的最高额，直接禁用一些奢侈的肴馔。这种法令固然不是新的；但“道德总监”郑重坚持着遵守法令，用有薪给的管理员监督食品市场，并且令他的官吏检查贵族的筵席，没收筵席上违禁的肴馔，却是新的。由于君主的警察用理论和实践向贵族界教导俭约，所能达到的，自然不过是使奢侈更稍微藏匿起来；可是如果作伪是恶习对美德所致的敬礼，那么，在当时情形之下，甚至用警察建立起来的假正经也是个不可轻视的进步。

恺撒为了改良管制意大利的金融业和农业而发布的法规，较为有力，也有较多的成效可期。这里第一个问题是关于一般钱荒和债务危机的暂行法规。人们对收藏奖金大哗，引起了“一人存在手里的现金银不得过六万塞斯特”的法律，这法律的公布大概只是为了缓和盲目公众对放债者的愤怒；公布的方式是伪称这仅系再来厉行一个已归遗忘的旧法律，可见恺撒以制定此法为耻，未必把它拿来真正应用。还较严重的问题是处理那久悬未决的债权案，
200 自称为恺撒党的人士向恺撒要求完全豁免债务，很是激烈。上文已提到他不同意这种要求；但他早在705年即前49年即已对欠债者做了两个重要的让步。第一，积欠的利息一概勾销，[1]已付的利

① 这事不见于载籍，但既以用现钱或转让来支付的利钱为违法，而许由本金内扣除利钱，则这事必然随之而来。

息由本金内扣除。第二，债主须接受欠债人代替付款的动产和不动产，按这些东西在内战及其所造成的跌价以前所有的估价计算。后一条不为不公平；如果债主在实际上被目为欠债人的财产——以欠他的数目为限——的所有者，那么，他负担他在一般跌价中的一份，诚然是合理的。另一方面，平民党狂叫取消由贷款而来的债权，现在取消已付或未付的利息——这就等于债主除利息本身外还平均损失这法律公布时他们有权当作本金来要求的数目的百分之二十五——，这实在只是对那种叫嚣的部分让步；无论放债者的行为如何恶劣，也不能以此为理由来辩护那用追溯既往的方式把一切利息的要求权毫无分别地取消。为了至少了解这个运动，我们必须回忆平民党对利息问题的立场如何。旧平民党在412年即前342年逼勒出禁止取息的法案，这法案固然被那借着副执政官职来控制民事诉讼的贵族阶级搁置不用，但以形式而论，它仍然有效；罗马纪元第七世纪的平民党始终自命为这种阶级社会的旧运动的持续者，无时不主张纳息的不合法，并且在马略时代的混乱中也已至少暂时使这主张见于实行。若说恺撒在利息问题上同意他那一党的浅见，实不可信；他叙述清理债务一事时提到欠债人交出财产以代付款的规定，却不言取消利息，这或许是一种默默的自 201
责。不过他与每个党魁一样，也倚赖他的党，不能在利息问题上直接否认平民党传统的主义，况且他须解决这个问题时，他还不是法萨卢斯全能的战胜将军，却在他出发往伊庇鲁斯以前。但如果说他或者容许而未发起这件侵犯法纪和私产的事，那么，他拒绝取消一切由贷款而来的债权，确乎是他的功劳；又有一事可算作他的辩解：据负债者的眼光看来，他对他们所做的让步极不充分，他们对这事愤怒远较被害的债主为甚，并且在凯利乌斯和多拉贝拉手下做了一些愚妄而如上所述旋被摧毁的尝试，想要用暴动和内战强取恺撒所不肯给他们的东西。

但恺撒不仅以暂时扶助负债者为限，他又尽其身为立法家所能做的，要把资本可怕的万能永久压倒。首先，他宣布法律上一大原则，即自由不是可与财产等量齐观的所有物，而是个永恒的人权，国家仅对犯罪者有权剥夺其人权，而对负债者则否。在这里，恺撒或者也受有那较合人道的埃及和希腊尤其梭伦的立法的刺激，[①]把这与早先债务法规绝对相反的原则加入了习惯法，自此以后，这条原则保持其地位，没有异议。按罗马法，负债而不能还的人就成为债主的奴隶。固然一个负债者若因暂时经济困难而非因真正债累过重，而不能付款，波埃特利法许他割让财产来保全自
202 由；然而对于真正债累过重的，那条原则虽或在次要之点有所更改，主要之点却历五百年而未变；直接拿负债者的财产来清理，只是例外的事，当负债者已死或失其公民权或不知下落的时候才这样做。恺撒首先把我们今日作为破产法基础的权利给予债累过重者：这权利就是正式向债主割让财产，而不问这是否能满债主的意，虽则他的荣誉权和政权有所消减，却永远得保其自由，并且能开始一种新财务生活；在新财务生活中，他只要能偿付而不至于再陷于经济破产，人们便能为了以前的在清算中未得满足的要求对他起诉。

---

① 埃及王法和梭伦法都禁止在借约上规定欠债人若不还债便应处以丧失人身自由的惩罚，至少后者遇有破产事情，对欠债人不过予以转让全部财产的处分。

如是，这不朽的光荣——在原则上把个人的自由从资本解放出来——实属于这位平民党的伟人，此外他又想在警政方面用放债法限制资本的过大势力。他也不否认平民党对利息契约的反感。关于意大利的钱业，他规定了个别资本家可以贷出的最高额，此额似与每人所有的意大利地产成比例，或许等于地产的半价。违犯这规程的，按共和放债法的起诉方式，要作为犯刑事罪来处理，送交一个特别陪审法庭来审判。如果这些法规能见于实行，每一意大利商人将被迫同时特地成为意大利地主，于是专赖取利息为生的资产阶级将完全绝迹于意大利。这样一来，危害不更小的那些地主，即无力还债而实际只替债主经营自己的地产的，也间接大受限制，因为债主如果愿意继营贷款业，他们便不得不自行购买土地。并且由这看来已很了然，恺撒所欲的绝不是单单恢复旧平民党那天真的禁止利息，而是准许一定限度内的利息。但是很可能他不自限于那仅在意大利有效的贷款最高额法规，而且规定了 203
最高利率本身。有些法规——月息不得超过百分之一，不许取欠息的利息，不许用法律手续要求比本金还大的欠息——大概也模仿希腊－埃及，[①]最初是由卢奇乌斯·卢库卢斯输入罗马帝国以供小亚细亚之用，以后他那更高明的后继者又把它们保留在那里；不久以后，它们又凭借省长的命令传至其他省，最后，它们至少有一部分凭借707年即前50年元老院的法令在一切省份得到法律效力。卢库卢斯的这些法律竟全盘作为帝国法律而出现，因此完全成为罗马甚至今世

① 至少后面一条规则是复述埃及王法的。另一方面，梭伦法不知有利钱的限制，却明言准许随意定利钱的多少。

利息立法的基础，这也或许可以追溯到恺撒的一个法令。

与这些防止资本跋扈的努力并行的，是使农业回到对国家最为有利的途径。要达到这个目的，司法和警政的改良是很重要的。以往在意大利，没有人能确保自己的生命以及动产或不动产，例如罗马的帮会首领在同伙不帮搞首都政治的当儿，便在埃特鲁里亚的森林里从事劫掠，或用攻夺手段把他们雇主的地产打成一片；但这种强梁霸道的办法现在告终了，特别是一切阶层的农业人口必由这事觉到有益的效果。恺撒的建设计划绝不限于首都，也有意在这里有所影响，例如修筑由罗马经亚平宁山隘而达亚得里亚海的方便道路是想振兴意大利的内地交通，降低福齐诺湖水面是使
204 马尔西亚的农人受益。但恺撒也想用更直接的方法影响意大利的农业状况。他勒令意大利的畜牧家所用牧人至少要有三分之一是自由出身的人，这样一来，匪帮便被制止，同时替无产的自由人开了个利源。关于土地问题，恺撒在第一次为执政官时已能加以整理，他比提比略·格拉古聪明，不想不惜任何代价，甚至不惜一种藏在法律条文里的对私产革命的代价，来恢复小农业；他和真正的政治家一样，在他看来，头等最不可侵犯的政治准则是使作为财产或至少公众认为财产的东西得安全，他只是在这准则所划定的范围内力行鼓励意大利的小地产，在他眼里，这也是关系民族生命的问题。就是这样，这方面仍有不少的事待他来做。每一私人权利无论是叫作财产或可传家的所有物，无论是导源于格拉古或苏拉，一概受他无条件的尊重。另一方面，恺撒先以其严行节俭连小浪费小忽略也不容许的作风，恢复了二十委员会做意大利产权的总检验机构，而后决定把意大利实有的全部公地，连那握在宗教会社

手中但依法属于国家的土地的大部分在内，都用在格拉古式的班田活动中，这当然仅以适于农业的土地为限；阿普利亚的夏季牧地和萨莫奈的冬季牧地仍为公地；这位皇帝至少有个计划，即如果这些公地还不够用，便用公款购买意大利的地产，以获得必要的增地。在选择新农夫上，自然最先照顾服役期满的兵士，尽可能把征兵所加于祖国的负担变成一个利益，因为恺撒把被征作新兵的无产者还给祖国做农夫；还有可注意的，那些荒凉的拉丁民社，例如维爱和卡本那似乎特别受照顾，给予新殖民团。按恺撒规定，新地 205
主须到二十年后始得把所受的田地出让；一方面，若给予完全的出让权，则所授田地的大半必至迅速又归于大资本家之手，另一方面，若永久限制土地的自由买卖，则提比略·格拉古和苏拉都曾有这种法令，同归无效，所以恺撒的这个规定是折中二者的妙法。

最后，政府既这样努力从事于铲除意大利民族生活的有病成分而加强其健全成分，那么，新规定的自治市制度，当其最近才从同盟战争的混乱中，在国体内并与国体并行地发展出来以后，应当给予新君主专制政治一种与之相合的民社生活，并且应当鼓动公众生活最可贵的成分，使它们迟缓的运行再变为加速的搏动。恺撒发布了两个自治市法，一个是 705 年即前 49 年给内阿尔卑斯高卢的，一个是 709 年即前 45 年给意大利的，[①]特别是后者永为后世的基本法；这两个自治市法的主要原则显然是：一、严格肃清市自治团体的一切不道德成分，可是不见有政治警察的痕迹；二、尽量限制中央集权，尽量给各民社行动的自由，甚至到了今日，民社还

① 两种法律尚余大部分传到现在。

保留着选举官吏以及虽然有限的民事和刑事审判权。固然，一般的警察法令，如对结社权的限制也在这里发生效力。

恺撒要用来改良意大利民族经济的法令就是这样。它们的不足是容易指出的，因为它们仍然让许多弊病存在；它们多发生有害的影响也是容易证明的，因为它们有些很厉害地限制贸易的自由；更容易证明的是意大利民族经济的一般弊病不可救药。但尽管这样，实践政治家必对这种工作和这位建筑同致赞佩。在苏拉那样人无法补救而以仅做形式的改造为已足的情形下，能到弊病的真
206 正所在地去抓住它，并且在那里与它斗争，这已非同小可；我们很可以断定，恺撒以其改革，已接近那准许一个政治家和一个罗马人达到的可能性的限度。他不能也不曾期望这些改革来复兴意大利；反之，他却想用与这迥不相同的方法达到目的，要说明这个方法，我们须着眼于恺撒所遇见的各省现状。

恺撒时已有的省份共十四个：七个在欧洲的是远西班牙省、近西班牙省、外阿尔卑斯高卢、带着伊利里库姆的意大利高卢省、带着希腊的马其顿省、西西里省、带着科西嘉的撒丁省；五个在亚洲的是亚细亚省、比提尼亚和本都省、带着塞浦路斯的西利西亚省、叙利亚省、克里特省；两个在非洲的是昔兰尼加省和阿非利加省。此外，恺撒设立卢格顿高卢省(Lugdunensischen Galliens) 和比利其两个新省长职，又规定伊利里亚分设一省，于是另加了三个新省。[①]

① 按照恺撒的法令，每年有十六个同副执政官和两个执政官共分省长，同执政官任期两年，我们可以断定他想要把省份总数增至二十。但因恺撒也许故意设立比候补人员为少的职位，这事更难确定。

就这些省份的管理而言，寡头党失政所达到的程度至少在西方——尽管这方面多有可注意的表演——没有第二个政府曾及得它，并且据我们的理解力，也似乎不能再有超过它的。诚然，这事的责任不单在罗马人身上。在他们以前，希腊人、腓尼基人或亚洲人的统治已几乎无处不把盛世的高等思想以及正义感和自由感驱出民族以外。事情固然难堪：每一被告的省里人都有遵命亲自到罗马自行答辩的义务；罗马的省长随意干涉附属民社的司法和行政，宣判死刑，并且打消市参议会的会议录；遇有战事，他任意并且常常以可耻的方式指挥民兵，例如科塔攻海上的赫拉克里亚时，为了保全部下的意大利人，竟把一切危险的岗位全部交给民兵，又因攻城不能得志，命人把工兵的头摆在他的脚下。事情固然难堪：罗 207
马行政官及其随员不再受任何道德的和刑法的规则的束缚，有法律形式的和无法律形式的暴行、强奸和凶杀成为各省日常的现象。不过这些事至少不是新的；差不多处处的人都早已惯于被当作奴隶来看待，至于做地方暴主的是个迦太基的监督者，或是个叙利亚的总督，或是个罗马的同执政官，毕竟无足轻重。物质幸福几乎是省里人所仍关心的唯一事物，以上种种虽然比众多的暴主还多，却只影响到孤立的个人，其扰害物质幸福的程度远不如那同时压迫一切人的财政剥削，而财政剥削从没有来得像这样强烈的。

而今在这个领域里，罗马人保持着他们旧日在金融业的优势。罗马压迫各省的制度，上文已就其质朴的合理的基础以及其发展和腐败都叙述了。当然，它的腐败继长增高。说到常税，由分派不均和谬误征收法而来的暴虐远比来自税额高大得为甚。关于驻扎军队的负担，罗马政治家自己也表示意见说，一个城市有罗马军在此驻营度冬和有敌人攻陷它，所受的害几乎相等。就其原来性质而言，赋税是罗马负军事责任的报偿，所以纳贡民社有免服普通兵役之权，可是到了现在，卫戍兵役——例如在撒丁所得的证据——大半都加在省民身上，甚至在普通军队里，除其他义务外，骑兵兵役的重担也移归他们。额外的捐输——如交纳少取或不取代价的粮食以为京城的无产者谋利益，屡次装备靡费的舰队以防海盗，供
208 给艺术品、野兽或他物以供罗马剧院和猎场那些穷奢极侈的要求，战时的军事征发等——也是既频繁沉重而又不可预计。一个单独的例子就可以表明这事到了什么程度。在盖乌斯·维列斯(Gaius Verres)治理西西里的三年中，莱翁蒂尼的地主由八十四名落到三十二名，莫图卡(Motuka)的由一百八十七名落到八十六名，赫比塔(Herbita)的由二百五十二名落到一百二十名，阿吉里翁(Agyrion)的由二百五十名落到八十名，这样，在西西里最肥沃的四个区域内，百分之五十九的地主都宁可让田地荒芜，也不愿在这种统治下加以耕种。而且由其人数不大看来，又据明言所说，这些地主绝不是小农人而是有声望的农场主人，并且大部分是罗马公民！

在保护国里，赋税的形式稍有不同，但负担本身，如果可能，却更厉害，因为除了罗马人外，这里还有本地的朝廷来压榨。在卡帕多奇亚和埃及，农人和国王一齐破产，前者不能满足税吏的要求，后者不能满足罗马债主的要求。此外，不但省长本人真正勒索，而且他的“朋友”也是一样，他们每人都自以为似乎有一张向省长取钱的支票，因而有权由省里致富还乡。在这方面，罗马的寡头党正像一伙强盗，用内行有条有理的方式劫掠省里的人；其中的能手枪夺得不太和善，因为他们委实还要与律师和陪审员共分赃物，他们

盗得越多，他们便盗得越安稳。盗贼的自尊心也已经发展出来，大盗鄙视小盗，小盗鄙视纯粹的盗贼；谁若有一次不可思议地被判有罪，谁便以他所榨取有据的款项的巨大数字自豪。罗马人往日除属国人的感谢和同国人的赞美外常常由他们的治下带一物回乡，他们的后人却这样在各省行劫！

但在不幸的省民中间，意大利商人闹得——如果可能——更厉害、更不受控制。海外各区的地产属于意大利贵族的，备受管家经营下的一切灾害，从来不见主人的面，只有猎场这时已见于外阿 209
尔卑斯高卢，面积共约五十五平方公里，或属例外。放债业盛况空前。在瓦罗时，伊利里库姆、亚细亚和埃及的小地主实际上，大都以罗马的或非罗马的债主的债奴身份来经营产业，正如往日平民对贵族庄主一样，竟有对城邦贷款月息达百分之四的事。常见有力有势的商人为了便利他的营业，或求元老院给他个使者名义，[①]或使省长给他个军官名义，并且，如果可能，再加上一队兵丁；有人以可信的方式说，一位可敬的银行家，因为向塞浦路斯的萨拉米斯城索债，竟把它的市参议会人员封锁在市政所里，直至其中五人饿死。

在这双层的压迫——单是一层就难忍受，并且二者日益被调整得交相为用——以外，又加上至少间接应由罗马政府负大部分责任的普遍灾难。在多次战争中，有时蛮族，有时罗马军队把大量资本拖出境外，把更大量的资本毁灭。因为罗马海陆警察的无能，海上陆上无处不有盗匪啸聚成群。在撒丁和小亚细亚的内地，盗

① 这就是所谓“自由使团”(*libera legatio*)，即毫无真正公务的使团。

匪是本地特产；在阿非利加和远西班牙，须用墙垣和碉楼设防于城圈以外的一切建筑物。海盗这个可怕的祸患已在另外有关之处叙述了。在这种情形之下，钱荒或粮贵在所不免，罗马省长常以禁制政策为灵丹妙药，来实行干涉，当钱荒或粮贵发生的时候，他便禁止黄金和谷类输出省外，但这服妙药也无济于事。民社的局势几乎无处不受——除普遍的灾害外——地方不靖和公务员舞弊的扰害。

210 这些虐政非暂时而是经过几世，把难逃的、有恒的而又年甚一年的压力加在民社和个人上面，最有条理的公私经济也必至被它们压倒，最不可名状的苦难必至遍及于自塔古斯河至幼发拉底河的一切民族。在684年即前70年即已发表的一篇文章里有云"一切民社都毁了"；以西班牙和纳尔傍高卢，就是说，以比较起来经济情形最过得去的地方而言，这话也特别有凭有据。在小亚细亚，甚至像萨摩和哈里迦纳索那样的城市也几乎是空的；与那压倒自由省民的苦难比起来，合法的奴隶地位在这里似乎还是个安乐窝，并且据罗马政治家自己的叙述，甚至能忍耐的亚细亚人也不聊生了。在以犯罪的方式施行和以同等犯罪的方式忍受一切可想象的不义上，人类能堕落到何等程度，谁要愿意探测这个，谁就可由当时的犯罪记录来搜集罗马贵族所能做而希腊人、叙利亚人和腓尼基人所能受的冤枉。就是罗马自己的政治家也公然不讳地承认，在希腊和亚细亚全境，罗马这个名称是受人不可言喻的厌恶的；当海上赫拉克里亚有一次把罗马的税吏全部杀死的时候，唯一的憾事是这事不更常有。

贵族党嘲笑新君主一个一个地亲自巡视他的"农场"；实则各

省的状况需要那样一个奇人的全部热心和全部智慧，就因为有了这类的奇人，王者之名才不被各民族认为是人类缺点的显例。已成的创伤须赖时间来疗治，恺撒所关心的是使它们得受这种治疗，并且不要再加新伤。

行政制度彻底改观了。苏拉的代执政官和代副执政官在他们的省份里本质上是握主权的，实际上不受任何管制；恺撒的代执政官和代副执政官却是在严峻主人下面很受纪律拘束的仆役；由于他的权力的统一和终身为期，这位主人已比那些每年更换的众多小暴主有更自然、更可容忍的对臣民的关系。固然，省长职仍分配在每年卸任的两个执政官和十六个副执政官之间，但皇帝既直接 211
推举八个副执政官，竞争者中间省份的分配既专击于他，这些省长职委实是由他给予的。省长的职权也实际上受了限制。他们仍有替代各民社司法和行政管理之权。但他们的统帅权却为罗马城的最高统帅及其与省长共事的副将所牵制，疲软无力；各省的收税事务大概在当时即已大致交给帝国官吏办理，所以自此以后，省长为助理人员所包围，这些人或因为受军事阶级组织的法律束缚，或因为受更严厉的家庭纪律的控制，绝对服从皇帝。以前同执政官及其财务官仿佛是奉派来征收贡献的匪帮分子，恺撒的官吏却是来保护弱者以抗强者的；代替往日骑士或元老院法庭那有损无益的监察，现在给他们来了个在公正无情的君主面前的答辩。恺撒第一次为执政官时，即已加强那治勒索的法律，他以无情的甚至超过条文的严酷方式把这法律应用在各省的高级将领身上；税吏如果敢让自己做一件不公平的事，他们便须按奴隶和脱籍人依当时的残酷家法所常有的赎罪方式向主人赎此事之罪。

额外的公众负担又回到正当的比率和真实的需要；经常的负担大为减轻。赋税的彻底整理已见上文；推广免税的范围，普遍降低直接税，把什一税制只限用于阿非利加和撒丁，收直接税时完全废除中间人，都是对省民最为有益的改革。恺撒是否按他那平民党最伟大的前辈塞尔托里乌斯的榜样，也想使属国臣民免去驻兵
212 的负担并且坚持兵士自建城市式的固定营房，固然无法证明；但他至少在他变僭主身份为君主身份以后，不是把臣民丢给兵士的人；继承他的政策者就怀着他的精神创立了这种军营，然后把它们化为城市，做意大利文明在边疆蛮族域内的集中点。

比制止官吏舞弊远较困难的是把省民从罗马资本的太大压力下拯救出来。若不用比祸害更加危险的手段，资本的力量是不能直接打破的；政府当时只能消除孤立的弊病——例如恺撒禁止人利用国使名义去做营利的事业——，遇有公然的暴行和明显的高利贷，便厉行一般刑法和推行到各省的高利贷法；但要更基本地治疗这种病症，则只有期待各省在较好的政治之下再能欣欣向荣。晚近为了解救个别省份的无力还债，有几次发布临时性的法规。694年即前60年恺撒做远西班牙省长的时候，他指定负债人的收入三分之二给债主，使他们取偿于此。同样，卢奇乌斯·卢库卢斯做小亚细亚省长时也曾把那无限膨胀的欠息一部分直接取消；关于其余部分，他指定欠债人所有田地收益四分之一以及欠债人由房租或奴隶劳动所得利益的相当部分拨给债主。载籍没有说，内战以后恺撒在各省从事同样的普遍清理债务，但由刚才叙述的和对意大利做出的看来，我们不能质疑恺撒也向这方面努力，至少这是他的计划的一部分。

这位皇帝既这样尽人力之所能为把省民从罗马官吏和资本家的压榨下拯救出来，同时可确望于新被他加强的政府的，是它应当吓走野蛮的边疆民族，驱散海上陆上的盗匪，像上升的太阳逐走雾 213 气一样。无论旧创伤仍然如何作痛，有了恺撒，便对多灾多难的臣民露出一个较可忍受的时代的曙光，露出几百年来第一个明智而仁慈的政府，露出一个以强健而不以懦弱为基础的和平政策。无怪在这位大解放家的丧葬中，属国臣民特别与大多数罗马人同声哀悼。

不过这样铲除现有弊病，不是恺撒改革省政的要务。按贵族和平的一致见解，在罗马共和国里，各省不是别的，而只是像它们常常被人称呼的"罗马人民的外乡地产"，它们被当作这种东西，被人利用和滥用；而今这事已成过去。各省本身要渐渐消逝，以便替那恢复青春的希腊一意大利民族预备一个较广大的新家乡，这家乡的几个构成部分没有一个仅是为了另一个而存在，却是全体为了个别，个别为了全体而存在；恢复青春的家乡的新生活，更新鲜、更广大、更雄伟的民族生活，本身就应当能战胜旧意大利无法解救的痛苦和不平。我们知道，这些思想并不是新的。从意大利往行省的迁徙几百年来经常进行，早已替意大利的这种扩大开了先路，当然，移民自己不晓得这事。第一个以有计划的方式指导意大利人移居意大利境外的是盖乌斯·格拉古，他是罗马平民党君主制的创造者，攻取外阿尔卑斯战事的发起人，迦太基和纳博等殖民地的开创者。以后罗马平民党所产生的第二位天才政治家昆图斯·塞尔托里乌斯始把野蛮的西方人导入拉丁的文明；他给西班牙的贵族青年以罗马的服装，力劝他们说拉丁话和到他所创立在奥斯加的学府里去取得意大利的高等文化。当恺撒初入政府的时候，已有一大批，当然大半缺乏稳定和集中的意大利人口存在于一切省份和保护国。姑且不说西班牙和南高卢的正式意大利城市，我们只要回忆：塞尔托里乌斯和庞培在西班牙，恺撒在高卢，尤巴在
214 努米底亚，宪政党在阿非利加、马其顿、希腊、小亚细亚和克里特，都募得众多的公民队伍，此事即可了然；早在塞尔托里乌斯战争时，科杜巴的城邦诗人就已弹着当然音调不合的拉丁琴来唱赞美罗马将军的歌；恺撒死后不久，意大利境外最早的著名诗人，外阿尔卑斯奥德的普布利乌斯·特伦提乌斯·瓦罗（Publius Terentius Varo）就发表了希腊诗歌的译本，且竟以其文字的高雅为人所重。

另一方面，拉丁和希腊特性的互相渗透可谓与罗马城一样古老。在意大利统一时，征服的拉丁民族既已同化了其他一切被征服的民族，只是把希腊民族照原状并入本国，没有使它在外表上与本族混合为一。无论罗马兵团士卒走到何处，希腊教师，在他本业上也不失为征服者，总跟在后面；我们见希腊语著名的教师早已卜居瓜达奎维河上，在奥斯加的学府里，希腊文与拉丁文一并教授。实则高等罗马文化完全不是别的，就是用意大利的方言宏布希腊风俗和艺术方面的大福音；以教化为事的征服者既谦逊而又僭越，先用他们自己的语言向西方蛮族宣扬这个福音，对这事，希腊人至少不能大声抗议。各处的希腊人都早已看出，并且在民族感最纯粹最强烈的地方，就是在民族性有被蛮族剥夺之虞的边地，例如在马赛利亚、黑海北岸以及幼发拉底河和底格里斯河上，他们也最确凿地看出罗马是希腊文化的剑盾；庞培在遥远东

方创立城市实为亚历山大的有益工作在几百年中断之后重续起来。

一个具有两种语言和单一民族性的意大利一希腊帝国的思想并不是新的,否则这也是个错误;可是这思想由不定的设计进到确有把握的概念,由散漫的开端进到集中的奠立基础,这是罗马平民党第三个也是最伟大的政治家的事业。

要在政治和民族方面使帝国各部归于均等,最先和最重要的
条件是保持和扩大这两个要做共同主人的民族而尽速消灭那些与 215
它们并立的野蛮或名为野蛮的种族。由某种意义说来,我们固然可以除罗马人和希腊人外再举出第三个民族,在当时的世界,就其无所不在而言,这民族与他们并驾齐驱,并且将来在恺撒的新国里要占重要的地位。这就是犹太人。这个可注意的民族既柔软而又坚韧,在上古的与在当今的世界一样,他们处处为家却又无处为家,处处有势力却又无处有势力。大卫和所罗门的后人对当时犹太人的意义不大于耶路撒冷对今日犹太人的意义;为了宗教和精神的统一,这民族诚然在小小的耶路撒冷王国找到一个显而易见的凭借,但这民族本身不但包括哈斯摩尼(Hasmoriaen)的臣民,而且包括那些散在整个帕提亚帝国和整个罗马帝国的无数犹太人群。特别在亚历山大城,在昔兰尼城也是这样,犹太人在城内组织了自治的甚至地界分明的民社,与我们城市里的“犹太区”相似,不过其地位较为自由,有一个“人主”做最高裁判官和行政官来替代它而已。在恺撒以前,甚至在罗马城里,犹太人口已如何众多,并且就在那时犹太人如何也以同国人的名义密切团结起来,有当时一位作家的话为证,他说一个省长若得罪了本省的犹太人是件危

险事，因为这样他就可以必然料到他回国以后要受京城民众的嘘声。这时犹太人最主要的职业也是商业；当时犹太商人与攻城夺地的罗马商人处处并肩前进，正如他们以后陪着热那亚人和威尼斯人；并且由四面八方流来的资金除归罗马商人外，都归犹太商人。在这时期，我们也遇见西方人对这根本是东方的人种及其奇异的意见和风俗怀抱特殊的反感。当时各民族混合的景象绝无可喜之处，犹太教虽不是这景象最为可喜的特色，然而却是在事物的自然过程中发展出来的一个历史因素，政治家既不能否认它，也不能抵抗它，恺撒正与他的前人亚历山大一样，对于情势有正确的了
216 解，反而尽量促进它。亚历山大既奠定亚历山大城犹太教的基础，因而对这民族的功劳不在他们自己的建筑耶路撒冷神庙的大卫以下，所以恺撒也用特殊的恩惠和特权促进亚历山大和罗马的犹太人的利益，并且特别保护他们特有的崇拜以抗罗马和希腊的地方祭司。这两个伟人当然不想把犹太民族置在与希腊民族或意大利一希腊民族平等的地位。但犹太人不像西方人那样受有潘多拉所受的礼物，即政治组织，他们对国家大致抱着冷峻的态度，他们又不愿放弃其民族特性的核心，却愿用随便任何民族性加以遮掩，并且在一定限度内也愿适应外国的习惯——正因为这个缘故，犹太人仿佛是特为一种国家造定的，这种国家应建在成百的现存政体的废墟上并且富有稍为抽象可是自始就不清楚的民族性。在上古，犹太教也是世界主义和民族瓦解的有效发酵剂。就这点来说，犹太民族是恺撒国里特受优待的一分子，恺撒国的政体其实只是世界公民制，恺撒国的民族性其实只是人性。

但新公民团的绝对元素仍是纯粹的拉丁民族和希腊民族。这

样，共和的特殊意大利国便完了；然而有人说恺撒故意毁坏意大利和罗马城，为的是把帝国中心移到具希腊风的东方，以伊利翁或亚历山大为帝国京城，这只是怒气冲冲的贵族所发的谣言，很容易说明，也很无谓。与那相反，在恺撒的组织里，拉丁民族永远保持优势；这已可见于下面一事，他发布一切法规都用拉丁文，虽则为希腊语各国发布的法规同时也用希腊文。一般看来，他安排两民族在他那君主国里的关系，一如昔日他那些共和前辈把它们安排在统一的意大利里的关系；凡有希腊民族的地方，希腊民族无不受到保护，意大利民族则扩张到情势许可的限度，各被吞并种族的遗产都要归它所有。这是必要的，因为国内希腊成分和拉丁成分若完 217
全居于平等的位，必致在短期内造成几百年后拜占庭所招致的灾祸；因为希腊风气不但在智力方面高于罗马风气，而且在数量上也是一样，就在意大利境内，大群被迫或自愿来到意大利的希腊人和半希腊人都是希腊风气的无数使徒，表面上似乎无关重要，可是他们的势力却无论估计得怎样高也不为过，在这方面，只要说一个彰明较著的现象，希腊奴仆的统治者罗马君主，是与君主制同来的即可了然。这些人物的名单既冗长而又讨厌，第一名就是庞培的亲信仆人米蒂利尼的提奥法尼斯（Theophanes von mytilene），这人凭着他控制懦弱主人的力量，在庞培与恺撒的战争爆发上似乎有比别人更多的贡献。在他死后，他的同国人敬他如神明，并非全无理由；他确乎开创了帝国时代的奴仆政治，这种政治正有点是希腊人统治罗马人。因此政府极有理由不用由上而下的方式去促进希腊风气的传播，至少不促进它向西方传播。如果西西里不但免去什一税的负担，而且它的民社都被赋予了拉丁权，意在到相当时间以后可能有与意大利完全平等的地位继之而来，那么，恺撒的目的只能是让这美丽的、当时却是荒凉的、经济上大半落在意大利人之手的岛——按自然的规定它不当是意大利的邻国而应为意大利最出色的一省——完全合并于意大利。但除此以外，希腊风气无论在哪里，都受到维持和保护。虽则政治的危机可使皇帝想到拆毁希腊风气在西方和埃及的强大支柱，马赛利亚和亚历山大城却既未遭毁灭，也未失其民族性。

另一方面，政府在全国最不同的地点竭力用殖民事业和拉丁化来提倡罗马风气。有一个原则：各省一切土地只要未经政府的法令许可让给民社或私人的，都是国家的财产，一时的执有者只有被容许的并且随时可以撤回的世传所有权。这原则诚然源于形式
218 法律和凶残力量在发展中的有害联合，但是为了自由对待所要消灭的民族，它是必要而不可避免的；恺撒把它由平民党的理论提高到君主法的一个基本准则。

当然，要扩张罗马的民族性，首先必须解决的是高卢问题。波河外各民社加入罗马公民团，是平民党早已认为完成的，至今(705年即前49年)才终于为恺撒所完成；由于这事，内阿尔卑斯高卢彻底取得此地居民大都已有的权利，即政治上与主国平等。这一省自被给予拉丁权以来的四十年中，实际上已完全拉丁化。排外派可以嘲笑凯尔特拉丁人的土腔喉音，在茵苏伯利亚人和威尼斯人身上找不到“那难以捉摸的首都优雅风度”，这种人做恺撒的兵团士卒，用他的刀剑赢得罗马罗马广场甚至罗马元老院的一席。然而内阿尔卑斯高卢有稠密的以农业为主的人口，就在恺撒以前已实际是意大利的一个区域，几百年后，仍是意大利风俗和意大利文

化的真正收容所；即如拉丁文学教师在京城外另一个地方得不到那样多的鼓励和赞赏。

内阿尔卑斯高卢既这样大致归并于意大利，它以前所占的地位便为旧外阿尔卑斯所取得。由于恺撒的武功，旧外阿尔卑斯从一个边疆省份变为内地省份，由于它的近便和它的气候，它比别的区域更适于到相当时候也变成一块意大利土地。按照罗马平民党海外移民的旧目标，意大利移民的主要潮流都被导向此处。在这里，一方面古殖民地纳博有新移民来加强它，另一方面在距纳博不远的贝特雷（Baeterrae，即贝济耶[Biziers]），在罗讷河上的阿雷拉特（Arelate，即阿尔勒[Arles]）和阿劳西奥（即奥朗日），以及在新 219
海港罗马尤利（Forum Julii，即弗雷瑞斯[Fréjus]），设立了四个新的公民殖民地，同时它们的名称保存着那些把北高卢合并于帝国的英勇兵团的纪念。[①] 没有殖民团的地方也似乎至少大部分像往日波河外的凯尔特地那样，由拉丁市权的给予引导着趋向罗马化；特别是尼茂苏斯（即尼姆），即马赛利亚因叛恺撒而被夺去的领土的首邑，由马赛利亚的一个乡村变为一座拉丁的城市民社，被赋予

① 纳博称为德奇曼尼（Decimani 即第十兵团）殖民地、贝特雷称为塞普提曼尼（Septimani 即第九兵团）殖民地、罗马·尤利称为奥克塔瓦尼（Octavani 即第八兵团）殖民地，阿雷拉特称为塞克斯塔尼（Sextani 即第六兵团）殖民地、阿劳西奥称为塞昆达尼（Secundani 即第二兵团）殖民地。第九兵团则付阙如，因为它曾有普拉肯提亚的兵变辱没了它的番号。有人说这些殖民团是属于它们所赖以得名的兵团的，这事未见明文，并且也不可信；老兵们，至少他们的大部分都被安置在意大利。无疑地，西塞罗的怨言，即"恺撒一下子把整个几省几县都没收了"，是指为了这些殖民地而在纳博省没收土地一事，尤其指加在马赛利亚上面的领土损失，这话与斥责那战胜马赛利亚人的凯旋紧相联结，已足以证明此说的不谬。

很多领土甚至造币权。[①] 内阿尔卑斯高卢既这样由预备阶段进到与意大利完全平等的地位，纳博省同时也进入预备阶段，正如往日在内阿尔卑斯高卢一样，这里最大的民社有十足公民权，其余有拉丁权。

在帝国其他非希腊非拉丁的区域距意大利的影响和同化作用更远的，恺撒止限于照以前纳博在高卢的例，设立几个意大利文明
220 的中心，以便借着它们的力量做将来完全平等化的准备。这种开端在帝国一切省份里都可以指出，只有最贫苦最不重要的撒丁为例外。恺撒在北高卢如何行事，已见上文；拉丁文在这里虽然尚未用在一切部门的公众交际，却得到了官方的普遍承认，在莱蒙湖(Lemansee)上兴起的诺维奥杜努姆(即尼永)殖民地是有意大利体制的最北城市。

当时西班牙大概是罗马帝国人口最密的地方，在这里，不但恺撒的殖民团与旧有人口同住在希腊－伊比利亚的重要港埠恩波利(Emporiae)，而且据晚近发现的记载所示，有一批似乎大半取自首都无产者的殖民团，被安顿在安达卢西亚腹地距塞维利亚不远的乌尔索(Urso，即奥苏纳[Osuna])和这省里许多别的地方。那古老殷富的商业城市加的斯，恺撒在做副执政官的时候即已按照时宜改造了它的市自治制度，现在由皇帝得到十足的意大利市自治

① 这区域的非拉丁城市，尤其尼茂苏斯由谁的手里取得拉丁权，载籍上没有明言。但恺撒实际上说，这部分领土正是恺撒夺自马赛利亚的，最后，在奥古斯都以前的钱上而后又在斯特拉波的书里这个城显然已是个有拉丁权的民社，那么，只有恺撒能做这给予拉丁权的事。至关于纳博高卢的鲁西诺(Ruscino，即鲁西龙的佩皮尼昂[Roussillon bei Perpignan])和其他民社早得到拉丁组织的，我们仅能推测它们与尼茂苏斯同时接受拉丁权。

权(705 年即前49 年),成为往日图斯库鲁姆在意大利的情形,即第一个在意大利境外,非罗马所建而加入罗马公民团的民社。几年以后(709 年即前45 年),另外几个西班牙民社也得到同样的权利,大概还有几个得到了拉丁权。

在阿非利加,以前不容盖乌斯·格拉古贯彻的,现在见于实行了,在罗马世仇的城所在之地,住下了三千名的意大利殖民团和一大批居迦太基领域内的租户和投靠户;在地点非常有利的情形下,这座新维奴殖民地(Venuscolonie),这座罗马人的迦太基以可惊的速度繁荣起来。乌提卡本不是迦太基的敌手,但迄今为本省的首城和第一商业城市,现在恺撒复兴迦太基,预先似乎以赋予拉丁权的方法,稍给它一点补偿。在新归帝国的努米底亚地区,重要的锡尔塔和其他民社曾被交给盗酋普布里乌斯·西提乌斯本人及其部队,现在取得罗马军事殖民地的权利。固然,这省的壮丽城市已在尤巴和宪政党绝望余孽的狂怒之下化为瓦砾堆,复兴起来不及化为灰烬那样迅速,很久以后,许多断垣 221
残壁的场所仍使人回忆这个不幸的时期;但是这两个新尤利殖民地,迦太基和锡尔塔,却成为并且长为阿非利加—罗马文明的中心点。

在荒凉的希腊大陆,恺撒除从事于其他计划如在布特罗顿(Buthroton,今科孚对面)立一罗马殖民地外,特别从事于恢复科林斯。他不但调一个大殖民团到这里来,而且拟定一个凿通土腰的计划以避免绕航伯罗奔尼撒的危险,使意大利—亚细亚的整个交通经过科林斯—萨罗尼湾。最后,甚至在遥远的希腊东方,这位君主也创立了意大利人居留地。例如在黑海上,意大利殖民团与在恩波利一样，与旧居民同居于赫拉克里亚和西诺培；在叙利亚沿海，重要的港口贝里图斯(Berytos)与西诺培一样得到意大利的体制；甚至在埃及也有一个罗马殖民站设在俯瞰亚历山大港的灯塔岛上。

有了这些法令，意大利民社的自由以远较从前广泛的方式传到各省。完全的公民社，就是说，内阿尔卑斯省的一切城市以及散在外阿尔卑斯高卢和他处的公民殖民地和公民自治市，专就其自理政事甚至行使确有限制的裁判权而言，都处于与意大利平等的地位；较为重要的诉讼当然要归罗马有处理此事之权的当局——通常是省长——来办。[①] 正式自治的拉丁民社和其他被解放的民
222 社——现在包括纳博高卢的和一切西西里的，只要它们不是公民民社，还有一大批在其他省的民社——不但有自由的行政，而且大概有不受限制的司法权，以致省长在这里仅能用他那确属很武断的行政监察权来干涉。诚然，就在较早的时候，省长所辖的省份里也有完全的公民民社，例如阿奎莱亚和纳博；又有全省都是意大利民社的，例如内阿尔卑斯省。但现在有一省与意大利相同，居民纯

① 完全公民民社无一拥有多于有限裁判权的，这已证实。但从一件恺撒给内阿尔卑斯高卢的市自治法令看来即已昭然大白的，却是奇事，即此省在自治市权限以外的讼案不由本省省长审判而由罗马副执政官审判，因为别处的省长在他那省里不但代表在公民中间管理司法的副执政官，也代表在公民与非公民之间管理司法的副执政官，完全有判决一切诉讼之权。无疑地，这是苏拉以前的制度残余，在那制度之下，整个大陆领土直至阿尔卑斯山，只有首都官员有裁判权，这样，这里的一切诉讼，只要是在自治权限以外的，必然要归罗马的副执政官办理。反之，在纳博、加的斯、迦太基、科林斯，遇有这种情形，讼案当然归有关的省长来审判；真的，就由于实际的理由，也不能想象把讼案从这些地方往罗马送。

为罗马公民；[1]又有别的省份有纯为罗马公民的希望。这即使在法律上不是个非常重大的革新，至少在政治上是如此。

这样一来，意大利与各省间第一个实际的大差别消灭了；第二个差别是军队通常不驻在意大利而驻在各省，这也在消灭中；现在军队只驻在有边境要保卫的地方，在无边境的省份如纳博和西西里，它们的统帅只是徒有其名的军官。意大利与各省的差异始终以其他区别为基础的，诚然继续存在——意大利是民事裁判以及执政官和副执政官的范围，各省是在军法之下受续任执政官和续任副执政官管辖的区域，但按民法和按军法的诉讼手续久已在实际上归于一致。一位皇帝君临一切之后，官员名目的不同无足轻重。

这一切个别的创立城市和调整城市——即使它们的全部实行 223
也许不可以追溯到恺撒，至少它们的计划是可以的——显然是个确定的体系。意大利原是各附属民社的女主人，现在变成复兴的意大利一希腊民族的母亲。那完全与母国平等的内阿尔卑斯省就许诺和保证，在恺撒的君主国正如在较健旺的共和国里，每一拉丁化的区域都可预期取得与姐姐或甚至母亲平等并立的地位。邻近的区域，如具希腊风的西西里和高卢南部，正在迅速拉丁化中，已达到民族上和政治上与意大利完全平等的预备阶段。帝国的其他

① 为什么按通常的想法，把罗马公民权给予全省和使它的省政府继续存在是互不相容的矛盾，我们不知。此外，大家都知道，内阿尔卑斯高卢于705年即前49年3月11日由罗斯奇人民议决案得到了公民权；同时当恺撒在世之日，它永是个行省，到了恺撒死后始与意大利合并，一直到711年即前43年，它的省长都是可以指出的。恺撒的法令未尝称此地为意大利，而称之为内阿尔卑斯高卢，这事已足以使人达到正确的观念。

省份还在距平等更远的预备阶段，正如以前纳博是南高卢的罗马殖民地，在这些省份里，沿海大城市如恩波利、加的斯、迦太基、科林斯、本都的赫拉克利亚、西诺培、贝里图斯、亚历山大，现在也成为意大利或希腊一意大利的民社，成为希腊东方意大利文明的中心，成为帝国将来民族和政治平等化的基本柱石。罗马城邦对地中海沿岸的统治完结了；来代替它的是这个新地中海国，此国的第一件事就是补偿本城邦对文明所做的两件最大的暴行。罗马领域内两个最大商场的毁灭既表示罗马民社的保护制转变为对属国的政治肆虐和财务剥削，迦太基和科林斯迅速和光荣的恢复也表示这伟大的新国家的创立，这国家要教导地中海上一切区域，使它们达到民族的和政治的平等，达到一个国家的真正团结。无怪恺撒于科林斯城那声闻遐迩的古名外，又加它一个“尤利之荣”(Julischen Ehre)的新名。

统一的新帝国既这样具备了一种民族性，这民族性当然不免缺乏民族的个性，并且是无生气的人为产物而非健旺的自然发展，
224 所以在各民族进行一般生活的制度中——在组织和行政、在宗教和司法、在货币，在度量衡——这帝国还需要统一；关于这些，极其繁多的地方差别自然可以与本质上的统一完全符合。在这些领域里，处处只有初步可说，因为恺撒君主国完成统一的建设，还是将来的事，他所做的不过是替几百年的建设事业立下基础而已。但这位伟人在这些领域里所画的路线还有几条可以辨认，我们研究他这方面的事，比研究他复兴各民族的废墟更为愉快。

关于组织和行政，我们已在别处举出这新统一最重要的元素——主权由罗马的市参议会转移到地中海君主国的唯一主人，

市参议会变为代表意大利和各省的帝国最高参议会，尤其今已开始把罗马的和一般意大利的民社组织传到各省的民社。后面的办法，即先把拉丁权而后把罗马权给予那些业已成熟而可加入统一国家的民社，本身就能渐渐达到一致的民社秩序。只在一点上，人们对于这事不能等待。新帝国立刻需要一种制度能把行政的主要基础，即个别民社的人口与财产的比例，清清楚楚地摆在政府眼前，就是说，需要一个改良的民情调查。首先，意大利的民情调查修正了。按照恺撒的法令①——这法令固然可能只是实行那因内战而至少在原则上已经拟定的规程——将来在罗马民社举行调查时，每一意大利民社的最高当局须同时登记每一城市公民及其父亲或解放人的姓名、邑份、年龄和财产；这些清册须及早交给罗马的监察官，以使他能在相当时间内完成罗马公民和罗马财产的总清册。恺撒意在把类似的制度也输入各省，有两方面为证，一方面 225
是他命人清丈全帝国的土地，造成土地清册，另一方面是这办法本身的性质；因为这样一来，就有了一种公式以便在国内无论意大利的和非意大利的民社中完成中央政府所需的调查。显然，在这里，恺撒也有意回到早期共和时代的遗风，再行昔日的帝国调查。早期共和实行帝国调查时大致与恺撒所实行的意大利调查相仿，也用类比的方式把罗马城的民情调查制及其定期和别的重要程式推行于意大利的和西西里的一切附属民社。这是麻痹的贵族党最先任其废弛的制度之一，因此最高行政当局看不见所支配的人力和

① 自治市估税机关的继续存在，表明意大利的地方民情调查已因同盟战争之故继续下去，但这制度的实行大概是恺撒的事。

纳税力的任何概况，于是失去有效管制的任何可能性。现存的遗迹和各事的联系都不容非难地指明，恺撒准备恢复几百年来业已作废的民情总调查。

不必说在宗教和司法上，没有彻底的平等化可想，然而尽管对地方信仰和自治市法律加以宽容，新国家仍需要一种与意大利一希腊民族性相合的共通崇拜和高于市法律的一般法典。它需要它们，因为事实上两者都已存在。在宗教领域里，人们几百年来一面用宗教的外表，一面用神灵概念的内部调和，从事于融合意大利的和希腊的信仰；因为意大利的神灵柔软无形，所以把朱庇特化为宙斯，把维纳斯化为阿芙罗黛蒂，因而把拉丁信仰的每一主要观念化为希腊的原型，并不甚难。意大利一希腊的宗教在轮廓上是现成存在着；在这方面，人们如何觉得已越过特殊的罗马民族性而进到
226 意大利一希腊的准民族性，可见于上文已述的瓦罗的神学，他把“共通”神，就是说，罗马人和希腊人共认的神和罗马民社特殊的神加以区别。

关于刑法和警察法，政府在这方面施行较为直接的干涉，并且明智的立法在这里大致就能满足合法的需要，所以在立法活动的路上要达到帝国统一也确属必需的重大一致，并无困难。反之，在民法里，创议权属于商业贸易，只有字句的拟定属于立法家，统一帝国的法典确乎不能是立法家所创造的，早已有商业贸易本身把它按自然的方式发展出来。诚然，依法说来，罗马的城市法律仍基于包含在十二铜表内的拉丁国法的条文。较晚的法律固然加入了种种在枝节上合乎时代的改进，其中最重要的大概是废除旧日以原告、被告双方固定的套语为诉讼开端的拙笨方式，而代之以主讼

官给单个陪审员的书面指示(*formula*);但大致看来,民众立法只是在古老的基础上堆砌了一批与英国成文法相仿的、无限杂乱的、大部早已陈腐和遗忘的特别法律。那些给予它们科学的形式和系统的尝试诚然使旧民法的羊肠小道可以通行,可以显见;不过根本的缺点,即四百年前编的一座城市的法典及其既繁冗而又混杂的补遗现在要用作一个大国的法律,任何罗马的布拉克斯顿(Blackstone)也无法补救。

较为彻底的是商业贸易的自行补救。罗马人与非罗马人的繁盛交易早已在罗马城发展出一种国际私法,就是说,发展出一批特别关于交易的原则;遇有一个案件不能按罗马人自己的或任何民族的法典来裁判时,罗马法官不得不撇开罗马的、希腊的、腓尼基的和其他的法律特色,回到一切作为交易基础的共同正义感,而按 227
照这批原则宣判。新法律的形成就与此相关联。第一,作为罗马公民中间合法交易的准绳,新法事实上以一种新城市法代替了实际无用的旧城市法,新城市法的主要基础是本国十二铜表法与国际法即所谓民族法的折中。在婚姻、家属和遗产的法律里,所遵依的大体是前者,不过当然有因时制宜的修正;反之,在一切关于财产交易因而关于所有权和契约的规程里则以国际法为准绳,在这里,人们甚至由各省的地方法律采取许多重要的规程,例如,贷款法和抵押制(*hypotheka*)。这个深远的革新是突如其来的还是渐渐来的,是一个人还是几个人创始的,是何人、何时、怎么样创始的,这些都是我们不能圆满答复的问题。我们所知道的只是这个改革,自然地,先出自罗马城的法庭;它最初有明文规定,是在城市副执政官每年就职时所发的指示中,这指示是使各党晓得在这方始的司法年度里应遵守的最重要的法律原则(*edictum annuum* 或 *perpeteuum praetoris urbani deiuris dictione*);并且虽则以前也许采取了种种趋向这改革的预备步骤,它确乎是在本期才达到完成。新法典是理论的、抽象的,因为罗马的法律观在这里脱去其所自知的民族特色;但它同时也是实际的、确凿的,因为它绝不消失在朦胧晦暗的普遍公平或甚至纯粹虚无的所谓自然法则中,而是被确定的官员按照固定的规则应用到确定的具体的事件上,不但能在城市法上明文规定,而且已大体得到一部分这种规定。再者,这个法典在实质上适合当时的需要,因为对诉讼、对获得财产、对
228 缔结契约,它提供了商业增进所要求的较方便的形式。最后,它在罗马帝国全境的范围内已大致成为辅助法律,因为种种地方法律既被保存下来用在非直接属于商业的法律关系中,也用在同一法律区域内人们的地方交易中,那么,帝国属于不同法律区域的臣民中间若有关于财产的交易,无论是在意大利或各省,此等案件的处理虽然在法理上不能应用城市法令,却一贯地可照它们的榜样来办。这样,城市法令当时所处的地位大致等于罗马法在我们的政治发展中所占的地位;只要如此相反的东西能联合起来,这也是既抽象而又具体的;这种法令的长处在它有比从前法典较富伸缩性的交易方式,所以它与地方法令并立为普遍的辅助法律。不过罗马的法律发展有个本质上比我们优越之点,即我们的无民族性的立法是早熟的用人工分娩法产生的,罗马的无民族性的立法则不然,它在正当时候出世,并且来得合乎自然。

这是恺撒所见的法律现状。如果说他拟定了编制新法典的计

划，他在这事上的用意何在，不难指明。这法典只能综括罗马公民的法律。它所以能成为帝国的普遍法律，只因为统治国合于时宜的法典本身不能不成为帝国全境的普遍辅助法。关于刑法，如果这计划竟包含刑法，只须把苏拉的法令加以修正和编纂。关于民法，在一个民族真等于人类的国家里，必要的并且唯一可能的民法制定形式就是以成文法的固定性和精确性赋予那业已由合法交易中自然发展出来的城市法令。687 年即前 67 年的科尔涅利乌斯法向这方面迈了第一步，这法令规定法官须遵守他初就职时所立的原则，不可武断地引用别的法律——这法规很可与十二铜表法相比，在确定新城市法上差不多与十二铜表法确定旧城市法有同样的意义。但是，虽则在科内涅利乌斯人民议决案以后，法令不再附属于法官，法官却须服从法令；虽则在司法惯例和法律教学上新法典实际排除了旧城市法，可是每一个城市法官仍可在他就职之 229
时任意更改法令，既无限制，又嫌武断；并且十二铜表法及其补遗仍永远正式地比城市法重要，以致每遇一个冲突事件，便须有官吏的武断干涉。所以严格说来，须有破坏正式法律的事来排除陈腐的法规。城市法令在罗马城的外事法庭和各省种种的法庭的辅助用法，现在全视各个主管官吏的喜怒以为断。显然，旧城市法只要是未曾移归新城市法的，须确实废除；至于新城市法，每一城市法官对它任意的更改须受相当的限制，可能它在地方成文法旁边的辅助用法也须有规定。当恺撒拟订法典的计划时，这是他的目的，因为非这样不可。这计划竟没有见于实行，因此罗马法学那可厌的过渡状态成为永久状态，到了六百年后，恺撒的一个后人查士丁尼（Kaiser Justinianus）始成就了这必要的改革，并且在那时也成就得有欠完满。

最后，在货币和度量衡上，拉丁制和希腊制的大致一律化早已在进行中。关于商业交易所不可少的重量决定法以及容量和长度测定法，一律化是自古已然；关于币制，一律化也不晚于银币制造的输入。但这些较古的一律化还嫌不够，因为就在希腊世界里也有极不相同的度量制和币制并存；现在所需要的并且必在恺撒计划中的，是在这新联合帝国的各个地方，只要是还没有做这事的，用一种方式输入罗马货币、罗马度量和罗马衡法，以致官方交易专用它们为计算法，非罗马制应只限于
230 地方通货或被规定出与罗马制一成不变的比率。[1] 然而我们仅能在这最重要领域的两方面，在币制和历法上，指明恺撒的行动。

罗马币制的基础是两种并行流通而彼此间有固定比率的贵金属，黄金按重量[2]、白银按钱文来收付，但实际上因为广大的海外贸易，黄金远比白银占优势。收用罗马银币的义务是否以前就普及于帝国，不能断言；无论如何，制钱的黄金在罗马全境大致代替帝国钱币的地位，又因罗马人在一切省份和保护国里禁铸金币，第纳尔除在意大利外也在内阿尔卑斯高卢、在西西里、在西班牙和其他地方，尤其在西方，由法律或事实而言，已成为本地货币，所以黄

① 晚近出世的庞培城衡器，暗示在帝制时代初期，除罗马磅外，还通用阿提卡的迈纳（Mine，与罗马磅约为三与四之比）做帝国的第二种衡器。

② 苏拉和庞培同时命人打造的金币为数甚少，并不能打破这个原则，因为它们大概专论重量来使用，正如那直到恺撒时代还在流通的腓力金币。它们诚然深可注意，因为它们是恺撒的帝国金币的先驱正如苏拉的专政是新君制的先驱。

金更是帝国钱币的代用品。但帝国钱币始于恺撒。正与亚历山大一样，他也用一事表征这囊括文明世界的新帝国的创立，即唯一做全世界媒介的金属在货币上也取得第一位。即刻铸造的恺撒新金币规模如何伟大，可以一事为证，即在被埋于恺撒死后七年的一个库藏里，竟有这种钱币八万枚出土。固然，财政投机或许在这里也有并行的影响。[①] 关于银币，罗马第纳尔的独霸全西方，以前已奠有基础，到恺撒才最后成立，那时西方只有一个造币厂仍与罗马造币厂在银货上争雄，这就是马赛利亚的造币厂，恺撒也把它确实封闭。至于银辅币和铜辅币，一些西方民社仍许打造，南高卢几个拉 231
丁民社打造四分之三第纳尔，北高卢几个地区打造半第纳尔，西方的市府就在恺撒以后仍多打造铜辅币，但这种辅币完全是按罗马本位造的，并且只在地方交易中才有收用这种钱的义务。东方流通着大批大抵太容易造出或用破的粗劣银币，甚至有些地方如埃及流通着与我们纸币相仿的铜币；叙利亚各商业城市必也会痛感缺乏他们与美索不达米亚通货相当的本国旧币，所以恺撒与往日政府一样，似乎不想把东方币制调整得归于一致。在这里，我们看见以后有个规定，第纳尔处处有法定的行情，为官方计账的唯一媒介，[②]地方钱币则在其有限范围有法定的行情，不过要按一种比第

---

① 当然，在较早时期，国债主用银计算的债权，显然不能违反他们的意志，按对银的比率，用金来偿付；反之，不容置疑，自恺撒时代以后，金币却须按一百塞斯特收用，不得拒绝。因为恺撒拿出大批黄金来流通，一时金币在商业通货里低于法定比率百分之二十五，所以在当时这事更关重要。

② 大概帝政时期的铭文没有用罗马钱币以外的东西算钱数的。

纳尔对它们不利的折合率。[①] 这规定大概不是一次推行的，或者有一部分还在恺撒以前；但总之，这是恺撒帝国币制的主要补充，这币制里的金币以几乎同重的亚历山大钱为模范必打算特别流通于东方。

历法的改革属于相似的性质。共和的历法，说来很奇怪，仍是十人专政时代由改窜梅顿(Meton)以前的八年三闰法而来的旧历法，由于极坏数学和极坏管理的联成一气，这种历法已赶过准确时间整整六十七天，举个例说，花神节的庆祝不在 4 月 28 日而在 7 月 11 日。恺撒废除了这个恶历，依希腊数学家索西吉斯(Sosi-
232 genes)的帮助，始按欧多克索斯(Eudoxus)的埃及历调整意大利的农家年，并且把它和一种合理的置闰法输入于宗教和官府的活动中；同时他取消旧历法以 3 月1 日为岁首的制度，而取那原定为改换最高官员之期，因而久已在公民生活上关系重大的 1 月 1 日，为历法上改年换岁的日子。两种改革都发生在 709 年即公元前 45 年，以创始者之名为名的儒略历法于是见于实行，恺撒的君主国灭亡很久以后，这历法仍是文明世界的标准历法，并且大致看来，至今还是这样。为了说明，他又在一道详细诏令里加上一个取自埃及的天文观测——当然不甚灵巧——移至意大利的恒星历中，按照历书的日子确定所举恒星的起落。[②] 在这个领域里，罗马世界

① 所以雅典的德拉克马虽颇重于第纳尔，却算与它相等；安条克的四德拉克马银币平均重十五克，却算等于仅重十二克的三个罗马第纳尔；小亚细亚的基斯托福鲁(*Cistophorus*)按银价说，值三个第纳尔以上，而按法定比率说，却等于二个半第纳尔；罗德斯的半德拉克马按银价说值四分之三第纳尔，按法定比率说却等于八分之五第纳尔，以此类推。

② 这或系马尔库斯·弗拉维乌斯所草拟的诏令，与相传为恺撒所作的“论恒星”(*De Stellis*)的同为一物，可以西塞罗的一句戏谑为证，他说现在天琴星座按诏令上升起来。

和希腊世界也这样归于一致。

这些就是恺撒地中海君主国的基础。在罗马，社会问题再度出现危机，这里的矛盾一旦成立起来，便似乎真是无法解决，一旦表现出来，便似乎确是无法调和。在第一次危机时罗马所以遇救，是因为意大利并入罗马而罗马也并入意大利，在这扩大了的改换了的新家乡里，旧矛盾并未交融，只是归于消沉而已。现在，罗马所以又复遇救是因为地中海各国并入或准备并入它；意大利贫人与富人的战争在旧意大利非以民族灭亡为结局不可，而今在这地跨三大洲的意大利，已不复有战场，也不复有意义。罗马纪元第五世纪的裂口有吞没罗马民社之势，赖拉丁殖民地把它塞住；罗马纪 233
元第七世纪更深的裂绽赖有盖乌斯·格拉古和恺撒的外阿尔卑斯和海外的殖民地把它填起。单是对于罗马，历史不但造成奇迹，而且重演了它的奇迹，两次用再造国家的方法医好在国家本身无法医好的内部危机。固然，这再造里有很多的败坏；意大利的统一既是在萨谟奈和埃特鲁斯坎等民族的废墟上完成的，所以地中海君主国也建立在无数以往活泼健旺的国家的废墟上，但这种败坏却是一棵新鲜的、到今日还有一部分碧绿的根苗之由来。那为了新体制而被推倒的仅是次要的民族，以削平为事的文明早已标出它们的灭亡。恺撒在他现身来施毁灭之处，只是执行历史发展所宣告的定谳；但对于文化种子，他无论见它们在哪里和怎么样，无论在他本国或在其姊妹的希腊民族中间，无不加以保护。他拯救和复苏了罗马要素；他不但保全了希腊要素，而且以其完成再造罗马所用的确实天才担任复苏希腊民族，继续亚历山大大王的中断事业的重任。我们很可相信，亚历山大的影像须臾不离他的心灵。

人性的两大要素——一般和个体的发展，即国家和文化——往昔在距地中海岛屿和沿岸遥远的、过原始质朴生活的、放牧牲畜的古希腊－意大利人中间曾以胚胎的形式合而为一，以后这些人分为意大利人和希腊人的时候，两要素就分开了，此后一千年间仍然分开。现在，特洛伊王子和拉丁公主的苗裔由一个无固有文化的国家和一种世界性的文化创造出一个新整体，在人类生存的顶点上，在充盈洋溢的幸福时代，国家和文化又在这新整体中团圆聚会，正当地充满了与这内容相合的范围。

以上所叙述的是恺撒替他的事业所画的轮廓，他自己按照这
234 轮廓来工作，后人为他所预定的路线所拘束，也按照这轮廓。即使不以这位大师的智力和魄力，却大致依他的志向来努力继续他的工作。完成的很少，仅在着手的很多。计划是否完备，谁要敢想与这样一个人赌赛，谁就可以决定；在罗列于面前的计划上，我们看不出漏洞，这建筑的每一块石头都足以使一人名垂不朽，况且一切又合成一个和谐的整体。五年半的时间，不及亚历山大的一半长，恺撒做罗马王统治者，七次大战共许他留在帝国首府不过十五个月；[①]在这期间，他竟能调整世界现在和将来的命运，上自建立文明与野蛮之间的界线，下至排除首都街道上的雨水坑，然而他还有充足的时间和兴致来注意到剧院里的竞赛剧本，并且以桂冠连临时口占的诗赠给得胜者。计划实行得迅速而准确，证明这计划已

① 恺撒住在罗马的时间为705年即前49年4月和12月，每次为日无多；707年即前47年9月到12月；708年即前46年约四个月；709年即前45年10月至710年即前44年3月。

经过长久的考虑，它的各部分也经过详细的决定；但就是这样，各部分的可惊仍不甚亚于计划的本身。轮廓有了，因而这个新国在整个的将来确定了；只有无限的将来能完成这个建筑。专就此点而言，可以说恺撒的目的是达到了；人有时听得他亲口说他已经活得足够，大概就是这个意思。但正因为这建筑是无尽无休的，所以这位匠师在有生之年总是一石又一石地砌个不休，永远以同样的展性，永远以同样的弹性从事他的工作，从来没有倾覆或搅乱，正好像他只有今日而没有明日似的。这样，他工作着，创造着，无论在他以前或以后的凡人没有一个能比得上他；作为一位工作者和创造者，他在将近两千年之后仍生存于各民族的记忆中——第一的也是唯一的恺撒帝。

235 第十二章　宗教、教育、文学和美术

在宗教和哲学的发展上，本时期没有新因素出现。罗马—希腊的国教和与之相联而不可分的斯多葛国家哲学，不但是每种政府——寡头制、平民制或君主制——的方便工具，而且简直是必不可少的，因为缔造一个完全没有宗教成分的国家既不可能，而发现一个适于代替旧宗教的新国教也不可能。这样，革命的笤帚诚然有时很粗鲁地扫破鸟占院禽经的蛛网，但这副腐朽的每一接榫都在吱吱响的机器，却能经那葬送共和本身的地震而不灭，并且把它的死板和骄横保持得无减于旧，传到新君主国。不言而喻，它日益遭到一切不失其自由判断力的人们的厌恶。固然，对于国教，舆论保持一种大体淡漠的态度；它在各方面都被认为是一种政治上的方便法门，除政治的和博古的学者外，没有人特别关心它。但对于那与它为姊妹的哲学，毫无成见的公众中逐渐发展出一种敌对态度，这是既空虚而又无信义的口头禅终不免要激起的。斯多葛派本身始对于自己的毫无用处起了预感，这由它想用混合的方法人为地再把一些精神注入自己，可以显见。阿斯克隆的安条克（Antiochos von Askalon，657 年即前 97 年）自云曾把斯多葛体系和柏拉图—亚里士多德体系融合为一个有机的整体，竟确实做到使他那畸形学说成为当时保守派的时髦哲学，罗马贵族中以学术自娱

者和学者都本着良心地加以研究。谁要是精神强健，能自振作，谁就或反对斯多葛派，或置之不理。在这时期，主要由于罗马那些夸大烦絮的伪君子们惹起反感，当然其次也由于人们日益倾向脱离实际生活而遁入怠惰淡漠和虚无嘲弄之中，所以伊壁鸠鲁体系传播更广，第欧根尼的犬儒哲学也为罗马所采纳。虽则伊壁鸠鲁的体系无生气、无思想，但一种哲学不改变传统名词以求达到自由之路而止于用已有的名词，并且彻头彻尾地仅承认感觉的知识为真实，却永远胜于那名词盈耳而概念空空的斯多葛哲学；犬儒哲学， 236
专就其体系只限于绝无体系并嘲笑一切体系和造体系者而言，在当时一切的哲学体系中却是最可取不过的。在两个场合里，对斯多葛的战争都打得热烈和胜利；对庄重的人士，伊壁鸠鲁派卢克莱修以充满着精诚信念和神圣热情的语调攻击斯多葛对神、对命运的信仰和斯多葛灵魂不死的学说；对那容易发笑的大众，犬儒瓦罗以他那人人传诵的讽刺诗，像飞箭一样，更厉害地射中目标。老辈人这样攻击斯多葛派，同时晚辈人例如卡图卢斯则与它毫无内在的关系，给它更厉害的谴责，这就是完全不理会它。

但是，如果这里一个无人信仰的宗教仍因政治上的方便被保持着，人们就会在别的方面寻求丰富的补偿。在当时的罗马世界，不信和迷信，同一历史现象的不同色彩，也并行不悖，一身而兼二者的即与伊壁鸠鲁派一同否认神祇却在每一神祠祈祷和献祭的，颇不乏人。当然，只有从东方来的神祇仍为时尚，又因人们继续从东方各地流入罗马，所以东方神祇迁到西方的一天多似一天。弗里吉亚神的崇拜在当时罗马的重要性显见于瓦罗和卢克莱修等老人的宗教论战，也显见于时髦人物卡图卢斯颂扬它的诗，诗的结尾是个奇特的请求，请神恩准只搅乱别人而不搅乱这位诗人的神志。

新加的是波斯教，据说此教最初传到西方人中间，是经那些由
237 东西两方相遇于地中海的海盗的媒介；吕基亚的奥林匹斯山被指为它在西方最古的圣地。东方的崇拜被采用于西方，它们所含有的理论上和道德上的高等要素便完全失去。这有下列一事为明证：按查拉图斯特拉（Zarathustra）的纯正学说，阿胡拉玛兹达（Ahura mazda）是至上神，但在西方却几乎始终无人知道他，西方人特别崇拜的是在波斯旧国教里本占首位而被查拉图斯特拉移到第二位的神，即太阳神密特拉（Mithra）。

但比波斯教那较为光明较为温和的天神更迅速来到罗马的是埃及大群无聊的、神秘的、奇形怪状的神灵，自然之母伊西斯及其全体随从：长死长复活的奥西里斯（Osiris）、凄惨的萨拉庇斯（Sarrapis）、缄默严肃的哈波克拉特斯（Harpokrates）、狗头的阿努比斯（Anubis）。当克洛狄乌斯给各社团和秘密教团以自由之时（696 年即前 58 年），无疑地，就因为这次群众的解放，这大群社团和教团竟准备进入卡皮托尔山上罗马朱庇特的古堡，人们煞费气力始阻住它们的侵入，把不能免的神庙至少驱逐到罗马的城郊。在首都的下等人民中，没有一种崇拜能像它这样得民心的；元老院下令把城内的伊西斯庙拆毁，工人没有一个敢先下手，执政官卢奇乌斯·鲍卢斯（Lucius Paullus）竟不得不亲拿斧头先斫一下（704 年即前 50 年）；我们可以打赌，一个女人越是浪荡，她崇拜伊西斯越虔诚。抽签、圆梦和其他高等艺术能养活以此为业的人，自属当然之事。算命已是一种科学的研究；费尔蒙的卢奇乌斯·塔鲁提乌斯（Lucius Tarutius）是个在本行上博学、与瓦罗和西塞罗为友的体面人，一本

正经地算了罗慕洛和努马两王以及罗马城的生辰八字，为了教导双方的信徒，他以其迦勒底和埃及的学识证实罗马年史上的记载。

但这方面最可注意的现象是初次企图用粗俗的信仰加强推理的思想，就是我们惯称为新柏拉图主义的倾向初次出现于罗马世界。这些倾向在这里的最老使徒是普布利乌斯·尼吉狄乌斯·菲 238
古卢斯（Publius Nigidius Figulus），他是个罗马贵族，属于贵族中最严格的一部分，在696年即前58年充任副执政官，在709年即前45年以被放逐的政治犯资格死于罗马境外。他以可惊的博学和更可惊的信仰力量，从最相矛盾的各种元素中，造出一个哲学—宗教的结构，关于这结构的古怪轮廓，他大概在口头宣讲中多所发挥，而在他那些神学和自然科学的著作中则否。在哲学上，他想摆脱流行系统和流行抽象的死骨架，返求苏格拉底以前的、今已堙塞的哲学源泉，那种哲学思想还是有声有色、生气勃勃地出现于古圣人的心中。自然科学的研究若经过相当处理至今还能给玄妙的骗术和假借神灵的把戏以绝佳的凭借，在上古那不甚了解物理定律之时，它更容易做这事，我们可以想见，它在这里也是个重要角色。他的神学大体基于一种离奇的混合；与他同志的希腊人已使俄耳浦斯及其他很古或很新的本地学问与波斯、迦勒底和埃及的神秘观念合流，菲古卢斯又把这个与托斯卡纳虚无研究的假结果和本地鸟飞学的假结果合成一体，结果是更进一步、更为调和的混乱。这整个体系在政治上、宗教上和民族上的神圣性均由毕达哥拉斯的名字得来，他是个极端守旧的政治家，他的最高原则是“促进秩序，防止混乱”，他做神奇的事，能驱神招鬼，他是个生于意大利，甚至与罗马的传闻史交织起来，罗马罗马广场上有他的立像的原始圣人。因为生和死是互相关联的，所以毕达哥拉斯仿佛以努马明王之友和智母埃格里娅(Egeria)的同事资格立在共和摇篮之侧，而且以神圣鸟学的保护者资格立在共和坟墓之侧。新体系不但神奇，而且能做神奇的事；尼吉狄乌斯在后来做皇帝的奥古斯都诞生之日，就对他父亲宣告此子将来的伟大；不但如此，这些先知师竟
239 替信徒唤起亡魂，又有更重要的，他们指示信徒亡金所在之地。这种以其现状而言又新又旧的学问，深深感动了当时的人；最高贵、最博学、最有能力的人士属于很不相同的党派的705年即前49年的执政官阿庇安·克劳狄乌斯，博学的马尔库斯·瓦罗，勇将普布利乌斯·瓦提尼乌斯(Publius Vatinius)都参加招鬼，甚至对这些社团，似乎须用警察来干涉。这些想保全罗马神学的最后企图，与加图在政治领域相似的努力一样，也造成既可笑又复可哀的印象；我们可以对教义和传教人一笑，可是能干的人竟开始流于荒谬，总是个严重事件。

少年教育事业，这是不言而喻的，不出前一时期所画定的双重语言的人文学范围，并且罗马世界的一般教育也日益应合希腊人为这事树立的形式。甚至体育也由球戏、赛跑和比武进到那更有人为发展的希腊运动竞赛；虽则公立的体育机关还是没有，但在贵族别墅里却已常常不乏在浴室旁边的运动场。罗马世界普通教育的范围在一百年间变化如何，我们比较加图的百科全书和瓦罗同样性质的著作《论学校的学科》，便可显见。作为非专门教育的成分，加图所列的是雄辩术、农学、法学、军事学、医学；按大概的推测，瓦罗所列的是文法、逻辑学或辩证法、修辞学、几何、算术、天文学、音乐、医学和建筑学，所以在罗马纪元第七世纪中间，军事学、法学和农学由普通学科变为专门学科。反之，希腊少年教育已十足完备地见于瓦罗

的叙述；除文法、修辞学和哲学等课程早已输入意大利外，现在又有了属于特殊希腊课程的几何、算术、天文学和音乐。[1] 特别是天文学 240
在星宿命名方面迎合了当时无思想而好博学的浅尝辄止风气，在对占星术的关系方面迎合了盛行的宗教诈骗，所以意大利少年经常而热烈地加以学习；这事用别的方法也可证明：在亚历山大城一切文学作品之中，阿拉图斯(Alatos)的天文教训诗最早为罗马少年教育所采用。这个希腊课程以外，又加上由罗马旧教育留下来的医学；最后，对当时不种田而建房屋造别墅的罗马贵族，建筑学也是很不可少的。

与上一时期相比，希腊文和拉丁文的训练在范围和学习谨严上很有进步，但在纯粹和精美上却也很有退步。人们日益热心追求希腊的学问，这给教学本身一种学术性质。解说荷马和欧里庇得斯究竟不能算作艺术；对教师和学生，亚历山大城的诗歌较为有利；此外这些诗歌按它们的精神说也远较希腊的纯粹民族诗歌适合当时的罗马世界，并且它们即使不及伊利亚特那样可敬，总已具有相当的年龄足以使教师算作古典文学家。欧福里翁(Euphorion)的情诗，卡利玛库斯(Kallimachos)的“因缘”和“红鹤”，吕科弗隆(Lykophron)晦涩可笑的“亚历山德拉”(Alexandra)都丰富充盈地包含着适于摘录和解释的罕见词(*glossae*)，编起来费力、分析起来也费力的语句，冗长的、骈枝的、满篇堆砌得莫名其妙的杂乱神话——一般看来，它们包含着一大批形形色色的繁重知识。教育需要越难越难的练习；这些作品大都是教师的模范著作，极适于做

① 这就是驰名的所谓七艺，其中三个科目输入意大利较早，另外的四个科目则较晚，在中世纪时，七艺和这种分别始终保持其地位。

模范学生的学习材料。所以在意大利的学校教育中，尤其当作考题，亚历山大城的诗取得永久的地位，它们诚然促进了知识，可是牺牲了鉴赏力和辨别力。再者，这种不健全的求知欲驱使罗马少年尽量由源头汲取希腊文化。希腊教师在罗马所授的课只够入门
241 之用；谁要想用希腊语会话，谁就到雅典去听讲希腊哲学，到罗德斯去听讲希腊修辞学，并且做一番文学和艺术的考察旅行，穿过小亚细亚，在这里，希腊人古代的艺术宝藏仍大部可见于原地，希腊人的美术修习虽则有点机械，却还继续不断；反之，较远的亚历山大城特别以精密科学所在地著名，不常做求学少年的旅行目的地。

拉丁文教学的进步与希腊文教学相仿。这事一部分只由希腊文教学的反作用而来，因为拉丁文教学的方法和动机实大体采自希腊文教学。再者，政治的局势，还有平民党的活动使群趋罗马广场讲坛的人日益众多，都有助于演说练习的传播和增加。西塞罗说："人无论往何处看，处处都充满了修辞家。"此外，罗马纪元第六世纪的著作越退到更远的过去，便越决然地始被认为拉丁文学黄金时代的古典作品，因此那大体以它们为中心的教学便取得更大的优势。最后，蛮族分子由许多方面的迁入和扩张，凯尔特和西班牙广大地区的开始拉丁化，自然使拉丁文法和拉丁教学比昔日只有拉丁姆人操拉丁语时更为重要；拉丁教师在科姆和纳博的地位自始即与他们在普雷内斯特和阿尔代亚的迥不相同。但整个看来，教育有衰落而无进步。意大利各城乡的破坏，外国分子成群的闯入，全国政治上、经济上和道德上的退步，尤其是内战的混乱，它们加在拉丁语上的损害，非全世界一切教师所能修补。罗马少年与当时希腊教育更密切的接触，又受多言好辩的雅典智识以及罗

德斯和小亚细亚的修辞学的决定性影响，他们所得的大都正是希腊文化中最有害的成分。拉丁姆在凯尔特人、伊比利亚人和利比亚人中间所担任的宣教使命，无论这种工作如何足以为荣，也不能 242
不对拉丁语发生一种与东方希腊化对于希腊语的同样结果。如果本时期罗马的公众听得演说家那布置妥帖、音韵铿锵的语句便报以掌声，听得伶人犯语法上或韵脚上的错误便痛加抨击，这诚然表明对于本国语的洞察力为教育的反映的正成为越来越多人士的公产。但此外，有判断力的同时人却抱怨说：690 年即前 64 年前后意大利的希腊教育水平远低于三十多年以前，人们不常再听到纯粹的好拉丁语，只有从受过教育的半老妇人口中始能听到；真正修养的遗风，老拉丁天然的隽语，卢奇利乌斯的风雅，西庇阿时代的优雅读书界都在渐渐消逝之中。至于“温文尔雅”（*urbanitas*）这个名词和观念，就是说，优美的民族修养，也起于这个时期，这并不证明它的盛行而证明它在没落，这证明人们痛感在语言里、在拉丁化的蛮族或蛮族化的拉丁人的风俗里缺乏这个“温文尔雅”。在还可以遇见文雅谈吐的地方，如在瓦罗的讽刺诗和西塞罗的信札里，这文雅谈吐就是那在雷阿特和阿庇努姆尚未如在罗马那样作废的古道遗风。

这样，大体看来，从前的少年教育未改旧观；不过非由于它本身而由于民族的一般衰落，这教育造成比前代利少而害多的结果。在这个领域里，恺撒也创始了一个革命。罗马元老院对于教育先抵抗而后至多只是加以容忍，新意大利、希腊帝国的政府正是以人文为其本质的政府，势必按希腊方式自上而下地促进教育。如果恺撒把公民权赠给首都一切教高等科学的教师和一切医师，那么，在这事里或可见到以后国家设立学府以供帝国少年双重语言的高

等教育之用的预备步骤，这种学府是人文新国家最饶意义的表现。如果恺撒又决定在首都设立一座希腊和拉丁的公立图书馆，并已
243 任命当代最博学的罗马人马尔库斯·瓦罗为馆长，这里面明明含着把世界文学和世界君主国联合起来的意思。

这时期语言的发展系于文雅社会的古典拉丁语和普通生活的庸俗语言的分别。前者本身是特殊意大利教育的产物；在西庇阿的交游中，“纯粹拉丁语”已成为口号，本国语的说法已不再是完全出自天真，而是有意识地与大众语相区别。本时期开始时，对迄今独霸高等交际语因而也独霸文学的古典主义，就起了深堪注意的反动，这种反动在内容和外表上都与希腊同类的语言反动有密切的关系。正在这时前后，修辞家和小说作家马格尼西亚的赫格西亚斯(Hegesias von Magnesia)以及附和他的小亚细亚修辞家和文学家始起而反抗正统的阿提卡主义。他们要求完全承认生活的语言而不分字句源于阿提卡或卡里亚和弗里吉亚；他们自己发言写作，不为的是学阀的好尚，而为的是人民大众的欣赏。对于原则，不能有多少争执，不过结果当然不能优于当日小亚细亚的读者大众，这个读者大众对于谨严和纯正的作品已完全失去赏鉴力。姑不论那由这个趋势发生出来的种种假艺术，尤其是小说和小说体的历史，这些亚洲人的作风，我们可以想象，是支离破碎的，没有抑扬顿挫，枯瘦软弱，充满着藻饰和夸张，彻头彻尾地庸俗和做作；西塞罗说：“谁晓得赫格西亚斯，谁就懂得愚蠢是什么。”

然而这个新作风也辗转传到拉丁世界。希腊的时髦修辞学在前期之末即已钻入拉丁的少年教育中，然后在本期之始迈了最后一步，以苏拉时代最著名的律师霍滕西乌斯为代表踏上罗马的讲

坛——这时修辞学甚至在拉丁语法上也固守不良的希腊时尚；罗 244
马的听众已不复是西庇阿时代那受过纯正谨严教育的听众，自然热心赞赏这位晓得给俗语村言一种艺术作品外貌的革新家。这事很关重要。正如在希腊，语言斗争永远先发于修辞家的学校里，所以在罗马，法庭演说也甚至有点比文学还能树立作风的模范，因此律师界的领导权仿佛当然与演说和写作的时尚风气指挥权联合为一。这样，霍滕西乌斯的亚洲庸俗主义把古典主义逐出罗马讲坛，一部分也逐出文学。但不久，希腊和罗马的时尚又忽然起了转变。在希腊，罗德斯的修辞学校不恢复阿提卡作风的整个纯洁谨严，却求在它和时尚风气之间开辟一条中道；如果罗德斯的教师不太考究他们思想和言谈的内在正确性，他们至少坚持纯正的语言和作风，坚持慎选单词和成语以及通身具有节奏的句法。

在意大利，马尔库斯·图利乌斯·西塞罗（648—711年即前106—前43年）在童年效法霍滕西乌斯作风之后，听了罗德斯教师的讲说，他自己的鉴赏力又更加成熟，他因而归于善道，自此以后，他致力于谨严纯正的语言和彻底圆满而有节奏的演说词。他在这里所仿效的语言模范，他特别得之于罗马上等社会那些少受或全未受庸俗主义之害的人们，并且如上所述，这种人虽已渐渐绝迹，却仍有存者。古拉丁语和优美的希腊文学，后者无论对他尤其对他那些演说词的节奏有如何重大的影响，在这事上也只是次要的因素；这净化语言的事绝不是书卷语言对谈话语言的反动，而是真受教育者的语言对假受教育或半受教育者的乱谈的反动。在语言的领域里，恺撒也是冠绝当时的大师，他表现了罗马古典主义的基本观念，下命令说在谈话和写作上应避用每个外国字；一如舟子的

245 躲避礁石，人们应摈弃古文学里的诗意字和废字，村俗的或取自下流生活的语言的成语，特别要摈弃希腊字和希腊成语，由本期的信札看来，这种单字和成语已大规模地渗入谈话的语言。尽管这样，西塞罗时代这学究式的人造的古典主义对西庇阿的古典主义的关系，等于悔罪对无罪的关系，也等于拿破仑时代古典派法语对莫里哀(Molière)和布瓦洛(Boileau)模范法语的关系；前面的古典主义是由饱满生活中创造出来的，后者却仿佛是正在恰好的时候捉住一个要死亡而不可复生的种族的最后一口气。事实既是如此，这种古典主义迅速地传播出去。律师界的领导权以及语言和鉴赏的独裁权一同由霍滕西乌斯移归西塞罗。西塞罗著作宏富，因而这个古典主义有了向所未有的长篇大论的散体文章。这样，西塞罗成为新古典拉丁散文的创造者，罗马的古典主义始终完全与文体家西塞罗联系起来；古典主义最有天才的代表如恺撒和卡图卢斯都以过分的而尚未全属浮夸的赞美加在他身上，他们所赞美的并不是作家西塞罗，更不是政治家西塞罗，而是文体家西塞罗。

不久以后，他们再进一步。到本时期将终之时，罗马新派诗人把西塞罗在散文中所做的事，实行于诗歌；这派诗人以希腊时尚的诗歌为模范，其最大的才子为卡图卢斯。在这里，谈话用的高等语言也逐出以前在这领域也很盛行的陈言古语，正如拉丁散文服从阿提卡的节奏，所以拉丁诗歌也渐渐遵守亚历山大诗体那种严厉或不如说艰苦的诗律；例如自卡图卢斯以后，不许再用单音词或不特别有力的双音词同时做一行诗的开头，又做始于前一行的句子的结尾。

最后，科学来加入，确定语法，发展规则，这规则不再为经验所决定，而主要有决定经验之权。实词的语尾变化以前有一部分不定，现在要定得一成不变，例如关于所谓第四种变化里一向并行不悖的所有格和与格形式（*senatuis* 与 *senatus*，*senatui* 与 *senatu*），恺撒仅以简式（*us* 与 *u*）为有效。书法上有种种改革使文字与语言更为完全一致——如依恺撒的例以 *i* 代替在 *maxumus* 一类的字中间的 *u*；关于已属多余的 *k* 和 *q* 两个字母，前者的作废已见于实行，后者的作废至少已见于提议。语言即使还没有固定，至少正趋于固定，诚然还没有不知不觉地为规则所统治，但已感受规则的影响。在拉丁文法领域的这种运动上，希腊文法不但普遍提供了精神和方法，而且拉丁语言也按希腊的先例受了直接的修正；这有事实为证，例如语尾 *s* 原来听人随意运用，有时当作子音，有时则否，但新式诗人却把它按希腊用法当作子音语尾。这种语言的整理就是罗马古典主义的真正领域；以极不相同的方式，也正因此故而更有意义，古典主义的领袖西塞罗、恺撒甚至在卡图卢斯的诗中谆谆以规则教诲当世，责斥违犯规则的事；反之，老辈人以显而易见的愤怒，毫无顾忌地表示反对语言领域的彻底革命，一如他们表示反对政治领域的彻底革命。[①] 但新古典主义，就是说，有规则的并且尽量与希腊标准语置在平等地位的拉丁标准语，源于对庸俗主义闯入上等社会甚至文学的有意识的反动，它虽然取得文学上的巩固地位和有系统的形式，可是庸俗主义并未退出阵地。我们不但看到庸俗主义天真地用在偶入作者之林的次要人物的作品中，如恺撒第二次征西班牙的记载，而且在真正的文学、在滑稽剧、在半

246

① 所以瓦罗说：*ab aeditimo*，*ut dicere didicimus a paribus nostris*；*ut corrigimur ab recentibus urbanis*，*ab aedituo*。

浪漫小说、在瓦罗的美学著作里，我们也要遇到多少带点痕迹的庸
247 俗主义；还有一件表示特征的事，即庸俗主义恰好在最富民族性的文学部门里，能够自保，并且像瓦罗那样真正守旧的人取它而加以保护。古典主义基于意大利语的死亡，一如君主政治基于意大利民族的没落；共和的遗老们竟继续把共和的权利赋予活语言，为了它的较有活力和富于民族性竟容忍它在审美上的缺点，这是完全不相矛盾的。这样，本时期语言的意见和趋势处处不同；卢克莱修的旧式诗歌旁边出现了卡图卢斯完全新式的诗，西塞罗饶有节奏的文句旁边立着瓦罗那故意不屑再分的长句。语言的领域也反映着当代的四分五裂。

本时期的文学，首先使我们吃惊的，是与前期相比，罗马文学事业的极为活跃。希腊人的文学活动繁盛之处早已不复在公民独立的自由空气之中，而仅在大城市尤其宫廷的学术机关。希腊的文人只好求大人物的恩惠和保护，[①]又因波加蒙（621 年即前 133

① 关于这些关系，那以斯居蒙（Skymnos）名义行世的地理志的奉献辞是值得注意的。诗人先声明他要用所喜爱的梅南德体写一本学生能懂并且易于熟记的地理节要，而后模仿阿波罗多罗（Appollodoros）奉献他那相类的历史节要的办法，把这书献给波加蒙王阿塔鲁斯·菲拉德尔夫：

给他带来了不朽的声誉
这部史书载着他的名字，

把他的手册献给比提尼亚王尼古弥底三世（663—679 年即前 91—前 75 年）：

听得人说，现在一切的君主
只有你施行着王者的恩惠。
要亲自证明这句话，我决定
走来看看一个君王什么样。
阿波罗谶语加强了这决心，
我很谦卑谒见你，蒙你指示
来到这为学者所共有的家。

年)、昔兰尼(658 年即前 96 年)、比提尼亚(679 年即前 75 年)和叙利亚(690 年即前 64 年)等国的王朝相继灭亡,拉吉德王家的宫廷光辉日减;此外又因自亚历山大大王去世以来他们必然地散居各地,至少在埃及人和叙利亚人中间与在拉丁人中间同为异乡之客,所以他们始日益注目于罗马。除了厨师、娈童和弄臣外,还有围随当时罗马贵族的大群希腊侍从,其中哲学家、诗人和传记作家也居显赫的地位。在这种地位已有著名的文人可见,例如,伊壁鸠鲁派菲洛德莫斯(Philodemos)受 696 年即前 58 年的执政官卢奇乌斯·皮索的任命为首席哲学家,并且偶尔以其论他主人多端享乐主义的美妙短诗教导内行。当时文学的赢利在罗马比在其他任何地方都来得格外丰厚,所以希腊艺术和科学最有名的代表由四面八方迁到罗马来,一天多似一天。这样,以迁居罗马见称的,有医师阿斯克莱皮亚德斯(Asklepiades),米特拉达特斯王想诱这人离罗马来侍奉他,结果无效;有无所不通的学者米利都的亚历山大(Alexandros von milet),又名波利希斯特(Polyhistor);有比提尼亚国尼西亚的诗人帕尔特尼厄斯(Parthenios);又有叙利亚国阿帕美亚的波塞多尼乌斯(Poseidonios von Apameia)在旅行、教学和写作上样样驰名,到 703 年即前 51 年已达高龄之时由罗德斯移居罗马;此外还有许多人。像卢奇乌斯·卢库卢斯家那样的一所住宅是希腊文化的学府,又是希腊文人的集中地,差不多与亚历山大的图书馆相仿;在这些充满了财富和科学的厅堂里,罗马的物力和希腊的鉴别力把古今大师的绘画和雕刻无与伦比的宝藏,与一个慎重选择和灿烂装潢的图书馆合而为一;并且任何有学问的人尤其希腊人在这里都受欢迎——人们常见家主在柱廊中走来走去,亲

248

自与他的一位饱学宾客谈论语言学和哲学。当然，这些希腊人不但把他们的丰富文化宝藏，而且把他们的荒谬和奴性同时带到意大利；例如游方学者之一尼萨的亚里士多德（Aristodemos von Nysa）的是"谄谀术"的作者，在700年即前54年前后竟证明荷马是生于罗马的，以取悦于主人。

希腊文人的事业在罗马兴旺到什么程度，罗马人自己中间的文学活动和文学兴趣也就增进到什么程度。甚至希腊文的写作为西庇阿时代的严格鉴识所完全排斥的，现在也复活了。希腊语现
249 在普遍流行，一篇希腊文章自有其与拉丁文章截然不同的读者群，所以罗马贵族如卢奇乌斯·卢库卢斯、马尔库斯·西塞罗、提图斯·阿提库斯、昆图斯·斯恺弗拉（700年即前54年的保民官），与亚美尼亚王和毛里塔尼亚王一样，也偶然发表希腊散文甚至希腊诗。可是罗马本地人用希腊文写作，却始终是个附带的事，差不多是个游戏；意大利的各文学派别和各政治党派都一致固守他们的意大利民族性，只是沾染希腊文化的程度有多有少而已。在拉丁文写作的领域里，人们至少不能也抱怨它有欠活泼。在罗马，各色各样的书籍和小册子，尤其诗歌像落雨一样地出世。诗人蜂拥在这里，只有塔尔苏斯（Tarsos）和亚历山大有这景象；发表诗歌已成为天性活泼者常有的幼时罪过，一个人幼年所作的诗被人慈悲地忘掉因而得免于批评，在当时也算作幸事。谁懂得技术，谁就不难一下写出他初次五百行的六步诗，任何塾师不见其中有什么可以非难，但任何读者也不见其中有什么可以赞美。妇女界也热烈参加这些文学活动；妇人不自限于跳舞和音乐，凭着她们的精神和机智控制了会话，很善于讨论希腊和拉丁文学；并且诗歌来攻处女心的时

候，被围的城堡用和乐的诗订约投降的也屡见不鲜。韵律日益成为男女大孩子的时髦玩物；诗体的信札、共同练习作诗和友好中间的赋诗竞赛都是寻常的事，到本时期将终之时，首都已开设了供幼稚拉丁诗人纳费来学作诗的学塾。由于书籍畅销，工厂式的抄书技术大体达到完成的地步，出书做得比较迅速而省钱；卖书成为体面而有利可图的职业，书店成为文化人的经常聚会所。读书成为时尚，甚至成为狂热；宴会时，如果还没有较粗的消遣，总有朗读；谁想要旅行，谁就不易忘记包装一些途中阅读的书籍。人们常见上级军官在营帐中手里拿着希腊的淫秽小说，见政治家在元老院 250
中手里拿着哲学论著。那么，当时罗马国的情形也无异于任何国里公民们“由门口读到厕所”的情形。帕提亚的维齐尔把那些得自克拉苏营中的小说指给塞琉西亚的公民看，并且问他们说，他们是否仍视这些书的读者为可怕的敌人，他不为无理。

这时代的文学倾向是不单纯的，并且不得不然，因为这时代本身就有新旧风气的分别。在政治领域里互相冲突的各种倾向，保守派的本国一意大利的倾向，新君制的希腊一意大利的或可谓世界主义的倾向，也在文学领域里进行它们的斗争。前者依赖旧拉丁文学，这文学在剧院、学校和学术研究上日益取得古典的性质。鉴赏力比西庇阿时代少，党派成见却比那时多，于是恩尼乌斯、帕古维乌斯，尤其普劳图斯现在都被抬举得天一样高。西庇阿的书页越少，它们的价钱便越涨；第六世纪的诗人民族性较强，作品较丰，人们对于这事没有比在这完美模仿主义的时代更激烈感到的，模仿主义仰望攻汉尼拔的战士的世纪，把它当作现在不幸一去不返的黄金时代。无疑地，这种对于旧古典作品的崇拜，含着不少的为本期一般守旧主义特色的空洞和虚伪；这里也不乏骑墙派，例如，西塞罗虽则在散文上是新倾向的一个主要代表，可是对旧的民族诗歌却几乎以他对贵族政体和鸟占课程所表示的敬意来崇拜它；我们听见他说："应爱国主义的要求，我们宁读译笔坏得出名的索福克勒斯译本而不读原文。"这样，一方面甚至在恩尼乌斯的正统崇拜者中间，那与平民党的君主制有血缘的新文学倾向也数得出很多的暗中党徒；另一方面已不乏较为大胆的批判家，他们对本地的文学与对元老院的政治同样加以无情的处理。他们不但恢复
251 了西庇阿时代的严厉批评，容许特伦斯特斯，只为的是谴责恩尼乌斯和更谴责恩尼乌斯派，而且年纪较小、胆量较壮的人更大步前进，已敢——虽只是异端对文学正统的反叛——称普劳图斯为粗俗丑角，称卢奇利乌斯为坏诗匠。这新倾向不靠着本地的文学，而靠着希腊的新文学即所谓亚历山大主义。

我们不免对希腊语言和艺术的这种深堪注意的再生，在这里至少加以相当的叙述，以供了解本期及以后罗马文学的需要。亚历山大的文学基于纯粹希腊语的没落。自亚历山大大帝死后，在日常生活中，纯粹希腊语即为由马其顿方言与各希腊部落和各蛮族部落相接触而来的下等混杂语言所代替；更正确地说，亚历山大文学起于一般希腊民族的灭亡，为了建立亚历山大大帝的世界君主国和希腊文化的帝国，这民族，以其民族个性而言，必须灭亡并且果然灭亡。如果亚历山大的世界帝国继续存在，从前本国的民族文学便会让位于一种世界文学，这文学仅就名称而言是希腊的，大体无民族性，多少起于在上者的提倡，但确能主宰世界；但因亚历山大的国家随他的死亡而解体，与之相当的文学萌芽也迅速归

于消灭。可是希腊民族及其所有的一切——它的民族性、它的语言、它的艺术——却不因此而不属于过去。仅在一个比较狭窄的圈子里——这不是文化人的圈子，因为严格说来这种人已不存在，而是学者的圈子——希腊文学就在死后也还受人培养，它的丰富遗产被人在悲喜交集或枯燥钻研中登记下来，活的余感或死的学问也必被抬举到假生产力的地位。这种死后的生产力就是所谓亚历山大主义。亚历山大主义在本质上类似一种学究文学，这文学 252
脱离了活生生的罗曼民族性及其俗语，在十五、十六世纪作为往古人为的再生，发生于世界性的一派哲学家中间；六将军时代古典希腊语与俗希腊语的差别固然不这样昭彰，但委实无异于马努提乌斯的拉丁语与马基雅维里的意大利语的差别。

从前，对于亚历山大主义，意大利大致抱着疏远的态度。它的比较兴盛时期是距第一次布匿战争前后不远的，然而在一切体裁的诗歌——教训诗也非例外——著作上奈维乌斯、恩尼乌斯、帕库维乌斯，总而言之，罗马全体的本国作家，下至瓦罗和卢克莱修，都不依附同时的或不久以前的希腊人，而依附荷马、欧里庇得斯、梅南德和其他有生气、有民族性的希腊文学大师。罗马文学从来就不是新鲜的、民族的；但只要有个罗马民族在，作家自然而然地寻求活的本国范本，即使模仿得不十分好，却至少模仿些创作的东西。到了西塞罗和恺撒之时——因为马略时代的小小开端不能计算在内——始有人模仿那起于亚历山大以后的希腊文学；现在罗马的亚历山大主义传播得非常迅速。这种结果一部分源于外在的原因。罗马人与希腊人的接触增多，尤其是罗马人常常到希腊各地去旅行和希腊人麇集于罗马，这些情形自然也在意大利人中间替希腊的时新文学，替当时流行于希腊的史诗、悲歌、短歌和米利都的故事造出一个读者大众。再者，如上文所述，亚历山大诗歌已在意大利的少年教育里占了重要的地位，又因后者大体上仍无时不倚赖希腊化的学校教育，所以亚历山大诗歌更有反作用。在这里，我们甚至见到新罗马文学与新希腊文学的直接联系；上文所述的帕尔特尼厄斯是个较为知名的亚历山大哀歌作家，似乎在700
253 年即前54年前后在罗马开了一个教文学和诗歌的学塾；他所选录的材料供给一个贵族学生照着著名的亚历山大式写作恋爱、神话性质的拉丁哀歌的，至今仍在。但造成罗马的亚历山大主义的，绝不仅是这种偶然的原因；相反地，亚历山大主义乃是罗马政治发展和民族发展的也许不愉快但是完全无可避免的产物。一方面，希腊既分解出希腊精神，所以拉丁姆现在也分解出罗马精神；意大利民族发展得过于庞大，便并入恺撒的地中海帝国之中，正如希腊的发展并入亚历山大的东方帝国之中。另一方面，希腊民族性和拉丁民族性两条大河在几百年分流于平行河床之后，现在终于汇合在一处，新帝国既以此事为基础，意大利文学便不但仍旧须求其一般的根据于希腊文学，而且要使自己与现时的希腊文学，就是说与亚历山大主义归于平等。有了学院式的拉丁文，有了定额的古典著作，有了读古典文的雅士们（*urbani*）那排外的圈子，民族的拉丁文学就死了和完了；代它而起的是个绝对模仿人工助长的帝国文学，这文学不以任何一定的民族性为基础，却用两种语言宣扬人类的普遍福音，在精神上完全而有意识地倚赖古希腊文学，在语言上所倚赖的一部分是古希腊文学，一部分是古罗马的通俗文学。这并不是个进步。恺撒的地中海君主国固然是个堂皇的创作，更是个必要的创作；但这君主国是自上而下产生的，因此较为年轻、较有限制、较自然的国家特色，而罗马纪元第六世纪的意大利国仍能表现的，那旺盛的人民生活和沸腾的民族活力，在它里面无迹可循。意大利民族性的灭亡完成于恺撒创作的、折断了文学的幼芽。谁感觉到艺术与民族性同气相求的关系，谁就要永远舍去西塞罗和贺拉斯而归附加图和卢克莱修；只有在这方面当然由来已久的、254
塾师式的历史观和文学观始能称那始于新君制的文艺时代为黄金时代。但虽则恺撒时代和奥古斯都时代的罗马－希腊亚历山大主义须视为劣于那总不完美的较古的民族文学，但在另一面，这种亚历山大主义却决然优于六将军时代的亚历山大主义，一如恺撒的耐久结构优于亚历山大短命的创作。我们以后还要指出，奥古斯都时代的文学，与六将军时代的同类文学相比，其语言学的性质比后者少得远甚，其帝国文学的性质却比后者多得远甚，所以它在上等社会中的影响也远较亚历山大主义永久而普遍。

看起来没有比在戏剧文学里更惨的。在本期以前，悲剧和喜剧即已确实绝灭于罗马的民族文学。新剧本已不再上演。在苏拉时代，观众仍希望看新剧本，这显见于本期重演普劳图斯的喜剧而改换其剧名和人名，关于这事，有人说得妙："看好的旧剧本胜于看坏的新剧本。"从这里走不远就到戏剧业完全让位于已死诗人的地步，这种情形见于西塞罗时代，亚历山大主义并不加以反抗。它在这方面的多产比不产还要坏。亚历山大文学从来不晓得真正的编剧；它只能把那原为了阅读、不为了表演而写的假剧本输入意大利，因而不久以后，这些抑扬格的诗剧在罗马与在亚历山大同样盛行，特别是悲剧写作始显露出经常的青年病态。由一件事，我们可以对这些作品的性质得到颇为正确的观念，即昆图斯·西塞罗用以病治病的方法消遣高卢冬营的疲劳，十六天内编了四个悲剧。

只有在“生活图”即滑稽戏(*mimus*)里，民族文学最后的仍然青翠的幼芽——阿特兰趣剧——始与希腊喜剧种族上的嫩枝结成连理，这嫩枝被亚历山大主义以较大的诗歌力量培养着，成绩较
255 佳。滑稽戏起于早已常见的伴着吹笛的化装舞，这种舞蹈一部分上演于别的场合，例如在招待客人的筵宴中，一部分当两场间的休息时候特别上演于剧院的正所。这些舞蹈必早已偶尔应用语言的辅助，只要加入一个较有组织的情节和正式的对话，便不难造成个小喜剧，这喜剧在本质上仍与以往的喜剧甚至趣剧有别，因为跳舞和与这种舞蹈不可分离的色情在这里仍占主要地位。滑稽剧既本不属于舞台而属于正所，它便抛弃一切布景上的理想化，如面具和戏鞋，并且有个特关重要的事，即女角可由女人扮演。这种新滑稽戏似乎在 672 年即前 82 年前后初见于首都的舞台，不久便吞并了本国的丑角戏；它在重要之点上与丑角戏一致，并且被用为照例的插曲，尤其与其他戏剧的扮演一同用为余兴。[1] 当然，它的情节比丑角戏更无足轻重、更放荡、更荒唐；只要它来得五色缤纷，观众便不问自己为什么发笑，也不向诗人抗议他不把结扣解开而把它斫断。主题多半是恋爱性质，大多数属于奸淫一类，例如诗人和观众无一例外联合起来攻击做丈夫的人，它的劝惩只是嘲笑美德。艺

① 据西塞罗的证明，他那时候的滑稽戏已取代阿特兰戏；有一事与此相合，即演滑稽戏的男女伶人初见于苏拉时代前后。然而 *mimus* 这个名称有时候误用于一般喜剧伶人。所以 542—543 年即前 212—前 211 年现身于阿波罗节的 *mimus* 显然只是 *palliata* 的演员，因为这时在罗马剧场的发展中还没有空间给后世所谓的真正滑稽戏。

术的魔力像阿特兰的一样，全赖普通和下等生活习惯的描写，这种描写舍乡村景象而取首都的生活和行为，可爱的罗马群众，正如同类的希腊剧本对亚历山大的群众所做的，被要求向他们自己的肖像鼓掌。许多材料都取自手艺人的生活；见于戏剧的有这里也难 256
免的“漂布匠”，又有“绳匠”、“染匠”、“盐工”、“女织工”、“狗童”；另外有些剧本描写性格，如“善忘者”、“夸口者”、“十万塞斯特的人”[①]；或描写异地的景象，如“埃特鲁里亚妇人”、“高卢人”、“克里特人”、“亚历山大城”；或描写人民节庆，如“户神节”（Compitalien）、“（神农节）”、“安那·贝伦那”（Anna Perenna）、“热水浴”；或戏拟神话，如“地下游记”、“阿尔维尼湖”（Arvernersee）。切当的口头禅和简短的易记易用的熟语都受欢迎，但每一句无谓的话自有其权利；在这个荒谬的世界，人向酒神巴克斯求水，向泉井仙人求酒。甚至往日在罗马剧场受严禁的暗指政治的话也见于这些滑稽戏。[②] 关于韵律的形式，这些诗人，如他们自己所说，“不甚以作诗法自苦”；甚至在预备发表的剧本里，语言中也充满着俗话和下流比喻。显而易见，滑稽戏在本质上不是别的，就是从前的趣剧，不过化装面具和阿特兰的固定布景以及乡村的特色都被丢掉，

---

① 这个数目是第一级选举人的资格，它的继承须受沃克努斯法的拘束；有了这笔钱，下等人（*tenuiores*）与体面人中间的界限就越过了。所以卡图卢斯可怜门客求神替他取得这份财产。

② 在拉贝里乌斯的“地下游记”里，一切曾见过怪事和预兆的人都出头面；一人见一个丈夫有两个妻室，邻人对这事表示意见说，最近一个算命先生在梦中见到六位市政官，这事比他所见的还要坏。据当时的流言，恺撒确想在罗马实行多妻制，他所推举的真是六个而非四个。由此可见拉贝里乌斯懂得运用弄臣的特权，恺撒也懂得容许弄臣的放肆。

首都那无限自由和放纵的生活取而代之，上了舞台。无疑地，这种剧本大都具有偶尔成章的性质，不求在文学里占一地位；但拉贝里乌斯(Laberius)的滑稽戏满是尖刻的性格描写，并且在语言和韵
257 律的处理上有其巧妙之处，在文学上自有地位；并且史家也须惋惜，罗马共和垂死挣扎时的戏剧与其在阿提卡的伟大原型的关系如何，已不再许我们加以比较。

舞台布景和舞台奢华的继长增高与戏剧文学的低劣同行并进。演戏不但在首都的公众生活里取得正式地位，在乡区城市也是这样；现在罗马也毕竟经庞培之手得到一座永久的剧场(699年即前55年)。往日演剧总在露天，现在坎帕尼亚的风俗，即在演剧时把一块帆布张在剧场上以保护伶人和观众，也传入罗马(676年即前78年)。当时在希腊，布景方法有极大的发展，能在舞台上保持地位的不是亚历山大戏剧家那种不止于黯淡的七星，而是古典戏剧，尤其是欧里庇得斯的悲剧，所以在西塞罗时代的罗马，也特喜演恩尼乌斯、帕库维乌斯和阿奇乌斯的悲剧以及普劳图斯的喜剧。在前一时期，普劳图斯的地位为那较饶趣味但喜剧力当然不及他的特伦斯所夺，现在罗斯奇乌斯和瓦罗合作，就是说，剧场和语言合作，替他造成一番复活，一如莎士比亚由伽里克(Garrick)和约翰逊(Johnson)得来的复活；但观众已为简短潦草的趣剧所败坏，感受力低落、急躁匆忙，就是普劳图斯也颇受其害，所以剧院经理们觉着不得不替普劳图斯喜剧的长度做辩护，或甚至不得不加以删削和修改。现成的剧本越有限，管理和事务人员的活动以及观众的兴趣便越趋向于剧本的布景表现。罗马的职业没有比第一流的伶人和舞女更有利益的。悲剧伶人伊索普的财产拟于王侯，

已见上文；比他更出名的同代人罗斯奇乌斯每年收入共计六十万塞斯特，①舞女狄奥尼西亚(Dionysia)每年收入共计二十万塞斯特。同时，巨款花费在装饰和行头上；有时六百匹带鞍辔的骡子一行一行地走过舞台，特洛伊的剧场军被用来向观众表演庞培在亚洲 258
所征服的各民族的活画。剧中插入合唱时伴奏的音乐也得到更大更独立的重要性；瓦罗说，有如风动波涛，巧妙的吹笛人也以每一抑扬的曲调振动听众的心神。这曲调惯用急速的拍子，因而强迫伶人更活泼地做戏。音乐和戏剧的鉴赏也发展出来；惯家能由第一个音认识任何调子，并且能记诵本文；音乐和朗诵的每一错误都受听众的严厉谴责。西塞罗时代罗马戏剧的状况活像今日法国的戏剧界。罗马的滑稽戏既与今日戏剧中放纵的活画相当，无论什么，对于二者都不嫌太好或太坏，所以我们也见二者同有传统的古典悲剧和喜剧，对它们赞赏或至少鼓掌是受过教育者的法定义务。群众在滑稽戏上看见他们自己的影像，在戏剧上惊叹装饰的壮观，获得一个理想世界的一般印象，他们便满意了；较高雅的人士在剧场里不关心于剧本而只注意到它那艺术的表现。最后，罗马的演剧艺术摆动于各不相同的阶层，正如法国的演剧艺术摆动于村舍和客所之间。罗马的舞女在终场时，竟脱去上衣，穿着内衣舞给观众看；但据罗马的塔尔玛(Talma)看来，他的艺术的至上法则不是自然的真理而是和谐。

在朗诵诗里，似乎不乏以恩尼乌斯为模范的诗体年史；但它们或许被卡图卢斯所咏那位女子的慈悲誓愿批评得够了，她许愿说：

① 他每演一天戏，从国家领得一千第纳尔，此外还有他那戏班的工资。到了晚年，他辞谢自己应得的酬金。

只要神圣的维纳斯能使她的爱人由其咏政治的歪诗方面重回她的怀抱来，那么，她愿烧最坏的坏史诗来向她献祭。

诚然，在本期朗诵诗的整个范围内，只有一个名著代表旧日国
259 家罗马的倾向，然而这名著却是罗马文学最重要的诗歌作品之一。这就是提图斯·卢克莱修·卡鲁斯（Titus Lucretius Carus，655—699年即前99—前55年）的《物性论》，作者属于罗马最上等的社会，但不知是由于多病还是由于不愿为此，却未参加公众生活，死于内战爆发以前不久的时候，正在壮年。他以诗人资格，坚决地依附恩尼乌斯，因而依附希腊的古典文学。他愤然脱离了当时那“空虚的希腊主义”，真心实意地自命为“严正希腊人”的学生，因为在这罗马诗最驰名的各段之一里面，甚至修昔底德的神圣热诚也确得到不为不配的余响。恩尼乌斯既由埃庇卡墨斯（Epicharmos）和欧希米鲁斯（Euhemeros）汲取知识，所以卢克莱修也由“那得天独厚的西西里岛上最瑰丽的珍宝”恩佩多克里斯（Empedokles）采取他的表现形式；至关于题材，他“由伊壁鸠鲁的书卷搜集了一切可贵的字句”，“伊壁鸠鲁的光辉压倒别的圣人，有如太阳一出，众星皆晦。”与恩尼乌斯无异，卢克莱修也蔑视亚历山大主义加在诗歌上的神话智识，他只要求读者晓得普遍流行的传说。[1] 尽管时新的洁癖把外国词排出诗歌以外，卢克莱修仍仿恩尼乌斯的办法，宁可用含义丰富的希腊词来代替软弱晦涩的拉丁词。罗马旧有的双

[1] 香料产地潘恺亚（Panchaea）似乎是唯一的例外，这可用下面的理由来说明，即这话或已由欧希迈罗斯的游记小说转入恩尼乌斯的诗，总之，已转入卢奇乌斯·曼利乌斯的诗，因而卢克雷提乌斯的读者大众熟知此事。

声格，诗行与文句的划分不相配合，一般的旧语法和旧作法仍常见于卢克莱修的韵文中；虽则他处理诗句比恩尼乌斯处理得铿锵悦耳，他的六步诗却不如新派诗那样绮丽活跃地进展着，有如溪流的微波荡漾，而进展得堂皇迟缓，有如流动的金液。在哲学上和实际上，卢克莱修也彻头彻尾地倚赖恩尼乌斯，他诗中所赞美的本国诗人只有恩尼乌斯。鲁第亚(Rudiae)歌人的宗教信条：

天神当然有，我说过了还要说的， 260
但我以为他们不管人类的命运——

完全显出卢克莱修的宗教观点，所以他不无理由称自己的诗仿佛是恩尼乌斯的续篇：

恩尼乌斯向我们歌唱，他首先由赫力孔
怡人的丛林里带来了不朽的桂冠，
使它照耀意大利的人民，光辉灿烂。

罗马纪元第六世纪全部的诗人傲气和诗人热诚又一次、最后一次在卢克莱修的诗里起了共鸣，这位诗人的想象力在罗马纪元第六世纪，在可怕的迦太基人和壮丽的西庇亚德中间如鱼得水，而在他自己那堕落的时代则否。① 在他听来，他自己“那由丰富情感

① 这种情形坦直地见于描写战事，其中有毁灭大军的台风，有践踏自家人的战象队，这都是布匿战争的景象，可是看起来宛然如在目前。

里潺湲流出的”歌曲；与普通的诗歌相比，“有如天鹅的短歌比于野鹤的鸣声”；就他来说，听了自己创作的佳调，心胸里也充满着高名美誉的希望，——正如恩尼乌斯禁止那些“他曾从心坎上给他们先听火热的歌曲的”人们到他——不朽的歌人——的墓上来追悼。

非常不幸，这位不凡的才子，在创作诗歌的天资上即使不远胜于同时人的全体，也远胜于大多数人，竟逢到一个他觉得自己在里面不惯和孤独的时代，因此他在选择题材上犯了个极罕见的错误。伊壁鸠鲁的体系化宇宙为原子的旋涡，并且企图以纯粹机械的方式说明世界的由来和终结以及自然和人生的一切问题，这事的愚蠢诚然比化神话为历史，如欧希米鲁斯和以后的恩尼乌斯所尝试的，
261 稍差一点，但这不是个巧妙或新鲜的体系；用诗歌来发挥这种机械的宇宙观，诗人浪费其生命和艺术于不讨好的题材或没有更甚于此的。哲学家读了卢克莱修的教训诗有正当理由指摘它遗漏了体系的较优之点，它以特别肤浅的方式提出辩论，组织欠完美，常常重复；诗人读了这篇诗也有正当理由厌恶数学的韵律化弄得这诗的大部分绝对不可诵读。中才的人若有这些难以置信的缺点，必不免于失败，可是这位诗人尽管有这些缺点，却可以正当地自夸说，他从诗的原野里取去缪斯尚未赠给任何人的新桂冠；并且使这位诗人获得桂冠的绝不仅是那些恰当的比喻，也不是外加的雄伟自然现象和更雄伟情感的描写。卢克莱修在人生观和诗歌上所特有的天才基于他的不信神灵，他的不信神灵以真理的十足战胜力，因而以诗歌的十足活力出来抵抗并且应该出来抵抗那占优势的虚伪或迷信。

当一位希腊人在地上见人生在世，
可怜被沉重的畏神心所压倒，
神由天空露出他的面貌来，
狰狞的样子威吓下界的凡人，
他竟敢首先把凡人的眼睛，
抬起来望着它，首先出来反抗它；
于是思想的英勇力量得胜了，
他大力地迈过宇宙的炎炎界限，
明智的心跨过了无边的整体。

所以这位诗人热衷于推倒神灵，如昔日布鲁图斯推倒国王，又要“把自然从它那严峻的主人方面解放出来”。但这火热的言辞并不是打向约维斯那久已坍塌的宝座；正与恩尼乌斯一样，卢克莱修所特别攻击的，实是荒淫的外国信仰和大众的迷信，例如大母的崇拜和埃特鲁斯坎人那种孩气的闪电学。诗人生在一个可怖的世界并且为这世界而写作，他这首诗就是由这一般世界的恐怖和厌恶所激起的。这诗作于寡头统治已被推翻，恺撒统治尚未成立的绝望 262
时代，作于人们以长久而苦恼的紧张心情等待内战的闷热年岁。如果我们以为从它那参差而焦躁的措辞里看出诗人无日不预料革命暴动要发作在他和他的工作上，那么我们谈到他对人对事的见解，不可忘记这见解是在何等人中间和预见有何等事而起的。在亚历山大以前的希腊，流行着一切优秀人士所深深体验到的一句话：顶好不生，其次是死。在与之相似的恺撒时代，一颗慈悲而富诗意的心灵所能达到的一切世界观以下面的最为高尚，最能提高人的品格：人们相信灵魂不死更有害的，像恐怖心偷袭暗室里的小儿一样，怕死怕神鬼的心也不怀好意地偷袭人类，所以由这二者把他们解放出来，是个善事；夜间的睡眠既能增长精力而昼间的劳扰则否，所以死——脱离一切希望和恐惧的永久休息——也善于生，实则诗人的众神不过是长久而幸福的安息，也只有长久而幸福的安息；人受地狱惩罚的折磨不在死后而在生平，在跳动的心怀着放恣而无宁息的情欲；人类的任务是把心灵调节得归于恬静，把紫衣看得不高于家常暖衣，宁愿留在服从阶级也不愿挤入统治者的候选群，宁愿躺在溪边野草上也不愿在富人的金屋里共罄无数的盘餐。这种又哲学又实际的倾向是卢克莱修诗的真正理想核心，它那一切惨淡的实证只能罩住这个核心而不至把它压杀。它那相对的明智和真实大致就以此为基础。这人以本世纪无与伦比的对前辈伟人的敬畏心和强烈的热情，宣扬这样的学说，并且用艺术的魔力加以点缀，可谓既是个好公民又是个大诗人。
263 这篇论物性的教训诗，无论引起怎样多的责难，在罗马文学那寥若星辰的太空中仍不失为最灿烂的群星之一；无怪德意志最伟大的语言学家把订正卢克莱修诗使之再可诵读，作为他最后最杰出的工作。

虽则卢克莱修的诗才和艺术为他同时高雅的人士所赞佩，可是他既属晚出，便成为没有学生的老师。反之，希腊的时尚诗歌却至少不乏力求赶上亚历山大城的老师的学生。较有天才的亚历山大诗人以其准确的悟性，避免较大的著作和纯粹诗体如戏剧、史诗和抒情诗等，在他们正如在新拉丁诗人，最可喜而有成功的是“气势短促的”作品，特别是属于与纯粹诗类接壤的领域的，更特别是属于叙事诗和歌曲之间的广大领域的作品。他们写了各色各样的教训诗。很投时好的是半英雄半恋爱的小史诗，尤其是一种博学的情歌，这是八月天的希腊诗歌所特有，也是它那语言学的渊源的特征；在情歌里诗人多少有点牵强地把他自己的情感，主要是爱情的描写，与取自一套希腊传说的断烂史诗穿插起来。宴会歌的制作又勤勉又工巧，一般说来，由于缺乏自发的诗的创作，即事诗占优势，尤其短诗，这是亚历山大人成绩极佳之作。材料的贫乏以及语言和节奏的有欠清新是每一非民族文学所不可避免的，人们竭力想把这两种缺点掩藏在离奇的题目、牵强附会的成语、罕见的字词和矫揉造作的诗法之下，总之，掩藏在语言和博古知识以及技巧的全套机械之下。

这就是本时期向罗马童子宣扬的福音，他们成群地来听讲和实行，700 年即前 54 年前后，欧福里翁的情诗和同类的亚历山大诗歌即已成为有教育的少年人的寻常读物和寻常的朗诵材料。[①]
文学革命起来了，但它起初产生的只是早熟或不熟的果实，罕有例 264
外。"新式诗人"多得不可胜数，可是诗歌却如凤毛麟角，阿波罗按照有很多人向帕纳斯(Parnasse)山挤去时的常例，被迫制造很短的作品。长诗从来是一文不值的，短诗也不常值得一文。就在这个文学时期，时新的诗歌也成为国家之害；有时一个人的朋友为了开玩笑，把一堆新由书店来的废诗当作节礼送到他家，诗的价值，

① 西塞罗提到恩尼乌斯说："诚然，这位光荣诗人为今日朗诵尤福利翁的人们所鄙视。"他写信给阿蒂古说："顺风把我们由伊庇鲁斯吹过海来，我已安抵此间。这行扬扬格的诗，你若愿意，可以当作你自己的卖给新式诗人。"

由其华美的装订和光滑的纸张，隔三步远即已可见。民族文学有读者大众，以这意义说来，罗马的亚历山大派与希腊的无异，也缺乏真正的读者大众；它彻头彻尾是一社人或不如说几社人的诗，社里的人紧相团结，对强行入内者施凌辱，在自己中间诵读和批评新诗，有时也仿亚历山大的方式再作新诗来贺成功的作品，屡次三番用同社相夸的手段替自己取得虚伪而短促的声名。瓦勒里乌斯·加图（Valerius Cato）是拉丁文学的名师，自己也朝着新趋势写诗，似乎以学长的资格照顾社里最著名的人士，并且对这些诗的比较价值有最后的裁决权。与希腊的范本相比，这些罗马诗人始终显出不自由的、有时像学童的依赖性；他们的作品多少只是仍在学习中而尚未成熟卒业的学习诗的酸果。因为它们在语言和节拍上远较本国的拉丁诗能契合希腊的样式，所以在语言和韵律上确乎达到更正确、更一贯的地步；但这个结果是由牺牲本国语的伸缩性和圆满而成的。关于题材，在一部分是女性模范、一部分是不道德时代的影响之下，色情的题目取得于诗无益的惊人优势；但希腊人所
265 好的诗体提要也多有译本，如西塞罗所译阿拉图斯（Alatos）的天文书，在本期之末或更可能在下期之初奥德的普布利乌斯·瓦罗（Pullius Varro von der Aude）所译埃拉托斯特尼斯（Eratosthenes）的地理课本和埃米利乌斯·马克尔（Aemilius Macer）所译尼堪德（Nikandros）的医药课本。不足怪也不足惜，这无数的诗人只有少数人的名字存到现在，甚至这几个也多半被当作古董或前世伟人而见于称述，例如演说家昆图斯·霍滕西乌斯及其“五十万行”讨厌的淫诗，还有更常受称道的莱维乌斯（Laevius），他的“爱情笑话”（*erotopaegnia*）只因节拍杂乱和词句做作而稍为引人

注意。甚至盖乌斯·赫尔维乌斯·秦纳(Gaius Helvius Cinna,约死于 710 年即前44 年)的小史诗“斯麦那”(*Smyrna*)虽然大受诗社的赞扬,可是在它那父女恋爱的乱伦题材和用于此诗的九年辛劳上,也带着当时最不良的特色。

这派诗人只有几个是新奇的、可喜的例外,他们晓得把此派的简洁和富于变通的形式,与共和生活尤其城乡生活仍有的贵重民族要素合而为一。这里姑不论拉贝里乌斯和瓦罗,这句话特别适用于上文已述属于共和反对党的三个诗人,即马尔库斯·弗维乌斯·比巴库卢斯(Marcus Fuvius Bibaculus, 625—691 年即前 129—前 63 年)、盖乌斯·李锡尼·卡尔乌斯(Gaius Licinius Calvus,672—706 年即前 82—前 50 年)和昆图斯·瓦勒里乌斯·卡图卢斯(Quintus Valerius Catullus,667—700 年即前 87—前 54 年前后)。前二人的著作已佚,我们当然只能推测他们是这样,关于卡图卢斯的诗,我们却仍然能做判断。他在题材和形式方面也依据亚历山大人。在他的集子里,我们见有卡利马库斯(Kallimachos)诗篇的译文,译文不真好而是真难。在他创作的诗里,我们也遇见细加雕琢的时式诗,例如颂弗里吉亚神母那过于纤巧的两抑两扬诗(Galliamben);甚至别的方面都很美的特提斯(Thetis)成婚诗也因为按真亚历山大作风把阿里亚德涅(Ariadne)的怨诉插入主诗,而遭到艺术上的败坏。但除了这些学习诗外,还有哀怨和谐的挽歌,还有完全以个人和基于戏剧性的技巧装点起来的宴会诗;还有最重要的,就是高雅社会惟妙惟肖的小照,悦人的很坦白 266
的恋爱传奇(其中可喜之处半在于闲谈和歌咏爱情的神秘),少年杯满囊空的快乐生活,旅行和诗歌的欢娱,罗马的、更多是维罗那的城中故事以及朋友场中的滑稽戏谑。然而阿波罗不但弹诗人的琴，他也拉弓射箭；嘲笑的飞箭对讨厌的诗匠和破坏语法的乡下人概不饶恕，但他打击得最频繁最厉害的无过于危害人民自由的强有力者。这种诗既有短行而快活的节奏，又常用叠句助其气势，自是尽善尽美的艺术品，但没有工场出品可厌的光滑。这些诗交替着引人到尼罗河流域和波河流域，但诗人在后一处最觉得安适无比。他的诗诚然基于亚历山大的艺术，但同时也基于公民的、尤其一座乡城公民的自觉，基于维罗那与罗马的对立，基于自治市公民与常虐待其卑微朋友的元老院贵族的对立，因为在卡图卢斯的家乡，在繁荣而较有活力的内阿尔卑斯高卢，人们大概对这种对立有强烈的感觉，非任何他处所能及。他最妍丽的歌反映着加尔达湖(Lago di Garda)的美景，像他那哀情深刻的悼亡兄诗，像他那绝佳的、真朴素的、贺曼利乌斯(Manlius)和奥伦库雷娅(Aurunculeia)结婚的喜庆诗，当时首都的任何人都不能作。卡图卢斯虽依赖亚历山大城的老师，并且处在当代时式诗和社诗的中间，却不但在许多凡庸和恶劣的学生里是个好学生，而且他自己高于他的老师，一如意大利自由民社的公民高于希腊的世界主义的文人。当然，我们不可在他身上寻找优越的创造力和崇高的诗意，他是个富于天资的优雅诗人，但不是个伟大诗人，他的诗歌，如他所自称的，不过是“戏谑和傻话”而已。然而我们看见，不但他那偶成的诗震惊了他同时的人，而且奥古斯都时代的文艺批评家也把他与卢克莱修
267 同称为本期最重要的诗人，他的同时人和后人均属不谬。拉丁民族没有产生第二个诗人能像他那样把艺术的内容和艺术的形式表现得那么匀称无比的；由这种意义说来，卡图卢斯的诗集确是一般

拉丁诗所能呈出的尽善尽美的作品。

最后，散文诗始于这个时期。以前纯粹、天真而又有意识的艺术固守一个不变的法则，即诗的题材应与韵律的间架相辅而行，而今这个法则作废了，各种各样的艺术混合得浑浊不清，这是本时期一个最饶意义的特色。诚然，关于浪漫小说，我们只说本期最驰名的史家西塞纳(Sisenna)，他不齿于把阿里斯蒂德斯(Aristides)很风行的米利都故事——最无谓的时髦淫乱小说——译成拉丁文。其他不必多说。

在诗歌和散文之间的未定界处有个较为新奇可喜的现象，这就是瓦罗的美文。瓦罗不但是拉丁语言学、历史研究最重要的代表，也是个著作甚多、最有趣味的美文作家。雷亚特的马尔库斯·特伦提乌斯·瓦罗(Mancus Terentius Varrvo von Reate，638—727 年即前 116—前 27 年)出自一个原住在萨宾，但最近二百年来属于罗马元老院的平民氏族，受过古训古礼的严格教育，[①]在本期之始即已成人。不言而喻，他在政治上属于宪政党，真心努力地参与此党的行动和患难。他做这事，一部分用文学，例如他写小册子攻击第一次联合政府，名之为“三头怪物”；一部分用较为严重的战斗，我们见他在庞培军中做远西班牙的将军。当共和大势已去的时候，他的征服者选定他为京城将要新创的图书馆馆长。随后乱事发生，瓦罗又被卷入旋涡，直到恺撒死了十七年之后，在他那劳

① 他在某处说道：“我在童年的时候，一件单粗袄和一件单衬衣，有鞋无袜，有马无鞍，对我就足够了；我没有每天洗热水澡，并且不常在河里洗澡。”在海盗之战，他率领一支舰队。由于他个人的英勇，得到海军桂冠。

268 碌生活的第八十九年，他才去世。

瓦罗所借以成名的散文是小品文，有些是简单散文，内容较为庄重，另有些是诙谐的描写，在散文的质地上嵌入种种诗体的穿插。前者叫作“哲学一历史的论说”(Logistorici)，后者叫作“梅尼普斯式的讽刺文”。二者都不依附拉丁模范，特别是瓦罗的《萨图拉》绝不以卢奇利乌斯的为基础。实则一般看来，罗马的“萨图拉”不真正是个确定的艺术，而只是消极地表示“这五光十色的诗”不可归在任何公认的艺术形式；所以“萨图拉”诗在每一有才的诗人手里也取得不同的特殊的性质。我们宁可说瓦罗的庄重论说和轻松美文一概取法于亚历山大派以前的希腊哲学；庄重论说效法黑海上赫拉克利亚的赫拉克利特(Herakleides，死于450年即前304年前后)所作的对话集，讽刺文则效法叙利亚国加达拉的梅尼普斯(Menippos von Gadara)的作品。这种选择饶有意义。赫拉克利特以作家身份受柏拉图哲学对话的鼓动，在其灿烂的形式中完全不见其科学的内容，于是把那半诗、半寓言的外衣作为主要之物；他是个可喜而多有读者的作家，但绝不是个哲学家。梅尼普斯也一样不是个哲学家，而是一派哲学最纯正的文学代表，这派哲学的智慧在于否认哲学，嘲笑哲学家，这就是第欧根尼犬儒学派的智慧；他是庄重智慧的滑稽导师，用实例和笑话证明除了正直的生活外，一切天上地下的事都是无用的，并且最无用的莫过于所谓圣人的争辩。这是瓦罗的真正模范，他这个人充满着老罗马人对于可怜时代的愤慨，充满着老罗马人的诙谐，也绝不缺乏塑造才能，但一见任何不似图画和事实而似观念或甚至体系的东西，便完全茫然，在缺乏哲学意识的罗马人中间，他或许是最缺乏哲学意识的。[①] 但瓦罗不是个奴隶性的学生。他由赫拉克利特和梅尼普斯取得动力，一般说来，也取得形式；但他的本性太个别、太确属于罗马，以致不能不使他那模仿的创作大体不失其独立性和民族性。 269

他的庄重论说议论一句道德，格言或有普遍兴趣的其他题目，他讲故事时不屑如赫拉克利特那样涉及米利都小说，因此就是孩气的故事如阿巴里斯（Abaris）和死后七日复活的少女等，他也不屑献给读者。他只间或用较为高尚的希腊神话的外衣，如"俄瑞斯忒斯论疯狂"一文；历史尤其本国的现代史通常给他更适合于他那题材的间架，所以这些小品文同时也叫作颂辞（*laudationes*），就是对罗马贵族尤其宪政党科里菲氏（Coryphaei）的颂词。这样，《论和平》一文同时也纪念元老院得胜将军的光荣行列里最末一名梅特路斯·西庇阿；《论拜神》一文同时也意在纪念那极受尊崇的贵族和大祭司盖乌斯·库里奥（Gaius Curio），《论命运》一文与马略相联系，《论作史》一文与当代第一史家西塞纳（Sisenna）相联系，《论罗马剧场的起源》一文与大张百戏有王者风度的斯考鲁斯相联系，《论数目》一文与高雅的罗马银行家阿提库斯（Atticus）相联系。西塞罗或许以瓦罗的哲学、历史论文为蓝本，写了《莱利乌斯与论友谊》和《加图与论老年》两篇，我们由此可以略知瓦罗处理这些题目所用半教训、半叙事的做法。

---

① 世上没有比瓦罗的"一切哲学要览"更孩气的，它首先简略地声明，一切不揭櫫造福人类为其最后目标的哲学都不存在，而后计算在这假定之下所有的哲学共计二百八十种。这位能人不幸太是学者，以至于不肯承认自己既不能为又不愿为哲学家；于是作为一个哲学家，他一生在斯多葛派、毕达哥拉斯派和第欧根尼派中间演出一种不美的跳蛋舞。

瓦罗也以同样的新奇形式和新奇内容运用梅尼普斯式的讽刺文;他胆敢把散文和诗歌混合起来,这是希腊原作所没有的,并且整个的精神内容都弥漫着罗马人的特性,或可谓弥漫着萨宾乡土
270 的气味。这些讽刺文与上述论文相仿,也议论一些道德的或其他适于较多读者的题目,这由几个标题看来即可显见:“赫拉克勒斯柱与论荣誉”,“壶有了盖与论丈夫的义务”,“酒壶有它的容量与论酒席”,“胡说乱道与论赞颂”。造型的外衣在这里也不可缺,当然很少像在《塞拉努斯与论选举》那样取自他本国的历史。反之,第欧根尼的犬世界当然占重大的地位;我们遇见的有犬学者、犬修辞家、骑士·狗、饮水者·狗、狗问答等。神话也被取作诙谐之用;我们见有《解放了的普罗米修斯》《草做的阿伊亚》、《苏格拉底派的赫拉克勒斯》、《一个半奥德修》,他在漫游中所费的时间不是十年而是十五年。在几篇残缺的文章里,例如在《解放了的普罗米修斯》、在《六十岁的人》,在《早起者》,戏剧或志异式的间架仍可见其轮廓;仿佛瓦罗往往或经常把故事当作他自己的经验来叙述,例如在《早起者》中,戏中人来见瓦罗,与他谈话,“因为他们知道他是做书的”。至关于这层外衣的价值,却不许我们再加以确定的判断;在断简残编里仍有几段充满着隽语和生气的最悦人的描写——如在《解放了的普罗米修斯》里,主角解脱了铁锁以后,开了一个造人场,富人金履(Chrysosandalos)替自己定造一个用牛乳和米利都蜂由百花采来最好的蜡所制成的少女,这少女无骨无筋,无皮无发,纯洁而细腻,苗条、光滑、温柔、极为可爱。这种诗的生命是论辩——不是党派的政治斗争如卢奇利乌斯和卡图卢斯所行的,而是个一般性的道德斗争,严肃的老人对放纵乖谬的少年,生活于古

典文学中的学者对轻松、鄙陋或在倾向上总是可厌弃的新诗[①]，旧 271
式的好公民对新罗马；用瓦罗的话来说，新罗马是个猪圈，努马如果转眼来看他的城，不能再见他那明智法律的遗迹。在宪政的斗争里，瓦罗尽了他认为公民所应尽的义务；但他的心不在这种党争上——他有一次抱怨说："你们为什么把我从清净的生活唤到你们元老院的污泥里去呢？"他属于那谈话带葱蒜味的昔日，但他的心是健全的。纯粹罗马精神的世仇是希腊哲学家，他对他们的斗争只是对新时代精神的旧式反抗的一面；但犬儒哲学的本质和瓦罗的心性不免造成一种结果，即梅尼普斯的鞭子特别在哲学家耳边打呼哨，因此把他们闹得相当恐慌——当时哲学家把他们新出的论说寄给这位"苛刻人"的时候，未免心悸。谈哲学诚然不是艺术。主人训练奴隶为面包师，要费十分气力，他训练自己为哲学家，只要费一分气力，当然，到面包师和哲学家都被拍卖的时候，糕饼技工的卖价必百倍于世界圣人。这些哲学家真是怪人呵！一位哲学家命人把死尸埋在蜂蜜里——幸而人们不依他的意思行事，否则哪里还有剩的蜜酒？另外一位以为人类像水堇一样从地下生出来。还有一位发明一个世界钻子（*κοσμοτορύνη*），将来世界总有一天为这钻子所毁。

① 他有一次写道："你是否愿意，比如说，漱掉昆图斯家奴克洛狄乌斯的辞藻和诗句而喊出啊呀命呀，啊呀命运呀！"在别处他又写道，"昆图斯家奴克洛狄乌斯既毫无诗才而做了那样多的喜剧，我不应该——借用恩尼乌斯的话——'制造'一本小书吗？"这位他处无名的克洛狄乌斯必是个很坏的模仿特伦提乌斯者，因为那些以讽刺的口吻归在他身上的"啊呀命呀！啊呀命运呀！"见于特伦提乌斯的喜剧。

下面是瓦罗《对驴吹笛》里一位诗人的自白：

人们说我是帕库维的弟子，他是恩尼的学生，恩尼是缪斯的门徒，我自称为庞庇利。

这种自白很可能是戏拟卢克莱修序言的话，因为瓦罗既是伊壁鸠鲁派的公开敌人，便不能对卢克莱修有好感，并且永远不引他的话。

真的，没有一个病人所曾梦想的荒唐事，
不是一个哲学家所已经讲过的。

看来可笑，一个长胡子——指一位讲词源学的斯多葛派人物而言——在称金的天平上小心谨慎地称量每一个词；但什么也不
272 及真正的哲学家吵架——斯多葛派的拳赛远胜于力士的扭打。在《马尔克城，论政权》一篇讽刺文里，马尔库斯可按他的心愿造一座云布谷鸟之家，正如在阿提卡喜剧里那样，农民得到好处，哲学家却遭了殃；斯多葛派安提帕特的儿子运用-一-端-证（*Celer*-δί-ἑνὸς-λήμματος-λόγος）以鹤嘴锄打破他的敌人——显然指哲学的两端论法（dilemma）而言——的头颅。

瓦罗既有这种道德上的争辩倾向，又有把它表现为尖酸生动的话语之才，这种才如他八十岁所写论农业书的对话外衣所示，到他极老之年仍未丧失；他又极侥幸地兼有对本国风俗语言的绝伦知识，这种知识以随感录的形式见于他老年的语言学著作，但在这些讽刺文里却显出它的直接、丰富和新鲜。以最好最圆满的字义而言，瓦罗是个乡土学者，他由多年的亲眼观察，既晓得本民族往日的怪癖和孤独，也晓得它近代的变迁和分散，并且博考历史和文学的文献，补足和加深他对本国风俗和本国语言的直接知识。只要他在我们所谓的理解力和学问上有什么不足之处，他那清明的见解和生在他内里的诗意便足以补其缺。他既不搜求博古的资料，也不搜求罕见的古字或诗用的字；①但

① 他一次很切当地说，他不特别喜欢古词，但常用它们，他很喜欢诗意词，但不用它们。

他本人是个旧式的老人，差不多是个乡下人，本国的古典文学是他所爱的熟识伙伴；那么，他所最爱并且最深知的祖先风俗如何能不详详细细叙述在他的著作里？他的谈吐如何能不洋溢着格言式的希腊成语和拉丁成语，洋溢着存在萨宾口语里的词句，洋溢着恩尼乌斯、卢奇利乌斯尤其普劳图斯的忆念？我们不应以他论语言学的书为标准来判断他早年所作这些美文的作风，因为他论语言学的书作于老年，可能在发表时尚未完成，在这书里，子句诚然都以关系词为线索排成一串，有如穿在一条线上的许多鸫鸟；上文已 273
述，对于力求谨严的作风和阿提卡式的完整文句，瓦罗如何在原则上加以排斥；并且他的美文虽无俗调那种鄙陋的夸张和虚伪的点缀，却还是写得有欠古雅，甚至潦草，子句没有好好地组织，生连起来。反之，文中穿插的诗却不但表明作者能制造各色各样的节拍，工巧不亚于任何时髦的诗人，而且表明他有权居于受神赐来“用歌曲和神圣诗艺排遣心中忧闷”①的人们之列。瓦罗的小品文，一如

① 下面是从《马尔库斯家奴》里摘录的描写：

忽然之间，大约在夜半的时候，
空中远远地绣出闪烁的火焰，
我们看见天上歌舞的星群，
天宫金阙被罩起一层面幕，一阵飞云挥洒出凉爽的雨花，
大雨倾盆地泼在凡人的身上，
狂风摆脱了冰天雪地的北极，
呼呼呼向粗野的大熊星吹气，
把屋瓦树枝和尘土一齐刮去。
但我们船破了，
摔出来像群鹤把翅膀烧焦在双股叉的电火，（接下页）

卢克莱修的教训诗，也没有造成一派；除较为普通的原因外，这事还有别的原因，即此等文章带着完全属于个人的特色，这特色与作者的高龄村气和特别博学是不可分离的。但特别是梅尼普斯式的
274 讽刺文在数量和重要上似乎超过瓦罗的庄重文章远甚，当时和后世好新奇和民族精神的人士无不为其优美和诙谐所迷惑；就是我们不再被允许读这些文章的人，也还能从尚存的断简残篇里多少看出作者"晓得发笑和作有分寸的戏谑"。作为旧公民时代的良好精神在将亡时的最后一口气，作为民族的拉丁诗所发的最晚绿芽，瓦罗的讽刺文已值得诗人在他的遗嘱诗里，把这些梅尼普斯式的作品介绍给每一个对罗马和拉丁姆的繁荣关心的人，因此，无论在意大利人民的文学或在他们的历史里，这些讽刺文章都保持一个

（接上页）

我们一头倒在地下，悲哀难过。

在"人类之城"里有下列几行：

堆金积玉不能使心胸对你坦白，
对于凡人，波斯的金山不能消遣
心灵上的忧愁和恐惧，
就是富人克拉苏的客所也不能做到这事。

但这位诗人也善于表现轻松的情调。在《酒壶有其容量》里有下列优雅的酒赞：

酒仍是人人最佳的饮料，
这是使病人复原的妙药，
这是滋生快乐的好田地，
这是团结朋友的黏胶漆。

在《世界钻子》里，还家的游子这样结束他向船夫讲的话：

让缰辔给轻风吹去，
直到烈风做个护送，
送我们回到可爱的家。

尊显的地位。[①]

① 瓦罗的小品文在历史上甚至在诗歌上有非常的重要性，并且因为关于它们的记载传到今日的残缺不全，知者甚少，很难读解，所以我们可以在这里给其中几篇一个纲要，为了使它们易于阅读，又加上一点必不可少的修补。

讽刺文《早起者》(*Manius*)叙述乡间的治家法。太阳一出，曼尼乌斯就叫人起来，亲自带领手下人到工作地去。少年自己铺起劳动后觉得柔软的床榻，并且自备水壶和灯盏。他们的饮料是清凉的泉水，他们的饭食是面包，菜是葱头。宅里和田里样样兴旺。家宅不是美术的建筑，可是一位建筑家也可以学习它的匀整。人们照料田地使它不至于凌乱荒芜，或因苟且疏忽而致毁坏；因此感恩的谷神不使灾害来侵收获，高高堆起的禾束娱悦农人的心。这里，仍注意款待宾客，每个只要吃过母乳的都受欢迎。面包房和酒桶和梁上的香肠库以及锁钥等都供旅客使用，成堆的肴馔摆在他面前；这位吃饱了的客人心满意足，也不瞻前顾后，坐在厨房灶边打瞌睡。最暖的双毛羊皮铺起来作为他的卧榻。这里，人们仍以好公民的资格服从正当的法律，既不因嫉妒而害无辜的人，又不因私情而饶恕有罪的人。这里人们不毁谤邻人。这里，人们不把腿伸在神圣的炉灶上，却用虔诚和祭献致敬于神灵，把小块肉投到家神的一定小碟里：家主死去时，他们用他父亲和祖父出殡时所用的祈祷伴送他的灵车。

在另外一篇讽刺文里来了一个“老人之师”，这堕落时代需要他似乎比需要少年之师更为迫切，他解释如何在“从前的罗马事事都是纯洁而虔敬的”，现在一切全变了。“我的眼看错了呢，还是我看见奴隶起兵反抗他们的主人呢？从前不亲身应征来入伍的就被国家卖到外国去做奴隶，现在这位监察官让懦夫和一切人逍遥法外，却被(贵族)称为伟大公民，并且因为他不以骚扰同国人来沽名钓誉，竟博得赞美。从前罗马的农人每星期找人剃须一次，现在田间的奴隶剃须，只嫌不够考究。从前，人见田庄上有个足藏十次收获的谷仓，有盛着酒桶和相配的榨酒机的宽阔地窖；现在主人养着几群孔雀，使人用非洲柏木镶他的门。以前主妇用手转动纺锤，同时还用眼睛盯着火炉上的锅，以免烧焦了菜羹；现在”，在另外一篇讽刺文里说，“女儿求父亲给她一磅宝石，妻室求丈夫给她一斛珍珠。从前丈夫在新婚之夜总是缄默腼腆，现在为妻的委身于第一个来的车夫。从前孩子的幸福就是母亲的得意事，现在如果丈夫想要小孩，妻室便答道，你不知道恩尼乌斯的话吗？

我宁愿在战场上拼三次命，
也不愿被生下一次来。

从前如果丈夫每年一两次让妻室乘无垫的车子旅行，她十分满意；”现在，他可以再说下去，如果丈夫到乡下田庄而不带妻室去，她就噘嘴，旅行的太太总有一群时髦的希腊奴仆和音乐队随她到别墅去。在一篇比较严肃的文章，《加图与论儿童训练》里，瓦罗不但以按古代风俗、为了儿童的福利而应当祭祀的神灵，指示那拿这事来请教(接下页)

275 批判的作史法如古典时期的阿提卡作家写他们的本国史和以后波利比乌斯写世界史所用的，罗马人从来没有真正做到。甚至
276 在最适用这种方法的场合，在叙述当代和晚近的事情上，通盘看来，他们也只有或多或少的尝试；特别是在从苏拉到恺撒的时期，他们还赶不上前代在这领域内所呈出的不甚重要的贡献，安蒂帕特和阿塞利乌斯的著作。属于这领域并且起于本时期的唯一名著是卢奇乌斯·科涅利乌斯·西塞纳(Lucius Conelius Sisenna，676年即前78年的副执政官)的同盟战和内战史。读过这部书的人都证明此书既生动又可读，远胜于旧的干燥编年史，可是它的作风却全欠纯正，甚至陷于孩气，例如就由少数的断简残篇看来，我们所

(接上页)的朋友，而且谈到波斯人中间较为明智的育儿法和他少年时的刻苦生活，他告诫人不可吃得太饱和睡得太多，不可吃甜面包和精美食品——这位老人以为当时喂养小狗的方法比喂养小孩还明智些——也不可在有病的时候照例请巫觋作法和祝福而不延医诊治。他劝人务使女孩做刺绣，为的是她们以后能正确地判断绣货和织物；他劝人不要让女孩太早脱下儿童的服装；他诫人不可抱孩子去看角斗戏，以免他们的心肠早早变硬，学得残忍，在《六十岁的人》里，瓦罗扮演一个罗马的埃庇米尼德斯(Epimenides)在十岁为童子时入睡，五十年后才醒来。他见自己的头不是剃光了的童子头而是老年的秃头，嘴巴丑恶长了些杂乱的刚毛，好像一个刺猬，大吃一惊；但他见了罗马的变化，更大吃一惊。卢克里的牡蛎从前是结婚喜酒的菜，现在成为家常食品，因此破了产的老饕们不声不响地预备放火的火把。从前父亲处置他的儿子，现在处置之权移归后者，就是说，他用毒药处置他的父亲。大会场成为交易场，刑事审判是陪审员的金矿。除了“无所受就无所授”这个定则外，人们不再服从任何法律。一切美德都不见了；代替它们的是嫚神、背信和淫乱以新居民的资格招呼这位醒来的人。“唉，你惨啊！马尔库斯，这样睡去又这样醒来！”这篇所描写的似乎是喀提林时代，这位老人写这文章必在此后不久(697年即前57年前后)，在结尾的牢骚口吻里含着一段实情：因为马尔库斯那不合时宜的骂人和不忘往事的心情，他被当作一个无用的老人拉到桥上，投在台伯河里；这是用游戏笔墨写出罗马一种原始习惯的应用。这种人在罗马诚然不再有容身之地。

见的只是可怖事物的卑劣而琐细的描写[①]和一些新造的或取自俗语的字眼。再说，作者的模范或可谓他所熟悉的唯一希腊史家，就是亚历山大大帝传的作者克里塔库斯（Kleitarchos），此传逡巡于历史和小说之间，是仿库尔提乌斯（Curtius）名下的准稗史来写的；那么，我们不要犹豫，承认西塞纳的历史名著不是纯正史学批评和史学艺术的产品，而是罗马人在为希腊人所深喜的半历史半稗史的杂种著作上的初次尝试，这种著作本想用虚造的详情使事实的质地生动有趣，结果反而使它们意味索然，失其真相；那么，我们见这位西塞纳翻译希腊的时髦小说，也不再诧为异事了。

当然，就一般罗马城史甚至世界史而言，其可怜的景象更远过于此。考古的研究日益活跃，人们期望由文件和其他可靠的史料 277
纠正流行的叙述，但这种希望没有实现。人们研究得越多越深，便越显然见到写部批判的罗马史是件什么事。在研究和叙述上，困难已经很大，但最厉害的阻碍还不属于学术性质。罗马传统的古史，因为它已被人叙述和相信了三百多年，所以与民族的家常生活极密切地交织着；然而在任何彻底而忠实的研究中，不但详情细节须到处修改，而且与法兰克人关于法拉蒙王（König Pharamund）和不列颠人关于亚瑟王（King Arthur）的古史一样，整个体系都须推翻。一个守旧主义的研究家，例如瓦罗，不会愿动手做这种工作；如果一个自由思想家担任此事，一切好公民就要一齐声讨这最坏的甚至把宪政党的过去也准备夺走的革命党。所以语言学和考

① 一篇演说词里这样说："你在破晓的时候，在高高的河岸边，拉去手脚乱颤的无辜人（你使他们被宰杀）。"这里有几个成语不难插入一本通俗小说。

古学的研究不但不指导人作史而且阻人作史。瓦罗和一般较聪明的人显然认编年史为不可救药,把它放弃;他们至多像提图斯·庞波尼乌斯·阿提库斯(Titus Pomponius Atticus)那样把官方和氏族的人名录列成朴实的表格形式——这个工作使希腊-罗马的比较年代学达到最后的确定,传于后世。但罗马城史的制造场当然还不停止活动;它继续拿诗歌和散文的投稿供给那无聊人为了无聊人而写的大丛书,同时作书的人已有一部分是脱籍人,绝不关心于真正的研究。这些著作无一存者,据我们得闻其名的而论,它们似乎不但完全不关重要,而且大部分甚至充满了偏私的作伪。诚然昆图斯·克劳狄乌斯·夸德里伽利乌斯(Quintus Claudius Qudrigalius,在676年即前78年左右)的编年史是按旧式但良好
278 的作风写的,至少在叙述神话时代上,力求简短,尚属可嘉。盖乌斯·李锡尼·马克尔(Gaius Licinius Macer,前副执政官,死于688年即前66年)是诗人卡尔乌斯的父亲又是个热心的平民党,与其他史家不同,自命致力于文献的研究和批评,可是他的"床布书"(*libri lintei*)和他所特有的另外东西极为可疑,并且为了平民党的缘故而窜改全部的编年史——改窜的规模很大,一部分传到后世的史家——可能由他而来。

最后,瓦勒里乌斯·安提亚斯(Valerius Antias)在繁冗和捏造故事的孩气上超过一切的前人。假造数字在这里有系统地见于实行,甚至实行到当代史。罗马上古史本来无味,经过重编之后,仍是无味;例如,圣王努马如何遵仙人伊吉里亚的指示用酒捉住福努斯(Faunus)和庇库斯(Picus)二神的叙述,以及此后努马与朱庇特神所做的美丽谈话,人们把这两者唯恐不够迫切地推荐于所谓

罗马传说史的一切崇拜者，以便如果可能，使他们相信，当然大致相信这些事。如果本时期希腊的小说作家让这种仿佛为他们而造的材料逃出手去，那就是件怪事了。实际说来，当时也不乏把罗马史变成稗史的希腊文人，例如上述侨居罗马的希腊文人亚历山大·波利希斯特所作《论罗马》五卷就属于此类，这书把陈腐的历史传说与偏重色情的琐碎杜撰混合在一起，煞是可厌。据我们推测，他或许是一事的创始者，即特洛伊灭亡与罗马勃兴之间，按双方稗史的要求须有五百年，始能造成二事的年代联络，于是用一种不幸为埃及和希腊史家所习见的无为君主名录补其缺；因为由一切情形看来，他始把阿文提努斯王和提贝里努斯（Könige Aventinus und Tibeinus）以及阿尔巴的西尔维氏（Silvii）弄到人间，于是后世不免分别给他们的姓名、在位年代并且为了更加明确也给他们一幅肖像。

这样，从种种方面，希腊的历史小说钻入罗马的作史法中；我 279
们今日所惯于称作罗马上古时期的遗闻的，很可能有不少来自与高卢的阿马迪斯（Amadis van Gallien）和福克（Fouqué）的侠士小说相仿的史料——对于一些晓得历史的幽默并能领会十九世纪某些人仍对努马王怀有虔敬的滑稽相的，这是个有益心智的思想。

在本时期的罗马文学里新出现了与本国编年史并立的世界史，或说得更正确些，合在一起的罗马－希腊史提西努姆的科尔涅利乌斯·涅波斯（Cornelius Nepos，约 650—约 725 年即约前 100—约前 30 年）首先提供了一部世界编年史（发表于 700 年即前 54 年以前）和一部普通传记集，把罗马和希腊的政界和文学界的名人和对两国历史有影响的人物按一定的分类排列起来。此等著作依赖希腊人久在编纂的世界史；希腊的世界史，例如加拉廷王德奥塔鲁斯的女婿卡斯托(Kastor)所作的，本以698年即前56年为终点，到现在始把他们昔日所忽略的罗马史包括在内。此等著作正与波利比乌斯的一样，也想以地中海世界史代替较有地方性的历史；但在波利比乌斯书里本是源于宏伟明白的概念和深邃的历史见解的，在这些编年史里却是学校教育和自修的实际需要的产物。这种世界史，学校教育的课本或供参考用的手册，以及一切与之相连的、以后在拉丁文里也很丰富的书籍，不能算在艺术性的史学之列；尤其涅波斯本人只是个既无特殊精神又无特别匀整的布局的编辑家。

本时期的史学确乎是值得注意，很有特色，但它与那个时代一样，绝不可喜。希腊和罗马文学的交互错综没有比在历史领域里更显著的；在这里，两种文学在内容和形式上最先归于一致，希
280 腊一意大利历史的统一概念以前使波利比乌斯超越他的时代，现在希腊和罗马的童子在塾中即已学得。不过地中海国既在它自觉其存在以前已有了一位史家，而今这种感觉业已发生，却没有个能给它正确表现的人起于希腊人或罗马人之中。西塞罗说“罗马没有作史法”，据我们所能断定的来说，这话只是单纯的实情。作研究的人不肯作史，作史的人不肯作研究；史书徘徊于教本和稗史之间。一切纯粹的艺术——史诗、戏剧、抒情诗、历史——在这空虚的世界里都是空虚的；但在他种艺术上，西塞罗时代的智力衰落都不及反映在它的史学上的那样清楚可怕。

另一方面，本时期的小史书籍，除了许多不足道的已归遗忘的作品外，有个第一流的著作，这就是恺撒的备忘录，或不如说是这

位将军给他所由受命的人民的一篇军事报告。这书只有已完成的部分由作者自己发表出来，叙述凯尔特战役702年即前52年为止，书的目的显然是要向读者大众极力辩护恺撒那形式上不合法的行为，即恺撒未受有权能的当局命令，就攻取一个大国并且永远为这事增加他的军队；此书是在703年即前51年写作和发表的，当时反对恺撒的风潮发作于罗马，他被要求解散他的军队，听候查
办。[1] 这篇申办书的作者，如他自己所说，完全以军官身份来写 281
书，并且小心谨慎地避免把军事报告扩大到政治组织和管理的危险领域。他这用军事报告体偶作的党派文章，像拿破仑的战报一样，本身就是个历史，但按真正的字义说来，它却不是历史，也不应该是历史；这篇叙事文的客观形式不是历史的而是公文的形式。不过在这种质朴的文章中间，这是一篇尽善尽美的杰作，非罗马全部文学的其他作品所能及。它的叙事永远简洁而不缺漏，永远朴素而不苟且，永远透彻生动而不紧张或做作。语言全无古字和俗字，是新优雅风气的典型。在这叙内战的书中，我们似乎感觉到作

---

① 人久已猜测这部《高卢战记》是全部一次发表的，这事的明证是，第一卷里即已有波伊部与埃杜伊部成为平等的话，而在第七卷里，波伊部仍以埃杜伊部纳贡属国的资格而出现，显然只因为在对维金格托里克斯的战争中他们和埃杜伊部的行为，他们始取得与旧主人平等的权利。另一方面，任何仔细研究本期历史的人都能在叙述米洛之乱的话里寻得这篇文章发表于内战爆发以前的证据，这不是因为这里有赞美庞培的话，而是因为恺撒在这里赞成702年即前52年的特殊法律。在他力求与庞培造成和平妥协时，这是他能做而且不得不做的，但在破裂之后则不然，一些以对他有害的法律为基础的判决都被他推翻。所以这篇文章的发表被放在703年即前51年，甚为正当。

这书对于每一战争行动无不加以辩解，并且常常加以——最明显的或许是在征阿奎塔尼亚部一事——无效的辩解，说它是按当时情形不可避免的自卫行动；在这种辩解上我们可以洞鉴此书的用意。恺撒的仇敌特别指责他无故攻击凯尔特人和日耳曼人，这是人所共知的事。

者曾欲避免战争而不能如愿，或许也感觉到在恺撒的心灵一如在他人的心灵里，怀着希望的时期是纯洁清新的时期，实现时期则否；高卢战史的文章洋溢着一种光明的宁静、一种单纯的美妙，这在文学上是无双的，正如恺撒在历史上是无双的。

与以上同类的有本时期各政客和文人的通信集，到了下一时期始有人把它们搜集起来，予以发表，恺撒本人和西塞罗、卡尔乌斯等人的通信集可以为例。它们更不能算在真正文学作品之列，但这些通信集却是史学和其他研究的丰富文库；并且在这时期，往日很多可贵的劳绩、很多的精神、聪明和才能都消耗于小事上，这种通信集就是本时期最真实的镜子。

罗马人从未形成今日所谓的新闻事业，笔战仍需仰赖小册子
282 和另外一种当时普遍流行的习惯，即用铅笔和墨笔把要通知大众的告示写在公共场所。另一方面，贵人不在京时，常用手下人替他记录每日的大事和首都的新闻；为了即刻宣布元老院会议录的节略，恺撒早在他第一次为执政官时就已采取了相当的步骤。由一些罗马穷文人的私自记载和官方的时事报告，兴起了一种首都报章（*acta diurna*），记载人民面前和元老院里所讨论的事项纲要以及出生、死亡等。这成为重要的史料，但在政治和文学上仍没有真正的意义。

演说词的写作也应当属于历史的补助品。演说词无论是否写在纸上总是暂时性质，并不属于文学；但它可以像报告和信札一样，并且确实比它们容易，由于富有意义的时会和演说人的智力，能加入民族文学的永久宝藏。所以在罗马，当着公民或陪审员面前所讲的政治演说记录不但早已对公共生活大有关系，而且特别是盖乌斯·格拉古的演说词应该算在罗马古典作品之列。但在本

期，这里一切方面都起了非常的变化。政治演说词的写作与政治演说本身一样，也在衰落之中。如上古一般国家的情形，罗马的政治演说也以在公民团面前的讨论为极峰；在这里，演说家不像在元老院里那样为顾念同僚和繁重形式所束缚，也不像在法庭里那样为控诉和辩护上与政治本身无关的利益所束缚；只有在这里，面对着那依他的唇舌为转移的全罗马强大民社，他胸中始能充满着蓬勃的豪气。但现在这一切都过去了。演说家似乎并不缺乏，公布对公民讲的演说词也似乎并不缺乏；另一方面政治文的写作现在始见宏富，宴会中始有一种经常的怨言，说主人向宾客诵读他最近的演说词，使他们觉得烦恼。普布利乌斯·克洛狄乌斯使人把他对人民的演说作为小册子公布出来，正如盖乌斯·格拉古的办法； 283
但两人做同样的事，结果却不相同。甚至反对党较重要的领袖，尤其是恺撒，也不常对公民演说，并且不再公布他们对公民的演说词；事实上，他们一部分在传统的大会演说词（*contiones*）体裁以外另寻一个政治的偶尔著作的体裁，特别关于这事，赞美和毁谤加图的文章值得注意。这事不难索解。盖乌斯·格拉古往日对公民团演说，现在人们对群众演说；有什么样的听众，就有什么样的演说词。无怪体面的政论作家也避用这种有似他致辞于聚在首都罗马广场的群众的文体。

这样，就其已往在政治和文学上的价值而言，演说词的写作与一切由国民生活自然发展出来的文学部门同告衰落，同时却开始了一种奇怪的非政治的辩护文学。罗马人素来不晓得，律师的演说词不但是为法官和两造而发，而且有以文字启迪当代和后世的作用；没有律师把他的辩护词写下来发表的，除非这些辩护同时有点政治演说词的性质，因而适于当作党派文章去流传；但这事并不常有。甚至昆图斯·霍滕西乌斯（640—704 年即前 114—前 50 年）是本期初年最有名的罗马律师，也只公布很少的演说词，他所公布的似乎仅是全政治性或半政治性的东西。继他为罗马律师界领袖的马尔库斯·图利乌斯·西塞罗（648—711 年即前 106—前 43 年）始从头就兼为作家和法庭演说家；他经常公布他的辩护词，甚至与政治毫无关系或仅有些微关系的辩护词。这不是进步而是反常和堕落。在雅典，非政治的辩护词出现为一种文体，也是患病的征候；在罗马，这加倍是患病的征候，因为雅典过分讲究修辞学，有点必然地产生这种畸形的东西，罗马则不然，它违背本国较优良的传统，任意由外国采取这种东西。然而这个新文体迅速成为时尚，一半因为它与旧日政治演说词的写作有种种相近相同之点，又一半因为罗马
284 人无诗意、守教条、喜修辞的性情给新种子一块肥地，例如就在今日，律师的演说词甚至一种诉讼文学在意大利还有一点重要性。

这样，经西塞罗之手，脱离政治的演说词写作，得入罗马的文学界。我们上文已屡次不得不说到这个多能的人。作为一个无眼光、无意见、无目的的政客，他先后现身为平民党、贵族党和君主的工具，并且永远不过是个短视的利己主义者。在他似乎有所作为之处，他的作为所关系的问题无不正在解决中；这样，在维尔列斯(Verres)一案中，当元老院的法庭已被撤销的时候，他出来反对它们；这样，他守缄默于伽比尼乌斯法的讨论，为曼利尼乌斯法而奋斗；这样，当喀提林已决定离去的时候，他对这人大发雷霆等。他勇猛抵抗假意的攻打，他砰砰打倒许多纸糊的墙；没有一件严重的事，无论好歹，是由他解决的，尤其喀提林党的被杀是由于他的默

认而绝非由于他的主使。关于文学,我们已经说过,他是新拉丁散
文的开山祖;他的重要性在他的熟谙文体,只有作为文体家,他才
显出自信力。反之,他的作家地位与他的政治家地位同是很低的。
他尝试过很多种的工作,用无数行的六步诗歌咏马略的大功和他
自己的微功,用他的演说把德摩斯梯尼,用他的哲学对话把柏拉图
打出战场;只因缺乏时间,他未能打败修昔底德。实则他彻底是个
浅尝辄止的人,所以他无论耕耘哪块园地,都是一样。他是个按最
劣的意义而言的新闻记者;据他自己说,他言辞过多,思想却贫乏
到不可思议的地步,在任何学术部门,他无不能借助于少数书籍,
用翻译或编纂的方法,造成一篇可读的文章。他的通信最真确地
反映他的性格。人们常称它为有趣、为隽永,在反映贵族界的城市
或别墅生活时,确是如此;但在作者须赖自己的本领之处,如在放
逐中,在西利西亚、在法萨卢斯一战之后,他的通信却既无味而又
空虚,只有一个娱乐栏的编辑被逐出他所熟习的圈子以外,他的心 285
灵才是这样。至于这样一个政客和这样一个文人,作为一个人来
看,除了薄加涂饰的肤浅和无心肝而外,毫不能有所表现,不待赘
言。我们还要描写这位演说家吗?一位大作家也是大人物;特别
是大演说家,信念或热情由内心里发泄出来,成为一条澄清汹涌的
河流,非众多有名无实的演说家所能及。西塞罗没有信念,没有热
情;他只是个律师,而且不是个好律师。他懂得用逸事把案情叙述
得深刻动人,他懂得即使不激起听者的理解总激起他们的感情,他
懂得用大部分对个人的戏谑和笨戏谑排遣枯燥的司法事务;他较
好的演说词虽则在自然优雅和切中肯綮上远不及绝佳的同类著
作,例如包玛榭(Beaumarchais)的记事录,却是流利可喜的读物。

但如果在严格的批评家看来，上述的优点已是未必可贵的优点，那么，每一读西塞罗演说词的人见宪政问题讲演绝无政治的认识，法庭演说绝无法学的推论，忘掉义务的利己主义永远只顾律师而不见讼案，思想非常枯窘，无不满心厌恶。

如果这里有什么惊人之处，那确不是演说词而是演说词所引起的赞赏。关于西塞罗，每一无偏见的人都会很快地认清他；西塞罗主义却委实是个无法真正解决的问题，我们只能把它归在人性的更大的奥秘，即语言和语言在心灵上的作用。因为高尚的拉丁语，正在它失其民族语言的地位以前，仿佛又被这位巧妙的文体家取在手中，安置在他那宏富的著作里，所以语言所发生的力量，它所引起的虔敬有些转移到这个不肖之徒身上。罗马人没有伟大的拉丁散文作家；因为恺撒只是偶然成为作家的，与拿破仑相似。又何怪他们既缺少这样一个作家，便至少把这大文体家当作拉丁文圣手来崇拜？又何怪西塞罗的读者与西塞罗无异，也养成不问他写什么而问他怎样写的
286 习惯呢？而后语言力量所创始的事，又有习俗和教师把它完成。

然而与西塞罗同时的人，可以想见，绝不像许多后人那样陷入偶像的崇拜。西塞罗风气固然统治着罗马律师界历一世之久，正如远较恶劣的霍滕西乌斯风气那样；不过最重要的人如恺撒等却永远不沾染这种风气，并且在晚辈中间，一切新鲜活泼的才子无不对这种混杂而孱弱的演说术起了最昭彰的反抗。他们见西塞罗的语言欠简洁、欠谨严，他的诙谐欠生动，他的布局欠明白、欠组织，尤其是他的全部辩才都缺乏那造成演说家的热情。人们始舍去罗德斯的折中派而回到真正的阿提卡人，特别回到吕基亚和德摩斯梯尼，想把一种较有力量、较为雄健的辩术移植到罗马。这个倾向

的代表人物有严肃而呆板的马尔库斯·尤尼乌斯·布鲁图斯(Marcus Junius Brutus,669—712 年即前 55—前 42 年),有两个宪政党的人马尔库斯·凯利乌斯·鲁孚斯(Marcus Caelius Rufus,672—706 年即前 82—前 48 年)和盖乌斯·斯克里波尼乌斯·库里奥(Gaius Scribonius Curio,死于 705 年即前 49 年),二人都是有精神、有生气的演说家,有那也以诗人著名的卡尔乌斯,为这一班青年演说家的领袖,还有那严正的、守义的盖乌斯·阿西尼乌斯·波利奥(Gaius Asinius Pollio,678—757 年即前 76—公元 71 年)。不容否认,这种晚近的演说文学较有趣味,较有精神,就是把霍滕西乌斯和西塞罗的演说词合在一起,也还赶不上它;但革命的风潮突起,这一群富有天才的人除波利奥一人外旋即全被扫去,我们不能估量这些较好的种子在当时的景况中发展到怎样的程度。他们所历的时间太嫌短促。新君制一开头就对言论自由作战,不久便完全禁止政治演说。自此以后,属于次要一类的纯粹律师辩护辞固然仍存于文学中,但较高尚的演说艺术和演说文学唯政治活动是赖的,却必然与政治活动永久同归于尽。

最后,在本期的美文里兴起了按艺术方式处理专门学术题材的有风格的对话体文章,这在希腊人中间流行很广,在罗马人中间 287
也早已偶尔一见。特别是西塞罗多方试用这个体裁来论述修辞学和哲学的题材,把教科书和读本打成一片。他的主要著作有《论演说家》(作于 699 年即前 55 年),把罗马辩术史(论《布鲁图》的对话,作于 708 年即前 46 年)和其他关于修辞学的小品加上去,作为补遗;又有《论共和国》(作于 700 年即前 54 年)把那以柏拉图为蓝本的《论法律》(约作于 702 年即前 52 年)与它联合起来。这些都不是伟大的艺术品，但是无疑地，它们是最见作者的长处而最少见他的短处的作品。修辞学的著作远不及那教诲精严、思想深刻的，献给赫伦尼乌斯（Herennius）的修辞学，但它们却是叙述得轻松而有味的种种法庭经验和法庭逸事的宝库，并且确实解决了娱乐与教训合一的问题。《论共和国》的文章以半历史、半哲学的非常混杂的结构发挥根本的思想，即罗马现有的政体大致就是哲学家所追求的理想政体；这当然是个既非哲学、又非历史，甚至非作者所特有的观念，但我们可以想象这成为并且永为流行的观念。西塞罗这些论修辞和政治的文章，其学术的基础自然全是希腊人之物，并且许多详情细节，例如"论共和国"一文壮丽动人的结尾，西庇阿的梦，是直接取自希腊人的；然而它们在营造上处处表现出罗马的地方色彩。以此而论，可谓有相当的创造性，并且政治上的自尊感，对希腊人而言，诚然是罗马人所当有的，所以作者甚至用某种独立的态度与其希腊的老师相对立。固然，西塞罗的对话形式既不是希腊多数假对话那种真正的问题辩证，又不是狄德罗，或莱辛那种真正的会话，但聚在克拉苏和安东尼左右的大群律师和西庇
288 阿一派的大群老少政治家，却给他一个活泼有力的间架，给他一个引用史实和逸事的适当联系，给他一个做学术讨论的方便支点。作风与最佳的演说稿同样精致和光洁，所以比它们更可喜，因为在这里作者不常无故地趋于感慨。

如果西塞罗这些带哲学色彩的论修辞和政治的文章不无可取之处，那么，相反地，在他被迫赋闲的晚年（709 年即前 45 年、710 年即前 44 年），他从事于哲学本身，又暴躁又匆忙地在两个月以内编了一部哲学丛书，这位编书家却完全失败了。制法是很简单的。

亚里士多德的通俗著作大半用对话形式来叙述和批评种种旧学派，西塞罗冒昧地加以模仿，结果把讨论同一问题的伊壁鸠鲁派、斯多葛派和混合派的著作，只要是来在或送到他手里的，无不互相连缀起来，成为一篇所谓对话。他自己所做的只是一部分由他现存给将来著作用的大批引言，任意移出一篇为新书的序言；另一部分是加以某种通俗化，把罗马的事例和典故穿插在里面，有时旁涉到不相干的、但为作者和读者所熟悉的事物，例如在《论义务》里牵扯到演说家的姿势；又一部分是铸成大错，一个文人未达到哲学思想，甚至未达到哲学知识，既急速而又大胆地工作，竟要仿造辩证法的思想程序，大错自属不免。用这种方法，许多厚册的书当然很快地造出来；作者的朋友惊叹他著作的丰富，他写信给他说："它们都是抄下来的，它们不费我的力气，因为我只供给字句，而字句我有得太多了。"这事不必再说；但谁若想由这种抄写工作产生古典的作品，我们便劝谁在文学事物上努力保持体面的缄默。

科学中只有一门显出蓬蓬勃勃的生气，这便是语言学。拉丁民族范围内语言和事迹的研究计划已为斯提洛所拟订，特别是他的弟子瓦罗以极大的规模把它实现出来。于是出现了语言全部宝 289
藏的总论，尤其菲古卢斯(Figulus)的文法广注和瓦罗的大著作《论拉丁语》(*De Lingua Latina*)；出现了文法和语言史的专论如瓦罗论拉丁习惯语、论同义字、论字母年龄、论拉丁语起源等文章；出现了古文学的注解尤其是普劳图斯书的注解；出现了文学史的著作、诗人传、关于古代戏剧、普劳图斯喜剧的分幕、普劳图斯喜剧的真伪等的研究。拉丁考古学以全部古史和实用法律以外的祭神法为研究范围，都网罗在瓦罗《论古代的人事和神道》一书里，这是并且永是这门学问的基本著作(发表于687—709年即前67—前45年之间)。前半“论人事”叙述罗马的原始时期,城乡的划分,年月日的知识,最后叙述境内和战时的国事;在后半“论神道”里,国定神学、专家院、圣地、宗教节、供献和祭献以及神灵本身的性质和意义都有简明的解释。再者,除了一些专论——例如论罗马民族的来源、论出自特洛伊的罗马氏族、论部落——以外,又加上一个较大较独立的补编,即“论罗马人民的生活”,这是罗马风格史上值得注意的试作,略述王政时期、共和初期、汉尼拔时期和最近时期的家庭、经济和文化的状况。瓦罗这些著作的基础是关于罗马及其附近希腊领域的由经验得来的知识,他这种知识比前后其他罗马人所有的方面较多并且自有其更伟大处;他对于事物的现行观察和文学的研究都有助于他的知识。当时人的赞美是很应得的,他们说瓦罗使那作客于自己世界里的本国人晓得他们在本国的地位,使罗马人得知他们是何等人,住在何处。但人们若寻求批判和组织,却不可得。
290 他的希腊知识似乎来自有点混乱的源泉,并且由一些痕迹看来,甚至在罗马的知识上,作者也不能免于当时历史小说的影响。诚然,他把材料装在一个合适而匀称的间架上,但没有把它分类和处理得条理井然;尽管他极力使传说与亲身的见闻调和一致,瓦罗的科学著作仍不能卸去盲目信仰传说或不合实际的经院哲学的罪过。① 所谓以希腊语言学为依据只是模仿它的缺点而不顾它的优点,例如瓦罗和当

① 有个值得注意的例,即论农业文里面有畜牧通论一段,把畜牧理论分成九乘九节,叙述“难以置信但是确实”的奥利西波(Olisipo,即里斯本[Lisbon])的牧马因风受孕一事,总而言之,把哲学历史和农业知识混合成奇奇怪怪的东西。

时别的语言学家都以单单的谐声为字源学上的根据，这样，他们就陷于纯粹的猜想，并且往往简直地陷入荒谬。① 无论就其经验的准确和丰富而言或就其经验的不足和缺少方法而言，瓦罗派的语言学活像英吉利的本国语言学，并且正与后者一样，也以古戏剧的研究为中心。君政时期的文学发展出与语言经验主义相反的语言规则，已见上文。很有意义的是，新文法家的班头就是那非同小可的恺撒，他首先在《论类比》一文里从事于迫使自由语言服从定律的权威。

与语言学领域里的非常活动相比，其他学术领域里的少有活动实堪诧异。哲学上似乎重要的东西——如卢克莱修用苏格拉底以前的哲学的褴褛诗体论述伊壁鸠鲁和西塞罗的较佳之作——所
以能发生效力，取得读者，并非因为它的哲学内容，而是不管它的 291
哲学内容，只因它的美丽形式；伊壁鸠鲁的文章和毕达哥拉斯的著作都有许多译本，如瓦罗论"数的要素"的巨著和菲古鲁斯论神灵的更宏富的巨著，无疑地，既无学术的价值，又无形式的价值。

甚至专门科学也不大有人问津。瓦罗用对话体写的农业书当然比加图和萨塞尔纳的有条有理，因而对他们的书他常加以斥责的白眼，可是通盘看来，他的书出自书斋，而不像较早的书那样出自活的经验。关于瓦罗和塞尔维乌斯·苏尔皮奇乌斯·鲁孚斯(Servius Sulpicius Rufus，703 年即前 51 年的执政官)的法律著

① 这样，瓦罗认为 *facere* 源于 *facies*，因为人无论造什么总给它一种重视，*volpes*(狐)，据斯提洛说，源于 *volare pedibus* 即"飞足"的意思，当时法律哲学家盖乌斯·特雷巴提乌斯(Gaius Trebatius)说 *sacellum* 源于 *sacra cella*，菲古库斯说 *frater* 源于 *fere alter*，依此类推。这种风气不但见于个别的事例，而且是本期语言学著作的主要成分；这很像不久以前，语言有机体的见识还未在这里禁止经验派操此业的时候，比较语言学所用的研究法。

作，我们所能说的不过是它们对于罗马法学贡献了辩证法和哲学的点缀而已。这里或者除了盖乌斯·马提乌斯（Gaius Matius）论烹饪、酸渍和盐腌的三本书以外没有别的可述，据我们所知，这是最早的烹饪书，并且既是贵族所作，诚然是个值得注意的现象。君政日益倾向于希腊化和实利主义，促进数学和物理学，由二者在少年教育上的日益重要和种种在实际上的应用看来，这事可以显见；在实用方面除改良历法外还有可算在内的，即本期始见的地理挂图、造船和乐器的技术进步，设计和建筑如瓦罗所述的鸟房、恺撒部下工兵在莱茵河上所搭的板桥，甚至有两个半圆形的预备拼在一起的木架，使用的时候先分成两个戏场而后合成一个半圆戏场。举行人民节庆时，常有公开展览外国天产奇物的事；恺撒在他的战报里夹叙稀奇的动物，可见如果有个亚里士多德出来，他必能再遇到照顾他的君主。但在这个领域里见于称述的著作大体都以新毕达哥拉斯主义为依据，例如菲古库斯对希腊的和蛮族的（即埃及
292 的）观天术的比较研究以及他论动物、风和生殖器的著作。希腊的自然研究既已一般地迷失正道，由亚里士多德在万物中、求法则的努力，日益岔入靠经验而不加批评的对自然界的外表和奇事的观察，自然科学在其作为神秘的自然哲学而出现时，便不能启迪和鼓励，只能更使人愚昧和瘫痪。面对着这种研究，人们不如安于西塞罗当作苏格拉底的名言而说出的谬论，即自然研究所追求的不是无人能知的东西，就是无人须知的东西。

最后，如果我们还看一看艺术，我们在这里所见的仍是那弥漫于精神生活的凄惨现象，在共和末年的财政困难中，国家的建筑事业差不多完全陷于停顿。罗马贵族的奢侈建筑已见上文，建筑师

因此学得浪费云石，有色的几种如努米底亚的黄云石（Giallo antico）及其他都在这时成为时尚；卢那（Luna，即卡拉拉［Carrara］）的云石矿现在首次见于应用。他们始在房间的地面上镶嵌花饰，始把云石板砌在墙面，或把泥墙面画成云石的形状——这是以后壁画的初步。但这种奢华无益于艺术。

在造型艺术上，鉴赏和收藏与日俱增。一个鉴赏家在他人面前谈到“某一普拉克西特勒斯”（Praxiteles）的艺术作品，他们若还像加图那样不识不知，那便是纯粹的装模作样；人人都去旅行和考察，艺术导游即当时所谓 *exegetae* 不是很坏的职业。人们正式搜寻古代的艺术品——固然，他们不大搜寻雕像和绘画，而按罗马的粗俗奢侈，却多搜寻各种精巧的器具以及房间点缀品和饭桌装饰品。在那时候，卡普亚和科林斯的希腊古墓即已被人发掘，为的是取出死人殉葬的青铜器和陶器。一个小铜像卖到四万塞斯特，一对贵重的地毯卖到二十万塞斯特，一架精美的铜烹饪机价格竟至高于一份田产。在这种追求艺术的蛮干中，有钱而好艺术的人当然常受报信人的欺骗；但小亚细亚有丰富的艺术品，特别因为这地 293
方经济破产，所以许多真正古老罕见的装饰品和艺术品来到市场，于是从雅典、叙拉古、希俄斯、波加蒙、开俄斯、萨摩和其他古代的艺术产地，每一出卖品甚至许多非卖品，都流入罗马贵族的宫室和别墅。例如，上文已述卢库卢斯家里藏有什么样的艺术珍品。他确乎被控，或许不无理由地被控，说他曾牺牲他做将军的责任来满足他对美术的兴趣。嗜好美术的人成群结队地到他家去，一如他们现在到包介别墅（Villa Borghese）去；就在那时，他们已抱怨这种宝物被发配到显要人物的宫室和别墅里，他们非费些力气，先取得主人的许可，不能看见。反之，公共建筑绝没有按比例充满着希腊大师的驰名作品，并且在京城很多的神庙里仍只立着旧日木雕的神像。至于艺术的使用，简直毫无可述；本时期罗马的雕刻家或绘画家，除某一名阿雷利乌斯（Arellius）的以外，没有一个人的姓名见于记载；阿雷利乌斯的画所以畅销，不是因为它们的艺术价值，而是因为这个奸猾的淫棍把他的女神像画成他一时恋爱的女人像。

在公众生活和家庭生活里，音乐和舞蹈更加重要。上文已述，在本时期戏剧的发展中舞台音乐和舞蹈剧如何取得独立的地位；我们还可以加一句说，而今就在罗马，希腊音乐家、舞蹈家和朗诵家已常常在公开舞台上表演，一如在小亚细亚，总而言之，在希腊和希腊化世界里已是惯例。① 此外还有乐手和舞女在宴会和他处

① 这些“希腊戏”不但常演于意大利的希腊城市，尤其在拿波里，而且就在当时也常演于罗马。十四岁的李锡尼·欧加里斯（Licinia Eucharis）的著名墓志铭大约属于本期之末，说这“受过好教育并且在一切艺术上受过缪斯亲自指点的女孩子”以舞女身份扬辉焕彩于贵族家的私下表演，并且第一次公开现身于希腊舞台。这句话的意思不过是说她是头一个现身于罗马的公开希腊舞台的女子。诚然，一般看来，到了这个时期，女人才开始当众表演于罗马。罗马的这种希腊戏似乎不真是舞台剧，而是属于纷然杂陈而以音乐和朗诵为主的一类，这种戏以后在希腊也屡见不鲜。这种见解的佐证是：在波利比乌斯书里，吹笛显露头角；苏埃托尼乌斯叙述恺撒所举行的赛会中有小亚细亚的武装舞，舞蹈也居显要地位，在欧加里斯的墓志铭里，舞蹈也特别卓著；筝杆（*citharoedus*）的描写也必源于这种希腊戏。在罗马，还有把这些表演与希腊的力士比武合并举行的，也很重要。戏文朗诵并未被排斥于这种杂戏以外，因为在585年即前167年应卢奇乌斯·阿尼奇乌斯（Lucius Anicius）之召而来罗马的伶人中，有悲剧家见于明言；然而狭义的演剧是没有的，所有的只是单个艺人朗诵或随着笛子歌唱整个戏剧，更常有的是单个艺人朗诵或歌唱其中的几段。那么，在罗马必也是这样；但由一切方面看来，对于罗马观众，这些希腊戏的主要东西是音乐和舞蹈，大概戏文对他们的意义，不多于意大利歌舞剧对今日伦敦人和巴黎人的意义。这种杂戏及其纷纭杂沓的音乐，与希腊语的真舞台剧相比，远较适于罗马的观众，尤适于私家表演；有人以为罗马也有希腊语的真舞台剧，这个见解我们不能驳斥，也不能证明。

应命献技，还有贵族家里自己的管弦乐器和歌手的音乐队已不足 294
为奇。但由音乐被收在公认课程范围之内一事看来，已可见贵族界本身也勤奏乐和唱歌；至于舞蹈，女子姑且不论，甚至前执政官也被责骂，说他们在一个小集会里表演舞蹈。

然则到本期将终时，跟着君政的开始也露出艺术较盛时期的端倪。由于恺撒的提倡，首都的建筑事业如何大为兴盛，全帝国的建筑事业也将如何大为兴盛，已见上文。甚至钱范的雕刻也在700年即前54年前后显出可注意的变化；以前范造钱币大都粗糙怠惰，此后做得较为精致，较为仔细。

我们如今已站在罗马共和的尽头。我们已见它五百年来统治
着意大利和地中海各国；我们已见它非由于外来的暴力而由于内 295
部的腐败，在政治和道德上，在宗教和文学上陷于灭亡，让位于恺撒的新君主制度。在恺撒所遇见的世界里，有以往各世纪许多的贵重遗产，有无限丰盈的壮丽和光荣，可是缺少精神，更缺少趣味，最缺少快乐的人生和人生观。这诚然是个老世界；甚至恺撒那得天独厚的爱国心也不能使它返老还童。晨光非到黑夜完全侵入以后不能复回。但有了恺撒，地中海上多灾多难的人民便在闷热的中午以后得到个尚好的晚间；在漫漫的历史长夜以后，一个新的人民日终于再露曙光，新兴的各民族在自由自发的活动中开始向较高的新目标竞走，于是其中许多民族有恺撒所播的种子在内里生长起来；并且不问今昔，他们受恺撒之赐而得其民族的个性。

索　引*

（词条中页码为原书页码，即本书边码，逗号前数字指原书册数，之后数字指页码。）

特奥多尔·蒙森原本《罗马史》一至三卷的目录；在第五卷中添加的"断片"也包含在内。书中瓦罗的历史年份表示法（自罗马公元前753年建城起）均调整为公元前纪年。

A＝注释，脚注；f＝以下诸页

* 本书索引及边码由朱颜翻译整理。——编者

图书在版编目(CIP)数据

罗马史．第四册／（德）特奥多尔·蒙森著；李稼年译．—北京：商务印书馆，2017(2024.6重印)
（汉译世界学术名著丛书）
ISBN 978-7-100-13140-7

Ⅰ．①罗… Ⅱ．①特… ②李… Ⅲ．①古罗马—历史 Ⅳ．①K126

中国版本图书馆CIP数据核字(2017)第061393号

汉译世界学术名著丛书
罗马史
第四册
〔德〕特奥多尔·蒙森 著
李稼年 译

商务印书馆出版
(北京王府井大街36号 邮政编码100710)
商务印书馆发行
北京虎彩文化传播有限公司印刷
ISBN 978-7-100-13140-7

2017年7月第1版　　开本850×1168 1/32
2024年6月北京第4次印刷　　印张24⅞

定价：112.00元